珍藏本
纪念版

汉译世界学术名著丛书

现代英国经济史

上卷

早期铁路时代
（1820—1850年）

第一分册

〔英〕克拉潘 著

姚曾廙 译

商务印书馆
SINCE 1897
The Commercial Press

2017年·北京

J. H. Clapham

AN ECONOMIC HISTORY OF MODERN BRITAIN

The Early Railway Age

1820—1850

Cambridge

at the University Press 1926

本书根据英国剑桥大学出版社 1926 年版译出

汉译世界学术名著丛书
（120年纪念版·珍藏本）
出 版 说 明

2017年2月11日，商务印书馆迎来120岁的生日。120年前，商务印书馆前贤怀揣文化救国的理想，抱持“昌明教育，开启民智”的使命，立足本土，放眼寰宇，以出版为津梁，沟通中西，为中国、为世界提供最富智慧的思想文化成果。无论世事白云苍狗，潮流左右激荡，甚至战火硝烟弥漫，始终践行学术报国之志，无改初心。

迻译世界各国学术名著，即其一端。早在20世纪初年便出版《原富》《天演论》等影响至今的代表性著作，1950年代后更致力于外国哲学和社会科学经典的译介，及至1980年代，辑为“汉译世界学术名著丛书”，汇涓为流，蔚为大观。丛书自1981年开始出版，历时三十余年，迄今已推出七百种，是我国现代出版史上规模最大、最为重要的学术翻译工程。

丛书所选之书，立场观点不囿于一派，学科领域不限于一门，皆为文明开启以来，各时代、各国家、各民族的思想与文化精粹，代表着人类已经到达过的精神境界。丛书系统译介世界学术经典，引领时代思想，为本土原创学术的发展提供丰富的文化滋养，为推动中国现代学术和现代化进程做出了突出的贡献。

为纪念商务印书馆成立120周年，我们整体推出“汉译世界学术名著丛书”120年纪念版的珍藏本，寄望既利于文化积累，又便于研读查考，同时向长期支持丛书出版的译者、编者和读者致以敬意。

两甲子后的今天，商务印书馆又站在了一个新的历史时间节点上。我们不仅要铭记先辈的身影和足迹，更须让我们的步伐充满新的时代精神。这是商务人代代相传的事业，更是与国家和民族的命运始终紧密相连的事业。我们责无旁贷，必须做好我们这代人的传承与创造，让我们的努力和成果不仅凝聚成民族文化的记忆，还能成为后来人可以接续的事业。唯此，才能不负前贤，无愧来者。

商务印书馆编辑部

2017年10月

中译本前言

本书作者约翰·哈罗德·克拉潘(John Harold Clapham,1873—1946)是现代英国著名的资产阶级经济学家和历史学家。生于兰开夏郡索耳福德的布罗顿。就学于剑桥大学,深受J.阿克顿、F.梅特兰、W.坎宁安等人的影响,并在A.马歇尔的劝导下,开始研究经济史。1902—1908年任利兹大学经济学教授,1909年回母校任教,1928—1938年担任经济史讲座教授,并兼任该校英王学院副院长。1938年退休后,曾担任经济史学会第三任会长、不列颠科学院院长等职。他还曾长期担任剑桥经济史杂志的编辑 1
工作。1943年受封为爵士。

他最著名的著作是本书和《1815—1914年法国和德国的经济发展》(初版于1921年,中译本已在1965年出版),而本书作为二十世纪上半叶英国经济史的代表作,更奠定了他在史学史上的地位。除上述二书外,他还著有《毛织工业》(1907年)、《英格兰银行史》(1944年,二卷本)和《简明不列颠经济史,从最早时期到1750年》(遗著,初版于1949年,中译本已出版)等书。著书之余,还曾为许多历史杂志和丛书撰写论文。

本书共分三卷,分别叙述1820—1850年(作者称为"铁路时代前夕"和"早期铁路时代")、1850—1886年(作者称为"自由贸易和钢”时期）和 1887—1914 年（作者称为“机器和国家的竞争”时期）这三个时期的英国经济历史。结论部分讲到了 1914—1929 年的若干情况。

作为一部资料书，本书很有参考价值。在资产阶级学者有关
ii 英国经济史的著作中，本书是篇幅很大、史实周详、资料比较丰富的一种。在叙述经济史实和英国的经济政策时，作者不仅引用了有关的许多重要著作和报刊论文，而且广泛利用了英国官方的调查报告、地方志、年表以及各种蓝皮书中的材料。在某些方面，他还采用了同欧美各国当时的经济状况比较对照的方法。这些都有助于我们了解英国资本帝国主义发展的历史过程。

在方法论上，克拉潘认为经济演变是一个进化过程，“概括结论”往往经不起不断进化的经济事实的检验，因而他注重经济史实的陈述，并致力于统计数字的考证分析，而一般不正面地、有系统地阐述自己的观点。在先于本书出版的《1815—1914 年法国和德国的经济发展》一书序言中，他就这样说：“我不是在写一部关于经济意见的历史，而是在写一部关于经济史实的历史。”作者在本书序言中又对这一方法作了具体说明，并在全书中加以运用。克拉潘的后继者艾希顿等人在研究经济史时师承和发展了这一方法，逐渐形成了一个学派。

经济事实是经济史研究的基本依据，准确的数字资料也可以反映大量现象的特征和规律性。但在资产阶级史学界，史实的叙述、统计数字的考证研究以至材料的选择引用，往往受到阶级偏见的影响。克拉潘也未能脱此窠臼。本书对十九世纪早期英国工人阶级状况的描述与恩格斯在《英国工人阶级状况》一书中所作的论

述大相径庭,充分表明了这一点。

更重要的是,虽然本书作者宣称不写“经济意见”,但是实际上,他通过具体事件表达出来的“经济意见”即资产阶级观点,还是很明显的。

从本书的字里行间不难看到,克拉潘同英国的许多资产阶级学者一样,否认人民群众在历史发展中的决定性作用,把资本主义
制度看作自然的、永恒的社会制度。除了这些,克拉潘及其学派还 iii
有一个明显的特点,那就是坚决否认英国资本主义发展中的阶级矛盾和阶级斗争。克拉潘把英国资本主义发展的进程描绘成一片安宁、闲逸、和平、繁荣的景象,力图证明英国资本主义生产方式的建立和发展给英国劳动人民带来的不是苦难而是幸福,并一再强调十九世纪上半叶英国劳动人民的生活非但没有恶化,而且明显好转。他还为英国帝国主义的殖民扩张政策辩护,力图证明英国帝国主义进行殖民扩张是由于英国人口迅速增长和英国本土资源不足,英国工业的迅速发展是依靠自己内部的力量,与对殖民地的掠夺和由贩卖奴隶得到血腥利润无关,甚至宣扬英国资本主义的发展和英国帝国主义的殖民扩张给殖民地带来文明和繁荣。所有这些,都是对英国资本主义发展历史的严重歪曲。

英国资本主义发展的历史充分证明了马克思的著名论断:“资本来到世间,从头到脚,每个毛孔都滴着血和肮脏的东西。”英国的资本原始积累是一个洗劫农民、剥夺小生产者、贩卖黑奴和掠夺殖民地等以暴力掠夺为基础的过程。在英国工业化的过程中,英国资本主义仍不断依靠吮吸英国劳动者和殖民地人民的膏血来滋养和肥大自己。这种历史进程,必然使无产阶级和资产阶级、英国资

本帝国主义和殖民地人民之间的矛盾和斗争不断发展。英国资产阶级掌握政权之后，随着资本主义的剥削和掠夺的加强，资本主义生产方式的基本矛盾，无产阶级和资产阶级之间的对立和斗争，更以全面的、日益尖锐的形式向前发展。恩格斯指出：“只有大工业才能发展那些使生产方式变革成为绝对必要的冲突。”马克思更详细地论证了资本和雇佣劳动的对立，指出吮吸无产阶级和劳动人民的血汗愈多，资本积累得愈多，资本主义社会的两极分化也就愈严重，无产阶级和资产阶级之间的阶级斗争也就愈激烈。英国垄
iv 断资本主义的产生和发展，更使各种阶级对抗有增无已。所有这一切，在英国表现得最为典型。正是由于这一点，马克思在研究资本主义社会的经济结构和运动规律，才以英国作为主要对象。

研究英国的经济史，对于了解英国资本主义的发生和发展、了解世界资本主义的过去和现在都是必要的，对于学习马克思主义的经济学说也具有重要意义。在进行这种研究时，参阅一下克拉潘的这部著作，当会有所裨益。

顾　林

目　　录

1939年再版序

我现在把第一版和第二版序中的几段摘录放进此次修正版的序中，在执笔的这个时刻（适值1939年圣巴多罗买节），并鉴于自己的年龄，这一版可能是最后一版了。凡私人致谢之词一概从略，而只把方法的说明和一些可能有永恒兴趣的讨论保留下来。

（第一版序）英国近百年来的经济进化既是那样为世所习知，而现在又以这样相当大的一部历史书分卷出版，怕就不能不有所解释了。第一，以现所选择的这个规模予以讨论，还从来不曾有过。

第二，凡世所习知的故事反而容易成为稗官野史的渊薮。直到最近，史学家对于人口大量迅速增长这件十九世纪突出大事的记述几乎还尽是稗官野史之谈；就是现在也往往如此。统计学家向来是了解近乎真实的情况的；而史学家则往往一仍世所习知的文学传统的故辙。再者，历来有这样一种牢不可破的传说，据说直到起草人民宪章和举办大博览会这段期间的某一个时日为止，工人阶级的一切一切都每况愈下。自1820—1821年的物价下跌之后，一般工资的购买力，自然不是每人工资的购买力，比之革命战争和拿破仑战争前夕肯定有所增加，这一事实和很少提及这一点的那种传说，是很难调和的，而统计学家在工资和物价方面的工作却为社会史学家置若罔闻。许多社会经济史同本书正文所载的那些见诸最近对一批有低降之说的行业进行调查的数字以及附录所载的一些改正数字和未予备载的有关数字之所以南辕而北辙，是具有象征性意义的。

第三，要把这段历史写得比过去更加数量化一些，是完完全全可能的。在种种资料之中，尤其在蓝皮书中，有各种各类的正确材料散见于各处，不但有关于工资和物价方面的材料，而且有关于企业、农场、蒸汽和社会群体方面的材料。人口调查一次比一次有所改进，一次比一次更能说明问题了：作为本卷截止期的 1851 年的那次人口调查，更且能给过去以有力的说明。1838 年统计学会的学报问世。前此两三年，视察员已开始计算工厂的数目，济贫法调查委员也开始编制他们可悲的表册。然而我们并不是生活在一个完备的统计时代。五十年前，矿业统计数字尚付缺如。甚至对外贸易统计这个历史最悠久的统计之一，也是非常残缺不全的，至于出生、死亡和结婚的登记制度，则在统计学报刊行的同一年方始举办。大致不差的估计数，也只好勉强使用了，甚至不得不带几分揣测；纵非轮廓分明，但至少有了提出一个轮廓的尝试，总比大小不知的模糊一团要略强一二。

数字是至可宝贵的；但统计学家的世界并不是史学家的世界。一般史学家的世界也不是专题作家的世界。为使一般化统计报告的不切实际和对特别重要的行业或专题的论著（而几乎近代英国经济史的最优秀作品都是出之以专论的形式）所起的过分影响得到一个平衡，多多引证一些散见于全国各地和整个经济范畴的个别事实似乎是明智的。读者从一个行业浏览到一个行业，从一郡读到一郡——为供这种浏览之用，《维多利亚地方志》是极有价值的——可能稍感厌烦;但除此而外,我却不知道还有什么方法能把国民经济生活的千差万别表现出来了。“我们并不是棉纺工”。这一地区的农场主、工资劳动者、运河股息和习艺所也很少是和其它任何一区十足相似的。只要史学家得暇一读苏格兰法,且不谈各郡的执行情况,恐怕英格兰济贫法运行的概括结论,早就有所修正了。圈地和贫困是有关联的,正如向来所探讨的那样,但是在1834 年以前最贫穷化的郡,却是新近圈地数量最少的一郡——苏塞克斯郡。在科布登的纲领里,因为全岛一半是耕地,一半是草场,所以分成为一半是对谷物法感兴趣的,一半是不感兴趣的,这种分法也许稍嫌过火;但所依据的原则却是健全的。

这本书的范围,顾名思义,是以英国为限。我力图给苏格兰和威尔士以应有的重视,但并未试求对爱尔兰加以论列,只不过顺便提及而已。鉴于近来的大事,这种写法在政治方面倒也不无理由。至于经济方面,则联合王国从来没有成为一个超越地理条件的单位:爱尔兰始终有它自成一局的经济海岸线和水平。叙事开始于拿破仑战争的影响逐渐消失之际,对 1820—1830 年的英国经济现状作了详尽的分析,并且略溯既往(第一编)。然后一直叙述下去,就所谈问题的情况而分别叙至 1846 和 1851 年之间为止(第二编)。

(第二版序)在哈蒙德先生对第一版的一篇……评论中,他指出我没有提及畋猎法和贫民的其它一些负担。我同意这一点:不过经济史学家是一个专家,而没有一个专家能道出全部真相。但是我承认,即使是一个经济专家,也很可以提一下畋猎法。在 1930 年 1 月号《经济史评论》所载的一篇更加侃侃而谈的评论中,哈蒙德先生谈

到我的统计数字，似乎意在言外，说我给这段时期形成了一个“愉快的印象”，虽然我不确知是否有这个意思。这可能是因为我在本书的序中把“直到起草人民宪章和举办大博览会这段期间的某一时日为止，工人阶级的一切一切都是每况愈下”的这种看法说成是稗官野史之谈，但我并不是说一切一切都越来越好转了。而我只不过是说，在我看，近来史学家未免太常常着重于恶化的情况，而忽略了好转的方面。对于这种看法，我仍坚持已见。哈蒙德先生对于我的农业工资统计数字——或毋宁说鲍莱教授的数字——提出了一个有力的指责。为了图解起见，我采用了所得而知的各郡平均数的一个平均数，而这个数字忽略了各郡工资劳动者的相对人口。据哈蒙德先生计算，有 60%的劳动人口是在工资低于这样得出的平均数的各郡的。但是任何一个平均数总有被平均的数字的 50%左右是在这条线以下，所以对问题的两种不同看法之间的差异还并不很大。而且我在本书第 129 页中已经十分清楚地叙明了没有达到这个平均数的各重要州郡及其所以然的原因。

哈蒙德先生对于这些概括结论所依据的某些当代工资数字表示应有的怀疑。但是他却引证了恩内尔勋爵的几段文字，认为比我的工资曲线更能说明问题，据说农业工资“在和平以后，一年比一年降低”——显然是说直至 1834 年为止（“1834 年的济贫法是开始恢复的标志”，《英国农业》，第 407 页）。这是一条用文字画出的曲线，如果照字面解释的话，这是一条不正确的曲线。虽然在 1815 和 1822 年前后之间有还严重的降低，正如我在第 184—186 页所谈的那样，但是若说从 1815 到 1834 年工资“一年比一年”降低，却没有任何统计上的证据。哈蒙德先生甚至连恩内尔勋爵的曲线的近似正确部分都予承认，总也应该承认 1823—1824 年的工资数字了，可是在我用这些数字时，哈蒙德先生却又多少有点不满。但是他既然结束他对这些和其他一些数字的评论说，“让我们这样理解这个问题吧，仅就统计数字所能衡量的物质方面的改善而言，确是有改善的”，随后便转而去谈更高的问题，既然如此，那也就无须斤斤于算术之争了。他认为物质福利的统计数字不能衡量人民的幸福，我深深同意这种看法。因此我在第 114 页写道：“某些〔农业〕工人家庭在 1795 和 1825 年间所遭受的困难、不公平和不应有的屈辱……却是不容以任何差堪慰藉的统计数字加以掩饰的”。但是我迄今仍认为史学家过分集中注意于这些和其它一些历史风貌的阴影，而忽略了一缕缕的阳光。很容易不知不觉就这样做了。三十年前我阅读阿瑟·杨格的《法国游记》，曾一一加以标识，并且从所标识的段落中颇获教益。五年前我又通篇阅读了一遍，发现凡杨格谈到法国人贫困之苦的地方，都加了标识。而许多提及快乐繁荣之处，却没有标识出。同情不幸，正是仁者之心。深盼不要把试图将其它的东西也恰如其分地记载下来，就认做是一个垂暮老者因统计数字而把心肠变硬。

在此次修正版中，我还是保存了为纪念最初教授我经济学和经济史的两位先生而作的献辞。其他或惠予批评，或不吝指教，曾给我以帮助的，谨于此前途茫茫之际，敬致谢忱。

克拉潘

1939 年 8 月 28 日于剑桥

第一编　铁路时代前夕的英国

不列颠已经达到了这样一种创造发明的尖端；经济地位也发展到了国民生产力和国民财富为古往今来任何国家所不能比拟的高度。

斐特烈·李士特，1846年

英国人啊，为什么要替领主们力耕
而他们却致你们于死命？
又为什么辛苦而小心地织造
给你们的暴君们穿着的锦袍？

雪莱，1819年

法国大革命引起了一次战争，这次战争使绅士派的生活，费用增加了一倍，困难增加了两倍。

《女箴和母训》，1835年

第一章　英国的面貌

为了考查一位或许过分敏感的德国人所说的“每年都有几近 3
荒诞不经的新颖事物出现”的这个“卓越不凡的国家”，[①]而来访问乔治四世[②]治下的英国的外国人，发现自1821年第一艘轮船在多佛尔和加来之间开始航行以来，行旅往来已经舒适得多了。“即令遇到逆风”，[③]只要风力不太强的话，渡海现在只需要三四小时。其它航线也有了同样的便利。在苏塞克斯·乌兹河口上相距约一百英尺的那些古老的木制码头之间，有一艘小轮船定期从纽黑文驶往照料好得多的第厄普港。[④] 从伦敦驶往荷兰的轮船，甚至驶往汉堡和哥德堡的轮船，在1828年以来就已经把大部分邮件和客运吸取去了：仍然从哈里季驶出的旧式邮船则早已很不受人重视。[⑤] 但是不列颠赖以生存的，并不是依然还有爆裂声的邮船，甚至也不是如今夏季在伦敦和利思之间往来航行的那些“备有一切

① 梅丁格：《不列颠和爱尔兰旅行记》（Meidinger，H.，*Reisen durch Grossbritannien und Ireland*），1928年版，第1卷，第100页。

② 1760－1830年，于1820年即位。——译者

③ 梅丁格，前引书，第1卷，第1页。

④ 维农·哈克特：《港口和船坞》（Harcourt，L. F. Vernon，*Harbours and Docks*），1885年版，第1卷，第343、143页。

⑤ 梅丁格，前引书，第1卷，第200页。

应有的享用品”和备有实际上足供一百三十人进餐之用的餐台的那种轮船。[①]

一位博识明辨的旅行家，顺着泰晤士河口渐渐地逼近英格兰时，目睹从不列颠沿海各地和世界各处趋往努累的船舶，眼前便展开了一幅海上商业强国的壮丽景象，令人不禁想起久久卓然驾凌于一切迄今仍往往被简称为外港地方之上的伦敦的优越地位。自拿破仑战争以来，不列颠群岛的商船队在船数和吨位上几乎一直没有变动。若说有
4 什么变动的话，那就是在 1820 年以后稍稍有下降的趋势。但是当不列颠航运业埋怨船舶吨位起伏于二百四十万和二百二十万之间的停滞状态时，在外国人看来，这却是一个闻所未闻的总吨数。[②] 在 1829 年，那个总吨数的整整四分之一（五十七万三千吨）是伦敦所拥有和在伦敦注册的。其次是纽卡斯耳，计有二十万二千吨；第三是利物浦，发展虽快但仍只有十六万二千吨；第四是散德兰，计有十万八千吨；第五是怀特黑文，计有七万三千吨。除赫尔一地（七万二千吨）之外，英国其它任何港口所拥有的船舶都不到五万吨；虽然格拉斯哥、格拉斯哥港和格里诺克共拥有八万四千吨。[③]

伦敦所拥有的船舶平均载重二百一十五吨，差不多恰是包括伦敦在内的不列颠群岛的平均容积的一倍。[④] 纽卡斯耳、散德兰

---

① 梅丁格，前引书，第 2 卷，第 32 页。

② 《报告和文件》(*Accounts and Papers*)，1821 年（第 17 卷，第 285 页）。《不列颠的船舶和吨位》(*Ships and Tonnage belonging to Great Britain*)（附早期的数字）。麦卡洛克：《商业词典》(J. R. McCulloch, *Dictionary of Commerce*)，1832 年，见“船舶”条（1829 年的数字）。

③ 录自麦卡洛克，前引书，“船舶”条。布里斯托尔的数字是四万九千五百三十五。

④ 伦敦：船二千六百六十三艘共五十七万二千八百三十五吨；联合王国：一万九千一百一十艘共二百一十九万九千九百五十九吨。麦卡洛克，前引书，“船舶”条。

和怀特黑文的船舶主要都是进行沿岸贸易的煤船;来自纽卡斯耳和散德兰的极大部分船只则是从事它们本港和太晤士河之间的定期航行的;因为几百年来伦敦就一直是煤的主要消费者和一个重要的集散地。在海外贸易方面,尽管利物浦蒸蒸日上,伦敦的优越地位却还一直没有受到挑衅:大部分沿岸贸易的存在就是为了使伦敦人得以温饱的。

在“每年出现的新颖事物”之中出类拔萃的,就是为一万九千艘商船服务和供皇家海军船舶寄泊之用的那些新口岸和新港口工程,以及指引船舶航行的那些新灯塔。在科学的港口建造方面,以及在灯塔建造方面,法国一向走在英国前面;但是现在它却瞠乎其后了。少数几处英国旧港口工程,诸如来姆—里季斯的科布码头、惠特比的简陋码头,或利思的那些古老码头,都不能同阿佛港的十七世纪工程媲美;而在加隆河口外,那个伟大的石建的科尔德灯塔上的灯火甚至早在艾狄斯东岛上的那个文斯丹雷的不幸的木建筑物完工之前就已经燃点了将近九十年。[①] 直到 1825 年人们称之为“最近战争”的那次战祸爆发时止,除去在利物浦以外,在任何地
方都没有开始过什么规模宏大的或艰巨的工程。伦敦附近的第一 5
个简陋船坞,即洛特黑茨的豪兰大泊船坞,是在文艺复兴时代兴工建筑的;但是既没有改良也没有扩建过。占地约三英亩半的利物浦旧船坞在十八世纪前二十五年中已经由它的水池改建而成。在 1760 年以前,绍尔特豪斯船坞和乔治船坞已经增建起来,在十八

① 斯迈尔斯:《工程师传》(Smiles, S., *Lives of the Engineers*),第 1 卷,第 283—285 页。哈克特,前引书,第 1 卷,第 545 页。

世纪结束以前，英王船坞和王后船坞也相继落成。赫尔的第一个船坞兴筑于1775年，于1778年竣工。在1767—1769年间，布里斯托尔方面除去在埃房河口外挖掘了一个“仅能容纳一艘载炮七十四门的战舰”的小小方形船坞之外，别无任何成就。[①] 在大战开始前一年去世的斯米顿曾经受过许多港口当局的咨询；“但是几乎每一次都是因为绌于经费，以致他所建议的改良办法未能完全付诸实施”，[②]虽然腊姆兹格特港是在他服务的最后一年中按照他的计划建成的。[③]

舰队和商船队在战时的需要，连同国家财富的增长和工程技术的提高，使不列颠海岸和港口的面貌一新。从1789年布莱克韦耳的不伦瑞克船坞兴工建筑到1828年圣卡塞临船坞完工这段时期中，伦敦已经具备了一个船坞体系——东西印度船坞、伦敦船坞、商业船坞、萨里船坞和卡塞临船坞，这些船坞一直为伦敦服务到1850年以后而几乎毫无变动。除开最小的卡塞临船坞之外，所有这些都是在1816年以前竣工的。[④] 在1807和1829年之间，赫

---

① 杜宾男爵：《不列颠的商业实力》（Baron Dupin, *The Commercial Power of Great Britain*），第2卷，第341页。所用的是英译本（两卷，1825年版），而非法文原本。关于利物浦，参阅狄福：《游记》（Defoe's *Tour*）（1724年版），第2卷，第104页；韦伯夫妇：《采邑和市》（Webbs, S. and B., *The Manor and the Borough*），第483页；杜宾，前引书，第2卷，第275页。关于赫尔，参阅哈克特，前引书，第1卷，第521页。〔利物浦的乔治船坞在1760年以前并未计入，正如第一版所述，而是在1771年添进的。马歇尔文，载《经济史评论》（*E. H. R.*），1927年，第625页。〕

② 斯迈尔斯，前引书，第2卷，第64页。

③ 同上书，第69页。哈克特，前引书，第1卷，第229—230页。

④ 哈克特，前引书，第489页。布鲁德班克爵士：《伦敦口岸史》（Broodbank, Sir J. G., *History of port of London*）（1921年版）比较详尽。

尔已经完成了自赫尔河至恒比尔湾环绕着这个旧城的一个半圆形的船坞组列。[①] 在十九世纪二十年代，利物浦，不同于伦敦，并没有达到船坞供求之间的暂时平衡。船坞自北至南，迤逦于默尔西河两岸；但是在 1825 和 1846 年之间，船坞面积增加了一倍以上。在二十年代时，这个旧船坞区被填平，在它的原址上建造了海关和行政办公处，邻近的船坞则同时扩大增建，并且装配了新式设备。 6

> “利物浦的海事工程的建筑越新”，杜宾男爵这样写道，“在它们的结构上……在绞盘、轴轮……横过闸门的扶梯以及这些扶梯两侧的栏杆等等上面，就越看不见什么木料；所有这些……在比较现代的建筑上，都完全是铁制的。……这并不是由于一时的兴致或某种暂时风尚的影响；而是钢材成本低廉和木料价格昂贵的必然结果”。[②]

布里斯托尔已经将埃房河导入新河道，并且就已废的河湾造成一个浮脚堤，在堤的两端有连接水闸，在西出口处有坎伯兰船坞渠——用砂石建成的。但是主要工程虽然在 1809 年已经完工，它却没有为布里斯托尔挽回与利物浦相形之下的落后状态。“在我访问过的所有不列颠城镇中”，杜宾这样说，“布里斯托尔是一般停滞状态最显而易见和最惊人的一个地方”。[③]

---

① 哈克特，前引书，第 1 卷，第 521 页。

② 杜宾，前引书，第 2 卷，第 279 页。哈克特，前引书，第 1 卷，第 504 页。

③ 杜宾，前引书，第 1 卷，第 344 页。另参阅哈克特，前引书，第 1 卷，第 529 页和韦伯，前引书，第 460—461 页。

虽然并不是每一个地方都建筑船坞，也不是每一个地方都需要船坞，可是在二十年代中期，几乎没有一个略具规模的口岸或沿海险要地带不从事或者筹备进行改良的工程。怀特黑文是斯米顿徒然作了一番调查的那些港口之一，在 1824 年已经开始了重要工程；格里姆斯比的那个小小口岸也已经将它的第一个船坞挖掘竣事；利思在 1825—1828 年正从事于它的码头和防波堤的扩建；至于敦提，则在 1825 年由曾在战时为阿伯丁和彼得赫德两处重要工程做过设计工作的特耳福德为它完成了浮动船坞的工程；克来德河的疏浚和码头工程已经使这条河可以同格拉斯哥蒸蒸日上的贸易齐头并进；在英吉利海峡沿岸，罗姆内沼泽平原的领主们在 1825 年开始在丹姆丘治围堤上铺砌石块，这是一千年来破天荒第一次；同进一步把都柏林和伦敦联系起来的计划有关的各式各样伟大工程都已经在都柏林湾和霍利黑德动工；在 1821 年作出了一年铺砌石块三十七万三千吨成绩的普利茅斯防波堤上的巨大工
7 程，历经许许多多的困难而缓缓地进行着。[①] 在 1826 年 1 月 30 日“为数不可胜计的一大批群众”[②]紧随着一个官方仪仗队踱过特耳福德的梅奈大桥时，伦敦和都柏林的联络遂告完成，建筑费时达

① 怀特黑文，哈克特，前引书，第 1 卷，第 327 页；格里姆斯比，梅丁格，前引书，第 1 卷，第 230 页；利思，哈克特，前引书，第 1 卷，第 545 页；敦提、阿伯丁和彼得赫德，哈克特，前引书，第 1 卷，第 170 页和斯迈尔斯，前引书，第 2 卷，第 393—408 页；罗姆内沼泽，韦伯夫妇：《英国地方政府》(Webb. S. and B. ,*English Local Government*, *Statutory Authorities for Special Purposes*)，第 38 页；都柏林和霍利黑德，哈克特，前引书，第 1 卷，第 167、169 页和杜宾，前引书，第 2 卷，第 314 页；普利茅斯，哈克特，前引书，第 1 卷，第 187 页。

② 斯迈尔斯，前引书，第 2 卷，第 459 页。另参阅杜宾，前引书，第 2 卷，第 369 页。

六年之久，耗用国帑十二万镑。

那个，照杜宾的说法，“审慎保持住它的一切优点和劣点的”古老而体面的公司三一兄弟行，[①]差不多已经完成了英国沿海的照明工作——虽不经济，总还完善。它在1830年控制了自锡利群岛和艾狄斯东岛至弗兰伯勒岬、法恩群岛和圣比斯的三十五个灯塔，至于斯珀恩岬，哥尔溪，加洛坡，逊克沙滩，谷德文沙滩，努累和其它五处的灯塔船却还不在此数。最新增设的灯塔是1828年10月1日点燃的比契岬灯塔，最新增设的灯塔船则是同一年在林恩海中点燃的“完美号”灯塔船（the Well Lightship）。除去三一兄弟行的这些灯塔之外，还有少数属于王室但租给私人的灯塔。寇克先生在丹吉尼斯享有自1828年起二十一年的租借权和平分灯塔捐的权利、累恩先生在亨斯坦顿则享有全部税捐。南、北福尔兰的灯塔，在1832年2月三一兄弟行接办以前，是属于格林威治保管委员会的。纽卡斯耳有它自己的经办灯塔的三一兄弟行，利物浦也有它的经办灯塔的船坞保管委员会；另外有四五个小灯塔可以说是在各该所有主“私人手里”的。[②]

比三一兄弟行资格浅得多、但效率并无逊色、且公认为比较经济的，是1786年由国会条例设置的北部灯塔委员。他们以1787年点燃基内尔兹岬的灯塔为开始，到了1811年2月2日贝尔岛上的灯塔初一点燃时，就已经赢得誉满欧洲了。此后他们一直在船迹罕至的苏格兰海面的北部和西北部继续他们的工作。艾莱岛的

① 杜宾，前引书，第2卷，第158页，另参阅第2卷，注76。

② 《报告和文件》，1833年（第33卷），第1页（灯塔报告书），第125页（三一兄弟行收据）。

8 芮因斯灯塔在1825年11月15日点燃，布卡岬在1827年5月1日，腊思角在1828年圣诞日，塔贝特岬在1829年2月29日[①]。就这样——

> 从暗礁小岛和孤岩——从地角、崎岬和小港之上——英国沿海的灯塔守护着英国船舶的出航。

在战争期间海军部为了保持同舰队的接触和指挥护航的商船，曾经从怀特霍耳架设了四条电报线——分别敷设到普利茅斯、朴次茅斯、迪耳和雅茅斯。1840年着手对朴次茅斯大道沿途的电报线，连同电线木杆，进行调查，并同新的“贾法尼式”(galvanic)电报机进行比较。当时它的经常费需三千三百镑一年。在1816年，为了节省三倍于这个数目的款项，把其它各线一律裁撤，来作为一项和平经济的措施。在这期间法国维持着，并且在二十年代和三十年代还扩充了他们的电报系统。据目前所知，这两种政策都没有重要的经济后果；只是法国外交部对欧洲方面的消息占先几小时而已。[②]

---

① 《报告和文件》，1833年(第33卷)，第55页(北部灯塔调查委员报告书)。至于当代的评价，参阅杜宾，前引书，第2卷，第158页。

② 关于信号电报，参阅《铁路交通审查委员会第四次报告书》(*Fourth Report of the Select Committee on Railway Communication*)，1840年(第13卷，第129号)，第7页；关于法国，参阅克拉潘：《1815－1914年法国和德国的经济发展》(Clapham，J. H.，*The Economic Development of France and Germany*)(1923年版)第156页。〔在1826－1829年，信号电报是用来从霍利黑德往利物浦发信号。多德：《北威尔士的工业革命》(Dodd，G. H.，*The Industrial Revolution of North Wales*)(1933年版)，第123页。〕

海岸工程的新技术早已从公用和国防工程过渡到装饰和娱乐工程了。“处于由大块岩石构成的古代状况下的”来姆—里季斯的科布码头，在十八世纪时已经改良到了这样的程度，以致在珍妮·奥斯廷时代就可供做时髦运动场之用了。① 但这类的事还是罕见的。在奥斯廷女士去世十年之后，马尔加特码头港口公司的那个石工精细的马尔加特长码头靠海一面装有绿色铁栏杆的高出海面的运动场，正收取一便士的门票。② 布赖顿吊链码头的门票是二便士，布朗船长和布赖顿吊链码头公司在1824年就已经把这个码头盖出海面达一千一百英尺远近，并且设有一架映画镜、一座日晷、几张绿长椅和一些出售矿石水的货摊。③ 这些都是海滨娱乐的滥觞。虽然每年夏季到马尔加特游览的，料想不下三四万人，④ 9
其中很多是携带乐器、从伦敦搭轮船前去的，虽然在1801年时仅仅有七千多人口的布赖顿，在它的恩主乔治四世当朝时已经从大约二万四千人增加到四万人左右；虽然据说在很多沿海地方都有“一辆〔或数辆〕海水浴马车”；但是为了健康和趋时髦的缘故而迁徙到海滨去的临时或永久性的人口，规模还是很小的。可是这两类的迁徙在布赖顿都已经有了开端。“请注意一下这种办法；……证券经纪人认为距离汶河五十英里的苏塞克斯郡的布赖顿镇空气

① 《英国的美》(*The Beauties of England*)(1803年版)第4卷，第535页。珍妮·奥斯廷：《信仰》(*Persuasion*)，第12章。

② 梅丁格，前引书，第1卷，第88页。这个码头是在1810年由伦尼建造的。

③ 梅丁格，前引书，第1卷，第100—101页。杜宾，前引书，第1卷，第376页。《英国人名词典》(*D. N. B.*)，塞穆尔·布朗爵士条。布朗在利思建的吊链码头还要更早一些(1821年)。

④ 梅丁格，前引书，第1卷，第87页作此说。

新鲜,有益健康……虽然住在布赖顿,却乘马车往返奔驰,事实上仍继续在证券交易巷做证券经纪的买卖”。[①] 但是博恩默斯的今址,在 1830 年时,却只有五六幢房屋,还是一片鸨鸳孳生的荒僻的欧石南属灌木丛。[②]

在布赖顿的海岸背后,不列颠农村的面貌正很快地丧失掉原始状态和原始农业的最后遗迹。和个个大陆国家不同,不列颠的天然林地已经伐取殆尽。尽管是一个园林、丛林、种植林和——在很多地区——树篱遍布的国家,它却是一个无论天然林或人造林都特别小的国家。在近代英国文献中没有关于森林的记载;只是在渥兹华斯的序言中有一段信手拈来的散文论评。古代的御林早在十八世纪时就那样被忽视,并且在拿破仑战争时又那样大加采伐以供船材和燃料之用,以致在 1815 年成材的树木大概比有史以来任何时期都更加匮乏了。自从斯图尔特朝初期以来,新森林就没有产生过什么优良的木料。1608 年的一次调查曾经在那里登记了适合海军用的树木十二万三千九百二十七株;1707 年的一次调查却只能以一万二千四百七十六株上报了。尽管在威廉三世[③]治下以及先后在 1769 和 1770 年有过森林法的制定,可是直到 1793 年依然没有恢复旧观。1808 年,在战争刺激下的进一步立法

① 威廉·科贝特:《农村走马记》(Cobbett, W., *Rural Rides*)(1823 年版),皮特·科贝特辑,1885 年版,第 1 卷,第 206 页。

② 马姆兹伯里:《一个前阁员的回忆录》(Malmesbury, *Memories of an exminister*),第 1 卷,第 10 页。

③ 英格兰、苏格兰和爱尔兰国王,1650—1702 年,1689 年即位。——译者

曾经产生了一些效果；所以到了 1819 年，植树已达五千英亩，其中
大部分是橡树。[①] 瑟武德森林因赠与和圈地的关系已经差不多夷
为公园和耕地。贝克兰和比尔亥，依然属于王室的这两片主要森 10
林，据报告拥有成材的橡树一万株。[②] 仅仅一艘战斗列舰就需用长成的树木四千株，那么这一点点的储备真是贫乏之至了。沃尔瑟姆森林——它的两个主要构成林的名字是埃平森林和埃诺森林却更为人所熟知——而储藏量甚至更为贫乏。埃诺森林中的皇室领地因为让与和被侵占的关系，已经缩减到不足三千英亩的细微数字。在 1783 年，其中计有橡树一万一千零五十五株，而符合海军标准和尺寸的仅仅二千七百六十株。任何保全森林的尝试都没有做过。1808 年的条例并不适用于艾塞克斯。森林权仍继续出售，对于侵占行为则明知故纵。沃尔瑟姆森林的残存部分在 1831 年已经是吉卜赛人的一个小小托庇所；伦敦人的一个假日游憩地方；野生物的一个非常难得的逋逃薮；和十个“围场”的御林大臣和副大臣的闲曹散职了。[③]

德安森林为了当地的铁工业已经大肆采伐，但仍保有成大片古老的、毋宁说是被忽略了的林地，这些林地——照科贝特在 1821 年的看法——也不过仅仅可以供“附近的劳工家属作为一个生存的地方而已。……有一些人养牛”，他补充说，“他们都有几小块地，自然是在不同时期侵占森林而来的”。[④] 他曾经注意到汉普

① 《维多利亚地方志，汉普郡志》(*V. C. H. Hampshire*)，第 2 卷，第 454 页。

② 《维多利亚地方志，诺丁汉郡志》，第 1 卷，第 374 页。

③ 《维多利亚地方志，艾塞克斯郡志》，第 2 卷，第 615 页及以下。

④ 《农村走马记》，第 1 卷，第 34 页。

郡的同样情形。事实上森林中有相当数量质地优良的海军用橡树，这些树木一直存在到 1854 和 1864 年间供最后一批木船需用时为止。[①]

古代御林的失于管理和耗损是势所必然的。公园里栽种的树木和私有产业上的林地，至少是防护得好一些，并且也往往管理得不错，正如国王的私产温索尔森林那样。[②] 1813 年在沃里克郡的私人地产上仍然有阿登森林残存下来的许多质地优良的海军用橡树：农业部调查员认为那里单单一块地产上就拥有价值十万镑的树木。[③] “目前仍然是英格兰各郡之中树木最密集地方”的苏塞克斯，[④]在拿破仑战争期间已经把狄福从汤布里季威尔斯到路易河去一路上看到的“硕大”木料牺牲掉了很多；但是“在苏塞克斯和汉普郡的沼泽丛林、野林和森林之中”还留存下不少的各类树木。[⑤]
11 有一些森林是徒有其名的，恐怕也只有英国人才会用这个名称。肯特除在苏塞克斯沿边一带，没有什么“野林”；但是有许多供作撑竿跳木杆用的栗木、杨木、柳木和枫木的整齐丛林。[⑥] 在汉普郡森林和猎场以西，有相当多的林木——虽然还不够供应贫民以合理低廉的燃料，但是除开周围十二英里的萨威内克那一段地区以外，一直到德安森林和格拉斯特郡、赫勒福德郡和蒙默思郡沿边一带的林地止，甚至连一个叫做森林的地方都没有。萨默塞特郡和得

① 《维多利亚地方志，格拉斯特郡志》，第 2 卷，第 278 页。

② 梅丁格，前引书，第 1 卷，第 425 页这样说。

③ 《维多利亚地方志，沃里克郡志》，第 2 卷，第 295 页。

④ 同上书，《苏塞克斯郡志》，第 2 卷，第 291 页。

⑤ 《农村走马记》，第 1 卷，第 54 页。

⑥ 《维多利亚地方志，肯特郡志》，第 1 卷，第 475 页。

文郡各有其欧石南沼地森林，在谷口和深谷中还有一些古木。康沃耳因为风的缘故，始终缺少林地。缺少的情形现在是无以复加的：有一个郎斯顿人，“也是一个工匠”，告诉科贝特说：“一般老百姓都不能举火，他自己在别人的火上把一只羊腿烧熟就付了三个便士”。[①]

除开巴金汉郡的槲木林和白垩地带上的其它几片残存的老槲树之外，太晤士河以北和从格拉斯特约略划到惠特比的那道分界线以东的整个地区，不是从来没有过密集的树木，就是早已丧失掉它的天然林，而只有瑟武德和沃尔瑟姆森林是例外。那里的树木主要是公园、树篱、农场和现代种植园的树木。在1726年前后，很多树木都是点缀品，是别墅的一种增添气派的布置，就像在威尔贝克——一度是瑟武德森林的所在——为点缀点风景而设计的那些广袤的种植园一样。[②] 在格拉斯特——惠特比线以西，赫勒福德和希罗普郡却保存了较多的林地，但是在西北部，在光秃秃的斯塔福德郡的斜坡上，在柴郡和兰开郡的平原上，在盆宁沙地、石灰岩和砂岩上以及在湖区流域，到十八世纪时，凡有过森林的地方，古代森林的残余已差不多清除尽净了。

科贝特在1822年乘马走过乌尔梅森林时发现了一些枞树种植园。“他种枞树作什么呢？只有天晓得了”，这就是他“看到那种废物充斥于全国”而下的一句评语。[③] 如果真是这样的话，那么充斥的情形是来得很快的；因为苏格兰枞树在1775 12

① 《农村走马记》，第1卷，第73页。

② 《维多利亚地方志，诺丁汉郡志》，第1卷，第380页。

③ 《农村走马记》，第1卷，第182页。

年前后才刚刚输入南英格兰——严格地说是重新输入；但却已绝迹有年了。[①] 落叶松，直到那个年份的大约三十年前在不列颠还没有听说过的一种树木，也伴随而来。起初进展很慢，但是从1787年起一直存在到1793年的森林调查委员会极力主张栽种这种松柏科的植物；[②]他们的主张由于拿破仑战争期间木料的日益短缺和价格的昂贵而获得采纳；至少在此后二十年间的所作所为足可给科贝特的抱怨之词一不无可恕的理由。持异议的并不止科贝特一人。在英格兰的遥远尽头还有另一位宁取英国原有的面貌而不取其渐渐变成的这种样子的人同他相呼应。落叶松种植园连同那种令人不快的表面结构——“一万株这种尖头树……同时栽在一个小山坡上”——以及“一排排”的人工分布的苏格兰枞树，在渥兹华斯看来，用来代替橡树、白杨、冬青和桦树的丛林以及他的原籍坎布连山谷中土生土长，但现在已经很少的那种天然丛生的紫杉，似乎是不适宜的。[③] 科贝特也最赞成英国橡树和白杨；他厌恶柔软的落叶松；当他毅然提倡外国木料时，他也只提到坚硬的美洲刺槐。但是尽管有他提倡，尽管有很充分的理由，可是自英格兰一端到另一端的沙地、荒废山坡和很多不太适宜的地方都在遍植防护林以及一丛丛的松树、落叶松或虎尾枞的树林。无疑，科贝

① 1776年首先在新森林：《维多利亚地方志，汉普郡志》，第2卷，第454页。

② 同上书，《艾塞克斯志》，第2卷，第621页：《汉普郡志》，第2卷，第454页。

③ 渥兹华斯：《湖区指南》(Wordsworth, W., *Guide to the Lake District*)(1835年版)，第6、29页。渥兹华斯提到(第28页)苏格兰枞树有一个时期“一定长成很多”：到他那个时代古树已一棵不存了。

特对于许多新造的枞林在地点和管理方面的失着所下的评语是正确的，因为他对于树木的保养很有眼光；但是枞树种植者大抵也不错。他们虽然对于英格兰的大规模重新造林并未作任何尝试，却在设计新的保护林和小树林之外，还往往把旧有的森林地带重新用枞树加以复被。

在北威尔士，大多数古代森林都早已绝迹了，虽然在十八世纪初期某些地区还是树木密集的。戴维斯在 1813 年调查蒙特哥马利的报告中说，“不到一百年以前”，那个地方的 13
树木还是如此之多，以致人人都用“最好的木材”烧火。[①] 大约在 1730 至 1740 年那十年间，海军光顾到蒙特哥马利的橡树林，采伐于是开始。虽然采伐过当，但是在 1813 年树木仍然很多。弗林特、登比、梅里奥讷思和卡那封在较早时期就已经被采伐殆尽。很少树木是作为燃料烧掉的。弗林特产煤，所产煤炭也足供登比以东之用；西入山区，则泥炭是大宗燃料。[②] 但是同英格兰的情形一样，植林——尤其是枞林的种植——却早已开始；虽然在 1813 年据说还进行得很慢，可是在梅里奥讷思境内的莫达河和迪河河谷的斜坡上，以及往北，在康威的斜坡上，从贝托斯至海，已经作出了一些成绩。[③] 在南威尔士，腊德纳和布雷肯两地靠赫勒福德郡那一边的比较坦旷地带，则同蒙特哥马利一样，木料供应是相当充足的：

① 戴维斯：《北威尔士农业概况》（Davies, W., *General View of the Agriculture of North Wales*）（1813 年版），第 239 页。

② 同上书，第 368—370 页。

③ 戴维斯：《北威尔士农业概况》（1813 年版），第 236 页。

较高的地方却到处牛山濯濯。包括全郡大部分地区在内的卡尔迪根高地，沿海湾一带以及东至泰非河谷，是草木不生的。[①] 彭布鲁克郡几百年来就一直是敞地：它是伊丽莎白女王时代的一个“不毛”之区。格拉摩根的沿海平原，“那个没有圈地的大而敞旷的地方”也是如此。[②] 在某些山谷里，尤其是在尼思谷却有林地，但是不论在那一带或者在卡马森都没有任何可以叫做森林的地方。正如在北部一样，枞树种植也已经开始；而且由于南威尔士煤田的迅速发展——虽然可以应付那些以泥炭济用的高山谷以外地方的一切燃料需求——已经使可供采伐煤井用木柴和煤井用柱材的一切树林和柴林获得了一个新的价值。

十八世纪初期苏格兰已经是比起无论威尔士或者英格兰都更加缺少树木的一个地区了。《论苏格兰最多在十六年内实行圈地、休耕和种植等方法》的作者在1729年说他的故乡“完全没有森林，或的确没有任何数量的树木来供给木柴了”。[③] 如果开始圈地，据他说，苏格兰人就必须从英格兰或荷兰取得供作树篱用的树木；因
14 为他们一无所有。四十多年后，塞缪尔·约翰逊对苏格兰方面的树木的讥讽之词仍然不为过分，诚然，对西部和北部却不能一概而论；虽然在1773年当他和博斯韦耳一起旅行时，东南部的地主在

---

① 戴维斯：《南威尔士农业概况》(Davies, W., *General View of the Agriculture of S. Wales*)(1814年)，第1卷，第221页。

② 赖斯·梅里克语，1578年，引自里斯和布林莫—琼斯：《威尔士人民》(Rhys and Brynmor-Jones, *The Welsh People*)(1900年版)，第247页。

③ 《论……方法》，一个热爱故乡的人〔马金托斯〕(*Essay on Ways and Means*... By a Lover of his Country〔B. Macintosh〕)，第23页。

植林方面已经取得了相当的进展。[①] 举例来说，埃尔郡在六十年代和七十年代时仍然是光秃秃的地方，而植林工作不过刚刚开始。非常正确的是，约翰·高尔德选择了1765年，说是在那一年中那位说部中的齐伯克先生，包尔惠德第二位夫人的父亲，把一圈圈的枞树“栽种在他的农场中光秃秃的小山顶上，人人看到都认为是水的激荡和铃铛的振摇，连我也不例外”。效法齐伯克先生家的颇不乏人，所以当1810年包尔惠德先生坐下来写他的回忆时，他“已经听到游历过外国的旅行家们说，就那小山顶上一圈圈美丽的绿色植物而言，埃尔郡”是“连当时山野仍保持天然景色的意大利或瑞士也望尘莫及的”。[②] 在苏格兰的另一侧，阿伯丁郡也久已是一个棵树不存的地方了。但是当1794年安德逊向农业部报告这一郡的情况时，植林运动正极一时之盛。[③] 1780至1820年间，在高原上植林进行得很快。有些大地主已进行大规模造林。[④] 在佩思郡，“一大片一大片的地区都是林荫相接，正如朗诺治的松林那样。可是新植的树木大多数是落叶松”。在加尔穆斯，斯佩河口有许多锯木厂，从戈登公爵所租伦敦木材公司的巴登诺治森林中顺流而下的木材，就在那里锯开装船，主要是运往德特福德和乌里治的。

① 格里姆:《十八世纪苏格兰的社会生活》(Graham, H. G., *Social Life in Scotland in the Eighteenth Century*)，第2版，1906年，第220页。

② 高尔德:《教区年鉴》(Galt, J., *Annals of the Parish*)(人民丛书版)，第28页。

③ 安德逊:《阿伯丁农业概况》(Anderson, J., *General View of the Agriculture of Aberdeen*)，第33页。

④ 佛朗塞斯·巴耳弗夫人:《阿伯丁伯爵传》(Balfour, Lady Frances, *Life of the Earl of Aberdeen*)(1922年版)，第1卷，第52、196页叙明自1801年以来这种办法在一个大地产的进行的情形。

“现在每一个地方”，报告这些事实的梅丁格补充说，“都在采行一种合理的森林管理，如果这种办法继续实行，苏格兰将可同挪威和瑞典争胜了”。[①] 这是一种乐观的判断，然而既是出诸于对森林和林业管理有了解的国家的一位人士之口，那么对苏格兰地主当中的科学造林的先驱者们，自是一个可以引以为荣的断语。

虽然不列颠在一个很早的时期就丧失了它的大部分森林和林地，可是直到晚近，那儿还残存看大片欧石南沙质荒地、沼泽地、粗放的山地牧场和普通的农村公用地。在十九世纪前二十五年之末，因拿破仑战争时期人口增长的刺激而积极活跃起来的那个绵延了几世纪之久的圈地工作，已经把旷地的面积缩减到了——至少在英格兰和威尔士——就英国标准以外的任何标准来判断都必会认做是无关宏旨的程度。可能英格兰和威尔士仍有不下四分之一的土地是“公用地和旷地”；但是任何估计虽都不过是悬揣之词，可是五分之一似乎更有可能，比五分之一更少的数字会是正确的数字。[②] 不论取哪一个估计数字，却都是把作牧场用的一切山地和欧石南地——主要是在威尔士和西北部——一并包括在内的，这类土地，即使在八十五年后“公用地

① 梅丁格，前引书，第 2 卷，第 50、66 页。巴登诺治和其它中心区仍然有枞林。在西面，“桦木、赤杨、榛木并略杂有橡木和梣属”的树木占多数。《苏格兰沿海调查》(*Survey of the Coasts of Scotland*)，1803 年版，第 4 卷，第 34－35 页。

② 在《圈围公地审查委员会》(*Select Committee on Commons Inclosure*)(1884 年，第 5 卷)中什一税调查委员理查德·琼斯揣测说，在三千七百万英亩之中有八百万英亩仍然是“公用地和旷地”。《报告书》(*Report*)，第 1 页和《作证》(*Evidence*)，询问案第 1－181 号。

和旷地”已经确实差不多达到绝对可能的最低限度时，也还占全国面积的十分之一强。[①] 在 1820 和 1870 年之间，除开韦斯特木兰外，在英格兰的任何一个郡里都没有真正大段的旷地根据国会条例圈围起来，到了 1870 年这类的圈地实际上已经停止。[②] 韦斯特木兰的数字是全郡的百分之八点六。坎伯兰以百分之四点四居第二。其次诺森伯兰为三点五，西莱定和北莱定各为百分之三。其它各郡超过百分之二的只有汉普郡(二点五)和萨里(二点六)。至于威尔士则没有作过这样的计算；但是无疑威尔士大多数的郡会同英格兰西北各郡的情形相似，在 1820 年以后的圈地数字一定较高。根据条例的圈地并不是唯一圈地的方式。凡是不受公共权利支配的山地和其它旷地，都听由所有人 16
任意圈围。但是这种情况在苏格兰虽几乎是普遍的，在特威德河以南却不常见；所以在 1820 年以后根据条例所作出的成绩，虽不完全，但也相当地表明出，在英国达到它的目前圈地标准以前尚须加一番努力。

在 1820 年以后，整个圈围公用地的工作陡然松懈下来。自 1793 年以来，在力求多得谷物和地租而不顾一切的做法下，有些地方已经做得过分了。科贝特在 1823 年乘马走过温契斯特东南的琅伍德饲兔场那个古代沙丘时，注意到“这些小山都坐落在英格

① 《农业统计》(*Agricultural Statistics*)，1910 年(敕颁文件第 5585 号)，第 62 页。英格兰和威尔士的面积计三千七百三十万英亩：山地……牧场三百七十万英亩。

② 参阅冈纳：《公用地和围地》(Gonner, E. C. K., *Common Land and Inclosure*)(1912 年版)，第 279 页以下，那里列有数字。根据调查之后而颁布的 1845 年条例(维多利亚，第 8 和第 9 年，第 118 章)，到 1870 年为止圈围的公用地已有六十一万九千英亩。同上书，第 93 页。

兰最贫瘠的地区；然而其中一部分已经在改良运动的热潮中开垦出来。……除非是一个疯狂或近于疯狂的人才会把小麦种在这样一个地方。但是圈围起来的土地一部分已放弃了，其余也会在几年之内予以放弃的”。[①] 在科贝特的著作和其余文献中有不少证据可以利用。但是在另一方面，关于这些新近圈围的公用地，证据之多也不相上下。科贝特本人注意到法里安和提茨菲尔德之间有“一片田地是前几年圈围的公用地。所以它是这一带地方最贫瘠的土地〔理由是，否则早已会圈围起来了〕。但是我在这一带没有看见一块不毛的麦田，瑞典芜青，据我想，完全可以同我在南原看见的任何芜青媲美”。[②] 他接下去解释说，这种产品一部分是应该归功于朴次茅斯的肥料的。

英国的大景仰者梅丁格虽然是一位有偏见的证人，但是在这个问题上他的话也是值得引证的。他在 1820、1821、1824 和 1825—1826 各年，先后在这一带旅行。他说，“当我在一两年后回到从前是一片荒芜的邻近各地时，看到这些地方仿佛是施过一番魔术似的，变得肥沃起来，竟成为良好的麦田，尤其是在林肯郡、萨福克郡、威尔特郡和得文郡，我承认我往往为之愕然”。[③] 正是在林肯郡，也正是在大约这个时期，一个北方农场主一生之中最伟大
17 的事业就是开垦托纳比荒地。[④] 到了 1830 年，开垦工作已将近完成，而且完成得很好。在那一年，当科贝特绕过这一郡——从赫尔

---

① 《农村走马记》，第 1 卷，第 244 页。

② 同上，第 237 页。

③ 梅丁格，前引书，第 1 卷，第 18 页。

④ 坦尼逊：《北部的旧式农场主》(Tennyson, *The Northern Farmer: Old Style*)。

比治到波士顿和恩堡、林肯附近的希皮塔尔、劳思和格里姆斯比直抵恒比尔湾上的巴顿——的时候，在跨入约克郡之前，他唱了一支农业的（但非社会的）离别之歌："现在……我们来到了这个高贵郡治的北端，从没有看见过一亩荒田，从没有看见过一亩在南英格兰可以叫做瘠壤的田园"。[①]

目前在英格兰低地——也就是在等高线以下五百英尺，姑以此为一约略的分界线——残余的公用地或敞地几乎完全是无关风景的一般性质的小块土地。萨里的一些沙质地区——尤其是萨里—伯克郡边境上的那些，仍然是未开垦的荒地，而巴格绍特欧石南地则无异是废弃的荒原的同义语；在新森林中有很多甚至连树木都很稀少的荒地；在瑟武德森林中有很多土地也是"什么都不生产的欧石南地和凤尾草滋生的沼泽地"[②]，但是为穿行林肯欧石南地的旅客指路用的邓斯坦灯柱上的灯笼自 1808 年以来就没有燃点过，[③]就连横跨小乌兹河一直伸展进诺福克的那个不切实用的东北萨福克的饲兔场也已经着手利用，虽然还没有完全掌握。农场的名称仍然可以标志出开始的年份——诸如布兰登东北六英里半的滑铁卢农场以及麦登赫尔正北沙地边缘上的圣赫勒拿农场等。在北诺福克，寇克和他的佃户以及他的仿效者已经将以前荒废的许多轻质土壤的土地加以耕耘；虽然沿海的风沙地带还不是他们力所能及的。

在诺福克沙地和白垩地以西，占地约一万四千方英里，包括高

① 《农村走马记》，第 2 卷，第 322 页。

② 《圈围公地审查委员会》，1844 年，询问案第 3589 号提及前几年的土地状况。

③ 斯迈尔斯，前引书，第 1 卷，注 233。

出于大平原之上的一处处黏土小岛在内的福恩兰沼泽地，已经部分被征服达一个多世纪之久了。[①] 到 1830 年，征服的最后阶段才刚刚开始。在那年 4 月，科贝特从彼得伯罗到威兹比奇，再转而到波士顿，做了一次深入北部沼泽地的巡礼。他惊于这个地方完全
18 “像我正在上面写字的这个桌面一样的平坦”:“地上遍生美丽的青草，绵羊散卧在上面，像猪一样的肥壮”:“在一望无垠的草坪上沟渠纵横”:“这些和我诞生于其间的萨里的欧石南复被的沙丘是一个何等的对照”:“一路到波士顿……景色都是一样的：望不到边的牧草，望不到边的肥羊：没有一块石头，没有一棵杂草”。[②] 但是稍微偏出他的路线一点，则惠特西湖、腊姆济湖和乌格湖都还没有疏浚。在平原的其它地区有一片片真正的古代苇塘和满生菖蒲的沼泽以及“糟蹋得不成样子的地方”——被绵羊糟蹋了的地方。大铜蝶还没有绝迹；疟疾也没有根除，沼泽地居民仍以鸦片合制的丸药防疟。[③] 科贝特看到那样多的草坪是意义深长的。这里仍有“淹没”的危险，而容易被“淹没”的土地是很少耕种的。尽管有 1814 年完工的波士顿沼泽地的伦尼排水工程；尽管有 1821 年落成的林恩地方的欧布林克渠，得凭以将乌兹河流域的一切湖泽直接地、而不是迂回地导入瓦什湾；并使得差不多一直涨到剑桥地方的河水倾泻入海；虽有从 1831 年开放的特耳福德导尼恩河入海的新渠，

① 克拉克：《论大沼泽平原》(Clarke, J. A., *On the Great Level of the Fens*)，载《皇家农业学会学报》(*J. R. Ag. Soc.*)，第 8 卷，第 80 页，作六十八万英亩。

② 《农村走马记》，第 2 卷，第 313－315 页。燕麦仍然是沼泽地的主要谷物收成。波特尔：《国家的进步》(Porter, *Progress of the Nation*)，第 153 页。

③ 参阅金斯莱：《散文诗：沼泽地》(Kingsley, C., *Prose Idylls: The Fens*)。

而且这条沟渠是如此的成功，以致数英里外沼泽地的居民都不去
教堂而来看一看“水流”在沟渠中慢慢流淌的情形；[①]尽管有了这
一切设施，然而甚至仅仅高出海岸五至十英尺的最南面沼泽地的
那些宽广地域，也还没有得到一种以唧筒抽水的有效办法的保障
而可以免于不时的“淹没”。“从伊利到剑桥”，梅丁格以旅行指南
的笔法写道，“要经过十六英里的一段沼泽地……但是排去的水一
年多似一年，地也一年比一年宜于耕种了”。[②] 像颠倒过来的风车
一样的车水的淘水车，已经开始用蒸汽运转，并且它们的构造还在
改进之中。伦尼在1820年安装第一部运转淘水车的瓦特发动机
的地方，正是伊利和剑桥之间的波提山。四年之后，在斯波耳丁外
面的波德霍尔地方安装了两部蒸汽运转的淘水车，连同六十四和
八十四马力的发动机各一部，来排除狄平沼泽地的积水；但是工程 19
设计得很不好，还非得加以改进不可。在1830年以前，另外还安
装了几部发动机，但是没有多少年的工夫蒸汽推动就那样普遍采
用，足以保证在任何风向和潮汛的条件下都能进行有效的排水工
作了。[③]

在一位来自大陆的旅客看来，二十年代的英格兰基本上是具

---

① 斯迈尔斯，前引书，第2卷，第163—168、471—472页。惠勒：《南林肯郡沼泽地史》(Wheeler, W. H., *A History of the Fens of South Lincolnshire*)(第2版，1896年)，第112页并散见各页。克拉克：《论大沼泽平原》，载《皇家农业学会学报》，第8卷，第89页。

② 梅丁格，前引书，第1卷，第219页。

③ “同胸射水车相似但转动方向相反的”吸水车(惠勒，前引书，第380页)是一种很古的发明物。关于波提山和波德霍尔，参阅惠勒，前引书，第330、379页以及戈林文，载《皇家工艺学会学报》(*The Royal Soc. of Arts*)，第51号，1838年。

有“园圃式”农业的一个由篱笆和栏栅圈围起来的地方。通过自古就圈围起来并且小心翼翼地一直耕种“到悬崖绝壁的边缘”的肯特郡而进入英格兰，[1]无疑使这位旅客在记忆和叙述上蒙了一层色彩；但是要同北欧的几乎任何地区作一比较，这种印象倒也没有什么严重的错误。整个来说，英格兰的农业在欧洲无疑是首屈一指的，作为一个圈地的地方，英格兰是独一无二的。在由于人口的迅速增加而把李嘉图的垦殖边际显见地拓展到沼泽地以外和山岭上去的那个时代中，古代公用耕地，连同小块分散的持有地的重新调整和圈围的工作，大体上是先于对公共荒地、荒山和沼泽地所作的最后一次不顾一切的开拓工作而进行的。在 1820 年，有百分之三以上的土地尚待根据国会条例从敞地状况下加以圈围的英格兰各郡，为数不过半打；而在这些郡之中，剩下来的工作大部分是在 1830 年以前办理竣事的。[2]

大约在十八世纪前二十五年之末，国会的圈围敞地才刚刚成为正规的办法。此后，圈地条例就无异是这个运动的步调和范围的一个良好的佐证了，虽然还不是十分完全的佐证。英格兰方面受到敞地条例的影响的地区几乎全都坐落在下述的两条分界线之间，一条是从来姆—里季斯到格拉斯哥，再从格拉斯哥到提兹河口，第二条是从南安普敦经过伦敦以西数英里到洛斯托夫特。在
20 这两条线以外多少受到这类条例一点影响的地区中，最重要的，在西面是中萨默塞特的一小段地区和约克郡山谷中的另一段地区，

① 梅丁格，前引书，第 1 卷，第 5 页。

② 这六个郡是贝德弗德、巴金汉、剑桥、杭廷顿、北安普敦和牛津。冈纳，前引书，第 279 页及以下。

在东面则是苏塞克斯西南部的两小段地区和萨里东北部的一段地区。最后在滑铁卢时代仍然还有一些待圈围的敞地："我们有两辆马车"，约翰·奈特利当天将降雪的时候在宴席上对贫困的伍德豪斯先生说："如果有一辆在公用地的敞旷地方被风吹倒，那么还会有另一辆备用"。①

在这个占大半个英格兰的中央三角地带的边界线以外的某些郡和某些郡的部分地区，甚至在都铎时代就已经大部分算做是古代圈围地区了。在那些地区中不是从来没有过敞地制度，就是以一种使它们易于转化的形式而存在过；无论是哪一种情况，敞地制度总归是早已湮没了。在那个三角地区以内，圈地工作自十六世纪以来就一直是继续不断的；但是在米德兰，特别是在东米德兰，当国会的圈地开始时，尚待完成的工作还有很多。受圈地影响最大的各郡计有沃里克、牛津、伯克郡、累斯特、腊特兰、北安普敦、杭廷顿、巴金汉、剑桥和贝德弗德。从这一区域往北穿过林肯郡西部和诺丁汉以东直至东莱定这一段狭长地带，也受到了同样的影响。但是到 1820 年，在这一区域中的大部分地方，圈地工作都差不多完成了；敞地占优势的地方已几乎看不见；虽然在这整个中央三角地带以内，公用地教区仍然残存了下去，并且还散见于这个地带以外的各处。②

尚待圈围的公用地在 1820 年还真正占一相当大比例的英格兰仅有的两个郡，就是牛津和剑桥，这或许并不完全是偶然的

① 珍妮·奥斯廷：《恩玛》(Jane Austen, *Emma*)，第 15 章。《恩玛》写于 1811 年和 1816 年之间："哈特菲尔德"距离伦敦十六英里，距离博克斯山七英里。

② 参阅第 22 页上的图。

巧合;并且南剑桥郡为英格兰残存下来的公用地地区提供了最便捷的出入路径。1822 年 1 月,科贝特取道罗伊兹顿经由北哈尔弗德郡的贫瘠的、地势很高的白垩地带而进入该地。“那是一个公用地的市镇。并不讨厌,但也谈不上什么美;四面之中三面都是那些难看的东西——公用地,有丘陵地带的那种裸露,却没
21 有它的那种光润”。[①] 第二天,他往北走了“相当的路程,左面是圈围起来的田地,右面是公用地”。沿着老北区大道一直到杭廷顿,“这带地方的面貌是光秃秃的”,“一般都非常敞旷”,“或是成大片的田地”。看到卡克斯敦他就想起在皮卡尔迪的那些村庄,在那里曾经见到“拖着耙在耙麦陇的妇女们”。“一切都是裸露的,干巴巴的”,而卡克斯敦绞刑台却是新上的油漆。[②] 八年之后,沿着另一条路线旅行——从剑桥到圣艾夫斯——他注意到“敞旷而无篱笆的田地”的那种差不多同样裸露的情形;但是那些地方不复是公用地占优势了,因为他附上了“还有一些公用地”这样一句话。[③] 到那时,牛津和剑桥同英格兰其余各地差不多已经看齐了。[④]

支离破碎的公用地的重新调整成为整块的、大致成长方形的田地之后,并不总是接着就用篱笆或围墙圈围起来,这一点从描写自剑桥至圣埃维斯这一段道路的记述中可以看出。科贝特注意到

---

① 《农村走马记》,第 1 卷,第 98 页。

② 同上书,第 1 卷,第 101 页。

③ 同上书,第 2 卷,第 301 页。

④ 在 1820—1830 年间,牛津郡有十二处重要敞地的圈围:在 1830 年,全郡还剩下五十四个行政区有重要的敞地地段。格雷:《英国田制》(Gray, H. L., *English Field Systems*)(1915 年版),附录 4,第 536 页。

了在某些“威尔特郡最宽阔的山谷”中同样未加圈围的田地,[1]无疑这类田地在其它新分割的土地上也可以看到。但是在大多数地方,名副其实的圈围是通例,而不论那个地方究竟是旧公用地还是旧公用牧地或旷地。比方一度是牧羊地的林肯山林,已经圈围起来,并且连山顶上都耕种了;田地“并不是未加圈围……约自十五至四十英亩各不等:山并不是像威尔特郡的那种丘陵;然而整个都开垦了”。[2] 科贝特对剑桥郡北区大道两侧的描写将鼎盛时期的新英格兰米德兰同旧英格兰米德兰作了一番对照,但是这种对照已经几乎成为明日黄花了。

> 在左手边的田地似乎已经依照国会条例加以圈围;它们的确是我所见过的最美丽的一段田地。它们的面积各约十至三十英亩不等。用树篱分隔开来,树都栽种和培育得非常好。……耕牛和剩下来的一堆堆的残梗〔那是在1月间〕足可作为草料丰收的证明。[3]

可是,他颇以缺少萝卜和没有条播的小麦为憾。在他的右面是敞
旷的公用地,既没有树也没有篱围,而用田埂和界石隔成犁沟、三 22
角地、犁头和又长又弯的一英亩或半英亩的条耕地:然而对于这
些,科贝特并未加以描写;他仅仅说了一句“这右方是敞旷的公用地”。在 1822 年,他仍然可以假定他的所有读者都能了解“公用地那种极难看的东西”是怎样一种面貌。在1835年他逝世以前,这

① 《农村走马记》,第 2 卷,第 321 页。

② 同上。

③ 《农村走马记》,第 1 卷,第 98—99 页。

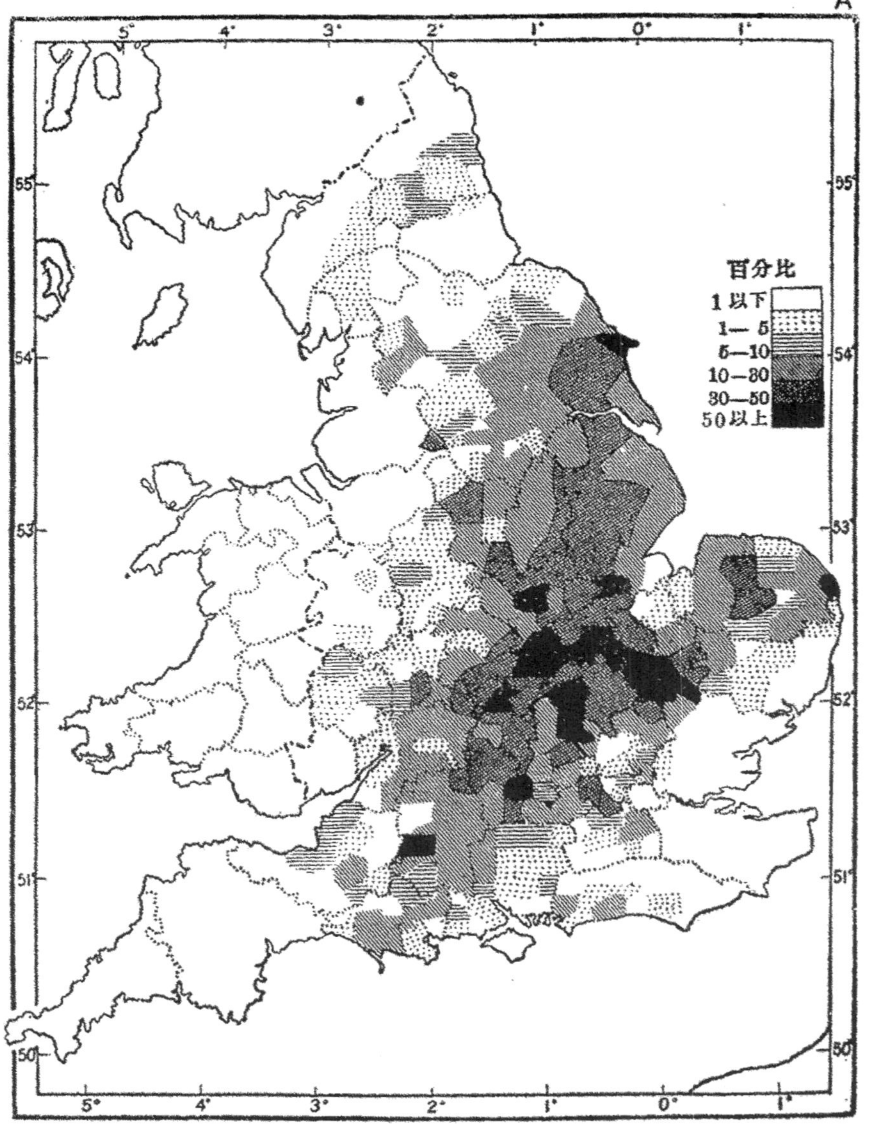

1700—1870年英格兰公用地根据国会条例圈围图（依照冈纳绘制）。所举百分比是各郡或一郡中的某区在整个期间圈围公用地总面积的百分比。

样一种假定怕早已是很靠不住了。

从 1760 到 1820 年这个最近、最合理的圈地时代所加给英格兰面貌上的烙印，只有在受影响最深的宜于耕种的中部各郡才是普遍显著的。图案过去是、现在还是由围墙或树篱圈围起来的一片片既大而又有效的、多半长方形的田地。由于新近公用地的开垦以及敞地中孤悬的小块土地的圈围或旧界篱的倾圮，这种图案已经伸展到“古代圈围的”各郡或各区，诸如中萨福克和东萨福克郡、肯特郡以及柴郡、赫列福德郡、萨默塞特郡和得文郡的比较敞旷的部分。古代圈地区域，也大抵拥有小村落而非密集村庄的那些新垦地区或森林地区，仍到处保存着无数既小而又不规则的田地，可能东边围以满生杂草的土堤而北边围以石墙。一般说来，这些田并不是圈围公用地的结果，而是长久以来逐渐侵占森林和沼泽地的产物。有一位苏格兰评论家在 1798 年曾经这样提过，除非假定业主或者可靠的佃户是“用从地上拣来的石头所筑成的墙把它们圈围起来的，就无法对英格兰北部、特别是约克郡、德尔比郡、兰开郡等各郡那样多小块难看的圈地加以说明”。[①] 不论对这个假定怎样看，这些围墙过去是，并且现在还是很耐久的。而在这个石墙地带以外，小的古代圈地却是西北部的通例，“由于圈地数目之多以及篱笆、土堤和沟渠所占地位之大，这就更加造成了土地的

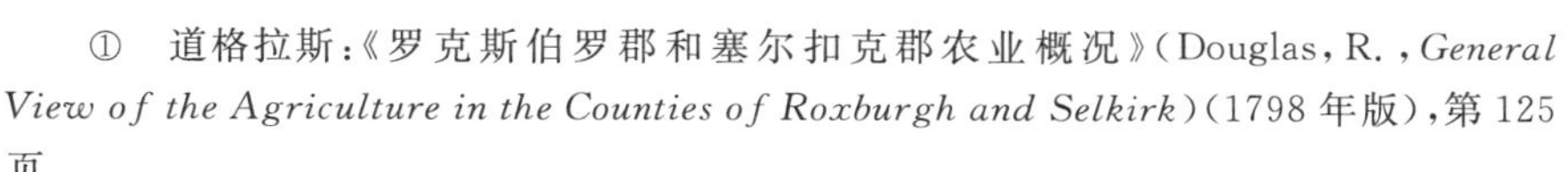

① 道格拉斯：《罗克斯伯罗郡和塞尔扣克郡农业概况》（Douglas, R., *General View of the Agriculture in the Counties of Roxburgh and Selkirk*）（1798 年版），第 125 页。

巨大损失”。[1]

迟至1750—1760年，苏格兰几乎所有耕地还都没有圈围起
23 来：[2]这个地方依然像过去一样的没有篱笆，而且大部分是树木俱无。甚至七十年后，没有篱笆也没有围墙的田地还是很普通的，虽然苏格兰低地的农业革命已经是惊人了。苏格兰没有一处是大村庄地带，那里有很多彼此隔离开来的自耕地：英格兰大村庄的田制及其非常顽固的传统，在那里都从来没有存在过：财产权规定得很严，领主的权力很大；所以改革——一旦开始——一直是迅速而彻底的。同英格兰公用地相仿的苏格兰的办法是“条地”制，根据这种制度，苏格兰村邑或村落周围土地上的合耕租佃人在敞地上分别持有错杂的条地。[3] 因为这种合耕租佃人的数目很少超过六个，所以持有地的改组并不很困难。况且旧苏格兰农业还不懂得英格兰的二轮耕作或三轮耕作和短期休耕的办法。靠庄子或村邑最近的土地是年年耕种的：这是“内田”，全部肥料都用在内田上。

① 霍耳特：《兰开郡……农业概况》(Holt, J., *General View of the Agriculture... of Lancashire*)(1794年版)，第52页。

② 甚至在米德洛锡安，“迟至三十年前(即大约1760－1765年)，在全郡之内还难得有一块田地是圈围起来的”。《米德洛锡安……农业概况》(*General View... of Midlothian*)，第34页，转引格雷，前引书，第158页。

③ 辛克莱爵士：《苏格兰统计计算书的分析》(Sinclair, Sir J., *Analysis of the Statistical Account of Scotland*)(1825年版)，第1卷，第231页。罗布逊：《阿盖耳和西因佛内斯……概况》(Robson, J., *General View... of Argyil and West Inverness*)(1794年版)，第57页。富勒顿：《埃尔郡概况》(Fullarton, *General View... of Ayr*)(1793年版)，第9页。道格拉斯，前引书，第124页及《各郡概况》(*General Views*)，散见各页。现代的详论，见格雷，前引书，第164页及以下。

它也许是条地，也许不是条地。在它的外面则是“外田”，其中一部分年复一年地种植燕麦，直到地力耗竭时为止：这一部分“于是就荒置五六年，在这期间地上逐渐生出一片野草”，然后又周而复始。[①] 外田可能像阿伯丁的情形一样，分成为**设围田**(falds)，即在轮作开始以前让关在上面的羊群施加肥料的田地，和**不设围田**(faughs)，即按照同样方法耕种而不施加任何肥料的田地。在某些郡里，以全部外田作为**设围田**，而在另一些郡里则以全部作为**不设围田**；但是这种制度和一些大同小异的制度在苏格兰低地和高原上到处可以看到。[②] 在比较高度发展的英格兰三田制相形之下，这种制度的缺乏效力这个事实本身就鼓励了变革，而且在合耕租佃盛行的地方，按人口比例来说的耕地面积之大也为分地提供了便利。

“苏格兰”和“英格兰”的农业的界限从来不是和政治疆域相符的。在靠庄子最近的田地上播种小麦的办法以及外田的某种变 24
格，在英格兰西部和威尔士一带都一度是司空见惯的。在1800年前后还有很多残遗。在1810年，康沃耳的居民在近庄子的田地上因连续播种谷物而过分竭耗了地力，就往往垦种旷地，收割过两三次谷物之后，再行抛荒。[③] 在苏格兰的另一边，在东莱定郡的丘阜上，迟至十八世纪时，每一个村庄还把内田“分成为若干段，每年耕

① 安德逊：《阿伯丁农业概况》，第54页。最详尽的叙述见《各郡概况》：另见格雷，前引书，第158—159页。

② 格雷称它为塞尔特制(Celtic System)，是否适当颇有疑问。

③ 华尔根：《康沃耳郡……概况》(Worgan, G. B., *General View... of Cornwall*)(1811年版)，第46、53页。

种一定的轮作物”，通常有三种轮作物。“在这片地之外是外田，只不过偶尔耕种”。在外田之外则是牧羊场。[1] 这几乎是“英格兰制”和“苏格兰制”的一种完美的混合物。但是以这些地区作为一个整体来说，轮作制是典型的英格兰制，而内田外田制则是典型的苏格兰制。

在 1695 年苏格兰圈地条例的实施下，土地权利的确定和持有地的分割，已到处都先于真正的圈地而实行了。[2] 在 1798 年，塞耳扣克郡已经没有一点公用地，并且“这二十年来”，罗克斯伯罗“全郡之内也没有一处公用地了”。[3] 到了 1814 年，“苏格兰的所有公用地几乎都已经分割了”：例如，在特维得尔全境之内只不过有一小块公用地和另外几英亩的村庄草地而已。[4] 同样在高原线以南，条地也已经普遍废除。[5] 但是在十八世纪之末，关于伯里克郡这个最先进的苏格兰郡的圈地情形，充其量也只能说是“现在至少全部或三分之二的较低地区的土地……以及相当大部分的较高地区的耕地”已经圈围起来。杜巴顿的“三分之一”还是“敞地，或

① 斯特里克兰：《约克郡东莱定……概况》(Strickland, H. E., *General View... of the East Riding of Yorkshire*)(1812 年版)，第 91 页及以下。杨格：《北行记》(Young, *Northern Tour*)，第 2 卷，第 9 页。

② 这些条例自大约 1738—1740 年起才开始常常援用。道格拉斯：《罗克斯伯罗和塞耳扣克郡》，第 124 页。

③ 道格拉斯：《罗克斯伯罗和塞耳扣克郡》，第 125、287 页。

④ 芬勒特：《皮布耳兹……概况》(Findlater, C., *General View... of Peebles*)(1814 年版)，第 126—127 页。

⑤ 富勒顿：《埃尔郡……概况》，第 9 页。芬勒特：《皮布耳兹……概况》，第 47 页。辛克莱：《苏格兰农业状况总报告书》(Sinclair, *General Report of the Agricultural State of Scotland*)(1814 年版)，第 1 卷，第 100、258 页。

只不过略加圈围；那就是说，田是圈围起来了，但是没有再分割”，而在南佩思郡，“至少全部耕地的五分之三”是敞地。① 苏格兰大部分地区，尤其是高原地区的那种用石墙圈地的天然办法，是既费力而又费钱的，所以进行得很慢。② 篱笆起初很不受人欢迎，③而且在植树尚未普遍和来得及长成以前，树立界篱也不是太容易的。到 1800 年，比较快的进展已渐渐有了可能。第一位“在他的农场小山顶上……种植了一圈圈枞树”的埃尔郡高比霍尔区的吉波克先生，已经发现“他的树木沿着他的地边成长起来，并且……供给他以木桩来做田间的篱笆，这就立刻给田地以西部地区向所未见的整齐外貌”。④ 但是，在总结 1814 年所取得的成果时，约翰·辛克莱爵士不得不承认“苏格兰的大部分土地依然是未加圈围的敞地，虽然有个别的是经过分割或分配的”。⑤ 在随后十年之中，比例数已经缩减；但是同英格兰相比，尤其是同英格兰古代圈地的那些地区相比，苏格兰的田地仍然是敞旷的，光秃秃的。

在 1820—1830 年这十年的前两三代之中，威尔士的田地比之无论苏格兰或英格兰的田地，在外貌上的变化都要少些。威尔士的大部分，就已经开垦了的地方来说，还是一个古老圈地的地区，正如威廉·戴维斯牧师在 1814 年查报南威尔士时所揣测的那样，

① 《各郡概况》，引自格雷，前引书，第 158 页。

② 芬勒特：《皮布耳兹……概况》，第 126—127 页。

③ 道格拉斯：《罗克斯伯罗和塞耳扣克郡》，第 63 页。

④ 高尔德，前引书，第 28 页。

⑤ 《总报告书》，第 1 卷，第 335 页。

是“和农业黎明时期的最初景色同时的产物”。[①] 他认为对于布雷肯、卡马森、格拉摩根、腊德纳、卡尔迪根的东部和彭布鲁克——也就是，以别于“威尔士境外的小英格兰”而言的威尔士彭布鲁克——来说，这也同样适用。同样，从北部出发的这位弗林特郡调查员曾经“根据围墙的外貌”推断出“在很多年前圈地就已经很普遍了”。[②] 所提到的“围墙”差不多总归不是石头墙就是杂草丛生的土堤。西部新近的改良办法是在土堤上栽种金雀花，并复以石块。仿照英格兰式样以树为篱的办法在蒙特哥马利和安格尔西岛已开始推行；而在卡马森山谷中的那种枝繁叶茂的大“围墙”——
26 像英格兰西南部的围墙一样的那种杂草丛生的土堤——近年来已经令人不胜钦佩地编结成篱笆了。[③]

农业部调查员除去在论及西卡尔迪根和彭布鲁克时，很少谈到过敞地或条地。在十八世纪末，在弗林特郡的弗林特和圣亚沙夫之间，有少数某种形式的敞地。既然打算“把它们分割和圈围起来”，无疑在滑铁卢之役以前，它们就已经悄悄地化为乌有了。登比已经“无公用耕地”可分，虽然卡那封是非常敞旷的，却没有人提到过那里的敞地。[④] 充其量也说不上是一个敞地郡。在南方，格拉摩根谷的确不曾全部圈围，“而带有农业黎明时期的景色”：它是伊丽莎白时代的一个“公有地”之乡。但是，在十八世纪以前，显然

① 《南威尔士》，第 1 卷，第 219 页。〔另见托马斯：《小持有地经济》(Thomas，E.，*The Economics of Small Holding*)(1927 年版)，第 13 页。〕

② 凯伊：《弗林特郡》(Kay，G.，*Flintshire*)，第 4 页，引自格雷，前引书，第 172 页。

③ 戴维斯：《南威尔士》，第 1 卷，第 245、254 页；《北威尔士》，第 125－126、132 页。

④ 引自格雷，前引书，第 171 页脚注，第 172 页。

它的性质已经逐渐有了改变，虽然在那一世纪的后期那里似乎仍然有旧秩序的遗迹。在西彭布鲁克，敞地制曾经比较普遍，而且改变也比较迟。尽管“因圈地而有了不少的改变”，据说，在 1700 年“那里的敞地仍不胜其多”。[1] “在 1750 和 1760 年之间，整个整个教区都根据大家的同意而圈围起来了”，[2]在 1800 年以前不久，“在圣达维德教堂的附近”仍有“不少段的敞地”，这“主要是因为教堂的产业和私人的产业交错在一起，而又缺少一种普通法，使……牧师能凭以划分、交换和圈围这些土地”。[3] 这种缺陷经 1801 年的普通圈地条例予以弥补；在那项条例之下，中世纪的纵横歧出的细纹近来已经从彭布鲁克的地图上涂抹掉了。

在卡尔迪根郡沿海的平原上，近来也已经有了变化。它是头等的大麦产地，和威尔士的大部分地区相比，要宜于耕种得多。在 1763 和 1794 年之间，比较低的地方多已圈围起来。[4] “唯一像是公用地的一段地方”，这位调查员写道，“就是从阿伯赖兰到兰莱斯
太德的沿海的一片地……这一区域非常混杂，而是以小持有地为 27
主的”。[5] 它不是英格兰那类分成条的公用地，而是分成叫做“小翮”的不规则的块地。当 1814 年戴维斯编写南威尔士总报告书时，这种小翮有一些还继续存在。他也提到，就是在卡尔迪根最完善的圈地区域，也常常有一段地，而总归是在教堂附近，分成为交

① 引自戴维斯：《南威尔士》，第 1 卷，第 221 页。

② 《南威尔士》，第 1 卷，第 221 页。

③ 哈塞耳：《彭布鲁克》(Hassal, *Pembroke*)，引自格雷，前引书，第 173 页。

④ 《南威尔士》，第 1 卷，第 221、357 页。

⑤ 劳埃德和特纳：《卡尔迪根》(Lloyde and Turner, *Cardigan*)，引自格雷，前引书，第 172 页。

综错杂的“小翮”。[①] 但是大部分的圈地工作早已完成，而没有经过什么突然截然的变化。正如在苏格兰一样，由于村落和它们所附着的田地都不大，所以圈地在威尔士并不像是在英格兰米德兰那样可怕的一个方案。

“在北部的某些工厂区和伦敦的低地区域以外，人们在英格兰很少看到衣衫褴褛的人”，梅丁格这样写道，“正如很少看见破玻璃窗和弃置的庐舍一样”。[②] 只有他在爱尔兰看到的农村人口中的贫穷与落后状况，堪与“德意志、瑞士、法国、西班牙和意大利的许多地区的”一般情形相提并论。[③] 梅丁格虽没有遍历英格兰的最丑陋角落；但是同欧洲的平均标准相比，他也不能不得到地方比较舒服、居住条件良好的这样一个印象。总而言之，越往北和西北去，不列颠的房屋条件就越坏，到了苏格兰和威尔士则达于最低平均水平；但是极丑陋的角落几乎是到处可以看到的。例如，太晤士河以南的典型庐舍就是砖砌的，或者用木架建成的一种相当坚固的建筑物，装有玻璃窗，并且在某些地区还“常常爬满”爬山虎。[④] 房子可能只有一间卧室，因为甚至三间的庐舍，在全国任何地方还都是不普遍的，而且在许多地方，半数的庐舍都是单间“草顶”式的；但至少是可以称做房屋的一种东西。然而在1794年，多尔塞

① 《南威尔士》，第1卷，第222—223页。

② 前引书，第1卷，第3页。

③ 前引书，第2卷，第212页。

④ 亨利·德拉蒙德治安法官谈到汉普郡—萨里边境时也是这样说。《工人工资审查委员会》(*Select Comm. on Labourers' Wages*)(1824年，第6卷，第401号)，第47页。

特郡还有许多泥墙的庐舍，[1]在二十年代时，在萨里和汉普郡的荒
地边境上仍然可以看到拓荒者的草棚——只要农场主容许它们存 28
在下去的话。草棚常常被济贫当局拆掉，否则，纵准许它们存在，也把草棚所有人作为有产者看待而不准请领济贫金。[2]

科贝特常常心满意足地对于汉普郡、苏塞克斯和肯特郡的较好的庐舍详加叙述，用它们作为他在丑陋角落所见到的东西的一个反衬。在中累斯特郡就有一个这样的角落——不幸却不止于一个角落而已。

> 走进村庄……然后看一看工人们住的那些可惨的简陋小屋！看一看那些用泥土和草混建的茅棚；常常既没有窗框或窗轴，而只有镶在土墙里的几块小玻璃或破烂的旧窗门。再走进去看一看那些七零八落的椅凳；那些钉起来当桌子用的破木板；那种用石子或碎砖铺成的地或什么也不铺的土地；看一看那个叫做床的东西；看一看那些穷困不堪的居民身上披的褴褛的衣服。[3]

然而累斯特郡的庐舍并不比威尔士和苏格兰许多地区的低级房屋更差。关于北威尔士，维廉·戴维斯曾经在 1813 年写道，工人的庐舍多半是不堪入目的，只有“一个烟雾腾腾的灶披间，因为它说不上是厨房，和一个藁荐窠，因为它不能叫做卧室”。看到这句话

① 《维多利亚地方志，多尔塞特郡志》，第 2 卷，第 258 页。关于更晚一些时候“草顶”茅舍的风行，参阅劳登：《农业百科全书续编》（Loudon，J. C.，*An Encyclopaedia of Agriculture*，*Supplement*）（1843 年版），第 1331 页。

② 前引亨利·德拉蒙德的作证。可与科贝特：《农村走马记》，第 2 卷，第 298 页作一比较。

③ 《农村走马记》，第 2 卷，第 348 页。

就使人联想到必是连一个“叫做床的东西”都没有。但是在那“令人望而生畏的悬崖峭壁环绕起来的”南特—福兰康地方，彭赖恩勋爵曾经建造了一些不坏的庐舍。[①] 1814 年，在南威尔士，所谓的“草房”也远比在大府第和铁工厂等附近可以看到的“那些漂亮的现代庐舍”要多。虽然据说格拉摩根有很多屋顶用麦秆修葺得很整洁的古哥特式(Gothic)庐舍，但是卡尔迪根、卡马森，尤其是彭布鲁克却到处都是“泥土的”庐舍，连烟囱都是用树枝和胶泥砌成的。[②] 在彭布鲁克，甚至农场房屋有时也是“泥土的”。所谓“泥土”一般就是指树枝和胶泥而言。它所指的，正如显然在科贝特看来，可能是“泥草混合”建筑物，也就是用土或石灰拌合上草来建筑的。它不能把在剑桥郡中绿沙地带看到的那种晒干的胶泥砖建筑物包括在内。[③]

在为编制 1814 年发表的苏格兰农业状况总报告书而综述房
29 屋条件时，约翰·辛克莱爵士很难以为情地提到了“那些泥草或草皮建成的简陋庐舍，这类庐舍在某些地区消灭得很快，在另一些地区却消灭得很缓慢”。他说“它们不需要任何特别的描述”，于是就急忙去描写比较好的几类房屋了。[④] 十年之后，这种泥草小屋在伯里克郡、洛蒂昂和比较进步的南方地带的大多数地区大概已经几乎绝迹；但是在西北部却还是常见的。在 1814 年，皮布耳兹郡仍然有“少数”。十六年前，在罗克斯伯罗和塞耳扣克，庐舍“大抵”

① 《北威尔士》，第 82、84 页。

② 《南威尔士》，第 1 卷，第 136、139、143 页。

③ 其中有一些叫做“克莱奥德”(clayods)的黏土房，现在还在使用。

④ 《总报告书》，第 1 卷，第 127 页。

是黏土的。“为牧羊者建盖的那些都是简陋的临时性茅棚”。无疑，在1825年很多还都是照原样留在那里。[①] 在1814年，根据辛克莱的说法，这种“黏土”庐舍在登佛里斯、佩思、福尔法尔、金卡丁“和其余各处”都很流行；[②]但在滑铁卢之役以后的那十年并不是一个房屋的积极改革时代。这种庐舍被认为是远胜过旧苏格兰“石头”庐舍的——五英尺高、用泥土填缝的粗石墙，一英尺多高的泥草墙和各种不同的屋顶。[③] 比这后一种类型稍稍高级一点的变格，甚至在第二次选举改革法以后还有“不少标本”残留在矿区中。它的面积是十二英尺宽、十五英尺长：石墙高四五英尺：没有天花板而只是一个瓦顶：一个二英尺见方的窗户，土地。没有垃圾坑，没有阴沟，而且只有一个房间。但是，却用家具布置成一个卧室似的套间。[④]

在二十年代和稍晚一些的时候，或有或没有这种布置的单间庐舍，在苏格兰低地都是很普通的。面积约十八英尺长、十六英尺宽。[⑤] 辛克莱把它说成是分为一个卧室和一个“储藏室”，但很少装有阁楼。来自皮布耳兹郡的一件比较有声有色的报告书解释说，由两个“睡厨”——即苏格兰故事中能杀害人的睡箱——构成

① 《皮布耳兹》，第41页。《罗克斯伯罗和塞耳扣克郡》，第29页。

② 《总报告书》，第1卷，第128页。

③ 同上书，第127页。

④ 布雷姆讷：《苏格兰的工业》(Bremner, D., *The Industries of Scotland*)(1869年版)，第27页。

⑤ 这自然比一个英格兰茅舍中的任何一间房屋要大得多。直到今天，苏格兰房屋所不同于英格兰的，就在于房间虽少而面积却大。《苏格兰房屋皇家调查委员会》(*Royal Commission on Housing in Scotland*)，1917年(敕令第8731号)，第44页。

为一个隔壁，在隔壁的后面，显然也就是在辛克莱所说的“储藏室”里“站着把尾巴一直伸到屋门口的那头牛”。“殷实的商人和工人一般有两个套间，而把牛放在一个隔开来的厢房里”。[①]

30　在中苏格兰和东北部低地一带，比较大而建筑式样也比较好的房屋占多数，虽然屋主多半是小农场主而不是工人。和那些淘汰快慢各有不同的泥草房并列在一起的这类房屋是应该一提的。这是十二英尺宽、二十四至三十六英尺长的一种房屋，有两个整洁的房间，内、外室各一。每间有一个壁炉。每间有一张或几张床。房屋照例每一面有一个窗户。土地、草顶，有时有天花板。“少数富有的工匠和一些小农场主”的房屋有十六英尺宽、三十六英尺长，边墙八英尺高，并有和房屋一样长短的一个阁楼。这既是远非最低级家庭所住的最好的苏格兰房屋，那么高原和群岛的贫农的房屋也就无需“任何特别的描述”了。[②] 那里的泥草房很多。

在 1830 年以前，大的资本主义农场在洛蒂昂，尤其是在伯里克郡和诺森伯兰的创立，不仅带来了新式的农场建筑物，而且带来了新的居住问题及其解决方法。一位苏格兰人在 1831 年写作时，曾经拿“诺森伯兰和伯里克”设计得宜的“农场建筑物和庐舍”来同艾塞克斯和哈尔弗德的“各形各色、大小不一、散在各处的小屋，奇形怪状的谷仓以及东倒西歪不成样子的屯舍”作了一个比较；他注意到在诺福克和萨福克两郡“将住屋盖在粪坑和便池之间的情形”是如何“到处令人注目”。[③] 这一带边区的农场创办者没有人烟稠

① 辛克莱，前引书，第 1 卷，第 128 页。《皮布耳兹》，第 41、45 页。

② 同上，第 128—129 页。

③ 劳登：《农业百科全书》(1831 年第 2 版)，第 453 页。

密的村庄可供其吸取劳工：苏格兰和诺森伯兰的人口向来稀少，而且通常是集成小村落的。早先，在农场规模甚大，能雇佣“已婚的佣工”时，照例是赶筑一两幢粗石庐舍，供他们安家，并供未婚男子“寄宿”；[①]但是那些权宜办法现在是不够应付了。科贝特在1832年首先注意到阿林威克附近的这种新制度。

> 在这里我们陷入恶作剧之中。这里的农场其大无比。这里的打谷机是
> 用蒸汽推动的；这里的工人住在一个**屯舍**里：那也就是说一些石墙瓦顶的长
> 形建筑物。它们既没有花园，也没有厕所和后门……这里没有村庄，没有分 31
> 散的庐舍；没有二层楼；这个建筑物或屯舍中的每一户有一个小窗和一个门
> 洞。[②]

沿着这五十多英里“我平生所见到的最好土地”再往北去，从特威德直到爱丁堡，既没有村落，也没有教堂，没有酒馆，没有园圃，没有庐舍，没有花，没有猪，没有鹅，没有公用地，没有草场：而只有这样一种东西——一个华美的农场建筑物的方场：“这种农场主的房屋……其宽敞优美足可供一位绅士居住的一种房屋”；“其大小和一个小镇不相上下的”干草坪；至于单身工人则都“安置在一个距离农场住宅很远而位于农庄以外的一个建筑物中；也就是詹米逊博士在他的字典里称做‘小棚’的那种建筑物中”。科贝特走进过这样一个建筑物——“一个约十六英尺或十八英尺见方”的建筑物，其中有一个壁炉；“一个小窗户”；“三个像屯舍铺位一样地钉在

① 辛克莱，前引书，第1卷，第127页。

② 科贝特：《苏格兰旅行记》(Cobbett's *Tour in Scotland*)(1833年版)，第84页。

一起的木板床”；和六个成年男子。[①]

“但是使你愉快的是已婚工人的生活。在一个利用蒸汽机的农场上，或许有八个到十个已婚的工人”。[②] 他们都住在像诺森伯兰那样石砌的一层楼屯舍的房间里，每一个房间“有一个门和一个小窗，所有的门都是开在屯舍的一边，都没有**后门**；至于**厕所**则似乎是他们从来就没有想到的一种东西。建筑物前面院子的宽窄要看环境而定，但是颇为平坦；只是一个供作散步的地方”。每一个房间，“照他目力所能作的判断来说”，大约是十七英尺长，十五英尺宽。屋里“没有天花板和地板，而是土地。这就是一夫一妇全家住宿的地方……而……令人颇为惊奇的是看到这位已婚女子怎样千方百计把这个地方收拾得干净整洁”。[③] 的确是一个简陋的地方；但是，科贝特或许既没有认识到在这些已婚女子当中恐怕在更加轩敞的地方长大的并不会多；也没有认识到单间的住房对于苏格兰低地的贫民来说原是正常的；而那种涂灰的墙壁和波形瓦顶对出身于“粗石庐舍”、“黏土庐舍”或泥草庐舍的人们却还是新的可靠的资产。

像伯里克郡的屯舍这样的苏格兰单间庐舍，在诺森伯兰和远
32 至梯斯达尔以南的地方都是常见的。[④] 迟至1850年，关于诺森伯兰的报告书还提到“工人庐舍的状况在大多数场合下”都是“全郡

① 同上书，第103—104、130页。

② 《苏格兰旅行记》，第104页。

③ 同上书，第104—105页。

④ 《关于农业中妇女和儿童的就业……报告书》(*Reports... On the Employment of Women and Children in Agriculture*)(1843年版，第7卷)，第298页。

最丢脸的事。令人难以置信的是，工人的牛和猪仍是在太多的场合下和他本人同住在一个屋顶之下……牛栏只是用一层薄薄的隔壁同供作全家人居住的那个单间房分隔开来”。[①] 坎伯兰的比较敞旷的地区在1820年还有“简陋的泥土村”，正如在1821年詹姆斯·格里姆接管他的父亲的尼德比地产时，为腾出地方来建盖他的苏格兰代理人在十九年之后所写到的那种“坚牢、轩敞、舒适和我几乎可以说是雅致的农场房屋和其它建筑物”而开始从上面清除掉的那些一样。[②] 1800年，在约克郡北莱定地方，双间房的庐舍还“非常罕见”，而庐舍住户——像苏格兰低地人一样——都睡在“令人气闷的木板围起来的床上”。[③] 在另一方面，在东莱定，庐舍——虽然不容易弄到——通常是很不错的——两间矮房和两间卧室。[④] 无论是单间的或者“泥土的”建筑物，一般都不是典型英格兰式的。科贝特对于“没有楼”的反感，正如他的其余一切同样都不失为南英格兰人的脾气。当若干年后英国调查委员查报他们所谓威尔特郡、多尔塞特、得文和萨默塞特的非常恶劣的居住条件时，他们所抱怨的并不是单间庐舍，而是单间卧室的庐舍太常见和三间卧室的庐舍还闻所未闻。[⑤] 三十年代初期的兰开郡庐舍“往

① 克尔德：《1850和1851年的英国农业》(Caird, J., *English Agriculture in* 1850 *and* 1851)，第389页。

② 帕克：《詹姆斯·格里姆爵士传记和函札》(Parker, C. S. *Life and Letters of Sir James Graham*)，第1卷，第58页。

③ 图克：《北莱定农业概况》(Tuke, J., *General View of the Agriculture of the North Riding*)(1800年版)，第41页。

④ 斯特里克兰：《东莱定农业概况》(Strickland, H. E. *A General View of the Agriculture of the East Riding*)(1812年版)，第41页。

⑤ 《关于农业中妇女和儿童的就业……报告书》，第20页。

往是砖砌的并且用瓦或石板作顶”。[1] 在同一个时期，柴郡最好的庐舍计有一间起居室、一间厨房和两间“他们所谓的卧室”，[2]卧室或在楼下或在楼上；从这个标准中可以看出最坏的条件不过是一间起居室和或许一间“卧室”而已。在达德利铁矿区，通常庐舍计有“一间厨房，两间卧室和一间不再在那里酿酒的酿酒房”；[3]这种
33 庐舍像约克郡乡间织工的那种带有光线适宜、供织布用的阁楼的石头庐舍一样，是更加属于工业类型的。在康沃耳那一边，旧有的庐舍多是“泥土的”，而以草铺顶；但是都有两三个房间和一个英格兰式的“二楼”或干草棚。[4] 上述的那种“泥土”庐舍在米德兰是可以看到的，东安格利亚则有“各形各色的东倒西歪的庐舍”，它的住人的房子就在粪堆当中。[5] 太晤士河以南，在偶或见到的荒地上的拓荒者的草皮房旁边，有一些地方的工人房屋是“破烂不堪的”，他们就像伯里克郡眷属寄宿舍中的住户一样，“没有可以让一头猪或一头牛吃草以至于卧下来的一个地方”，正如科贝特从坦涅特岛所发出的报告那样；[6]但是整个英格兰的标准庐舍，如果这个名词可以用的话，却是石砌的——像在科次窝尔德的情形——砖砌的或木架建的，一般有一两间楼房，并且有几扇镶玻璃的、纵然是不

① 《农业审查委员会》(*Select Comm. on Agriculture*)(1833 年，第 5 卷)，询问案第 3541 号。

② 同上书，询问案第 6149 号。

③ 同上书，询问案第 9802 号及以下。

④ 华尔根：《康沃耳》(1811 年版)，第 26 页。

⑤ 本卷，第 30 页(此页码为英文原著的页码，请查检中译本的边页码。——中译本编辑)。

⑥ 《农村走马记》，第 1 卷，第 322 页。

能开关的窗户。通常屋顶是草葺或瓦铺的：此外，用当地开采的方石或石板铺顶的，或者，在新式交通工具许可的情形下，用沿海装运来的威尔士石板铺顶的，也随处都有。只须注意一下四十年代的英格兰不带任何一种厕所的农舍仍然是非常普遍的这种现象，那么科贝特所提到的苏格兰卫生落后的情形，也就不须过分予以重视了——他是专门和苏格兰人过不去的。[①]

农业工人的较好农舍和小农场房屋是好坏差不多的。有些较好的农舍就是过去都铎时代英格兰人所谓的农家屋——也就是自从被吸收进大农场以来那些靠持有地为生的小自由持有人、凭券持有人或无契约佃户的房屋。许多农舍仍住着这个阶级的自耕农。1831 年的人口调查证明不列颠所有农户七分之一左右的户主既不是农业工人也不是雇佣工人的农场主，而是在家属以外不用一个工人的自耕农，即最古老的一种“农夫”。[②] 这类持有人和这类房屋以在苏格兰各地、威尔士和英格兰西部一带尤多。尼德 34
比地产上面不但有“泥土”庐舍而且有“泥土”农场住宅：彭布鲁克郡和康沃耳的情形亦复如此。康沃耳的旧式的泥墙草顶的农场住宅都有一个地窖、一个可以称做酪房的地方和四个简陋的房间：康沃耳的庐舍可能有三间。[③] 在十八世纪末叶，兰开郡的农场，大抵

① 劳登：《农业百科全书续编》(1843 年版)，第 1333 页。〔法塞耳和古德曼：《十八世纪农村人口的房屋》(Fussell, G. E. and Goodman, C., *The Housing of the Rural population in the Eighteenth Century*)，《经济季刊》(*Econ. Jour.*)(经济史)，1930 年 1 月号，证实了上述关于英格兰的记述，但略去了苏格兰。〕

② 参阅本卷，第 113 页。

③ 帕克：《詹姆斯·格里姆爵士》，第 1 卷，第 58 页。戴维斯：《南威尔士》，第 1 卷，第 143 页。华尔根：《康沃耳》，第 23 页。

是五十到二十英亩,甚或更少一些,而且此后也没有什么归并,所以那里必然都是一些和农舍没有什么区别的农场住宅;[①]兰开郡的情况在西莱定、德尔比郡的大部分以及自柴郡至得文郡沿途各郡的其它许多地方也可以看到。1800 年,在北莱定比较重要农场上的房屋往往只有一间里面照例放一张床的住房、一间叫做"厅堂"的起居室、一间灶壁间、"和几间没有天花板的很普通的卧室"。[②] 在此后二十年间,那里也并没有多少变化。从来姆—里季斯经由格拉斯特至提兹三角洲这条成为晚近积极圈围敞地运动的西界的分界线以东,[③]庐舍农庄已不大常见;但是完全看不见这种农庄的地区,纵有却也不多。

自此而上则有各种等级的农场房屋——自艾塞克斯和哈尔弗德的附有"奇形怪状谷仓"的那种"东倒西歪、不成样子的房屋";一度是小领主的领地房屋而目前被吸收进大地产中的坚牢的古代建筑物;在东部的谷物农场、滑铁卢农业或圣赫勒纳农场上的新式整洁砖房;直到"其大而精美足可供一位绅士居住的"伯里克郡式的大"农场住宅"。有不少自十八世纪中叶以来,随着"除丰衣足食之外还有相当独立财产的"[④]那类绅士型牧师的日益常见而新建造起来的或彻底改建过的乡村教区长住宅和牧师住宅,也是既大而

① 剑桥大学英王学院所作的一次关于 1794 年南兰开郡约三万英亩土地的什一税调查,将平均小持有地作为三十六英亩,而将农舍和无耕地的农场不包括在内。《剑桥历史季刊》(*Cambs. Hist. Journ.*)(1924 年),第 203 页及以下。并参阅霍耳特:《兰开郡》(1794 年版),第 12 页。

② 图克:《北莱定》,第 32 页。

③ 本卷,第 19 页。

④ 《北安格尔礼拜堂》(*Northanger Abbey*),第 1 页。

又精美，足可供一位绅士居住的。

至于其余各地，英格兰的农村和乡镇已经显出舒服房屋的数 35
目有稳步增长的趋势，其中很少是一百年的老房，大多数都远不到五十年，既不是工人、农场主、自由民和牧师所持有，也不是世家绅士所持有。比较老的大抵是十八世纪的普通红砖瓦顶房；比较新的则倾向于石板顶带游廊式的房屋；最新的则往往带有哥特式的风调。[1] 房子里面住着“近两三代以来渐渐跻身于缙绅和有产者之列的”[2]家庭——靠买田而发达起来的自由民；有成就的医生和律师，粮商和乡村金融业者；大有忘记他们的财产是“从贸易而来”之虞的那些“英格兰北部的名门”后裔；[3]还在工作或已经退休的城里人，科贝特的《走马记》中的证券经纪人；以及成为他的“食税人”的一切有小康之产的中等阶级人物。

小绅士的房屋和这些候补绅士的房屋并没有多大区别，除非是在它们中间更会看到一些以詹姆斯一世朝以至都铎时代的风格为主调的建筑物。然而它们大部分也已经按照光荣革命以来所风行的式样新建或改建过了。作为上一个世纪的政治和社会制度的体现而俯临四境的那些大缙绅和大贵族的府第，每一个游客所要游览并且至今还为人所乐道的那些地方，亦复如此。国家曾经是由那些地方来统治，国家的风气也是以那些地方为转移的。阿瑟·杨格曾

---

① 皮特逝世所在的浦特尼的博林格林大厦是带有“最新”痕迹的“比较新的一幢”。参阅罗斯：《威廉·皮特和大战》(Rose, J. H., *William Pitt and the Great War*)，第 554 页中的描述。

② 海伯里的韦士顿家，见《恩玛》，第 2 章。

③ 宾利家，见《傲慢与偏见》(*Pride and Prejudice*)，第 2 章。

经认为不得不从他所懂得的农业，掉转笔锋去向乌本的极其雅洁的绿色客厅、丹康布公园中的那幅翁斐尔人物画上的“衣褶”的笔法或者汶华士大厦正门回廊上的“六根壮丽的哥林多式(Corinthian)圆柱”表示一番敬意。[①] 因为这一带地方没有经过什么战争，所以雷亚尔—玛尼塔和萨顿场、朗利特—柏立大厦、奥德雷—恩德、瑙尔和海特菲尔德还都能以幸存，来代表那一代一代的英格兰的统治者们；但是而今这些主要地方却具有十八世纪或者更晚一些时候的风格，
36 都建有三角顶和圆柱廊，或许还带一点意大利风味和帕拉第奥派(Palladian)的传统——从万布鲁在 1701 年开始建筑的霍华德堡或者他在五年之后建筑那样一个庞然大物的布楞恩府起，直到霍尔干、乌本、汶华士大厦、哈里伍德、齐德斯顿大楼、巴德明顿和霍伊克止，都如出一辙。哥特式的复兴，好也罢，坏也罢，并没有怎样触及到比较大的房屋，自从哥特式开始风行以来，新建或改建的大房屋不多，虽然康福德庄园是在英王乔治四世朝按照半哥特式的式样改建的；但是或许靠了阿波次福德赞助之力，中世纪的流风遗韵在比较小的地方当中却颇盛行。“这所房屋看上去仿佛像一种礼拜堂”，科贝特谬赞一所这类的房屋说，“多少有几分哥特式建筑物的风格，这幢房屋各部分的顶端都树有**十字架**”：在它的鹅卵石小路上建有顶端树十字架的拱门；“都是用像梨一样脆的苏格兰枞木雕成的”。[②]

农村工人和城镇工人，乡间房屋和城镇房屋的划分，并没有什

① 《北行记》，第 1 卷，第 22 页；第 2 卷，第 93 页；第 1 卷，第 278 页。

② 《农村走马记》，第 1 卷，第 4 页。

么明显的界限。就某种意义来说，根本就没有什么界限可言。很多工业工人是乡下人，虽然他们的那个乡下可能是污浊的、漆黑的，他们的庐舍会渐渐挨挤到一起，连成一条条的短街、一个个的大院和不成形状的市镇。因为大体说来收入比农业工人好一点，所以他们的庐舍往往高过而不是低于当地的水平。诚然，苏格兰矿工都住在一种式样非常简陋、用石头胡乱砌成的或“粗石”的庐舍里——仅有一两个房间。[①] 但是科贝特认为达拉姆矿工的居住条件良好。“固然他们的工作是辛苦的……但是无论如何他们的住所还不错，他们的房子很好，他们的家具也很好”。[②] 他对于约克郡和德尔比郡边境上的制刀匠们也有同样的印象；虽然他语焉不详。[③] 如上文所述，威尔士最好的庐舍就是铁工厂附近的那些：达德利附近黑乡中的石头庐舍也是最好的。[④] 真正的乡村工匠——铁匠、车轮匠等等——到处都是比较兴旺的，并且所住的房 37
子也比他们种田的邻居好一些。

在伯明翰那样既没有管理又没有特许状而单纯由人口的聚集而成长起来的一个城镇之中，“每一个工人”都有“他自己的一所房屋”，这原是很自然的。[⑤] 在伦敦虽不是那样自然，更不是那样普

---

① 关于详细情形，参阅《苏格兰房屋……报告》1917 年，第 125 页。

② 《农村走马记》，第 2 卷，第 383 页。关于三十年代初期的诺森伯兰，在海登夫人的回忆中得到了完全的证实——“房子盖得很舒服，他们大加夸奖，有走八天不停的钟，有光洁的柜橱和其它家具……”《马丽·伊丽莎白·海登》(*Mary Elizabeth Haldane*)(1925 年版)，第 70 页。

③ 前引书，第 2 卷，第 288 页。

④ 今天在西莱定还可以看到很多。

⑤ 《上院济贫法审查委员会》(*Lords' Committees on the Poor Laws*)(1817 年版)，第 180 页。

遍，然而这种情形在那里或许也是通例，在所有其它英格兰城镇中则确实是通例。它们从未有过城墙，或是它们久已发展到城墙以外，把城镇和乡村在破烂或时髦的郊区逐渐打成一片。当伦敦逐渐向四乡发展而这时以接连不断的房屋同汉墨斯密斯、肯提什镇、德特福德、坎伯威尔以至海盖特和派丁顿衔接起来的时候，[①]巴黎的一切生活和活动却被限制在城堡以内。所以巴黎人的房屋一直是向上去发展，贫民照例住在大杂院楼房里。同圣安东尼区最相像的英国地方就是石头房屋高达五层、六层以及于十层的爱丁堡老城。来自法兰克福的梅丁格把康隆盖特和考盖特比做大陆上最劣等的犹太人居住区。甚至在爱丁堡的新城中，沟渠设备也是不完善的，在老城里，那种“夜间从窗口倒出的垃圾”以及矗立的大杂院楼房中没有人管打扫的公共楼梯的情况，纯粹是中世纪的。大杂院楼房中房客的那种浑身龌龊，连脸上都不干净的情形又复使梅丁格想起了犹太巷(Judengasse)。[②] 他说他们像苏格兰人，并且得出了那个天才的种族的结论；但是事实上，在他游历爱丁堡的那个时候，他们多半是爱尔兰人。[③]

伦敦固然有令人却步的贫民窟和很多分成单间的大杂院楼房；但是老爱丁堡却是自古就以住大杂院楼房为通例的唯一重要的英国城镇。[④] 七日规(Seven Dials)、白教堂(White chapel)、有

① 梅丁格，前引书，第1卷，第10页和现代地图。

② 梅丁格，前引书，第2卷，第11页。

③ 参阅本卷，第60页。

④ 在另一个自古就有城墙的苏格兰城市(斯特林)中也可以看到这种情形，并且其余各地也都仿效爱丁堡。《苏格兰房屋报告书》(1917年)，第49页。

许多 en planches mal jointes, Ce qui leur donne bientôt l'aspect des plus dégoûtantes, étables〔让人一眼看上去像最惹厌的猪棚一样地用胡乱拼成的木板〕搭盖成房屋[①]的拜特纳—格林或考盖特， 38
都还不是一个英格兰城镇中人类住所的最低水平；最低水平恐怕要在格拉斯哥的"特隆盖特和布里治盖特，盐市和马克斯威尔街之间的那些死胡同和陋巷之中"才能看到。这些陋巷都是一些狭长的巷子。

> 那样狭窄，连一辆货车都很难通过；在这些陋巷的口外就是一些"死胡同"，也就是十五英尺或二十英尺见方的一些大院，周围盖起大抵三层楼的房屋；大院当中是一个粪坑，对业主来说它或许是这个地产上最赚钱的一部分……因而把粪坑搬掉结果会看成是对产权的侵犯。房屋大抵是楼房。

很多都是混杂的公共宿舍——"其龌龊、潮湿和霉腐的情形，是一个对牲畜具有恻隐心的人都不会把他的马养在里面的"。[②] 这些令人望之生畏的垃圾坑，像每一个城镇中最坏的贫民窟一样，并不是普通工人的房屋，而是最低级的非技术工人以及半犯罪和完全犯罪阶层的房屋。格拉斯哥的大多数陋巷居民是高原人或爱尔兰人。在1790年格拉斯哥还没有下水道，在1816年才仅仅四十三条。[③]

---

① 弗谢尔：《英国的研究》(Faucher, L., *Études sur l'Angleterre*)(1845年版)；在三十年代所作的观察。

② 《手织机织工。助理调查委员会报告书》(*Handloom Weavers. Assistant Commissioners' Reports*)，在1838年所提出的作证(1839年，第22卷)，第1编，第51—52页。

③ 克利兰德：《格拉斯哥年鉴》(Cleland, J., *Annals of Glasgow*)(1816年版)，第1卷，第38、329页。

英国的每一个城镇都有它的这种比之格拉斯哥的那些并不更大，也往往不见得更卫生一点的大院，正如每一个城镇都有它的半犯罪者的大杂院区一样；但是，照例这些大院都是由往往背对背盖的那些普通工人的两层楼房屋围绕起来的，所以不卫生的惨况不那么太显著[①]。在英格兰住大杂院楼房是不普通的。“这些房屋每所仅有三四个房间和一个厨房，叫做小宅子，在全英国（除了伦
39 敦的某些地区），这是普通的工人住宅”。[②] 1838 年所写的一篇关于“1800 年以来拜特纳—格林新建街道”的描述[③]可以视为在逐渐发展起来的城镇边缘上所建造的最低级新房屋的典型。

很多街道都是所能想象的最坏的街道，没有公共下水道。房屋一般是两层楼的……地基往往造在草皮和菜园上面，而且在……住室的地板和地板下面的潮湿不堪的土地之间并没有通风设备。……道路……是糟糕透顶的，往往是用泥土和垃圾筑成的，并且砖灰浸透了湿气。

---

① 参阅本卷，第 537 页及以下。

② 恩格斯：《1844 年英国工人阶级状况》（Engels, F., *The Condition of the Working Class in England in* 1844）（1888 年版），第 19 页：一篇无可指摘的证言。乔治夫人〔《十八世纪的伦敦生活》（*London Life in the Eighteenth Century*）（1925 年版），第 2 章〕曾叙述十八世纪时的伦敦单间的大杂院楼房是如何普遍。但当时这种房屋不见得有代表性，至少在 1821—1831 年时绝非如此。在 1831 年，人口拥挤的中央各教区平均每幢房屋要住十个人以上〔例如美勒利本是十个半人〕，但整个拜特纳—格林，东圣乔治和斯太普尼〔包括迈尔—恩得和波普勒在内〕的数字是房屋二万七千八百五十所，住户十六万八千三百九十五人——计每所六点零五人。举出一个家庭和“寄宿者”作为伦敦住户的代表，也许不见得是空想的。在 1831 年，房屋这一名称显然是按照它的理所当然的意义来使用的。（参阅《马克思恩格斯全集》，第 2 卷，人民出版社 1957 年版，第 306 页。——译者）

③ 《手织机织工》（1840 年版，第 23 卷），第 2 编，第 239 页。

水“流到房屋下面，同污水坑中的泥浆汇合到一起，常常发生毒气，并且要经过起居室流出去……屋顶是波形瓦盖的，但是多不合缝，沥青又很坏，不能保证它们不漏水”。这类房屋都是“无赖之尤的投机营造商建造的”，这一点从它们的没有烧好的砖、它们的劣等泥灰和它们的弯曲木料上表露无遗。但是，假定有下水道——很多街道确已有了下水道，虽然它们往往是高过它所要排水的污水坑，并且修造得像是盘山一样的；[①]假定不是偷工减料的建筑物——并非所有营造商都是偷工减料的——那么这种楼上两间、楼下两间或三间而全都连在一起的褐色小房，未始不可以布置成为一个家的。

在伦敦和伦敦以外，熟练工人，正像达拉姆的矿工一样，一般都有一所说得过去的房屋或一部分房屋，和一些说得过去的家具，除非他的行业是一个没落的行业，而他的手艺又是一种无人问津的手艺。由于手织机织布的逐渐绝迹以及因而在织工的某些阶层中早已存在着的贫苦情形，连同弗里德里希·恩格斯的《1844 年英国工人阶级状况》的那幅几乎完全真实，但尚未绘出其全貌的污浊画面，而造成了十九世纪第二个二十五年期间最坏居住条件和平均居住条件的某种淆混。最坏居住条件是笔墨无法形容的。在 1843—1844 年期间——而且没有任何理由可以设想 1830 年的情况会好一点——“在曼彻斯特的某一地区中，七千多居民的需要只由三十三个厕所来供应。……地下室的住宅几乎一律是没有便所

① 杰夫森：《伦敦卫生方面的改进》(Jephson，H.，*The sanitary evolution of London*)(1907 年版)，第 16 页。

40 设备的”。[①] 在三十年代时，曼彻斯特、利物浦、伦敦以及在程度上稍差一点的利兹之类的其它城镇都拥有大量地下室居民，并且在二十年代时也确乎是这样的。关于此后十年虽无充分证据可供利用，我们却知道曼彻斯特卫生委员会在1832年调查过二万所地下室住宅。[②] 在目前所讨论的这个时期以后的二十五年间，仅仅美勒利本一地就有一千一百三十二个大杂院地下室。[③] 但是这些并不是平均技术工人及其家属的住宅。1829年时住在不列颠的爱尔兰人比起1845年恩格斯写下“几乎在任何地方，住地下室的那些家庭大部分都是来自爱尔兰的”那句话时要少得多了。[④]

同兰开郡和约克郡某些住地下室的织布工的恶劣环境恰可成一对照的，是斯比脱菲尔兹、考文垂或约克郡比较富裕的织布工——即伦敦、米德兰和北部有代表性的高级技工——的相当舒适的条件。在1820年前后，在斯比脱菲尔兹，“很多房屋都有圆柱廊，门前放着椅子，夏季傍晚时分，可以看到织工们在那里抽着烟斗消遣”。不幸这些“圆柱廊”有“为边道改良工程而拆除”的趋势。织工都是大园艺家，虽然花园的地皮很快就被无赖的营造商占去。然而甚至在1838年，拜特纳—格林的六英亩的散德孙花园还被分

① 《关于大城镇和人口密集地区的状况报告书》(*Report on the State of Large Towns and Populous Districts*)(1845年，第18卷)，第2编，第61页。

② 加斯克耳：《英国制造业的人口》(Gaskell, *The Manufacturing population of England*)(1833年版)，第138页。

③ 杰夫森，前引书，第30页，指1854年而言。

④ 恩格斯，前引书，第61页。关于三十年代后期的情形，完全为《手织机织工调查委员会》所证实，见第3卷，第572页——在1838－1839年，科兹地下室织工的三分之二是爱尔兰人。(参阅《马克思恩格斯全集》，第2卷，人民出版社1957年版，第376页。——译者)

为将近二百段："几乎每一段中都有一个避暑山庄，供织工和他的家属在那里欢度周末"。园艺也不仅仅是为了生活。1838 年 6 月，"郁金香植户的银质奖章比赛"才刚刚闭幕。[①]

在考文垂中心区，"最富裕织工的房屋，同农业工人的庐舍相比，是不错的、舒适的住宅；其中有一些住宅陈设得很好；很多都有精巧的钟、床和屉柜；装饰着版画；有些还有舒适的客厅"。[②] 在约克郡的西莱定各地，虽然某些阶层的织工在三十年代已陷于贫苦
之境，"一般说来，他们的房屋虽然还保有光景好年月的痕迹，却处 41
处显出了节俭持家的风范：——清洁、整齐、有序"。[③] 关于他们之中的一个可说是特权集团的巴恩斯利麻布织工，据说

他们的庐舍大部分是石头盖的，坐落在空气既流通而又干燥的地方，而城镇和附近一带也有不少的这类空地可用。……他们进行工作的地下室并不太湿，对于他们所进行的业务恰好相宜。空气很流通，甚至在这些住户饱受贫困折磨的时候，他们的房屋看上去还是清洁整齐的。[④]

与此成为对照的是加斯克耳根据 1830—1832 年兰开郡棉纺织业的情况而作的令人沮丧的概括结论，他谈道："他们家庭的小康之局的烟消云散，这种情形已成为制造业广大群众的特征"。[⑤] 但是

---

① 《手织机织工》，第 2 卷，第 217—218 页。并不是拜特纳—格林全部都是这样愉快的。参阅本卷，第 37 页。

② 同上书，第 4 卷（1840 年，第 24 号），第 301 页。

③ 同上书，第 3 卷，第 543 页。

④ 《手织机织工》，第 2 卷，第 483 页。

⑤ 《手织机织工》，第 2 卷，第 114 页。

织布业是二十年代时工业革命真正波及的唯一行业；加斯克耳痛恨工业革命；[①]而兰开郡棉纺织工人也并不是英王乔治四世统治下不列颠的代表性工人。

虽然工资劳动者和小商人充斥于伦敦的破烂市郊，时髦的郊区却住满了高级商人，他们不再住在约翰·吉耳平曾经住过、圣恩堂街的加德纳先生那位“显然绅士派的”商人最近也还住过的那些商业区了。大商人首先乔迁。他们已开始往西或往南向克拉法姆和丹麦山迁移。次一等的商人跟随其后。继而小店主也开始迁移。成批向郊区的迁徙是和1824—1825年间的商业旺盛期相偕俱来的。[②] 正如科贝特所提到的那样，城市人这时往往住在远达布赖顿地方的乡间。梅丁格极感兴趣地看到（因为对于一位大陆人来说，所有这些都完全是新颖的）：人们从带有“小平台和花园”的“那些由投机商人按一式图样建造的房屋”坐落所在的内郊，是怎样地每天骑马或乘四轮马车或双轮马车进城的那种情景。[③] 在
42 米德兰和北部的商业和制造业城镇的周围，这种真正往郊区迁徙的运动还只不过是初开风气而已。[④] 规模大到非往郊区迁徙不可的那种城镇还不多；虽然每一个城镇都开始建立一个为“中等资产

① 参阅丹尼尔斯：《早期的英国棉纺织工业》（Daniels. *The Early English Cotton Industry*）（1920年版），第139页。

② 马提诺：《和平时期英国史》（Martineau, H., *History of England during the Peace*），第1卷，第353页。

③ 前引书，第1卷，第12、13页。

④ 著者的母亲，一位小器皿制造商的女儿，于1833年生于曼彻斯特中心区〔瑞治菲尔德旗，即约翰—多耳顿街今址〕。引证录自恩格斯，前引书，第32页。

阶级"居住的"整齐街道"[①]的内圈和一个制造商和商人房屋所在的外圈。

不列颠的每一位游客都注意到了工业和人口以不平常的方式渐渐集中于煤矿及其附近一带的情形。撇开它在产生蒸汽和熔铁方面的用途不谈，按合理价格供应的煤炭乃是任何程度的人口集聚和大规模工业发展所不可少的基本条件；因为这时还没有其它家庭用燃料可供大量利用。如果煤能够顺水路而来，像长久以来运入伦敦的情形那样，那么家庭困难以及在一定程度上的产生蒸汽的困难便可迎刃而解了。所以当时将近完成的运河网工程的主要目标之一，始终就是为了改善煤的分配，特别是为了改善英格兰和东南英格兰方面的分配。但是在运河和蒸汽工业以前，东部、东南部和南部的重要工业就已经渐趋衰退了。诚然，苏塞克斯的古代铁业，是在任何情况下都无法保存至今的；但是以瑙威治为总枢纽的东安格利亚的纺织工业却占有取得海运煤的地利，若不是它显得缺乏弹性和适应新条件的能力，本来是很可以经得起产煤各郡的竞争而保全下来的。[②]

苏塞克斯的熔铁业随着十八世纪的告终而告终了。在 1770 和 1774 年之间，那里和毗邻的肯特郡林区还有一些木炭熔铁炉在开

① 参阅《马克思恩格斯全集》，第 2 卷，人民出版社 1957 年版，第 327 页。——译者

② 克拉潘：《毛丝工业从东安格利亚往西莱定的转移》(Clapham, J. H., *The Transference of the Worsted Industry from East Anglia to the West Riding*)，载《经济季刊》，1910 年，第 203 页。

工。各地都制造“炮弹”:铁锅和壁炉里膛则在温彻尔塞上面的贝克利熔铁厂和布里德地方制造。[1] 在1796年,苏塞克斯只剩有一座熔铁炉了。在那一年,英格兰和威尔士生产生铁约十二万五千吨,苏格兰数千吨:在1788年,不列颠的总产量已约达六万八千吨。在
43 1806年,全岛约产二十五万八千吨,在1830年约六十七万八千吨。[2]到了1830年,南威尔士和黑乡的工业集中情形是令人惊讶的——来自南威尔士的有二十七万八千吨,来自斯塔福德郡和希罗普郡的有二十八万六千吨。“我曾经在一个黑夜里走过这个地方”,杜宾男爵在早几年这样写道,“我周围的地平线都被一圈火焰包围起来。处处烟柱和火柱都直冲云霄,整个这一带地方似乎都被一团无可比拟的火光照耀得通亮。这种宏伟场面所给人的印象是笔难尽述的”。在白天,人们到处看见“成堆的原煤被火炼成焦炭——高炉和无盖鼓风炉——用来从矿中开采铁和煤并从矿中排水的蒸汽机,排出来的水在导入小运河之后对于航行是有用的”。[3] 这就是铁路时代以前的黑乡在一个虽未见识过,却很能体察这种新工业重要性的人心目中所留下的印象。随着1828年阿希伯讷姆最后一个熔铁炉的绝迹,苏塞克斯已经又回到它的野林和丘陵的恬静之中了,只有布赖顿的灰尘和叮当声来突破它的沉寂。

① 坎贝尔:《不列颠的政治通览》(Campbell. J., *Political Survey of Great Britain*)(1774年版),第1卷,第374页。

② 斯克里夫纳:《钢铁业史》(Scrivenor. H., *History of the Iron Trade*)(1854年版),第95—99页,附1796年的熔铁炉一览表,以及第135—136页,1830年的全部产量。

③ 杜宾,前引书,第1卷,第317页。

若不是几个造纸场[①]以及米德威和太晤士河上的船坞和河边活动，肯特郡就没有任何行业可以吸引游客的注意或者让他们在乡间留下足迹了。在首都区域以外的萨里亦复如此；虽然沿着闻咨卫司和克劳伊登之间的那段文德尔河上的少数漂白印染厂应该是分在首都区域以外的。[②] 在汉普郡的一两处地方，古老的织布业正濒临毁灭前夕，还用织机笨拙地织着粗麻布和条纹床单。[③]南安普敦依然沉睡未醒，虽则自拿破仑战争以来它的人口已开始增长，并且已拥有几千吨的小船。[④] 和平已经使朴次茅斯这仅有的一项工业停顿下来，而且人口的增长也跟着停下来，人口在 44
1811 和 1813 年之间只从四万一千增加到五万——就那一时期的一个英格兰城镇来说是一个异常缓慢的速率。伯克郡完全是农村本色，而它的郡城和唯一具有一点规模的城镇在 1821—1831 年这十年间则从容不迫地从一万三千增长到一万六千人。

早在 1748 年艾塞克斯的古老的粗呢制造就已经大部分让位给北部和西部了，“那里粮食比较便宜，穷人比较容易满足，而且煤很多”，一如十八世纪的一位科耳切斯特的史学家所说。[⑤] 但是在

---

① 斯派塞：《造纸业》(Spicer A. D., *The Paper Trade*)(1907 年版)，第 174 页。肯特郡有一些造纸厂是旧漂布厂而于十八世纪初期改业造纸的。

② 《1831 年的人口调查》(*Census of* 1831)(1833 年，第 36－38 卷)，第 37 卷，第 642 页。

③ 《维多利亚地方志，汉普郡志》，第 5 卷，第 488 页。有些比较好的丝织和丝毛混织厂一直残存到 1813 年。

④ 1801 年的人口是七千九百一十三；1831 年是一万九千三百二十四。1829 年有船舶一百七十八艘，共计八千一百二十吨。

⑤ 莫兰特：《科耳切斯特史》(Morant, *History of Colchester*)，引证于《维多利亚地方志，艾塞克斯郡志》，第 2 卷，第 400 页。

1793年科耳切斯特还有十四个粗呢制造商。大战真正扼杀了艾塞克斯郡的这些垂死的羊毛制造业，虽然在1826年郡内还有两家粗呢行，并且小庐舍纺出的毛纱还销给诺福克的制造商。[①] 萨福克也曾经丧失了一度使拉文南、克尔塞、琅米尔福德等二十多个乡村和城市发财致富的这种工业。以在十九世纪初叶小说中特别出名的羽缎为主的毛丝合织物的小规模纺织，在萨德伯里、哈佛里耳、拉文南和其它几个地方还苟延残喘；而伊普斯威奇区则为瑙威治大量进行纺纱。[②] 诺福克郡城依然是东安格利亚唯一重要的纺织中心。它的大宗产品是羽纱即制雨衣等用的那种素净的坚牢材料，以及羽缎和丝绸等丝毛合织物。正如一位瑙威治人在此后数年所说，直到"波那帕脱在欧洲大陆上行军时"为止，它的出口贸易还一直是很大的。[③] 战后这种贸易曾经有部分的恢复。那里的国内贸易也很不错，由东印度公司经手的羽纱出口，数量也颇为可观。在1818年瑙威治和这一区域的织机料想有一万台；虽然出口贸易的新业务已渐渐为约克郡夺去，但据可利用的证据证明，在此后十年之内它还没有什么绝对的衰落。[④]

丝织工业的扩展到东安格利亚曾经对毛织品方面的衰落起了一些补偿作用。在十八世纪时，艾塞克斯各地曾经为斯比脱菲尔兹的工业进行搓丝工作：大约自1790年以来，织绸业也已经转移

① 《维多利亚地方志，艾塞克斯郡志》，第2卷，第401、403页。

② 《1831年的人口调查》，第37卷，第628页，以及梅丁格，前引书，第1卷，第200页。

③ 《手织机织工》，第2卷，第302页。威廉·斯塔克的记述。

④ 《经济季刊》，1910年，第196页。

到这个地方。在布伦特里、波金和科治沙尔，除织混织品外，这时
也织造纯丝织品，瑙威治和其它产毛纱的城镇也从事少量的丝绸 45
织造。当它的纯毛织品业务一部分被约克郡夺去时，羽缎和绉绸事实上已经被东安格利亚从斯比脱菲尔兹方面夺取过来了。[①]

可与东安格利亚纺织业的集中于瑙威治相比拟，但不那样彻底的，是西南各郡的毛纺织业的逐渐集中于科次窝尔德山谷，而科次窝尔德山谷又逐渐集中于格拉斯特郡陡坡上的山谷中。在十八世纪中叶，多尔塞特郡的东部和东北部，沿威尔特郡、萨默塞特郡和得文郡一带，曾经是一个成衣业区域：但现已无复旧观。这一行业已经慢慢地、无声无息地归于消灭而并没有造成惊人的困难。[②]得文郡的被淘汰则晚得多，然而也快得多。艾克斯敏斯特仍制造地毯；但是因为在二十年代时它的人口一直停滞在二千七百人之数，所以业务始终不振。在巴恩斯特普耳和提佛敦还有一点毛织业的残余；但也只此而已。[③] 然而迟至1800年，埃克塞特还“基本上是一个制造业城市”。它“是斜纹哔叽、薄哔叽、细哔叽和粗哔叽之类薄毛织品的大集散地；织物在四乡织成之后，再在城里染色、整理，然后从城里装运到西班牙、葡萄牙、荷兰、意大利和东印度群岛”。“原料从城里的货栈中配发到邻近的乡间，然后再以成品回

① 《维多利亚地方志，艾塞克斯郡志》，第2卷，第463页。克拉潘：《斯比脱菲尔兹法令》(Clapham, J. H., *The Spitalfields Acts*)，《经济季刊》(1916年12月号)，第462—463页。

② 《维多利亚地方志，多尔塞特郡志》，第2卷，第360—362页。

③ 据说曾雇用一千二百人的提佛敦各厂(无疑是以厂外织工为主)在1815年前后售出。出售这些厂的代理人在1817年还另有二十二个厂待售。1817年埃克塞特的詹姆斯·迪安在上院济贫委员会的作证(1818年，第5卷)，第127页。

到城里。在这里还要经过各种各样的工序。……”商人的“生意忙不过来”。二十年后，生意已经清淡到微不足道的程度。(原因是东印度公司这时已用白银而不用西部的毛织品购买茶叶了。[①])三十年后，生意整个完了：“在 1831 年这种贸易可说是已经停止”。“同它有关的各厂已改作别用，以前排满一行行‘晾绸架’的邻近旷
46 场已经完全废作牧场”。在这期间，埃克塞特在人口、卫生常识和保健方面都在一日千里地发展中。[②]

哔叽和细布织造在萨默塞特的若干地区仍然是比较重要的工业；但是最好的棉布织造却集中在布里斯托尔的埃房河流域及其支流一带的曼迪普斯以北，然而在这一带却日趋衰落了。它的最重要的大本营弗罗姆的人口在 1821 和 1831 年之间事实上已经下降。刚刚在威尔特郡那一边的埃房河畔的布莱德福，即在 1831 年人口调查中俨然成为大布莱德福的那个地区的人口，也有同样情况。它的另一边的近邻特罗布里治的人口则稍有增长；但是这两个地方因以著名的细布工业却早已没落了。在格拉斯特郡的科次窝尔德丘陵地带的下面，这种工业却显得生气勃勃；但是真正的蓬勃发展只有在斯特劳德谷中的一处地方，虽然这整个区域内的技术的优越是毫无问题的。根据 1831 年人口调查的职业报告书，格拉斯特郡中与织布工业有关的人数比威尔特郡多百分之五十；但是格拉斯特郡每有一个，约克郡的西莱定就有十五个。数字虽不

① 同上，詹姆斯·迪安的作证。他的说明自然是不完全的。

② 录自《关于大城镇状况报告书》(1845 年)，第 2 卷，第 354—358 页沙普特博士关于埃克塞特的杰出文件。

完全，但是比例或如所述。[①]

在东米德兰、林肯郡和东莱定方面看不见什么具有任何重要性的工业的遗迹；因为这一地区从未有过工业上的重要性。它的白垩土和胶泥土、它的沼泽地的泥炭田、卵石谷和黑侏罗统的地层构成为农业英格兰的中心。这里，若干世纪以来，在一页页大地写成的经济史上，成篇累幅的是农业问题而不是工业问题。这里的家庭纺纱遭到了损害，而以东安格利亚邻近各区的损失为尤重；但这对于几乎所有农业区域都是常事。沿黑侏罗统地层随处可见的铁矿石，过去不久还各处都用以进行冶炼；但是没有一处曾经有过重要铁工业的兴起。[②] 建立在当地产品上的各种工业，即如高威康布的制椅业或者还不依靠蒸汽和铁以前的北安普敦的制靴业，47
非但没有衰落反而日有起色。[③] 在牛津郡，威特尼的毛布工业和契平—诺尔顿的马毡工业构成为科次窝尔德纺织区极东的外圈据点；规模虽不大，但是威特尼的这种小工业，因自成一局，而且技术精良，却能始终不为人所忽视。[④]

除去北萨默塞特的小煤田以外，英格兰和威尔士的露天煤层都坐落在由串特河、索尔河、沃里克郡的埃房河和塞佛恩河所构成

---

① 《维多利亚地方志，格拉斯特郡志》，第 2 卷，第 193 页。“成衣业”人口调查的数字是威尔特郡三千人；格拉斯特四千五百人；西莱定六万八千人。

② 斯克里夫纳，前引书，第 95 页，谈到 1796 年林肯郡在里尼绍有两个熔铁炉。但是里尼绍坐落在德尔比郡，在切斯特菲尔德以东六英里。

③ 威康布的制椅业——“是那样之多，所以也带有制造业的性质，但却被列入手工业项下”，《1831 年的人口调查》（1833 年），第 36 卷，第 35 页。在北安普敦郡有两千多制鞋者因生产外销商品而“被认为是制造商”。同上书，第 36 卷，第 446 页。

④ 参阅例如梅丁格，前引书，第 1 卷，第 413 页。

的那条曲线以西，也就是在极相当于新红砂岩西边界的那一条线以西。英国地质学最早的综合性论述之一，1822 年出版的康尼比尔的著作，描写说，“从我国首都出发的一位聪明的游客”，往西或西北走向这带煤田；不论他取哪一条路线，都要先后跨越黏土、白垩土和石灰岩〔卵石〕地带和“一片辽阔的红泥灰的沙砾地带；越过这一带，他就会发现置身于煤矿和熔铁炉之间了”[①]——在南威尔士，在德安森林，在黑乡本地，在北沃里克和西累斯特，以及经由诺丁汉和德尔比而至约克郡和北部的煤铁区，都是这种情况，在那些地区，“粮食比较便宜，穷人比较容易满足，而且煤很多”这句话比在首都和东部各城镇更加适用些；虽然目前粮食的比较便宜和穷人的比较驯良，都不像 1748 年那样彰明昭著了。[②]

在这个产煤区域以内的某些郡中，工业是那样幼稚，那样不胜其多，那样名目翻新，那样变化无穷而又那样互相关联，以致 1831 年人口调查的编辑员试图根据上文所提到的那件不完备的报告
48 书，分别在“手工业”和“制造业”这两个项目下加以全面叙述，而几次为之置笔。关于拥有一百三十多万居民的兰开郡，他们不得不承认对于它的制造业无法“描述，以至无法分别列举”。[③] 至于斯塔福德郡，在提及原始铁工业并举出几十种铁器行业之后，他们泛泛地解释说，很多人从事于生产“各种各样复杂的人类劳动的辅助

① 引证自伍德华：《英格兰和威尔士的地质》（Woodward. H. B.，*Geology of England and Wales*），第 11 页。

② 本卷，第 44 页。

③ 《1831 年的人口调查》，第 36 卷，第 308 页。

品，这类辅助品都是包括在机械这个名称之下的”。[①] 关于这五个城镇的陶器业，他们感到比较快慰——“一种欣欣向荣的制造业，对于陶器匠和他们的女助手的健康和容貌并没有不好的影响”。[②] 在沃里克郡，考文垂的著名丝带工业是容易掌握的，据说“制表手艺已经成功地介绍到那里”；但是伯明翰的各行同业反对分类，因而迫使官员们不得不把他们所搜集的详细情形分列在许许多多行业项下，诸如啤酒机器、英国茶壶、棺具、煤气灯、镀金玩具和金箔等等，这只不过是就二十六个字母当中的前几个字母来举例说明而已。[③] 设菲尔德的复杂和困难情形同伯明翰几乎不相上下，但是报告书则似乎更加不完备。[④]

产煤区工业上的问题，在诺丁汉、累斯特、希罗普郡和柴郡所表现出来的则比较简单。在这前两个郡以及在德尔比郡的邻近地区中，主要工业——针织业和花边业——始终没有经历过一般技术上的变革。它是不依靠动力的，虽然若不是靠近煤田，也难以发展到现在的规模；织袜工和手织机织工一样，是一个久已确立和公认的家庭厂外加工工人阶级；他们所用的织袜机是由一个同样可以确认的织袜机制造工阶级造出的。但少数棉纺和毛丝纺工厂（有一些是具有规模和重要性的）却是接近新纺织区的标志。柴郡的东部和东北部在工业上是兰开郡的一部分；但是它的工业生活却不是那么多样化，那么复杂，因为除开丝和棉之外，瑙威治的唯

① 《1831 年的人口调查》，第 37 卷，第 604 页。

② 《1831 年的人口调查》，第 37 卷，第 620 页。

③ 同上书，第 37 卷，第 680 页及以下。

④ 同上书，第 37 卷，第 836 页。

49 一重要制造品就是盐。希罗普郡，甚至在靠斯塔福德的那一边，也只有一些零星的工业区，虽然在那些地区中有相当多样化的工业。它的主要制造业区域是在煤溪谷和梅德莱，那一带有很多人从事于“为熔铁炉准备铁”，“从事于翻砂和锻铁的工作，并从事于制造动力机的重型装备”。[①]

杜宾男爵所以唤起法国人对英国黑乡的“动人景象”予以注意，是很有道理的。这里甚至比兰开郡更真正是新时代的力量所在——所谓新时代就是铁的制造在不列颠增长了十倍的那四十年。格拉摩根郡的山谷和蒙默思郡西南部是黑乡的附着物，[②]格拉摩根是威尔士唯一有大规模制造业的一个郡。除开弗林特和横跨南卡马森和彭布鲁克的一个狭长地带之外，所有其余地方，都像得文郡和康沃耳郡的大部分地区一样，位于比煤更古老的岩石上，但是那些岩石中的矿藏，正如康尼比尔所说，“是甚至更有价值的”。他正想到当时价值已达于最高峰的康沃耳锡矿和铜矿以及安格尔西的大铜矿，这个铜矿在 1768 和 1798 年之间曾经是世界最重要的铜矿，现在虽已大为缩减，却仍雇佣工人五百至一千名。[③] 蒙默思郡和格拉摩根郡的工业发展过去是既迅速而又具有革命性的。在第一次和第三次人口调查之间（1801—1831 年）兰

① 《1831 年的人口调查》，第 36 卷，第 528－529 页。

② 关于南威尔士和黑乡之间的密切的家庭联系，参阅艾希顿：《工业革命中的铁和钢》（Ashton，T.，*Iron and Steel in the Industrial Revolution*）（1924 年版），第 9 章，《铁匠师傅》（*The Ironmasters*）。例如，来自布罗斯莱的客人。

③ 戴维斯：《北威尔士》，第 46 页。梅丁格，前引书，第 1 卷，第 339 页，以及本卷，第 186 页。

开郡的人口增加了98.5%；蒙默思郡的人口（它在上述两个年份的任何一年之中原都会很容易全部流入曼彻斯特的）却增加了117%。在英格兰各郡之中仅次于兰开郡的是三十年之间增加了74%的西莱定；但是格拉摩根郡却增加了77%。蒙默思郡和格拉摩根郡的铁业是以“提炼”为主：从事于采掘、熔炼、铸造和辗压，但很少进行成品的制造；虽然在格拉摩根和卡马森早已进行铁皮和马口铁的制造，纵还不是大规模的。①

在北莱定、北兰开郡和南坎伯兰那个草原地带，煤田和煤 50
田之间的那段地带——也就是科贝特称之为“非农民之乡而是牧畜者之乡”的那段地带——②以外，无论达拉姆或诺森伯兰在1831年所拥有的人口都不及曼彻斯特教区一区之多。③除开零星地段之外，它们仍然是一片草地——虽然在这些地方农民是多于牧畜者的。它的工业，除采煤工业外，虽是多样化而又具有重要性的，但规模都不大。这两郡的生铁产量仅仅是西莱定产量的六分之一，而不到斯塔福德郡的四十分之一。④玻璃、盐、缆、铅和机器制造是有价值的：煤田肯定地具有一种制造业的面貌；但是任何一处都没有突飞猛进的发展。在1821

① 《1831年的人口调查》（1833年，第37卷，第896页）调查了二百—三百名铁皮和锡板工人。琼斯：《锡板工业》（Jones, J. H., *The Tinplate Industry*）（1914年版），附录丁，列举了1825年不列颠的十八个马口铁厂，其中十二个在上述各郡，四个在格拉斯特。

② 《农村走马记》，第2卷，第364页。

③ 诺森伯兰，二十二万三千；达拉姆，二十五万三千七百；曼彻斯特教区，二十七万零九百六十一。

④ 斯克里夫纳，前引书，第136页：1830年的数字。

和1831年之间，纽卡斯耳和格次黑德的人口合起来才刚刚超过阿伯丁；南希尔兹已经停滞达三十年之久；达拉姆的最大城镇散德兰比之二十年代陷于停顿状态的大学城剑桥还要小得多，而剑桥的“庄严的乐管”还“在清晨和薄暮之际从它的空荡荡的院落里”吹奏出“嘹亮的声音”。[①]

在西莫兰，肯达耳的古代呢绒制造业已奄奄一息，但是已部分为一种小规模的棉布工业所代替。在卡来尔附近，十八世纪中叶的麻布制造业已先后为棉布印花业和这时看上去欣欣向荣的棉布制造业所取代。[②] 沿海煤田的开采，所用力量已不亚于太恩河和维尔河的煤田：当十九世纪开始时，矿坑已分别深达九十五、一百三十以及一百六十呎，而取道怀特黑文的航运也在稳步发展。[③] 自1820年以来，安东尼·希耳，一个南威尔士的铁商，对于岛上蕴藏最丰、质地最优的生矿的坎伯兰和福内斯赤铁矿已试行作有系统的开采。开采尚在幼稚阶段，还是非直接有关的各界人士所不大注意的；但它却标志出英国铁
51 矿开采和冶金术上一个最重要阶段。[④]

地质条件已经为苏格兰唯一可以成为人口密集和工业区域的地带设下了显著的界限。一条从埃尔郡沿格尔文附近起到东海岸登巴稍南的一个地点止，第二条从海伦斯堡附近的克

① 坦尼逊的被取缔的《剑桥》(*Cambridge*)(1933年版)。散德兰，一万七千零六十；剑桥，二万零九百一十七。

② 《维多利亚地方志，坎伯兰志》，第2卷，第345页。

③ 同上书，第2卷，第355、363页。

④ 同上书，第2卷，第385页；本卷，第189页。

来德河起到金卡丁郡的斯通黑文止这两条几乎平行的东北行的线，构成为地质学上所谓的裂谷的那个中央地带的边界线，这个中央地带把苏格兰所有的煤田和大部分真正的敞地，连同政治上和经济上的都会都一并包罗在内。[①] 这个中央地带以南的低地各郡在它们的谷地里拥有很少数的家庭织工和织袜工以及仅有的一个人口在五千以上的城镇。[②] 在这一带以北是几乎没有城镇的高原；跨过这一带高原，在东面的一长条沿海地带上，从阿伯丁一路绕至威克，却有一些零零落落的城镇。其中的阿伯丁在英国的海港当中占一很高地位，它的人口在 1831 年时比无论纽卡斯耳或赫尔都更为稠密，虽则远不及布里斯托尔、利物浦和伦敦。除开海运方面的职业以外，它还有相当发达的纺织工业和拥有广大农业腹地的一个多少有点孤立的城市中心所必需的一切次要工业。

就商业和工业来说，深处于中央地带以内的敦提，同阿伯丁很相像——是一个为海所支配的城镇，以帆布和口袋布为基础的一种纺织工业遍及于海背后的全郡各地。重要的地方性纺织工业和相当稠密的人口，在拥有北苏格兰大部分煤田的法夫郡也可以看到。但是工业的真正的和唯一重要的集中点却位于从福思河到克来德河那段向为苏格兰文化集中地的狭长地带中。中洛蒂昂、林利思戈、拉纳克和伦弗罗这四个毗连的郡，在 1831 年占苏格兰全部人口

① 麦金德尔：《英国和英国诸海》（Mackinder, H. J., *Britain and the British Seas*）（1902 年版），第 68 页。关于“罅谷”的说法是否正确，是有争论的。

② 登佛里斯：人口，1821 年是一万一千零五十二；1831 年是一万一千六百零六。

的四分之一到三分之一。在爱丁堡及其附近，有一个郡城生活所必需的一切工业，但却不是新时代的大规模工业。[①] 这些工业主要是在格拉斯哥地区和克来德河流域，其中以棉纺织业为最占优势。其它各种工业那里也都应有尽有：大卡隆铁工厂雇佣了一千五百多人；直到 1825 年产量还很小的苏格兰生铁，在 1828 年因尼耳森应用
52 热鼓风法于熔铁炉而得到了很大的刺激；圣罗洛克斯的查理·滕南特公司的化工厂在 1830 年被认为是欧洲最大的一家，并且人口调查官员——未必能完全赶得上工业发展的形势——已注意到“甚至蒸汽机”都在格里诺克进行制造了；但是在 1815 和 1830 年之间主要为世人所注意的却是棉纺织厂，自新拉纳克的戴尔·欧文公司的世界著名的厂一直到波洛克绍斯的蒙提思·博格耳公司的那些厂，而后者是大规模地组织 1815 和 1830 年间举世所瞩目的蒸汽动力织布的第一个公司。[②] 在 1817 年杜宾正住在格拉斯哥。他对于这个地区的运输的发展，尤其是对于福思河和克来德河极感兴趣，他曾经亲自和年已八十二岁的詹姆斯·瓦特乘帆船在这条运河航行过；但是他仍把拥有一百多万镑资本的格拉斯哥的五十四家棉纺织厂看做是苏格兰经济生活最大的成就。[③]

---

① 本卷，第 71 页。

② 参阅本卷，第 185 页。斯克里夫纳，前引书，第 135－136 页。《1831 年的人口调查》(1833 年)，第 37 卷，第 1000－1002 页。

③ 前引书，第 2 卷，第 222 页及以下。1831 年有六十三家水力织机厂，计织机一万四千一百二十七部。《1831 年的人口调查》，同上页。而且，苏格兰的棉纺织厂“不论厂址分布怎样广……一般都是格拉斯哥所主有的”。马威克：《苏格兰的棉纺织业和工业革命》(Marwick, W. H., *The Cotton Industry and the Industrial Revolution in Scotland*)，载《史学评论》(*Sc. Hist. Rev.*)，第 21 卷(1924 年)，第 212 页。

在1831年的人口调查和选举改革法以前的那一代之中，在不列颠的任何地方都不曾见过国家面貌有更多的改变。自1801年以来，拉纳克郡人口的增长比之兰开郡还要快得多。[①]“可恶的城市的扩张”已经把整个乡间弄得污秽不堪。梅丁格这位德国人认为，总而言之，苏格兰人比英格兰人更加肮脏些。[②] 杜宾这位法国人却认为他们培养出了欧洲最有知识的工人阶级。“在我所访问的工场和制造厂中，我发现工人都是很有知识的，精通他们的本行业务，能合理地判断他们工具的力量和他们机器的效能”。[③] 地理上的得天独厚以及一个有知识的工人贵族阶级、一个不太有知识的高原人和爱尔兰人的广大基层和低劣的、不太清洁的居住条件的传统汇合在一起，已使格拉斯哥区域随着新经济力量的解放和扩大其作用而一变再变，已使新工业文明的最好和最坏产物在那里继续争荣并茂成为势所必然。

① 虽然不像蒙默思那样快。

② 梅丁格，前引书，第2卷，第11页。参阅本卷，第49页。

③ 杜宾，前引书，第2卷，第237页。

53

第二章　人口

十九世纪三十年代英国人口的增长，是没有妄逞臆说的余地的。但是稍微超过中年岁数的人，总能记得在知识分子当中曾经把人口究竟是否增长看做是一个大有讨论余地的问题的那个年代。从马尔萨斯《人口论》第一版发行到第五版问世的仅仅十九年之间（1798—1817 年），靠了人口调查的方法，已经终于得出了这样一个结论：人口不仅仅在增长，而且增长得非常迅速。迟至 1780—1790 年那十年，对于人口真正有无增长所表示的大胆怀疑，固然是不合理的，但在当时还不能证明是荒谬的。[①] 而且，应该补充一句，在拿破仑战争以前，人口的增长却也并不很快。相信人口增长，在过去是颇需一些信心的。大约 1750 年，戴维德·休姆曾经被迫以他的全部学识和稳健的怀疑论来支持这样一个论点："若说世界人口在古代比在现代还多，似乎是举不出任何正当

---

① 主张人口减退说的蒲赖斯的《应得的报酬》（Price's *Reversionary Payments*），第四版于 1783 年间问世。《联合王国当前人口的不稳定性》（*The Uncertainty of the Present Population of the Kingdom*）（1781 年版）的无名氏著者，在赅述了蒲赖斯、艾登、韦尔斯和豪利特的争论之后，对于这个问题并没有作定论。参阅冈纳：《十八世纪中英国的人口》（Gonner, *The Population of England in the Eighteenth Century*），载《统计学报》（*Stat. Journal*），第 76 卷，第 261 页（1913 年）。

理由的”，[①]从一个更伟大时代相沿而来的人口减退的传说是这样的牢不可破。在他那个时代，人人都希望看到人口增长，可是肯定人口是在增长的却寥寥无几。但在第二次和第三次人口调查进行之后（1811—1821 年），尽管有像当时那样的战祸、那样空前迅速的社会变革、那样罕见的连年歉收和那样失策的赈济办法偕以俱来，生命的洪流却已经使“人口过多”一词家喻户晓了。不列颠的人口已经从 1751 年休姆执笔时的大概七百二十五万和 1781 年的可能九百二十五万，增加到 1801 年的一千零九十四万三千，1811
年的一千二百五十九万七千，和 1821 年的一千四百三十九万二千 54
的估计数字。1831 年的调查数字将是一千六百五十三万九千。[②]至于爱尔兰，人口调查已经在 1812 年初次奉准举办。当时有资格的统计家纷纷讨论爱尔兰现存人口是否有四百万或四百五十万之数。[③] 当 1821 年进行的人口调查终于揭晓为六百八十万零三千时，他们无知的程度可以概见：1831 年的人口调查则又多出将近一百万人。

同普遍所持的意见相反，使马尔萨斯及其同代人对人口过多的原因和救治办法大发议论的这个生命的洪流，与其说是由于种种伟大发明和按食口多寡而增减家庭收入的斯宾安兰政策开始实

① 《古代国家人口稠密论》（*Of the Populousness of Ancient Nations*）（1752 年版）《论文集》（*Essays*）（1779 年版），第 1 卷，第 436 页。

② 关于十八世纪的数字，参阅冈纳，前引书；早期的人口调查数字自然是受到详细批判的。

③ 科胡恩：《英帝国财富力量及资源论》（Colquhoun, *A Treatise on the Wealth, Power and Resources of the British Empire*）（1815 年第 2 版），第 10 页，指 1811 年而言。

施以来漫无节制的生育所致，远不如说是由于十八世纪中叶以来生命的保全所造成。① 在反对济贫法运动时，马尔萨斯痛心疾首地谈到“由补助金赡养的〔英格兰〕人口”。② 历来响应他这种痛心疾首的呼吁的许许多多人，至少应该停下来想一想当时并没有补助金办法的苏格兰方面的非常近似的增长率，以及根本没有济贫法的爱尔兰方面的甚至更大的增长率。有人认为棉纺织工业，因其对女工和童工的需求，是选举改革法以前四五十年间城市“人口大量激增的主要原因”。③ 但是，不列颠棉纺织厂的人口，甚至在1830 年，也不过是大约总人口的八十分之一。④ 据 1841 年人口调查员的记载，“在想必拥有大量青年人口的大制造厂所在地兰开郡，年龄十五至二十岁的人口……简直和杭廷顿不相上下”。⑤

若说工业革命，连同偕以俱来的农业和运输方面的变革，已经使迅速增加的英格兰人口有了不须靠茅棚马铃薯的生活水平就能以维持生活的可能性，那是毫无疑问的；但是对于事情发生的先后不应有
55 所曲解。在 1740 年以后，在发明还没有造成真正工业革命的那个享受日益提高、医学日益昌明的时代中，也就是截至 1790 年初次把蒸汽应用到棉纺织方面的那个时代中，死亡率首先有了下降。在这期间，英格兰和威尔士的毛出生率——即每千人的出生数，不是相当稳定，

① 参阅本卷，第 112 页及以下。

② 《人口论》(*Essay on... Population.*)(1826 年版)，第 2 卷，第 109 页。

③ 哈蒙德夫妇：《城镇工人，1760—1832 年》(Hammond, J. L. and B., *The Town Labourer*, 1760—1832)(1917 年版)，第 15 页；没有利用任何统计上的证据。

④ 总人口，1831 年，一千六百五十三万九千：棉纺厂人口，1831 年大约不超过二十万。参阅本卷，第 72 页。

⑤ 1843 年，第 22 卷，第 18 页。

就是，像某些统计学家所要论证的那样，稍有提高。至于说无论在1790年以前或以后“出生数到处都有飞速的增长”，云云，[①]如以“出生数”作出生率解的话，那是没有统计根据的一种说法；如果意思是说成年人越多儿童就越多，无疑那是完全正确的。

在1790年以后，死亡率继续不断地迅速下降，一直到1811—1820年为止。虽然证据证明，此后十年间稍有上升，但始终没有再接近于十八世纪中叶的水平。果真在这个时代，也就是在斯宾安兰时代，出生率多少有点上升的话，像不注意数量的历史家所常常设想的那样，那么“人口的排山倒海而来”就的确会是在所不免了。生命的保全已经变得那样有效，以致事实上并非没有类似的人口排山倒海而来的现象；虽然从证据看来，在1811—1830年之间毛出生率不但没有从1791—1810年所达到的水平上升，反而略有下降。[②]天花的克服、通过沟渠疏浚而对疟疾的釜底抽薪，成为一种乡土病的坏血症的根除，使婴儿和产妇的死亡趋于减少的产科术的改良，以及医院、药房和医科学校的普遍设立，所有这一切都有助于生命的保全。在十八世纪中，绅士们已经变得清洁了——在十七世纪时，国王们会不沐浴，正如英格兰的詹姆斯一世，或那瓦的亨利王，自己都承认会“闻上去有狐臭的”。[③]现在廉

① 韦伯夫妇：《英国地方政府》(1922年版)，第4卷，第405页。

② 十八世纪的一切重要统计在计算上都有一定的错误。这里采用的是布朗利博士的数字，见《公共卫生》(*Public Health*)，1916年6—7号。另参阅格里菲思：《马尔萨斯时代的人口问题》(Griffith, G. T. *Population problems of the Age of Malthus*)(1926年版)和布埃尔：《工业革命初期的卫生、财富和人口》(Buer, M. C., *Health, Wealth and Population in the Early Years of Industrial Revolution*)(1926年版)。

③ 并非所有十八世纪的国王都沐浴：腓特烈大帝就不。

价的布衬衫和清洁的习惯已经慢慢由上而下普及于整个社会，结果是有益健康的。伦敦的污水池会像蜂巢一样多，城市里的墓地
56 鳞次栉比；但是生为一个伦敦人比生为一个巴黎人还要好些，生为一个 1820 年的伦敦人比生为一个 1760 年的伦敦人也要好些，生为一个普通的英国人比一个普通的法国公民，或者一个二十年代时几乎完全农村型的普鲁士的公民更要好得多，如果生活的好坏可以用一个公算标准来衡量的话。[①]

对于上述一切，马尔萨斯牧师想来会这样答复："纵使人口不是因补助金而增加起来的，医学和慈善事业既已使积极的抑制失去效用，那么预防的抑制也就更加必要了。任凭出生率下降得再迅速些：但我很怕未必如此"。

在爱尔兰方面，积极的抑制似乎也一时失去了力量。关于十八世纪和十九世纪初期的爱尔兰重要统计数字，现已湮没不存，所以谈到爱尔兰的一切，只能是揣测之词。但是没有任何理由可以设想，在 1800 年以前，医学知识的昌明或清洁卫生的改善曾经为爱尔兰保全了多少生命；虽然在都柏林方面曾经有过一些成就。在 1750 和 1812 年之间人口的增长无疑是迅速的，虽则无法准确计算，但成为这种人口增长的主要原因的，看上去并不是常常举出的任何想入非非的特殊原因——诸如，就目前所知的而论，爱尔兰

---

① 〔这里所概述的一般结论，在波特尔的《国家的进步》，第 1 章中已可得其梗概，这些是研究这个问题的大多数学者所承认的。关于某些一般问题和很多特殊问题的意见上的分歧，参阅尤耳文，载《社会学报》，1906 年；冈纳文，载《统计学报》，1913 年；贝佛里季爵士文，载《经济杂志》(*Economica*)，1925 年 3 月号；哈蒙德文，载《历史杂志》，1927 年 7 月号；马歇尔文，载《经济季刊》(经济史)，1929 年 1 月号；布朗利，前引书；格里菲思，前引书。〕

人的早婚和漫无节制的生育——而是灾荒的间歇。1727 年的灾荒是可怕的，而 1739—1741 年的死亡年则尤为可怕：此后虽有周期性的歉收和地方性的灾荒，“但是历经这一世纪的其余各年却没有发生过接近于 1741 年的那种灾荒”。[①] 1817 和 1822 年的灾荒也不能同 1739—1741 年或 1846—1847 年的那几次相提并论。虽然在 1822 年有成千上万的人死于饥饿和饥饿虚弱症，[②]爱尔兰的人口在 1821 和 1831 年之间却增加了将近一百万——如果早期的人口调查数字是可靠的话。若说伦敦贫民窟中毫无把握的救济金 57
和兰开郡棉纺织厂中的最后就业同这一百万爱尔兰的出生有过多大关系，那是难以设想的。他们就是这样诞生下来了；而且如果全都留在爱尔兰的话，就有活不下去的危险。[③]

所以，二十年代的爱尔兰人是抱着比他们的父辈和祖辈更加明确的久居不去的存心而移往英格兰的贫民窟和工厂的。不列颠城镇中的小爱尔兰殖民区由来已久，圣季尔斯区的那一处可以远溯到十七世纪初叶。伦敦爱尔兰人的数目和社会重要性在整个十八世纪中一直是与日俱增。“爱尔兰人大有助于把首都填满”，一

---

① 欧勃莱恩：《十八世纪爱尔兰经济史》(O'Brien, G., *The Economic History of Ireland in the Eighteenth Century*)(1915 年版)，第 105 页。但 1800—1801 年是一个大荒年。参阅吉尔：《爱尔兰麻纺织工业的兴起》(1925 年版)，第 341 页，以及所引证的出处。格里菲思，前引书，第 3 章，并没有讨论到灾荒的间断。

② 洛克-兰普森：《十九世纪爱尔兰国的研究》(Locker-Lampson, G., *A Consideration of the state of Ireland in the Nineteenth Century*)(1907 年版)，第 182 页。

③ 卡尔-桑德斯：《人口问题》(Carr-Saunders, A. M., *The population problem*)(1922 年版)，第 308 页，把全部人口的增长说成是“不过技术提高的反应”。这固然要看“反应”一词究作何解释而定，但是我却看不出如何能用这个公式来概括爱尔兰，除非意思是说，英格兰方面的技术如果不曾提高，爱尔兰人早就会在爱尔兰饥饿而死了。

位人口学家在 1757 年这样写道。[①] 这些殖民区的人口来源似乎主要是为首都区建筑业以及干草和小麦收割作季节性工作渡海而来的工人——至少从十八世纪初叶以来就是如此。[②] 在 1800 年以前泥水匠、脚夫、挑煤夫、轿夫这类的人往往是爱尔兰人。在那个时候，“低级”农业工人是一个有组织的团体。“在哈尔弗德郡的很多地区以及其它各地”，贝尔在 1804 年写道，[③]“曾经有，并且现在仍有一种承包人或低级经纪人，专以替农场主介绍爱尔兰工人为业。他们总是……以无可再低的价钱雇来可怜的工人，而把这个价钱和农场主付给他们工人的工资之间的差额收进自己的荷包”。从 1828 年的一个国会委员会所提出的证据中可以看出，同农场主的讲价原是由一个帮伙的工头进行的，成功的工头往往久而久之就变成为职业经纪人或帮头。[④] 来自显然爱尔兰人很多的
58 哈尔弗德郡——因为那里靠近作为集散中心的伦敦——的一位证人在 1826 年说：甚至当他们为干草和小麦的收割来得还嫌太早，而“有大约一个星期或十天的工夫要几乎挨着饿在乡间”闲荡的时候，他们也不但是最有用，而且是“最值得效法的”。[⑤] 在哈尔弗德郡的外面，正如不难料到的那样，很多人被雇佣在米多塞克斯的大

① 布林顿的话，转引自欧勃莱恩，前引书，第 111 页。关于十八世纪时伦敦爱尔兰人的一般叙述，参阅第 113 页及以下。

② 欧勃莱恩，前引书，第 98 页。

③ 转引自欧勃莱恩书，第 98 页。

④ 《爱尔兰和苏格兰游民法审查委员会》(*Select Committee on the Laws relating to Irish and Scottish Vagrants*)(1828 年，第 4 卷，第 201 号)，第 9 页。

⑤ 《移民审查委员会》(*S. C. on Emmigration*)，(1826－1827 年，第 5 卷)，询问案第 1200 号。

干草坪上，伦敦的牛栏和马厩就是靠那里来供应的。[1] 在艾塞克斯，据稍晚一点的报告说，他们构成为农业劳动力的一个极重要的因素。当时（1833 年时）据说兰开郡田间的爱尔兰人“并不很多”，利物浦既是主要进口港，这种情况初看起来不免令人诧异，但是鉴于兰开郡田庄都平均规模较小以及在收割时期有临时工或纺工的充分劳动力的供应，这也就不难予以解释了。[2] 在南部，有些爱尔兰人远至苏塞克斯郡，那里，正如一位证人在 1826 年时所说，“在收割时期我们有一次不妨说是野蛮人的大入寇……但并非单单是爱尔兰人”。[3] 爱尔兰人的流动距伦敦愈远则愈稀疏，但流动的幅度却很广。在北部，他们在 1831 年就已经迈进到林肯郡；但是“本地工人成大批地聚集起来把他赶走”。[4] 在苏格兰，真正农业工人在二十年代时往往不跨过西南各郡：“他们一般都逗留在威格顿和埃尔郡”。[5] 到 1833 年，据说作为临时农业工人的爱尔兰人已经“几乎把高原人驱逐出这个低地市场”，[6]所谓低地市场无疑是包括东部低地在内的；但是单单一位证人对于这样辽阔的一个地区所作的陈述，自是无法深究其详的。

这些临时性移民很容易地从农业本身转移到其它非技术性的

① 《游民审查委员会》(*S. C. on Vagrants*)（1821 年，第 4 卷），第 94 页。

② 《农业审查委员会》（1833 年，第 5 卷），询问案第 1566 号（艾塞克斯），询问案第 3713 号（兰开郡）。

③ 《移民审查委员会》，询问案第 1176 号。

④ 《济贫法报告》(*Poor Law Report*)，1834 年（1834 年，第 29 卷，附录甲，第 2 编，第 140 页）。

⑤ 《移民审查委员会》，询问案第 2200 号。

⑥ 《农业审查委员会》，询问案第 2674 号。

乡村工作上去。他们在南苏格兰圈围旷地和疏浚沼泽的工作上是至可宝贵的。“他们几乎专门被雇来挖沟、开渠和搬运石块”；在这类工作上他们已渐渐把苏格兰人排挤掉，据麦卡洛克在1824年这
59 样说。他又补充道，大抵说来他们的态度都很好。[1] 在英格兰本土各郡，他们扩大了正在马卡丹和特耳福德指挥下顺着各主要公路铺修路面以至修筑路基的那支劳动大军。[2]

只要爱尔兰人还逗留在乡村区域，他们在不列颠长期落户的机会就不大。每个教区的贫民监理员都往往感到本区的人口太多，必然要把他们递送出境的，尤其是因为真正找工作的人同惯常的无业游民和乞丐搅混在一起而更不得不然。真正找工作的人都有农民所特具的那种自尊心，正如熟知他们的人所证实的那样，把拿着济贫法通行证旅行当做一种耻辱，尽管那意味着乘车旅行；所以他们都是毅然决然地从康瑙特步行至海，再从利物浦步行到伦敦的。[3] 游民和乞丐是已经疲于奔命的英国济贫法当局的一个额外的、最令人头痛的负担，而不能不把他们节节往原籍递送。“若只把他们送到往爱尔兰去的海路，那他们早会又回来了”，一位来自海口城镇的坎伯兰济贫法官员这样抱怨说。[4] 内地官员把各该郡的爱尔兰人都驱逐到各该郡的边境上，有时还派一个常设“游民遣送员”承办这项工作。各郡之间因为要处理那样多并非在自己

① 《爱尔兰骚乱审查委员会》(*S. C. on Disturbances in Ireland*)(1825年第8卷)，第824页。

② 《工人工资审查委员会》，1824年(第6卷，第401号)，第14页。

③ 《爱尔兰和苏格兰游民审查委员会》，1828年，第9页：爱尔兰官员斯特里克兰的作证。

④ 《游民审查委员会》，1821年，第57页：得自马利波特的作证。

境内“产生的”游民而发生争议。在 1823—1827 年四年之间，兰开郡递送了二万多爱尔兰人和一千六百多苏格兰人还乡，而自行负担其海上费用。[①]

这种递送爱尔兰游民和贫民的办法是费用浩繁的，而且，就伦敦和其它爱尔兰人最集中的城镇实施的情况来说，也的确毫无成效。在 1828 年，一个游民从伦敦到利物浦单单路费一项，就需要 4 镑 11 先令 3 便士。一张驿车的厢座票是 4 镑 4 先令整。[②] 米多塞克斯的游民遣送员在 1821 年曾经承认说，他们往往是“高兴乘车走多远就走多远，不愿意再往前走的时候就回转来”。[③] 无怪在 60
1818 年为处理乞丐和游民而成立的伦敦乞丐救济协会在 1826—1827 年曾经有过八千多个爱尔兰申请者了。[④] 这些人完全是一贫如洗和多少带点职业性的乞丐。渐渐在城市中定居下来的那些虽无技术但是勤苦耐劳的爱尔兰人，数目却大得多。砌砖匠的短工或长工是他们上选的职业。听说他们还可以汇钱回家去缴纳康瑙特的小块马铃薯田的地租。[⑤] 圣吉尔斯和白礼拜堂是他们上选的教区。[⑥] 在生活艰难的时候，这些半落户的爱尔兰人，虽然严格地说并没有享受济贫法帮助的资格，可是正如 1821 年所报告的情

① 《1828 年的审查委员会》(*S. C. of* 1828)，第 4 页。这类递送是以 1819 年条例为依据的(乔治三世，第 59 年，第 12 章)：在这以前，爱尔兰人除非犯“游民行为”罪，是不递送出境的。

② 同上书，第 4 页。

③ 《1821 年的审查委员会》，第 25 页。

④ 《移民审查委员会，第三次报告，附录》，第 590 页。

⑤ 《1828 年的审查委员会》，第 7 页及以下：追述过去二十年情况的作证。

⑥ 《1821 年的审查委员会》，第 22 页。

形，他们当中有很多人已经在那里居住了二三十年之久，所以也往往从伦敦当局得到临时性的救济。[①]

在1810和1830年之间，他们由于差不多同样的情形而变成为爱丁堡人口中的一个永久因素，因为大城市总是吸引爱尔兰移民的——首先是都柏林，继而伦敦，现在则是爱丁堡了。在1810年左右，“所有脚夫、挑夫这类低贱工作都是由高原人做的；从那时起”，一位爱丁堡的证人在1831年说，“爱尔兰人已渐渐多起来，到现在，在韦斯特波特、草市、考盖特和附近各地，这些工作已完全由他们担任了”。[②] 在1826年，“清道夫、路灯夫等这类的人差不多全都是爱尔兰人”。[③] 在二十五年之后，为了把襁褓中的路易·史蒂文森逗乐，“带着灯笼和梯子”“沿街一盏盏地挂起来”，“并向他点头致晚安”的那个路灯夫利瑞，未必不是某一位奥利里的后代。[④]

但是吸引并且保留下大部分爱尔兰人的，却是劳动力既缺乏而淘汰不良分子的组织又复力量薄弱的那个往来方便的不列颠西部新兴工业区；虽则他们不但跨越这带地方而迈进到伦敦和爱丁
61 堡，抑且迈进到敦提和阿伯丁了。[⑤] 一路都可以找到他们的踪迹。

---

① 《1821年的审查委员会》，第59页。到1819年，他们已经能不冒被递送回本教区的危险而提出申请了。参阅乔治，前引书，第125页。

② 《守安息日审查委员会》(*S. C. on the Observance of the Sabbath*)，1831年(第7卷，第253页)，询问案第4143号。

③ 《移民审查委员会，第二次报告》，询问案第254号。

④ 〔利瑞，据《苏格兰人杂志》(*Scotsman*)上的一位观察家指出，是一个纯粹苏格兰人的姓名。〕

⑤ 《手织机织工请愿书审查委员会》(*S. C. on Handloom Weavers' Petitions*)，1834年(第10卷)，询问案第3111、6042号。

布里斯托尔那个古老的到埠港保留下来一些。很多人受雇于南威尔士蒸蒸日上的铁工厂。[①] 在兰开郡,虽在田间看不到多少,但在所有大城镇和某些小城镇中却为数很多。[②] 流入利物浦地区的人数颇为可观,而且有增无已,尤其是自 1824 年在爱尔兰和默尔西河之间建立了定期轮船交通以后。[③] 早几年,人们虽然向来认为曼彻斯特半数以上的贫民是爱尔兰人,[④]可是当利物浦的一位博爱主义的证人——那位也曾经为了改善他本城中的这同一些爱尔兰人的社会条件而不辞劳瘁的反奴隶制人士——声称没有爱尔兰人“他们就发展不了”棉布业的时候,恐怕整个兰开郡商业界都是具有同感的。[⑤] 他们正帮同把这个行业中一切部门——纺纱、手织机织布和一般劳动——的人手配备齐全。兰开郡当时的爱尔兰人人数已无确实证据可查;但是到了 1825 年一定早就以万计了,而且是有增无已。到 1834—1835 年,据估计已将近十五万;曼彻斯特的人口料想有五分之一是爱尔兰人。[⑥]

至于差不多是南兰开郡工商业情况的翻版的格拉斯哥,则证据比较确凿。为早期人口调查搜集资料的苏格兰官员,对于特别

① 《农业审查委员会》,1833 年,询问案第 180 号。

② 《移民审查委员会,第二次报告书》(*S. C. on Emigration, Second Report*),询问案第 2270 号(曼彻斯特的教督)。

③ 《爱尔兰骚乱审查委员会》,1825 年,第 691 页:詹姆斯·克罗珀的作证。

④ 《上院济贫法审查委员会》,1817 年(1818 年,第 5 卷),第 154 页。

⑤ 詹姆斯·克罗珀的作证,前引书。

⑥ 《济贫法调查委员第一次年度报告书》(*First Ann. Report of the Poor Law Commissioners*),附录 11,1835 年(第 35 卷,第 295 页)。这个曼彻斯特的估计数字见惠勒:《曼彻斯特的政治、社会和商业史》(Wheeler, J., *Manchester, its Political, Social and Commercial History*)(1836 年版),第 340 页。

有兴味的问题有附加注解的习惯，这些注解幸而经总办事处的职员转录了下来。先后在1821和1831年承办人口调查的那位家具制造工、统计家、地方历史家兼法学博士的詹姆斯·克利兰德在前一个年份调查了那里的大约二万五千名爱尔兰人，在后一个年份中调查了二十万有奇的总人口中三万五千五百五十四名爱尔兰人。[①] 若说邻近工业区也不下此数，该不见得是不合理的；虽则苏格兰西部各城镇对于这些客家人向不欢迎。“由于某种道德压
62 力”，某种未予具体说明的压力，在1827年有一千五百一十七名爱尔兰人从培斯利用船运送出境。这项确凿数字的证人相信“格拉斯哥也有过同样的举动，而且规模还要更大些”。[②] 在旧苏格兰教区济贫制度之下，这是合法的，是纵然有时非常野蛮但非常必要的递解政策的一部分。当1825年麦卡洛克那位经济学家在一个国会委员会中谈到过去十年或十五年爱尔兰移民如何使工资而最糟的是使生活水平不断下降，以致造成无限损害时，他毫无疑问是对的，虽则未免听来刺耳。“我就不知道苏格兰西部曾遭过任何这样严重的祸害”。[③]

① 《1831年的人口调查》(1833年，第37卷，第1000页及以下)。关于克利兰德，参阅《英国人名词典》(*D. N. B.*)。

② 《移民审查委员会，第二次报告书》，询问案第1813—1814号。

③ 《爱尔兰骚乱审查委员会》，第823页。在1842年，苏格兰西部有这样一种意见，认为，最低级的苏格兰人比爱尔兰人还不如。格拉斯哥的考恩博士向济贫法调查委员会报告说，“看上去爱尔兰人所表现的……比同阶层的苏格兰人的那种污浊可惨和嗜酒成癖的情况要好得多”。埃德温·查德韦克的《劳动人口卫生状况报告书》(Edwin Chadwick's *Report on the Sanitary Condition of the Labouring Population*)，第132页。

爱尔兰人比高原人能过更苦的生活,或许既能生活过得更苦而又能工作做得更多,正如这两个种族在爱丁堡"低级职业"记录中所证明的那样。但是由于高原同爱尔兰一样,所拥有的人口不独在当前条件下的确过多,而且在任何条件下都未免过多,[①]所以自 1845 年以来高原人一直源源不断地流往低地。他们同爱尔兰人分担了田间的季节性工作。他们以临时工的身份涌进了格拉斯哥疫疠流行的穷街陋巷,他们因为脱离那种"污浊的、非人的和简单的"艰苦原始生活(虽则有种种传奇式的美谈)不过刚刚几代之久,也帮同压低了西南新兴工业区的生活水平。高原和低地仍然没有水乳交融,1814 年一位南苏格兰人还会以那个字眼所往往含有的轻蔑意味写过因佛内斯和阿盖耳的"土著"。[②] 生高原人很少 63
渗入英格兰,虽然在 1823 年和 1827 年之间从兰开郡由海路"递送"还乡的一千六百多名爱尔兰游民当中,无疑会有一些。在十八世纪和十九世纪初期南来的苏格兰人一般是有知识的工匠、有经验的农场主、园艺家或地产经理人,以及寻找店址和财富的肩挑负贩,正如一个物色更好营业所的英格兰的定居小店主、商人的学徒,或已有基础的工匠一样。一位所作推测一定很有分量的人在

① 斯凯的人口,1772 年,一万三千;1831 年,二万二千七百九十六;1845 年,二万九千五百;1911 年,一万三千三百一十九。麦克劳德:《十八世纪的西部高原》(Macleod, R. C., *The Western Highlands in the 18th Century*)载《史学评论》,第 19 卷,第 31 页。赫布里底群岛的人口,1750 年,四万九千四百八十五;1808—1809 年,九万一千零四十九。《史学评论》,第 17 卷,第 85 页。

② 辛克莱爵士:《苏格兰农业状况总报告书》,第 1 卷,第 181 页:这两郡的大部分土地都是出租给包佃人的,他们一般只耕种三十—五十英亩,而把其余的田地分租给土著。

1833 年大胆推测说，“在苏格兰培养出来的全部工匠有一半”都迁往英格兰、欧洲大陆或美洲。[①] 在不止一个英格兰的郡里，有国内代代不乏其人的格兰特和马科累伊。罗伯特·欧文的第一位师父、斯坦福德的布商詹姆斯·麦古福格是以两个先令和一只篮子在苏格兰开始谋生的。[②] 约翰·格拉德斯通原在他父亲的苏格兰店里作店僮，直到他发现“他在这里无施展余地”，才在 1780 年左右前往利物浦。[③] 在曼彻斯特最早的三家真正大棉纺厂当中，一家属于麦康纳尔·肯尼迪公司，一家属于乔治·亚当默莱公司[④]。但这些人却是另一种移民，同那些下等人和高原人，同那些使马尔萨斯和麦卡洛克对于他们的来临忧心忡忡的来自一个比较原始文化的移民是迥然不同的。

对于从爱尔兰和高原往不列颠王国经济较发达地区的人口流动起平衡作用的，是从那些地方往美洲和南半球新殖民地的日见增多的移民。作为人口过多补救之策的往海外移民，在二十年代已渐风靡。在 1825 年，熟练工匠移往海外的限制已经扫除，虽然

---

① 《制造业、商业和航运业状况审查委员会》(*S. C. on the State of Manufactures, Commerce, and Shipping*)，1833 年(第 6 卷)，询问案 5330 号。亨利·侯兹沃思是熟悉拉纳克和兰开郡两郡情况的。〔关于整个问题，参阅雷德福德：《英国的劳工迁徙，1800—1850 年》(Redford, A., *Labour Migration in England*, 1800—1850)(1926 年版)。〕

② 波德摩：《罗伯特·欧文传》(Podmore, F., *Robert Owen*)，第 1 卷，第 16 页，以及本卷，第 221—222 页。

③ 摩莱：《格拉德斯通传》(Morley, *Gladstone*)，第 1 卷，第 9 页。

④ 这是 1815—1816 年间两家最大的。《制造业……童工……报告书》(*Report on... Children... in Manufactures*)，1816 年，第 374 页。

没有任何人对于过多的技术有任何怨言。对于海外移民，照调查人的说法，“这个比较还没有研究过的问题”所作的第一次国会调查[1]是在1826—1827年进行的。自1829至1833年从联合王国向海外移民的潮流势颇汹涌。但是即使包括1829—1830年的高额数字在内，从滑铁卢之役那一年起到1830年止每年的平均外流也不过大约二万五千人；[2]并且我们从无意中得知，在1822—1823年去北美的大约三万六千名移民之中，有将近二万一千名是爱尔兰人；在1829—1830年的七万七千名之中，有三万四千名是爱尔兰人，七千五百名是苏格兰人。[3] 后者之中究竟有多少是过剩的 64
高原小佃农，又有多少是低地的小农场主和工匠，却无案可稽。[4]高原人一定不在少数，因为在加拿大就已经有很多，并且因为田庄的逐一清理和安排已经进行了相当时期，所以西部高原和赫布里底群岛的人口外流一直继续不断。因此，英格兰人、威尔士人和低地苏格兰人的外移，未见得就能为新来的爱尔兰人和少数高原人腾出足够的所谓回旋余地。纵令做到了这一点，那也毫无补于爱尔兰人在他们人数众多的地方对于工资和生活水平所发生的影

① 《移民审查委员会，第一次报告书》(*S. C. on Emigration, First Report*)，第4页。

② 《1825－1832年联合王国往海外的移民》(*Emigration from the United Kingdom*, 1825－1832)(1833年，第26卷，第279页)。约翰逊：《联合王国往北美的移民》(Johnson, S. C. *Emigration from the United Kingdom to North America*)(1913年)，第344页。波特尔：《国家的进步》，第5章。所有这些数字都不无疑问。

③ 《移民审查委员会，第二次报告书》，询问案第389号和波特尔，前引书，第129页。

④ 小佃农的确很多。当人口不再“因干戈、天花或其它毁灭性疾病……而减少”时，高原往外地移民就成为必要的了。《高原学会会报》(*Transac. of the Highland Society*)，1807年，见亚当：《1783－1803年高原向外移民的原因》(Adam, M. L., *The Causes of the Highland Emigration*)，《史学评论》，第17卷，第89页。

响。

当代人士对于整个情况作何感想，在1826—1827年的移民调查档案中可以很清楚地看出。进行这项调查的审查委员会对于爱尔兰和高原人口过剩的作证以及爱尔兰人的流入英格兰，比之对一般不列颠臣民的移往海外要更加关心，而且也理应如此。他们在报告中[①]坚持认为没有一项不考虑到爱尔兰的政策或缓和剂是有丝毫裨益的。他们证实了自封的爱尔兰永久移民的“无限增加”，并且他们还邀请了马尔萨斯对英格兰生活水平所受到的威胁出席作证。他们查报了英格兰十个或十一个郡农村人口过多的事例。例如，曾经被在作证中的一段得自肯特郡林区的陈述说，“几乎在每一个教区中”，工人都超过了农业需要的要求，所以，一旦能把他们迁移出去一些，庐舍立刻就会被拆掉；得自梅德斯通市海德康教区的一段陈述说，该教区既发现在总共一千一百九十人中有
65 五百五十人请领救济金，就组织了大批工人移往加拿大；组织移民的同样事例也得自其它各教区，虽然规模较小。关于苏格兰，委员会报告说：在西北高原和群岛以外，没有一般的人口过多现象。来自那些地区的一位证人曾经告诉他们说，他如何设法把人“拉”到农村中去；另一个证人又告诉他们说，目前内地小佃农是如何稀少——“他们已经差不多都跑到海滨去了”，在那里以捕鱼和打捞海草为生；第三位证人则告诉他们说，科耳岛的麦克林如何把鲁姆岛上的居民全部移往克普—布雷顿岛。[②] 苏格兰其它各地所需要

① 载《第三次报告书》(*The Third Report*)(1827年6月)，第1—38页。

② 《作证》，询问案第628号(坎贝尔议员)，询问案第706号(休·英内斯爵士)，询问案第2907号及以下(亚历山大·亨特尔关于鲁姆的情形)。

的，据委员会认为，是一项改良的济贫法和户籍制度，另外，如果还有可能的话，扭转爱尔兰人的流动方向。

对于曾经作为一需要特殊处理的问题而压在他们肩上，但始终与爱尔兰人有关的那个手织机织工过多的问题，他们是抱着应有的同情心加以处理的，据指出，在格拉斯哥及其附近可以找到的四万爱尔兰人，大多数是织工。关于爱尔兰，他们解释说如何“所有的聪明地主，现在都在致力于增加田庄的面积”，[①]正如，利麦里克的教督向他清楚说明的那样；如何被夺佃的分佃农“耐心地忍受了一个季度的苦难之后而前往别的地区……他们在那里不会找不到朋友跟他们一道……在夜里回来报仇雪恨”；如何爱尔兰地主现在几乎一致反对分佃制，结果是田产的清理不断地进行，而泥炭地上的茅棚则纷纷出现；但又如何，正如亨利·帕纳耳爵士曾经向他们指出的那样，[②]因为爱尔兰大部分土地上的租佃权都还一时不会满期，因为在贫瘠的土地上小田庄事实上最为划算，并且因为不得不考虑到保有租赁权的佃户的反抗以及“他们所握有的威慑地主的手段”——习常的注意事项！——所以田产的清理非慢慢进行不可。

他们首先叙明了所有这些情形以及更多类似的情形，并且提出了这样一项建议，认为如果国家要组织移民和为这个目的而筹 66
备资金，俾使在拟行殖民的各地粮食先人口而至（这是“任何国家从未适当奉行的一种制度”），就应该让那些从持有地上被逐出或

① 询问案第1440号及以下（利麦里克的教督）。

② 帕纳耳的作证是询问案第4335号及以下。

无异被逐出的爱尔兰人对于这项资金、粮食和殖民地的土地享有优先权利,然后签注了一项有关殖民问题的总结以作为国家的制度,但是对于这个问题显然不抱乐观,认为很难指望生殖和夺佃会减缓到足以使这种国家制度有实施可能的程度。那里始终没有采取过任何制度。移民充实殖民地的工作仍然是靠个人的需要和个人的企业心以一定的代价去继续进行。爱尔兰人的生殖并没有减缓,夺佃的情形反而变本加厉,虽则那是一个次要的原因。既然在爱尔兰没有建筑任何水闸来防范水灾,而英格兰和苏格兰乡间,除在进行大建筑工程的时候,又已经不缺乏它们所需要的一切劳动力,那么寻求永久移民区的爱尔兰人就越来越多地进入城镇了。

住在人口稠密的乡下的人仍然是典型英国人。1831 年的人口调查揭示出有九十六万一千个家庭,也就是不列颠所有家庭的28%是从事于农业的。如果再加上城镇外面的那些捕鱼和海滨的家庭、乡间道路和运河上的工人以及所有那些在任何文明条件下对最纯粹的农业生活都不可少的农村手工业者和商人——诸如铁匠、木匠、制车匠、修鞋匠、泥水匠、磨粉匠和乡村小店主等——连同许许多多乡镇上的人口,那么,无疑地,不列颠家庭的大约 50% 是生活在可以适当地划入农村型条件之下的。例如,乡村修鞋匠至少有五万人,二十岁以上的乡村铁匠至少有二万五千人。[①] 像贝德弗德郡那样的一个纯粹农村型的郡,[②]以它的九万五千名居

① 根据《1831 年的职业调查》(1833 年,第 27 卷,第 1044 页及以下)计算出来的,并为城镇从宽作了保留。

② 在贝德弗德、卢敦和累顿·巴泽德那三个城市之间计有居民一万四千人。

民，竟维持了五百多个成年泥水匠和六百三十六个大多数即上面所说的修鞋匠的“制鞋匠或补鞋匠”。

从现代英国情况下城市和乡村区域的正式区别中，对于这两种类型的地区的经济生活的任何一种都还归纳不出十分肯定的结 67
论。一个矿坑或棉纺织厂很可能是一个农村地区。何况，这种区别是直到1851年才开始采用的，而且当时采用的也只有英国一国。但是在迅速都市化的二十多年之后，在1851年农村地区仍占有英国人口将近50％的这个事实是有利于这样一种看法的：即在1831年至少一个同等的百分比很可能在经济上是农村型的。1831年的城镇统计指明了同一个趋向。[①] 当时英格兰和威尔士人口的25％以及苏格兰人口的23％都居住在二万居民以上的城镇中。如果把较小的乡镇也归为农村类型的话，另外25％以上的人口绝不会是居住在可以适当地称做城镇的地方的。[②]

那么，具有代表性的英国人还并不是一个城镇人，虽则他不久就会成为有代表性的。[③] 而且具有代表性的城镇人既

① 参阅维贝尔：《十九世纪中城市的发达》(Weber，A. F，*The Growth of Cities in the Nineteenth Century*)(哥伦比亚丛书，1899年版)，第47、58页。

② 非对每一个人口稠密地区有完善的知识不能作准确的计算。人口调查中所用的“城镇”或“市”这个名词是不足以据为指南的，也不能把人口稠密的教区看做是“城镇”。拥有居民九千三百五十二人的康格耳顿似乎是一个小教堂辖区(chapelry)；剑桥郡的苏安姆和惠特西那两个纯乡村教区各有居民三千人以上；而富威市却只有一千七百六十七人。

③ 就城镇和乡村的平衡来说，1831年的英国和1911年法国的情形不相上下，在法国有55.9％的人口划为农村型的，一个“农村型的”郡就是拥有毗邻而居的——“agglomerée”(聚落而居的)——人口不到二千人的一个郡。

不是一个束缚在新工业制度的铁轮上的人，甚至也不是一个大规模商业中的工资劳动者。无疑城镇人往往是和那些一直进行着变革，并且变得越来越所谓资本主义化的工业有关的；但是一般说来，这种变革是既不很快，也不是最近发生的。先来谈一谈伦敦的情形和伦敦工业的性质。在1831年，英格兰和威尔士将近11%的人口以及所有居民二万以上的城镇中五分之二的城镇人是伦敦人；并且，正如1831年的人口调查员所指出，“按照制造业这个名词的专门用法来说，除丝绸之外……没有一种重要制造业是可以归之于米多塞
68 克斯的”。[①] 这时丝绸工人，正如过去的情形一样，都是像他们先辈一样地为大大小小的雇主做工的手织机织工。自然伦敦也有一些商号是制造或使用新机器的。博耳顿和瓦特的第一批蒸汽机之一已经归由一家伦敦酿酒厂使用，[②]《泰晤士报》已经在1814年开始利用蒸汽印刷。1831年伦敦有二十三个人自称为煤气装配匠，有二百六十人自称为水车匠；无疑这些数字是不完全的。但无论如何，这类人绝不是具有代表性的。姑再引证1831年人口调查员对这种情况所作的非常公正的评价如下：

每一种行业的很少几个最优秀的工人都是为了首都的消费和庞大商业所需要的一切商品进行装配、安装和加工而被雇佣于伦敦的……但是把这样雇佣

---

① 第26卷，第382页。

② 准确地说，是第5部蒸汽机。劳尔德：《资本和蒸汽动力》(Lord, J., *Capital and Steam Power*)(1923年版)，第152页。

的工人分门别类地列在……为数达四百多种不同的行业和手工业项下〔比之一并列在制造业项下〕要适当得多。

直到这时，伦敦还是小企业的园地。在1921年，伦敦各类商号的半数以上所雇工人都不到二十人；[①]1898年，在列入工厂类，即使用动力的八千五百个企业中，工人平均数只不过是四十二人。[②] 为了统计的目的，1831年利用动力的企业是无足轻重的，而且任何种类的大企业都寥寥无几。最大的企业是几家酿酒厂。伦敦的“十一个大酿酒商”是一个公认的集团——但是也还有七十三个小酿酒商。[③] 据八十多年前《伦敦行名录》(*London Tradesman*)（1747年版）作者坎贝尔的估计——或不妨说揣测——除开银行之外，开办酿酒厂比做任何生意所需要的资本更多。到1777年，根据约翰逊博士的说法，斯拉尔已经“距离十万桶的那个伟大年份为期不远了”，而且惠特布莱德至少是走在他的前面的。四年之后，斯拉尔的行号以十三万五千镑盘出。到了1814年，盘进那个行号的巴克利·佩金斯公司已可年产葡萄酒二十六万二千桶，其它五个行号也在十万桶以上。[④] 职工统计已无法获得。但是根据1825年的一项估计，在从属性的箍桶 69

① 鲍莱：《小行号的残余》(Bowley, A. L., *The Survival of Small Firms*)，载《经济杂志》，1921年5月号。

② 《工厂总视察年度报告书》(*Ann. Report of the Chief Inspector of Factories*)(1901年)，第2编，第59页。

③ 《啤酒价格审查委员会》(*S. C. on Price of Beer*)，1818年(第3卷，第295号)，第4页和《酿酒业报告书》(*Brewing Returns*)，1830年(第22卷，第167页)。

④ 巴纳德：《不列颠和爱尔兰的著名酿酒厂》(Barnard, A., *The Noted Breweries of Great Britain and Ireland*)(1889年版)，第13页。

业中，一个具有代表性的雇主会雇佣六七十人。[①] 但是这类的估计很容易以一个并非普通规模的行号举出来作为代表性的行号；所以把平均数字大大放低一些可能是明智的。另一种既包括一些大企业，但也包括一些小企业在内的工业是造船业。罗伯特·坎贝尔认为，从事于造船业并不比从事于马车制造业或"典当业"需要更多的资本。自从他那个时代以来，造船业还没有经过革命。在 1825 年，临河的最大造船厂，威格腊姆·格林厂"在开……满工的时候"，雇佣四百—五百名造船匠和一百—二百名其他工人。与此同时，居于领导地位的或至少当代最著名的伦敦造船商杨格——曾经出席过一整系列的国会审查委员会——报告说，他有将近二百名工人在举行罢工，仍然上工的不过"三十人左右"。这些都是造船匠。另两个第一流的公司说，就它们的正规工人而论，一家有造船匠一百四十人，另一家有一百五十人。[②] 如果这些工业领袖雇佣这样少的工人，那么若说船舶、舢板、驳船制造商，拆船商，修理商，桅帆制造商和全行业的其它较小成员(其中没有一个使用动力)的员工平均数都比较更少，该是万无一失的。若发现它远不足二十人之数，也不会令人诧异。在选举改革法案的那一年，不列颠共建造船舶七百零八艘。其中三百八十九艘载重不到一百吨，只有四十艘在三百吨

① 《结社法审查委员会》(*S. C. on Combination Laws*)，1825 年(第 4 卷，第 565 号)，第 32 页。

② 《结社法审查委员会》，1825 年(第 4 卷，第 565 号)，第 197、220、243、245 页。

以上。[①] 普通造船厂是无须具备相当规模的。

甚至在 1831 年正式称为制造业的那种分散劳动的伦敦工业也不是组织成为大单位的。[②] 1818 年，在织工家里为斯比脱菲尔兹十五个丝绸制造商每人进行操作的手织机平均数是五十八台。这十五个丝绸制造商都是大雇主。五年之后，据报告说，已有很多 70
“雇用十台、二十台、三十台以至四十台织机”的制造商，甚至有少数的从业织工并没有雇主而是向仓库业者买进蚕丝，出售织成品的。这时典型的伦敦技术工人既不是酿酒厂的佣工，也不是造船匠或织绸工，而是建筑业的成员；或鞋匠、裁缝、家具制造工、印刷工、钟表匠、玉器匠、面包匠——姑就 1831 年时各拥有成年匠工二千五百名的主要行业来说；或属于首都其它约四百种职业之一的匠人。他照例是为一个某类小店主或零售商而劳动的，但偶尔也在一个真正大作坊里做工。[③] 他往往是为几个雇主做工的，正如接订货的裁缝现在的情形一样。在整个伦敦工商业中工资劳动者对独立劳动者的比率，绝不会是 1776 年亚当·斯密对“整个欧洲”所揣测的那个比率。把所有小店主、小商和负贩，直接为消费者做工的高级工匠，本人即手艺人而带有一两个学徒的店主、铁匠、锡匠、锁匠、屠夫、面包匠和烛台匠一并计算在内，也会远不到十比一之数。在 1851 年，不辞填写一份人口调查事项之劳的八万七千二

① 《航运报告》(*Shipbuilding return*)，1833 年，第 33 卷，第 501 页。

② 克拉潘:《斯比脱菲尔兹法令》，载《经济季刊》，第 26 卷，第 459 页(1916 年)和所列的参考书。

③ 伦敦少数最大的裁缝雇有几十个人在作坊做工:相信斯托兹商号在三十年代时雇有二百五十人。托马斯·布朗罗述于《劳动人口卫生状况报告书》，1842 年，第 98 页。

百七十个英格兰和威尔士雇主，平均各雇佣八又三分之一人，[①]而迟至1896年在法国进行的一次“工业企业”（这个名词是按照最广泛意义使用的）普查，表明全国五十七万五千个企业中每一个企业的工人平均数只不过五点五人。[②] 这项法国数字虽然把差不多独立进行劳动的大量乡村工匠包括在内，但是却也把里尔、勒克勒佐、阿佛和现代巴黎一并包括在内。1831年的伦敦则既没有上千人的企业把平均数扯高，也没有太多的工匠作坊把平均数压低。

这种小规模的、没有经过革命的工业制度在伦敦以外各地广为仿行：首先是在各重要海港——诸如赫尔、布里斯托尔、纽卡斯耳、
71 利物浦、普利茅斯、朴次茅斯、作为海口的格拉斯哥、阿伯丁和敦提。据人口调查中的记载，“利物浦有三百四十个〔成年人〕从事于一个港埠中常见的各式各样制造业”。这个数字一定是不完全的，而没有把造船匠包括在内，但是默尔西河沿岸的平均经营规模绝不比莱姆浩司和伦敦浦的更大。赫尔的相应数字（无疑也是不完全的）是一百，并附有备注注明：“也制造蒸汽的锅炉……但规模很小”。第二组城镇则包括很多全国性和地方性的都会在内——诸如爱丁堡，其工业据确实报告是既多而又小的；约克，其唯一不同于零售商和手工业者的成年“制造业者”就是二百个织麻工和十八个制刷工，以及大多数郡城。第三：所有肯定的制造业城镇都有长长一串规模小

① 《1851年的人口调查，人口表》（*Census of 1851, Population Tables*）（1854年），第1卷，第78页。雇佣的人数是七十二万七千四百六十八；但是这个数字包括工业区在内。参阅本卷，第448页。

② 克拉潘：《法国和德国的经济发展》，第258页。〔法国全国的数字在1851年是二点四人。塞伊：《在君主政体纳税义务下的法国经济生活》（Sée，H.，*La vieécon be La France Sous. La monarchie Censitaire*）（1917年版），第87页。〕

而又没有经过革命的工业。第四:许多重要制造业者本身也还是刚刚接触到动力和工厂制度的。兹姑举四个事例:在 1830 年以前,除棉纺织业外,任何纺织工业都还没有受到动力织机的影响;[①]古老的、高度组织起来的手工梳毛工业同样没有被触及;黑乡和设菲尔德的大多数铁器和刀具工业亦复如此;制革工业"简直没有任何部门"是使用机器的。[②] 在 1833 年,职工五人以下的企业在铸铜业中差不多是标准企业,三十年之后,在伍耳佛汉普顿、沃尔索耳和威林哈尔的制锁业中,工人对雇主的比例也只不过是十一比一。[③]

无论在伦敦或其它任何地方,一切工业类别中或许最重要的建筑工业,都还没有经过革命——只不过是一种缓慢的发展而已。
铁,即铸铁,无疑已开始供作新建筑之用;甚至用来代替"最古老教
堂中既占地位而又有碍视线的粗笨难看的柱材";[④]但是建筑业的技
术并未因而受到多大影响,在组织方面则更加没有。建筑业已经给
全国的成年男子构成了农业以外的不独最重要,而且最大的一种行 72
业。其中有一些大企业,但大多数是小企业。[⑤] 技术工人都是以自

① "是否会有一天发现把它(动力织机)广泛地用于毛纤维或丝纤维是切合实用的"。《制造业者就业审查委员会》(*S. C. on Manufacturers' Employment*),1830 年(第 10 卷,第 221 号),第 3 页。

② 本卷,第 170、323 页,及《皮革税申请书审查委员会》(*S. C. on the Petitions relating to the duties on Leather*)(1813 年,第 4 卷)。伯蒙德塞染工布里文的作证。

③ 《制造业审查委员会》(*S. C. on Manufactures*),1833 年,询问案第 4330 号及以下。《伯明翰和米德兰的铁器区》(*Birmingham and the Midland Hardware District*)(1866 年),第 89 页。

④ 拉德纳:《袖珍百科全书》(Lardner D. ,*Cabinet Cyclopoedia*),"金属制造业"(1831 年版),第 1 卷,第 67 页。

⑤ 本卷,第 162 页及以下。

己的行业为荣并且知名邻里的工匠：所以在1831年的人口调查中，建筑工人的调查数字大概是相当准确的。除去制砖匠和锯木匠不计，包括砌砖匠、石匠、木匠、泥水匠、瓦匠、油漆匠、铅匠和玻璃装配匠一并在内，不列颠的总数是年满二十岁以上的男子二十万零三千人。[①] 此外还必须加上为数不少于成年人四分之一的充作工匠学徒或徒弟的青年和儿童，以及大批砖瓦匠的搬运夫之类的人，这类人当中很多是爱尔兰移民——无论如何在伦敦是这样的。包括所有成年男子和男童在内，不难揣测，当在三十五万至四十万之间。

在英格兰，唯一在规模上可以同建筑工业相提并论的行业，就是人人都在谈说而国会正为它的彰明昭著的弊端进行立法的那个庞大的新兴工业——织布业。三四十年之后，不列颠的织布厂计有男、女和儿童二十一万至二十三万人，手织机至少二十万台，可能二十五万台，大约每台有织工一人。[②] 但是在1833—1834年，在这个大约有四十五万织布工人的庞大队伍中，大约大多数是妇女和少女。[③] 这个行业发展得如此之快，以致仅仅三年的工夫都是关系匪浅的。在1830年，动力织机的估计数只不过是五万五千到六万台，[④]而三年之后却是十万台了。如果1833—1834年的正确就业数字是四十五万的话，那么1831年

① 引自职业一览表，1833年，第37卷，第1044页及以下。

② 贝恩斯：《棉纺织业史》(Baines, E., *History of the Cotton Manufacture*)(1835年版)，第394、383页。工厂人口是从首席视察报告书计算而来的。

③ 在这项数字还没有因手织机织工而弄得太错综复杂的时候，1851年的人口调查中半数以上是妇女和女童，一般说来，每一个手织机织户有一个女性织工，即妻子或女儿。

④ 《制造业者就业审查委员会》，1830年，第3页。

的正确数字可能是三十七万五千到四十万。但是由于组织上的不同，如果织布业雇佣更多人手的话，建筑业一定包括更多的当 73
家人在内。

再来谈一谈还没有接触到机器的衣着业的情形。把小店主和手艺人一并计算在内，不列颠共有成年男鞋靴匠和修理匠十三万三千人，成年男裁缝七万四千人。（至于为挣面包而操作的女缝纫工的数目有多少，却没有人作过估计。）假定裁缝和鞋匠是按人口的适当比例分布的话，那么大约有六万三千五百名裁缝和十一万四千名鞋匠是英格兰人和威尔士人。不妨拿这些行业同煤矿业作一比较。在1830年前后，就所得而知的来说——数字是很不令人满意的——诺森伯兰和达拉姆两地产煤约占英格兰和威尔士所产的四分之一。[①] 据一位可靠的证人估计，在1829年，在这两郡煤坑坑上和坑下操作的男子和儿童共有二十万零九百五十四人。[②] 两年之后，伦敦一地的成年男裁缝和鞋匠的数目就是三万一千零五十一人。无可怀疑，在选举改革法时代的英格兰和威尔士，即使不把裁缝业的学徒计算在内，裁缝就比煤矿工人多，而鞋匠更多。在这两种行业都有一些颇具规模的企业；但是在这种行业的任何一种之中，甚至于稍稍大一点的企业都不是具有代表性的。[③]

① 加洛韦：《煤矿史》(Galloway, R. L., *Annals of Coalmining*)，第1集(1898年)，第462页。

② 詹姆斯·布德尔在《上院煤业调查委员会》(*Lords' Comm. on Coal Trade*)(1829年)中的作证(1830年，第8卷，第405号)，第54页。

③ 本卷，第167、181页。

最后不妨注意一下这样一种很少变革的职业、职业类别或行业，而关于这种行业，当代人既没有作过任何调查，也没有听取过任何作证，在我们所由汲取大部分正确知识的国会文件中甚至都没有偶然提到过，而它的历史也从没有人着手编写过。关于这类职业，只有人口调查中的干巴巴的数字，至于其余，则必须到狄更斯的地下楼梯间和吉士家为苏曾·妮波儿、古斯塔和为仆人们预备的更加破烂的阁楼和亭子间去进行调查了。关于很多工人阶级的工资或伙食的情形都存有大量记载，而独于六十七万零四百九十一名家务女工却在当代公共文献中只字不见——她们或许比织布业中的所有成年男女和男女童加在一起的数目还要多 50%以
74 上。在 1820—1830 年这十年间的典型城镇工人，绝不是在蒸汽弥漫中借助于新近设计的机器来为自己创业的雇主进行那种会使他们祖辈为之张口结舌的工作的工人。这一点是无须用更多数字来加以说明的。这种工人通常也不是附着于大企业的。数字已经为了对比起见而分别予以列举。十年复十年，随着这个世纪的演进，更多的人进入了使用动力、新机器和较大企业的领域。在什么阶段上可以把典型工人描绘成是从事于那种会使他们祖辈为之张口结舌的工作的，这还是一个有待商榷的问题。这里不妨先提一笔的是，这个阶段还要在这一世纪很后很后的时期方能见到。

第三章　交通

75

在外国观光者看来，在英国似乎没有任何东西比运输和旅行工具的完善更可赞赏了。“在欧洲大陆上到处会认做是王侯乘舆”的一辆驿站马车沿着“一条条宏伟而又平坦的公路，风驰电掣，毫无颠簸之苦地”把他从各口岸载到首都。[①] 纵然是来自法国的，纵然法国科学筑路的技艺比英国历史悠久，可是，他如果坦率的话，对于和他本国公路“的一般情形相比远为优良的道路”也不禁要为之赞叹。[②]杜宾虽然承认英国公路工程师叨惠于地质条件和气候的不少，却不同意大陆上评论家们的意见，把他们的成就主要归功于英国富有的优良的铺路石。可是他并不像在一代以前全国没有一条值得一提的人造公路的一个德国人那样，为他们的成就所眩迷。他了解法国最好的道路是绝不亚于英国的，并且他认为瑞典的道路——即在马卡丹之前用碎石铺成的道路——还要更好一些。但是在从道路转而谈到运河系的时候，虽然仍抱着宽严得宜的批评态度，然而鉴于在“短短半个世纪之内”已经把“两岸的海洋；为无数丘陵和山脉分隔开来的流域；富饶的口岸；熙熙攘攘的城市和取之不尽的矿山”连

① 梅丁格，前引书，第 1 卷，第 4 页。

② 杜宾，前引书，第 1 卷，第 181 页。

成一气，对于这样的成就——“在不到法国四分之一面积上的那个长达一千海里的运河系”，[①]却不能不极口赞赏了。

到了1830年，英国运河系初期的——亦即经过很少修正之后的现存的——工程已经差不多大功告成了。[②] 这些水道从工程开
76 始处的兰开郡南部起，已经分别在三个地点穿越过奔宁山脉，利兹、利物浦运河的最高水平线是海拔五百英尺，罗奇德耳运河六百一十英尺，哈得兹菲尔德运河五百六十英尺。由于1774年和1826年之间完成的一系列新工程，旧有的埃尔—卡尔德航道——始建于威廉和马丽朝代——已经成为这些高水平线和恒比尔河之间的一个充分有效的连锁。在恒比尔河流域以北，运河或运河的开筑是无关重要的，但是在串特河及其支流以南，运河却打开了英格兰的中心区，并且把约克郡南部、诺丁汉和德尔比郡的产煤区和制造业区相互之间以及同累斯特、沃里克和斯塔福德的那些区域联系起来。伯明翰地区的密致的水道网，通过斯陶尔波特和伍斯特而和塞佛恩河相沟通。在北面，串特—默尔西运河完成了折回兰开郡的环行线。在1826和1827年，为修筑更西面的一条联络线而使用了动力，结果是伯明翰—利物浦大干线这最后一条重要的长运河穿过柴郡而同各航运水系相衔接。

---

① 第1卷，第20页。据波特尔在1838年的计算，运河共二千二百英里，通航的和一部分开筑成为运河的河流共一千八百英里。《统计学报》，第1卷，第29页。

② 约瑟夫·普里斯特利：《不列颠运河、河流和水道的历史叙述》（Priestley, Jos., *Hist. Account of the ... rivers, Canals and Waterways of Great Britain*）（1831年版）。普里斯特利：《内陆航运图》（Priestley, *Map of Inland Navigation*）1830年版。《运河水道调查委员会》（*Commission on Canals and Waterways*）（1907年）。《历史和统计报告书》（*Hist. and Stat. Returns*），第4卷，敕令第3719号，1908年。

牛津运河和大干线的长航线从沃里克郡南行和东南行，分别通达到艾西斯河和太晤士河下游。十二年的工程（1793—1805年）和五项国会条例才把这大干线运河从沃里克郡的边境上导致布林福德和派丁顿运河。太晤士—塞佛恩运河从太晤士河上游，克内特—埃房运河从太晤士河中游分别回流折入西海。

福恩沼泽区的水道同米德兰的总水系并不是很好地联系起来的。靠了威撒姆航道和重修的福斯渠，才有了一条从波士顿到串特河的直达航线。在 1831 年，从北安普敦的尼恩航道的起点，“有一条车辆可以往来通行无阻的双轨铁路”[1]把这沼泽区的一条主要河流同大干线运河连接起来；但尼恩河却是回曲弯转的，货物的处置颇费周折。伦敦和这沼泽区航道最南端剑桥之间的直接联络
计划，是由来已久了。为修筑这样一条运河，在 1812 年和 1814 年 77
分别通过了几项条例；但这项计划却成了直到 1830 年还没有付诸实行就随着火车头时代的揭幕而寿终正寝的那一批计划之一。

有一些这类“拟议的运河”和“国会航线”已经见之于南部和西南部各郡的当时的运河图上——从米德威到罗姆内沼泽地的肯特郡威尔德林区运河；从埃房河畔的布莱德福到多尔塞特郡的斯土尔的多尔塞特—萨默塞特运河；从埃克斯河到布里季沃特湾的大西运河，以及最重要的，从布里季沃特湾横穿萨默塞特平原、越过查德附近的低分水岭而至艾克斯敏斯特入海的英吉利—布里斯托尔海船运河。这些航线中唯一完工的，就是从吉耳福德附近南流的韦河—阿伦河干线那一条（现已废弃的）航线。在全程之中只有

① 普里斯特利，前引书，第 371 页。

十二英里半完全是平地的格拉斯特—伯克利运河于修筑时所遭遇的困难，可能对英吉利—布里斯托尔运河那个雄心勃勃的计划加重了打击。由于种种原因，主要是财政上的原因，格拉斯特—伯克利运河修筑了三十三年之久（1794—1827 年）；虽则筑成之后，以七十英尺的宽度和十八英尺的深度而满足了它的发起人的希望——在它的第一年往来船舶就有十万零七千吨。[①] 更加令人气馁的是克利南运河和卡利多尼亚运河的历史，这两条运河都是供远洋船舶使用的，后者完全是由国家基金所建造，前者则由政府给了大量的补贴；但这两条运河在商业上都是失败。在 1831 年痛遭埋怨的卡利多尼亚运河，一直没有“像原所期望的那样引起海上冒险家的注意”；[②]克利南运河——在 1816 年通航——始终连国库垫款的利息都无法付出。

苏格兰的有效运河是福思—克来德运河——就其改良后的形式来说是条十英尺深半远洋型船通航的运河——爱丁堡—格拉斯哥联合运河[③]和苏格兰中部裂谷工业区的其它少数水道。凡是英格兰工业区的直达运河所凭以成功的那些条件，这里无不具备。

这样的条件也见诸威尔士的若干地区，但是当地的地形线却不鼓励这类的直达航线。位于登比和蒙特哥马利的北威尔士各运
78 河，虽然从工程学上的成绩来说是著名的，可是从国家的观点来看，却只是柴郡—塞佛恩河航运系的一条不太重要的支流而已。但是南威尔士和蒙默思的那些水道，蒙默思郡水道及其流入埃

① 《维多利亚地方志，格拉斯特志》，第 2 卷，第 192 页。

② 普里斯特利，前引书，第 128 页。

③ 在 1817 年刚刚开始。

布—佛耳的支道和作为它的延长线的布雷肯—阿伯加文尼运河以及尼思运河和斯温西运河——所有这些在拿破仑战争时期设计和完工的运河——都是南威尔士煤田及其附近一带工业发展的证据和原因，而那种工业发展却是新世纪国民经济实况的一个非常触目的特征。像海岸周围的许多不重要的小运河和航道一样，它们的目的无非是要使一个高原地区通达至海而已；但是它们的高原地区并不是农业区域或次要的制造业区域。蒙默思和格拉摩根的煤铁谷都纵横其间。

煤炭运输自始就是修筑运河运动的主导因素。十八世纪的燃料荒，如果不曾设法加以克服，非特在很多地区会使工业的发展陷于停顿，抑且会使人口的增长停止下来。[①] 布里奇沃特公爵是一个煤矿主，由于他的运河之故，曼彻斯特的煤价已经减低了一半。八年之后，旧伯明翰运河的第一段曾经对于伯明翰起了差不多同样的作用。[②] 在这一世纪之末，赫列福德—格拉斯特运河的通航，把累德伯里的煤炭原价从二十四先令降低到十三先令六便士，并且希望能以林肯郡内的一条自海至劳思的水道"使居民摆脱掉他们用牲畜粪作燃料的……古老办法"。[③] 改善了的福斯渠原意是以供作谷物运输之用为主，但是它却"专门〔用来〕往林肯及其附近一带输运煤炭了"。[④] 既然南部农业工人的那种

---

① 桑巴特曾经描绘了"早期资本主义"可能因缺乏燃料而崩溃的一幅图景。《现代资本主义》(*Moderne Kapitalismus*)，第 3 版，第 2 卷，第 1137 页及以下。

② 里思：《百科全书》(Rees' *Cyclopædia*)，1819 年版，见"运河"条。

③ 艾登：《贫民的状况》(Eden, *State of the Poor*)，第 2 卷，第 397 页。

④ 普里斯特利，前引书，第 278 页。

面包干酪的单调饮食曾经多少是由于缺乏燃料所致，[①]因此一涉及南部运河的发起和经营，就听到大谈其廉价煤炭的社会利益，
79 原是不足为奇的。甚至有海运煤的供应可资充分利用的地方，对于内地水道的限制性竞争也瞩望甚殷。在1800年，伦敦方面对于北部煤价格之昂贵怨声载道，因而有把运河系健全起来俾使中原煤可以同它进行有效竞争的建议。但是这项建议他们却始终没有实行。从1825到1830年，伦敦没有任何煤炭是取道运河而来。1831年运来了八千多吨，1832年将近一万一千吨；但是在1836—1837年这数字却又退回到零了。[②] 纽卡斯耳煤和达拉姆煤的伦敦市场组织得很有效，太晤士流域的水道与其说是用于输入中原煤炭来同这类煤炭进行竞争，还不如说是用于把这项煤斤从伦敦分销各地。

经由内地水道的燃料运输尽管是那样重要，然而在各主要的直达航线上，比之一般商货的运输还是居于次要地位的。在黑乡、南兰开郡和约克郡的各运河系上，当地的煤炭贸易虽然规模很大，但是在那些地区相互之间，显然不会有煤炭运转的。这时各工业区通过水道把它们所需的非当地出产的原料运进，而把它们的大部分制成品运出。伦敦经由太晤士河流域的航运系和大干线运河吞纳大量的制造品、建筑材料和农产品。由于伦敦独一无二的商业地位和它的航运的不容置辩的优势[③]，作为一个集散中心，它的重要性，相

---

① 艾登，前引书，第1卷，第547页。

② 《煤炭供应皇家调查委员会》(*Royal Commission on Coal Supplies*)1817年(第18卷，第863页)。

③ 本卷，第4页。

对地说，比之后来的情形是有过之无不及的。经常经由大干线运河装运到制造业的米德兰和北部的，不独有伦敦本地的优良制成品和进口的殖民地制造品，而且有羊毛、锡和棉花之类的原料。[①] 全境各地，供建筑、铺地和筑路用的块石；砖、瓦和木料；建筑师、农场主或鼓风炉主所需用的石灰石；野畜和家畜；谷物、秣草和麦秆；伦敦马厩和伦敦山积的垃圾堆中的肥料；在桥梁建筑和其它工程用途上日见通用的重铸材——所有这些以及其它不胜枚举的一切应有尽有的制造品，都跨越半个世纪以前还一直是无法通行的路线或舟楫弗届的距离，取道那些新水道而来。在人烟比较稠密的运河中心区的周围商旅辐辏，货运频繁，非有迅捷的运输不可：在大干线运河上， 80
"皮克福德先生的驳船日以继夜，首尾相接"，[②]在冬季，福思—克来德运河上的破冰船"每天都先客船而出发，绝不延误"。[③]

英国得之于运河系的经济利益是无法衡量的。就所能计算的来说，由运河运输的费用仅及由公路运输的费用的一半以至四分之一；[④]但这只不过是事实的一方面而已。股东们在一个商业方面无利可图的企业上的损失，是不能靠这些新运输线上的坐商和运商的利得来抵补的，而在运河方面这类折本的企业将颇不乏其例。原来为修筑劳思运河所招募的股款，由于工程潦草而赔折；一位当地绅士[⑤]以九十年通过税

---

① 普里斯特利，前引书，第 312 页。

② 同上。

③ 杜宾，前引书，第 2 卷，第 228 页。

④ 参阅杰克曼：《现代英国的运输》（Jackman，W. T.，*Transportation in Modern England*）（1916 年版），第 2 卷，附录 8 中的精密计算。

⑤ 卓别麟先生。普里斯特利，前引书，第 428 页。

的租借权为代价，把这项工程修缮妥齐；这一地区的人民因而才不致再用牛粪烧火。这笔账是无法计算的。然而，在铁路时代的前夕，运河的股息和运河股票的市场价值却为不同地区对新交通方法的刺激所表现的感应能力，提供了一个测验标准。而且运河在这时的商业地位对于接踵而来的运河和铁路之间的竞争关系至为重要。在利用这样一个粗率的测验标准时所必须牢牢记住的主要条件是：第一，法定及其它开办费在投放于不同运河的资本中所占的比例并不一致；第二，工程上的意外困难，或单纯工程上的过失就会使投放于特定企业上的资本的赢利能力锐减。[①] 但是就二十年代中叶，也就是火车头开始同水路运输展开全面竞争之前的那十年而言，这类考虑对于从各主要运河群的相对财政地位所得出的广泛结论并没有很大的影响。

运河的股息波动很大，一条运河可能一连几年赚钱或亏折，既而又逆转或好转起来。但是下列一些挑选出来的重要运
81 河在 1825 年（贸易活跃的一年）的股息数字，大体上确切地揭示出所举各运河在业务已经安定下来几年之后的那段时期的一般情势。[②]

① 也有一些是骗局。杰克曼，前引书，第 1 卷，第 427 页。

② 依据英格利希：《在 1824 和 1825 年间所组织的股份公司全貌，附前此所组织的公司一览》（English, H., *A Complete View of the Joint Stock Companies formed during... 1824 and 1825... with an Appendix... of Companies formed antecedent to that Period*）（1827 年版）。杰克曼，前引书，第 1 卷，第 416 页及以下，维登浩尔的《商业一览表》（Wettenhall's *Commercial List*）的详述。将利息化成为百分数：有一些运河没有一百镑的股份。

挑选出的一些成功的运河公司

	百分比		百分比
福思—克来德	$6\frac{1}{4}$	伯明翰	70
默尔西—艾尔维尔航运	35		加红利
利兹—利物浦	16	考文垂	44
串特—默尔西	75		加红利
	加红利	斯塔福德—伍斯特	$28\frac{1}{2}$
牛津	32	斯托尔布里治	$11\frac{7}{8}$
	加红利	沃里克—伯明翰	11
大干线	13	格拉摩根	8
累斯特	$11\frac{1}{2}$	蒙默思郡	10
斯特劳德沃特(自斯特		尼思	15
劳德至塞佛恩河)	$15\frac{1}{2}$	斯温西	14
巴恩斯利	$8\frac{3}{4}$		
	加红利		

股息在百分之十以上的全都是在制造业地区或位于自北部至太晤士河流域的那些主要航道上的运河。但是各工业地区也有其不成功的企业,一如下表所见。

挑选出的一些不幸的运河公司

	百分比		百分比
亚士比—德—拉—左赤	零	蒙特哥马利	$2\frac{1}{2}$
贝津斯托克	零	太晤士—塞佛恩	$1\frac{1}{20}$

	百分比		百分比
博耳顿—贝里	$2^{1}/_{2}$	太晤士—米德威	零
埃尔兹米尔—切斯特	$2^{4}/_{5}$	伍斯特—伯明翰	2
大西	零	威尔特郡—伯克郡	零
哈得兹菲尔德	零	韦—阿伦	8/10
克内特—埃房	$2^{1}/_{2}$		

这个表中的若干运河曾经面临到工程上的严重困难;哈得兹菲尔德运河有一个著名的隧道,埃尔兹米尔—切斯特运河有一个大导水管。很多运河的失败都是比较严重的,因为它们都居于英国所要建筑的费用最为浩大的工程之列:克内特—埃房运河是唯一和大干线运河同居于股本在一百万镑以上的组别之列的:埃尔兹米尔—切斯特运河由于它的雄心勃勃的计划而拥有资本五十万镑,和福思—克来德运河的资本不相上下:太晤士—塞佛恩运河和
82 大西运河各有已缴资本约二十五万镑。在另一方面,在股息很高的组别中有几家公司的已缴资本却为数无多——考文垂运河五万镑;斯塔福德—伍斯特运河九万八千镑;甚至串特—默尔西运河也不过十三万镑。

从第二个表中可以清楚看出的是:横贯南英格兰分水岭的运河开筑——几乎可以说是南部的运河开筑——始终不是一种赚钱的企业。这一地区中大多数工程都是在战争年代的晚期或战后萧条时期完工的,所以它们的所有主一直没有能看到城市和工厂在他们产业附近勃兴起来,像比较老的中原航道和北部航道的某些所有主所看到的那样。在 1800 年,太晤士—塞佛恩运河公司的秘

书承认该公司在开办了十年之后“还没有得到所有主们所期望的那样多的贸易”[①]一节，是不难解释的。但是在1815和1825年之间，如果南英格兰能调配足够的货物到水路方面去的话，运河的发展一直是有时间而且有公平机会的。

英国的整个运河系究竟在怎样程度上给投资人以适当的报酬，这是有待商榷的。人们素有这样一种印象，以为运河在它们的垄断权为铁路突破之前获利极厚，而这种印象更一直由于为铁路争辩的人总是只引证股息丰厚的例子那种习常办法而获得支持。据《每季评论》上的一位作者在1825年的计算，拥有资本一千三百二十万零五千一百一十七镑的八十条运河“现在支付”股息的总数是七十八万二千二百五十七镑，约为$5^{3}/_{4}$%。在他所编制的表上拥有资本一百一十二万七千二百三十镑的十条最成功的运河平均为27.6%；这无异是说其余的一千二百零七万七千八百八十七镑的资本是得不到4%的。另有三百七十三万四千九百一十镑的资本则不付分文股息。[②]

如果平均的运河发起人和工程师善于运用全局，富有远见，或者政府可能实行一点明智的监督的话，平均投资人未始不可得到比较丰厚的利润。杜宾男爵在他对英国运河企业高歌赞美声中，

① 《煤业状况第二次报告书》(*Second Report on the State of the Coal Trade*)，1800年。《不列入会讯中的委员会报告书》(*Reports from Committees... not inserted in the Journals*)，第10卷，第645页。

② 《每季评论》(*Quarterly Review*)，第32卷，第160页及以下。讨论约瑟夫·娄：《英国现况》(Joseph Lowe's *Present state of England*)(1822年版)的一篇文章。所谓“现在”，作者是指1824—1825年。3%的平均所得，恰恰是不到4%。1821—1824年的整理公债。更详尽的情形见杰克曼，前引书，第1卷，第420页。

曾经辍歌而注意到了这样一个事实：英国有两类运河——大型运
83 河和小型运河——但“所有大型或小型运河都没有一定相应大小的水闸”。“英国人”他补充说，“从来没有想到如何把这两种运河系安排成为一个划一的、完善的整体。英国制度的本质就是和这种谐调相对立的”。[①] 这种缺乏谐调的情形，一经详细考察，殊令人惊愕。小型运河并不仅限于次要的航道和分支运河而已。例如，牛津运河就是小型的，不能供船幅在 7 英尺以上、吃水在三英尺八寸以上的船只使用。由于早日在建筑著名的哈里卡斯尔高水平线隧道上的费用和困难，大干线运河最宽的地方也只七英尺。在 1823 年以后增修第二条隧道时，因为运河上的水闸狭窄，所以也没有加宽。[②] 太晤士—塞佛恩运河上的水闸虽有十二英尺九寸，但是沙波顿的高水平线隧道却窄一英尺多，而且它的高水平线河段不能容纳吃水三英尺六寸以上的船只，虽则英国运河一般的最高吃水限度是四英尺。甚至在水闸的宽度和深度还算划一的密相连接的运河系上——从来也没有完全的划一：在布里季沃特运河上没有一个场合水闸的大小是出诸一辙的——而就是在这类运河系上，水闸长短也参差不齐。从利物浦到威根的那段利兹—利物浦运河可以容一艘七十六英尺的船通过水闸；从威根到利兹则只有六十六英尺的船才能通行；这条运河在利兹同埃尔—卡尔德航道汇流，而那条航道的水闸却只能容纳一艘五十三英尺的船只。

① 杜宾，前引书，第 1 卷，第 229—230 页。

② 普里斯特利，前引书，第 645 页和敕令第 3719 号（1908 年），第 203 页。这些以及费尔贝恩：《运河航运述详》（Fairbairn W.，*Remarks on Canal Navigation*）是本段的资料来源。在 1831 和 1908 年之间殊少变动。

再稍稍往南一点，一艘七十三英尺的船可以渡过罗奇德耳运河上的分水岭；但是在约克郡的那一面，它立刻——在卡尔德—赫伯尔航道上——遇到了那个在外观上颇为时髦的西莱定水闸，而要通过这道水闸，船只非再缩短二十英尺不可。

由于这种情况以及竞争性运输系统的缺乏，那么普通使用的船只在运河时代式样极少改进也就是必然的结果了。长而极窄、舷侧垂直、“船头作楔子形的”[①]那种“平底船”同过去几乎一般无二——迄今仍往往如此。近来已经为旅客建造了拖驳和比较有吸 84
引力的船只：在诸如福思—克来德或斯特劳德沃特之类的少数运河上，重型游船或远洋船舶也可以通航了；但是以马或人力牵曳的不适于海上航行的平底船才是英国运河上真正的运货工具。在自由航行时，它的速度很少超过一小时一英里半。[②]“客船”通常以4至5英里的行速行驶，在少数场合下甚至更快一些。[③]在铁路为争取客运而竞争的危险还没有开始威胁运河公司以前，较高速率的可能性或蒸汽牵引并未受到任何真正的注意。在1825和1831年之间，这个问题已经为运河工程师所注意，但是在运河的实用上并没有产生任何重要的变革。据高行速主张者承认，在狭窄的运河上，改善普通货运行速的希望不大；但是在1831年据辩称：

① 杜宾，前引书，第1卷，第246页。

② 费尔贝恩，第7、10页。在北英格兰仍然通用的“平底船”这个名词是始于十八世纪的。

③ 格里姆：《写给尼古拉斯·伍德先生的一封信》(Grahame, T., *A Letter addressed to Nicholas Wood, Esq.*)(1831年版)，第10—12页。格里姆是主张在运河上使用蒸汽的一个积极倡导者。

甚至在狭窄的运河上，在客运方面也还大有可为，如果使用轻型铁船，并仿照阿德拉桑运河上以一小时九至十英里的速率往来于格拉斯哥和约翰斯顿之间的那一条经常使用的船只〔注意是单数〕的办法而用马牵曳的话。[①]

在开筑运河的技术方面比之建造运河船的技术方面的确有了更大的进步；但是，除开在一件事情上以外，进步的可能性并不很大，因为机械工程学还没有为运河建筑师增加了多少可利用的新工具和新动力。河堤、隧道、导水管都是布林德利的传授。布林德利的继承者，尤其是特耳福德，在处理这三种工程上已经变得更加胆大。在 1763 年一位到巴顿去的早期观光者，“简直不敢冒险在运河的台基上步行，因为他看到脚下的那条艾尔维尔大河就几乎浑身发抖，那条航道是凭靠一架能承纳运河的桥梁而横跨艾尔维尔河的”：[②]可是吊轴距只有三十八英尺。如果他再多活四十年去
85 跨越特耳福德在兰高连谷中高出底河一百二十七英尺的埃尔兹米尔运河上所建造的彭塞西尔图导水管，他就更加会胆战心惊了。但是威尔士导水管的真正重要性并不是它的高度，而是它的建筑材料——整个运河槽是铁制的。它设计于 1795 年，通航于 1805 年，那时铁桥建筑术还是一种幼稚的和试验性的技术，它在构思和技巧上都表现出大胆作风。[③] 但它并不是运河工程的代表作——对于运河的赢利能力来说却是幸事，因为它约费五万镑——因为

① 费尔贝恩，前引书，第 51 页。

② 《内地航运史》(*Hist. of Inland Navigation, Particularly that of the Duke of Bridgewater*)，第 3 版，1779 年。无名氏著。论及 1763 年的第一次访问。

③ 杜宾，前引书，第 1 卷，第 263 页和斯迈尔斯：《工程师传》，第 2 卷，第 346 页及以下。

真正深谷架桥工程还是很少进行的。在十八世纪最后二十五年中到来的那个铁时代，虽然已经产生了一些铁运河船和其它内地航运的辅助物，连同大量的货运，可是当1825年运河对铁路的问题刚刚引起“公众焦虑”时，还没有使运河显得更加有效。①

那次争论中的铁路派总欢喜提醒他们的对方说，他们的运输制度是更老的运输制度，至少在英格兰如此。他们力称原来的白木轨“街车道”是一位“多才多艺的绅士布蒙特先生”在纽卡斯耳创办的，他在查理一世朝以三万镑投放于——并且损失在——煤矿企业上：他们还能以证明这种街车在一代之后已经家喻户晓。②怀特黑文煤田直到1738年还没有这种街车轨道却是一桩有利于做反面解释的事。③改进是渐渐采纳的：在第一根木条上面又放上了第二根木条，所以在它毁坏时，不触动枕木就可予以更换：轨面有时用铁板加以保护：1750年前后试用铁轮货车：在1767和1776年之间在斯塔福德郡和南约克郡试行使用内侧有凸缘的生铁板轨道，以防货车车轮出轨；1789年在拉夫伯勒试用生铁护轮轨道，而凭靠车轮轮胎上的护轮缘来防止出轨。④

作为矿坑的附属品而开始敷设的铁路，在1790年以后随着采 86

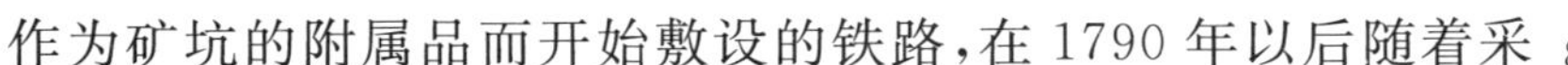

① 尼古拉斯·伍德：《铁路实践论》(Wood, Nicholas, *A Practical Treatise on Railroads*)，第1版，1825年，弁言。

② 伍德，前引书，第6—7页。斯迈尔斯，前引书，第3卷，第5页及以下。继伍德之后。

③ 里思：《百科全书》(1819年版)，“运河”条。斯迈尔斯所述铁轨早于1738年已在怀特黑文见诸使用云云一节，根据这项参考资料，看来是错误的。

④ 参阅伍德，前引书，第12页。《太恩河、维尔河和提兹河的工业资源》(*Industrial Resources of the Tyne, Wear and Tees*)(1864年版)，第279页。艾希顿：《工业革命中的铁和钢》(1924年版)，第135页。

矿业和冶金术的发达而很快地发展起来。迄当时为止，最长的路线就是那些“通过长达九十英里的各种坎坷不平路面的伟大工程”，1768 年，阿瑟·杨格对于纽卡斯耳附近的那些伟大工程大为赞叹，其中之一——是在 1720 年建筑的——现仍有东北铁路(North-Eastern Railway)的一条支线在上面通车。[①] 阿瑟·杨格指出，除开“有很多马车在正式轨道上行驶的采煤业”以外，“其它许多企业部门”也最好使用车轨。第一个大规模这样做的就是在拿破仑战争刺激下的南威尔士冶金业。在 1791 年，蒙默思、格拉摩根或卡马森都还没有一码铁路：到了 1811 年 9 月，已经有将近一百五十英里的铁路“同运河、矿坑、铜铁厂相衔接了”。[②] 第一条重要的铁路线是九十年代后期所建造的加的夫—默尔瑟线，即特里维泽克在上面试验火车头的那条线。它虽然是作为格拉摩根运河的一条竞争线而开始的，但结果却变成为它的一条支线。最长的铁路之一是蒙默思运河、特里德加尔的查理·摩尔根爵士和色浩威熔铁厂的承租人等根据 1802 年的一项条例而共同建筑的色浩威线——计长二十多英里。[③] 在 1802 年卡马森铁路公司也取得了从拉内利建筑一条通往内地的十六英里铁路的权利。这些就是在 1825 年以前建筑的几条仅有的主要铁路，而在 1825 年那一年，有四人集资约五十万镑来建造里姆尼这一区的第二长线——

① 阿瑟·杨格：《北行记》，第 3 卷，第 12 页。汤林森：《东北铁路》(Tomlinson, W. W., *The North-Eastern Railway*)(1915 年版)，第 4—10 页。

② 戴维斯：《南威尔士》，第 2 卷，第 383 页。另参阅杜宾，前引书，第 1 卷，第 207 页。〔在 1791 年有一些敷设在煤矿中的马车道和轨道，但是却没有像见诸太恩塞德地方的那种“伟大工程”。〕

③ 普里斯特利，前引书，第 575 页。

那里的铸铁从纽黑文附近的派伊角起运，经由二十一英里的色浩威铁路，穿过煤乡而运至里姆尼区的锻铁厂。

怀河对岸德安森林的煤、铁和木材早已在这一世纪之初就刺激了铁路的兴筑。一个国会特许公司在 1809 和 1822 年间招募资金虽遭到相当困难，但终于设法敷设了南北穿行这个森林的塞佛恩—怀河线的十三英里的铁路。在它开始经营以前，有四个合伙人已经从辛德福德修筑了一条通往塞佛恩河的东西铁路线，这条铁路线在 1809 年变成为国会特许公司。这些铁路的支线分别通 87
往散布于御林的各橡树林中的矿坑和锻铁厂。[①]

在二十年代末叶以前，甚至最简单形式的铁路，即短程的合伙铁路线，也是莫名其妙地地方化的。据说在斯托克顿—达林顿铁路设计以前，太恩塞德就有二百二十五英里的铁路，[②]南威尔士工业区则肯定更多。南兰开郡却一条没有，至少是当代铁路统计员和铁路制图员所不得而知的。以伯明翰、伍耳佛汉普顿和斯托尔布里治为顶点的那个商旅辐辏的三角地带也一条没有。在这两个场合之下，解释或许相同：现有运河系比较卓越。太恩塞德方面从来没有利用过运河，因为那里早已有了水道，而且矿坑就靠近位于它上面一点的太恩河。伯明翰区的运河渠和支流四通八达。但是稍稍往西北一点，塞佛恩—希罗普郡运河流经的艾伦布里治附近的那个地区，却用很多短程铁路把它的矿坑和铁厂同水道连接起来。

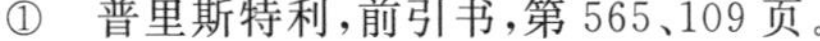

① 普里斯特利，前引书，第 565、109 页。

② 杜宾，前引书，第 1 卷，第 207 页。

在德尔比郡、诺丁汉和南约克郡的煤田上，有几条孤悬的铁路来济运河的不足：从曼斯菲尔德通往平克斯顿的克隆福德运河的一条长八英里的比较重要的双轨铁路在1817年核准兴建；[1]在利兹以南几英里有一条煤矿铁路，在1811年布伦金索普曾经为它建造了一架齿轨火车头，外国王公纷纷前往参观。但是在这三郡之中，既没有太恩区和艾伦布里治区那样密的铁路网，也没有南威尔士那样大的合伙企业。

苏格兰工业区亦复如此。铁轨已早在卡隆铁工厂以及“埃耳京勋爵(Lord Elgin)的煤矿、厄斯金先生的煤矿和侯普爵士的煤矿”中见诸实用；[2]其余，有一条当代很著名的铁路已经根据1808年的一项私法案筑成，从基马尔诺克直到十英里外的特隆海岸，来发展埃尔郡那一区的一般贸易；[3]但是在机车时代前期的其它长程铁路，诸如爱丁堡—达尔基茨线，格拉斯哥—基尔提洛奇线和西洛蒂昂线都是介于1823年第二项斯托克顿—达林顿铁路条例首
88 次核准在公共铁路上使用机车和1829年机车在利物浦—曼彻斯特线上获得最后胜利之间这段过渡时期设计的。

在过渡时期以前就存在的不列颠的其余各铁路，都零散地分布于全国各地。在坎布连煤田有少数的——很少而且很短的——几条煤矿铁路。从安格尔西岛腹地因地质上的变故而保存下来的那一小块煤层起，穿过霍利黑德高原公路而至雷德沃尔夫湾海边

[1] 普里斯特利，前引书，第439页。

[2] 杜宾，前引书，第1卷，第208页。

[3] 普里斯特利，前引书，第367页。

的一条铁路，已经设计，但始终没有施工。[①] 很耐人寻味，虽则并不很重要的是从布勒康附近的布雷肯—阿伯加文尼运河起至赫列福德郡边境上的赫伊止的那条铁路。这条路叫做海伊铁路：长二十四英里：它并不是矿路，而是一条普通铁路：它是在偏僻地区建造得很早的一条路线：并且它是不列颠第一条穿过铁路涵洞的路线。在无疑受到南威尔士、蒙默思和德安森林各矿场影响的一个地区中的另一条耐人寻味的铁路，就是格拉斯特—切尔特讷姆线。这条铁路建筑于 1810 和 1816 年之间，"具有双重目的：一则减轻格拉斯特和切尔特讷姆之间公路上笨重货物的运输，一则输送煤炭到远近驰名和日新月异的切尔特讷姆城"。[②] 作为煤炭运输线和降低煤价的手段，它证明是最有效的。在通车之后不久，就开始计划如何以迫切需求的燃料来供应一个邻近地区——即科次窝尔德对面的马什—莫尔顿和窝尔—斯托那一带地区。结果就是经过几年财政上的苦斗之后的那条起于运河航道终点站的斯特腊特福迄于莫尔顿的长十六英里的埃房河畔斯特腊特福铁路。

在所有南部和西南部各郡中，多少有点重要性的仅有几条早期铁路，就是 1819 年和 1821 年之间从普利茅斯海峡向上盘升一千四百英尺"来同达特摩尔森林的战俘保持联系"的那条普利茅斯—达特摩尔线，以及叫做萨里铁路的闻咨卫司—克劳伊顿线，这条铁路在 1801 年的兴工方才使伦敦人首次见识到新式运输。这条大加渲染的铁路，连同它宽计二十四英尺的双轨和双马路，理应

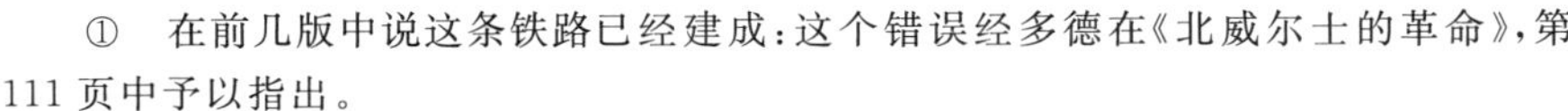

① 在前几版中说这条铁路已经建成：这个错误经多德在《北威尔士的革命》，第 111 页中予以指出。

② 普里斯特利，前引书，第 297 页。

89 得到因其靠近伦敦而不会不享有的名声。它是一条公共道路和普通商货的运输线，而批准修筑这条铁路的条例则是第一项长程铁路的条例。萨里在1801年并不是一个运河之乡，虽则在此后十年之中克劳伊顿运河在无利可图的情况下挣扎图存；所以燃料问题在铁路发起人的心目中是占突出地位的。原指望以煤和肥料为主要下行货；而以“石灰、白垩、燧石、漂布土和农产品为上行货”。[①]这条铁路上的业务虽不是以原来设想的大宗货为限，但是这张品名表是耐人寻味的。

在水利企业难以获利的地方建筑铁路作为运河和天然河流的辅助线比较轻而易举，以及机车的第一次试验，已经使少数有远见的人在1820年以前就想见运河时代的来日无多了。在这个世纪之初，一位早期的铁路工程师威廉·詹姆斯就梦想着一个拥有一百万镑资本的“普通铁路公司”；后来，随着机车试验的进行，他以行速可能达到一小时二十或三十英里的论断同乔治·斯蒂芬逊展开辩论，那时乔治所考虑的只是八或十英里。[②] 托马斯·格雷的《论普通铁路或陆路蒸汽运输；用以取代一切公共交通工具中所必需的马匹；并指明其比之关道、运河和沿岸贸易船等目前一切简陋运输方法在各方面的广泛优越性。附有关铁路和机车的各种资料》(Observations on a General Iron Railway or Land Steam Conveyance; to Supersede the Necessity of Horses in all public Vehicles; Showing its Vast Superiority in every respect, over all the

---

① 普里斯特利，前引书，第610页。

② 杰克曼，前引书，第2卷，第509页。

present pitiful Methods of Conveyance by Turnpike Roads, Canals, and Coasting-Traders. Containing every Species of Information relative to Railroads and Loco-motive Engines)一书于 1821 年间问世。这本书在 5 年之内发行了五版之多;格雷这位头脑简单的热心人士,在论文、备忘录以及上市长和阁员们的请愿书中变着花样表明他的论点。“不论你从什么地方谈起,谈什么问题——天气也好,新闻也好,当前的政治运动也好——同格雷谈不上几分钟的工夫,你就会被蒸汽包围起来了,大听他一番论普通铁路的煽动性演讲”。[①]

但是,在机车仍然不完善并且不为一般公众所熟知的情形下,铁路充其量也不过被公众看做是“一个大的、复合的、脉络相通的内地航运系统”的一个从属部分而已。引号内的文字是引自里斯 90
的《百科全书》的,而在那部百科全书中,把铁路放在“运河”项下讨论,意义殊为深长。在这个时候,公众的意见并无背于事实。1820—1825 年的铁路实质上仍然是太恩塞德的铁路一个半世纪以来的原样——以平常的速度运转短程笨重货物往来于通航河流之间的一种手段。虽然它们也有时构成为直达路线上的一些环节,虽然进一步这样加以利用的想法在技术界也是常见的;但是,除开很不完善的机车之外,像直到 1820 年,以至 1820 年以后的那种常设轨道的技术条件,无异是给公众意见以相当的支持,而殊不足为托马斯·格雷之流的那种有**定见**的人们好高骛远的主张的后

① 威廉·豪伊特语,引自弗朗西斯:《英国铁路史》(Francis, J., *A History of the English Railway*)(1851 年版),第 1 卷,第 85 页。

盾。

架桥、修造普通涵洞和筑堤是彻底掌握了的。十八世纪和十九世纪初期的木制车轨和生铁车轨却是弱点之所在。在1785年，又窄又薄的熟铁条——一又四分之一英寸乘八分之六英寸——已经敷设在阿罗亚地方的木制车轨上面。[①] 二十年之后，“用钉子把半重接榫头连联起来的一英寸半见方的熟铁条”[②]已经在纽卡斯耳附近的瓦尔巴脱煤矿试用。再几年之后，于1810年前左右，在布兰普顿附近卡莱耳勋爵的廷达尔山煤矿中又进行过一次试验。由于熟铁条的轧制还是一种幼稚的工业，所以这类试验的迟迟其来是不足为奇的。在1830年以前继之而起的试验也不多。铁条不能耐久；但是铁条狭窄就会损坏货车车轮，要做得宽却又所费不赀。所以它们无法取代各种式样的生铁轨。铸造一种能供车轮滑行的宽面轨道并不很难。即将成为英国熟铁轨或钢轨之典型的那种横断面很像压平了的哑铃横断面的轨道，就是铸铁的护轮铁轨试验的最后产物；但是对于重量大而又行速高的车辆来说，这种脆性大的铸铁是绝不能令人满意的。[③]

在纽卡斯耳一带，以铸铁的护轮铁轨占优势。凸缘铁轮货车
91 在那里久已为人所共知。[④] 所以行速和安全的要素是具备的。在南威尔士铁路建筑方面的进步自1800年以来就比北部和几乎其它任何地方都迅速，但是凸缘平轨却很风行。这种没有前途的设

① 汤林森，前引书，第13页。

② 伍德，前引书，第12页。

③ 伍德，前引书，第2章，附车轨图。

④ 汤林森，前引书，第13—14页中说是自1789年。

备，就其最改良的样式来说，是由一个平滑面构成的，它的内侧有一个垂直的凸缘以防货车车轮出轨，外侧则有一个向下的凸缘以增加整个车轨的力量——又巧妙又累赘。它可以供一切宽度合适的货车使用，虽则护轮铁轨需要特定的凸缘车轮。

在 1818 年查报爱丁堡附近的一条已设计的铁路时，罗伯特·史蒂文森——贝尔岛灯塔的史蒂文森，即罗伯特·路易的祖父——提请对廷达尔山煤矿熟铁车轨的优点加以注意。[①] 他送了一份报告副本给基林华斯的乔治·斯蒂芬逊，斯蒂芬逊则把它交给了贝德林顿铁工厂的迈克尔·朗里治。当时正需要一条通往附近煤矿的货车路；于是就决定照这项报告试办。贝德林顿铁工厂的工头约翰·伯金肖想出了一种办法，能把熟铁条辗轧成为和改良的生铁护轮车轨形状差不多的一种东西，并且在 1820 年 12 月领得了特许证。这就是那样一种铁轨，其坚牢度给 1824 年前来参观的一个利物浦—曼彻斯特铁路设计师代表团以如此之深的印象，以致最后该线的车轨，以及所有其它各线的车轨都是照它们仿制的。在 1825—1830 年，它们的优点仍然在争论中。生铁还有它的拥护者。生铁和熟铁都继续用来制造那种累赘的凸平轨。但是随着机车时代的到来，贝德林顿式车轨经过改良之后排斥掉了其它的一切。[②]

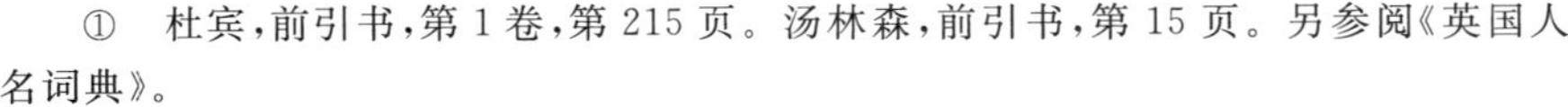

① 杜宾，前引书，第 1 卷，第 215 页。汤林森，前引书，第 15 页。另参阅《英国人名词典》。

② 《生铁和辗铁铁路优劣比较论》(*Remarks on the comparative merits of cast metal and malleable iron railways*)，附迈克尔·朗里治函，纽卡斯耳，1832 年版。伍德，前引书，第 27、41 页。

当1808—1809年格拉斯特—切尔坦铁路正在发起的时候，它的提倡者并不仅仅希望缓和切尔坦的煤炭市场，而且希望能“减轻〔这两个城市间〕驿路上的”笨重货物的运输。[①] 他们这种愿望把
92 这个计划同立法者和行政官——往往是一人而兼有法官、国会议员和关道董事的各种不同身份的——为保全他们的道路免于车轮的损害，或为道路的利益计而把车轮改成为转轴的那些不断的努力结合在一起了。这些努力写下了十八世纪道路行政史上最长的一章。这一章甚至在1825年还没有完篇。根据1822年条例的1823年修正条例的规定，自1826年1月1日起，凡为关道上使用的车轮都必须照下述办法制造：凡车轮在六英寸以上的，其触轨面不得离开精确的地平线半英寸以上，其宽不到六英寸的则不得离开四分之一英寸以上。车轮上的钉子一概不得突出四分之一英寸以上。[②] 这项车匠立法，连同限制各式车辆所载货物的有关条款，直到1835年方始废除。[③] 在二十年代，名震一时的特耳福德和马卡丹认为必须以道路适应运输，而且相信自己了解如何能使道路经得起最坏的运输；但是另有见解的国会传统却靠它本身的力量而硬拖了一个时期。

在1823年条例公布实施时，很可以说，由于马卡丹和特耳福德的成就，大多数关道都不再需要这种照顾了。只是大多数关道，

---

① 普里斯特利，前引书，第297页。

② 杰克曼，前引书，第1卷，第229页。

③ 韦伯夫妇：《英王公路史话》(Webb, S. and B., *The Story of the King's Highway*)(1913年版)，第122页并散见各页。杰克曼，前引书，第1卷，第232页并散见各页。

而并非所有关道。杜宾在1820年以前已经相当诧异地注意到"那些通往伦敦，并且因其美观而博得外国人赞赏的宏伟驿路，竟是用最差的材料筑成的，并且由于这个缘故，或许是全英格兰最坏的道路"。[1] 他的意思是说最坏的干路。在带有水磨光了的小燧石子的沙砾这种劣等材料之外，再加上弧度特别大的弓形路面，以致"车辆除非能始终顺着路当中走，就非沿着险坡骋驰不可了"。[2] 在"滑铁卢战役的两三个夏季之后"，载有外座乘客德·昆西（他已经服过鸦片剂）的那辆英国驿车几乎把一辆小"竹车"撞翻时，德·昆西的《暴死的幻象》中演出那一幕的所在地，正是在盘到道路中央或弧形顶端去的这个险坡上面。[3] 杜宾对于首都道路的指责， 93
从1819年邮务大臣所属驿车监理官和各有关驿车所有主在一个国会委员会的作证中得到了充分的证实。在伦敦附近需要十四马做的工作，在外郡有八匹就可以做到，而且这八匹马可以用六年，而那十四马却只能用三四年。有时驿车在沙砾深松的仅仅长几十码的一段坏路上就要费二十分钟的工夫。[4]

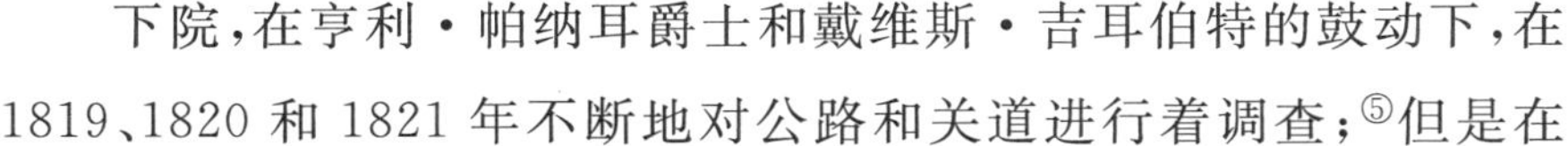

下院，在亨利·帕纳耳爵士和戴维斯·吉耳伯特的鼓动下，在1819、1820和1821年不断地对公路和关道进行着调查；[5]但是在

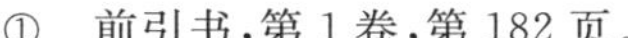

① 前引书，第1卷，第182页。

② 同上书，第1卷，第174页。

③ 但是《英国邮驿马车》(*The English Mail Coach*)中的这段插曲不是在伦敦附近。

④ 韦伯，前引书，第190页，根据于《关道和公路优良工程审查委员会》(*Select Comm. on the Better Construction... of Turnpike Roads and Highways*)，1819年(第6卷，第339页。)

⑤ 韦伯，前引书，第177页及以下。这些资料业经巴斯菲尔德勋爵和韦伯夫人以及杰克曼作了充分加工，所以在这个总结中详细参考资料一般都省略了。

1826年的一项条例将过去由米多塞克斯的十四个董事会管理的一百七十二英里长的公路和街道交由力能胜任而又声誉卓著的委员们所组成的一个机构负责管理以前，凡涉及首都关道董事会——诸如数目太多，办事不力，浪费无度，且时有贪污情形等——的建议，都未能通过。帕纳耳和特耳福德在一起工作，在他们的鼓励之下，委员会在1827和1831年之间改良了米多塞克斯的各干路。在伦敦的其它方面，萨里—苏塞克斯路（即布赖顿路）、米多塞克斯—艾塞克斯路和新十字路的统一董事会也进行着同样的有益工程，虽则规模比较小些。在二十年代后期，在布里斯托尔（马卡丹原来在英格兰的大本营）、巴思、伍斯特、赫列福德和埃克塞特各地也有同样形式的统一董事会在工作。在北面的曼彻斯特—巴克斯顿路和在更北面的管理了一百三十英里令人望而生畏的奔宁斜坡的坎布连地方的沃耳斯顿董事会，是这一类组织之中最杰出的一个范例。但是英格兰驿路只有大约6%是由这十个大董事会和米多塞克斯委员会管理的。

其它各地……有一千多个小董事会还没有统一起来，各由五十或一百名各形各色的董事来各自管理十英里或二十英里的驿路……；诚然都在逐渐进行着最基本的改良，但是大多数却把它们的通行税浪费在庞大的行政开支上，直到债台高筑，破产而后已……。①

94 外国观光者之所以艳称英国驿路，一则因为它们尽管有种种缺点，在欧洲却仍不失为最优良的道路，一则因为观光者往往不离

① 韦伯，前引书，第180页。

开比较好的关道。应该记得，在 1820 年英格兰大约十二万五千英里的驿路之中，关道不足二万一千英里，而在 1838 年的大约十二万八千英里之中，共总也不过二万二千英里。[①] 在 1815 年，米多塞克斯有不到三分之一的道路是关道，艾塞克斯则仅仅有 10％的道路是关道。现在艾塞克斯多黏土；在黏土之外，正如艾塞克斯人所说，就是“丘陵和洞穴”。其余的则留给教区、无给职的业余教区测量员，自从菲利普·马丽条例颁行以来即由农村教区居民勉强提供的法定劳动——在英格兰从不称为**力役**——而尤其是自滑铁卢战役时起至济贫法修正条例时止二十年间的贫民修路员去承办了。自缔和以来，很多筑路事业中都有救济的成分。“在 1817 年冬季，当粮食的昂贵弄得许多失业工人困顿不堪的时候，很多大工程……都着手进行了……”。[②] 虽然教区道路未始不会得利于随时用土把车辙填平的那种贫民，事业一词在这里是用不上的。如果小董事会的干部还力不胜任，而且他们也确实如此，那么小教区管理机构的无能又何从估计呢？国会报告书中很少提到它。报告书所关心的是干路。在法国政府列为国道的那类道路完全可以通行马车以前，其余的只好等在那儿，拾一点从特耳福德或马卡丹的桌上落下来的健全方法的余屑——正如它们实实在在，但按照自己的步调所作的那样。

但是在英格兰并没有名副其实的国道。最称得起是国道的就是霍利黑德路，而那条路上最称得起是国道的路段却位于威尔士。

① 杰克曼，前引书，第 1 卷，第 234—235 页。韦伯，前引书，第 193 页。

② 杜宾，前引书，第 1 卷，第 160 页。

在1825年以前的二三十年间，邮务大臣对于各干路极为热心，并且要他的“乘马视察员”经常以道路的情况具报；但是他却只能对关道董事会进行规劝，并对玩忽职守的州郡和教区提起公诉。[①]
95 英国和爱尔兰的合并已经把霍利黑德提到了政治上的显著地位：亨利·帕纳耳爵士在威斯敏斯特充任女王的那一郡的代表，并且以他历练有素的气魄使霍利黑德路得通过于国会、二十九个关道董事会、贝托斯—伊—科艾德和南特—福兰康。[②] 在英格兰，1815年的霍利黑德路的调查委员们是靠了特耳福德的测量、国会不时通过的款项以及对全路所有各改良路段征收的50%通行税附加税的权利这些武器，并通过平均各自管理八英里半公路的二十三个现有的董事会而进行工作的。但是威尔士的六个董事会已经合并，威尔士的八十五英里驿路已经变成为特耳福德及其属员管理下的一条真正国道了。

霍利黑德调查委员会是仿照较早的1803年高原驿路调查委员会而组成的；因为苏格兰早已制定了一个半国家性质的道路管理制度。韦德将军和他的后任的军用驿路有他们那个时代（大约1732—1752年）的工程上的缺点；这些驿路是不适合于英格兰驿车时代的；而且它们也一直没有延展到卡利多尼亚运河的今道以北。根据1803年条例，凡新兴事业，其费用，如当地业主能筹借一半，其另一半可由国家担负。但是从1804年起，各郡获得了取给

① 关于早日靠公诉维持道路和桥梁的英国方法，参阅韦伯，前引书，第99页及以下。

② 关于他如何掌握这个问题，参阅他的《道路论》（*Treatise on Roads*），1833年版。

于郡税的权利，以致大部分款项都出自公共管理的基金。特耳福德作为一个高原调查委员会的工程师已经声誉卓著，远在他的梅奈大桥揭幕以前，他已经就为他们修筑或计划了九百多英里的道路和一千二百多座各式各样的桥梁。[①] 在 1816 年，他曾经内调去负责一笔五万镑的经费，这笔经费是国会交由调查委员会去改建高原以外的一条重要高地道路的，即自格拉斯哥至卡来尔的那一条道路。在 1815 年，这条道路已经破败不堪。“董事们似乎一筹莫展……；试行就地筹款，但告失败，这一区……贫苦异常”；并且有一辆马车和几匹马曾经从伊凡河的桥上落入水中：因此国家才有这项措施。[②]

在苏格兰，关道时代在 1750 年以后方才开始；[③]但是到了
1825—1830 年，各主要董事会在苏格兰比较富饶和人口稠密的区 96
域就已经卓著成绩了。甚至在 1814 年以前，以土木工程为业的世家绅士查理·阿伯克朗比那位工程师，就已经独自在“苏格兰测量了大约一万英里的道路”。[④] 南部的与世隔绝的山谷已经同洛蒂昂诸郡、伯里克郡和英格兰北部诸郡相沟通了；并且有几部“很落后的机器车”已经驶入大西北和群岛，这种机器车，正如约翰·辛克莱在 1814 年时所说，[⑤]“不多年前”还一直是苏格兰主要的、几乎仅有的车辆。这种车辆就是雪橇和“板车”，所谓板车，就是一部

① 斯迈尔斯，前引书，第 3 卷，第 381—383 页。

② 斯迈尔斯，前引书，第 2 卷，第 428 页。韦伯，前引书，第 181 页。

③ 辛克莱：《苏格兰……状况总报告书》(1814 年)，第 3 卷，第 337 页。

④ 同上书，第 3 卷，第 338 页。韦伯，前引书，第 165 页。

⑤ 前引书，第 1 卷，第 233 页。

在两边木栓之间转动的车轴上钉有实心木轮子的车辆。

撇开霍利黑德大道不谈，威尔士高原却一直不如苏格兰高原那样幸运。威尔士没有道路调查委员。南部工业区有它适当一份关道制度下的道路企业，并且在十八世纪时架桥事业在那里就已经很普通了。但是迟至1814年，威尔士的那种相当于苏格兰雪橇和板车的东西，即一头着地另一头架在两个矮轮子上的“滑车”，“在某些高原地区〔仍然〕很普遍”。[①] 这不是一种驿路车辆。在特耳福德到那里去之前，安格尔西岛曾经是那样的艰险，以致从伦敦调去运邮件的马车夫，竟因为工作过分危险而辞职。[②]

在英格兰东面，大北路和它的各主要支路，在许多董事会的管理下以相当快的速度把货运运交苏格兰人。但是，邮务大臣并不以这种便利为满足。邮务部欣然借北部提出请愿书的机会，督促财政部对于伦敦至莫尔佩斯全线测量的新计划加以核准。[③] 苏格兰的财产继承人以及其他人等曾经提出请愿，反对经由边界和波罗布里治之间“通往最高山峰”的那条“修筑得很坏的、既窄而弯曲的危险”道路。[④] 他们自己曾经从爱丁堡到边界修筑了一条很好
97 的路。特耳福德在1824年开始测量，并且设计了一条全新的道路，其中“在约克以南设计了一条一百英里长的笔直的路线”。[⑤] 计划已经列入1830年的一项北部公路议案中。这项议案有很多

---

① 戴维斯:《北威尔士》，第121页。

② 斯迈尔斯，前引书，第2卷，第431页。

③ 韦伯，前引书，第178页。

④ 《北部道路状况审查委员会》(*S. C. on the State of the Northern Roads*)，1830年(第10卷，第221页)，附请愿书。

⑤ 斯迈尔斯，前引书，第2卷，第433页。

注定了的敌人，举凡势将受到妨害的董事们、特耳福德拟议的那段自约克直达彼得伯罗一百英里公路两旁各城市的市长和国会代表们，以及一切对各部会的浪费持批评态度的人们莫不皆是——因为先于这项计划的霍利黑德计划，包括某些港口工程在内，已经先后花费了七十五万镑。西部和南部的人民为什么要为通往爱丁堡的一条驿路出钱呢？这是“让苏格兰人能以用英格兰人的钱修补他们自己道路的一件苏格兰人的妙计”。从伦敦到爱丁堡早已是仅仅四十三小时半的路程。何必再缩减呢？[1]

议案在委员会中被否决了。继而铁路降临，于是它也就完全被抛诸脑后；这条北区大道至今仍是取道当卡斯特、包特里、东雷德福德和土克斯福德的。

---

① 《韩氏国会实录》(*Hansard*)，第 24 卷，第 1335—1345 页。

98
第四章　农业组织

在十九世纪初期英国土地究竟是怎样主有和持有的，现在缺乏具有统计正确性的了解。就田野面貌上的某些重要特征来说，威尔士比英格兰要明显些，而苏格兰却要明显得很多；但是在这三个地方都有一些模糊不清的地段。岛上绝大部分土地为贵族、世家绅士和新兴绅士所构成的一个比较小的集团所主有，这是众所周知的。在十七世纪和十八世纪初期，英格兰的土地已渐渐从小所有主——小乡绅和自耕农（Labouring proprietors）——手里转移到其本身继续不断由经商出身的富人来补充的那个统治阶级手里。[①] 这种土地的转移在十八世纪后期和十九世纪初期仍继续进行；但是在，比方说，1785 和 1815 年之间，所有权的平衡并没有任何重要的变化，至于在 1815 和 1830 年之间有无任何重要变化，却是远不能肯定的。

但清楚的是，在 1750 年和 1825 年之间英国全国各地的耕种单位，即按照这个字眼的农业意义来解释的平均农庄，由于古代持有地的合并以及欧石南丘陵地带和沼泽地带的开辟成为大持有

① 约翰逊：《小土地所有者的绝迹》（Johnson，A. H.，*The Disappearance of the Small Landowner*），1909 年版，第 7 章。

地，在面积上正趋于增加。[1] 但是这个运动的规模非特没有可凭以衡量的可靠数字，而且正如这类问题常见的情形那样，还有这样一种危险，即：单单根据这种运动彰明昭著的地区得出的一项引人误解的概括论断而大加谈论，至于另一些地区，则一概撇开不谈，那些地区的停滞状态和缺乏历史未必就意味着满足而原会使统计数字（如果有任何统计数字的话）有所修正的。

所有权转移的问题，曾经由于当代人士和史学家对于自由民这个名词的用法各不相同而复杂化了。在十六世纪和十七世纪时，这个名词向来使用得很宽泛，在十八世纪后期仍然如此，虽则并非人尽皆然。"我的父亲是一个自由民，但是没有自己的土 99
地"——录自拉提默训戒中的古语——在阿瑟·杨格看来该是一句自相矛盾的话，阿瑟·杨格在用这个不常用的名词时，是专指"单纯所有者"而言的。[2] 在他的早一辈人当中，相当宽泛的用法仍然很流行。在布莱克斯东看来，一个自由民就是一个享有郡选举权的人，而终身租佃人是包括在郡选民之内的：亚当·斯密认为在英格兰，"自由民"已渐渐"在他们的地主看来是可尊敬的了"，因为"他们大多数"持有终身租佃地并从而享有选举权。[3] 在他的眼里显然没有选举权的租佃人也是自由民。他谈论到苏格兰的"自由民"，但苏格兰并没有享有选举权的租佃人，并且也简直没有自

① 参阅累维：《大持有地和小持有地》（Levy, *Large and Small Holdings*）（1911 年版），散见各页，以及一切田制史。

② 罗杰斯：《政治经济学词典》（Rogers, J. D., *Dict. of Political Economy*）（1899 年第 1 版），见"自由民"条：这个名词的最最有用的历史叙述。

③ 《国富论》（*Wealth of Nations*）（坎南版），第 1 卷，第 367—368 页。布莱克斯东：《评注》（Blackstone, *Commentaries*）（1914 年版）；第 2 卷，第 714 页。

耕的自由土地持有人。布莱克斯东将握有能赖以为生的"终身持有产业"(与一定年限的租佃对待而言)的人都归入自由民之列的那种用法,是一种自然的用法,而且是很普通的。

但是恰恰在目前所讨论的这些年份中,在布莱克斯东和斯密早已去世而阿瑟·杨格刚刚以耄耋之年作古的时候,[1]这个名词的最狭义用法已趋于流行,直到查报自由民状况的专家们在1833年农业审查委员会作证时,往往煞费苦心地表明他们有时也将"终身持有产业的所有主"包括在自由土地持有人之内,[2]这显然是对于这类人是不是真正自由民感到怀疑,而这却是布莱克斯东,尤其亚当·斯密所不去烦心的。这个名词的越来越狭隘的用法是易于引人误解的;[3]但是十八世纪和十九世纪初期的田制史,的确记载了按照亚当·斯密的用法以外的一切意义来解释的自由民阶级的没落,尽管这种没落既非持续不断也非全面的没落。

在拿破仑战争期间既没有自由持有土地的自由民的一般没落,也没有凭券土地持有人和其他"终身持有土地的业主"的任何真正可以
100 证明的没落。但是,虽乏确证,后一类人在相当程度上,甚或在很大程度上的没落却是不难设想的。终身租佃已渐渐过时,一旦失效或放弃,是不会再行订立的。[4] 终身凭券持有地或许是最普通的形式;虽则

---

① 在1820年,享年八十一岁。

② 本卷,第103页及以下。

③ 确曾引起过误解,例如,哈蒙德夫妇:《农村工人,1760－1832年》(Mr. and Mrs. Hammond, *The Village Labourer*, 1760－1832),第28－29页,他们认为亚当·斯密所谈到的自由民是指自由持有人而言的。

④ 例如,斯特里克兰:《东莱定农业概况》(1812年版),第33页:凭券持有地一度很普通,现在趋于绝迹。

租佃人有“毕生使用”的习惯权利，但是这种权利无异是讨价还价和索取和解费的力量的这个事实，却给了地主一个可乘之机。在米德兰和东南部相当普通的世袭的凭券持有地，像北部和威尔士的“习惯自由持有地”一样，是不会失效的，但是未始不可以收买或以租借持有权相交换。[①] 在这时正迅速进行圈围的情况混杂的中原敞地上，各种终身持有的产业都很普通；[②]虽然作为不动产的对土地的终身权益不能为一纸圈地条例所抹杀，但是圈地的发起人在进行圈围以前，自然会注意到是否已经有尽量多的这类权益失效，或已经被收买或交换。但是，当代人士对于自由民一词的宽泛用法，一直有助于使照例和圈地相一致的持有地数目的相当肯定地减少，同终身租佃人，以至自由土地持有人的数目的减少混淆不清。关于沃里克郡东南部的情形，在1794年据报告说，“敞地一经圈围，田庄就扩大很多；由于这类原因，艰苦的自由民……已经被驱逐到工业城市中去，而城市的蒸蒸日上的贸易曾往往给他们以很赚钱的职业”。[③] 任何圈地发起人都不能勉强自耕农扩大他们的田庄，也不能以一纸命令将终身租佃的持有人逐出土地。这两个阶层当中都会有些人在圈地时将田地变卖而远走他乡，但是报告人在用“艰苦的自由民”这个含混的名词时，更可能是指纯粹小

① 一般参阅《威廉斯论不动产》(*Williams on Real Property*)(1920年版)，第501页及以下。霍耳兹沃思：《英国法律史》(Holdsworth, *W. S. History of English Law*)，第7卷(1925年版)，第298页及以下。因租佃人未能履行凭券的条件而发生丧失权益的事，当时究竟是在怎样程度上的一个积极力量，我不得而知。

② 但并不普遍——例如，一年或三年期的租佃是贝德弗德郡敞地教区中的通例(《维多利亚郡志，贝德弗德》，第2卷，第132页)：在巴金汉郡，公用地常常是以短期租约出租的(《维多利亚地方志，巴金汉郡志》，第2卷，第83页)。

③ 引自普罗瑟罗(欧恩利勋爵)：《英国农业之今昔》(Prothero〔Lord Ernle〕, *English Farming Past and Present*)(1912年版)，第296—297页。

101 自耕农而言。[①] 或许他曾经阅读过亚当·斯密的著作。问题中的这些人可能是一年期的租佃人或多年期的佃农或租地持有人，而不是终身租地持有人。他们受害的深浅，以及扩大了的农业单位究竟是好是坏，都不是这里所讨论的问题。若说一直靠各自的持有地为生的自由持有人往往在圈地时归于消灭，那是丝毫不假的。没有古老的公共权利，一块小持有地是不会有多大用处的，而这种权利的丧失也未必能有适当的补偿。在土地重新分配时，分得土地的人必须设围。对于小农来说，费用未免太重；他很可能决意把地卖掉，用所得价款去圈围一个租来的田庄或者去经营贸易，否则就难免债台高筑。往往听说售得的价款都送进了酒馆，固然某些被廉价收买去的凭券持有人的终身权益的价款，或某些所有主本不能赖以为生的小块自由持有地的价款，未始不会送到那里去——一个极大的弊恶；[②]但是吝啬和野心却比胡乱花钱倒更像是自由民的积习。在喝酒上面送掉的祖产看来不会很多。马歇尔在1790年所写到的某些诺福克的自由民倒不失其为典型性的——怎样“看见许多最近还不如他们的人由于经营农场获得一笔厚利而神气起来”，他们“于是也卖掉他们不太大的祖产，以便自己也可以——不背时代的风尚或热狂——变成为大农场主”。[③]

十分清楚的是，战争时期的高物价促使小所有主有时把祖产卖掉而去作大农场主，有时从他们本阶层家累重的人们或没落家族手里——这类的人总归有的——或者从由于同样原因而求售的那些瓦解了的大地产中，买进更多的土地。马歇尔以照例极端的

① 欧恩利勋爵注意到这一点。

② 参阅本卷，第115页。

③ 引自约翰逊，前引书，第142页。

重视写到 1790 年左右约克郡的东莱定和累斯特郡的自由民当中他所谓的一个**史前居留区**。[①] 据说肯特郡的自由民在 1794 年正日趋增加，并且肯出比任何人都高的价格购买土地。[②] 关于艾塞克斯，杨格在 1807 年写道："小的和中等规模的田庄，即纯粹农民的产业，从来没有比现在所占的比例更大。农业一直是这样的欣欣向荣……以致一块地产，如果分成为年收益自四五十至二三百镑的地段，除非由农场主购买，是很少卖得出的"。[③] 但是在哈尔 102
弗德郡的边境上并没有同样的事情发生。

在 1793 和 1815 年之间农业部所收到的报告，以概括的词句提到了北莱定、诺福克、艾塞克斯、肯特、汉普郡、中萨默塞特、北威尔特、格拉斯特和希罗普郡的小自耕农或自耕地的增加而不是减少，但未附统计数字——至于究竟是自耕农还是自耕地往往是不清楚的。兰开郡有明确的没落倾向，但并不是由于田制的原因——"他们的一些邻居转眼发财致富的许多事例……已足可诱惑他们以财产为孤注去冒险经商"。[④] 在柴郡，有同样的一些原因发挥着作用，虽则在任何一个场合下，我都没有听说产业是由哪一个阶层的人买去的。在韦斯特木兰，有产者——主要是照例的自由持有人——"正日益减少"。[⑤] 在东莱定，当 1812 年报告书发表时，有些自耕农新近已将田地售出；但是这个阶层的人数在那里向

① 普罗瑟罗，前引书，第 292 页。

② 《肯特郡概况》，第 26 页。

③ 《艾塞克斯概况》，第 39—40 页。

④ 录自普罗瑟罗，前引书，第 295 页，在那里凡上述各郡也都一一列举。

⑤ 《韦斯特木兰概况》，第 302 页。

来不很多：[1]在赫列福德，据说所有主自行使用的年收益自四百镑至一千镑的小田产已趋没落：[2]这些所有主可能原是自由民的后代，而不妨这样揣测，不愿要求这个名分。

可以注意的是，除开威尔特郡之外，凡是据报"自由民"持有地增加的地区，都是没有受到最近几次圈围敞地多大影响的地区。但是正如威尔特郡的情形本身所表明，在报告人看来，小产业的保持现状以至于增加，和最近的圈地并不矛盾。1794年的报告既说那里曾经有大量的圈地，又说"产业已经一分再分，并且已落到很多人的手中"。[3] 1793年的杭廷顿报告书解释说，虽然在这一郡的旧圈地区域中是以大所有主占优势，但在新圈地区域和敞地区域中，"产权却是非常分散的"。[4]

103 如所周知，和平使"生来就追逐、赞成和抬高谷物价格的乡村爱国者"产生了"一种普遍不满的情绪"，因为"战争就是地租"。对

① 斯特里克兰：《东莱定概况》，第31页。

② 《维多利亚地方志，赫列福德志》，第1卷，第410页。

③ 录自普罗瑟罗，前引书，第295页。

④ 马克斯威尔：《杭廷顿概况》第7页。普罗瑟罗，前引书(1912年版)，第292页及以下，引证了凡是提及战争期间自耕地增加的那些段落。冈纳教授的《公用地和圈地》(1910年版，第369—371页)曾经一再提出这样一种看法，即在各报告书所包括的时期内，"小农，尤其是小所有主〔有〕普遍绝迹的情形"：这种怨言，他写道，"似乎是从各地一致发出的"，但是他的参考资料中并没有任何关于**小所有主**的进一步的证据。它们不是引证田庄的合并，就是引证一些显然无关的段落，或是一些和他的结论似乎相背驰的段落。例如，《艾塞克斯概况》，第64页，乃是反对小田庄的议论，而不是事实的叙述：上文所引证的阿瑟·杨格的叙述则载在《艾塞克斯概况》的其余各页中。冈纳提到《肯特郡概况》，第26页，在那个地方，据他说，报告人"对于小农是否减少表示怀疑"：报告第26页上说，"自由民的数目……年有增加"(1794年)。约翰逊：《小土地所有者的绝迹》，第8讲，也引证了这些报告中的一些重要段落。他的结论和所有主在战争时期趋于衰落的那种说法是背道而驰的。

于自耕农来说，战争就是利润，就是美好的生活，就是他的儿女的一份丰厚遗产，和一辆不错的双轮马车。在滑铁卢战役之后十八年，在二十年代的物价跌落和波动之后，一个下院委员会报告自耕农阶层的状况说："在过去有很多自由民的郡中……最近在产权方面已经发生了一次很大的变革。前次战争时期的高物价导致了土地收益的改善和土地圈围方面的投机……。价格已经跌落了，而债务仍旧是这一批人的……最大致命伤"。[①] 关于产权变革的这项说明，比之委员会中的作证所提出的证明还要更加有力。兹将作证逐郡列述如下。克隆森林的希罗普郡自由民，并未据报有没落趋势，至于暂时的困难则又当别论。[②] 在威尔特郡，他们在最近十五年内已经"着实"有了减少，但是仍然还有"很多"。[③] 在伍斯特郡有"很多"，但是还有"很多"已经厌倦农耕而把他们的地产出租：另一些则已经出售。[④] 在诺福克有"很多"：失败的极少："他们比已往更加节约，一般说来耕作得也很好"。[⑤] 在北莱定，自由持有人"陆续减少已有十年之久"；可是在见证人的那个计有六千英亩的教区中，"除去某些自由持有人出租的小块土地上的极少数佃农外，我们都是自由持有人"。[⑥] 摩尔顿和匹克林乡间的没落现象
"并不是战后立即开始，而是在战后几年之内开始的"。[⑦] 在西莱 104

① 《农业审查委员会》，1833年(第5卷)，第10页。

② 询问案第421号。

③ 询问案第1262号。

④ 询问案第1691号及以下。

⑤ 询问案第2199号。

⑥ 询问案第2439、2531号。

⑦ 询问案第2534号。

定当卡斯特附近,小自由民,但仅仅小自由民,“已将近绝迹”。[①]在南兰开郡仍然还有“很多”:他们正趋于没落,虽则并不很快,但比以往更加窘困了。[②] 在柴郡已所余无几。在这里,正如在其它很多郡一样,据说他们在战争期间一向野心太大,生活太奢侈:有些人曾经以相当四十年收益的价格买进田地,而一直受累无穷。[③]

在肯特郡没有任何大的变革,虽则有些自由民已经将田地售出。这位证人(一位不足凭信的证人)谈到平均的自由民时说:他“过着和工人差不多的生活”。[④] 萨默塞特仍然有很多自由民;已经消灭的只是少数。那里也有很多“终身产业”,但一般都很小。[⑤]“很多人已经去世”,据一位地产代理人作证说,“我们无法挽回颓势,也无法恢复嗣子继承税”。[⑥] 地主们普遍地在把已失效的终身租佃地出租。另一位萨默塞特的证人谈到他那一区的很多自由民:他说只有马马虎虎的人才会卖地,而且他注意到另一些小农有时还买田。[⑦] 一位深知肯特、苏塞克斯和艾塞克斯情况的人说,那里有“很多”自由民,并且不能证明是趋于没落的。[⑧] 另一位代表苏塞克斯和汉普郡的人,认为自由民的人数同1815年相比虽大致不相上下,但“已减少很多”:在减少以前,“很多人都是生活奢侈

① 询问案第3105号。
② 询问案第3601号。
③ 询问案第5814—5816号。
④ 询问案第6046号。
⑤ 询问案第4862—4865号。
⑥ 询问案第470—472号。
⑦ 询问案第9196号及以下。
⑧ 询问案第7375号。

的”。[1] 一位德尔比郡的人说，他那一区“自由民之少或许不亚于任何一郡”；但是他并没有说他们已经没落。[2] 在拉夫伯勒一带有很多自由民，但是这位证人肯定说已经有过很大量的减少。[3] 最后，在坎布连和韦斯特木兰，有产者正“日趋减少”，主要原因是他们的土地对于大家庭的继承部分的荒谬的负担，而随着价格的降低，这却是它所不堪其负荷的。购买者则是经商致富或成为大农场主的人们。[4]

鉴于这次的作证，以及七十五年后英格兰耕地的 12% 以上还 105
是由它的合法所有主经营的这个事实，那么 1825—1830 年的数字自不能说是在 15%—20% 以下。[5] 1825—1830 年的自耕所有主，像 1910 年的那些一样，无疑有时是拥有田地的大地主，或耕种教产的教区长。另一些则可以归为一般人所说的大农场主；因为自己有一小块田地，再租上一些地，从而被列为农场主的这种在二十世纪初期相当常见的办法，在一百年前就不是野心勃勃的租地的

① 询问案第 9923—9924、9035 号。

② 询问案第 12523 号。1794 年的《德尔比郡报告》(第 14 页)曾经注意到了小所有者，即“暂时有产者”难以“保全他的地产……并按合理化原则改善他的命运的情形”：他常常“无所措其手足”。

③ 询问案第 8571 号。

④ 询问案第 6697 号及以下。

⑤ 有无 33% 的耕地是这样经营的殊可怀疑；但是这个问题并没有确切的解答。在 1910 年，在英格兰的三千四百五十万英亩之中，有三百万英亩是所有主使用的(《农业统计》，1910 年，敕令第 5585 号，第 61 页)。〔关于 1832 年残存的自由民，参阅钱伯斯：《十八世纪的诺丁汉郡》(Chambers, J. D., *Nottinghamshire in the Eighteenth Century*)(1932 年版)，第 206 页。〕

自由民,或野心勃勃的买地的农场主所不懂得的了。[①] 已经在战争时期发财致富并且希望更多田地的自由民,并非人人都是要么就把他所希望的全部买进、要么就把他的祖产全部卖掉来为租下的田地种植树篱。的确,有一些已不再从事耕作,并且放弃了自由民的称号,而不断买进田地,并且发达成为小乡绅。[②] 有一些变成了官吏、测量员和律师,并且把他们的祖产租出。有一些参加了工业,而把祖产一齐卖掉。有一些陷于破产,以至无安身之地。有一些依然故我,而且他们的子孙,经历了以谈论自由民早已绝迹为时髦的那两代,还一直耕种着他们的土地。在这期间,以为自由民有过一次普遍的覆灭的那种错误印象,由于硬说自由民一词始终是指自由持有人而言的那种太常见的异口同声的说法而获得加强。[③]

在威尔士,比较原始的土地状况部分地被一个相同的法定名

① 例如,范库佛:《汉普郡概况》(1810 年版),第 83 页。很多农场主"在他们租佃的土地以外,还使用他们自己的地产"。

② 哈斯巴赫:《英国农业工人史》(Hasbach, *A History of the English Agricultural Labourer*),第 107—108 页,注意到这一点,并且看做是别出心裁的论断:在家族史学者看来这却是一个常识问题。

③ 斯特芬:《英国工资劳动者的研究》(Steffen, G. F., *Studien Zur Gesch. der Eng. Lohnarbeiter*)(1901 年版),第 1 版,第 494 页,独抗众议,而认为自由民自由持有者的没落,实际上纵非稗官野史之谈,至少也不是一个很重要的插曲。累维:《大持有地和小持有地》(1911 年版),第 7 页及以下,一反哈斯巴赫等人之说,而认为自由民阶层"在 1760—1815 年这段期间已经绝迹"。但是他却相当武断地把自由民一词解释作为小自由持有人。从他所没有利用的 1833 年的证词中可以看出,甚至这类小自由持有人——的确已没落不堪——也远没有绝灭。〔本文中的结论经戴维斯的《从土地税的估征来看 1780—1832 年的小土地所有者》一文予以证实。《经济史评论》,第 1 卷,第 87 页及以下(1927 年)。〕

词掩盖了起来;但是正因为情况是原始的,所以变革的问题比较 106
少。大部分土地为贵族所有,或者为,照 1813 年威尔士报告书的用语,“中等资产的乡居绅士”所有。[1] 那里没有“小地主或包佃农”(中间人):产业是由这些乡居绅士或者贵族的代理人直接经管的。凭券持有在北部很少见,在南部则比较普通,在它的若干地区中——特别是在格拉摩根谷——田地和庄园的状况一度同英格兰式的近似。[2] 依惯例的自由持有地,即凭一种自古确定下来的免役税而持有的土地,在北部和南部都是常见的,这种依惯例的自由持有人相当于英格兰自由民所有主。[3] 1813—1814 年的报告书并没有提到他们的增减,在此后十五年中也没有足以引起公众关心的变动。威尔士北部和南部既有那样多荒废的山坡,仍然是为它们的利益计而那样大部分地作为牧场之用,并且类似英格兰中原式的敞地又是那样少,以致圈地问题一直是,并且仍旧是一个山地牧场的问题。在拿破仑战争期间有过一次“圈围荒地狂”,[4]但是却与所有权问题无关。诚然,在十八世纪时,在东北部,持有地已经大量合并,但是看上去似乎并没有发展到造成任何尖锐社会问题的程度。很多小持有地都得以幸存。[5]

整个来说,1815 年的威尔士是由佃农耕作的。过去,他们的地主没有为他们尽过多少力。布雷肯有一位地主把他的田庄轮流

① 戴维斯:《北威尔士》,第 76 页。

② 戴维斯:《南威尔士》,第 1 卷,第 120 页。里思:《威尔士的黑死病》(Rees. W., *The Black Death in Wales*),载《社会史评论》,1920 年,第 116—117 页。

③ 里斯和布林莫—琼斯:《威尔士人民》(1900 年版),第 404、425 页。

④ 戴维斯:《北威尔士》,第 86 页。

⑤ 同上。

加以整顿，改建它们上面的建筑物，使它们的土地宜于适当的耕种，因而大受褒扬。[①] 进行重大改良而把利息加在地租上面的办法，像彭赖恩勋爵所采行的那样，被说成是一种新奇事物："另几位业主后来也采取了同样的办法"。[②] 在北部以逐年立约的租佃占
107 优势。[③] 在南部则定期租佃比较常见。小持有地在南北都是通例。对于北部并没有举出任何平均估计数，而只是叙明有六百亩耕地的田庄是罕见的；但是关于南部，却告诉我们说，大多数田庄是从三十到一百英亩的，虽则也有很多甚至大到三百—五百英亩，并且有少数，极少数，还要更大一点。[④] 但是名利双收的租佃人并不是这少数大耕地的农场主，而是像死于 1814 年的卡尔迪根郡潘提西里地方的威廉斯先生那类的大牧畜家，他曾经设法垄断了特里加隆和比耳思之间高原上的一切饲料。他代养了二万头羊、五百匹马和"很多的野牛"。[⑤] 他们称他为西部的约伯。[⑥] 从三十年之后的一次公用地调查中可以看出人的盛衰并不在于耕地如何处理，而在于那些高原的——并且一般不受任何限制的——公用地上的"斗争不懈的牧人"能否为他们主人的羊群开拓牧场。[⑦] 这些

① 戴维斯：《南威尔士》，第 1 卷，第 128 页。

② 戴维斯：《北威尔士》，第 102 页。

③ 即没有年限的租佃，或于租约届满后，未续订新约而继续使用土地。——译者

④ 戴维斯：《北威尔士》，第 92 页。《南威尔士》，第 1 卷，第 162 页。在 1851 年，威尔士每一千个田庄之中有七百一十九个是在一百英亩以下的。《1851 年的人口调查》（1854 年版），人口表，第 2 卷，第 175 页。

⑤ 戴维斯：《南威尔士》，第 2 卷，第 245 页。

⑥ 按《圣经》中约伯是坚忍的模范。——译者

⑦ 公用地圈围审查委员会（*S. C. on Commons' Inclosure*）（1844 年），询问案第 1240、1720 号。

阶层的盛衰在这个时期是不很明显的。

土地所有权和地上权，在苏格兰，比之无论在威尔士或英格兰，都是更可以明确肯定的。“在欧洲没有一个国家的业主的权利规定得那样详尽，保护得那样无微不至”，约翰·辛克莱爵士在1814年这样写道。[①] “没有一间茅屋和一个菜园不是凭正式契约而持有的，其正式的程度无异于对一项价值很大的地产”，他的一位同事这样写道——但他却认为不能不补充一句，“其费用之大也不相上下”。[②] 第八代阿盖耳公爵论及十八世纪后期和十九世纪初期时写道，像当时在威尔士和英格兰可以看到的“无数人但凭习惯而享有各式各样的无限制使用权”的那种“公用地”，在苏格兰很少。[③] 根据1695年的苏格兰条例，任何在公用地上享有权益的所有人，都能强迫其他利害关系人进行分地；并且分地工作在此后一百二十年间已差不多进行完竣——虽则所有权的划分不一定带来实际的土地圈围。[④] 从法律上说，土地掌握在极少数人手中。如 108
果把“纳租领主”（feuars）——即在“高级领主”（superior）之下以

① 《苏格兰农业状况总报告书》，第1卷，第112页。

② 附录4，第4卷，第221页。

③ 阿盖耳：《苏格兰的今昔》（Argyll, *Scotland as it was and as it is*）（1887年版），第2卷，第224—225页。

④ 辛克莱，前引书，第4卷，第230页。这项条例将自由持有人人数多的城市排除在外；所以公用荒地和公用地都在城市残存下来。参阅肯宁安文，载《社会史评论》，第8卷（1915—1916年），第185页。从法律上讲，依据1695年的两项条例而进行的圈地，采取了继承之间“私诉讼的方式”。罗马尼斯：《1742年美洛斯的一件圈地诉讼》（Romanes, J. H., *An Enclosure Proceeding in Melrose*），载《史学评论》，第13卷，第101页及以下。〔参阅汉密尔顿：《苏格兰的工业革命》（Hamilton, H., *The Industrial Revolution in Scotland*）（1932年版），第41页。〕

一种定额领地税和一些传统的“附带义务”(casuaties)为条件的永久土地持有人——列进所有主一类，正如农村领主事实上一般被列入的那样，人数会多少增加一些。大多数的城市纳租领主却属于一个全然不同的阶层；但是农村纳租领主，一般说来，却和地主同属于一类。在英王之下的最终所有主，从拥有整个郡的高原公爵直到其祖辈所过生活甚至不如一个萨福克自由民的少数低地小地主，身份各不相同。但是，甚至在南部，合法产业之大在名义上也是阡陌相连的。皮布耳兹郡大约为六十个人所有，而另外四十八个人则拥有罗克斯伯罗郡的十六分之十三。[①] 苏格兰王国的大约三分之一是严格地限定继承的。[②]

在南部的条耕地上一度存在有一定数量的混合所有权。1695年各条例曾经对这种场合下的重分配作了规定，但是“根据这项条例的一种自由解释”，重分配“事实上只实施于面积比较大的、不分成畦的，约达四苏格兰亩或五英格兰亩而又互相交错的田地”。[③] 这些法律上的便利起初虽利用得不多，但在1760到1825年这两代之中却一直是改良的地主所热切采用的：到了1825年条地所有权可以说已经步公用地的后尘了。条地农业虽没有消灭；但是凡有条地残存的地方——主要是在高原上——它总是残存在非自有

① 芬勒特：《皮布耳兹概况》，第29页。道格拉斯：《罗克斯伯罗郡和塞耳扣克郡农业概况》，第17页。〔关于纳税领地的历史，参阅格兰特：《1863年以前苏格兰的社会经济发展》(Grant, I. F., *Social and Economic Development of Scotland before* 1863)，第5章(1930年版)。〕

② 辛克莱，前引书，第1卷，第105页。

③ 同上书，第1卷，第265页。另参阅斯基恩：《居尔特族的苏格兰》(Skene, *Celtic Scotland*)(1876年版)，第3版，第372页。

土地的耕作者之间。所以这种条地不必借助于国会中的私法案，而以一个地主的行政行为就能予以废除了。

在低地直接处于地主之下的，现在照例是1814年皮布耳兹郡报告中适当地称之为“专家农场主”的那类人[①]——也就是已经使 109
耕作成为一种合理技术的那类人，而不是把它视为祖传的习惯的旧农民。这类专家农场主到处都握有租约——最受欢迎的期限是十二年、十九年和二十一年。终身租约是没有的。在拿破仑战争结束时握有租佃权的农场主，很少是晚于以英格兰农业知识指导东部低地的人们的第二代的。低地各处的地主都已经选妥他们各自的人手，给以长期租约，并且，在某些场合下，给以他们亲身经验的利益。[②] 他们已经清除了有些迟至1750—1760年还一直是很普遍的封建残余的大部分——诸如领主的特权鸽子棚，佃农在耕犁、收割和各式各样的车货方面的劳役，连同实物地租以及借物法(steelbow)或分益法(metayer)的租佃等；但是强制在地主的磨坊中磨粉的那种地役权的牢不可破的残余，却一直残存到十九世纪还在令人苦恼，甚至在南部亦复如此。在阿伯丁郡，这种地役在1794年还颇盛行；而对于磨坊主的“那种傲慢无礼”的怨声，不禁令人想起早一个时期反对磨坊主的歌谣中的那段叠句。在这同一个时期，耕犁劳役、收割劳役和车货劳役在福尔法尔都还没有绝

① 《皮布耳兹概况》，第31页。

② 辛克莱，前引书，第1卷，第174页。另参阅他的《苏格兰统计报告的分析》(1825年版)，第1卷，第234页及以下。

迹，虽则“已越来越快地予以废弃了”。[①]

当苏格兰的租佃办法和农业方面的改革运动因地区的不同而在不同时期，但全部都在1725—1775年这半个世纪之内开始的时候，在高原和群岛上，几乎到处都在大地主和耕种者之间出现了一个中间绅士阶层的包佃人。[②] 这种包佃人在他的分佃户帮助下自己耕种一些田地，正如农奴（villani）和公权农（cotarii）帮助一个土地调查时代的骑士耕种他在根特的吉耳伯特或奥多主教之下所持有的领地一样。在1730—1740年，群岛上的领主们的土地，都是这样租给坎贝尔和麦克林的包佃人连同在他们之下承担古塞尔特封建制度一切不确定人身劳役和课征的那些随时撤佃的佃农
110 （tenants-at-will）的。[③] 土地照例是由一小组一小组的分佃农所持有，它的耕地则分成为条地——即所谓市田（township farm）；这是当时在低地各处也相当常见的一种办法，即如在埃尔郡的情形。[④] 大约从1750—1760年起，高原地主就力图改革或打破这种

① 安德逊：《阿伯丁农业概况》，第47页。罗杰斯：《福尔法尔概况》，第21页。芬勒特：《皮布耳兹概况》，第89页。关于劳役和借物法，参阅富勒顿：《埃尔郡概况》，第10页，和阿盖耳，前引书，第1卷，第105页，第2卷，第44页。关于特别是限定按一定报酬在地主特设的磨坊磨粉的地役权，参阅辛克莱：《苏格兰农业状况总报告书》，第4卷，第254页。

② 在以巴尔内斯皮克的威廉·麦金托希的文件（1784年）为根据的格兰特女士写的《一个古老的高原田庄上的日常生活》（Miss Grant's *Everyday Life on an old Highland Farm*）（1924年版）中，我们现在有一部关于斯特腊斯佩的晚期佃农经济的有档案为依据的叙述。

③ 阿盖耳，前引书，第2卷，第10页及以下。

④ 同上书，第2卷，第194页。富勒顿：《埃尔郡概况》（1793年），第9页，论及“四十年前”。格兰特：《圈地……在阿伯丁郡的社会影响》（Grant, I. F., *The Social effects of ... enclosure... in Aberdeenshire*），载《经济季刊》（经济史），1926年1月号。

包佃人制度。[1] 从 1755 年以来,在阿盖耳地方订给包佃人的新约都禁止他们分租,除非依据严格的条件——即分佃农的劳役必须确定,并得以一便士抵付一天的劳动,而且在播种和收获季节不得把他从他自己的田地上抽调出来。[2] 但是 1814 年,在阿盖耳、因佛内斯及其以北各郡,包佃人依然很多,条地农业在他们的分佃农中间也没有消灭。[3] 凡是包佃人绝迹的地方,很多分佃农也往往随之消灭,取而代之的是持凭短期租约的来自南部的羊群和农场主。地租日益提高,因为地主"正以羊群为基础对他的农业重新估价"。[4] 在此后十年间,外来的农场主的人数和羊群的数目大为增加,公权农,那些的确不发达的并且往往贫穷得可怜的人们逐渐被清除出地产,以便为他们腾出地位。在法律上这是轻而易举的,因为普通的公权农都是随时撤佃的佃农,条件最好的至多不过有一个短期租约而已。

虽然在英王乔治三世朝对于英格兰任何地区的平均持有地的面积的增长都不可能作统计上的估计,无疑,在这一朝代之末,英国的小田庄观念在一个生长于小农之乡的农村经济学家看来会是

① 辛克莱:《苏格兰统计报告的分析》,第 1 卷,第 296—297 页。

② 阿盖耳,前引书,第 2 卷,第 47 页。

③ 辛克莱:《苏格兰农业状况总报告书》,第 1 卷,第 181 页及以下。

④ 亚当文,载《史学评论》,第 17 卷和本书第 92—94 页。有些地方拒绝采取牧羊制度,但是那也并没有使公权农稍稍幸运一些。持有地的合并对他们有点好处——但那也意味着迁移出境。亚当女士说得对,任何改善都意味着人口减少。另参阅她的《十八世纪高原地主和贫穷问题》(*Eighteenth Century Highland Landlords and the Poverty Problem*),《史学评论》,第 19 卷,第 1 页及以下,第 161 页及以下。

稀奇的。在十九世纪和二十世纪的德国，照例把十二英亩半以下的小农持有地叫做小田庄，把十二英亩半和五十英亩之间的叫做中田庄，把五十到二百五十英亩的叫做大田庄。为分类起见，在1825—1830年的英格兰一百英亩以下的田庄不妨叫做小田庄；从
111 一百到三百英亩的叫做中田庄；从三百到五百英亩的叫做大田庄；五百英亩以上的叫做“广田”。就英格兰和苏格兰而论，对于在这种分类中占主导地位的田庄类型的粗略估计，以及关于面积的偶或得来的确凿细节，都可资利用。[①] 关于威尔士的材料虽欠确凿，但是威尔士的一般情况是清清楚楚的：它是一个真正小农庄之乡，其中大多数都多半是不用长工耕作的。

东南英格兰的小持有地很多。在肯特，有很多是从十到十四英亩的，二百英亩以上的很少；虽则五百—七百英亩的持有地也有寥寥几处。在苏塞克斯，威尔德林区的田庄平均约一百英亩；但是丘陵田庄，包括许多牧羊场在内，却是巨型的，在一千英亩以上。萨里的田庄大小不一，但大多数是小的，从四五十英亩到三百英亩不等。米多塞克斯的情况大同小异。在东安格利亚各郡，持有地比较大，但是没有标准类型。艾塞克斯境内有一些英国最大的田庄；但是没有一郡“由所有主使用的中、小型田庄占一较大比例”。[②] “大约平均数可能是从一百到一百五十英亩”。[③] 萨福克的

① 劳登：《农业百科全书》，1831年，第2版，第1125页及以下。劳登的总结是以郡报告、马歇尔的郡报告评论和一些较晚的材料为依据的：就二十年代来说，它是相当正确的。它和1851年比较准确的报告颇为吻合。参阅本卷，第451页及以下。

② 劳登，前引书，第1225页。

③ 《农业审查委员会》(1833年)，询问案第1546号。

田庄大多数是大的，很多是殷实的萨福克自由民的田庄。诺福克，连同剑桥，拥有自大至小各种不同的田庄，自真正古代沼泽地上的小持有地到排尽积水的土地上或寇克的改良沙地上的新式大田庄。在哈尔弗德郡，田庄是小的，有些很小——北哈尔弗德是新近圈围的——据说农场主“比计日工的情形还更糟”。[1] 就巴金汉来说，有一个所谓准确的平均数字可以利用：这个数字是一百七十九英亩。关于贝德弗德郡有一个一百五十英亩的估计平均数字，关于北安普敦有一个一百三十一二百英亩的平均数字。累斯特有很多八十一一百英亩的持有地；但一百——二百英亩的则比较普通。在诺丁汉和德尔比，真正的小田庄占优势；而在牛津，虽然有少数大地产和很多“教会佃地”，但是以无知著名的小农场主却比在某些郡中更好地保住了自己的地位。

关于南部和西南部各郡的记载，除康沃耳外，都比较空泛。汉普郡的持有地大小不一，但是整个说来却比较小。威尔特郡的圈 112
围起来的田庄都是自中型至大型的，“依习惯使用的田地”(customary tenements)则是小的。多尔塞特有一些很大的田庄。萨默塞特和得文则除去极大的田庄以外，几乎大小具备，“分而又分、混杂到令人厌烦地步”的康沃耳郡，是一个平均年产值约四十镑的小持有地的地区。[2]

在格拉斯特，小持有地是罕见的。在整个威尔士欧石南灌木丛里以及沃里克和伍斯特郡中，小持有地却很普通；但是来自斯塔

---

① 劳登，前引书，第1137号。

② 同上书，第1172页。

福德、赫列福德和沃里克那些郡的报告，却肯定地说新近已有持有地合并的情形。就沃里克来说，平均数计为一百五十英亩。距离威尔士边境越近，持有地就越小，在希罗普郡很多是二十英亩以下的。柴郡有很多持有地不到十英亩，郡平均数料想为七十英亩：那里的耕地不多。兰开郡也是一个田庄很小的郡。西莱定亦复如此："每有一处四百英亩的田庄，就有十二处五十英亩以下的田庄"；"占用一百英亩的人就称做大农场主"。北莱定的情形差不多，甚至在东莱定丘陵起伏地带，真正的大田庄也是例外。

林肯郡甚至比诺福克更加多样化。"像法国的情形一样，具有几乎每人都是一—四十英亩的所有主和农场主"[①]这一重要特点的艾克斯霍姆岛，拥有三百—一千英亩大田庄的新圈围起来的褶皱丘陵，拥有很多往往是自由民产业的很小持有地的沿海"欧石南灌木丛"，以及刚刚在林肯郡以东的那个情况比较正常的地带，都位于这一郡之内。最后，在极北面——则是虽有少数大田庄，但大多数是五十至一百五十英亩的达拉姆；几乎全部分成为年产值十五—三十镑的零星"小块"的坎伯兰；以及拥有愈近沿海愈大的田庄和很多愈靠山愈小的田庄的非常进步的诺森伯兰。

苏格兰的东南耕作区[②]——伯里克、罗克斯伯罗和洛蒂昂——是一个大田庄地区。在东洛蒂昂，平均田庄是二百—三百英亩，而最大的是五百—六百英亩；虽则大部分由山地牧羊场构成的田庄可能三倍于此。就南部的牧畜各郡——皮布耳兹、塞耳扣

① 劳登，前引书，第1155页。

② 以劳登、辛克莱和郡报告为依据。

克，登佛里斯、克尔库布里和威格顿——来说，耕种的面积不到四分之一，亩数的估计数字同原来英格兰的田庄和圈围起来的牧场 113
的数字是完全不能比拟的。至于西南低地——埃尔、伦弗罗、拉纳克和杜巴顿——则一半是作为田庄耕作的，田庄虽比较小，但比之1760年的小条耕地田庄却要大得多。东北低地，即从金卡丁郡迤逦至奈恩郡一带的沿海地方，“芜菁的栽培和人工培植的草类”已经完全掌握，[①]从而大田庄随之而来；但小农场主也保持住了自己的地位。在1794年，阿伯丁郡的田庄曾经是很小的——估计比十七世纪时还小[②]——虽则关于此后三十年间的变革情形并无明文记载；但是随着农业的进步，无疑是有过一些变革的，因为小田庄被看做是一个经济上的弊害。法夫、金罗斯、克拉克曼南、福尔法尔、斯特林和佩思等中部各郡，情况因地而异；但是没有一郡可以说是小田庄地区。高原和群岛有它们别具一格的田制，上文已约略提及。大多数包佃人的分佃农，或从最上级领主手里直接租借土地的公权农，都是德国所谓的贫农（dwarf-peasants），即不能指望单靠持有地为生、更绝无舒适生活之可言的那一类人。

1831年的人口调查中有一些数字，相当准确地说明了小农业经营在英格兰真正残存到如何程度。[③] 这些数字完全驳斥了一些人的看法，他们认为由于田制改革和阶级立法而产生了一个为较小农业经营阶级劳作的工人队伍。在从事于农业的九十六万一千户中，有十四万四千六百户是雇佣工人的占有者——所有主或农

① 辛克莱：《总报告书》（1814年），第1卷，第30页。

② 安德逊：《阿伯丁农业概况》，第49页。

③ 关于更详尽的细节和参考资料，参阅《剑桥历史季刊》，第1卷，第92页。

场主——的家庭;有十三万零五百户是不雇佣工人的占有者的家庭;并有六十八万六千户是劳动家庭。那就是说,每有一个占地户,就有整整两个半劳动户;每有一个雇佣工人的占地户,就有差不多五个劳动户。如果不把苏格兰计算在内,劳动户的数字还会稍稍高一些,或许不下二又四分之三和五又二分之一之多。尽管在这两种场合下亩数似乎都并不大,但是,凡是熟悉当代英国统计数字的并了解那些甚至在没有农业机器的年代里拥有相当亩数的
114 田庄可以用多么少的人来经营的人们,都不会感到惊奇的。在阿瑟·杨格的《北游记》(1770 年)中,平均亩数为一百六十三英亩的七十五个田庄的一览表所列举的数字为每四十英亩一人——一个成年人、儿童或挤牛奶女郎。①

把格雷戈里·金常常引证的对十九世纪末叶英国社会各阶层人数的推测同 1831 年的数字作一比较是饶有兴趣的。虽然是推测,并且也应该作为推测看待,但还是值得再加以引证的。在英格兰和威尔士——并非在不列颠——金氏认为有三十三万户自耕农和农场主。除去工匠和手艺人外,计有“工人和户外佣工”三十六万四千户以及“公权农和贫民”四十万户:共计七十六万四千户。他提出了这样一种稀奇的看法,认为所有这些不太幸运的家庭,都是消费多于他们的生产的。显然在他看来他们都是“无产阶级”。如从宽计算,假定他们中间的四分之一是不熟练的城市工人,那么农村占地户和农村“无产阶级”家庭之间的比例差不多恰恰是一比

① 第 4 章及以下。

二又四分之三。[①]

虽然这个从属阶级，看上去，在那个危急时期并不曾发展得像
现在常常暗示的那样不成比例，但是某些工人家庭在 1795 和
1825 年间所遭受的困难、不公平和不应有的屈辱，或从而在他们
和英国农业社会结构的关系上所造成的变革，却是不容以任何差
堪慰藉的统计数字加以掩饰的。绞刑架，正如法国统计学家所说，
并没有对死亡率表发生多少影响。无疑，持有地的圈围和合并，特
别是在 1790—1810 年战时圈地狂期间，已经把包括一些破产的小
所有主家庭在内的很多小持有者家庭驱逐进工人阶级。[②] 对于这 115
些家庭，凶年所遭的屈辱一定是尤其难堪的。在考虑到破产的所
有主时，须对自由民本身——这个名称，尽管用法不同，却从没有
对一个不能靠自己的持有地生活的人适用过——和在敞地中持有
一个古代凭券持有的庐舍或一小块凭券持有地或自由持有地而主
要靠工资劳动生活的那一类人，加以区别，正如上文所提到的那
样。据上文的论证，这样的圈地并不见得会损害自由民，虽则可能
把他从一个自由民变成为一个农场主或小商人。证据即可证明，
所谓公权庐舍(即其所有权附有利用公用地的合法权利的庐舍)的
所有人，在圈围公用地时，是得到一分土地作为报酬的，正如敞地

① 参阅《剑桥历史季刊》，前引文。这些数字也可以这样看：在 1831 年的二十七万五千个“占地”户中大约有二十二万五千户是在英格兰和威尔士：据金氏推测，在英格兰和威尔士计有三十三万这类的农户：如果他的推测不错，它们的数目在一百四十年间刚刚减低了 30%有奇：耕地却有增加。

② 这是一个公认的看法。参阅艾登：《贫民的状况》(1797 年版)，第 2 卷，第 591 页和哈斯巴赫：《英国农业工人史》，第 107 页及以下各页中的议论。冈纳，《公共土地和圈地》，第 378 页。本卷，第 102 页注。

中的零星土地所有人在圈围敞地的情形一样。[①] 但是取代公权的那块分地可能太小，不够供牧畜之用，而圈地的费用又完全不成比例。当时的确有这样一种危险，如果大地主的代理人在适当时机提出几英镑的代价，就会被接受下来作为买醉之资，或者，更可能也更情有可原地用以支付战争期间日趋高涨的物价。只有这一点点的产业的公权农究竟还剩下多少残余，是连一幅统计图的轮廓都勾画不出的。但是不应过分予以夸大。若说在一个受到圈地影响的区域中，一个平均公权农有一个公用权庐舍或者一块田间的自有土地，是无法设想的。[②]

靠默许或习惯而非法利用公用地或敞地上的残梗放牧的工人家庭，在英格兰更加是怨声载道。在人口相当稠密的耕作地区中，在任何历史阶段上公用权都不是普遍的。[③] 在中古时代，这种权利名义上同敞地中的持有地保持适当比例。到了十八世纪，这种比例已经打破；在某些场合下公用权和持有地之间已经不存在任
116 何关系，因为整个制度已在崩溃中。[④] 虽则情况各地不同，但是没

① 冈纳，前引书，第362页。

② 德维南特(《全集》〔*Works*〕，1771年版，第2卷，第203页)在1688年写到1685年的五十五万四千六百三十一个独灶庐舍时说，“其中仅仅某一些在它们圈围有土地，我们在一切计算中，一直把公权农仅仅算做五十万户。但是其中多数都可以自己为生而无需教区负担的”，在他看来，一个典型公权农显然是一个没有土地而且申请济贫金的人。

③ 埃普索姆和巴顿(剑桥郡)的所有居民都享有自小麦收获祭起至播种时止在地主土地上的放牧权这一事实，在1844年是一个需要特别解释的问题。《圈围公地审查委员会》，1844年，询问案第5041、5138号。这个事实曾经是“圈地的一个不可侮的障碍”。

④ 冈纳，前引书，第80页脚注。

有持有地的定居的劳动人民，几乎在各地都能出入公用地，尽管只不过是利用“收割后的残梗喂养几只鹅”或捡两根柴而已。反对中世纪农业的人们对于这种适度的使用并无异议；虽则他们几乎一致认为出入公用地，或无限制的出入公用地，是既败坏定居人民的道德，而又能吸引不受欢迎的移民的。这种看法尽管冷酷，至少对定居户抱这种看法未免冷酷，然而有利于这种看法的证据却很多。[①] 公用地的习惯使用者在圈地时，并没有依法要求赔偿的权利；但是定居使用人的公正要求几乎是一切无私的当代舆论所承认的。不幸，每次为圈地专门指派的调查委员们奉行的政策不一，并且一般都忽略了这种公正的要求。“就全国各地的多数裁定来说”，一位最慎重、最公正的圈地运动的现代学者这样写道，“对于法外权利要求的承认似乎是例外”。[②] 这句话对于十八和十九世纪中根据私法案进行圈地的整个时期都是适用的。

然而承认是完全轻而易举的，并且——正如提交农业部的报告书所证明——在少数的裁定中曾经予以承认。为工人酌留份地的办法，少数有公德心的地主不问裁定如何也自行予以实施。[③] 诺福克保有个别公平裁定的很好的纪录。[④] 在绍尔特豪斯和克林，有少量公用地保留给小户主使用，较大的公用地使用者则不在此例。在塞阿姆，以看上去还能够用的份地替代了公用地的旧习惯。在若干教区里，燃料权得到了保障。但是在另一些教区里，使

① 冈纳，前引书，第 361 页。

② 同上书，第 365 页。

③ 哈蒙德夫妇，《农村工人，1760—1832 年》，第 157 页及以下，举有事例。

④ 冈纳，前引书，第 363 页注。

公权农有机会饲养一头牛的那些习惯——可以注意的是，这类宝贵的习惯非常罕见——为绝养不了一头牛的半英亩地所代替。有一个半给偿的事例是得自萨福克的图登南的。[①] 穷人只在公用地
117 上养驴养鹅和伐取燃料。他们得到了一百英亩的高地和三十英亩的低地做采伐燃料之用。他们说这是够用的，但是对于养驴养鹅作何说词，却无案可稽，大概在一百三十英亩地上仍然养不了几头。可能的情形如何，从累斯特郡的萨顿—契尼得了一个明显的实例。“我为所有以前养牛的人”，据一个实行圈地的人这样说，“留下了足够养一头牛的土地”。[②] 一共有十三个养牛的人，他留下了四十四英亩地。他用界石把这块地划分为四个牧场和一个公用干草堆，其中的草场在茎草收割后是公用的。凡是有公权农养牛的地方，这种办法原是不难仿行的。

在苏格兰，法律情况和实施办法都是简洁的。约翰·辛克莱爵士以一句话概括了一切。“在苏格兰工人阶级甚至对公用地的划分，也没有任何损害可担心，因为他们的庐舍并未附有在这些荒地上养牛的权利；而凡是他们有砍柴权的地方，那种权利在……分地时总归是得到保护的”。[③] 权利是明确的：权利是唯一的准绳，并且权利也受到尊重。

英格兰圈地方法据以实行标准化的1801年的总条例（乔治三世，第59年，第109章）提到了为节省用费，得将“凡于……公用地和荒地有利害关系的所有主和人们”的小分地聚集在一个篱围以

① 杨格：《萨福克》（1804年版），第44页。

② 《济贫法审查委员会》，1818年（第5卷），询问案第203号。

③ 《总报告书》，第1卷，第278页。

内(第十三款);但是"利害关系"一词是否可以把法外的权利要求一并包括在内,却不是那一条例所要决定的事。无论如何,成就甚少。在阿瑟·杨格发表那句常常被引征的名言[①]的那一年,情形是这样的——"在二十项国会条例中有十九项是穷人受到损害的,而且在某些场合下所受的损害很大……这些教区中的穷人不免会说**大概国会是产权的监护人**;我所知道的是我原来有一头牛,而国会以一纸条例把它从我手中夺去了。""这些"教区并不是二十个中的十九个。养牛并没有那样普通。[②] 但是纵令把牛换成一头驴或三只鹅,这项议论也还适用。十八年后国会正授予济贫法机关以设置份地的权力,根据这项条例,[③]国家在二十年代时做了一些 118
事,一些微不足道的事;虽则私人所做的比较多些。公共慈善事业开始给工人——被视为潜在的贫民——以公共正义绝不应允许一个作为自由人的贫民丧失掉的东西。在考虑到这些问题时,如果历史的远景不应有所曲解的话,那么在1825年以前的四五年间受圈地影响最深的地区,以及工人有权利和惯例可丧失的地区,都必须经常牢牢记住。有很多相当大的地区和无数单个的教区,都不曾有过新的变革,或值得一提的变革。[④]

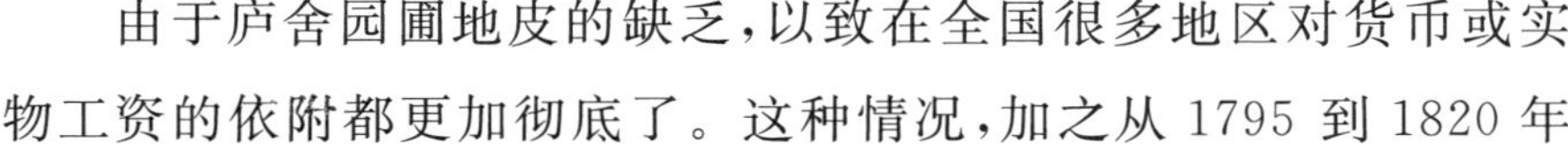

由于庐舍园圃地皮的缺乏,以致在全国很多地区对货币或实物工资的依附都更加彻底了。这种情况,加之从1795到1820年

① 例如普罗瑟罗,前引书,第305页。

② 现在所存留下来的最正确的说法是:公权农养牛的事例是"常常有的"或者"很多的"。参阅哈蒙德夫妇,前引书,第100—101页。

③ 《选任教区委员会法》(*The Select Vestry Act*)(乔治三世,第59年,第12章),第12、13节。

④ 本卷,第126页。

这些高峰物价年份牛奶和牛油的难得——其所以难得，一部分是由于公权农养牛事业的没落所致——有助于说明艾登在 1797 年所记录而在此后三十年间并没有任何改变的南英格兰大部分地区的那种单调到可怕程度的饮食——“从一个周末到一个周末毫无变化的三餐干面包和干酪”；一点啤酒，如果买得起的话；否则就以“中国的毒品”作为“他们最平常和最普通的饮料”。“如果够富裕的话”，他们每星期再增加一次烤肉或咸肉。[①] 在艾登那个时代，燃料荒限制了常常吃烧烤的东西。他把这种单调饮食同北部、苏格兰、威尔士以及他未始不可加上的具体品目有所不同的威尔士欧石南灌木丛和西南各郡的饮食作了一番对比——掺和奶油和糖浆的“粥”；燕麦粥；牛奶麦片；豌豆羹；燕麦饼；大麦面包；各种价廉味美的汤；和在北部常常食用并且很不错的马铃薯。在此后二十年间，马铃薯的宣传一直在进行。科胡恩，一位热心马铃薯的人，在 1815 年的报告说，在串特河以南马铃薯的消费仍然微不足道。[②] 在上一世纪之末，诺福克的寇克进行了五年的马铃薯实验，
119 才取得了他的佃户的这样一项定评：“它或许不至使你的猪中毒”。[③] 但是现在已日有进步，到上一个世纪的二十年代，一年之

① 《贫民的状况》，第 1 卷，第 496 页。但是一位苏塞克斯的证人在 1821 年（《农业审查委员会》，1821 年，第 54 页）说，“很少”工人每天不吃一点肉，又有一位移居肯特郡的苏格兰证人看到工人吃小麦面包，喝啤酒，并且“每天有肉食”，不禁愕然。《农业审查委员会》，1833 年，询问案第 3295 号。

② 科胡恩：《英帝国……资源论》，第 11 页。〔评论家们比此处所引证的任何人都更早注意到了当地马铃薯的食用情形；但是这项概括性的泛论还是站得住的。〕

③ 斯特林：《诺福克的寇克》（Stirling. A. M. W. ，*Coke of Norfolk*）（1908 年版），第 1 卷，第 281 页。

中几个月吃马铃薯的情形已渐渐普遍了。[1] 在某些地方,由于运河和关道的关系,燃料的价钱已经下跌。然而除非工人有种植作物的土地,新食品对于他们的好处是不会很大的。

工人作为一个阶级来说是缺乏庐舍周围的土地的,但是在英格兰,在 1825—1830 年间,多数工人,也许大多数工人,不是有一个纵然很小的菜圃,就是有取得一块马铃薯地的办法。[2] 在前四五十年曾经有过失去菜圃的机会。要说在十八世纪中一切庐舍都有一块相当大的附着的地皮,那是没有把握的;[3]所以在十九世纪中所看到的缺乏园圃的情形,并不一定证明是一种新的剥夺。但是一定数量的新剥夺是凿凿有据的。在田庄合并时所撇下的房屋可能被分成为工人的大杂院,它们的园圃则被蚕食鲸吞的农场主兼并而去。[4] 继而所有主会把旧庐舍拆掉,因为正如一位萨里的证人在 1824 年所说,"农场主一直是非常渴望把这些园圃并进他的田地的"。[5] 如果这类庐舍是在农场主手里,这同一位证人声称,"他们总是禁止……养猪,并且要求把苹果树和常常遮蔽房屋的葡萄架上的出产一并归为己有"。这究竟是不是一种新办法,未据说明:多半是的。关于本土各郡中的另一郡,即哈尔弗德郡的一

① 例如在贝德弗德,《工人工资审查委员会》,1824 年(第 6 卷,第 401 号),第 54 页:在赫勒福德,《农业审查委员会》,1833 年,询问案第 85 号。

② 哈蒙德夫妇,前引书,第 241 页,在总结 1760—1832 年的大事时,未加任何限制词地说,"他们〔英格兰工人〕已经失去了他们的园圃"。所举的证据是肯特郡报纸的一段摘录:第 175 页,注 1。

③ 本卷,第 115 页注。

④ 哈斯巴赫,前引书,第 129 页注中的范例。

⑤ 《工人工资审查委员会》,亨利·德拉蒙德治安法官的作证。

般说法是：在1818年真正的菜园是不常见的：[①]这究竟在怎样程度上是一种新情况，我们也未据说明。在坦涅特岛，科贝特看到了一些庐舍，所附带的地皮，据他说，容不下一口猪卧在上面。[②]

120　然而这同一位科贝特，在痛斥苏格兰人的时候，[③]却夸讲与世界其它各地截然不同的"肯特、苏塞克斯、萨里和汉普郡的，以及，的确差不多英格兰每一个地区中的""工人房屋周围的那些整洁而又出产丰富的小园圃"。1796年农业局报告员博艾斯说，肯特郡的工人往往有大菜圃，并且在很多场合下养牛。[④] 马歇尔在评论整个英格兰东区情况时(1811年)指出，在他看，有"小菜圃"和没有"小菜圃"的茅舍大约是一半一半。[⑤] 在从伊普斯威奇到贝里—圣爱德曼兹的那一条线上，科贝特发现庐舍园圃，在1830年3月，"已经翻好土，准备播种"。但是他却抱怨沼泽地区说，"那里每一寸土地都是宝贵的，可是没有一寸准许工人享用"。[⑥] 在西南部，从多尔塞特到康沃耳，园圃是通例；[⑦]在萨默塞特，至少是常见的，并且据说大多数工人都酿一桶苹果酒，还饲养一口猪。[⑧] 在斯特劳德河谷，科贝特看到"差不多每一个庐舍的猪圈里都有一口猪"。[⑨] 1830年，在赫列福德，

① 《上院济贫法调查委员会》(1818年，第5卷)，询问案第121号。

② 《农村走马记》，第1卷，第322页。

③ 同上书，第1卷，第107页："住嘴，你们这些苏格兰经济学家；别再叫喊吧，布鲁姆先生……"。

④ 引自哈斯巴赫，前引书，第147页。

⑤ 同上书，第130页注。

⑥ 第2卷，第298、314页。

⑦ 《上院济贫法调查委员会》，1818年，询问案第129号。

⑧ 《农业审查委员会》，1833年，询问案第4774号。

⑨ 第2卷，第142页；然而这是一个制造业区。

“所有仔细的人都有一口好肥猪”；在格拉斯特—伍斯特的边境上，也都是各有一口。[①] 在拉德娄附近，据说半英亩的园圃是普通的。[②] 但是，应该补充一句，马歇尔在他的1810年西区总报告中曾经发表过这样的意见：“以前养猪的工人所占的比例数比现在更大”。[③]

庐舍园圃在诺森伯兰是普通的，[④]虽则在工厂田庄上并不如此，但至少在约克郡的比较富裕的地区莫不皆然。[⑤] 但是在北莱定，据说庐舍园圃在1800年原是罕见的。[⑥] 在德尔比郡和斯塔福德郡，却很普通，尤其是在大所有主的地产上。来自诺丁汉的报告指出，在1830年以前那里的情况一直不好，只有少数实行改良的 121
业主采取过“庐舍地”（cottage-land）政策。[⑦] 一般来说，科贝特的那项“越是纯粹的谷物区，工人就越是可惨”的论断[⑧]——他特别着眼于庐舍地——得到了几乎所有其它可靠证据的证明。最坏的报告是来自谷物产区和照例来自新近进行科学圈地的地区的，那里没有尺寸土地是“荒废的”。

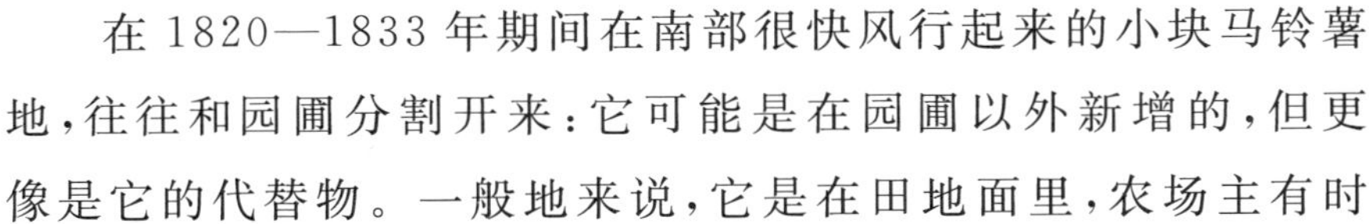

在1820—1833年期间在南部很快风行起来的小块马铃薯地，往往和园圃分割开来：它可能是在园圃以外新增的，但更像是它的代替物。一般地来说，它是在田地面里，农场主有时

① 《农业审查委员会》，1833年，询问案第8365、10522号。

② 《圈围公地审查委员会》（1844年，第5卷），询问案第2480号：这些园圃不像是在1830年以后设置的。

③ 哈斯巴赫，前引书，第129页注。

④ 《皇家农业学会学报》，第2卷，第185页，引证了1831年的作证。

⑤ 哈斯巴赫，前引书，第237页上所载的作证。

⑥ 图克：《北莱定农业概况》，第41页。

⑦ 《农业审查委员会》，1833年，询问案第11，187；12，258；12，077号。

⑧ 第1卷，第321页。

还征收一笔非法的地租：科贝特在1826年骑马走过威尔特郡和格拉斯特郡时，发现了一些荒谬的地租，但也发现了一些颇为合理的地租。“这种风气的确是一种日趋流行的风气”，他不胜称许地写道。[①] 早在1818年这种风气在萨默塞特就很著名。[②] 在萨里，则似乎在1830年左右方始流行。[③] 到了1833年，无论如何，“小块地”在剑桥已经常见，在诺福克和萨福克甚至更为常见，虽则养猪——科贝特作为劳动人民安乐与否的一个试金石——是罕见的。[④] 在贝德弗德郡，小块马铃薯地在1818年以前已经“沿着路边”开始了，这是以国王为牺牲而不是——我们不能不这样想——以农场主为牺牲的：到1824年马铃薯已经是贝德弗德郡饮食中的一个普通品目，所以小块地大概也是普通的。[⑤] 在路易河附近，马铃薯地早在这个世纪之初就已经司空见惯。[⑥] 从这些散布得很广的事例中可以看出马铃薯宣传的最后成功。

凡是未婚工人寄宿在农场主家里的那种古老风俗仍旧残存的地方，高物价对于比向来更加依附于工资的工人阶级的压迫也好
122 一些。在北部和西北部，这种风俗几乎到处可以看到。在坎伯兰，

---

① 第2卷，第137页，115页。哈蒙德夫妇只有一次顺便提到马铃薯地（前引书，第160页），并且只引征了苛重的地租。

② 《上院济贫法调查委员会》，同前书，询问案第111号。

③ 《农业审查委员会》，询问案第10,249号。

④ 同上书，询问案第2134－2135号。

⑤ 《上院济贫法调查委员会》，1818年，询问案第76号。《工人工资审查委员会》，1824年，第54页。

⑥ 《农业审查委员会》（1821年，第9卷），第53页。

“每年收租四百—六百英镑的人总是和他们的长工共膳的”。在北莱定，这是例行办法。在希罗普郡，以“寄宿的长工”(house servants)为原则。[①] 但是在米德兰和东南部，这种风气已经衰退。1821 年，在肯特郡这种供膳宿的办法仍不乏其例，虽则已大非昔比；[②]大体可以假定的是，在肯特郡残留下来的古风，在其它大多数郡中也多少残留下来一点。但是，在战争时期已经得到了发展的大农庄，连同它的半绅士型的农场主，却是不利于这种风气的。来自诺福克的大农场主之一在 1821 年的作证中，对南部和东部的这些大农场主的情况曾予以总结。他以“谷物价格高昂的”1801 年为这种风气开始衰退的日期。(在他们最难求一饱的时候，你们却不再供给你们的长工的伙食了。)此后，这种风气由于战争时期的农业繁荣而中断：“人们都嫌它麻烦：我相信这是事实”。[③]

至少北部乡间的少数工人还有另一种便宜，即雇主允许他们饲养一头牛。这种补贴办法看上去在诺森伯兰的“长工”当中一直是普通的，在约克郡的某些地区中也相当常见。并且据林肯郡方面的报告说，“……在劳思和格里姆斯比之间的马什沼泽地中……有这样一种惯例，要给车夫这样多的报酬和一头牛的饲料”。[④] 这种权益是保留给特定的人，并存在于特定的地区的。

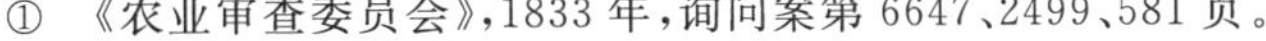

① 《农业审查委员会》，1833 年，询问案第 6647、2499、581 页。

② 《农业审查委员会》，1821 年，第 71 页。

③ 同上书，第 39 页。从那一页中可以看出，寄宿办法的衰落一向是过分张大其词的。

④ 关于诺森伯兰，就 1831 年而论，参阅《皇家农业学会学报》，第 2 卷，第 185 页，关于林肯郡，参阅《农业审查委员会》，1833 年，询问案第 74，961 号：关于约克郡，参阅《关于农业中妇女和儿童的就业……报告书》(1843 年，第 12 卷)，第 294 页。

北部乡下的工人还有另一种便宜，即他同他的雇主和国家的经济关系并没有像他的南部同伴那样一般地为济贫法机关所打乱。但是自从 1795 年以来，在北部以及南部的许许多多农村区域中，某种辅助工资的济贫津贴已经变成为农业的经济——或非经
123 济——结构的一部分。和这种津贴制度广泛地联系在一起的，在串特河以南，有一种面包价格表——即教区按面包价格和家庭人口的多寡而对工人家庭每周收入所提供的一种保证，也就是生活费用和需要标准的一种粗浅的指数。[①] 到了二十年代，产生于因粮食缺乏而价格腾涨的那一年、成熟于连年荒歉和全国为生存而斗争的那段期间的这个制度，经公认是有害的；地方上已试图予以废除；对于它的范围和实施情形已着手进行审慎的调查。1824 年的一个国会委员会散发给济贫法机关一项调查表，表上首先提出的三个问题是：

(1)工资是否曾有一部分由济贫捐开支？

(2)子女津贴是否曾由济贫捐开支？

(3)对第一个孩子是否曾支给这样一种津贴？

揭示出的情况非常复杂，兹分述如下。[②]

诺森伯兰、坎伯兰和达拉姆的每一个济贫法区域；[③]兰开郡十

---

① 正式面包价格表，即使在南部也不像现在往往想象的那样普通；但所发津贴是照顾到物价的，例如在 1817 年以前巴金汉郡就没有面包价格表，但却考虑到物价；哈尔弗德郡和贝德弗德郡也都没有。《上院济贫法调查委员会》，1818 年，第 94 页。

② 取材于提交工人工资审查委员会(1824 年，第 6 卷，第 401 号)的报告，刊印于 1825 年，第 19 卷，第 363 号。历史家多忽视了这些报告：例如尼科耳斯的《济贫法史》(Nicholls, *History of the Poor Law*)和哈蒙德的《农村工人》都没有加以任何利用。

③ 这些区域一般是区或小城和重要城镇。

七个区域中的十六个；柴郡十二个区域中的十一个；斯塔福德郡八个区域中的七个；德尔比郡、希罗普郡、蒙默思郡和赫列福德郡的所有济贫法区域；伍斯特的几近所有济贫法区域；格拉斯特郡十四个中十二个；萨默塞特郡的所有济贫法区域；得文的大约一半和康沃耳郡的几近所有济贫法区域，对于第一个问题的答复都是无条件的“否”或是这样一项说明：只有在残废或其它特别需要的场合下才给予这种救济；或很少给予这种救济。西莱定的答复是“否”，未附任何条件；东莱定的答复是“是”，几乎未附任何条件；殊足令人诧异的是，北莱定各区的一般答复是“是”，虽则多附有条件。在林肯郡，五个区域的答复是“否”；二个是“是”。除开腊德纳郡、格拉摩根郡和彭布鲁克郡中的少数地区外，威尔士几乎一致答复作“否”。

对问题(1)答复“否”的这些北部和西部的大多数地区，在对问题(2)的答复中解释说，疾病、灾害或家口众多被认为是能从济贫捐中得到一点帮助的正当理由。第三个问题从这一批郡中很少得
到准确的答复，往往得不到任何答复，由此可知一般与斯宾安兰政 124
策有关的济贫捐补助同人数的准确比例是不得而知的。

在肯特郡，十五个区域中有七个对问题(1)答“否”；而其余的八个之中有几个解释说：“只有很少几个教区”实行这种津贴制度。在苏塞克斯的十个区域中有四个答“否”；四个答“是”，但附有条件；无条件地答“是”的只有二个。在萨里郡的四个区域中有三个答“否”：在汉普郡的十七个区域中有七个答“否”，五个说这种办法是罕见的，只有四个无保留地说“是”。在太晤士河以南的各郡中，这种办法只有在多尔塞特一郡差不多是普遍的，虽则1824年的委员会对苏塞克斯的情形有一个很坏的印象。[①] 但是多尔塞特、萨里、苏塞克斯以及汉普郡和肯特郡的大部分区域都否认对第一个孩子的诞生曾发给额外救济金。但是威地岛提出了一项意义深长的附注:“没有一个工人认为是能够扶养三个孩子的”。在太晤士河以北,米多塞克斯和哈尔弗德各区对问题(1)多答复作“否”。

在艾塞克斯,十区中的三个对问题(1)答作“否”,而其它六区对它们的“是”字却加以这样的限制,来表明这一郡并不是全部实行这种制度的。虽则萨福克郡半数以上的区域答复是“否”,但是委员会对于这一郡却作了不利的报告,正如对苏塞克斯一样。诺福克已经沉溺于这种津贴:十七个区域中有十四个说“是”,而另一个在一年前也原会是这样说的。对第一个孩子的诞生而给予额外救济金的办法,在东安格利亚是普遍予以否认的。

具有和诺福克或多尔塞特的纪录相似或更加不如的各郡是贝德弗德、剑桥、杭廷顿、北安普敦和诺丁汉。略胜一筹的有伯克郡、巴金汉、累斯特、牛津和威尔特郡。工资最有系统地由济贫捐予以补贴的地区恰恰就是新近作最大限度圈地的地区,这一点是彰明昭著的。[②]

显而易见,对问题(1)的答复作“否”的意义照例是说,凡有正式工作的身体健壮的未婚男子,或家庭人口简单的已婚男子是没有资格领取津贴的。1834 年的调查委员认为北部乡间的济贫捐征收委员很可以他们自己得免于“南部的流弊”而引以为傲,虽则

① 《报告书》,第 5 页。

② 参阅本卷,第 20 页的附图。

给家累重的为父的人以津贴是理所当然的。[①] 1824 年的报告不但 125
为这项政策留有余地，甚至还建议采用这一政策。在另一方面，1834 年的调查委员对于正式工津贴和半失业津贴的泾渭不分，一并严加指责。面包价格表对于原因问题一概置诸不问——一个男子就有权得到足够买 x 量面包的钱，一夫一妇则 x+y 量面包的钱等等。至于一个人所以钱不够用而求助济贫捐征收委员，究竟是由于有两天没有工作，还是正式工资标准太低，却无关紧要。所以，这个制度，虽则比之对半失业工人或者对往往取而代之的家累重的父亲所给付的那些随随便便的赈济在某些方面要科学些，却更直接有助于压低当地的标准工资。对于这一点的一些认识，从而引向有意把贫民救济作成为“令人却步”的那种做法，或许说明了战后面包价格表何以往往不如过去那样宽厚。从经过研究的几张 1815—1830 年期间的面包价格表中可以看出，同得自斯宾安兰的池鹅学院（Pelican Inn）的伯克郡法官所公布的原有价格表相比，最低限度的面包配给，即 x 和 y 量的面包，已经大为降低。[②]

斯宾安兰政策的彻底采纳连同济贫法户籍制度的实施之有助于压低农业工人每周货币工资，是无可置疑的。就 1794—1795 年

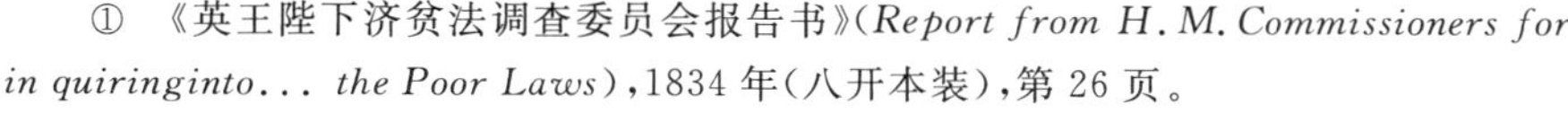

① 《英王陛下济贫法调查委员会报告书》(*Report from H.M. Commissioners for in quiringinto... the Poor Laws*)，1834 年(八开本装)，第 26 页。

② 哈蒙德夫妇，前引书，第 184－185 页；韦伯夫妇:《旧济贫法》(Webb，S. and B.，*The Old Poor Law*)(1927 年版)，第 183 页。一个较早的事例载《维多利亚地方志，格拉斯特志》，第 2 卷，第 169 页。二十年代的低额并不一定意味着生活水平的前所未有的降低，像哈蒙德夫妇所推论的那样，(事实上在二十年代却有所提高。)1821 年的剑桥物价表“在遇有疾病……或遭到困难时”，以及对于“品行端正者”都放宽尺度(1834 年的报告，第 21 号)。它是惩戒性的，虽则很像是冷酷的。

和 1823—1825 年这两个时期而论，[①]对于英格兰的大多数地区以及威尔士都有相当完备而可靠的数字可凭——虽则威尔士的数字稍欠详尽一些。在其间数字不完备得多的战争和战后时期，曾经有过很大的波动。直到大约 1812 年，有过一次上升，其上升的多寡因地而异。在 1814 和 1821 年之间的一次显著的下降，在某些地区是可以寻踪索迹的，大部分地区也都可以推测而知。以 1814
126 年的小麦价格暴跌为开始，并因战后供过于求的劳动供应而助长其势的工资下跌，直到可以作为是结束战争混乱时代的 1820—1821 年那次更加有决定性的物价暴跌方始告终。曾经从 1813 年的十二至十五先令降到二十年代的九至十先令的伊里岛上的冬季工资，或是从十五至十八先令降到“十先令左右”的更低水平的洛蒂昂郡的冬季工资，都是工资下降的事例。[②] 农场主们声称（并且有价格数字可凭），他们的工人在 1821 年的生活至少和 1814 年不相上下——但是 1814 年并不很好。

在农业方面，每周的货币工资绝不能说明整个问题，并且它所不能说明的东西会随着时间的演进而越来越重要。在草秣和小麦收割季节向来是有额外收入的；关于这类额外所得，就目前所讨论的这个时期而言，可以作出一相当满意的估计。如果养猪和庐舍园圃在 1824 年所带给英格兰平均工人的收入比 1794 年少的

① 就 1832－1833 年来说也是一样。关于统计方面的佐证，参阅鲍莱文，载《统计学报》，1898－1899 年，和《联合王国的工资》(*Wages in the United Kingdom*)(1900 年版)，第 25 页及以下。

② 《农业审查委员会》，1821 年，第 131、323 页。〔洛蒂昂诸郡自然不是一个“斯宾安兰法”地区，但下跌的情况却到处可以看见。〕

话——大体上似乎是这样，虽则这个问题是很不确知的——那就必须予以补偿。但是，小块马铃薯地，还是就平均数来说，很可能会抵补这项损失。诚然，在那三十年间丧失的出入公用地的权益，曾经使很多地方的很多人的命运恶化，虽则就整个英格兰的平均数来说，究竟因圈围公用地而在福利方面造成的损失是否达到很大的程度还不无疑问。这项权益在公众的回忆中一向是被张大的；我们所以这样说，因为它在英格兰的很多地区都不具有重要性；在威尔士更不具有；在苏格兰，对纯粹的工人来说，则全无重要性可言。由于实物津贴、由于讨论寄宿工人的伙食工资和这类工人人数变化的困难；以及由于货币工资并不能说明整个问题的报酬方法的其它地方性残余，以致工资问题益形复杂化。极端的案例是来自十九世纪初期的威尔士和苏格兰的，但是和它们近似的情形在英格兰很多地区都可以看到，即如给林肯郡车夫以牛饲料作为报酬等等。

在滑铁卢战役的前夕，在西南威尔士，工人都是全家为一个农场主做工，“按最低的固定日薪计酬而不供给伙食”。[1] 但是他们可能有茅屋、园圃以及按优待价格供给的牛饲料、小条
马铃薯地和按低廉固定价格全年供应的制面包用小麦。不几 127
年之前，收割工资还一直是采取“乐丰收”形式的。农场主把他的收割日公布出来：所有依附他的人都赶来帮忙，另一些人因为以前借他的马用过一天，也来还他一天的工；还有一些人则只是为分享收割餐而来的，因为他们说那类日子在中古时代

① 戴维斯：《南威尔士》，第2卷，第283—286页。

是欢宴日。

尽管有这类稀奇古怪的遗风，还是对英格兰和威尔士农业工人在1794—1795年和1823—1825年这两段时期的平均收入作出了估计，[①]而且不致有任何真正严重错误的危险。在这两段时期的每周丰厚工资的统计数字之外，还可以加上收割收入和其它杂项收入以及实物津贴的货币价值这一项相当正确的估计数字。关于苏格兰，可以利用的确实数字比较少，而二十年代的情况则更加是出诸揣测。在1814年辛克莱爵士确信截至那个时期为止，苏格兰工资一直比生活费上升得更快。[②] 以他所主办的《苏格兰统计报告》中搜集的数字为根据而作出的计算，表明出这两者在1790和1810年之间是以三十五和五十五的比率上升的，这就足证他的说法无误。[③] 如果上文引证的这些比较空泛的数字可以信赖的话，那么1814和1821年之间洛蒂昂工资的降低和这同一些年份中生活费的降低是非常一致的。如果这种情况还具有代表性的话，那么苏格兰工人至少并没有遭到任何损失。

依照这一时期英格兰工人的消费习惯而调整的生活费指数，最近已经制成。[④] 以小麦价格平均五十四先令九便士一夸脱而其它价格准此比例的1790年为基数（一百），那么，1794年的指数是一百一十，而在当时看起来最凶歉的一年，即斯宾

① 对于1832—1833年这段时期也作出了估计：这是鲍莱教授的估计数字。

② 《总报告书》，第3卷，第262页。

③ 《统计学报》，1899年。

④ 希伯林：《1779—1850年的英国物价和商业循环》（Silberling, N. J. *British Prices and Business Cycles, 1779—1850*。）（载《经济统计评论》〔*Review of Economic Statistics*〕副刊，麻省，哈佛大学，1923年）第234—235页。

安兰年的1795年的指数则是一百三十。在拿破仑战争和随后二十年的歉收期间所达到的最高峰是1813年的一百八十七。1814年的指数降到一百七十六，1815年又降到一百五十。到1824年，指数是一百一十三，而1821—1831年这整个十年的平均数，由于廉价小麦的关系是一百一十一。那就是说，一方面撇开丧失公用地出入权这类的问题，另一方面撇开工人饮食中马铃薯这个新因素，[①]而单单集中于劳动收入，并假定土地 128
的使用在二十年代并不显然比九十年代的情形更加不正常——一个相当合理的假定——那么，收入并不低于他的父辈在斯宾安兰法前一年的收入的一个人，是可以用他的收入买到和他的父辈所买到的几乎同样多的东西的，除非他在啤酒或租钱或在这两者上面花费得更多一些。在1830年啤酒税取消以后，他所饮的啤酒的确比他的父辈所饮的啤酒要更便宜些：前此则或许稍稍贵一点。但是淡啤酒税向来很低，而麦芽税在1822年以后，只比战前水平高一先令又二便士半一蒲式耳。在二十年代征九先令一巴礼的浓啤酒税，在1793年那年征八先令。[②]当时没有标准啤酒，也没有任何有价值的物价统计；但是在这个项目下纵使有点额外开支也是无关重要的。至于庐舍的租金，也缺乏精确的材料；但是在阿瑟·杨格时代和1850年之间的一般趋势是趋于上升的。[③]平均来说，为应付这

① 希伯林教授不会把马铃薯计算在内。

② 巴克斯顿：《财政和政治》(Buxton, S., *Finance and Politics*)(1888年版)，第2卷，第277—278页。

③ 克尔德：《1850和1851年的英国农业》，第474页。

一项开支多半需要一些额外收入——或许每星期三便士，肯定不多于六便士。

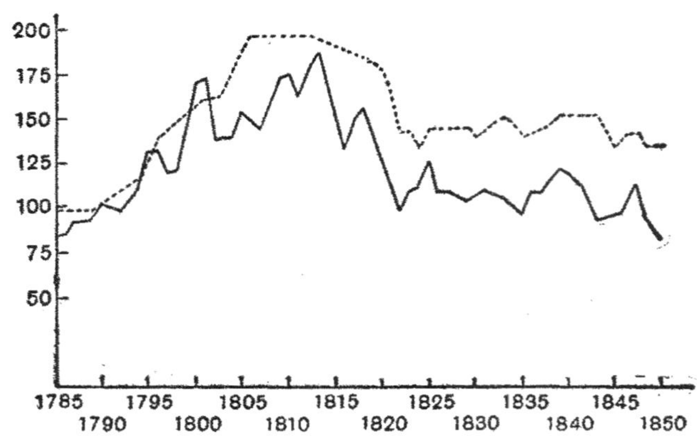

……**英格兰农业所得的一般趋势**（以鲍莱氏为根据）。就 1780—1794 年和 1823 年及以后各年这两段时期而论，关于北英格兰所得方面的材料是相当丰富的，至于这个间隔时期的曲线则不甚肯定。

——**工人阶级生活费指数**（以希伯林氏为根据）。关于表和注释，参阅附录。

129　根据这项稍嫌空泛的数字，英格兰（以及威尔士）的平均工人，在 1794 和 1824 年之间，已经照一年约五镑，即一星期一先令十一便士这个数目改善了他的毛收入——把收割时期和其他杂项收入的估计百分比加在有纪录可查的工资上一并计算。但是这项足够抵付租金和啤酒的可能上涨而有余的平均收益，主要是由于串特河以北各郡中更显著得多的收益而来的，因为在那些郡中，工业既提供了其它可取的谋生之道，而济贫法又没有起压低工资的作用。杂项收入，据这项计算推断，是随工资而涨落的，并且在若干郡中，工资在 1824 年肯定比在 1794 年为低。所有这些郡都是斯宾安兰制度有了很充分发展的郡。在主要的和证据最确凿的事例中，按

比率表现出来的工资跌落情形有如下述：[1]

	1794年	1824年		1794年	1824年
苏塞克斯	86	81	多尔塞特	？75—80	69
杭廷顿	62	58	威尔特郡	？80—84	75
萨福克	75	69	赫勒福德	？70—73	64
累斯特	74	63			

英格兰南部、东部、中部和西南部的其它大多数郡不是呈现出很轻微的下降，就是呈现出很轻微的上升，也就是低于全国平均数的上升。主要的证据确凿的例外就是上升的程度超过全国平均数很多的米多塞克斯以及和它差不多并驾齐驱的肯特。理由是显而易见的——伦敦。

西米德兰呈现出比斯塔福德郡和沃里克郡的全国平均数更大的上涨。林肯郡没有显出多大涨落。除开诺森伯兰这个不确知的例外和约克郡的北莱定这个肯定的例外不论，德尔比郡以北的所有地区都呈现出比全国平均数更大的上升。

像英格兰北部的情形一样，苏格兰工资在三十年之间已经有了很大上升，但是二十年代时工资的准确水平，正如上文所述，是更加不确知的。为二十年代初期的洛蒂昂诸郡所提出的“大约十先令”的粗略估计[2]将把它置诸和林肯郡、柴郡以及约克郡的北莱定那同一个类别中——仅就货币工资而论。在苏格兰工资和苏格兰济贫法之间并无任何连带关系。 130

① 鲍莱，见《统计学报》，1898年，第702页及以下。

② 本卷，第126页。

究竟在二十年代中平均英格兰工人家庭的可能享受标准，在没有济贫捐征收委员方面的任何帮助之下，是否真正高于三十年前的可能标准，这不仅要看这一家家主的农业收入，而且还要看他们全家的收入而定。这里掺杂进工业副业这样一个异常棘手的问题，尤其是纺纱。这个问题并不是十八世纪中多少带几分职业性的女纺工——当时这种女纺工很多——的收入的问题，而是靠做母亲的和逐渐长大成人的姑娘在闲暇时的操作对家庭收入的可能增益的问题。根据来自十八个郡和来自多数纺织业的报告，纺纱的每日平均报酬在 1787—1788 年差不多是六便士。这些数字经阿瑟·杨格在他的《农业年鉴》中予以发表。[①] 一个庐舍里的年轻的母亲，在家里没有任何帮手之前，究竟能做多少个整日的纺纱工作呢？当她能以使唤家里的几个人纺纱的时候——她是尽早这样做的——我们听说在正规的制造业区域中，家庭收入每星期可以增加一两个先令。[②] 虽然在 1787—1788 年为市场进行的手工纺毛和手工纺麻仍然还很普遍，但是却不能设想每一个郡的每一家——或者差不多每一家都进行这项工作。姑就一点来说，纺线杆纺纱已渐渐过时，而纺车却不是可以白手得来的。发原料的业务组织一定有青黄不接的时候。再加上妇女的经常怀孕和分娩、疾病和家务等等，家庭收入几年间的平均增益即使有一星期六便士之数，也会是令人不胜诧异的。

---

① 引自平奇贝克：《女工和工业革命》(Pinchbeck, I., *Women Workers and Industrial Revolution*)(1930 年版)，第 142 页。

② 希顿：《约克郡的羊毛和毛丝工业》(Heaton, H., *The Yorkshire Woollen and Worsted Industries*)(1920 年版)，第 336 页。

正在生活费高涨的时候(1795—1813年),失去甚至这样一个数目也会是一种灾难,至于孀妇和其他靠纺纱为生的人则一定是光景可惨的;但是随着战后生活费的下降,其它工业副业也伴同而来,[①]虽则难以设想,这些工业副业到1824—1830年已经有效地代替了纺纱。然而在1794—1824年整个这段期间,因工业革命而对农村家庭的收入 131
造成的损失——仍然是就平均数字来说——在绝对数字上是不会很大的;虽则对于当家人每年挣二十五—三十镑的一个家庭,甚至区区一星期三便士,一年十三先令的损失也会不是一件小事。

其中含有许多不确知的数量的这个棘手问题的结论是,仍然就平均情况说,一个英格兰(以及威尔士)的农村工人家庭在1824年的可能享受标准,多半比1794年的稍稍好一点,假定工作是同样正常的话,但是有些重要地区,肯定要坏些,另一些地区多半要坏些,而很多地区无论往好或往坏的变化都微乎其微。在不好的地区中,则为贫乏者抽征济贫捐。[②]

济贫法的实施不但有助于压低工资,而且还有助于使一部分人口游手好闲,致将地方性的不平等永远保持下去。战后济贫捐的负担,在某些地区和在某些人的肩上,已不胜其担负。在现代争论中常常引证的济贫捐等于或超过土地年产值的那些极端的案例,自无须视为具有代表性的案例;但有一点可以肯定,即这种负担到处都不胜沉重地压在小持有者或所有主的身上。十先令一英

① 本卷,第183页。农业副业(收割等等)并没有多少变化。

② 关于各地区的济贫捐的成本,参阅本卷,第364页。

亩的济贫捐，正如在 1834 年引证自剑桥郡大舍尔福德的那一项一样，[①]足可在战后时期的任何一个凶歉的年份，把一个没有财政储备的小业主逼到破产的边缘。所以这种制度有助于打击“自由民阶层”。它对于庐舍所有者和“零星土地持有者”起了更加有害的作用。一个工人必须缴纳济贫捐以便使其他工人能以按不合经济原则的工资就业这一事实，只不过是这种弊害的一部分。在彻底贫穷化的地区中，农场主无意于雇佣这类的人，因为没有一个有产的人有请领教区救济金的资格，而且标准工资又是那样低，以致一个已婚男子没有某种救济就不会够用。这类事例究竟如何之多不得而知。但是这项原则却由 1824 年一位应邀作证的人举出一个悲剧式的例子来予以说明。[②] 一位可尊敬的有土地的公权农，素以好工人著称，但由于上述的原因而得不到工作。他的产业使他
132 不能登进“贫民”簿中。“所以我们非等到我们破产不可”，他这样说。要迫使这个人出卖庐舍和零星土地并不需要有一次圈地；救济贫民的法律为他作到了这一点。所以这个制度促进了产业从小所有者向大所有者的转移，这种转移尽管一向为人所夸张，却无疑是斯宾安兰大会和选举改革法之间的一个时代特征。

在 1825 年土地面貌完全现代化以前，英国仍有一些敞地和条地有待圈围，仍有很多沼泽地、林地、荒山、旷野和公用地有待改良和开垦。但是真正敞地农业，连同它对于庄田上的一切持有者具

① 《济贫法报告》，第 54—55 页。

② 《工人工资审查委员会》，第 43 页。

有强制作用的惯例，这时都已经罕见了。它久已在崩溃之中，但殊与圈地无关。托马斯·斯通在他的1794年林肯郡报告书中写道："任何人要把公用地占用者理解作必然为任何教区的风俗习惯束缚在经营管理的任何确定方式上，那就大错特错了"。[1] 大概他们是依照成例休耕的——虽则这种成例有时也被打破——但是除此而外，他们是自行其是的。在迄仍残存的艾克斯霍姆的著名敞地中，播种在1794年完全是各自为政：休耕办法已经完全绝迹。熟悉很多郡情况的斯通，认为小麦和大麦、燕麦和豆类的三轮休耕制——本身就是按中世纪初期的例行办法稍加改进的一种制度——在南剑桥郡敞地中比之在其余任何地方都遵守得更严格些。[2] 他未始不可以再加上杭廷顿一郡。在他那个时代，以及在林肯郡，仍然有二田轮作制的教区，在那些地方每年都有一半的土地投闲；但是关于播种的那一半土地却没有严格的规则加以限制。[3] 一般来说，远在过去曾经采行二田轮作制的那些地区，在最后的圈地条例以前——常常是很久以前——就已经把它改良成为四田轮作制，而将每一块田地作一简单的划分。[4] 在斯通的林肯郡报告书以后的三十年间，剑桥郡和杭廷顿郡的大多数落后的敞地地区都圈围了起来，最后一片相连不断的敞地三田制农业也被打破了。

剩余下来的零散敞地教区，纵使没有保持其它成规，似乎照例 133

① 第35页。

② 第53页。

③ 艾登：《贫民的状况》，第2卷，第394页(劳思)。

④ 格雷：《英国田制》，尤其是第4章。

还是把休耕的成规勉强原封不动地保持下来。迟至1844年，中原公用地的耕作仍被说成是“普遍两作一休的”。[①] 三田轮作往往比敞地存在得更加长久。地主有时把它订在新圈围土地的租约中。否则也可能是农场主们在他们看来似乎是二十年代时不可能那样低的价格的打击下，由于惯性的原故而又退回到旧制度——即一种更坏的制度——上去。他们因专家看法的改变而得到了一定的支持。在阿瑟·杨格领导下的十八世纪的敞地农业攻击者，因急于要废除那种浪费地力的纯然把土地投闲的休耕，而对一切休耕办法都曾攻击不遗余力，以致产生了一种反作用。在1800年左右，反休耕狂正盛极一时，所以在二十五年之后人们说它“现在已成强弩之末了”。[②] 早于1814年辛克莱就常常不胜其赞许地引用这样一句格言——“在一切黏质土上把地整个投闲几年的休耕是一切良好农业的不可少的基础”。[③] 专家们并没有说在重黏土上必须每三年休耕一年；但这显然是一个受了打击的黏质土农场主所要实行的。大肆宣传的“芜菁农业”和四年轮作——芜菁、小麦或大麦、三叶草和牧草、燕麦；或某种变格——在诺福克可能进行得很好；但是在贝德弗德郡的情况却有不同。甚至两年轮作也残存到1830年以后：出席1833年农业审查委员会的一位证人描述了“一部分半耕半休，一部分按四年轮作”而耕作的一处地产，但未指明地点。[④] 多半它是一片松质土壤，而“半耕半休”的那一部分

① 《公用地圈围审查委员会》，询问案第3358号。

② 劳登：《农业百科全书》，第801页。

③ 《总报告书》，第1卷，第418页。

④ 询问案第1514号。

则可能是这处地产上土壤最轻最薄的地方。

在 1826 和 1832 年之间，黏质土区域的农场主异常忧郁。1833 年进行的调查有助于解释他们何以忧郁和说明在二十年代后期所达到的技术水平。忧郁并不是在 1826 年开始的。自从 1820—1821 年物价暴跌以来，愁云就一直不断地笼罩着农场主和地主们。在截至 1820 年 10 月为止的那二十一个年头中，诺福克的小麦平均价格是八十四先令八便士一夸脱：在 1821 年 6 月则是五十三先令五便士。[①] 在战时和战后，小麦生产在爱尔兰已大为推广。在战争继续  134
进行的时候，军事需求以及不列颠群岛对西班牙和葡萄牙的一部分粮食供应，曾经吸去了剩余的存粮，助长了价格的上涨。[②] 1815 和 1818 年之间的历次歉收也起了同样的作用。继而有 1819 和 1820 年的爱尔兰大丰收，接着就是价格暴跌。在 1822 年小麦接近于四十先令，虽则直到 1835 年为止再没有那样低过，但是战时和战后价格的那个时代却一去不复返了。在 1826 年有过一次大旱；1828 和 1829 年气候湿闷；可是小麦价格却从没有涨到甚至距旧平均数的九先令以内。从 1830 到 1835 年，收成都超过常量，但是从而造成的低粮价似乎是不会减轻农场主的愁苦的。

在 1830 年的前夕条件一直对黏质土地区不利；一般来说，黏质土地区不仅是新近圈围的，而且，由于这个缘故，也是排水条件很差的。在敞地上，暗沟排水自然是从未实行过：敞地都修成为田塍和畦沟，在雨水多的年份，积水能顺着畦沟流出多少就流多少，

① 《农业审查委员会》，1821 年，第 26 页。

② 同上书，1821 年，第 207 页。

剩下就积滞在那里损害农作物。在另一方面，在少数圈地的郡里，暗沟排水却早成定制。在十八世纪初期，以松石块或木柴铺底而以泥土覆盖的楔形暗沟，是一种正规的“艾塞克斯办法”。在所处理的每一块田里都并排开凿很多这样的暗沟。这种办法已经推广到两三个邻郡；但是在1830年在大多数郡中这种办法还不是人所共知的。而且，这样的暗沟都不很耐久，又加之太浅，大概是不太适合于供作耕地排水之用的，除非像有时的情形的那样，把暗沟砌在犁头不常到的大田塍之间的那些畦沟里。[1]

在1760和1820年之间，在处理水分过多的土壤的极端案例的技术方面已经取得了很大的进步。沃里克郡登斯莫尔河畔的斯特里敦的农场主约瑟夫·埃尔金顿是先驱者。他探索地下泉的本领很大，能肯定泉水在什么地点碰到不渗水的地层而被迫冲上地表，然后决定最好在什么地方把它截断，并怎样把水排出。他的方法非有深沟——四五英尺深——和大量经费不可。苏格兰人因为他们的“多泉泥炭地”太多，所以对他以及他的效法者的方法大感
135 兴趣，正如1814年辛克莱的费心写出的苏格兰报告书所指出的那样。[2] 在那个年份以前，这些方法已经取得了相当的成功。但是它们既没有普遍应用，也没有得到普遍的赞赏；直到1823和1833年间佩思郡第因斯顿的詹姆斯·斯密业经证明浅排水法如何可供耕地利用之后，这个运动才变得，不妨说，风行起来。[3]

---

① 普罗瑟罗：前引书，第192—193页；并参阅本卷，第458页。

② 《总报告书》，第2卷，第464页及以下。埃尔金顿在1764年或1764年左右开始了它的工作。

③ 本卷，第458页。

在另一方面，沼泽地的排水法已经进入了它的最后阶段——也就是有效的蒸汽抽水阶段。[①] 在1833年的那些一般地令人沮丧的报告中，证明剑桥郡沼泽地从来没有过这样多的改进的那项证据，却独放异彩。诺福克，连同它的芜菁大麦田，也依然是令人可喜的。它"现在情况之好，和我向所了解的一样"，据一位见证人这样说，至于也有不少轻质土壤的萨福克和剑桥郡，也都差不太多。[②]

高度农业经营的洛蒂昂各郡都相当不错地保持着各自的地位，除非那些，正如在东洛蒂昂郡那样，太集中于小麦种植而又忽略畜产的地方，或"在战时高物价期间地力过分耗竭的"土壤贫瘠的地方则又当别论。[③] 在这类土地上，农场主们正恢复这样一种制度，它不禁令人想起旧苏格兰外田农业的制度。经过一次谷物、芜菁和大麦的轮作之后，他们就让这块地去生长几年的牧草——但却是栽培的而不是像在旧制度下那样自然生长的。尽管有这样的权宜办法，报告书还是强调指出已有很多谨慎小心的农场主破产这一事实。[④] 自从1821年的物价暴跌以来，在福思河以外从阿罗亚直到特河的克拉克曼南郡和法夫郡的低地上，马铃薯生产的发展，对伦敦市场的输出以及骨肥和菜饼这类新肥料的聪明的利用，曾经给予农场主以很大的帮助。再北面，利用海——也就是利

① 本卷，第445页。

② 《农业审查委员会》，1833年，询问案第2101号（沼泽地）、2033（诺福克）、2034号及以下（萨福克和剑桥）。

③ 询问案第2582号。另参阅询问案第11,395号。

④ 询问案第11,406、11,525号。

用轮船——把肥牲口、羊和猪输往伦敦的新办法曾经是主要令人宽慰的事情。[①]

英格兰的西北境，一则因为小麦不大是主要作物，一则因为新
136 兴城市，尽管其市民的购买力很低，却提供了蒸蒸日上的市场，所以并没有受到损害。坎伯兰有一些新圈围的公用地已经又不知不觉地退到李嘉图的边际的那一边去了；但是为这一郡辩护的人在1833年却夸说，虽则一直到1807年它还输入谷物，然而从那时起它已经变成为输出者。[②] 在远至里布耳的荒地上，农场主们在畜产方面颇为成功。[③] 南兰开郡那个大马铃薯产区抱怨它将马铃薯生产已经进行到了不再有利可图的地步；[④]但这种抱怨都是照例文章。它也抱怨爱尔兰方面的竞争。新兴的定期轮船往来已经导致“爱尔兰产品的大量输入”，其中无疑包括马铃薯，但最重要的还是奶油。“一个很能干的人”“多从事”于这种曼彻斯特—爱尔兰之间的奶油生意。[⑤] 柴郡也受到了爱尔兰方面的损害，但是它已经有了虽则缓慢但相当一致的进步，而只有在黏土地带遇到了阻碍。[⑥] 它的大部土地是草地，并且它在爱尔兰人未能插足的城市牛奶贸易方面同南兰开郡平分天下。南兰开郡，在追问之下，承认：奶油厂很少见，但牛奶厂却是普通的。[⑦]

① 询问案第 2859 号。
② 询问案第 6588 号及以下。
③ 询问案第 3641 号。
④ 询问案第 3750 号。
⑤ 询问案第 3569 号及以下。
⑥ 询问案第 5779 号及以下。
⑦ 询问案第 3745 号。

关于希罗普郡的报告最为令人鼓舞。[1] 它近二十年来大加改良的农业，自 1821 年以后就没有呈现过衰退。没有一块土地曾经投闲废耕过。克隆森林的自由民，虽羊瘟肆虐，但依然屹立无恙。合理的作物轮作正逐渐取代反复播种谷类作物的那种有害的老办法。在威尔士那一边，蒙特哥马利、登比和弗林特同希罗普郡和柴郡如出一辙。比较边远的威尔士郡县——卡那封、梅里奥讷斯、卡尔迪根——在 1821 至 1833 年的调查中很少提及。它们都是自给自足的；大麦面包、青葱肉汤、酪干、猪肉、马铃薯、甘蓝和青鱼是它们的食品；[2]小麦农作的盛衰对于它们的慢慢摆脱极原始的农业状态并没有发生影响。大麦面包，不妨补充一句，在整个西北各地，例如在坎伯兰和在柴郡，以及在威尔士，都是主要的民食。在康沃耳，它只是最近才不再通用。[3] 在西北部，燕麦饼和大麦跟裸麦合制的一种古法的**杂合面面包**往往是和它一起流行的。[4]

对于自小麦价格跌落以来所发生的退化情形的标准怨言是来 137
自赫列福德、伍斯特和格拉斯特的，这表明我们又转而谈到为市场而生产的小麦占优势的一个区域了。[5] 在“圈围起来没有多少年的公用地上，以及在薄黏质土壤地带”——也就是边际土地上，退化的情形最为显著。把这些公用地勉强加以耕种在战争时期还不致亏本，它们之所以一直还依旧是公用地正因为它们贫瘠的原故，

① 询问案第 356 号及以下。

② 询问案第 175 号。

③ 询问案第 3431 号。

④ 询问案第 6647、5805－5806 号。另参阅劳登，前引书，第 825 页。

⑤ 询问案第 1634 号及以下，第 8292 号及以下。

随着小麦价格起伏于四十到六十先令之间而不是在八十先令以上，它们也就渐渐退回到牧草丛生荆棘遍野的状态了。

渐渐退回到牧草丛生状态的并不仅仅限于过去的公用地而已。在1833年作证的最有经验的土地经理人和调查员之一——一位年纪很大而又抱悲观主义的苏格兰人[①]——说他在很多郡里都碰到过这种情形，而以在那些"因耕作而耗竭地力的"，也就是，因忽略适当的轮作和施肥而耗竭地力的旧圈的土地上碰到的为最多。他的作证令人想起在十八世纪和十九世纪初期，不科学的农业并不仅仅以未圈围的地方为限。在旧的圈围地区中所存在的技术上的弊害，同阿瑟·杨格和他那一代人所指斥的敞地上常见的那些弊害未始不能等量齐观。杨格曾经那样惯于把圈地和进步联系在一起，以致当他在大部分土地都是旧圈地的法国发现这种联系并不普遍适用时，曾经大为震惊。[②] 他的震惊倒是非常奇怪的，因为这种联系在威尔士既不适用，在不列颠其它很多旧圈地地区或地段也不适用。希罗普郡和兰开郡的反复播种谷物——"燕麦，燕麦，燕麦……一连几年下去"[③]——威尔士除种植牧草的间隔期外无尽无休的播种大麦，[④]以及曾经使辛克莱所提出的随时休耕的呼吁分外有力的旧苏格兰内田的永无变化的播种燕麦都是明证。这些事实固毫不足奇。十八世纪的改良轮作法纯粹是经验主

① 亚当·墨莱，询问案第125号及以下。

② 《法国游记》("Tour in Franc")(1794年版)，第1卷，第398页。

③ 霍耳特：《兰开郡农业概况》(1794年)，第26页。

④ 戴维斯说威尔士的"民主轮作"是一连种三四年小麦，然后再种相同年数的蓟草。第1卷，第306页。

义的，并且由于上面的压力在新圈围的土地上已经一般地加以采用。没有一个人真正懂得为什么谷物和绿色作物必须轮作。有些科学家认为菜蔬只是靠水来供给养料，杰思罗·屠尔那位当代最 138
优秀的农业家曾经幻想，土地如能按照他的办法小心加以耕种，农作物就可以永远不变。固然他并不完全错，但是他的方法却不适合于平均耕种者，对于旧圈围地区中不受村庄上任何成规的拘束而依照他父辈向来的成法进行耕作的小农场主则尤其不适合。他父辈传下来的办法很可能还不如已经总结成为改良的三年轮作的那种古传办法，正如在剑桥郡敞地上自古以来所实行的那样。

在新圈围的土地上，不受村庄上成规的拘束这一点——这种成规，正如上文所述，常常是先圈地而存在的——也是既可以利用也可以滥用的。在漫不经心的地主之下的既贪婪而又目光短浅的农场主会很容易"通过耕作而把地力耗竭"。很少人曾经试用以至听说过新肥料。农场肥料本身就没有受到适当的重视。自1821年以来任何地方都没有进行过什么排水工作，除去像贝德弗德公爵那样最了不起的地主则又当别论。[①] 这些情况的综合结果，在一项关于南威尔士耕地（其中大部分是相当老的圈地，但也包括一些新圈地在内）的报告书中可以清楚看出。据说，自从战争以来一直没有任何进步：生产趋于降低，杂草日益繁生，终身租佃和分租情形都很普通，并且由于缺乏管理，"很少几个农场主遵守任何正规的轮作制"。[②]

① 《农业审查委员会》，1833年，询问案第215号。

② 同上书，亚当·墨莱，询问案第125号及以下。

从全国各处的重土壤地区提出了同样的,虽则稍欠全面的有关衰退情形的报告。农场主的利润损失和地主的地租损失自1821年以来就限制了排水工程和人工肥料的使用,甚至在这两者的价值为人清楚了解的地方亦复如此;而济贫捐之重则为向所罕见。拥有资金的农场主正物色比较轻松干燥的土壤,以便可以比在没有排水或没有排尽水分的黏质土上更容易地保全植物茎[①]。据说甚至连明沟排水都无人注意:沟渠也不像向来清除得那样干干净净。[②] 凡是黏质土最重和最接连不断的地方——就像在南艾塞克斯、肯特郡的威尔德林区和苏塞克斯,以及在东米德兰的很多地区那样——也最是怨声载道,并且在最后一次圈地时代的突飞猛进之后,停滞和退化的情形也最为普遍。所谓停滞也就是说在
139 圈地已暂时达到饱和点的地区中疏落散布着的一些残余小块公用地的继续苟延残喘。

肯特郡工人的焚烧干草堆、示威运动和骚动开始于1830年8月,首先蔓延到萨里和苏塞克斯,继而西至于多尔塞特和格拉斯特,北至于诺福克和北安普敦。[③] 斯文大尉已经出马,他的恫吓信已经在很多没有公开示威和纵火情事出现的郡中发出。人们的不平之鸣很多,而且差不多全都是正当的——对济贫法、畋猎法、什一税、圈地、工资率和机器都心怀不平;在以1828—1829年那些湿闷年份的失业和昂贵的面包为背景之下,对这种种的不平燃起了7月巴黎革命的火焰。只要答应不管旱涝准定两先令一天,就往

① 询问案第1046号。

② 询问案第1077号及以下。

③ 参阅哈蒙德夫妇的《农村工人》,第11章中的动人叙述。

往使他们满意而去。但是他们很少不捣毁打禾机的。他们的行动是不需多所解释的,而只从肯特郡一位地主的信中引证下述一段话就够了——“一个勤勉的人,只要有一座谷仓〔冬季他可以在里面打禾〕,就绝不需要救济金;每星期十五至二十先令是可以挣到的”。[①] 打禾机是农业方面新到来的机器时代的先驱者。无怪它也遭到了从诚实人口中夺去面包的其它机器的同样命运。一群机器捣毁者曾经是不合时宜的发明的十八世纪的公认反对者。

经过多次失败而在 1780 和 1790 年之间由登巴尔的水车匠安德鲁·米克尔制造成功的打禾机,直到 1800 年在默尔西河以南还很少有人知道。由于劳动力昂贵,在 1794 年以前它已经就传入了兰开郡。[②] 在 1798 年,据北威尔士方面的报告说那里已有两部试用的机器:到了 1813 年,打禾机在那里已经“普及到不胜枚举了”。[③] 但是打禾机之传入米德兰和东南部产粮各郡却很慢,因为 1830 年的骚动以那里为最严重,而且在旧济贫法之下教区人口的集中已使机器成为工人最沉重的打击。在 1824 年,据来自杭廷顿的报告说,打禾机的使用已趋于减退,所举的理由就是济贫捐苛重。[④] 在此后几年中,据说轻便的、马力推动式的打禾机“在萨福 140
克非常普通”:有时工人,据说如此,也省下钱来购买一部——都是一些不很精致的——并且照现代办法带着它到处走动,由农场主

① 同上书,第 245 页。

② 霍耳特:《兰开郡农业概况》,第 45 页:它是用手力或水力推动的。

③ 戴维斯:《北威尔士》,第 122 页。

④ 《工人工资审查委员会》,1824 年,第 31 页。

提供人手和马匹来转动它。[①] 但是这样幸运而又精明强干的工人一定是很少的。在1825—1830年，打禾机的使用“在苏格兰各处已很普通”并且“在英格兰和爱尔兰都年有推广……”；但是任何地方都没有绝迹的打禾棒在南英格兰的常见，正和打禾机在苏格兰耕地上的常见不相上下，若说有什么不同的话，那就是更常见些。[②] 换句话说，1830年的骚动恰恰是在机器对膂力之战短兵相接的时候发生的。这些骚动不但成功地捣毁了许多机器，而且成功地延缓了它的进程。有些地方官劝告农场主们不要把捣毁的机器更新。有些农场主无疑是气馁了。十二年之后一位农业改革家谈到了“可怜的机器”——他是指设计方面的可怜而言的——这些可怜的机器甚至在那个时候也不过才“慢慢地在英格兰南部见诸使用”。[③]

在1830年以前完全站稳了脚步的唯一另一种重要的节省劳动的机器，就是乌本的萨蒙在1800年左右发明的抛草用的摊晒机。到1825—1830年，这种机器已“渐渐很普遍地使用了”，尤其是“在成大片摊晒干草的伦敦附近”。[④] 这种机器的采用显然没有激起任何愤怒，虽则有时斯文大尉或许把它夹杂在其它机器中而

① 劳登，前引书(1831年版)，第439页。在麦克尔式(Meikle type)的机器中，谷物是用手推到由简单机器运转的打禾棒下面去的。

② 同上书，第435、519页。

③ 格雷格：《洛蒂昂诸郡的苏格兰农业》(Greg, R. H., *Scotch Farming in the Lothians*)(1842年版)，第6页。波利特—斯科洛普：《给英格兰南部各地方官的第二封信》(Poulett Scrope, G., *A Second letter to the Magistrates of the South of England*)(1831年)，第6页。

④ 劳登，前引书，第421页。

一并加以捣毁。刈禾机还是以后的事：它“还是一种可欲不可求的东西”，劳登在1831年这样写道。[①] 试验已经进行了一个时期。诺森伯兰的一位教师亨利·奥格耳发明了在1822年**运转的那部**刈禾机；但是没有一位农场主肯花钱去试用。在1828—1829年，在福尔法尔、佩思和法夫用贝尔发明的那部重机器进行了试验，那部机器是用后面套着的几匹马推动的：比附着在一种耕犁机上的 141
小刀大不太多的格拉德斯通刈豆机已经“在苏格兰的若干地区使用得完全成功”：但这都只是一种试验，而且不是很有希望的试验。[②]

其它大多数的新农具都是改良的工具而不是机器，并且很少，纵然有的话，是直接代替劳动的。为播种谷物和其它种子用的马力条播机，还是很需要人的照管，并需精耕细作和小心准备好的苗圃。块根作物和豆类的马力耨掘（包括条播或列植的等同步序在内[③]）自屠尔时代以来就已经很慢很慢地出现了，并且，像条播一样，是旨在增加收成而不是减少劳动的。这两种方法中的任何一种在二十年代都并不普遍，科贝特始终抱怨“人们不相信芜菁条播的优点”[④]而宁愿把芜菁籽像谷物一样的撒播。为减少休耕地上犁耕次数而采用的耕耘机和翻土器，是导致马力而不是人力方面的节省。[⑤] 在犁、耙、运货马车和其它主要工具方面七八十年来的

① 劳登，前引书，第421页。

② 同上书，第427页。

③ 只能用手浸种。

④ 《农村走马记》，第1卷，第274页。

⑤ 关于二十年代的这些机器，参阅劳登，前引书，第528页。

改进，才刚刚取得了全铁制犁和全铁制耙的成绩。[①] 犁嘴、犁刀和耙齿久已用金属制造了；虽则直到十九世纪，木齿耙以及金属和木料合制的各种犁头仍然在某些地区或特殊用途上保持住它们的地位。在1830年以前，全铁制犁已经在低地广为试用，在英格兰北部也稍加试用。在阿尼克甚至还有一个“小有名望的（铁犁）制造商”。[②]

正是在那个地方科贝特第一次看到了“用**蒸汽机**运转的打禾机”，并且，正如他的典型笔法所表达的那样，掌握了它的重要意义。[③] 在太恩河以南，打禾机是由人、驴或马转动的，偶尔也用水力或风力转动；但是以诺森伯兰为嚆矢的工厂田庄（factory farm）
142 可以把蒸汽机像安装在打禾机上一样方便地安装在饲料切割机或芜菁切割机上。这种方式是意义深长的，但它并非注定要在不列颠有多大的推广。甚至在科贝特之后一百年，田庄在这方面使用它们自己的动力——蒸汽或其它——的仍然还很少。科贝特每谈起都不禁为之激动的那些苏格兰农业专家之一，在这时就已经辨认出这种真正的发展路线了——虽则不完全准确。1831年约翰·劳登在描述了带着自己的打禾机到处走动的那些有事业心的萨福克工人之后，接下去说，“或许在几年之内他们就会有收割机和蒸汽耕犁机，并且以同样的方法租给我们使用了”。[④] 十二年之后他虽不得不承认这一部收割机都还没有到来；但是他却有坚持

① 拉德纳:《袖珍百科全书》,“金属制造品”条(1831年版),第1卷,第156页。

② 同上。

③ 《苏格兰旅行记》,第85页;并参阅第30页。

④ 同上书,第439页。

预见之明。[①]

① 《农业百科全书续编》(1843 年版),第 1319 页。

143 第五章　工业组织

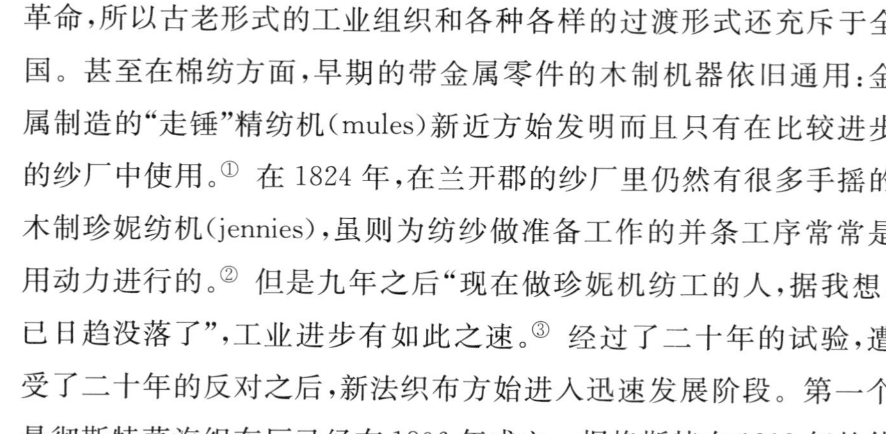

因为在1830年以前英国没有一种工业已经度过了全面的技术革命，所以古老形式的工业组织和各种各样的过渡形式还充斥于全国。甚至在棉纺方面，早期的带金属零件的木制机器依旧通用：金属制造的“走锤”精纺机(mules)新近方始发明而且只有在比较进步的纱厂中使用。[①] 在1824年，在兰开郡的纱厂里仍然有很多手摇的木制珍妮纺机(jennies)，虽则为纺纱做准备工作的并条工序常常是用动力进行的。[②] 但是九年之后“现在做珍妮机纺工的人，据我想，已日趋没落了”，工业进步有如此之速。[③] 经过了二十年的试验，遭受了二十年的反对之后，新法织布方始进入迅速发展阶段。第一个曼彻斯特蒸汽织布厂已经在1806年成立。据格斯特在1818年的估计，在曼彻斯特、索耳福德、米德尔顿、海德、斯太莱桥和其它各处共

---

① “在所有制造业企业中的……机器，就最大部分来说，都是木制的”。辛克莱：《苏格兰统计报告的分析》(1825年版)，第2卷，第200页。一个进步的格拉斯哥公司在1833年正运进一部“走锤纺机”(Self-actor)。《制造业、商业和航运业状况审查委员会》(1833年，第6卷)，询问案第5398号。费尔贝恩·李莉公司在1820和1830年间正以“铸铁细棒”代替“笨重的木头和生铁块”。费尔贝恩载斯迈尔斯：《工业传记》(Smiles' *Industrial Biography*)，第325页。

② 《工匠和机器审查委员会》(*S. C. on Artisans and Machinery*)(1824年，第5卷)，第413页，斯托克波特。

③ 《1833年的审查委员会》，询问案第10684号，也是斯托克波特。

有这样的工厂十四家：他想它们拥有大约二千台织机。据他在1823年执笔时计算，“目前在不列颠开工的动力织机不下一万台”。它们主要是织造普通染色布和市布，但是新工作部门正在迅速征服中。他推测全国有织布工三十六万人，但是他的臆测或许偏高。[①] 1830年所作的一项估计把英格兰和苏格兰的数字估作动力织机五万五千至六万台，手织机二十四万台。[②] 贝恩斯在1835年写作时预计旧式工具不会很快地绝迹，他的预见证明是不错的。[③]

羊毛工业，因其历史悠久、长期受国家管理——而这种管理是 144
棉纺织工业所完全逃避了的——分布面广，以及产品花样繁多，一直还没有经过很全面的变革。直到1800年左右，在西莱定甚至连飞梭机还不“很普通”。直到1840年以后，地毯织工仍然是照古老的方法用手把梭投过织机。[④] 毛丝纱，也就是精梳毛纱，现在几乎完全是纱厂用机器纺绩了，虽则在1820年甚至纺线杆在英格兰还没有完全绝迹；但是，尽管有机器梳毛的各种试验，而精梳这个主要的预备工序却是一种手工艺。[⑤] 在毛纺这个工序上也有一个类似的缺口。在各主要制造业区域中，梳毛的初步作业已经是行将

① 格斯特：《棉纺织业简史……1823年》(Guest R., *A Compendious history of the cotton manufacture... 1823*)，第46—48页。

② 《制造商雇佣情况审查委员会》(*S. C. on Manufacturers' Employment*)，1830年(第10卷，第221号)，第3页。

③ 贝恩斯：《棉纺织业史》，第237页。

④ 《手织机织工。助理调查委员会报告书》，第3卷，注586。据说在1803年十分之九的毛丝织工都使用飞梭。

⑤ 关于纺线杆，参阅里思：《百科全书》，1819年版，“毛丝”条；关于梳毛，参阅伯恩利：《羊毛和梳毛业史》(Burnley, J., *History of Wool and Woolcombing*)(1889年版)，第144页。

由动力来接替的第一批作业之一，梳毛“机器”——即装有金属线齿并相向回转来开毛的一些滚筒——往往就装置在旧式水力砑布厂中。但是在1835年尤尔发表他的《制造业哲学》(*Philosophy of Manufacture*)时，介于梳毛和纺毛之间有一道尤尔所谓的“手工作业”，也就是在一部叫做“毛纺粗纱机”(billy)的手摇木制机器上进行的“粗纺”，即为在精纺机上进行纺织的粗毛绒所做的准备工作。“粗纺工”，尤尔写道，“虽然是工厂里面的人，因为不依附于动力，所以严格地说，并不是工厂工人”。他注意到1834年12月刚刚公布的一项专利权，靠了那项专利权，第二部梳毛机就可以用现在所谓的搓条法为精纺机做准备工作并提供松毛绒了。这个关键性的发明只是在十九世纪后半叶方始广泛采用。[①]

在格拉斯哥郡之类的落后地区中，甚至精纺机也是在1828年前后方始见诸使用，导向“珍妮”纺机的手摇“毛纺粗纱机”也是用手操作的；虽则梳毛和一些其它工序都是由动力进行。[②]

145 关于羊毛和其它织物的织造，在这里只需这样说：动力刚

---

① 尤尔：前引书，第8页。关于原来为精纺机准备梳棉条用粗纺机的起源，参阅丹尼尔斯：《早期的英国棉纺织工业》(1920年版)，第123页。

② 《手织机织工。助理调查委员会报告书》，第5卷，第370页。哈蒙德夫妇：《技术工人》(Hammond Mr and Mrs, *The Skilled Labourer*)(1919年)，第148页，说水力在大约1800年左右已经用于“珍妮纺机和其它机器”。就珍妮纺机而论这种说法是不无可疑的。曼彻斯特的丹尼尔斯教授告诉我，他没有找到以动力用于珍妮棉纺机的任何事例。〔在美国羊毛工业中也没有“任何证实的事例”。柯尔：《美国毛纺织工业》(Cole, A. H., *The American Wool Manufacture*)(1926年版)，第1卷，第112页。〕棉布业者请愿书审查委员会(1803年，第5卷)所提到的机器并不是纺机，像哈蒙德夫妇所设想的那样，而是为整理用的起毛机。当时在西部有些毛纺厂无疑是拥有动力运转的梳棉机和手操作的粗纺机和珍妮机的。

开始试用，并且产生了照例的结果——在二十年代初期因毛丝工业的轻织物而引起的一次骚动；直到1830年动力织造依然是试验性的。至于比较重的大呢、粗呢、制服呢和毛毯之类，则一直还没有试用过动力机。在地毯织造方面，不难设想，也还没有试用，只是在最粗麻布以及某几种丝绸的织造方面曾经用作尝试。1830年有一个委员会作报告时，还把"一旦发现在毛织品和丝织品的织造方面，利用动力为切实可行"，则情形又当如何，作为一个理论问题加以讨论。[①] 第二年拉德纳对于动力的使用"除在丝织业最普通的部门以外，是否能有多大推广"，表示"非常怀疑"。[②]

至于麻纺，则眼镜匠约翰·肯德鲁和钟表匠托马斯·波特浩司（即波托斯）这两位达林顿人已经发明了一种机器。几年之后既经为利兹的约翰·马歇尔大加改良，那个城镇也就因而成为英国的麻纺中心和这种必要机器的制造中心了。机器从一上来就使用蒸汽的利兹推广到阿伯丁、敦提和苏格兰的其它麻布城镇。但是一直到1820年左右，机器还只不过用于真正的所谓亚麻，而并非用于那种比较短的副产品——麻屑的纺织，对于麻屑早期机器是不适用的。工厂所纺的麻纱也远不足应付所有的需求。在不列颠的市场上仍然有很多女纺工纺出的麻纱，至于爱尔兰的市场上则

① 《制造商雇佣情况审查委员会》，第3页。

② 拉德纳：《丝织业》（Lardner, *Silk Manufacture*）（1831年版），第275页。参阅本卷，第196页。

146 别种麻纱殊不多见。① 在苏格兰，乡间各处以及在敦提大街上每逢赶集的日子都有纱贩，女纺工同制造商直接进行大量的交易。②

麻布工业有一种和毛丝精梳工相似的、为纺麻做准备工作的梳麻工。梳理机在战争期间首先创行于利兹，但是直到"很多年之后"方始见用于苏格兰，甚至在那个时候也还一时"没有多大进展"。结果，控制着瓶颈的梳麻工"靠了罢工的手段在相当程度上控制了这个行业，强定工资率和学徒人数等等，并强行自己的要求，而不论其如何不合理"，正如一位雇主很久以后在他的回忆录中所写的那样。③

丝，按真正的字义来说是不需要纺绩的，却自有一段珍奇而重要的技术史。捻丝，也就是把丝捻搓成股以便可以经得住纺机的拉力，乃是最早大规模利用动力进行的织造工序——早在中世纪的意大利。在英格兰，这种方法由托马斯·隆比介绍到他那所坐落在德尔比郡一个河岛上的著名水力丝厂，即这同一个郡中阿克赖特棉纺织厂的先驱。在1719年隆比厂的成立

① 爱尔兰的机器纺纱始于大约1805－1810年；但是只生产很粗的麻纱。在1820年以后有相当进步，但蒸汽直到1829年方见使用。吉耳：《爱尔兰麻纺织工业的兴起》(Gill, C., *The rise of the Irish Linen Industry*)(1925年版)，第266、318页。吉耳(第265页)根据霍尔纳：《欧洲的麻纺织业》(Horner, *The Linen Trade of Europe*)以波特浩司为棉布制造商的说法，把他作为织布工。但他事实上是一个钟表匠。朗斯塔夫：《达林顿的历史和古迹》(Longstaffe, W. H. D., *Hist. and Antiquities of Darlington*)，第313、319页。〔他在申请专利权的说明中似乎被称为织布工。马歇尔：《经济史评论》，1927年，第626页。〕

② 沃登：《古代和现代的麻纺织业》(Warden, A. J., *The linen trade ancient and modern*)(1864年版)，第690－694、596页。关于爱尔兰，参阅吉耳，前引书，第318页。

③ 沃登，前引书，第318页。

和阿克赖特时代之间，类似的大大小小的丝厂已经在全国很多地方涌现来为这项加意培护的十八世纪英国蚕丝工业服务。最大的一个在斯托克波特，1796 年那里有“六部庞大的引擎”，雇用着“将近二千人”，[①]为斯比脱菲尔兹的职工们进行拈丝。当动力纺棉开始的时候，机器和操作工人供应了“工厂制度整个结构”的需求。1783 年，庄园用水权和丝厂都被一个叫做马斯兰的棉布制造商盘去。[②] 但是水力发动或蒸汽发动的拈丝厂却先后在不远的麦克耳斯菲尔德、康格耳顿和曼彻斯特发展起来，那里的第一家蒸汽拈丝厂是维农·罗伊耳在 1819—1820 年创办的。[③] 尽管日益集中于南兰开郡和柴郡，这种工业 147
依然是特别分散的——散布于二十多个郡和“大约五十个城镇”。[④] 蒸汽纱厂已是胜利的新事物。

机器早已掌握了很多织物的最后工序。这种掌握并非都是新事。在“砑布”方面，用水力运转的大木槌砰砰捶捣湿布，使之密厚，已不下几世纪之久；虽则在十八世纪的伦敦，还是以马作为动力。[⑤] 用机械代替奇形的剪刀刮布的办法已

① 录自昂温，载《英国史学评论》(Unwin, G., *Eng. Hist. Rev*)，1922 年 4 月，第 213 页，所引狄福：《游记》(1924 年版)，第 2 章。

② 昂温，同上书，在他的《塞缪尔·欧德诺和阿克赖特》(*Samuel Oldknow and the Arkwrights*)(1924 年版)，第 2 章中则更为详尽。

③ 《丝业审查委员会》(*S. C. on the Silk Trade*)(1831－1832 年，第 19 卷)，询问案第 3022 号及以下——罗伊耳的作证。

④ 同上书，询问案第 11,368 号。

⑤ 坎贝尔：《伦敦行名录》，第 261 号。

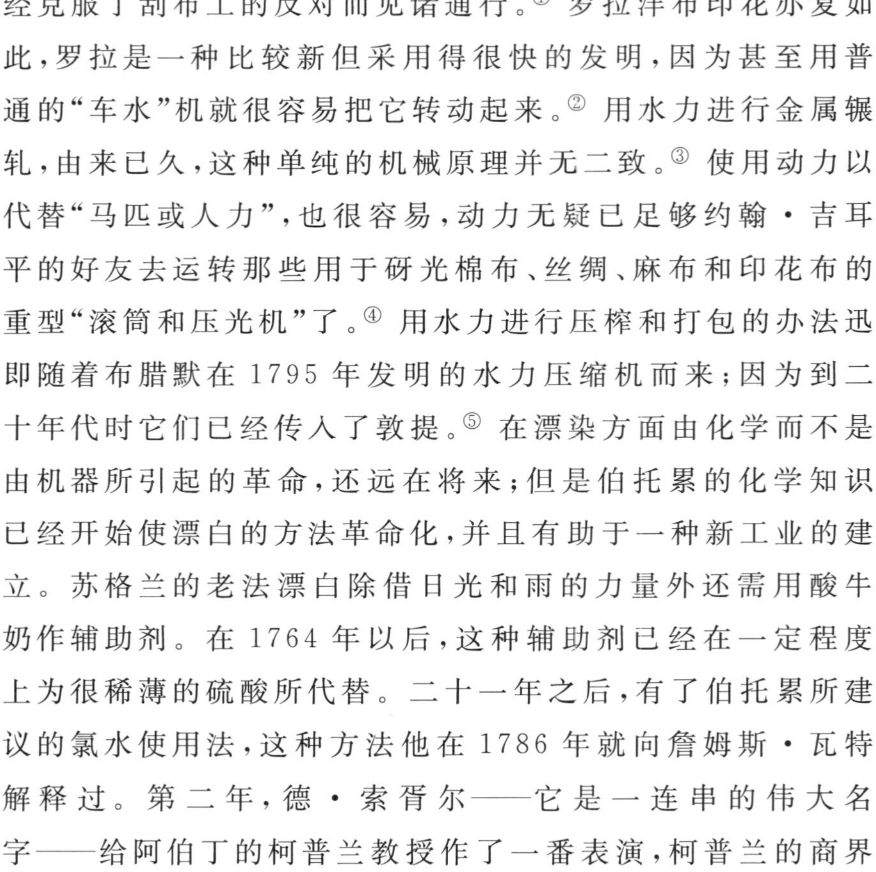

经克服了刮布工的反对而见诸通行。[1] 罗拉洋布印花亦复如此，罗拉是一种比较新但采用得很快的发明，因为甚至用普通的“车水”机就很容易把它转动起来。[2] 用水力进行金属辗轧，由来已久，这种单纯的机械原理并无二致。[3] 使用动力以代替“马匹或人力”，也很容易，动力无疑已足够约翰·吉耳平的好友去运转那些用于砑光棉布、丝绸、麻布和印花布的重型“滚筒和压光机”了。[4] 用水力进行压榨和打包的办法迅即随着布腊默在1795年发明的水力压缩机而来；因为到二十年代时它们已经传入了敦提。[5] 在漂染方面由化学而不是由机器所引起的革命，还远在将来；但是伯托累的化学知识已经开始使漂白的方法革命化，并且有助于一种新工业的建立。苏格兰的老法漂白除借日光和雨的力量外还需用酸牛奶作辅助剂。在1764年以后，这种辅助剂已经在一定程度上为很稀薄的硫酸所代替。二十一年之后，有了伯托累所建议的氯水使用法，这种方法他在1786年就向詹姆斯·瓦特解释过。第二年，德·索胥尔——它是一连串的伟大名字——给阿伯丁的柯普兰教授作了一番表演，柯普兰的商界

① 但是早期的刮布机并不用旋刀，旋刀的第一张专利证是在1815年领出的：克朗普：《1780—1820年利兹的呢绒工业》(Crump, W. B., *The Leeds Woollen Industry, 1780—1820*)(1931年版)，第44页。

② 这是皮尔的财产的基础；参阅《维多利亚地方志，兰开郡志》，第2卷，第397页。

③ 博耳顿曾经在索和用过；但是它还要早得多。

④ 《伦敦行名录》，第262页。

⑤ 沃登，前引书，第615页。

朋友立刻加以试行。[①] 到十九世纪初叶，商业用氯已经由格拉斯哥的查理·滕南特大加改良。他开设在圣洛罗克斯的 148
那个工厂是在大约1800年创办的。[②] 到了1830年这个厂占地已达十英亩。[③] 主要产品是硫酸、漂白粉、苏打和肥皂。兰开郡的大规模地生产化学品比格拉斯哥要晚一些。用勒布兰法制造苏打的第一个重要工厂是马斯普腊特在1823年——也就是赫斯基森把盐这种原料的国产税从一蒲式耳十五先令减到一蒲式耳二先令的那一年在利物浦创办的。六年之后，盐已经完全免税，马斯普腊特和一位合伙人经过“农业利害关系方面的一番激烈反对”之后，就在普雷斯科特教区的圣海伦斯教堂附近于十八世纪发达起来的那个风景宜人的小乡镇上开始进行制造。[④] 在这期间，勒布兰法已在东北海岸旧海滨制盐工业中奠定了基础。曾经在邓唐纳伯爵所支持的拉瓦谢下面工作的威廉·罗什，早于1806年就用这种方法进行过试验；但是真正的开始却是二十年代时由于取消国产税的关系而由库克森厂在格次黑德和由罗什在沃

① 沃登，前引书，第720页。

② 《英国人名词典》〔在第一版中，录自辛克莱：《总报告书》，第5卷，第313页的一句话是作为指滕南特的厂而引证的。事实上它是指另一个公司而言。马歇尔：《英国经济史评论》(1927年)，第625页。〕

③ 本卷，第51页。

④ 《维多利亚地方志，兰开郡志》，第2卷，第399页及以下。布罗克班克：《圣海伦斯史》(Brockbank.，J.，*History of St Helens*)。戈塞治：《阿尔加利制造业史》(Gossage，W.，*History of the Alkali Manufacture*)。国产税于1825年取消。

克分别进行的。[①]

主要的冶金业到了 1825—1830 年已经差不多完成了它们的第一次革命；虽则在 1828—1829 年尼耳森方始把热鼓风法应用于熔铁炉，而使所生产的铁对所消费的煤的比率在苏格兰提高了三倍。[②] 迟至 1788 年，不列颠仍有旧式焦炭炉二十六座，所产生铁约为英国的五分之一。总产量是六万八千吨。[③] 继而有了蒸汽鼓风法，在 1793 年以后持续不断的军火需求接踵而来。这是具有绝大重要性的，因为“在十八世纪时铸铁和铸炮几乎是等同的”，正如迪奥尼夏斯·拉德纳在 1831 年所写的那样。[④] 到 1806 年，一百
149 六十二座焦煤鼓风炉和十一座木炭鼓风炉共产生铁二十六万吨——木炭铁所占的比例这时已差不多无足轻重——铸铁的用途正在日新月异之中。[⑤] 到了 1830 年，二百五十至三百座鼓风炉已有六十五万至七十万吨的产量，其中五分之二以上来自南威尔士，三分之一来自斯塔福德郡。[⑥] “幸而”，拉德纳写道，“大规模铸炮的业务似乎将告结束”；但是到了这个时候，新的社会用途，尤其是

① 《维多利亚地方志，达拉姆志》，第 2 卷，第 301 页。〔关于罗什，参阅罗斯安·贝尔：《太恩河和工程学》，载《英国机械学会会报》(Lowthian Bell, *The Tyne and Engineering*, Tran. *Inst. Mech. Eng.*)(1881 年)，第 445 页。他在 1813—1814 年返回巴黎，并且不久之后就在沃克开始工作。〕

② 斯克里夫纳：《铁业史》(Scrivenor, *History of the Iron Trade*)(1854 年版)，第 259 页及以下各页，以及《英国人名词典》。本卷，第 462 页。

③ 同上书，第 87—88 页。

④ 《袖珍百科全书》，“金属制造业”，第 1 卷，第 55—56 页。自然是一种夸大其词的说法：参阅艾希顿：《工业革命中的铁和钢》(1924 年版)，第 6 章。

⑤ 斯克里夫纳，前引书，第 99 页：木炭铁不到总量的百分之三。

⑥ 参阅斯克里夫纳，前引书，第 136 页中的估计数字。加洛韦：《煤矿史》，第 1 集(1898 年)，第 477 页。波特尔：《国家的进步》，第 268、475 页。

煤气和自来水总管、柱材、栏杆、铁缆和桥梁材料等用途，使这种刺激保持了下去。伦敦甚至进行了以铁筑路的试验——这是在布拉克富莱尔桥和累斯特广场附近进行的。① 在福内斯、伍斯特郡、德安森林和南威尔士仍然生产小量的木炭铁供作锡板和锡片之用，但是 1828 年以后在苏塞克斯的威尔德林区却丝毫不生产了。②

在这期间，既快而又经济的熟铁生产法已臻完善，并已广为采用。熔搅生铁以去杂质的搅炼炉和用带槽罗拉的拉铁条法已经在 1783 年由戈斯波特的亨利·科特领得专利权。在搅炼的铁还软的时候进行搅炼和辗压的方法，行将取代那种在铁锤下既慢而又辛苦的生铁精炼法，并为条、板、链之类的生产提供了大量的坚金属，而没有这种坚金属原是无法进入新冶金时代的。在盆尼达林的洪富里厂先于使用原煤的搅炼炉而采用了一种焦煤精炼炉并加以改良之前，这种本身并不完全是新东西的科特法，还不是什么重大的成功。这种方法有一个时期差不多只通行于威尔士一地，以致通称为“威尔士法”。到了二十年代，它已经在斯塔福德郡和英格兰其它产铁区有了相当的基础；但是在 1830 年前后第一批搅炼炉方始运入苏格兰。在拉德纳执笔时，这两种熔炉都烧焦煤了：在
第二种熔炉中，将这时已经几乎没有炭质的铁块先加热半小时，然 150
后再加以搅炼；当铁块“变成自然状态”时，也就是开始呈现稠黏状结构，几乎是筋状结构时，把它们取出，加以捶炼和辗压；再加热；然后在“水力运转的重锤”之下予以完工。自 1782 年以来，蒸汽已

① 杜宾：《不列颠的商业实力》，第 1 卷，第 154 页。

② 加洛韦，前引书，第 477 页。

经应用到铁锤方面，水力已不再是不可少的了，但仍广泛使用。[①]

钢也可以比较大量地利用了，虽则迄当时为止它的用途还没有大大超出武器、刀具、“玩具”以及在十八世纪时就已经使用钢的各种零件的范围。精钢原来一直是进口货，叫做金属条的那种小条成捆地装运进口。大约在都铎时代末期英格兰方开始制造。早于十八世纪时，设菲尔德已进行制造“泡钢”——把大部分是瑞典制的非常纯的纯铁条放在木炭上加热十二天左右，直到吸收进一些炭质为止。“泡钢”是因它们制成时的外貌而得名的。但是在这种制法中，吸收炭质的多少很不规则。为了生产质量完全划一的钢，一位叫做本杰明·杭茨曼的设菲尔德的教友派教徒在 1740 年左右设计出一种方法，把碎泡钢、小块钢以及其它成分混合在一个小陶瓷坩埚里，铸成已知质量的钢锭。另一种取得质量勉强划一的办法，就是把泡钢条弄断，加热后再把它们成捆地锤炼成锭，俾使其中的杂质，不妨说，均匀化。这就是因供制造最好的剪具之用而得名的“剪具钢”，也就是在十八世纪时因其靠近索林根的原产地而得名的“德国钢”。纽卡斯耳的安布罗斯·克劳利自 1730 年左右就开始制造，但是设菲尔德直到 1770—1780 年仍然是从德国

① 关于科特，参阅艾希顿，前引书，第 4 章。另参阅关于科特家申请公共援助的国会报告书。《1812 年的委员会报告书》，第 2 卷，第 85 页，以及拉德纳：《金属制造业》(Lardner, *Manufactures in Metal*)，第 1 卷，第 83－84 页。关于苏格兰方面，参阅布雷姆讷：《苏格兰的工业》(1869 年版)，第 50 页。搅炼法大约在 1820 年传到瑞典和法国，1821 年传到比利时，1830 年传到莱茵河流域的普鲁士，1835 年传到西里西亚。斯旺克：《古今铁史》(Swank, J. M, *Hist. ot Iron in all Ages*)(1892 年版)，第 88 页。〔在第 1 版中，在这一点中所提到的若干年后发明的内斯密斯蒸汽锤，给人一错误印象，以为在拉德纳执笔时所有的锤都仍然是水力运转的。马歇尔：《经济史评论》，1927 年，第 626 页。〕

进口。在大战过去之后，这种进口货已经倒流了；1830 年，拉德纳正为了我们原应做成高级工具出口的时候而输出高级原料，惋惜不置。在 1785 年创造“剪具钢”的铁工厂已经在设菲尔德建立，而 151
剩余原料就是由这些铁工厂和设菲尔德这时已经有了两代经验的铸炼钢厂所提供的。[①]

在纺织和冶金工业有了一部分变革的时候，十九世纪方始了解其意义的工程学从而有了可能。到 1815 年或更早一些时候，原料已可保证无缺。创造发明的技巧涌现于各行各业。工资每日三先令六便士的水车匠布林德利和工资更少的石匠特耳福德如何帮同创立土木工程这个专业现在已经是常识问题。但是在 1750 年前后，在坎贝尔看来，一个水车匠就是一个普通匠工，他要开张营业比一个铅匠所需的本钱还要少些：“给散匠的工资并不比一个普通的木匠多”。[②] 但是坎贝尔也知道“工程师”——用现代术语来说，即机械工程师——这样一种人，他是把他们划入制车匠、光学仪器匠和制锚匠之类小资本家之列的。

工程师为供应储水池或为矿山排水……而制造用火力抽水的引擎。这种工程师必需富于机械知识……。他雇佣为他做铜工的铸造匠、为他做铅工的铅匠等各种五金匠以及为他作皮管的一批鞋匠。开业需要有一大笔资本〔至少五百镑，据他在另一个地方说〕，并需在缙绅当中广有交游……。他应该有稳健的头脑而切忌轻浮，否则他就会经不起业务的诱惑而从事很多无裨实际而又费用浩大的计划。工人……一星期挣十五到二十先令；懂得如何制

---

① 艾希顿，前引书，第 54—59 页。劳埃德：《刀具业》(Lloyd, G. I. H., *The Cutlery Trades*)(1913 年版)，第 73 页及以下。

② 《伦敦行名录》，附录，第 323 页。

成普通引擎成品的一个车间工头所挣的却要多得多。[①]

这些“火力引擎”制造商的小作坊是不难描绘的，它们的确是小型“作坊”。但是，现在没有片纸只字提到这些工程师本人曾使用动力。然而有些本不会称做工程师的人倒是使用动力的。马修·博
152 耳顿在 1770 年以前有几部水力发动的辗压机和车床。[②] 但是动力在索和厂所起的作用很小，而在用机器制造机器方面则更小。那时有一种最不完善的、用手或马运转的“引擎”，供凿钻炮口之用。这种引擎由米德兰的大铁商约翰·威金逊根据 1774 和 1795 年的专利权作了很多改进，这使瓦特得到不少的好处，因为他制造出他的气缸。[③] 但是 1830 年之后很久，乌里治地方的“钻孔锥”还是由一部“四马机”运转的；[④]虽则到那时所有商业工程师都已经不用马作为动力了。

早期木制纺织机器是由使用人自行制造的，或由织机制造匠、钟表匠、木匠、工具制造匠以及兼有机器特长的各种各样工匠直接为他们定制的；那个时代的“工程师”主要是唧筒制造匠。学会制

---

① 《伦敦行名录》，第 248 页。

② 斯迈尔斯：《博耳顿和瓦特传》(Smiles. S. , *Lives of Boulton and Watt*)(1865 年版)，第 179 页。〔在第 1 版中，根据埃特金：《伯明翰和米德兰铁器区》(1866 年版)，第 262 页的记述，据说一个叫做特威格的人和博耳顿在 1760—1770 年都为这样的目的而使用了“火力引擎”。但如果博耳顿曾经这样做，斯迈尔斯应不会遗漏掉，由于所涉技术上的困难，令人想到有关特威格的传说之误。〕

③ 斯克里夫纳，前引书，第 92 页中的记述经艾希顿，前引书，第 63 页，附注 103 和第三章各处广为增补。艾希顿(第 101—103 页)强调威金逊公司这类企业在工程学演进方面的重要性。

④ 引用金氏的一篇(未发表的)伦敦大学论文(1923 年)，第 15 页。

造机器之后，这些制造匠往往就兼营纺纱，所以这两方面是互相跨业的。曼彻斯特的麦康纳尔·肯尼迪公司在创办之初就兼营这两种业务。[①] 亨利·侯兹沃思在曼彻斯特住了六年之后，在1799年去格拉斯哥，在1824年仍自称棉纺工兼机器制造者。“有很多制造商自造机器吗?”那一年的国会委员会主席问一位专家证人说：答复是“确乎很多”。[②] 有些最大的公司这样继续了很久——贝耳珀的斯特腊茨厂就是一个例子。[③] 但是到了1820—1830年，用其它机器制造机器的职业承办商，即现代世界上的真正机械工程师才刚刚在需求正达于最高峰的兰开郡和伦敦开始出现。

1841年的机器出口法律审查委员会在听取了一些有资格的证人作证之后，断定自1820年以来，随着机器工具的出现，“工具”这个名词的用法已经有了改变。工具，报告书提醒国会说，并不是国会所设想的那种东西：并进而对于现在工具是什么东西加以解释。[④] 工具演进的第一个阶段，大约是在1800和1825年之间，而
这个阶段并不全然是明确的。那位木匠出身的世界发明家布腊默 153
(1748—1814年)或许是起点；虽然早在他的那个时代以前，钟表匠已经使用螺纹切削机床，即一种齿轮切削机，以及为极精细的金属加工用的一种“蜗形绳轮机”。为了制造他所发明的锁——在他

① 丹尼尔斯:《早期的英国棉纺织工业》，第124页注，第128页。

② 《工匠和机器审查委员会》，第347页。

③ 尤尔:《制造业哲学》(Ure, *Philosophy of Manufactures*)(1835年版)，第21页。这种做法在二十世纪并未绝迹，至少有一个大梳毛公司是自造机器的。

④ 《机器出口法律审查委员会》(*S. C. on the Laws affecting the export of Machinery*)(1841年，第7卷)，第7页。另引据诺耳斯:《工商业革命》(Knowles, L. C. A., *Industrial and Commercial Revolutions*)(第1版，1921年)，第75页注。

的发明清单之中还包括水力机、有全副龙头设备的酒馆和厕所——布腊默设计了一系列的机器工具。亨利·莫兹利从1789到1796年一直在他的指导下工作,在这期间,他们改进了重型螺纹切削机床,即一种装有金属切削工具的滑架,和其它不太引起一般注意的机器和器械。[①] 自1797年以来,在杰雷米·边沁的兄弟塞缪尔·边沁爵士的指导下,木工机器在皇家船坞取得了极重要的进步,他的专利权证在八十多年后被一位专家说成是"真正杰出的发明天才的范例":其中"有很多现在通用的最重要的机器原理……〔都〕以最明确、最简洁的方式揭示出来了"。[②] 同边沁合作的有发明家老伊萨姆巴德·布鲁内耳和机器制造匠莫兹利。他们在1808年建造了一系列的机器,在滑车制造方面,借重于这些机器十个人能做一百一十个人的工作。[③] 理查德·罗伯茨从他们的"凿穴机"脱胎出工程师用的钻孔机和切削机。

罗伯茨(1789—1864年),黑乡的一个鞋匠的儿子,早年是约翰·威金逊的一个模型制造匠,后来是莫兹利手下的一个机械工。1816年他在曼彻斯特定居下来,他是给金属刨那种来源不明的机器以永久形式的人们之一。"我们所能知道的只是在1821年左右

① 机器和器械起原的最完善的记述仍然是韦利斯教授在1851年《博览会演讲集》(*Exhibition Lectures*),第1集,第307页及以下的记述。韦利斯指出1772年的《百科全书》中绘有一个比莫兹利所制造的更好的滑架。另参阅斯迈尔斯:《工业传记》,散见各页,而尤其是附录3,"滑架的发明"。

② 白尔:《木工机器》(Bale, M. P., *Woodworking Machinery*)(1880年版),第2页。另参阅韦利斯,前引书,第309页。

③ 费尔尼文,载《英国土木工程学会纪要》(*Proc. Inst. Civ. Eng.*)(1863年),第22卷,第604页。

有几位工程师制造了一部这类的机器”。[①] 大约在他来到曼彻斯特的时候，“整个机器都是用手制成的。既没有刨平机，也没有钻 154
孔机和造形机……〔只有〕很不完善的车床和很少的金属钻”。威廉·费尔贝恩（1789—1874 年）在很多年后[②]谈到 1814 年的曼彻斯特时这样说，1814 年正是他从他以煤矿机学徒而开始生涯的太恩塞德，经过在伦敦和都柏林做了一段散工之后而来到曼彻斯特的那一年。在此后二十年间，费尔贝恩曾经设立了一个公司，那个公司，正如安德鲁·尤尔在 1835 年不胜敬畏地解释说，[③]可以替你生产出一个不论什么价钱、行业、场址或动力的设备齐全的纱厂；但是就工具来说，他总是以首功归之于莫兹利和罗伯茨。费尔贝恩的兄弟，利兹的彼得（1799—1861 年）正把工程知识应用到纺织机器上；但是在二十年代时，他的经营规模不大。[④]

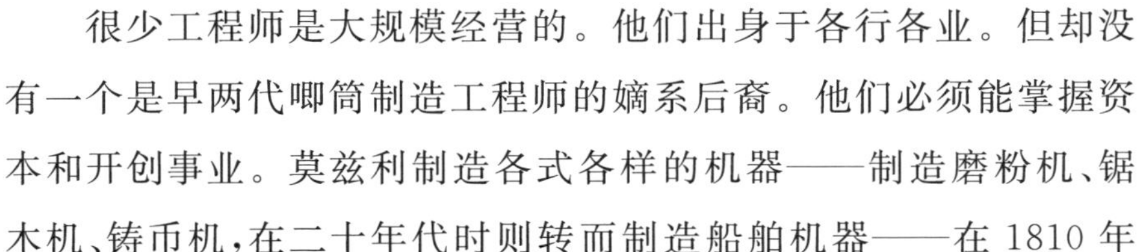

很少工程师是大规模经营的。他们出身于各行各业。但却没有一个是早两代唧筒制造工程师的嫡系后裔。他们必须能掌握资本和开创事业。莫兹利制造各式各样的机器——制造磨粉机、锯木机、铸币机，在二十年代时则转而制造船舶机器——在 1810 年

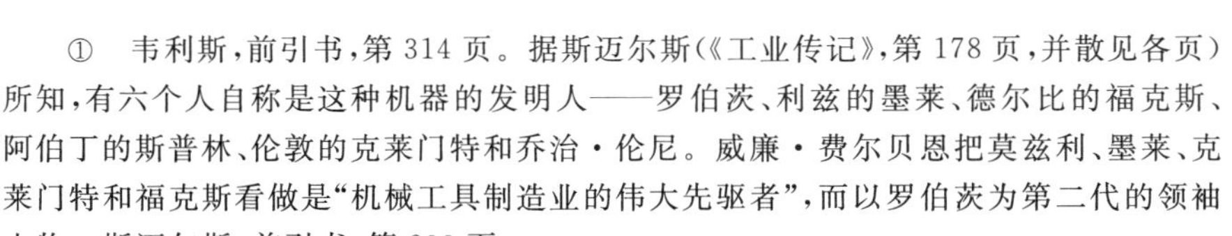

① 韦利斯，前引书，第 314 页。据斯迈尔斯（《工业传记》，第 178 页，并散见各页）所知，有六个人自称是这种机器的发明人——罗伯茨、利兹的墨莱、德尔比的福克斯、阿伯丁的斯普林、伦敦的克莱门特和乔治·伦尼。威廉·费尔贝恩把莫兹利、墨莱、克莱门特和福克斯看做是“机械工具制造业的伟大先驱者”，而以罗伯茨为第二代的领袖人物。斯迈尔斯，前引书，第 299 页。

② 在曼彻斯特英国协会上，1861 年。

③ 在《制造业哲学》中。

④ 但是在 1841 年，他雇佣了五百五十人。《机器出口法律审查委员会》，1841 年，第 208 页。

迁移到威斯敏斯特桥路,[1]并且在那里建立了一个很大的企业。到了二十年代它的规模究有如何之大虽不确知,但它却是伦敦首屈一指的行号了。在1824—1825年,莫兹利的老东家布腊默雇佣了约一百人;亚历山大·加洛韦在1824年雇佣了约七十五人,在1825年雇佣了大约一百一十五人。布莱恩·唐金、约翰·马提诺,和其它一两个工程师也是相当大的雇主,但是据说1824年在伦敦的那两三百个"工程师师傅"和水车匠师傅之中,大多数人都肯定不过是一些小人物,[2]正如坎贝尔所说的高级工匠师傅而已:他们绝不会利用多少动力。他们的业务种类经一位锻工散匠(他说他被人称做机械师兼工程师)在1813年的学徒审查委员会中予以说明:业务是一种崭新的业务:水车匠从事经营,并雇佣一些锻
155 工:他们制造蒸汽机、车床等等。[3] 在1824—1825年所引用的最大雇佣数字是北部的——即曼彻斯特的赫威斯雇佣数字,他的企业"在建立纱厂和为它们装配机器时雇佣的人数很多",可以给一百四五十人以工作。[4] 从那些年的作证中,可以对于二十年代的工程人员和他们所招募的人员得到一个相当明确的概念。加洛韦雇佣了"我们叫做造模工人的木工"、铁料和铜料工、锻工、火伕、打

① 斯迈尔斯:《工业传记》,第223页。莫兹利死于1831年。

② 加洛韦的作证,《工匠和机器审查委员会》,1824年,第19—26页。《工具和机器出口审查委员会》(*S. C. on the Export of Tools and Machinery*),1825年(第5卷,第115号),第41页。布腊默,前引书,1824年版,第37页。唐金、马提诺、泰勒、海伊和伦敦方面的其他几个证人。

③ 《关于学徒法请愿书审查委员会》(*S. C. on Petitions…respecting the Apprentice Laws*),1812—1813年(第7卷,第941号),第20页。

④ 《工匠和机器审查委员会》,第340、27页。

铁工、钳工、锉工、铁料、铜料和木料的车工。赫威斯的重要佣工都是从细木匠和钟表匠中罗致的；但这时他已经收录学徒。约翰·马提诺说，他可以很容易地从萧条的手工业中吸收更多的人来扩张他的企业，只要他们肯来的话：他曾经举钟表匠和工具制造匠为例。[①]

在1824年，曼彻斯特的领导地位，已经为伦敦以外的人所公认；但是格拉斯哥的主要证人霍耳兹沃思声称，他的第二故乡现在"只不过落后于曼彻斯特三四年而已"，虽则"改良的机器的样品"还是从那里得来的。[②] 曼彻斯特的最大资产之一，据他说，并不是工人的精细分工，而是行业的精细分工。那里的棉纺织业是如此之大，以致像罗拉制造和纱锭制造这类的业务都是分行别业的，而在其余各地，机器制造者却不得不自行生产——这倒是副业史上饶有兴趣的一页。

棉纺织以外的大多数使用机器的工业还规模较小，年轻的工程企业的规模之所以小，原因正在于此。蒸汽机这种发动机本身也还很小，并且除开在很有限的一批工业之外，也很少使用：在这一批很有限的工业之中，计有矿业，矿业的普遍使用蒸汽起重和抽水大约始自1790—1800年；[③]鼓风炉厂；棉布业以及在稍逊的程 156
度上，其它纺织业；和最后，在1800年以后的沿海和内河航运业。

① 《工具和机器出口》(*Export of Tools and Machinery*)，第21页。

② 《工匠和机器审查委员会》，第379页。伦敦方面的证人，尤其是莫兹利和加洛韦，声称伦敦的工匠无疑是英国最优秀的并且饮酒也有节制。在布腊默的一百个工人之中没有一个酒徒，唐金的工人也"都是很可尊敬的一类人"。同上书，第37页。

③ 加洛韦：《煤矿业史》(第1集)，第355页。

现在没有全国综合性的统计；但是幸而存在的那些关于格拉斯哥那个一度具有代表性的港口和具有代表性的最新式工业城的统计，倒是完备的。1831年，格拉斯哥拥有人口二十多万，和蒸汽机三百二十八部。其中有六十多部是装在汽船上的。最大的汽船是三百八十七吨，装有两部蒸汽机，各有一百一十四马力。其余的蒸汽机差不多全是装在那一百零七家动力发动的棉纺织厂里，其中很多家各装有几部。[①] 陆上和水上的平均蒸汽机是二十五点六匹马力，格拉斯哥城和克来德河上的总马力当可发动一艘现代的巡洋舰。

在上述的工业以外，新机器和蒸汽的应用只不过是尝试而已。在大面粉厂和啤酒厂中，蒸汽已经采用。蒸汽印刷正从《泰晤士报》推广到其它报刊。在1830年以前，大沼泽地所装置的蒸汽抽水机不足半打。在整个基本金属工业中，蒸汽正取代水力来发动轴系和其它简单机械。在1822年，格次黑德的理查德·霍桑开始利用蒸汽运转他的车床[②]，二十年代的其它工程师无疑也是这样去做的。但是在铁器和轻金属业中，企业的规模照例太小，不容许使用动力，所以那里的一切机器都毋宁列入工具类中，即如手力压榨机或手织机之类。“我们伯明翰的机器”，一位证人在1824年说，“在当代的科学著作中纵令提到，也是罕事。伯明翰的机器都寿命不长……只是在某种机器风行的时候存在于一时，而且不出一厂或一城的范围以外”。[③] 机器，他接下去说，是轻便和手提式

① 《1831年的人口调查》(1833年)，第1000页。

② 《太恩河、维尔河和提兹河的工业资源》(1864年版)，第253页。

③ 《工匠和机器审查委员会》，第332页。

的。不管他心目中是指哪一种机器而言，恐怕多半是属于工具类的，虽则这段描述不一定排除动力，并且还很可能把此后二十年间在伯明翰渐渐普及的那样一种制度的雏形一并包括在内——在那种制度之下，一个小企业主租赁一间由中央发动机“传送”动力的 157
厂房，而把他的轻便机器就连接在轴系上。[①]

当十八世纪之末，新动力和新机器连同它们几乎无穷无尽变革中的力能在不列颠突飞猛进的时候，它们震撼了这个社会，在这个社会之中——虽则水和风的旧动力已广泛利用，虽则很多种工具久已司空见惯，虽则装有或未装有机器和动力设备的资本主义企业已经完全确立——却仍有不乏最原始型工业组织的残余，而且不仅仅是化石或古董而已。高原人固然并不具有代表性；但值得回忆的是，高原人在十八世纪之末“还是用自制的皮革作鞋……那里人人都是万能手”。[②] 妇女还是从她们自己栽种的草本植物或灌木中抽取染料。纺车方始传入；砑布工作还是一群群且歌且作的妇女用手来进行。织布时“将唱另一支歌”，她们会这样说。[③] 但是甚至高原妇女“如今一般也不像从前一样的织布了”，1797

① 波特尔：《国家的进步》(1851 年版)，第 249 页。在博耳顿和瓦特截至 1800 年所建造的二百八十九部引擎之中，有一百零四部为纺织使用，五十八部为矿场使用，三十一部为运河和自来水装置(抽水使用)，三十部为冶金使用，二十三部为酿制啤酒和蒸馏使用。劳德：《资本和蒸汽动力》(1923 年版)，第 175 页。

② 艾登：《贫民的状况》(1797 年版)，第 1 卷，第 558—559 页。

③ 格兰特女士：“十八世纪末阿盖耳郡的农民生活”(Grant, Miss K. W. *Peasant life in Argyllshire in the End of The Eighteenth Century*)，载《社会史评论》，第 16 卷(1918—1919 年)，第 147 页。

年的织机已经不如一代以前通用的简单“伯尔特机”(beart)那样适合于妇女了。[①] 在低地和北英格兰，家庭为本身消费而进行的这种直接生产，虽没有到这样的程度，但在十八世纪九十年代仍然还是重要的。在串特河以北

> 农场主、制造商和工人差不多所穿着的每一件衣物，除开鞋帽以外，都是家里自制的；也就是，用亚麻纺成麻线，用羊毛纺成纱，然后送去织染：所以差不多家家每年都有一匹麻布……常常还有一匹呢绒。……有时用黑白羊毛混织，这样织成的呢绒就不再染色。虽然在这二十年间富裕的农场主已开始穿着大呢……可是在店里买来的一件上衣却被看做是狂妄和骄侈的标志，如果买主没有一笔独立财产的话。

158 但至于“米德兰和南部各郡”，却早可以说“工人的衣服，纵非全部，至少大部分是从店里买来的了”。[②] 艾登心目中是指包括乡间制造商在内的乡下人；而主要是小农场主和自由民之类。他承认有些工人太穷，买不起原料，但是他们怎样得到衣着，却略未说明；并且他的记述的某些部分是显然不适用于城市人的。但是1797年，真正城市人在北部仍然是一个很小的少数。他所写的这些阶层，在三十年之后至少还保留下一些这样的习惯，虽则骄侈和大呢日益成风。二十年代的一个遇事留心的孩子都还记得如何多德森家(那一家做每一样东西都有独特的制法，以致他家的姑娘不能对于生为多德森家人而不是生为吉布逊家人或沃森家人的那份权益、

① 艾登，前引书，第554－555页。

② 同上。

视若等闲)已经把这些独特的制法从“酿樱草酒、腌火腿和蜜饯洋莓”——在这些事情上甚至二十世纪的多德森家都还能显出特色——一直推而至于“漂白麻布”。无疑这种特色并不仅仅止于漂白而已。多德森家,当可记得,虽非住在串特河畔,却也是住在它附近的。[①]

北部和苏格兰,不必说,还是墨守家庭自制面包的习惯:至今还是墨守不移。煤炭几乎随处可得;找不到煤的地方,一般是人口稀疏,足可由当地的泥炭和木柴供应来满足。然而在伯克郡,在1831年,每二百九十五个居民就有一个成年面包匠,无疑照例还有面包匠的妻子和或许他的一个孩子,坎伯兰郡的比例则是一比二千二百。[②] 燃料的缺乏曾经是米德兰和南部各郡放弃家庭自制面包以至公权农家中不举火的主要原因,虽则新运河和铁路马车对于补救燃料的缺乏早已有所贡献,但是习惯一经破除,也就不会再恢复了。可是在树木比较茂密的西南部以及木柴易于取得的各地,这种习惯还是保持不变。酿酒和制苹果汁的习惯亦复如此。在北米德兰和北部的殷实乡下人家里自酿仍然很普通。不久以
前,在贫寒得多的人家,并且在半城半乡的环境中,也还一直保持 159
着这种习惯。1833年,在达德利产铁区,每一个标准庐舍都有一间厨房、两间卧室和一个所谓酿酒房——但是这个酿酒房是朝维多利亚式洗碗槽倾陷下去的。看来达德利没有一个铁工再酿酒

① 《佛罗斯河畔的工厂》(*The Mill on the Floss*),第1编,第6章。马丽·安·伊凡斯生于1819年。

② 从人口调查的职业报告中计算而来:在面包匠的计算上大概没有什么严重错误。

了,但是对于酿酒一事记忆犹新。[1]

当高原妇女放弃了“伯尔特织机”的时候,她们把织布工作交给了在工业组织方法的逻辑分类上比之生产者和消费者合而为一的家庭生产本身略高一筹的那一类代表人物——即在中世纪英格兰所谓的家庭织工,也就是用顾客自备的材料为顾客的订货而进行织造的十九世纪初期所谓的“接订货的织工”(customer's weaver)。在1825—1830年间,这是整个苏格兰各地和威尔士若干地方农村地区的标准办法;在北英格兰仍然可以见到,虽则只以麻布织造为主,在串特河以南也还没有完全消灭。据历来的说法,“在十八世纪末,米德兰方面‘每一个教区里有一个织工;人们向不用姓名称呼他,而称他为织匠。’”[2]这里所引征的轶话是出自诺丁汉郡的,至于能否据以证明南米德兰甚至在所谈论的这个时期还有任何这类残余普遍存在,殊属疑问;虽则接订货的织工在那里的确是人所共知的。诺丁汉和林肯郡事实上是在四十年以后(1835—1840年)还有相当数目的这类织工残存的最南的两个郡。“这类家庭工匠在诺丁汉和林肯两郡一度是很多的。他们的人数现在已大为减少”。[3] 在《织工马南传》那部著作中,这也是他们的十九世纪代表人物的故乡。

担任1831年人口调查员的细心教师们从每一个苏格兰郡中都提出了关于这类织工的报告,在一些工业郡和其它地区中虽然

---

① 《农业审查委员会》(1833年),询问案第9802号。本卷,第32页。

② 韦伯夫妇:《教区和郡》(Webb, S. and B., *The Parish and the County*),第47页注。

③ 《手织机织工。助理调查委员会报告书》,第2卷,第352页。

和市场织工——即城内雇主的厂外加工工人——淆混不清，但在极北部却完全是单纯的。例如在因佛内斯郡：每二百七十九个居民有一个接订货的织工。在苏格兰的另一端，在伯里克郡中，如果 160
数字可以信赖的话，似乎一直是每百人一人；但是因为除去接订货的织工之外，据报告还有一些织工"明白说是由爱丁堡和格拉斯哥的制造家师傅雇佣的"，或许还另有一些未据这样报告而也是这样被雇佣的。在人口调查的单纯数字和简单附注的背后，可以看到苏格兰正经历着英格兰在十三世纪或更早的时期肯定已经开始了的那个过程：家庭织工渐渐变成不是为本身即棉纱生产者这种消费者，而是为城市中的生产组织者做件工的工人。在1820—1830年这十年间，苏格兰接订货的织工仍然兼营麻纱和毛纱；但是羊毛工业的变革却有把他们这一方面的工作局限于南部一隅的倾向。在南部，正如在英格兰，接订货的织工在被单和桌布的战场上已经甘拜下风了。如果埃尔郡达麦林教区的年鉴可以凭信的话，[①]在巴尔惠德牧师的第二位妻子的主持下，多少年来总是"买那样多的羊毛去织毛毯，织毛毯的大纺车嗡嗡不停，织被单和台布的小纺车又那样唧唧不休，把一所牧师住宅弄得一连多少天简直像一个八音盒一般"。在1796年她去世以后，纺毛的那个令人厌烦的嗡嗡不停的纺车寂静无声了：无疑后来再没有一位牧师的妻子把它转动起来：但是制台布的小纺车还是唧唧不休的。

1831年在威尔士的每一个郡中都有很多织工为家纺毛纱进

① 约翰·高尔德：《教区年鉴》并不是一部工业革命时期正式的苏格兰经济史；但是迄今还没有写出一部更好的经济史。

行加工。但在很多场合下，为顾客订织并不是他们唯一的，或主要的业务；因为在北威尔士各地行销市场的法兰绒已经有了很有组织的生产，而在蒙特哥马利郡——特别是在纽敦和拉尼德罗斯——则正过渡到工厂阶段。[①] 甚至农家生产的法兰绒也行销市场，所以要把一个织工和一个雇农加以区别倒是不容易的。“农场主在他们自己家里用他们自己的羊毛制造他们的呢绒”，一位蒙特哥马利郡的证人在七年之后这样解释说，[②]“并且他们还把呢绒送到纽敦的市场上去……。兰布林麦尔附近的农业工人是按年雇佣
161 的；他们都能织能纺；农场主夏季用他们于户外工作，冬季则用他们在织机或珍妮纺机上进行纺织”。应该注意的是，珍妮机已经打倒了纺车。但是，在南威尔士，真正接订货的织工甚至在 1833 年还是常见的，并且当时对这类织工所作的记述[③]在十年或十五年之后可以适用于更多的人和更广阔的地区。“在三四十年前”〔姑就 1800—1810 年而论〕“单独的教区织工”“在这个地方占有非常优越的地位，在数目和重要性上都堪与铁匠和磨坊主媲美；大抵每一个教区有一两个，砑布机准此比例”。“在这个地区的僻静地方，这类人〔在 1838 年〕仍然可以看到，比例大约是每两三个或更多的教区一个”。这种手纺和由教区织成的呢绒算来要比“工厂呢”坚牢三倍。织机都很重，并且“大多数是很古老的，因为新织机会收不回工本。其中有很多怕已不下几百年之久”。甚至在南威尔士，

① 在 1832 年，纽敦的法兰绒“主要是工厂”制造的。《工厂法案审查委员会》(*S. C. on Factories Bill*)(1831—1832 年，第 15 卷)，询问案第 6476 号。

② 《手织机织工》，第 5 卷，第 555 页。

③ 同上书，第 571 页。

必须补充一句，那些拥有五至十个职工，装备了手力或水力梳毛设备以及手摇珍妮纺机或手织机的小型呢绒厂，到了 1838 年，已经疏落地散布于全境各地了。教区织工的地位在前一代中所以那样大为降低，正是因为这类工厂逐渐出现的缘故。

至于英格兰北部，要把残存的接订货的织工同市场织工分别开来是有困难的；在兰开郡、柴郡、西莱定以及有卡来尔那样一个重要纺织中心的坎伯兰和全郡为肯达耳所支配的韦斯特木兰则显然很难。关于诺森伯兰，据 1831 年的人口调查中述称："毛纱和麻线仍然是在乡村里纺绩，雇佣约三百名织工，分散在全郡各地"。[①] 这种分散的麻布织工充斥于北莱定，但他们都处于纳尔斯博罗和利兹的市场影响范围以内，并且有一些的确是集聚在小市镇上的市场织工。在人口调查的附注中，正如在七八年后手织机织工报告书中那样，提到了林肯郡接订货的织工，其中的材料证明，他们一直是以织麻布为主的。下述一段可以作为他们的墓志铭。

> 他们的人数大为减少了，〔纱的〕家庭制造更加今非昔比。棉布的低廉认
> 为是主要原因。有一些人……部分地从事于农业……。从商业观点上看，这 162
> 些人是完全无足轻重的，并且除去作为过去几代中一度人数很多的一个团体
> 的残余之外，不能再唤起人的任何兴趣了。[②]

从可利用的这一点点不完全的数字中，可以估计出，在 1831 年，就

① 1833 年，第 36 卷，第 474 页。

② 《手织机织工》，第 2 卷，第 352 页。

整个不列颠而论，他们为数应不少于五千，但也不会多于一万。[①]

接订货的织工是迄今仍为消费者原料加工的唯一重要的匠工集团，消费者的原料往往是从消费者的土地上生长出来并且已经在消费者家里经过了一道制造程序的。但是就消费者所供给的原料直接为消费者进行的加工，自然是非常普通的，正如迄仍看到的情形那样，虽则如今已不如以往那样盛行。衣服、房屋、家具、车辆和工具的修补工作通常是由自行操作的工匠或开店的工匠来进行的，至少在伦敦和一些最大城镇以外的地区是这样的，但在这些城镇以内资本家店主却成为消费者和工匠店主——成衣匠、木匠、水车匠和细木匠——之间的一道鸿沟。"工厂布"和工厂印花布可以买来以代替乡间的家纺；但是会送到当地市镇上的成衣匠或女裁缝那里去缝制，如果不在家里缝制的话。就许多有别于修理工程的建造工程来说，自行操作的锻工、鞍工以及水车匠、石匠、砌砖匠、木匠和房屋油漆匠都是和消费者有直接往来的——在伦敦和一些最大的城镇以外固然照例如此，在它们以内也并非不常常是这样的。

在1825年以前，建筑业并没有经过任何技术上的革命；[②]但是显然，在伦敦久已开始的组织方面的局部变革，一直是和1775年以来那半个世纪的迅速都市化齐头并进的。在任何一种行业中工匠的上升为包工小雇主或终于成为大规模经营的营造商的事例，没有比资本主义高潮时期的十九世纪更加常见了；而且这个过

① 这个数字是以这次人口调查中没有理由设想有任何织工是制造商的厂外织工的那些郡——诸如因佛内斯和卡尔迪根——的总数，和其余各地的估计数为依据的。

② 本卷，第71—72页。

程在 1800 年就已经并不新颖。对于包工者所使用的营造商这个名称，在 1750 和 1800 年之间似已开始通行。在 1747 年坎贝尔偶然用过这个名称，波斯耳思怀特在 1751 年也曾经用过；但是这个 163
名称在坎贝尔的行业表中既不见于面包匠、银行家、酿酒家和屠夫之列，也没有成为波斯耳思怀特的词典中一个条目。坎贝尔认识一些建筑师，虽则他“简直不知道在英格兰有谁曾受过这项专业的正规教育”。“砌砖匠、木匠等等”，他补充说，“都成了建筑师，尤其是在对于市房建筑殊少规定的伦敦及其附近”。[1] 他把砌砖业算做是“一种非常有利可图的营业；而以他们只限于为别人建筑而不从事于常常陷他们于破产的自己的建筑计划时为犹然：因为那些工匠营造商靠他们自己的房屋创出局面，并用自己的材料把自己关进监牢的事在伦敦并不是什么新闻”。[2] 他把砌砖匠师傅同面包匠、铅匠和玻璃装配匠这类小工匠列为一类。两代之后，在滑铁卢战役的那一年，科胡恩却把“体面的营造商”同“第二等船舶所有主、商人和制造商以及货栈业者和体面的小店主”放在他按财阀政治将英国社会分成的七组之中的第四组之列了。[3]

① 《伦敦行名录》，第 157 页。

② 同上书，第 107 页。

③ 《英帝国的资源》(*Resources of the British Empire*)，第 107 页。波斯特格特：《营造商史》(Postgate，R. W. *The Builder's History*)(1923 年版)，第 9 页，增补了营造商和承造商出现的日期。他提到了波斯耳思怀特的《世界词典》(Postlethwayt's *Universal Dictionary*)中那段“意义深长”的记述：“有一些砌砖匠师傅已开始过着优裕的生活”，他以 1774 年为开始的时期。《词典》上说“多数”(而不是“有一些”)师傅过得很优裕，“有一些”“很有身份了”；后者是“雇佣很多伙计的人”，“通常称做包工营造商”，并且为建筑物进行设计，绘图，打样和估价。这段文字见于 1751 年的第 1 版，而 1774 年版是第 4 版。

为了进行1831年的人口调查，“营造商”已成一个公认的类别，在这个类别中据报伦敦有八百七十一人。但是在各农业郡中，这个类别常常是近于空白的——伯克郡七人，贝德弗德九人，巴金汉郡十二人，整个威尔士仅仅一百四十七人。既不能太相信这些报告的准确性，也不能忘记一个伯克郡的砌砖匠或一个威尔士的石匠就会是一个小“营造商”，而可注意的是，“营造商”的分布和都市人口的分布是相当吻合的。看来在农业区域的城镇中，一般适用这个名称的人很少；既然这个名称在这时已经通用，那么不妨设
164 想，这一行业一般还是不存在的。一个地主要建造房屋，会照老办法直接去同砌砖匠、木匠、泥水匠和油漆匠师傅等接头，他们就会带他们的徒弟和伙计来施工。如果他住在威尔士或者苏格兰乡下，他原不需要专门的铅匠和玻璃装配匠。在整个苏格兰这两类匠工加在一起据报只不过六百七十二人，威尔士也仅二百四十三人，而在英格兰则有一万一千人。铅匠的技术和本领在苏格兰一直没有得到健全的发展。约翰·辛克莱爵士在1814年承认“铅匠的数目不很多”，但是他满怀希望地补充说，人数已“日有增加”。[①]如果他是对的，而1831年的教区校长也是对的，那么这种日有增加的情形一定是在大约1814和1830年之间停顿下来了。

到了1830年，伦敦的“体面营造商”已经分成为几个专业化的确定类别。有一小类，即我们应该称之为承造商的那一类，差不多只承造公共建筑物。[②] 第二个比较大的一类是专门从事于店铺和

① 《总报告书》，第5卷，第289页。

② 《制造业、商业和航运业状况审查委员会》，(1833年)，询问案第1659号及以下。托马斯·伯顿的作证。关于地方承造商，参阅本卷，第595页。

营业房屋的建筑的。第三类，或许完全无体面可言，就是坎贝尔所说的不顾一切的砌砖匠的后裔，即以私人房屋进行冒险的那些人，也就是“投机营造商”，正如他们早已被人称呼的那样。他们并不是什么新型事物。在安娜女王时代，白特纳·格林就有它的“卡特的出租房屋”和“理查逊的出租房屋”，即盖成弄堂或大院的劣等民房。[①] 他们的方法一直到今天还是如出一辙——冒险租来土地、赊购材料、在出售或出租以前就用未完工的房屋进行抵押贷款，不惜倾家荡产来作孤注一掷。他们在 1816 和 1826 年商业破产时代遭到了特别沉重的打击。[②] 这类营造商并不仅仅以伦敦一地为限。他们到处都自然而然地增长起来，其增长之速，和他们自己那种往往靠不住的房屋不相上下。在利物浦，“一半以上的”新房屋是他们建造起来的。[③] 尽管偷工减料的营造商一直受到许多应有的批评，可是没有他们，英国日益增长的人口又何以栖身，却向来没有人提及。至于城市没有经过设计，而且往往既没有修路也没 165
有排水一节，这却不是偷工减料的营造商的过错；在厕所和铁制总水管才刚刚发明，而制造瓦器排水管的廉价方法还不得而知的时候，他们也无法供应第一流的卫生设备。他的房屋——尽管是那样糟不可言——比之他生长于其中的那些人类住所的标本，总还略胜一筹，不论他的第一块砖是铺在城里还是铺在乡间。[④]

① 乔治：《十八世纪的伦敦生活》，第 342 页。但不能肯定卡特和理查逊曾否是“营造商”：他们可能只是房屋的地主。

② 《制造等业审查委员会》，询问案第 1677 号。

③ 《制造等业审查委员会》，询问案第 4822 号。设菲尔德，询问案第 2887 号。

④ 本卷，第 27 页及以下。诺耳斯，前引书，第 105 页。

偷工减料的营造商通常是出身于工匠的一个自己创出局面的小企业主，而往往注定还要退回到原来的队伍中去。伦敦的所有建筑行业中都充满了既“独立”经营而又或多或少地隶属于大营造商的小包工。姑以油漆匠为例。在三十年代后期，伦敦约有油漆匠师傅一千人。[①] 常年在业的散匠据料有三四千人，另每年约有七个月在业的散匠六至八千人，其中无疑有一些季节性的移民。[②] 工匠师傅对常年在业人员的比例显然是很低的。在选举改革法案时代，一个算不上第一流的伦敦著名营造商的劳动干部情形如何，从上文引证的托马斯·伯顿的作证中可见一斑。[③] 他在繁忙的季节平均雇佣一百七十人。他的账上十六年之中的最高数字是二百三十五人。他支付他的爱尔兰砌砖匠手下的工人的工资是十七八先令：有很多人失业。他所雇佣的有技术的散匠据他说是平均五先令一天，加上加班费，在旺季一星期可得三四十先令；至于他们是否有六七个月以上的旺季（这是坎贝尔认为一个十八世纪的伦敦砌砖匠在一年中的劳动时间），却未据说明。[④]

整个说来，各等各级的工业组织建筑业无不应有尽有；因为在最下层，诚然是无足轻重的，有自行建盖泥草房或草皮房的旧式苏格兰农民，以及用地产上生长和采伐下来的木料就地进行修理或
166 建筑，从而担任了接订货织工同样角色的英格兰木匠。最上层则

---

① 最奇不过的是，这项佐证得自《手织机织工报告书》，第2卷，第279页。

② 据1831年的人口调查报告说，伦敦的油漆匠不过五千有奇：这个数字如果正确的话，当指工匠师傅和正规散匠而言。

③ 伯顿以仓库店铺等商业建筑物为专业。《制造业审查委员会》（1833年），询问案第1660号。

④ 关于工业工资的趋势的一般讨论，见本卷，第548页及以下。

是摄政桥或滑铁卢桥的体面的资本家承造商，连同他可能为油漆工程或为铺石工程而雇佣的伦敦工匠和一半受工匠师傅和分包商领导的爱尔兰小工的那个混合队伍。

在建筑业工人中，伦敦的小油漆匠师傅或铅匠师傅以及乡下的石匠师傅和木匠师傅最接近于分类学家的理想工匠——即自行管理工作和营业场所、自己拥有工具、自行购买原料，单独或带同一个学徒和一个伙计进行工作的工匠，并且他不通过中间人或包工而把他的货物或劳务卖给消费者。这个类型的工匠在全国的工业生活中究竟是如何重要呢？这不是一个容易解答的问题，但是却不能不试图予以解答。而最好是以伦敦问题这个最难解答的问题为开始。在伦敦，几世纪以来，很多行业中的小店主都一直是和工匠有区别的。但是，甚至在高度发展的行业中，也可能有经营销货的小工匠和多少符合这个定义的小工匠店主。姑以多半是真正伦敦最老的资本主义行业——金银匠和玉器匠那个行业——为例。到了十九世纪，不但小店主和工匠通常是有别的，而且还有一个正式的中间层。“在我们和小店主……货栈业者之间……有一种中间人”，一个自行操作的金银匠在1813年这样说，“他们从制造商〔他是按照旧意义使用这个名称的〕那里进货，并且靠了长期信贷，已经包办了除一两家重要者之外几乎全部小店主的贸易……”。[①] 可是除开这些本人是工匠师傅而不是工资劳动者的金银匠，以及在分工细得多的钟表制造业中制造钟表零件出售的独立的“住家工匠师傅”(chamber master)之外，的确还有很多自

① 《关于学徒法请愿书审查委员会》，第11页。

行操作的小钟表宝石匠那类迄仍残存的工匠，这一类工匠虽然并非制造他们所出售的一切东西，至少懂得怎样制造并且能进行修理，而且他们上面没有任何工匠师傅。[①]

167 靴鞋业的情形大致相仿。至少一个世纪以来，伦敦的大鞋店不但不是伦敦工匠经营的，抑且始终连他们都没有雇佣过。这些鞋店一直经营外地制的靴子——大多数是在北安普敦、斯塔福德和约克郡制造的。“城里的零售店多半是由乡间鞋匠供应货源”，坎贝尔在1747年这样写道。[②] 在1813年一位国会议员问斯塔福德的维廉·柯立尔说：“〔伦敦〕接订货的鞋匠师傅没有成为你的主顾吗？”“没有，还是和向来一样，他们始终是主顾，因为他们在这里作为订货出售的鞋子一半……是斯塔福德和北安普敦制造的”。[③]但是伦敦靴鞋业的最低层却是虽收学徒但主要为鞋店做活的那些自行操作的小工匠，以及在乡间占优势的那一类虽不发达但系独立经营的制鞋修鞋匠。他们的纯粹修鞋工作究竟占几成，也就是说，他们的工人阶级顾客有多少穿乡下靴，又有多少穿旧靴，现在并不确知。从1813到1824年的斯塔福德、北安普敦、克特林和威林波罗的行业报告书中指出，在城里穿着笨重乡下靴的可能大有人在；而修理从拾破烂手里买来的旧皮靴的“翻修匠”曾经是十八世纪的常见人物。但是，像钟表宝石匠一样，这些修鞋匠和翻修匠完全是一种中世纪的独立工匠师傅，并具有中世纪的清洁和生活

① 关于制表业，参阅乔治：《十八世纪的伦敦生活》，第173页及以下。

② 《伦敦行名录》，第219页。

③ 《皮革税审查委员会》(*S. C. on the Petitions relating to the Duty on Leather*)(1812—1813年，第4卷)，第55页。

标准。[①]

总之，不论在最上层是怎样资本主义化，每一种依赖伦敦工人的伦敦行业在最低层都有一些工匠师傅。差不多还没有接触到机器的伦敦工业——即1831年人口调查报告中所注明的“为首都消费和广大商业所必需的一切商品进行装配和整理”的那种工业——的永久特色和小规模经营，有助于把他们保存下来。成功的工匠师傅却有、至少自十三世纪以来就已经有继续不断地基本上变成为小店主、商贩和雇主的倾向。无疑，伦敦训练出来的手艺人变成为终生工资劳动者或计件厂外工人的，比没有走上这条路的人要更常见——而且更常见得多；但是他在很多次要的工业中 168
却有变成为独立经营者的公平机会，并且在几乎所有工业中也都有相当的机会，姑不问那种独立经营者究有多大价值：它的价值是各不相同的。但是无技术的广大建筑工人、船坞工人、肩挑负贩、下手和各式各样的从属人员却是没有这种机会的。

从伦敦各公会的情况中可以反映出1830年左右的一般情况。比较大的商业公会久已取得了它们的现代特色。甚至在都铎时代，参加布商公会的布商还是少数：在十八世纪时，公会和布匹交易的关系纯粹是有名无实的。[②] 但是在三十年代，在较小的公会之中，“在二十多个事例中有一半或三分之二的公会都从事于贸

① 关于1830年鞋匠的数量，参阅本卷，第73页。关于伦敦鞋匠，参阅乔治，前引书，第173页及以下，并参阅第233页中杰出的记述。

② 约翰逊：《伦敦布商史》(Johnson, A. H. *The History of ... the Drapers of London*)(1914年版)，第2卷，第163页。

易，并且参加贸易的那些人在公会中仍照例享有他们的自由”。[①]所说的这些公会并不都是同狭义的手工业有关的；但是这张一览表充分地体现出半世纪的组织仍然并非不适宜的那些久已确立的伦敦行业，虽则甚至在这些行业中，也不能设想从散工上升为工匠师傅就是劳动生活中一个必有的阶段。在面包匠公会中似乎“它的大多会员都是或者曾经是有实际经验的面包匠”，散匠所以愿意参加公会并不是因为他们指望上升到工匠师傅的地位，而是因为“这种入会的自由被看成是能给以一定程度的体面”。[②] 从其它证据中也可以清楚看出，十九世纪初期的面包匠散匠常常是终生工资劳动者。[③] 抱着这些保留条件来阅读 1830 年的那张列有十二个可称之为有效公会的一览表是有益处的：那十二个公会是药剂师公会、面包匠公会、酿酒匠公会、屠夫公会、厨师公会、鞣皮匠公会、旅店主公会、石匠公会、铅匠公会、鞍匠公会和文具商公会。

在伦敦和特殊制造业区域以外，真正的工匠和跟他难以区别的很小的承造商到处都是常见的，虽则在高地线以南的任何地方大概都不占优势。在前几章中所举的技术上没有变革的工业和小规模
169 工业经营的残余的每一个事例都是指这种人而言，虽则可能没有指明他的存在。[④] 首先是自中古时代几乎一成不变地沿袭下来的那些古老的乡间行业——铁匠、面包匠（在南部）、水车匠、鞍匠、鞋匠连

---

① 昂温：《伦敦的行会和公会》（Unwin, G. *The Gilds and Companies of London*）（1908 年版），第 344 页，是以有关 1835 年市改革法的询问案为依据的。

② 同上。

③ 参阅《安息日戒律审查委员会》（*S. C. on the Observance of the Sabbath*）（1831 年，第 7 卷），第 5 页中，例如，伦敦七千名面包匠散匠的请愿书。

④ 本卷，第 67 页及以下。

同砌砖匠、木匠和石匠。在不列颠恐怕至少有二万五千名真正的农村成年铁匠；[①]无可怀疑，有很多非农村铁匠都是工匠，因为这个名称过去是，而现在还是限于那种意义的。少数在年轻的工程工业中劳动或在纺织厂中做修理工作的铁匠无疑也包括在内；但是在1831年人口调查中的五万八千名铁匠这个总数之中，应适当地划入工匠类别的如果说不到四万五千人，那会是令人诧异的。即使将二十岁以下的学徒姑作为五千到一万人，这个数字也还是诺森伯兰和达拉姆全部老少矿工的两三倍。鞋匠和修鞋匠数目之多，几乎令人难以置信。就不列颠来说，成年人的数字是十三万三千名。小店主和他们的雇工都包括在这个数字之内，像威廉·柯立尔那种为米德兰制造家服务的厂外加工工人也包括在内。[②] 但是由于小店主和他们的雇工为数最多的伦敦的总数只不过是十六万五千零二人，由于这些人当中有相当大的一部分是独立的、虽则是等级很低的劳动者，由于伦敦式的皮鞋"零售店"在其它城市中很少见，并且由于在厂外加工工业已经地方化的那些郡中的鞋匠总数，肯定不会超过纯农业郡中鞋匠对人口的正常比例数达一万人[③]——因此可以相当有把握地作出下述的结论：在十三万人之中有十万多人在工业等级上是不会高于工匠小店主的。在辛克莱的1814年报告中有一段记载就指出十七万三千名苏格兰鞋匠，除开极少数例外，全是属于或低于这个等级的。在描述了典型的、单干的农村修鞋匠之后，他说——"在比

① 本卷，第66页。

② 本卷，第167、181页。

③ 这是根据像斯塔福德之类以资本主义厂外工业强大而著名那些郡的数字，和对其余各郡的资本主义厂外工作酌作保留的数字计算出来的。

较大的城镇中，正规的制造厂已经建立，厂里的业务是由一个雇有
170 散匠和学徒的工匠师傅领导的”。[①] 比较大的苏格兰或英格兰的工匠鞋匠都会有一两个学徒同他们一起操作；还可能有几个像本宁·皮斯脱的骑士所爱上的“牛奶街修鞋匠的女儿”那样的黑大拇指；全部加在一起却是一个很大的队伍。

在还很少接触到新动力的一种又一种工业里，凡是可能作交手战的地方，都可以看到自己参加劳动的小包工轻而易举地保住了他们的阵地。姑以制革业为例。很少有人认为在十九世纪的普鲁士有任何工业程序比不列颠所组成的单位更大一些的，但是曾经在爱丁堡做过学徒的一个龙加克尔的皮革商在1813年在柏林附近“看到了他生平所未曾见的最大的制革厂”。[②] 伯蒙德塞是当时英国最大的鞣制和硝制中心，他不会不知道这个地方。但是把他的作证和布立治诺斯的一个叫做穆尔的人在前一两小时在同一个地方所提出的作证作一对照，他的证词也就不再令人诧异了。“你的生意不是做得很大吗？……在这个郡里可能有三四个鞣皮匠生意比我做得多”。这个生意做得很大的鞣革匠只不过说他雇用了七个男工、一个女工和一个粗笨的学徒。英格兰和威尔士边境上的那些小鞣革厂又当如何呢？

同另一种古老的工业，啤酒酿制业，也可能有交手战。伦敦有“十一家大啤酒酿制厂”，都居于全国最大的企业单位之列；但是也

① 《总报告书》，第5卷，第297页。

② 《皮革税审查委员会》，1813年，第46页。

有很多的小厂。[1] 家庭啤酒酿制在农村地区是非常普通的。但是还有第四种形式的生产者应加以考虑，即不妨称之为酿酒匠的那种自行酿制啤酒的领有执照的酒店业者。这类酒店业者，在伦敦地区只有十七个，可见“那十一家”和它们的联号的力量之大；但是在整个不列颠却有二万三千五百七十二个。[2] 这类酒店业者在萨里、肯特和汉普郡都很罕见；但在哈尔弗德郡、艾塞克斯和牛津郡却早已相当多了。这就渐渐到了伦敦势力的边缘：那“十一家”，据 171
记录所载，在这一带地方都有联号。在英格兰的另一端，领有执照的自酿酒店业者在诺森伯兰、坎伯兰和达拉姆都很罕见，这或许是因为家酿太普通，也许是因为沿着牛羊贩所走的道路都有威士忌酒“黑市”贸易的缘故。[3] 但是在这一带的很多地区中，大啤酒酿制厂都很罕见，小酿酒业者也不很普通，而领有执照的自酿酒店业者却比比皆是。在设菲尔德“国产税”征收区——也就是城镇和区——中，有酿酒业者九人，零售酿酒业者十五人，领有执照的酒店业者一千零七十一人，在后者之中有九百三十人是酿酒的。在利兹、哈利法克斯、兰开斯特、诺思威奇、德尔比、考文垂、利奇菲尔德、赫列福德以及整个西南各郡和威尔士的“征收区”中，各级酿酒业者之间的比率差不很多。领有执照的自酿酒店业者在曼彻斯特

① 本卷，第 68 页。在 1836 年，这个伦敦大啤酒酿制集团，这时共十二家，在伦敦所消费的七十五万四千夸脱麦芽之中用去五十二万六千夸脱。巴纳德：《不列颠和爱尔兰的著名啤酒厂》(1889 年版)，第 13 页。

② 依据 1830 年的国产税报表，1830 年，第 22 卷，第 167 页及以下，第 217 页及以下。情况因 1830 年的啤酒条例而变得对酿酒匠更加有利了。本卷，第 560 页。

③ 在诺森伯兰和达拉姆有很多苏格兰烧酒非法贸易的检举案。《国产税报表》，(*Excise Returns*)，1830 年，第 22 卷，第 217 页及以下。

“征收区”中没有那样多(在一千一百一十三个之中占七百个):在利物浦则几乎没有(在一千二百五十七个之中占四十个)。这究竟是因为有大啤酒酿制厂还是因为惯于饮糖酒的缘故呢?或许是两者兼而有之。利物浦在三十年代时有规模宏大的啤酒酿制厂。[①] 赫尔的数字相似。在东安格利亚方面,领有执照的自酿酒店业者在萨福克(在六百七十四个之中占有二百二十七个)和剑桥“征收区”(在九百九十八个之中占一百六十个)中是相当普通的;但是这类酒店业者和“零售酿酒业者”在诺里治“征收区”却很少见,那里的数字是——啤酒酿制者五十一人;零售啤酒酿制者三人;领有执照的酒店业者一千零七十人;领有执照的自酿酒店业者三十七人。瑙威治和伦敦一样,都是资本主义的老家,并且资本主义已经扩张到了啤酒方面。那些地区的啤酒酿制业者都是能干的商人。在所有“征收区”之中最不资本主义化的一个是在英格兰的另一端的,即斯托尔布里治征收区——啤酒酿制者一人;零售啤酒酿制者四十人;领有执照的酒店业者七百七十三人;领有执照的自酿酒店业者七百五十三人。就整个不列颠来说,领有执照的自酿酒店业者所占的比例差不多恰恰是三分之一。

在英格兰,蒸馏制酒是一种集中的和地方化的工业。大多数大烧酒蒸馏厂,像大啤酒酿制厂一样,都设在伦敦。[②] 在三十年代初期生产烧酒两倍于英格兰的苏格兰,也可以看到一些大企业。

---

① 参阅德拉克尔:《大干线铁路指南》(Draker, *Roadbook of the Grand Junction Railway*),第 71 页中利物浦各行业的记述。

② 在 1783 年,伦敦蒸酒师声称,“他们的产量是整个英格兰蒸馏酒厂的十二分之十一以上”。乔治,前引书,第 40 页。

桑伯里的詹姆斯·海格父子行和克拉克曼南的约翰·斯坦因行在 172
1831 年各有二十五万加仑以上的产量，其它六个行号，全都位于高地线以南，也有十万加仑的产量。但是在 1831—1833 年，据国产税官员所知道的二百三十九个苏格兰蒸馏酒厂的平均产量，包括海格和其余各行号在内，是每一蒸馏酿酒厂每一工作日约仅一百二十加仑。官员们观察得很仔细：他们报告说有一家企业一天蒸不出两加仑，又说有很多家的平均日产量不过十至十五加仑；但是可能在狭谷和岛屿上有一些蒸馏器逃避了他们的耳目。[①] 北部的一些小蒸馏酒厂并不是整年营业的。它们是包佃人和大农场主的农庄副业。酿制开始于收割之后，停工于春耕之前。据熟习这种工业历史的人推测，一年一千加仑的产量约等于一个中等规模的蒸馏酒厂中一人一年劳动的四分之一；所以，如果这种推测可以认为是事实的话，苏格兰的平均蒸馏酒厂差不多是一个十人的单位。约翰·斯坦因厂和詹姆士·海格厂可能整年各雇佣五十至七十人，北部的冬季蒸馏酿酒厂则有一半时间仅雇佣四五人。[②]

随着比较大的工业来临，不论其是否已经过革命，工匠问题就变得更加复杂了。和很多大工业中的工厂工人相抗衡的小生产者的继续存在，是不难证明的。但是由于这些工业通常是为遥远的市场而生产，所以不大可能对一个最终消费者进行出售。他已经同一

① 《国产税调查委员会第七次报告书》(*Seventh Report of Commissioners of Excise Inquiry*)，第 2 卷，附录 19。

② 关于这些事实和估计数字，必须感谢基马尔诺克的约翰·沃克父子公司的亚历山大·沃克爵士。

定的代理商或商人发生了关系，可能是生产者试试这个商人、再试试那个商人，看谁对他最合适的那种自由贩卖的关系，也可能是生产者纯粹成为商人的一个厂外加工工人的那种完全依附关系，程度各有不同。再者，小工匠师傅也可能是各等各级的工匠，有单独操作或带同散匠和学徒的，也有本人是小雇主的，甚至还有自己拥有厂外加工工人的，这些问题在设菲尔德的一些行业中得到了很好的说明。在设菲尔德和那一区中，表面上独立劳动的小生产者比比皆
173 是。[①] 有些称做工匠师傅，有些称做散匠。在城镇近郊就有一些大镰刀和刈草镰刀制造者，他们的生活仍然是半农业式的。餐具刀的锻工、刀柄匠、磨刀匠，弹簧刀刀口锻工、弹簧锻工、甲片锻工、刀柄匠和磨刀工，以及制剪刀的五种行业和制锉刀的四种行业等那些分工很细的行业，在 1824 年总共雇佣了大约八千五百人。在 1822 年，"为了保护弹簧刀、餐具刀、剪刀、熨斗和锉刀各行业，以及今后可能入会的其它这类行业"——也就是，为了有可能给设菲尔德的所有各行各业以保护——而组织的联合会，决定："除本章程另有规定外，凡属本行业联合会各行各业的成员，均不得同时有两个以上的学徒"，又"凡学徒未满法定年限……和有〔？没有〕店面、工具等之类设备的人员，不得在本行业联合会的任何行业中开始制造"。所有这类规定读起来都很像是十五世纪行会章程中的一段摘录。但是再上面的一条规定却不大合乎文法地说："所有散匠……应为他所受雇的每一位工匠师傅准备一个工作簿，并保证他们的工作经常

① 拉德纳：《袖珍百科全书》，"金属制造业"（1833 年版），第 2 卷，第 12－13 页。劳埃德：《刀具业》（1913 年版），第 445 页并散见各页。

登进簿中”，这表明散匠可以是不止一位工匠师傅的计件厂外加工工人，而这却是每一个中世纪行会所明文禁止的。但是，诚然，散匠有他自己的工具、某种家庭作坊、熔铁炉或利器磨具。他能够而且有时的确是独立地生产成品的。[①]

在十八世纪时，从瑞典或俄国进口精铁的赫尔商人也给予设菲尔德的小工匠师傅以长期信贷，来资助刀具的出口贸易。设菲尔德的代理商继之而起，他们发挥同样的功能，并且除给小生产者以订金并供给工具外，还有时成为很多作坊的真正所有主。拿破仑战争和1816—1817年的贸易不景气，在商人制造家当中起了很大的破坏作用。随着他们的陷入困难和失业日增，这类小生产者，不论是不是专门意义的工匠师傅，都只好自行作背城借一之计了。

> 据说在1820年，“原料的低廉使每一个能筹足现款或信贷来购买尽他在 174
> 一个星期中所能加工的原料的人，都能自己做工匠师傅了。……所以在解雇的散匠之中，这类所谓‘小工匠师傅’的数目已经惊人地倍增……从而货物山积，但质量却往往非常低劣，并且为了换取现钱，换取原料，换取任何东西，以至并为不换取什么而通过各种新奇的途径，按最低条件把货物推销出去”。[②]

这个行业暂时又退回到了手工业。但是资本主义和商业知识不久又显出了威力；在1833年，描述“小工匠师傅”这段插曲的一位证人说，现在他们可以“在事实上视为商人的散匠了”。[③] 而且，在1823年，第一个真正的刀具工厂已经由格里符斯创办起来：从炼

---

① 这些规定见劳埃德，前引书，第472—473页。另参阅第191—192页。

② 转引自劳埃德，前引书，第194页。

③ 《制造业等审查委员会》，询问案第11,604号。

钢到制刀柄的整个过程都在工厂里进行。[①] 虽然如此，这些行业的性质并没有杜塞了能干的工人走向成功之路的门径：在工人和“小工匠师傅”之间并没有一道鸿沟：并且经常不断地有人爬上去。幸运的工匠师傅会把他的“小”字抹掉，并且升到，正如拉德纳承认有很多人已经升到的那个“有恒产和有体面的地位”。[②]

设菲尔德的工匠或小生产者同代理商的关系在黑乡的很多行业中有了略加修正的翻版。在十七世纪后期，伍耳佛汉普顿和威林哈尔的锻工所造的锁都是由跑四方的商贩买去推销的。在十八世纪初期，这些人在伍耳佛汉普顿或伯明翰开设了店面，锻工把他们的锁和其它铁器成袋地送到那里。这个制度一直继续到十九世纪之后很久，并且在二十年代还具有相当的重要性。[③] 锻工就是工匠或小工匠师傅，并且某种形式的学徒制度也很普通——诚如在整个黑乡的情形那样。[④] 在沃尔索耳和布罗克斯威治的马衔马
175 鞍铁器业中，小工匠师傅制造的货物也同样是由本地商人或代理人掌握和推销的。1843 年调查委员们常常加以描述的那些掩藏在房屋背后的肮脏到令人难以置信和望而生畏的小作坊——这是特别指伍耳佛汉普顿而言的——就是其中“简直没有一个够得上把姓名榜于门楣的小工匠师傅的”。[⑤] 当时在所有那些无穷无尽的分而又分的伯明翰各行各业之中，远不像那样令人却步的伯明

① 劳埃德，前引书，第 182 页。

② 前引书，第 2 卷，第 13 页。

③ 《伯明翰和米德兰的铁器区》(1864 年版)，第 85 页及以下。另见本卷，第 221 页。

④ 《制造业……童工……报告书》(1843 年，第 14 卷)，第 26 页。

⑤ 《制造业中童工报告书》，第 27、80 页。

翰作坊，可容纳六至二三十个人。[①] “这个城镇的工业”，在三十年代后期作过一番观察的一个法国人这样写道，“像法国的农业一样，已经陷入割裂状态。你……简直见不到什么大企业”。[②] 他的印象是：“资本在不列颠虽趋于集中，而在伯明翰却越来越分散”。最小和最低级的是达德利、塞格莱和克拉德莱欧石南灌木丛的那些制钉作坊，这位法国游历家在其中的某些作坊里，看到一些一天制一千个铁钉的衣不蔽体的姑娘。这些就是所谓“家庭”作坊，其中有一些是附属于小农舍的；但是那里总有一位工匠师傅——事实上，正如一位英国观察家在 1817 年曾经报告过的那样，一般至少有两位；因为工匠师傅是专家，而且在做父亲的为这一位工匠师傅制造这一种铁钉的时候，做妻子儿女的一般则是为另一位工匠师傅制造另一种铁钉。[③]

这些“铁钉工匠师傅”，照他们长久以来的称呼，远比刀和锁的代理商和铁器商更加是名副其实的；而制钉者却并不是独立的工匠。在 1830 年前后，据料在黑乡约有五万名制钉者[④]包括男、女和儿童在内——工匠师傅发给他们铁丝，收回铁钉。这是一个纯粹厂外工作制的范例。伯明翰各行各业中的小工匠师傅却居于一种全然不同的地位。不论他制造纽扣或火炉用具或棺木家具、灯

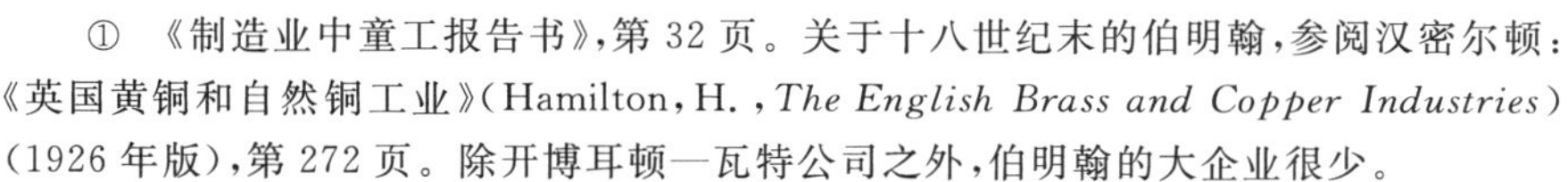

① 《制造业中童工报告书》，第 32 页。关于十八世纪末的伯明翰，参阅汉密尔顿：《英国黄铜和自然铜工业》(Hamilton, H., *The English Brass and Copper Industries*)(1926 年版)，第 272 页。除开博耳顿—瓦特公司之外，伯明翰的大企业很少。

② 弗谢尔：《英国的研究》(1845 年版)，第 2 卷，第 147 页。

③ 《上院济贫法报告书》(*Lords' Report on the Poor Laws*)(1817 年)，第 207 页。

④ 参阅伊佛雷姆·鲍尔：《伯明翰和米德兰的铁器区》，第 110 页及以下的最杰出的历史叙述。

176 或针或枪身或玉器，他都是独立的；虽则他可能是很正规地为一个替他推销货物的特定代理商而生产，或者，等而下之，已或多或少地处于那个代理商的财政控制之下。在大多数场合下，经营规模都是那样小，以致上升和下降都很容易。不幸的小工匠师傅会退回到散匠地位，成功的则可能指望雇佣二三十人，而不复是五六人了。在 1833 年各行各业之中没有一个大企业主不曾一度是小企业主的。到伦敦出席国会作证的那种出类拔萃的雇主会得意洋洋地谈到他的七八十个工人；说明他如何是非常例外的一个，或者不胜伤感地谈说他事实上曾雇佣过一百二十人的那个过眼云烟的鼎盛时代。[①]

在十八世纪和十九世纪初期，在金属加工业和其它某些行业中，可以看到一种很重要的工业组织形式的事例，在这种形式之下，技术工人，也就是“工匠师傅”或工匠师傅的后裔，都在雇主的场所里进行劳动，但却保有在若干场合下曾一度更大一点的独立性的标志——其程度则因环境而异。时常可以看到商业企业主慢慢地把工匠师傅变成为工厂工人。十八世纪初期，“伦敦铁器商”安布罗斯·克劳利在达拉姆的文拉顿地方组织了他的大铁器厂。在厂的各个作坊里，制造铁钉、铁锁、铁凿和一切铁器——大部分供作出口——的“克劳利的班底”中的工匠师傅——他们是被这样称呼的——从厂里的“物料保管员”（iron-keeper）那里领取工具和原料，但自行雇用锤工和学徒，并以减去

① 参阅雇佣七十—八十人的迪克逊和雇佣工人从一百二十降到六十人的索耳特在《1833 年制造业审查委员会》（*S. C. on Manufactures of 1833*），第 4330 号及以下的询问案和 4540 号及以下的询问案中的作证。

原料成本的售价作为收入；在成本之中，当可想见，一定会包括“铁器商”克劳利，即现在的安布罗斯爵士的一些间接费用和利润在内。文拉顿的一部分工作是按照真正工厂方式进行的，但大部分是按上述的方法进行。在十九世纪的前二十五年中，这种业务仍然存在；但是那个时期的组织形式却不甚详知。[①] 看上去但又不十分肯定的是，在米德兰各郡中声名昭著的一位尤托克西特的玉器商托马斯·柯普斯太克在大约 1775 年有一个类 177
似的组织。他的那些“各拥有一部轮机的玉器匠”的作坊“都一一排列在树荫遮蔽下的一个方形大院的周围……上面就是锻工和镶工的作坊”。[②]

在十九世纪，正向工厂工人转变的工匠师傅的过去的独立性，有时从他私人还继续收学徒这一点上可以看出。我“允许工人收学徒”，伍耳佛汉普顿的一位铜铸造商在 1833 年这样说，这位铸造商曾经在一个企业规模都很小的区域里开设了一个颇具规模的企业。[③] 有别于私人学徒的所谓“工厂学徒”在技术工人看来是如何勉强，从 1817 年对克拉根维尔和已经采用了工厂学徒制的考文垂

① 《维多利亚地方志，达拉姆志》，第 2 卷，第 281 页及以下。艾希顿：《工业革命中的铁和钢》，第 195－197 页。

② 麦特雅德：《韦季伍德传》(Meteyard, *Life of Wedgwood*)，第 2 卷，第 398 页。这些玉器匠等可能都是半独立的工匠师傅，因为至少对玉器商的这种半独立性质的关系在工匠师傅之间历经十九世纪还依然照旧。著者曾经认识一位自行操作的工匠师傅，他在一个玉器商的房子里有几间作坊，但是为这个玉器商作多作少，悉听自便。

③ 詹姆斯·迪克逊，见 176 页所引据的作证。

钟表制造业进行调查时的作证中可以看出。[①] 船匠由于非常关心旧风俗习惯，而且他们的职工会正处于1824—1825年废除结社法斗争的高潮，加之工匠师傅因行业的关系又必不可免地要在雇主的场所进行操作，因而在他们当中有这样一种主张，认为组或“班”应如何组织，他们有自行决定的权利，并由组或班按议价集体地接受船厂工作。造船的价格按吨计，修理则视工作而定。包工组可能是由五至二十个船匠组成的。如果他们发现自己不能单独完成这项工作，就按一定的工资雇佣其它船匠，而在他们自己之间则互分议价的剩余收入。[②] 这些包工组也主张有决定工作范围的权
178 利，即决定某项工作是不是自然地出于委托给他们那一包工组的工作，从而是不是他们分内的工作。这类的权利要求，有些比较大的造船商在二十年代顺利地予以拒绝。比较小的企业主却接受了这种原不是新的习惯。“我有我照例雇佣的两班人”，一位小企业主这样说，“我同意了一两个领班的意见……不把他们所不愿意要的人强派给他们”。他的解释很简单：“在我自己是劳动者的时候，

① 《钟表匠请愿书调查委员会中作证记录》(*Minutes of Evidence before the Comm. on Pititions of Watchmakers*)(1817年，第6卷，第287号)，第73页。在考文垂制表业中有一百零二种再分工的手艺，每一种得收学徒一人——机器匠再分为十四种，制动器匠再分为五种，表壳匠再分为四种等。工厂只进行表的完成工作，即装配工作。

② 对于这个制度的最好的叙述见布莱克威耳的一位老造船匠格里夫在《航海法审查委员会》(1847－1848年，第20卷)，第8003号及以下的询问案的作证。在外港，这类包工组有时是事实上没有雇主而自行建造船只的：参阅《维多利亚地方志，达拉姆志》，第2卷，第303页。

我也拒绝和‘非船匠’一起做工”。[①] 这种争执在职工会史上是司空见惯的。工人的权利要求是根深蒂固地建立在一种古老的有自尊心的技术行业的传统上，它的成员——纵令就专门意义来说是散匠——也拒绝被当做帮工去和不久以前还是“非法工人”的那些人一起劳动。

在一个大企业中容许所属工人保有一定程度的独立和自决，可能只是我们对由上而下的组织所了解的一点点东西。工组的工作、工组的件工合同，以及工组对于加入该组工作的控制权，在十九世纪初期经过了革命的铁厂中和在十九世纪后期经过了革命的钢厂中都可以看到，在那些铁厂和钢厂中它们不可能是过去的残余，因为服务于炼铁炉的辗铁组和服务大钢炉的各组都是十八世纪所根本没有的；但是在所举的这些事例中，那种往往出于勉强的自决，却丝毫不能表示它已经由上而下地立为定制。

当一个中世纪的行会禁止散匠把工作带回家或为一个以上的工匠师傅做工时，这项政策毫无疑问是旨在防范他们变成为纯粹的厂外加工工人，这与其说是为他们本身的利益计——散工并没有制定这项章程——毋宁说是因为厂外加工制一旦确立，最有地位和最有商业技术的工匠师傅就会把他的同行抛在后面，而将大部分可利用的劳动力都吸收去为他自己服务。行会是信仰工匠师傅的机会平等的。结果行会失败；而厂外加工制渐渐成为英国资

① 《结社法，特别是……乔治四世，第 5 年，第 95 章审查委员会作证记录》，(*S. C. on Combination Laws, paticularly*... 5 *Geo. IV*, *c.* 95, *Minutes of Evidence*)(1825 年，第 4 卷，第 565 号)，第 247 页：罗瑟海斯的斯奴克的作证。

本主义工业组织的占优势的——虽则绝不是唯一的——形式。在
179 乔治四世在位时多半仍是占优势的形式;因为它虽则在一方面对大工厂和制造厂节节失败,但在另一方面却又始终以家庭生产和工匠为牺牲而有所得逞。只有在原料属于商业雇主,并且在需要厂外加工工人的技术的加工过程完成之后再行缴回的时候,资本主义厂外加工制才可以说是完全确立——所谓原料,即如发出去纺绩的羊毛,发出去织造的棉纱,发出去"缝纫、上衽和结纽"的衬衫、须制成铁钉缴回的铁丝、须制成洋团团缴回的肢体,和须制成皮靴缴回的皮革等。

在英格兰的厂外加工工人之中,手织机织工占最显著的地位。用纺线杆或者用纺车为雇主进行的手纺,在英格兰已差不多绝迹——至多不过四十多年的纺织厂纺绩已经把手纺消灭净尽了——在苏格兰和威尔士也早已趋于没落。除去大概二万至三万台动力棉织机,以及在麻、毛丝和蚕丝织造方面的少数试验性的动力织机外,在二十年代后期不列颠的每一台织机都是手操作的。对于手织机虽从未进行过普查,但是绝不会少于五万台,而可能会远远超过此数。织户的极大多数是雇主的厂外加工工人。专接顾客订货的织工有五千至一万人。[①] 用小工匠师傅的织机在工匠师傅的场所里进行操作的散匠织工和受雇于大制造商的织机车间的工厂织工或车间织工,也有一定的数目;但甚至在 1841 年也还可以说,"在织造业人口中无论工厂织工或散匠都不占一很大部

① 本卷,第 162 页。

分”。[①] 织工通常都自己有一台或几台织机——至少有这样多的固定资本是自己的——但也有时租赁织机，或租赁供织机用的某种“复式滑车”。后一种办法在暗花织造，特别在暗花绸织造方面是常见的。[②] 在雇主就是织机所有主或复式滑车所有主的场合下，他对工人的控制也就加强了；但是到 1825—1830 年间，由于织
工之间的竞争随着爱尔兰人的涌入兰开郡和苏格兰西部以及动力 180
织机的开始发生影响而日甚一日，尤其是在手织布的织造业方面，这种控制却早已够强有力了。并非每一个手织机织工都是雇主的一个纯粹厂外加工工人。在北部，有些人还有一点土地；但是随着竞争的趋于激烈，这点土地对于棉布织工也就没有多少帮助了。

“兰开郡有两种不同的手织机织工”，切斯特主教市洛姆菲耳德在 1827 年这样报告说，“住在大城镇的和住在山间乡下地方的……目前他们是兰开郡中最困苦的一类人；因为他们向例是按很高的地租租进几小块地，由做父亲的和做儿子的耕种，而做母亲的和做儿女的则有两三台以至于四台手织机……靠手织机赚来一点钱……就用来支付他们的地租……他们失去了织机

① 《手织机织工报告书》(*Report on Handloom Weavers*)(1841 年，第 10 卷)，第 2 页。

② 在 1700 年以前，织机是由皇家闪光丝绸公司供给的。斯科特：《早期的股份公司》(Scott, W. R. *Early History of Joint Stock Companies*)(1911 年版)，第 3 卷，第 79 页。至于洋纱织造，在 1800 年左右，“每一种操作用的纺车和联动装置”都是由雇主供给的。昂温：《塞缪尔·欧德诺和阿克赖特》，第 46 页。织暗花绸用的昂贵的杰卡德复式滑车也是大多数织工力所不及的；但是用这种滑车的还不太多：在斯比脱菲尔兹的一万四千多台织机之中只有一百台用这种复式滑车。《维多利亚地方志，米多塞克斯志》，第 2 卷，第 137 页。

工作，同时救济其他无地织工的济贫捐也提高了”。[①]

在卡来尔附近曾经发生过同样的情形。[②] 约克郡也有它的小农织工；但是他们同乡下的那点利害关系尚不致成为他们的负担。这种关系仍有助于维持他们作为独立的手艺人——他们所在的地区既然是和持有土地的织工关系密切的小制造家师傅那个阶层占优势的一个地区，那就更加是这样了。

到了这个时候，织工以外的其他纺织工人大部分都是在雇主的场所——即工厂和作坊进行操作的。但是梳毛业方面的情况却很复杂。梳毛工可能是一个从事厂外加工工作的纯粹家庭工人，专为一个毛丝纺商或羊毛商，也就是说，羊毛整理商或商人，做计件的梳毛工作。但他也可能是受雇于一个小工匠师傅的“梳毛作坊”的散匠，这是在织毛业方面虽罕见而在梳毛业方面很普通的一种办法。在十八世纪时——在纺绩机器时代以前——小梳毛工师傅一直是一种公认的工业类型，并且在梳毛机器一般地有效以前，他们还在苟延残喘。给他们做的工作乃是从毛纺商而不是从梳毛工师傅的观点来看的厂外加工工作。在雇主的场所进行梳毛已越
181 来越有必要，因为，直到十八世纪之末，还有一大批跑四方的单身

① 《1826－1827 年移民审查委员会。第二次报告书》(*S. C. on Emigration, 1826－1827. Second Report*)，询问案第 2262 号。这证实了丹尼尔斯教授的下述看法(《早期的英国棉纺织工业》，第 137 页。)：人们所以把织工持有土地的程度以及持有土地对他们的利益看得过分，始终是以威廉·拉德克利夫的米勒尔市镇报告为依据的。“在山间”持有土地的织工只为“山间”无地织工缴纳济贫捐，而不为许许多多无地的城市织工缴纳济贫捐。

② 同上书，第三次报告书，询问案第 2824 号及以下。

梳毛工像爱尔兰人赶收成一样地赶剪羊毛的季节，来给当地的羊毛商做梳毛工作。这个阶层正随着毛丝工业的集中和家庭纺绩的消灭而趋于没落——因为在早年间羊毛可以很方便地在产地附近梳好纺好的——但是还没有绝迹。最后，有些毛丝纺厂把手工梳毛工聚集在厂里，工厂工人离开了动力。①

无论是由制造家或者大店主在资本主义基础上组织起来的那些成衣工业的部门，差不多都完全凭靠厂外加工工作。但组织并不简单：从零售店领活计的人——指伦敦的情况而言——可能本身也雇有厂内或厂外工人。“这里有一些叫做廉价工的裁缝”，詹姆斯·密契尔在1839年顺便向手织机织工调查委员会报告说：②这种廉价工雇佣一些妇女和儿童，有时达十二人之多：“他把衣服领回家，在星期六支钱”。比较有技术的做厂外加工的裁缝和他们的妻子一起操作：在伦敦“这个行业中大约有一半人的妻子都能挣到”九先令一星期。“在伦敦制成的衣服据说有三分之一是由开设作坊并雇佣其他妇女和女童的那些妇女承做的”：这一类应包括直接为消费者做工的女成衣匠和为店铺做各种外活的妇女在内。密契尔的报告书虽然是以1837—1838年所作观察为依据，无疑，对前十年的情况也会适用的。他所谈到的有技术的裁缝的一切，对于伦敦和各大城镇做厂外加工的承接订货的鞋匠也未始不适用。斯塔福德、威林波罗、凯特林和北安普敦那些承接陆、海军的合同，

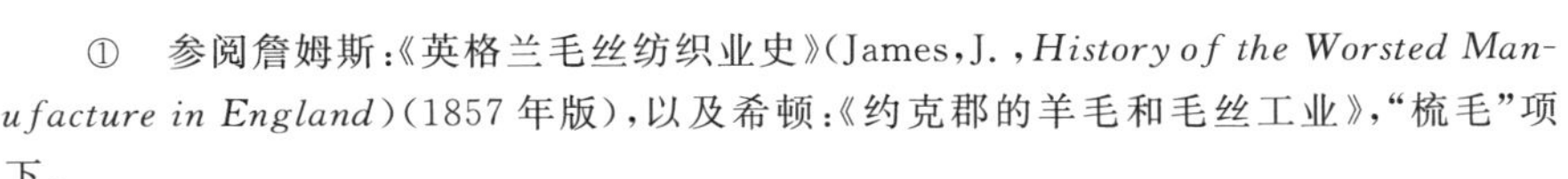

① 参阅詹姆斯：《英格兰毛丝纺织业史》(James, J., *History of the Worsted Manufacture in England*)(1857年版)，以及希顿：《约克郡的羊毛和毛丝工业》，“梳毛”项下。

② 《报告书》，第2卷，第281页。

为出口进行大量制造和长久以来供应伦敦“售货店”以货源的大制鞋作坊是仰仗厂外加工的。斯塔福德的霍顿公司在战争期间曾经雇佣了“将近一千名”男、女和儿童。和平以后，工人不得不“限定为一星期六双或八双”，据说，在 1813 年，只有家庭人口多的那些
182 人才可以挣到十二先令。[①] 这并不是说工业组织有什么弄错的地方。不仅仅在城镇中，而且“在周围的村庄和教区里”都有厂外加工工人。[②]

编结和针织业的各个不同部门基本上都是厂外加工工业，针织业雇主不但占有原料，而且往往占有织工所租用的针织机。比之织布机的出租更加普通的针织机的出租，是那样有利可图，以致本业以外的小资本家也把钱放在针织机上作为一种投资。在 1812 年证人们对于“面包匠、屠夫、农场主的儿子等”的这种做法，啧有烦言；并且建议应只准“袜商、花边制造商和劳动者”拥有针织机，以免外界人的勒索。[③] 在这个行业中，正如在成衣业中一样，转手雇佣是人所共知的：“一个跑四方的针织商就是一个袜工师傅；他从针织商那里领取原料，和他的工人一起进行加工，并且只收加工部分的工价”。[④] 这是一个重要的行业，向以累斯特郡、诺丁汉郡和德尔比郡为它的大本营；但在目前所讨论的这个时期已经一蹶不振。在重要性上甚至同织造业的单单一个部门都不能相

① 《皮革税审查委员会》，第 52 页。

② 《上院济贫法审查委员会》，1817 年（1818 年，第 5 卷），第 101 页。

③ 《针织机织工请愿书审查委员会》（*S. C. on Framework Knitters' Petitions*）（1812 年第 2 卷），第 17、28 页。

④ 同上书，第 30 页。

提并论了。现有的但并不开工的针织机究有多少，据现可利用的最可靠的估计是 1782 年约二万台；1812 年二万九千五百九十台——精确得奇怪以致令人不敢相信的一项数字——1832 年仅三万三千台。[①] 这些针织机差不多全部是在英格兰的，苏格兰的针织机编结业却不出塞耳扣克、皮布耳兹和登佛里斯等少数地方，虽则为市场而进行的手工编结到处都很多。[②]

凡是工匠仍然可以在家里做活的那些行业，无不为厂外加工工作的发展提供过机会——先采取工匠自备原料，但经常为商业企业主做活的那种不完全的形式，继而则采取原料也为工匠师傅所有的那种完全的形式。要把凡是据知其中有某种形式厂外加工的英国各技术性城市行业一一加以列举，那无异是要编制一部完整的英国行名录索引。此外还须考虑到农村的女工匠和半技术性 183
妇女。在一个饥馑和物价高昂的时代里，纺纱机，连同针织和花边编结“工具”，已经使乡村妇女都无所事事，从而减少了家庭收入。任何可以发给家庭妇女去做的活计都有了现成而又廉价的工人。商人、慈善绅士和济贫法改革者都是利害相关的：而在这些之中，以利润追求者是最积极、纵然是最缺乏同情心的职业介绍人。巴金汉郡的古老的麻制花边和枕头花边在 1800 年左右曾经是那样发达，以致，如上文所述——或夸大其词的叙述那样——“在这个郡里已找不到任何妇女为农业生产而劳动”，经过了几年的战后困

① 马格里季：《针织机织工状况报告书》(Muggeridge，R. M.，*Report on the Condition of the Framework Knitters*)(1845 年，第 15 卷)，第 15 页。

② 辛克莱：《总报告书》，第 3 卷，第 295 页。

难刚刚恢复旧观，而随又遭到机器竞争所带来的损害。[①] 早已在巴金汉、哈尔弗德和贝德弗德交界地方奠定了基础的草辫编织业正在迅速推广。在十八世纪后期经巴金汉侯爵介绍到北艾塞克斯之后，这个行业变得那样有用，以致到了 1840 年，在霍尔斯提德、布伦特里和波金地区，妇女老幼都日不暇给了。[②] 多尔塞特的线绳、捆扎绳、网织物、缆绳和粗绳这些老行业，连同帆布和粗麻布业都以布里德波特和比敏斯特为城市大本营，而深入扩张到了庐舍之中。[③] 跨过这一郡，在沙甫慈伯里和布兰德福德附近有一种乡村衬衫纽扣工业。[④] 以伍德斯托克、尤维尔和伍斯特为主要城市大本营的手套制造业，在牛津郡、萨默塞特郡和伍斯特郡都各有其厂外加工村的 attributa regio(附属地区)。在这个世纪的初期，伍斯特的七十个手套师傅领导和组织了六千个劳动者，其中有一些是在工作场所的整理工和货栈工，但大多数是厂外加工工人。到了 1826 年，雇主已经增加到一百二十人，工人大约有一万以上；但是在 1830 年以前由于赫斯基森撤销对法国手套的禁令，人数就已

① 《维多利亚地方志，巴金汉郡志》，第 2 卷，第 106 页。〔手摇花边机，即“工具”是在十八世纪发明的。在 1818—1820 年，花边机初次使用动力，到 1831 年那个行业中已经有了二十二家动力工厂。费尔金：《机织针织品和花边制造业史》(Felkin, W., *History of the Machine Wrought and Lace Manufactures*)(1867 年版)，第 237 页及以下。〕

② 《维多利亚地方志，艾塞克斯志》，第 2 卷，第 275 页。在萨福克亦复如此，《维多利亚地方志，萨福克志》，第 2 卷，第 250 页。

③ 《维多利亚地方志，多尔塞特志》，第 2 卷，第 350 页。欧恩利勋爵(普罗瑟罗)，《英国农业之今昔》，第 312 页。

④ 《1831 年的人口调查》，“多尔塞特”项下。

经大为减少了。[①]

以上所述只不过是庐舍厂外加工业对于乡间福利所贡献的主 184
要例证而已，至于全部贡献如何，实无法予以估计：然而绝不会是很大的。但已经看到的是，在 1830 年纵火事件爆发时，萨默塞特手套制造中心仍安静如常——因为妇女和儿童都帮同给男子以支持。[②]

在工厂立法开始时，棉纺工对于单单把他们这一项工业挑选出来作为管理和寓于管理之中的监督的对象，不断提出抗议。他们的理由往往是正当的；但改革家和国会的这种做法也不难理解。工作时间长和儿童工作过累，的确不仅以棉纺业为限；但引起公众注意的却是大棉纺厂周围的那种毫无例外的、令人可怕的情况；虽则十八世纪的不善观察和不够敏感的公众没有太注意到拈丝厂的或许更大的弊恶，其中有少数丝厂差不多是同样可怕的。[③] 在棉纺机器时代的初期，小企业自然很多，并且其中有一些最恶劣的弊害。丹·肯沃锡在 1832 年告诉一个委员会如何在他童年时代，他们经常"在一个星期的最后两天中日以继夜地，并且在星期日也整天地"劳动。都有谁呢？委员会这样问道。"只有我的姐姐、姐夫和我；有时还有

① 《维多利亚地方志，伍斯特志》，第 2 卷，第 304 页及其所引证的著作。《维多利亚地方志，萨默塞特志》，第 2 卷，第 329、427 页。《维多利亚地方志，牛津志》，第 2 卷，第 255 页及以下。

② 《维多利亚地方志，萨默塞特志》，第 2 卷，第 427 页。

③ 关于丝厂的规模，参阅丹尼尔斯：《早期的英国棉纺织工业》，第 99 页，关于它们的弊害，参阅乔治：《十八世纪的伦敦生活》，第 261 页。

另一个男孩”。“你的意思是说……这些都是雇佣的工人吗？是的，都是属于那个企业的”。[①] 但是甚至在1815—1816年间，主要制造业中心平均蒸汽棉纺厂的规模，就在英国工业中也是史无前例的。格拉斯哥的四十一个棉纺厂平均各有工人二百四十四人。邻郡的三个棉纺厂就是属于詹姆斯·芬莱公司那一个企业的，各平均在五百人以上；而新拉纳克的戴尔·欧文公司则雇佣了一千六百多人。在英格兰方面，贝耳珀和密尔福德的斯特腊茨厂计有工人一千四百九十四人。曼彻斯特及其附近的四十三家重要棉纺厂一览表上所举的平均雇佣数字是整整三百人：在这四十三家之中麦康纳尔·肯尼迪和乔治·亚当墨莱那两家公司各雇用一千多人。在选举改革法案
185 的那一年，类似的一张同样数目的曼彻斯特棉纺厂一览表所举的数字是将近四百零一人。[②]

在织造业的组织也由纺工管理时（这是在1816年很少见但在1830年以前已经普通的一种办法），棉纺厂工人和厂外织工的总数字，在极端的案例中是非常庞大的。1816年，格拉斯哥的蒙提思·博格耳公司在他们的账册上有四千名——纺工，一些动力织

① 《工厂法委员会报告书》(*Report of Comm. on Factories Bill*)(1831－1832年，第15卷)，询问案第2069－2077号。

② 关于1815－1816年，参阅《联合王国制造业中童工状况审查委员会》(*S. C. on the State of the Children in the Manufactures of the United Kingdom*)，第230页及以下（格拉斯哥），第16和20页（芬莱和欧文），第217页（斯特腊茨），第374页（曼彻斯特）；关于1832年，参阅《联合王国税收、人口等表》(*Tables of the Revenue, Population, etc. of the U. K.*)（波特尔制表），第2卷，第102页。

机织工，两个分设的染厂中的三百名染工，和一批厂外洋纱纺工。[①] 在这同一个时期，普雷斯顿的霍罗克斯·米勒公司在四个分别设立的棉纺厂中雇佣了七百名纺工，整个乡间的手织机织工共约七千人。[②]

这些都是大公司。如果有可能把丹·肯沃锡一直在里面操作到1814年的那种类型的棉纺厂一并包括在内，平均数字会大大地减少。但是在此后二十年间那种最小型厂已经被淘汰，而纺绩和动力机织的合并变得比较常见的时候，新指派的视察员所访问的平均棉纺厂，在三十年代初期在厂内雇佣的人数肯定不到二百，但或许在一百五十以上。[③] 通常企业的雇佣数字和其它大多数资本主义行业中少数出类拔萃的大企业的雇佣数字大致相仿的这样一种工业已经建立起来。举世闻名已近两世纪之久的韦季伍德的艾特劳里亚厂在1816年有工人三百八十七名，而太晤士河上的第二个造船商在1825年雇佣了约二百三十人。[④] 迟至1850年，甚至还没有一位令人钦佩的统计家敢于说英国平均煤矿所雇佣的"地下和地面上的男、女和儿童"是在八十人以上的。[⑤] 二十年前，由

① 《1816年报告书》，第162页。蒙提思·博格耳公司是苏格兰蒸汽动力织机的先驱者；虽则1801年水力织机的第一次成功的使用应首归功于加特林的布坎南。马威克:《苏格兰的棉纺织工业和工业革命》，载《社会史评论》，第21卷，第207页。

② 同上书，第270页。

③ 关于早期工厂统计的困难情形的讨论，参阅《经济季刊》(1915年)，第477页。

④ 艾特劳里亚厂，见《1816年报告书》，第60页；第二个造船商是杨格(《1825年结社法报告书》〔1825 *Report on Combination Laws*〕，第197页)。太晤士河的第一个公司，威格腊姆·格林公司，"在开全工时"约有六百人。同上书，第220页和本书第99页。

⑤ 《统计季刊》，第13卷，第84页。

186 于很多矿坑都只是露天采掘——尤其是在约克郡——数字一定还要小得很多；虽则在太恩塞德和维尔河沿岸那些平均产量很大，员工很多的矿坑是既大且深的。在1800年，据估计老华尔森德煤矿每年能采掘煤炭十六万多吨。[①] 1830年，太恩塞德的四十一个开工的煤矿，年产量约在二百二十五万和三百万吨之间，劳动力量，包括地面和地下的一并在内，约为一万二千人——也就是说，在一个平均煤矿里，三百个工人（其中有二百名是地下的）可采掘五万至六万吨。[②] 维尔河的数字甚至更高一些。但是，就整个煤矿业而论，这样的数字是例外的。然而，的确有一两种第一流的最古老工业，其平均数字堪与后来居上的棉纺业数字媲美。第一种就是在1826至1856年这三十年间在人数和产量方面已登峰造极的锡铜矿，连同以它为基础的自然铜和黄铜工业的某些部门。自从各皇家矿业公司和矿石炮台厂在伊丽莎白女王时代建立以来，这些工业始终是具有资本主义性质的。十八世纪最大的黄铜工厂——格拉斯特郡的瓦姆雷矿——雇佣了约八百名工人；最大的炼铜厂很少是几十个工人的；安格尔西岛上由托马斯·威廉斯管理的两个联合起来的最大铜公司在它们的鼎盛时期（1790—1815年）在岛上雇佣了一千二百名矿工，“在阿姆卢赫、圣海伦斯和斯温西都有熔炼厂，在格林菲尔德和大马鲁有轧铜厂和制造厂；此外，还有

① 《煤业状况报告书》，1800年，第547页。

② 这个数字是太恩塞德当代首屈一指的“评论家”约翰·布德尔在1830年伦敦港煤炭委员会所提出的数字（第8卷，第1页，下院委员会，第405页；上院委员会：布德尔曾在两院作证）。

它们自己的船舶”。[1] 但这些都是突出的而不是具有代表性的公司。在黄铜和自然铜制造业的那一端却充满了小企业。[2] 在矿业方面平均单位是大的。从包括一百六十个矿在内的差不多详尽无
遗的 1838 年康沃耳数字中可以得出每矿约一百七十人这样一个 187
平均数字。[3]

严格的说，多尔寇斯或惠尔—基蒂只有在经营规模上才能和新拉纳克或贝尔珀相比拟。在康沃耳人当中有一种独立精神的强大潜力。诚然，那里有很多工资劳动者——即“日工”（day men）——而且他们的数目正与日俱增。但是那里也有矿场的旧贵族，也就是在矿长于“安排工作日”举行“段工”正式投标之后把工作分别承包下来的那些人。一小伙一小伙的“包件工”（tut-workers）是按议定的工价包挖一个竖坑或穿凿一个横坑道的。他们和矿场当局之间立有正式往来账，工资常常是先行垫付的。一伙伙“按产品售价计酬工”（tributers）是按实售价格议定的百分比进行采掘和准备矿石的工作，也是先预付所谓“生活费”（subsist）。[4] 这些人可以同安布罗斯·克劳利的“工匠师傅”或太晤士河的船匠组相比拟，而不能和棉纺厂的纯粹工资劳动者相提并论。

① 汉密尔顿：《1800 年以前英国黄铜和自然铜工业》（1926 年版），第 252 页并散见各页；另参阅《下院自然铜……工业报告书》（*H. of C. Report on the Copper... Trade*），第 1799 页（未列进期刊的报告书，第 10 卷，第 653 页）。

② 本卷，第 71 页。

③ 数字见《统计季刊》，第 1 卷，第 78—79 页。

④ 刘易斯：《锡矿区》（Lewis，G. R.，*The Stannaries*）（1908 年版），第 202—206 页，以及《维多利亚地方志，康沃耳志》（也是刘易斯编），第 1 卷，第 568 页。“包件办法”和“按产品售价计酬办法”都已经渐渐为普通工资劳动所取代，尤其是“按产品售价计酬办法”。

矿场仍然是一个具有工厂主要特征的企业单位——是一些投资冒险家所拥有的，并且绝对依存于使它免于水患的动力中心。最深的多尔寇斯矿在1808年已深达二百二十八呎。[①]

其经营规模堪与棉纺媲美的第二种工业是铁工业。远在第一个棉纺厂建立以前就已经有了企业规模很大的铁匠师傅。纺织方面的发明尚在进行中的时候，这类企业已经有一些是巨型的了。在1765年创办默瑟尔·“特德福尔”厂[②]的怀特黑文铁商安东尼·培根，终于成为国会议员，并且“自认为是在上层社会活动的人物……在1783年把他在西法尔斯法的租地权和铁工厂一并转让给……克罗谢先生，但为他自己和他的财产受让人保留了一万镑的纯年金”。[③] 除非他欺骗了克罗谢(这不大可能，因为克罗谢
188 也很发了一笔财)，西法尔斯法一定是一宗很有用的财产。这只不过是培根的“矿产帝国”的一部分。[④] 他把班尼达伦厂卖给了洪福瑞，也就是使精炼法臻于完善的那个人；把道莱斯厂卖给了以布罗斯莱的约翰·格斯特为合伙人之一的刘易斯；并且把普利茅斯厂卖给了安东尼·希耳。培根在七年战争时身受其惠的大炮合同，早已转让给卡隆铁工厂——即由娄巴克发展起来而一度曾与詹姆斯·瓦特有利害关系的那个厂。到了1814年，由于在多年战争之

① 《维多利亚地方志，康沃耳志》，第1卷，第565页。

② 默瑟尔·特德福尔应作默瑟尔·特德维尔，作者系引用原用语，故于特德福尔一字加一引号。——译者

③ 戴维斯：《南威尔士》，第2卷，第458页。另参阅斯迈尔斯：《工业传记》(1879年，第2版)，第130页，和艾希顿：《工业革命中的铁和钢》，第210等各页。

④ 斯克里夫纳：《铁业史》，第122—123页。培根曾经在默瑟尔附近向塔波特勋爵租了四十方英里的土地，斯迈尔斯，前引书，第130页。

中承造大炮，又得利于瓦特所装置的动力，卡隆工厂被一位苏格兰人[1]说成是“欧洲规模最大的工厂”：他们雇佣了两千名工人。但是，苏格兰的平均铸铁厂在那时只不过雇佣大约二十人而已。[2]

滑铁卢战役以后的英格兰和威尔士比较大的铁工厂都是属于卡隆厂这同一等级的。在战争期间克罗谢也拥有职工两千多人；[3]西法尔斯法厂依然蓬勃如故。据说在1812年黑乡有十个铁工厂，每个厂的成本都在五万镑以上。[4] 有一位旅行家相信布莱德福附近的娄·穆尔·博林公司在二十年代拥有一千五百人，包括煤矿夫在内。[5] 在1824年，塞缪尔·沃克和维廉·耶茨在斯塔福德郡高斯波·奥克他们的工厂里雇佣了七百人，和大约一千三百名“煤矿夫和铁矿夫”。[6] 他们只有共计三百五十四马力的蒸汽引擎七部可供使用。沃克号，即罗瑟拉姆铁工厂的主要业务，正如很多比较大的铁工厂一样，是一个现代经济学家所谓的综合性企业——拥有两类矿厂以及一些熔矿炉、锻铁厂、铁板厂和一个铸铁厂——它们制造自洋铁片和熟铁件以至于大炮和吊桥等大多数东
西。[7] 1833年，英王的斯温福德的柯尔宾山的维廉·马修斯在他 189

① 辛克莱，前引书，第5卷，第286页。

② 同上。

③ 斯克里夫纳，前引书，第123页。

④ 艾希顿，前引书，第100页：未引据出处。

⑤ 梅丁格：《不列颠和爱尔兰的兴起》，第1卷，第123页。

⑥ 《工匠和机器审查委员会》，第116页及以下：沃尔的作证。塞缪尔·沃克并不是第一个。

⑦ 《制造业审查委员会》，1833年，询问案第9506号及以下：沃克的作证。《英国人名词典》中唯一的一个塞缪尔·沃克是一位牧师，他的训诫经于死后印行：关于沃克的家世，参阅艾希顿，前引书，散见各页。

的达德利附近的厂里雇佣了四五百人;他所制造的新"产品"之中有建筑用铸铁、煤气管和自来水管、铁栏栅和铁驳船。① 安东尼·希尔号,即默瑟尔普利茅斯厂,以制造可锻铁为专业。在有七座鼓风炉和精炼炉的配合下,他的将近一千五百名工人年产条铁二万吨;他在坎伯兰还有"一个铁矿工厂"。② 到了 1830 年,从安东尼·培根的"矿产帝国"中发展出来的那四个大企业,每年由格拉摩根运河输出七万吨铁,格拉摩根运河是输送笨重原料的唯一出路。③ 但是由于在二十年代中期容纳所有这些工厂的默瑟尔教区的全部人口不过二万左右;由于那里还有几个小工厂;由于妇女和儿童在制铁业中没有多大用处;并且由于这些工厂还会需要一些供应粮食等项的各类人口——看上去希耳的 1833 年雇佣数字甚至仅就这四个大企业而言也绝不会是具有代表性的。从大约会有二十岁以上的男子五千人的二万左右人口之中,是难以产生六千名铁工、矿工和铁矿夫的。

要把这种基本铁工业中的平均企业同平均棉纺企业或康沃耳矿场作一确切比较,是没有任何数字可供利用的。虽然在默瑟尔附近小铁工厂寥寥无几,但南威尔士、蒙默思郡和黑乡的其余各地却有很多——在 1830 年英国四分之三以上的鼓风炉都设在这些地区以内。④ 把熔炼和精炼及其以后几步工序合而为一的办法,并不普遍。而看上

① 《制造业审查委员会》,询问案第 9600 号及以下:马修斯的作证。

② 同上书。询问案第 10,207 号及以下。本卷,第 50 页。

③ 斯克里夫纳,前引书,第 123 号。

④ 拥有一两座以上熔铁炉的公司是例外。参阅斯克里夫纳,前引书,第 135 页,及本卷,第 429 页。

去或许平均铁匠师傅这种基本生产者，作为资本家和企业主来说，同棉纺工居于同等地位；虽则，正如1814年的苏格兰的数字所表明，全国各地有很多小铸铁厂来利用这时产量既丰而又时髦的铸铁。

通常组织成为较大单位——的确向来就是如此——的一种第
二流，也可能第三流的工业，是玻璃制造业。1833年，不列颠有一 190
百一十六个“玻璃制造厂”；但是一个“公司”往往不止有一个“厂”。[①] 国内首屈一指的公司艾萨克·库克森的公司，在南希尔兹有七个厂，在纽卡斯耳有两个厂。可靠的雇佣数字现已无可利用，[②]但是从国产税报告表中对于经营规模的大小可得一约略的概念。在那一年库克森公司所缴纳的国产税约为六万镑。如果他们的所有各“厂”都从事于普通玻璃瓶的生产，那么这个数字可以说明它的产量是在八万吨以上，因为国产税是七先令一英担。库克森各厂事实上都是很大的玻璃瓶制造厂，但是它们也制造国产税每担七先令六便士的窗用冕牌玻璃和纳税六十先令的玻璃板。不管它们这三种玻璃的产量各占多少，总归是以千担计的。作为一个税源来说，仅次于库克森各厂的就是斯托尔布里治的威廉·钱斯。他的三个“厂”除制造窗用冕牌玻璃和税率与冕牌玻璃相同的“薄玻璃”，很少制造其它玻璃。由于他所缴纳的国产税是五万四千镑，所以他的产量必在七百吨以上。第三是三个厂共缴纳玻璃瓶税和冕牌玻璃税四万镑的纽卡斯耳的里德利公司；第四是两“厂”共缴税三万九千镑的布里斯托尔的科特普公司；第五是同样

① 《国产税调查委员会第十三次报告》，1835年，为本段的依据。

② 麦卡洛克的《商业词典》中的一项臆测。

由两“厂”共纳税三万八千镑的南威克公司和格茨黑德的查理·阿特伍德公司。平均英格兰“厂”缴纳的国产税为六千多镑，平均英格兰公司为九千多镑——这一数字表明每个公司计产玻璃瓶一百二十多吨，铅玻璃约一百六十吨，或者冕牌玻璃或簿玻璃一百二十多吨。这些都是1833年的大宗货。这时玻璃板制造得很少——整英格兰约仅七百吨。[①] 在苏格兰，这整个行业中的经营规模都比较小一点，在爱尔兰则小得多。

191 在通常业务仍然很小或者仍然按照厂外加工或手工业方式组织起来的许许多多行业中，都可以看到或拥有动力或无动力的多少具有一点工厂形式的鹤立鸡群的大企业。例如，设菲尔德的格里符斯的新刀具厂和伦敦的大啤酒酿制厂就是这样的。都柏林的一个马车制造商罗伯特·赫耳顿在1825年雇佣了二百二十二人。[②] 这些“畸形物”在十八世纪，甚至在十七和十六世纪时就已经闻名了。在伯明翰区的小工匠师傅当中，据相信1770年博耳顿在索和厂就有了容纳七八百人的设备。[③] 据说尤托克西特的资本主义玉器制造商柯普斯太克，曾经雇佣了二三百人；约西亚·韦季伍德是肯定雇佣了几百个工人的第一人。在现代纺织机器发明以

---

① 拉文赫德（圣海伦）的英国玻璃板公司根据乔治三世，第13年，第38章那一条例，在十八世纪后期享有垄断权。它运进了法国工人。1798年，它在商业上失败，全部盘出；但直到1815年左右纽卡斯耳的库克森·卡斯伯特公司开始制造时止，玻璃板还只是在拉文赫德一地进行制造的（“大约二十年前”，《国产税报告书》，第40页）——在此后二十年间价格逐渐减低了“据我想整整三分之二”（《国产税报告书》，第131页钱斯的话）。在1827年已经开始制造冕牌玻璃的“酒商和浓酒精酿制者”从拉文赫德迁到了皮耳金顿斯。《维多利亚地方志，兰开郡志》，第2卷，第405页。

② 《结社法审查委员会》，1825年，第8页。

③ 斯迈尔斯：《博耳顿和瓦特传》，第129页。

前，乔治·斯特里克兰爵士曾经一度在波因顿他的毛纺厂里雇佣了一百五十人。[①] 在十八世纪初期，文拉顿的“克劳利的职工”很多。德尔比的托马斯·隆比拈丝厂的“所有建筑物占地长达八分之一英里”。[②] 这一类的工厂可以追溯到半传奇式的马姆兹伯里的斯图普和纽伯里的杰克。

在摄政王即位时，刚刚出现了这样一种工业，其经营规模一向是而且必须是大的。那就是煤气工业。伦敦煤气灯灶公司在1822年从马头路、砖巷和帷幔路那三个厂输送煤气的总煤气管共计一百二十六英里半，所用资本达五十八万镑。伦敦老城公司约有总管五十英里；南伦敦公司三四十英里，哈克尼路的帝国公司二十英里以上。[③] 爱丁堡煤气厂在1818年有将近二十英里的总管；曼彻斯特煤气厂在1823年深冬之际每日供应煤气十万立方英尺。[④] 在那一年查报这项工业的国会委员会向公众保证说，用煤气的危险并不如想象之甚；又说煤气本身并不是爆炸性的；并且说 192
他们不能“在结束他们的报告以前不对公众在增进社会便利和安适方面所取得的这样伟大、这样日新月异的方法表示欣慰……并且他们认为，如果作为一种维持治安的手段而普遍用于首都街道照明方面，是裨益匪浅的”。[⑤]

---

① 阿瑟·杨格：《北行记》，第2卷，第7页。

② 安德逊：《商业史》(Anderson, *History of Commerce*)，第3卷，第91页。

③ 威廉·康格里夫爵士的报告，载《煤气灯审查委员会》(*S. C. on Gas-Light Establishments*)(1823年，第5章，第195页)。

④ 同上书，第89、48页。曼彻斯特煤气厂是“市营的”——是未经警察局局长的核准而成立的，这颇使韦伯夫妇引以为慰，《英国地方政府》(1922年版)，第262页。

⑤ 《报告书》，第4页。

在经过局部革命的工业中，使用动力的大单位已渐渐普通了，但也还不是真正有代表性的。棉纺织以外的纺织工业的情形正是如此。大企业和麻、毛、丝的大纺织厂自然是有的。英格兰的麻纺和毛丝纺正步趋棉纺工业的后尘。马歇尔的利兹麻纺厂很可以同曼彻斯特的大工厂媲美——但不如它们当中的任何一个那样健全。布莱德福区早已有了一些大毛丝纺厂。但羊毛和毛丝的织造却一般仍旧“在厂外”进行，虽则有些雇主已经把他们的所有工人都聚集在眼前，就像利兹的沃莫耳德·戈特厂和沃莫耳德厂那样，在他们的厂——1799 年大火后重建的那个厂——里，“整个制造工序……自第一步松毛至成品整理……都是以很大的规模进行的”。[①] 纺织厂的规模在想象中很容易予以强大；而且又没有二十年代的一般数字用来对这种想象加以核对。但是现在却有三十年代的数字。1835 年安德鲁·尤尔从第一批工厂视察员的报告书中计算出平均毛纺织厂或丝毛纺织厂是四十四点六人，其中主要是妇女和儿童。以 1839 年搜集的材料为依据的一项比较晚但比较准确的计算所举的相应数字是五十八，并指明羊毛工业中的巨型企业约克郡那三百四十二家毛丝厂的雇佣数字是七十五强。[②] 那是这类工业和它们的组成单位经过了十年或十五年发展之后的数字。在三十年代初期，纺织厂正在迅速建造中；“其速度之快足

① 贝恩斯：《约克郡的今昔》(Baines, E., *Yorkshire Past and Present*)，第 3 卷，第 158 页，引据 1806 年的一本指南。1834 年这种办法在利兹的真正城镇中是普通的。《手织机织工请愿书审查委员会》，询问案第 500 号。“布多半是在织工自己屋里织吗？不，在城镇里不是这样：在邻近地方却是如此的”。

② 尤尔：《制造业哲学》和《纱厂及工厂审查委员会第二次报告书》(*Second Report of S. C. on Mills and Factories*)(1840 年，第 10 卷)，附录 2。

以使任何人为之瞠目”，一位见证人在1833年这样说。[①] 如果有 193
1825—1830年的数字的话，以羊毛工业的所有各厂的职工为三十五到四十人，而以毛丝纺绩业为五十到六十人，可能不是不合理的。较大企业的厂内和厂外工作**加起来**的数字一定要大得多；因为在很多场合下，特别是在现发展阶段的羊毛工业中，只有少数活计是在厂内完成的。在毛丝工业中，一个人可能专从事于纺绩。但是在比较大的羊毛企业中，从头到尾整个生产过程却掌握在同一些人的手里——而不问工作是“在厂内”或“在厂外”进行。1825年，一位威克菲尔德的军呢制造商告诉结社法审查委员会说，包括织工在内，他雇佣了四百多人，一位哈德兹菲尔德的证人在谈到他那一区细呢业的大企业主时也说：“如果他们有一百个织工，我就认为他们是重要人物，但是他有将近三百人”。[②] 八年之后，哈德兹菲尔德的约翰·布鲁克“相信他雇佣了”一千多厂内和厂外工人，“英格兰整个西部最大的高级制造厂之一”号称有一千五百人。[③]

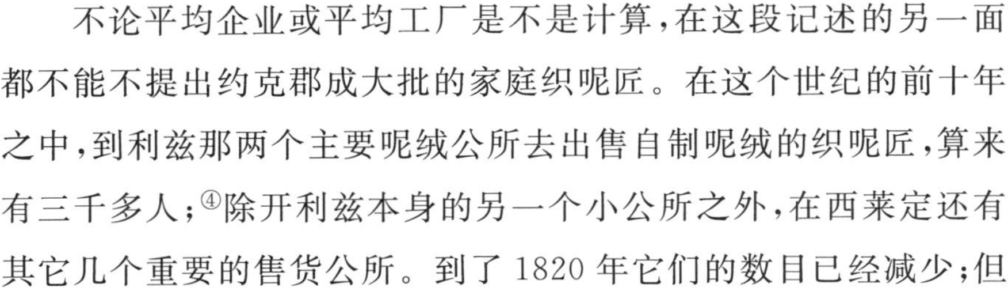

不论平均企业或平均工厂是不是计算，在这段记述的另一面都不能不提出约克郡成大批的家庭织呢匠。在这个世纪的前十年之中，到利兹那两个主要呢绒公所去出售自制呢绒的织呢匠，算来有三千多人；[④]除开利兹本身的另一个小公所之外，在西莱定还有其它几个重要的售货公所。到了1820年它们的数目已经减少；但

① 《制造业审查委员会》，询问案第1104号。

② 本卷，第59、131页。

③ 《制造业审查委员会》，1833年，询问案第1859、1320—1322号。

④ 贝恩斯，前引书，第3卷，第158页。

是甚至在二十五年之后，累昂·弗谢尔对它的生命力还获有深刻印象：“C’est en Angleterre qu’il faut aller pour voir, tant que l’humble édifice subsiste encore, cette exception toute démocratique aux progrès absorbante de la grande industrie”。〔“只要这个简陋的组织仍然存在，他就必须到英国去看一看令人向往的工业大跃进中的这个完全民主化的例外事物”。〕[①]这个组织仍然有相当的生命力；因为在1858年，据约克郡的历史家解释说，从事于呢绒工业的人在工厂劳动的只占一半——还有极大部
194 分计件织工和一小半仍然独立劳动的家庭织呢匠都是在厂外的。[②]

在机器和工厂时代以前，在著名的1806年呢绒工业国会报告书第一次正式标以“家庭”字样的那些织呢匠和按照伊丽莎白女王法令上的用语来说，“发料出去制造和销售”的那些人之间，并没有截然划分的界限。[③] 买进羊毛、在家里同家属和雇工一起劳动的小资本家，如果生意兴隆的话，就会把纱发给一些邻近的织工；如果非常兴隆的话，就会集中力量去干买进、发料和销货的工作，而渐渐成为一个企业家。只要一个纺工一根线的这项机械原则仍然有效，那么，除非他的确是以很小的规模经营，就不能不送一点原料到自己家庭组织以外去纺绩。很少能自己进行成品处理或整理

① 前引书，第2卷，第18页。关于1820年以前的减少，参阅《呢绒标识法审查委员会》(*S. C. on Laws Relating to Stamping Woollen Cloth*)(1821年，第6卷)，第49页。

② 贝恩斯，前引书，第2卷，第625页。

③ 《工匠法》(*The Statute of Atificers*)(伊丽莎白，第5年，第4章)，第20节。

这最后一道工序。这项业务都集中在城镇上，由商人进行，或者为商人而进行。第一批拥有纺织工厂的“商人制造家”，大抵就是出身于这类匹头整理商的；虽则在几乎不知道什么是真正家庭式生产的约克郡和英格兰西部，发达的“发料”织呢匠，随着机器的见诸使用，也能以自行建立纺织工厂了。[①]

家庭劳动者对于机器的反应各有不同。砑布工作向来是委人
代做的，常常是在旧领主的水车上进行。早已由机器进行的梳棉
工作之类的其它一些工序，现在他们可以用同样的方法进行了。
初纺和精纺工作他们可以很顺利地用手摇粗纺机或珍妮机这类所
费无多的工具在自己家里进行。有时他们传统的办法把未整理的
匹头卖给商人，而委人代为整理后自行“推销”。“我有一点商人的
成分”：“当我有存货时；当生意清淡时；”“我偶尔也把布匹整理好” 195
自行出售；——诸如此类的话都是并非不常有的作证。[②]

家庭织呢匠对机器的反应，最耐人寻味和最重要的结果就是合作毛纺织厂（co-operative mill），也就是所谓公司毛纺织厂（company mill）。起初，这些毛纺织厂往往就设在旧砑布机原址上的水车所在的地方；装置在那里的第一部，也往往是最重要的一部新机器就是带大线齿滚筒的粗梳机。[③] 在 1810 和 1830 年之间，蒸汽已普遍采用；到了后一个年份，公司毛纺织厂也已广为推

① 关于商人制造家的兴起的一些最可靠的证据是哈利法克斯的华特豪斯在 1821 年布匹戳记审查委员会(第 7 页及以下)中提出的。

② 例如约翰·赫恩萧，见 1821 年《布匹标识审查委员会》，第 73 页。

③ 本卷，第 144 页。

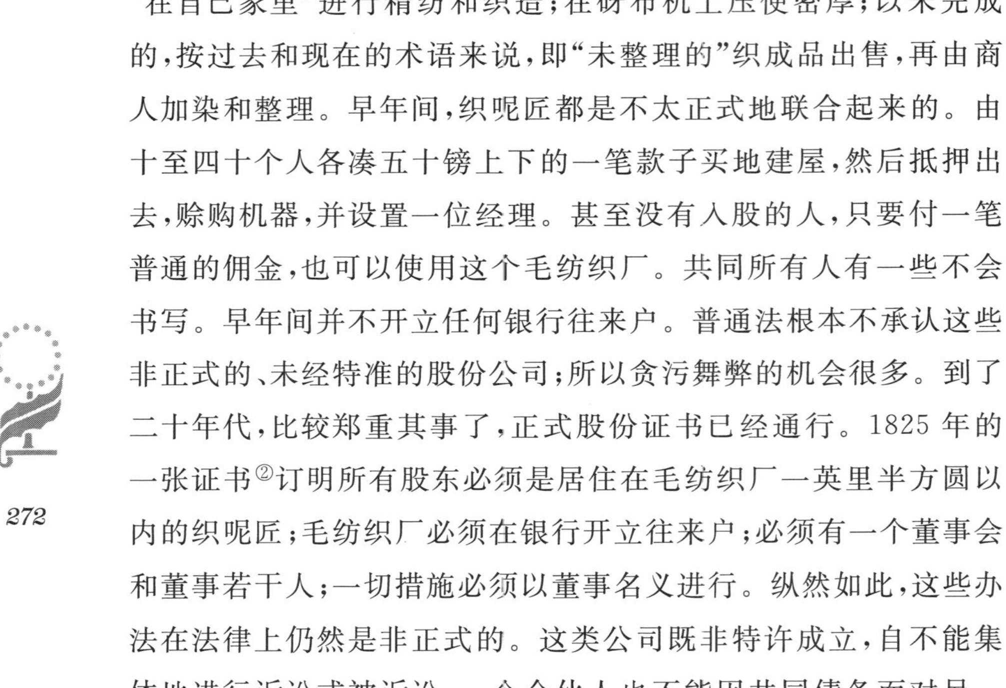

行。十二年之后，这已经是“原则而不是例外了”。[①] 1843 年的经营办法如下：织呢匠买进已经分好类的羊毛；在毛纺织厂里进行“粗梳”和精梳，在四十年代并往往进行“头道纺”，然后由织呢匠“在自己家里”进行精纺和织造；在砑布机上压使密厚；以未完成的，按过去和现在的术语来说，即“未整理的”织成品出售，再由商人加染和整理。早年间，织呢匠都是不太正式地联合起来的。由十至四十个人各凑五十镑上下的一笔款子买地建屋，然后抵押出去，赊购机器，并设置一位经理。甚至没有入股的人，只要付一笔普通的佣金，也可以使用这个毛纺织厂。共同所有人有一些不会书写。早年间并不开立任何银行往来户。普通法根本不承认这些非正式的、未经特准的股份公司；所以贪污舞弊的机会很多。到了二十年代，比较郑重其事了，正式股份证书已经通行。1825 年的一张证书[②]订明所有股东必须是居住在毛纺织厂一英里半方圆以内的织呢匠；毛纺织厂必须在银行开立往来户；必须有一个董事会和董事若干人；一切措施必须以董事名义进行。纵然如此，这些办法在法律上仍然是非正式的。这类公司既非特许成立，自不能集体地进行诉讼或被诉讼，一个合伙人也不能因共同债务而对另一

① 《股份公司审查委员会》(*S. C. on Joint Stock Companies*)(1844 年，第 7 卷)，附录 5，第 348 页。早期公司毛纺织厂的最好的报告书是以工厂助理视察员贝克和织呢匠白斯塔尔的约翰·努塞的作证为依据的。《手织机织工的报告》(*Handloom Weavers' Report*)，第 3 卷，第 549 页有一段关于法尔斯雷一家 1831 年公司毛纺织厂的很好的记述。十八世纪的一家名称相同的公司的继承者 1826 年的伯明翰黄铜公司，和这家公司毛纺织厂颇有共同之处。它是小制造商在合作基础上组成的，这些小制造商承允有二十镑的股份就从这个厂里购买五英担铜——共有七百股股份。它在 1830 年倒闭。汉密尔顿：《黄铜和自然铜工业》，第 237 页。

② 见《1844 年的报告书》。

合伙人提起诉讼——除非在衡平法院或有可能，并且在贾戴斯控贾戴斯案(Jardyce v. Jardyce)的那个时代里，约克郡人理应认为这类控告是不可能的。

公司毛纺织厂一并包括在三十年代的工厂统计中；但是因为 196
每一个公司毛纺织厂都为二三十个小制造商进行一部分织造工作，所以它们列入了和私有工厂完全不同的一个类别。然而它们的存在就足以证明机器是所向披靡的，并且早在1830年以前就有一位有远见的工匠料定它们作为独立家庭制造业附属品的寿命不会太长。当手摇珍妮纺机甚至在次级纱的生产上都不能再同动力运转的精纺机竞争时，只有织布业依然是家庭式的，但纯粹家庭织工久已不复是独立生产者了。成为生产大本营的将是纺织厂而不是家庭；虽然纺织厂的再分成为若干不同的行号在三十年代、四十年代以及更晚期间都是人所共知的——即“在一个建筑物之中往往有几个行号”：“有时达十二个之多”[①]——但再分成为二三十个行号却是绝无可能的。势非得到某种方式的集中不可。但是水到渠成的时机尚未到来：在二十年代，公司纺织厂仍然是必要的过渡。

三十年代初期的麻纺织厂和丝绸厂，平均来说，比之羊毛工业中的纺织厂要大得多。据尤尔的计算(1835年)，麻纺厂的平均雇佣数字为九十三点三，丝绸厂为一百二十五点三，而毛纺织厂则为四十四点六，棉纺织厂为一百七十五点五。那时有将近一半的麻纺织厂是苏格兰的。很多都是很新的，其中雇佣人员的总数——

① 《纱厂和工厂审查委员会》，1840年，询问案第8648号。

包括爱尔兰在内——不到三万三千人。鉴于为顾客和为市场生产的手织机织造数量之大，以及在二十年代初期依然照旧的手纺数量的极其可观，可知不列颠的工厂工人——为数可能有二万左右——在 1825 年绝不是这项工业中具有代表性的工人。至于丝绸业，则情形有所不同，虽则有一些同样的理由也是适用的。在 1820 和 1830 年之间，大蒸汽丝绸厂有很快的发展，特别是在曼彻斯特。在 1819—1820 年曼彻斯特的第一个拈丝厂已经为维农·罗伊耳建造竣事。到了 1832 年，“可以称做曼彻斯特纺织厂的”共有十二个。[①] 在 1825 和 1832 年之间，为供织造廉价丝绸及所谓爱尔兰毛绸和远近闻名的维多利亚羽缎之类的蚕丝及其它纤维混
197 织物之用的动力织机，正在那里进行着成功的试验。这些曼彻斯特纺织厂将会提高平均雇佣数字。在另一方面，拈丝及其相关联的工序久已是纺织厂的业务，所以纺织厂的数字当包括这个行业的那一整个部门在内。1824 年这一年，据计平均拈丝厂的雇佣数字是一百七十六人。[②] 现在只剩下织造业了。它的组织是异常庞杂的，但它还不是一种工厂工业，虽则有时也把一些织机聚集在工厂厂址里。[③] 一个基本上是拈丝的工人对织绸工的关系，并非不常常和霍罗克斯那类普雷斯敦纺工对他们数以千计的农村织布工的关系相似，尤其是在北部——诸如曼彻斯特、利克、康格耳顿和

① 《丝业审查委员会》，1832 年：罗伊耳的作证，询问案第 3022 号及以下。

② 同上书，询问案第 11,360 号：麦克耳斯菲尔德的布罗克耳赫斯特的作证。

③ 参阅，例如，《缎带织工请愿书审查委员会》（*S. C. on Pititions of the Ribbon Weavers*）（1818 年，第 9 卷，第 5 号），第 66 页——厂内有三十台织机，厂外有七十台织机的一个考文垂缎带企业家；第 76 页，厂内有五十台，厂外约有一百台的一个麦克耳斯菲尔德的丝巾企业家。

麦克耳斯菲尔德等地。例如，麦克耳斯菲尔德的艾顿，一个这类的雇主，1818 年在他的账册上有六七百个名字——“在工厂里的却不到半数……”。[①] 维农·罗伊耳也是一个拈丝工兼商人。

在织工之中，在麦克耳斯菲尔德占优势的手帕织工和考文垂的缎带织工——但并非斯比脱菲尔兹的宽绸织工——这两者之中，有一个恰好相当于当代累昂绸业中 maîtres ouvriers（工匠师傅）的“承包人”阶层。[②] 承包人从一个工匠师傅那里领取蚕丝，自行雇佣散匠和学徒，并“抽取所得的三分之一，作为偿还他的卷络、整经、店面和织机的费用”。直到 1813 年，麦克耳斯菲尔德一向有承包人所收学徒不得超过二人的决定。自从学徒法取消以来，整个制度在历史变化之中。工匠师傅渐渐撇开了承包人而使散匠去找自己的织机滑车和作坊了。

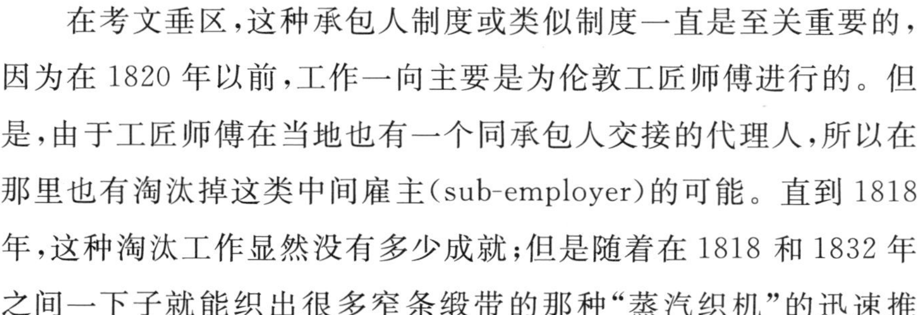

在考文垂区，这种承包人制度或类似制度一直是至关重要的，因为在 1820 年以前，工作一向主要是为伦敦工匠师傅进行的。但是，由于工匠师傅在当地也有一个同承包人交接的代理人，所以在
那里也有淘汰掉这类中间雇主（sub-employer）的可能。直到 1818 198
年，这种淘汰工作显然没有多少成就；但是随着在 1818 和 1832 年之间一下子就能织出很多窄条缎带的那种“蒸汽织机”的迅速推

① 参阅《缎带织工请愿书审查委员会》（*S. C. on Pititions of the Ribbon Weavers*）（1818 年，第 9 卷，第 5 号），第 66 页。

② 同上书，第 68、90 各页。关于累昂，参阅勒瓦瑟尔：《工人阶级史》（Levasseur, *Hist. des classes ouvrières*）；巴里塞：《累昂制造业史》（Pariset, *Hist. de la fabrique Lyonnaise*）；戈达：《累昂绸业工人》（Godart, *L'ouvrier en soie de Lyon*）。

广，这种承包人制度也就渐趋没落了。[①] 1818 年，在这个区里约有蒸汽织机三千台，“独摇”（即单条缎带）织机五千五百台。到 1832 年，独摇织机在城镇本身已几乎一台不剩，而蒸汽织机则有四千五百台；在“蒸汽”业中没有任何“承包办法”——即“由工匠师傅供给经纱和发放待制品”——但在四乡的独摇业中承包人仍占优势。[②] 到这时已有很多工匠师傅在考文垂定居下来。这些工匠师傅和伦敦的工匠师傅已经淘汰了承包人，而自行供给散匠以蒸汽织机，这样就巩固了他对散匠的控制。

在斯比脱菲尔兹，工匠师傅是同织工直接交接的，企业规模则大小不一，虽然平均企业或许很大。在 1832 年，据说斯比脱菲尔兹有七十九个宽绸制造商。在 1838 年，这一区计有开工的宽绸织机六千七百五十一台（另天鹅绒织机二千五百五十一台）。由于这两个日期相距太远，数目也太不肯定，所以无法证明这一分别开列的简单总数是否正确，也不清楚知道 1832 年的资料是否包括天鹅绒织机在内；但是这些数字却泛泛地指出三十年代时的一种规模颇为不小的平均企业。整个说来，丝绸工业是高度资本主义化的，正如现在到处都很容易看见的外来工业的情形那样。大企业主可能在财政上同拈丝和制造两业，甚或同进口业都有利害关系。但是在它的庞杂组织之中，却有种种不同形式和规模的单位。只有

① 蒸汽织机并不是一个动力织机：它是曼彻斯特织带业中久已使用的荷兰式织机或绣花机的变种。

② 《1818 年委员会》（*Comm. of 1818*），第 7 页。《1832 年委员会》，询问案第 968、999、1001、1193 号。

在拈丝方面是以名副其实的工厂占优势的。[①]

向例是把十九世纪初期英格兰制造公司，不论其组织形式如何，都认做是，像许许多多一味往高长的树木一样，只顾自己朝着 199
财富和尊敬的太阳长上去，而毫不顾它们的丛林的生死存亡。这种照例的想法基本上是正确的；但是却有许多证据证明在有共同利害的成长物之间存在着有理性的、纵然是无情的合作，而且其间的合作看上去或许比现在残存的证据还要多。[②]“我们不常听到”，亚当·斯密这样写道，“雇主的结社。……但是谁要因此设想雇主很少进行结社，那就对这个问题无知到了不明世故的程度。雇主随时随处都以一种默契的，但经常而又划一的结社来防止工人工资的上涨”。[③] 他的心目中只有雇主结社的这一方面，无疑是最重要的一方面。在大结社法通行的时候（1799—1825 年），这种“默契的结社”有时也形之于言语；虽则整个说来，那黑暗的二十五年的工业史足以证明斯密的另一句话的正确性：“我们所以不常……听到这种结社，正因为它是照例的事，换句话说谁也听不到的

① 本卷，第 146 页。《1832 年委员会》，询问案第 4805 号及以下、8612 等各号。《手织机织工》（*Handloom Weavers*），第 2 卷，第 227 页。《经济学报》，1916 年，12 月号，“斯比脱菲尔兹法令”。七十九这个数字是有问题的：同一个证人说在 1826 年有一百六十七个公司（询问案第 8612 号）。这个数字或许是仅指比较大的公司而言的；因为“每一个用两三台织机的人差不多都会称做师傅制造家”。《对外贸易第二次报告书（丝绸和酒）》〔*Second Report on Foreign Trade* (*Silk and Wine*) 1821 年，第 7 卷，第 421 号〕，第 29 页。

② 这段文字是在艾希顿的《铁和钢》出版以前脱稿的，该书第 184 页也有一些类似的论断，并附有十八世纪和十九世纪初期的雇主结社的一些宝贵的实例。

③ 《国富论》（坎南版），第 1 卷，第 68 页。

事，正是自然状态”。否则正如一位证人在1824年所说，雇主的结社乃是“一件日常的丑闻”。[①] 但是控制工资的结社以及其它一切结社，在记载之中，蛛丝马迹也不难寻索；纵然在无明显踪迹可寻的地方，至少前者也往往是不无可疑的。

“利益集团”之间的组织是从十八世纪承继下来的一个传统。“西印度利益集团”，连同由居住伦敦但与产糖殖民地有关的人们所组织的那个西印度委员会，是一个绵延不绝的、强有力的政治势力。[②] 精于宣传方法的联合烟草商，曾经使沃颇耳的国产税方案归于破灭。[③] 1871年，在约西亚·韦季伍德第一次领导下——这一次并不归功于他——组织成为英国制造商协会的很多种行业的联合起来的实业家，帮同粉碎了皮特对英格兰和爱尔兰间自由贸
200 易的同样合理的建议。[④] 大约在同一个时期，布里斯托尔和南威尔士的自然铜“联合化炼所”正企图和安格尔西岛的威廉斯那个铜世界的新兴势力商订瓜分市场的合同。[⑤] 随战争而来的种种工业困难，已经使许多联合行动——诸如关于捐税、工人结社、货币问

① 《工匠和机器审查委员会》，第12页。

② 彭森：《十八世纪中伦敦的西印度利益集团》(Penson, L. M. *The London West India Interest in the Eighteenth Century*)，载《经济史评论》，1921年7月号。

③ 布里斯科：《罗伯特·沃颇耳的经济政策》(Brisco. N. A., *The Economic policy of Robert Walpole*)(1907年版)，第92页及以下。

④ 墨莱：《英格兰和爱尔兰的商业关系》(Murray, A. E., *Commercial Relations between England and Ireland*)(1907年版)，第12章。欧勃莱恩：《十八世纪爱尔兰经济史》(1918年版)，第21章。艾希顿：《铁和钢》，第169—174页。《美国历史评论》(*American Hist. Rev.*)，第25卷中维特·鲍登文(他认为皮特的建议是不合理的，而且是胡乱草成和有危险性的)。

⑤ 汉密尔顿：《英国黄铜和自然铜工业》，第7、8章，本书第239页。

题、护航和捕获物、枢密院令、海外财产损失、破坏机器的骚动以及对谷物法等所提出的抗议和请愿——有了必要。在大和平时期[①]，英国政府及其国会委员会和调查委员会对英格兰形势问题的日益担心，使遭受物议的利益集团——棉布业者、丝绸业者、食盐业者和航运业者等等——联合或结合了起来。有一些利益集团却是没有外部压力而自然团结起来的。

“没有一个规定价格的委员会吗?”国会渔业用岩盐委员会主席在 1817 年向柴郡的一个盐商兼制造商这样问道。[②] 答称：“这个行业是由分设在不同地点的几个委员会管理的；但是若说这些委员是为了规定价格而指派的，那肯定是错误；我们把它看做是……为促进……和改良贸易而设的……一个殊可称赞的联合会”。问以究竟规定价格是不是促进贸易的一种方法；答称“是的”。另一位以国内最大食盐所有主自居[③]的证人解释说，这是这类联合会的“第二个或第三个”。“它曾经被称为结社，但是他却称之为改进贸易的联合会”。在稍加追问之下，他就承认“加价想来是非常明智的”。这位既重要而又有阅历的事务家为了自卫起见又补充说：“我想恐怕没有哪一个行业没有这一类的委员会会议”。简直没有一种贸易，另一位证人肯定说，“无论是对波罗的海的贸易或对巴西的贸易或其它任何贸易，各关系方面不是联合起来的”。这种论断，尽管存有偏见而不能据以判断事实，但却是富有启发性的。可注意的是，凡所引证的事例都是贩卖商而不是制造商。它 201

① 这是哈里埃特・马提诺的用语。

② 1817 年，第 3 卷，第 123 号，第 22 页。

③ 托马斯・马歇尔。

们令人想起亚当·斯密的另一句名言:“甚至为了寻欢作乐,同行也很少在一起聚会,但每有会商,却总离不了反公众的阴谋,或提高物价的诡计”。①

在 1818 年,伦敦“啤酒酿制商为规定和减低价格所举行的会议”——一种相当委婉的饰词——是“他们非特不讳言,抑且扬言是有必要的”。② 那同一年,丝绸业中的雇主却缄默不语。麦克耳斯菲尔德有一个委员会。据麦克耳斯菲尔德人说,它是以防止偷丝为宗旨。③(这是厂外加工制的工业中雇主组织的一个公认的职能:以此为宗旨的毛丝委员会是依法成立的。④)一经追问,麦克耳斯菲尔德人就承认“他们的目的是各种各样的”。再就偷丝问题加以追问说——“他们难道是专门为这个目的开会吗?”——他们规避了这个问题:“我们常常为了那个目的开会;我殊觉抱歉地说,未免太常常了”。斯比脱菲尔兹也是同样地守口如瓶。那里有一个雇主协会,而且收取会费。它的主要目的也是为防范偷丝。关于其它的目的,证人则巧为规避,而且设法不使自己牵连在内。⑤ 在 1825 年结社法争论过程中,很多雇主的组织暴露或半暴露出来,主要是造船业和航运业的组织。太晤士河的造船商,或其中某

① 《国富论》,第 1 卷,第 130 页。

② 《接受抱怨啤酒价昂质劣的若干伦敦居民的请愿书的那个委员会的报告书》(*Report of the Comm. to whom the Petition of several Inhabitants of London... complaining of the high price and inferior quality of Beer, was referred*)(1818 年,第 3 卷,第 295 号),第 4 页。

③ 《丝带织工请愿书审查委员会》(*S. C. on Petitions Ribbon Weavers*),第 79 页。

④ 本卷,第 342—343 页。

⑤ 《丝带织工请愿书审查委员会》,第 191 页。

些造船商为同船匠工会进行斗争而新组织了一个协会。[①] 有三十二个造船商收到了通知，并且有十八个曾经到会。这个特定组织似乎是新成立的，但未必没有正式的或非正式的先驱者。1820 年纽卡斯耳的船舶所有主改组了他们的协会。他们貌似诚恳地声称这个协会不是一个同海员进行斗争的组织："除去仅有的一次之外，从来没有"讨论过海员的工资问题。[②] 它的职能是什么，未据说明，但明眼人是不难揣测的。在黑乡，远在 1800 年以前铁钉师 202
傅就经常聚会，并以规定工资为主要目的，虽则关于这一点他们始终没有机会在威斯敏斯特出席作证。[③]

纽卡斯耳是十九世纪初期寿命最长、声名最著的雇主结社——即太恩河和维尔河煤炭"产销限制"委员会——的大本营。[④] 自 1771 年以来，这个组织就一直存在着，只是在你死我活的竞争，即所谓"商战"期间有过几次间断。它的力量就是太恩河和维尔河对伦敦以及差不多整个英格兰东部、东南部和南部的海运煤供应，已享有几世纪之久的那种天然垄断权。随着运煤河及其联运铁路的建成而通车的斯托克顿—达林敦铁路，已经或多或少地侵犯了这项垄断权；但是它还没有受到严重的威胁。在二十

① 《结社法审查委员会》，第 404 页。

② 同上书，第 166 页。

③ 《伯明翰和米德兰的铁器区》，第 110 页。艾希顿，前引书，第 184 页，那里提到了几个结社（本段未加引证）。

④ 波特尔：《国家的进步》一书中曾予以讨论。主要的材料是根据《1800 年煤业状况报告书》(*Report on the State of the Coal Trade of 1800*)《伦敦港煤业状况审查委员会》(*S. C. on the State of the Coal Trade in the Port of London*)，1830 年（第 8 卷，第 1 号）和上院同一问题的委员会中的作证（第 8 卷，第 405 号）。

年代，这个制度是这样运行的。每一个煤矿指派一个代表到纽卡斯耳，再由这些代表选出一个委员会。先评定各个煤矿的等级，然后按照它可能的产量，规定其在各级煤的产量和销售总额中所占的一定比例。中央委员会视市场情况，逐月——后来则每个星期——规定一次“产销”总额，各个企业即按照它在总额中的配额装运。目的自然是为了维持这些联合起来的所有主认为有利可图的价格水平。最上等煤的所有主一年一次提出他们建议在今后十二个月内的售货价格。各级次等煤的价格即按最上等煤的价格调整，委员会的职责就是核准与争取上项煤价相适合的最高“批额”(issue)——这是当时对定期公布的拟议“产销”总额所作的称呼。对于“基数”，即在总产额中各老矿所享有或新所争取的配额，自然
203 是屡屡发生争执的。这类争执的爆发无异是一番“商战”的开始，于是各矿不复和平地售货给商人了，而往往“雇用船只把各自的煤斤运往市场”[①]力图争取各自的最大“产销额”。但是他们总归又回到协议上去，于是那些再继续“商战”就会从边缘上逼掉海里去的边际企业——用现代经济学上的术语来说——又能在维持伦敦人取暖方面分得一份利润了。

对于“产销限制”的实施情况，1800 和 1830 年的国会委员会曾经进行了很详尽的调查。1824—1825 年委员会事实上并未过问。1830 年委员会在听到来自提兹河的煤开始在伦敦同来自太恩河和维尔河的煤展开竞争，以及在产销委员会的价格订得太高

① 《1830 年审查委员会》，第 7 页。在一个现代经济学家看来，这些都是常见的 Kontingentierung-Kartell(分配卡特尔)的问题。〔关于苏格兰的类似的卡特尔政策，参阅汉密尔顿：《苏格兰西部煤业中的结社》，《经济季刊》(经济史)，1930 年 1 月号。〕

时，内地煤田就能以插足它旧有的垄断区域等情况之后，遂荐请国会信赖自由公开的竞争以防止垄断的弊害，并表示希望其它地区能不受利诱，拒派代表前往纽卡斯耳。[①] 结社法既着手废除，而国会又正为他事所分心，这项建议遂被采纳。至于究竟这个制度在怎样程度上是一种不折不扣的弊害，或究竟那些利害关系人的标准论证——也就是说垄断能给贸易以稳定性——在怎样程度上能使它有存在的正当理由，却不是这里所要探讨的问题。

为了种种明显的理由，撇开反对工资劳动者的那种无可避免的默契的结社不谈——关于这个问题，1825—1835 年的职工会史当多所论列——这种一致的行动，在年轻的行业中以及在正经历迅速变化的行业中，比之在煤矿业、船舶业和海外商业之类的那些多少具有连续传统的行业中，可能性要少些。你们的行会在一个相对的静态时期为规定一“公平价格”而集会，未始不会被一位中世纪的亚当·斯密斥为阴谋反对公众：他也许不错。现在可以肯定的是，它的成员既然都是以差不多同样的方法经营，那么，为“促
进贸易和进行改良”而经常集会原是很可能的。但是一个拥有布 204
满精纺机的纺织厂和巨额银行存款的人，未必会同只能供备珍妮纺机和为求这类纺机能使用得比较有效而正试图参加公司纺织厂的那些人采取一致行动；虽则珍妮机纺工可能，并且事实上也的确联合了起来。如果太集中注意于正历经迅速变革的工业或工业部门，那就难免有夸大这个时代的野蛮工业个人主义的危险。工匠师傅或企业主的集体预见和自私心，未必会比个人的预见或自私

① 《报告书》，第 17—18 页。

心好多少，但它们迥然不同。它们在大体相等的单位所组成的任何具有共同利益的集团之中，都滋长得很快，而不问这些单位是大是小。约克郡的家庭制呢匠是肯定有“阶级意识的”。在1816和1833年之间，棉纺工匠师傅的“阶级意识”，在舆论批评和政治怨恨的刺激下，渐渐发展起来。米德兰使用焦煤的铁匠师傅，一旦成为固定的集团，差不多立刻就举行定期的季度集会了，[①]并且在十八世纪八十年代，他们为英国制造商协会组成一个强有力的分支团体。在九十年代，他们同南威尔士、约克郡和苏格兰的工匠师傅合作，对皮特所建议的生铁国产税展开了斗争。他们取得了胜利；当这项建议在1806年又卷土重来时，他们又取得了胜利。米德兰的历次集会的确规定了价格，并且制定了售货条件。在1802和1824年之间，在新港断续举行的南威尔士集会，以及在1799和1824年之间，在不同地点举行的约克郡集会，也都如出一辙。南威尔士根据“产销”办法制定了一些产量规章；但是在1830年以前，这种政策无论在米德兰或在约克郡都还一无所闻。恰好在那一年铁匠师傅的结社已趋于衰退。威尔士的集会已在1824年停止。继1825年的贸易繁荣之后而来的萧条导致各地展开了不义的竞争和杀价推销。约克郡集会的议事录在1828年停笔，承认会议失败。在1831年，米德兰和南威尔士都提出了以共同行动来减少产量的建议，但是未获通过。然而米德兰集会显然还继续举行，而且到1839年——当下一次萧条来临时——终于采取限制政策。

① 这类集会可以追溯到1777年，而在那一年或许也不是初次。艾希顿，前引书，第164页。

总之，当铁路时代开始时，铁业在工会方面已经没有什么要学习了。[①] 205

在这个世纪开始时，工人对于工会已经没有多少东西要学习了。职工互助会或职工会，虽则无疑是资本主义工业组织的产物，却并不是十八世纪和十九世纪初期工业革命的产物。[②] 工业革命——以及第一次工业革命因以和英国革命同时发生的那个政治事件——反而妨碍和促退了职工互助会的自然发展，这类互助会在十八世纪时无视整套反结社法的存在，而仍在稳步地前进。[③] 甚至1799—1800年的大结社法对于遏制这种发展都没起多大作用，虽则毫无疑义这些法律使得职工互助会的活动对于它的领袖们比以前更加有危险性了。但是职工互助会从来就没有太安全过；如果对于那些寿命短暂、施行不力以及每一个工人和某些雇主蓄意破坏其宗旨的条例过分予以重视，那么法国 compagnonnages（职工会）这类虽始终非法但活动了数世纪之久的工人社团的历史就是一个警钟。[④] 单单一个插曲就足以说明局势的实况了。十八世纪的职工互助会中最强大、分布最广和看上去最激烈的一个，就是梳毛业散匠的互

---

① 关于截至1831年为止的整个问题，参阅艾希顿，前引书，第7章，《资本家的结社》（*Combinations of Capitalists*）。约克郡会议议事录原件现存设菲尔德公共图书馆。关于1839年的产量规定，参阅斯克里夫纳：《铁业史》，第290页。

② 首创工会史的韦伯夫妇的《英国工会运动史》（Mr and Mrs Webb's *The History of Trade Unionism*）是不须介绍的。参阅1920年版，第45—46页。

③ 这一系列的反结社法见坎南版《国富论》，第1卷，第68页注。

④ 〔乔治夫人：《再论结社法》（Mrs M. D., George *The Combination Laws reconsidered*），《经济学报》（经济史），1927年，证明这些法律比这里所提示的要更无实效。〕

助会。自从乔治三世以来这个互助会就一直是非法的。在 1812 年——恰恰在结社法有效时期的中期——内政部得悉梳毛工工会打算在考文垂举行大会，当即以能否提出检举的问题征询英王法官的意见。他们答称："这类结社是既有危害性而又危险的，但是究应如何处理，殊不得而知"。因而，虽据说大多数梳毛工都是有共和主义嫌疑的非国教徒，却没有采取任何措施。[①]

这个互助会的故事的本身就很好地说明了第一次工业革命在
206 职工会史上的重要意义。当手工操作控制着毛丝业的时候，梳毛工正处于一个职工会组织者所最欢喜的地位；他们是不可少的技术工人，他们的生产过程的成本虽高，然而在成品的总成本中却不构成一重要部分。所以，像生产过程同梳毛业近似的那些十九世纪初期的梳麻业一样，他们"凭靠罢工而在一定的程度上控制了这个行业，强定工资率和学徒人数等等，并强行他们的要求，而不论其如何不合理"。[②] 虽然直到 1825—1830 年为止还没有一部梳毛机获得真正的成功；但是机器的开始采用却助成了 1825 年大罢工之后约克郡梳毛工的一败涂地。机器悬在他们头上又复二十年；在四十年代后期它坠落下来了，把他们的工会压成粉碎。在此后半个多世纪之中，像梳毛业那样不具备职工会机构的行业已屈指

① 这段插曲是哈蒙德夫妇在 1919 年露布的。《技术工人》，第 200－201 页。波斯特格特：《营造商史》(1923 年版)所说："……有任何活动的任何工会即根据这些条例予以处理"一节(第 15 页)同下面七页所述的事实颇不相符：在 1810 年，伦敦建筑业——砌砖匠、泥水匠和木匠——已经"有了充分完善的组织来进行罢工"，并将工资从二十八先令提高到三十先令。当然，很多职工会运动者受到了检举和处罚。韦伯，前引书，第 78 页及以下。〔但大多数是犯普通法所规定的阴谋罪。乔治，前引书。〕

② 本卷，第 146 页。

可数了。[①]

多少有点相似,然而不像那样灾难重重的是水车匠的故事。这个古老的职工互助会的局部失利,但非永久性的失败,是 1814 年学徒法的废止所促成的,虽则其主要原因是逐渐创立了现代机械工程的一系列的技术改革。在十八世纪末和十九世纪初,向例是凡合格的和学过手艺的水车匠一律按计时工资给酬。[②] 当时有一个标准计时工资率——至于是不是通过定期的集体议价商定的,虽未据证据说明,但想来如此。在 1813 年前后,这个工资率是四十二先令一星期。水车匠这种机械工业中的老贵族工人——在 207
诺曼人征服以前就有了专业水车匠——在受雇于新兴的工程工厂时,不论做什么活计,甚至于推磨,也坚持要求这种工资。他们不准许非水车匠做水车匠的活计。但是伊丽莎白劳动法的学徒条款的废止,使雇主能以,正如某雇主所说,“用新工人来压倒这个排外的集团了”。而且,为破坏水车匠的政策和因应这种新工业不断变化中的要求起见,有些雇主决定尽可能“按照各个人的专长给酬,并允许各自签订各自的合同”,从字里行间就看出了过去的集体讲价或至少非常严谨、非常有拘束力的习惯。亚历山大·加洛韦在 1824 年称这种根据单独议价的结果而订定工资的办法为“机械工

① 关于 1907 年的情况,参阅克拉潘:《羊毛和毛丝工业》(Clapham, J. H., *The Woollen and Worsted Industries*)(1907 年版),第 209—210 页。

② 这段记述是以《工匠和机器审查委员会》,1824 年,第 27 页及以下的亚历山大·加洛韦的作证为依据。关于伦敦老水车匠社团(计有三个)的严密情形,参阅斯麦尔斯,《工业传记》,第 309 页中威廉·费尔贝恩所述他本人在 1811 年的亲身经历:关于水车匠理应引以为荣的那种技术,参阅第 314 页(还是费尔贝恩)——“他受过一般良好教育并能自行设计图样”。

经济”，另一位来自伯明翰的证人[①]说，这种办法正普遍取得优势。它一直对于结社和老水车匠的政策是最具有破坏性的，加洛韦这样指出；所以“向来讥笑和拒绝机械工名称的那个行业〔耐人寻味的妙笔〕也不得不采取机械工这个名称，并按机械工经济去管理他们的业务了”。[②] 这种经济也适用于已经成为这个工业中的制模工的木匠和细木匠。他们旧有的计时工资率是三十先令。加洛韦则是按照工作的性质给付工人工资，从三十先令以下起（以下多少未据说明），直至四十二先令。

但是，尽管学徒条款已经废止，尽管有结社法的存在，水车匠还是展开了顽强的反抗。曼彻斯特的赫威斯[③]说，他们“很少〔替他〕做件工”，并且承认他就在工人大喊大叫的时候限制了他厂里水车匠学徒的人数。不论是否水车匠出身，工程师显然不久就有了专业观点。姑且再引赫威斯的话来说：“他们不会允许其他工人加入这一行；在我们的制造厂里，尤其是不允许机器制造工加入，除非他们在〔织〕布厂、麻厂或毛呢厂工作过五年”。他曾加以默
208 许，因为他已经知道他的工人为此而“罢工”。“你的意思是说工人已达到目的吗……？是的”。机械工程业，或不论用什么名称，显然是一种成年人的职业——与棉纺业不同——并且是需要若干年见习（不论叫做学徒或其它任何名称）的一种职业，以致在老水车匠的传统局部瓦解之后，并非不相似的种种新传统——连同塑造

---

① 威廉·布朗顿。《工匠和机器审查委员会》，第 323 页。

② 莫兹利（第 39 页）曾经解释说，有一个时期“水车匠不肯同工程师一起操作”。马提诺（第 6 页）认为“按质量”给付工资使“我们无法再进行结社”。

③ 参阅：《工匠和机器审查委员会》，第 341 页及以下。

这类传统的社团或工会——差不多立刻就成长起来了。

一个强有力的互助会在受到并非突如其来的机械革命威胁的时候，如何保存自己的实力，从造纸业散工工会的历史中可以看出。这个工会的组织是煞费苦心的。共有梅德斯通、卡夏尔顿、韦尔斯、利兹、曼彻斯特等五个“大组”，各有其规定的地区。根据一位前任秘书在1825年委员会中的作证，凡是职工会所作过的事，它几乎没有一件没有做过：它曾经不顾结社法的禁令而给罢工以经济支持。[①]

差不多所有老的、未经过革命的伦敦技术性行业都有各自的互助会或结社，虽则不常常包括散匠在内。弗朗西斯·普雷斯这位最可靠的证人向工匠和机器委员会[②]描述了成衣业散匠的那个“完善和永久性的结社”，连同它的那个“差不多军事性的”制度。他补充说，“在其它行业中虽然没有这样完善的组织，但总归……有某种组织”；他并且进而描述了木匠和铅管匠的组织。他认为这些结社“一般〔是〕成功的”。伦敦的帽匠组织得特别好，并且他们几乎同其它每一个城市的帽匠互助会都有联系，据他这样说[③]。它们有疾病、丧葬和失业补助金；它们使用路单；它们支持非帽匠的罢工；并且——不顾结社法，俨然就像伊丽莎白第5年第4章不曾修正过一样——厉行除本人的儿子外任何师傅不得收录两个以

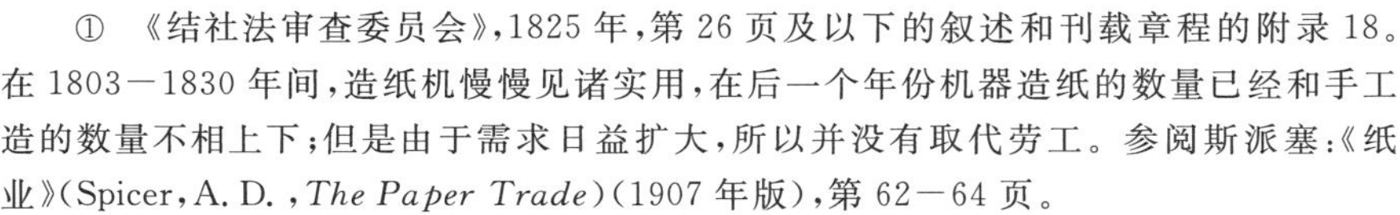
① 《结社法审查委员会》，1825年，第26页及以下的叙述和刊载章程的附录18。在1803—1830年间，造纸机慢慢见诸实用，在后一个年份机器造纸的数量已经和手工造的数量不相上下；但是由于需求日益扩大，所以并没有取代劳工。参阅斯派塞：《纸业》(Spicer, A. D., *The Paper Trade*)(1907年版)，第62—64页。

② 第44页及以下。

③ 兰格的作证，第91页及以下。

上学徒的这项规定而无丝毫通融余地。伦敦的木匠和细木匠有粗
209 具规模的“五个个别的社团”：[①]只有在遭到火灾损失、工具损失和有丧葬开支的场合下，才发给正规补助金，至于失业补助，则以自愿捐助去应付。靴匠有两个社团：一个是伦敦的，一个是威斯敏斯特的。如果某雇主在十四年之后的隐名作证可以信赖的话，那么他们，像成衣匠一样，在纪律方面也“差不多是军事性的”——“他们举行会议来规定他们的价格”。“他们不到你的店里来工作吗？不，那是违反他们的规定的。我不敢留一个人在我的店里做活；如果我这样做；他们会全体罢工的”。[②]

在斯比脱菲尔兹，织工在十八世纪时肯定有过某种组织；但是到了十九世纪前二十五年之末，它已经趋于没落了。他们的行业是一个濒临瓦解的行业。过去曾经有过一个织造业计件工资议定书。它究竟是非正式议定的，还是由一个专门会议，或者由工匠师傅和职工互助会的代表共同议定的，不得而知。[③] 在 1773 年斯比脱菲尔兹条例通过之后，工匠师傅委员会和工人委员会共同商订了工资率，法官随即给以法律上的效力。这足见工人之间的良好组织。从大约 1795 年起，工匠师傅就显出越来越不愿意适用这项条例了，终于在 1823 年，大多数——但并非全体——工匠师傅都投入了要求废止这项条例的一次如愿以偿的风潮。在废止前的各

① 第 176 页。

② 《手织机织工》，第 2 卷，第 281 页。

③ 克拉潘：《斯比脱菲尔兹法令》，《经济学报》，1916 年 11 月号。关于著者在那篇论文中并未利用而现存于金匠图书馆的工资册，参阅乔治，前引书，第 182 页：它的日期注明为 1769 年。

式各样调查期间，工人对于他们的组织讳莫如深，正如工匠师傅对于他们的那些一样。[①] 在1818年，一位工匠师傅以“叫做善意会(the Good Intent)的少数会友所遵守的”一套章程提出来作反对工人的证据，据那套章程第3条的规定，凡因要求法定工资而拒绝工作的人，“给以失业补助金”。(仍然有法定工资，但不予遵守。)至于工人的捐助，据约翰·贝克解释说：“完全是随意的”；他们从来没有罢工；“根本没有什么委员会”；而只有“少数几个叫做财务的收款人”；遇有争议时，他们就指派一个“你如果认为合适就不妨称之为委员会”的东西；并且有一位行业秘书。[②] 随着斯比脱菲尔 210
兹条例的废止，这个原不很巩固的组织基础从根本上破坏了。在伦敦以外，这项工业正在迅速的推广中。斯比脱菲尔兹，连同它的古老传统，首先丧失了它的优越地位，继而丧失了它的繁荣，因而在那里发展组织的机会也就一年年地减少了。

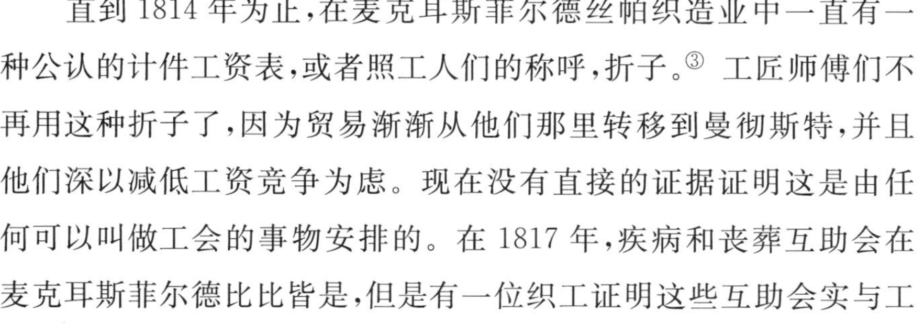

直到1814年为止，在麦克耳斯菲尔德丝帕织造业中一直有一种公认的计件工资表，或者照工人们的称呼，折子。[③] 工匠师傅们不再用这种折子了，因为贸易渐渐从他们那里转移到曼彻斯特，并且他们深以减低工资竞争为虑。现在没有直接的证据证明这是由任何可以叫做工会的事物安排的。在1817年，疾病和丧葬互助会在麦克耳斯菲尔德比比皆是，但是有一位织工证明这些互助会实与工资无干：“我向不知道有因失业或类似情形而向任何这种性质的社

① 本卷，第201页。

② 《丝带织工请愿书审查委员会》，第59、195页。

③ 《丝带织工请愿书审查委员会》，第63页。

团提出过任何申请”;[①]他的作证始终没有遭到任何反驳。在另一方面,从1807到1815年,在承包人和织工之间曾经有过一项按照全然中世纪的方法规定学徒年限的最周密的协定。[②] 这项协定在1807年2月11日经由十二个承包公司和一些工人代表签字,这至少说明有一个**专门**进行协商的委员会和或许一个或几个互助会在幕后支持。强制学徒的废止从根本上破坏了这一项协定。

正如中古时代的兄弟会可以进行正规行会工作一样,职工会的活动在麦克耳斯菲尔德多半是,而其它各地则肯定是由一些友谊会悄悄地进行而没有留下丝毫痕迹的。全面而直接的证据自然缺乏;虽然1824—1825年的结社委员会对于具有职工会职能的共济会的事例进行了探索和登记,并且表示过遗憾。[③] 在1838—1839年,据正式报告说,“没有一个问题比问他们是否是共济会会员,为工人阶级更加讳莫如深了”;[④]但是据知,凡是能入会的织工,几乎全都入会了。在西莱定,这类社团“差不多是工人所普遍凭靠的组织”——“但是根据国会条例发给凭证的那种方式的社
211 团,却不如自由赠与、秘密团体、疾病互助和丧葬募捐会那种方式的社团来得普遍”。[⑤]

奖励正式友谊会的一系列条例(1793—1829年)和给工业结社以最大限度的打击,是互为表里的。在滑铁卢之役那一年所编

① 同上书,第103页。

② 《丝带织工请愿书审查委员会》,第90页。

③ 《工匠和机器审查委员会》,第590页。

④ 《手织机织工》,第2卷,第255页。

⑤ 《手织机织工》,第3卷,第539页。

制的一项报告把备案的会员作为一百万左右，[①]此外还必须加上非正式的“秘密团体、疾病互助会和丧葬募捐会”的成员。“这些互助会”，1825 年审查委员会这样报告说，“在很多场合下都是由同一行业中的劳动者组成的；组织社团的习惯和机会……无疑为提高工资和其它一切非法目的而进行的结社提供了便利”。职工会的领袖们未始不能效法弗朗西斯·普雷斯在作散匠时代的所作所为，那时他为了避人耳目，“曾假托棠蒂[②]疾病互助会的名义”把制短裤工互助会加以改组。[③] 但是有些行业因为所得工资太少，而没有余力进行什么互助会或职工会的活动。全国人数最多的行业，那个虽死非其时但工业革命却已注定其死亡的手织机业，早已使棉织业的大多数部门无此余力了。一个厂外工人团体可能进行两种主要形式的职工会活动——计件工资标准等级表和为厉行这种等级表而进行的罢工——但是前者因方式随着经济生活脉搏的加速而变动得更快，已经一年比一年更不切合实际，后者则因动力织机的开始运转已使庐舍织工考虑到自己的织机一旦停工就会永无开动之日，而变得危险太大。“织工不能像纺工、木匠和细木匠一样地团结起来是什么原因呢？”一位曼彻斯特棉纺工在 1834 年这样被询问说。“他们太穷，而嫉妒心又太大……他们如果从口袋里拿出半便士给人，那就必须多做半便士的工，因此他们不肯帮助

① 《友谊会法审查委员会》(*S. C. on the Laws respecting Friendly Societies*)(1825 年，第 4 卷)，第 6 页。数字是九十二万五千四百二十九。

② 罗伦索·棠蒂，意大利银行家，曾创行联合养老保险法。——译者

③ 沃勒兹：《弗朗西斯·普雷斯》(Wallas, G., *Francis Place*)，第 19 页。

人”。[1] 但是在 1824—1825 年,有很多职工团体还没有受到威胁,并且还有继续组织有效职工会的能力。有一些这类的组织暴露了
212 出来。意义深长的是,其中最完善、管理最好和最有控制力的就是约克郡花呢织工的组织,这是此后还有五十年受不到威胁的一个行业。这个职工会的主要目的就是控制计件工资率,而且它有非常引人注目的机构。[2] 但是就手织机织工这一个阶层来说,十八世纪和十九世纪初期的这些职工互助会和职工会的萌芽,在工业革命的摧残下,是不会有健全发育的。

互助会和结社在伦敦旧手艺行中尽管是那样强大,它们在都柏林却更加强大——而且也更会兴风作浪。我们所以把爱尔兰的首府和英格兰放在一起,是因为爱尔兰的互助会不但和英格兰的互助会声气相通,而且彼此合作。每一个行业都有它的互助会,都柏林的侦探长在 1824 年这样说。[3]结社法“完全无效”。因为禁止非法工人(也就是没有学过徒的工人)、禁止工人按低于工会工资标准而工作和禁止工人向法庭提出互助方法有关证据的那些会章,都是用木棒强制执行的。有一些这类的社团——在 1824 年所引证的事例是细木工的一件事例——同工匠师傅进行了集体的公开的讲价。很多这类的社团同英格兰的相应社团订有“表格”办法——所谓“表格”就是一种路单,持单人在出外寻找工作时得凭以向工会会友请求帮助。所引证的事例是翻砂工、铸造工、鞣皮

① 《手织机织工请愿书审查委员会》,1834 年,询问案第 6659 号。

② 《结社法审查委员会》,1825 年,第 27 页。克纳尔斯博罗的麻布织工也进行初具规模的集体讲价。《工匠和机器审查委员会》,1824 年,第 540 页。

③ 同上书,第 289 页及以下:另参阅第 421 页及以下和第 465 页及以下。

匠、帽匠和“工作服剪裁匠”的事例，其中虽有一些英格兰社团，除此而外余无所知，但是这张一览表可能也还是不完备的。

在1824—1825年其活动情形经过最详尽调查的一些社团就是船业锯木匠和船匠的社团，这一点殊可庆幸，因为他们的手艺在不知从何年何月起就一定有资本主义和在雇主场所操作的习惯存在的一个行业中，是最具有典型性和最重要的未经过革命的手艺。[①] 利物浦的雇主痛斥这两个集团的暴戾专恣。他们说锯木工拒绝计件工作并坚持非轮流雇佣他们的工人，和限制学徒的就业不可——在这些行业中学徒制依然还没有为废止学徒的1814年条例所触及。从得自自行操作的造船匠方面的证据可以看出他们的政策是差不多的。[②] 看上去，他们的社团，像锯木匠的一样，兼 213
有共济会和职工会的性质。它发给医药费、丧葬费和妻子丧葬费；并且设有一位互助会医生。它抵制一切发生劳资争议的船只；强迫所有在利物浦学过徒的人参加他们的行列，拒绝一切没有学过徒的外行入会，阻止造船厂招收太多的学徒，并限制每日的工作时间。它规定各种特定工作所需要的人数；并且它已经取消了件工制，据它的秘书这样说，因为在件工制之下，老年工人很吃亏。在太晤士河畔，在1825年新成立，但肯定不如默尔西河畔的那个组织强大的伦敦船匠节约会，也遵循着大致相同的政策，并且在要求集体讲价和管理编组问题上曾经同雇主发生过如此严重的冲突，

① 本卷，第69、177页。

② 《工匠和机器审查委员会》，第183页及以下，第202页及以下。

以致雇主——或某些雇主——拒绝雇佣它的会员。[①] 在太恩河畔，有四个工匠工会拒绝为任何不肯保留七年学徒制的雇主做工。[②]

二十年代的海员并未为工业革命所波及，因为在海上所使用的蒸汽机不过聊胜于玩具而已。有一些海员也遭到了拒绝同非工会工人一起工作的指控。[③] 据闻他们把这些非工会海员叫做“工贼”，这是十九世纪工会俚语中很早或最早使用的一个惯用语。箍桶匠也未为工业革命所触及，对于他们的那个典型的、强有力的伦敦工会，1825 年审查委员会曾特别予以注意。[④] 他们企图提高和规定工资，限制学徒人数，并控制劳动时间：他们的武器是一致罢工，拒绝和非工会工人一起工作，以及所谓——并且也很可以说——对“工贼”的迫害。在设菲尔德各旧式行业的“每一个部门”中也都有强大或毋宁说强横的结社；那里的结社已闻名将近一世纪之久——虽则二十年代
214 的委员会并未有过这样的报告。[⑤]

在技术行业中，结社正如火如荼，但是很难证明究竟哪几个社团是旧有的。十八世纪的职工互助会的历史甚至连轮廓都模糊不清，以致某些组织在明知有过这类组织的那些行业中是不是一脉相传的也无法确知——例如裁缝，他们的互助会最初是在十八世

---

① 《结社法审查委员会》，1825 年，报告，第 6 页；作证纪录，第 180、250、350 并散见各页。关于工作组的争议，参阅本卷，第 177—178 页。

② 同上书，纪录，第 170 页。

③ 《结社法审查委员会》，1825 年，报告，第 5 页。

④ 同上书，报告，第 2 页和作证纪录，第 58 页及以下。

⑤ 劳埃德：《刀具业》，第 239 页。

纪第一个二十五年中所听到的。1824—1825 年委员会认识到结社在很多行业中都不是新事物，但是历史调查却不是他们分内的事。那些章程已落到他们手里的社团，很多都显然是新成立的，但是有一些却未必不是旧组织的死灰复燃。1825 年委员会对于它深入其组织之中的所有那些社团里的非常正式的管理制度，连同“它们在表面上凭以进行管理的”会长、秘书、委员会和印行的章程，都显然感到诧异并获有深刻印象。[①] 所有这一切都指出了早已可称之为职工会世界中的那些旧传统。

新的或经过革命的各行业之中也都有各自的工会，这类工会——正如在年轻的工程业中那样——未始不会把学徒制及一切传统从旧世界全盘搬到新世界。但是由于新兴行业的流动性组织、它们的迅速发展、新工人的不断涌入、雇主的易于利用结社法来抵制混合的工人群众以及地点和工序的屡屡变更，结社诚非易易。以训练和学徒的传统政策为例，在一个古老而稳定的行业中原是十分合理的，但是如果一成不变地适用于一个既不古老又不稳定的行业时，则似乎是——而且一般说来也必会是——一种纯粹刻板的保守主义了。在纺织厂这个新时代的典型的已差不多成熟的产物中，一群群的妇女和儿童形成了另一个新问题。尽管如此，渐渐继承了旧传统的男纺工，早在 1824 年以前就已经为组织而奠定了值得注意的始基。

在斯托克波特，在工厂里以手摇珍妮纺机操作的工人，仍然有

① 《结社法审查委员会》，1825 年，第 6 页。

他们在“1792 年签订的旧规章”。[①] 珍妮纺机既然是在 1770 年方始取得专利许可，而且又没有立刻用之于工厂，那么在一个新行业中组织发展之迅速，于此可见。制定这类规章的那些社团已经失
215 败，并且已经瓦解。一个新的社团——斯托克波特珍妮机棉纺工联合会——在 1824 年刚刚成立：它“现在正处于襁褓时期”，一个会员这样说。纺车纺工没有工会，因为他们全部是妇女和儿童，而只以少数男子做监工。在格拉斯哥，珍妮机或精纺机的男纺工的结社，在纺织厂时代的初期并无所闻。在 1805 年左右，它们才初次作为负责谈判工资的团体而为雇主所注意，在 1810 年，照一个工匠师傅的说法，他们“试图决定我们必须雇用谁”。[②] 当时有过一番斗争：他们被击败，并且签订了一项文件，声明放弃这种支配权的主张。这类主张自然都是要求排斥非工会工人的那一种主张的变相。对纺工和新工业中的其它工人来说，非工会工人，即工贼，无异是旧手艺行中的散匠相与斗争的那种“非法工人”——即直到 1814 年学过徒的人还有合法权利拒绝与未学过徒的人一起劳动；因为法律既可适用于当时存在的旧行业，所以他无权这样做。在 1810 年失败之后，直到结社法废止时止，格拉斯哥的纺工就靠秘密方法，有时也以暴力为凭借：在他们和已经有了结社的埃尔郡煤矿工人当中的那些袭击和投硫酸的事件，受到了 1825 年委

① 《工匠和机器审查委员会》，第 409 页，另参阅查普曼：《兰开郡棉纺织工业》(Chapman，S. J.，*The Lancashire Cotton Industry*)(1904 年版)，第 193 页。〔《曼彻斯特卫报》(*Manchester Guardian*)上的一个评论家指出，这个社团至少可以追溯到 1785 年。〕

② 亨利·侯兹沃思：《工匠和机器审查委员会》，第 476 页及以下。

员会严厉的谴责。

棉纺织业中的大多结社——常常是地方性的和为期短暂的，正如在当时环境下所能指望的那样——仅只致力于工资问题，或至少仅只为工资问题而斗争。和 1810 年格拉斯哥争端同时并作的曼彻斯特区的纺工大罢工，是以提高工资为目的的——但已告失败，虽则主持其事的总工会似乎已经有了很完善的组织。[1] 在 1818 年曼彻斯特的一个政治和经济性的风潮中，约有二千名纺工参加的一次工资罢工又复使至少两万人陷于失业。尽管有其它各地职工互助会的少量财政援助，包括伦敦鞋匠和坚决工会分子帽匠的不止一个社团的援助在内，这次罢工还是以失败告终——部分是由于结社法适用的缘故。[2]

采煤业是技术革命拖延得很长的一个行业：不但没有什么革 216
命十年，甚至连革命三十年都没有。所以没有任何理由指望走向组织化运动的刺激或惰力会开始于一特定时日。在工作具有相当规模的旧矿区中，矿坑的公共生活为共同行动提供了一个天然的舞台。在另一方面，十八世纪的矿工往往自成一类，既无知而又野蛮，并与城市生活和手工业的传统互相隔绝。约翰·韦斯利曾经以一个派往野蛮地方的传教士的身份深入金兹伍德的矿工之中。德安森林是正式的异教徒区域。“这个森林虽则地广人稠，然而既是教外之区”，所以除去在最外沿的边境地方外，很少教堂。非国教徒在十九世纪实行了一次显著的改革，在 1810 和 1840 年之间

① 哈蒙德：前引书，第 93 页。

② 同上书，第 97 页，另哈蒙德：《城镇工人》，第 306 页及以下。

建立了“很多礼拜堂”;但是氏族式的和秘密的森林生活的传统或照例以纳妾代替结婚的风俗,都是不足为奇的。[①] 在1775年方始制定的那项著名的国会条例(乔治三世,第15年,第28章)开宗明义写道:“鉴于苏格兰有很多矿夫、运煤夫和盐民现仍处于奴隶或奴役状态中,束缚于终身劳动之所在的煤矿或盐场,更且随矿场而买卖”——兹特为立法,总之此后不得再有类似情形。这项条例并未奏效,只是1799年的修正条例(乔治三世,第39年,第56章)之后才有了真正的解放。既经解放,苏格兰矿夫才慢慢地投入了国民经济生活的潮流。他们有很长一个时期还是绝对不和外界通婚的。甚至住在城镇里,据十九世纪的一位有见识的观察家这样说,“他还是不能见纳于大工业团体”;而且在1775年条例公布了一个世纪之后,这同一位观察家还能以写道——“在他同石匠、木匠、成衣匠、鞋匠和其它工匠之间,似乎仍缺乏同情,并且很少真正往来”。[②]

在十九世纪前二十五年中,有很多地区因炼焦和蒸汽用煤的需求迅速增加,以及接踵而来的煤气用煤的新需求,而把工人吸收到矿坑上去,这些工人既不是旧的采矿业者,也不准备和他
217 们混在一起。到了1830年,爱尔兰移民已经开始出现于自埃尔郡至格位摩根和萨默塞特一带的西部煤田;[③]但是他们并没有进入诺森伯兰和达拉姆的煤田。在这里,不难逆料,有一种开始得很早的结社。直到1844年为止,诺森伯兰和达拉姆的例行办

① 《制造业中童工报告书》,1843年,第158—159页。

② 布雷姆讷:《苏格兰的工业》(1869年版),第20页。

③ 布雷姆讷:《苏格兰的工业》(1869年版),第20页。另参阅本卷,第61页。

法，是论年雇佣工人——或毋宁是按十一个半月雇佣的，因为一年就会给每一个工人以工作地点的合法“居住权”。在 1765 年，工匠师傅曾经试图采行这样一项规定，即：凡是没有从他的最后一位工匠师傅领得“离职证”的坑夫，一律不得雇用。目的是为了防止在煤炭需求有增无已的时候争夺劳工——但是历史家却立刻想到了中世纪的农奴非经请准不得在庄园以外工作这一类似的事例。北部的矿夫却有一个比较接近的苏格兰事例。不论他们是否商量过，他们全体四千人一致举行了罢工，造成的损失虽很小，却取得了胜利。[①] 但是在十八世纪有无永久性的组织，现已无案可稽。然而，到 1810 年再度为了“年度保结”问题而在太恩河和维尔河畔发生罢工时，工人的确有了一个“兄弟会”。来自各矿坑的代表举行了会议；但是由于雇主求助于法律和陆军，很多代表都陷身监狱或无异于监狱的达拉姆主教的马厩中。[②] 这一次矿主取得了胜利。随着结社法的废止，工会公开了，所以伦敦德里勋爵在 1826 年 2 月 26 日惶惶不安地致函内政部说，工会“完全建立起来了”，“如果煤矿主不事抵抗……他们只有无条件地屈服于工会所提出的任何规章之下”。[③] 他们在

① 哈蒙德：《技术工人》，第 12—14 页和韦耳伯恩：《诺森伯兰和达拉姆的矿工工会》(Welbourne, E., *The Miners' Union of Northumberland and Durham*)(1923 年版)，第 21 页。哈蒙德夫妇的记述说损害很少，韦耳伯恩的记述却说很多——“骚动和破坏遍及整个太恩河流域”。〔哈蒙德先生告诉我说，只要内政部文件和地方报纸所述属实，《技术工人》中的叙述就是正确无误的。除开在一处煤矿之外，此次显然没有暴力行为。〕

② 哈蒙德，前引书，第 22 页。韦耳伯恩，前引书，第 24 页。

③ 同上，第 29 页。

伦敦德里勋爵领导之下进行了抵抗，运进了外地的劳工，对工人施以殴打，并且经过对双方都最不合时宜的一次非常之长的罢218 工之后——因为太恩河和维尔河正渐渐丧失它在伦敦市场的垄断权——在1832年摧毁了这个工会。①

比太恩河和维尔河流域的煤矿要小得多的一个老工业区里的那些煤矿的矿夫工会所抱的宗旨，从1825年委员会所得到的设菲尔德及其邻近地区的煤矿工人工会的那份未标明日期的章程中，得到了很好的说明。② 工会由一委员会管理，委员会则是由各矿各派代表二人所组成。它的基金主要是供维持“劳动公平价格”这个目的使用的——至于如何维持，却未据说明。“标准劳动价格表”上如有任何变动，“这项规定当立即生效”。最后，还有一项意义极其深远的条款作了下述的规定：“不合格的人”进矿对设菲尔德的矿夫已经造成了很多损害，今后非自十六岁起即从事采煤工作者外，一律不准进矿。这些规定全然不是友谊会性质的；它纯粹是一个行业性的纲领。像旧工匠厌恶未经适当训练的“非法工人”——即被认做是不合格的工人——一样的那种情绪，在力求避免同非工会工人一起工作的那种意愿背后重又表现了出来。纵令设菲尔德的矿夫同设菲尔德的锻工和磨工没有多少社会联系，他们总也呼吸到了这样一种空气，这种空气充满了行业自尊心、偏见和排外性，并且对外行是非常有害的。他们的章程没有具体指出哪些已经进矿的是“不适当的人”——就诺森伯兰和达拉姆来说，

① 韦耳伯恩，前引书，第39—43页。

② 《结社法审查委员会》，1825年，报告，第51页。

该是来自山间的那些饥无以为食的铅矿夫[①]——但不难想见，他们的生活一定是维持不易的。

① 韦耳伯恩，前引书，第 34 页。

219

第六章　商业组织

亚当·斯密曾经写道，[①]“有些政治家对小店主和小本经营者所抱着的偏见是完全没有根据的。无论对他们抽税或限制他们的数目都毫无必要，因为他们绝不会增加到损害公众的程度，虽则他们未始不会相互损害”。诚然，他们在十八世纪时的非常迅速的增加，已经使斯密所确信的那个解决办法究竟是对还是错，成为一个普遍关心的问题。海外贸易商的增加是没有任何人加以非难的。所有人都会不同意《伦敦行名录》著者坎贝尔的那种看法，认为“其它的艺术、手艺和秘诀都是相互依存，而绝不能为王国增加分文财富”；但是几乎无人会不赞同他那篇商人论的可歌唱的结语——商人“从天南地北获取他的正当所得。……使穷人得到工作，使制造业欣欣向荣。驱逐了贫穷，增加了公共信用”。[②] 在亚当·斯密那个时代，非难毋宁是针对成大批的中间商和零售商而发的，他们是为了利用，在某些场合下也可能是为了剥削，已经成为一个商业帝国的京城的那个社会的需求而涌现出来的，那个帝国的巨大京城只是靠了一个极其复杂而又累赘的供应机构才保持住活力，它的

① 《国富论》，第 1 卷，第 341 页。

② 同上书，第 284 页。

那些早已专业化和地方化，但大部分掌握在小生产者手里的工业——由于缺乏迅捷的交通和迅速的消息——只是靠了由很多个人环节构成的贸易连锁才联结起来的。羊毛批发商，贸易商，“经纪人”和“掮客”；牧畜者，牛羊贩和牲畜经纪人，肉市售货员，屠户和肉庄；从农民当中进货的干酪代理商，和以零售或售货给真正零售商为业的城镇干酪贩——这样的一览表只不过是十八世纪中叶少数重要行业中的一些例证而已。[①] 220

在1750和1825年之间，由于交通的改良和制造公司规模的扩大，淘汰一些这类个人环节已经有了可能；但是同经办粮食和燃料的那些行业相比，制造业方面抓住的机会比较多一些——因为正是在这一方面企业有了成熟的发展。马修·博耳顿可以完全凭靠从自行操业的工匠师傅那里收购铁器的地方代理商以及伦敦铁商和经办国外推销的贸易商来进行分配了。在1770年以前他曾经同韦季伍德讨论过大陆广告术，并且“提出过后来由韦季伍德先生全部付诸实行的那种办法，也就是如何散发印有各种货样并附有价格表和详细规格的广告单的办法”。[②] 这样大陆买主就可以直接写信给艾特劳里亚厂或索和厂，或仿效它们营业方法的其它行业的其它大行号了。战争虽长期地妨碍了“印有各种货样的广告单”在大陆上的散发，以致在1815年以后不得不重起炉灶，可是这种比较直接的方法却在英国国内贸易上留下了痕迹。到了

① 参阅韦斯特菲尔德：《英国商业界的中间人》（Westerfield, R. B., *Middlemen in English Business*）（载《康涅狄格学院学报》〔*Connecticut Academy*〕，1915年），散见各页。

② 麦特雅德：《韦季伍德传》（1865年版），第2卷，第76页。

1825 年，前一世纪最具有特征性的人物，负贩商人（packman merchant），即曼彻斯特人（Manchester Man），已几近绝迹。过去的习惯是由这类人在制造业区域买进普遍需要的廉价纺织品、刀具和其它货物，用他们的马队或骡队“从一个城镇运到另一个城镇；然后在一个客栈里把他们的货物卖给当地的小店主的”。[①]

在 1823 年，格斯特就注意到这种曼彻斯特人的绝迹。[②] 货样售货，他这样写道，

> 现在不但在这种〔斜纹布〕营业而且在其它每一种营业上都渐渐普通了；现在不妨说英国国内批发贸易全部都是由外埠推销员进行的——他们带同货样和样本，遍历国内每一个城镇、乡村和聚落……在经常四处旅行，并且成为我们旅店的主要靠山的那许许多多人当中，他们要占一半以上，我们旅店的清
> 221 爽舒适是欧洲驰名的。

在格斯特所最熟悉的纺织业中，这些对零售商进行货样售货的行商，往往不是像曼彻斯特人那样的货主；而是坐落在制造业区域或伦敦的行号的代理人。但是在生产规模较小的行业中，店主也会亲自跑外，只是不携带现货而已。在 1825 年一位伯明翰的作家谈到了“国内商人、即所谓**代理商**（factors）带同样品或**样本**旅行各地的那种如今很普遍的习惯”。这样，买主——在这个场合下是伯明翰区以外的一个铁商或其他小店主——就不再非“求助于个体制

① 韦斯特菲尔德，前引书，第 313 页：引证是援自十七世纪后期。

② 格斯特：《棉纺织业简史》（1823 年版），第 11 页。

造商”不可了。[1] 这类跑四方的代理商会带同他的样本上门的。

一种比较低级的行商过去曾经做过大量的生意，尤其是在农村地区和英格兰北部，这种小贩并不光顾小店主——小店过去是不普遍的——而直接去找消费者，像彼得·贝尔那个“多妻的陶器贩”的做法那样，[2]他

> 曾经听到过大西洋的拍岸惊涛
> 在遥远的康沃耳岩石嶙峋的海岸怒号，
> 也登临过多佛尔的难行蜀道
> ……………………………………
> 他曾经在高耸入云的切维厄特山上，
> 倦卧在他的毛驴的身旁；……

北部这种最常见的小贩并不是贩卖锅盏而是贩卖布匹的。他通称为“苏格兰人”，他的业务不出“高耸入云的切维厄特山”和生长黄色樱草的河边。在十九世纪时，甚至这种“苏格兰人”也不再是货
主而渐渐变成为代理人了。[3] “我想总有一半居民的衣着是从跑 222
四方的苏格兰人那里买来的”，据来自早已成为一个大制造业城镇的斯托克波特的一位证人在 1833 年这样说。[4] “有些住户会同三

① 《伯明翰写真》(*The Picture of Birmingham*)，1825 年版，第 17 页；另参阅本卷，第 174—175 页。

② 沃兹华斯关于“陶器贩”的注释写道：“在北部方言中，对于瓦器贩是这样称呼的”。**彼得·贝尔**这首诗写于 1800 年以前。

③ 关于小店主、小贩和 1789 年“布立治诺斯跑四方的苏格兰人社团”，参阅丹尼尔斯：《早期的英国棉纺织工业》，第 65 页。

④ 《制造业审查委员会》，询问案第 10,582 号。

五个这类的人有交往”。仅就这一点而论，这段记述未始不适用于像詹姆斯·麦古福格这一类人的，麦古福格以一个提篮子的独立小贩开始谋生，先弄到了一个包袱，继而弄到了一匹马，然后一匹马和一辆车，直到1770年左右“斯坦福德附近的贵族、大户人家和农场主”都要求他“在那里开设一个店面，出售他在跑四方时就已驰名的供妇女穿着的上等精美衣物了”。[①] 无疑，在二十年代时仍然有麦古福格这类独立的跑四方的商人。但供给斯托克波特以衣着的人却大部分是挣工资的推销员了。“我知道曼彻斯特有一家这类的行号”，这位作证人继续说，“雇佣了五个推销员”。它被说成是当时曼彻斯特这一级的二十多家大行号之一，而它却显然并不很大；可见一些更小行号的店主多半仍是自己跑外的。

外埠推销员这种强有力的批发商和继负贩商人而起的地方商店，已经差不多把集市上除牲畜贸易、粮食贸易和娱乐业以外的一切中间层贸易都扼杀了；虽则他们并没有减少了生产者和消费者之间的那条链锁上环节——抑且适得其反。在一百年前，当狄福撰写他的那篇司徒桥记的时候——司徒桥是最后一个大集市——他已经注意到了比“真正运到集市上进行现货交易的货物更加多的”“那种由来自伦敦和英格兰各地的批发商”所进行的“庞大贸易”，“这些批发商完全是在日记簿上进行交易，并和商贩（Chapman）碰头……承接订单”。[②] 四十年之后，一家伦敦商号仍然会声

① 罗伯特·欧文：《自传》（*Autobiography*）（1857年版）；麦古福格是欧文的第一位师傅。

② 比较大的商贩同曼彻斯特人是很难区别的；比较小的则不过是负贩而已。韦斯特菲尔德，前引书，第315页。狄福：《游记》（1724年版），第1卷，第124页。

明它愿意在大蒜街它的货摊上出售“各色物美价廉的名贵花绸素缎”，[①]在八十年代，亨利·冈宁和其他大学生也还常常光顾莱姆浩司的格林先生和他漂亮女儿“吉金小姐”的那个按伦敦最低价格出售腌菜和杂食的大货摊。[②] 但是到那时，变化已经很深了。在 223
1773 年，玛丽·斯诺那个玻璃器商贩，已登出广告，声明她打算“照斯特比契集市上的同样条件**常年**在红牛河对面自己的店里售货”。[③] 小店主“不打算赶集市”的通告越来越多。他们像 1790 年托马斯·戴尔斯一样，或许已经“从城镇上”“带了大批杂货，决定按照比集市更加低的价格在希耳市场的那个大商店里出售……”。[④] 外地的商贩仍然赶集，但是数目越来越少。他们中间也有些人不愿再去了。在 1800 年，“来自约克的呢绒制造商”，斯密父子行对公众过去的照顾表示谢忱，并声明今后不再赶集；而准备在白蒂·克里的莱斯脱旅店出售他们的上等和中等货、研密的厚呢和开司米呢(Kerseymeres)。[⑤]

此后，在集市通告上食品的气味就越来越浓了。在 1820 年，不但对于科登安人，而且对于柴郡人和格拉斯特人，司徒桥仍然是一个大干酪市场。马匹是自由买进卖出的，但——至少在 1820 年——“良种”已经很少。蛇麻草——在狄福的那个时代和以后很久都是一种大宗贸易——业已供应无多，销路也很有限。或许正

① 《剑桥纪事报》(*Cambridge Chronicle*)，1765 年 9 月 17 日。

② 冈宁：《回忆录》(Gunning，H.，*Reminiscences*)(1854 年版)，第 1 卷，第 170 页：冈宁是在 1788 年获得学位的。

③ 《剑桥纪事报》，1773 年 9 月 25 日。

④ 同上报，1790 年 10 月 2 日。

⑤ 《剑桥纪事报》，1800 年 9 月 19 日。

因为贸易的一般清淡，据记载连小偷的赃物“都数量不大了”。[①] 到了 1828 年，在十八世纪贸易上的另一种大宗物品“羊毛方面”，“几乎一笔生意都没有成交”。[②] 司徒桥集市虽喧阗依旧，却已经在它的懒懒溪水旁边沉沉欲睡了。

全国各地，衣着材料的分配正按照此后整个一世纪都没有什么改变的那种方式很快地确定了下来，而以伦敦和一些大城镇为最快。在选举改革法时，托马斯·詹姆斯是齐普塞德的一个麻布批发商、绸商兼呢绒商[③]。他是属于这样一个类别，直接从工厂进货，但是多半也从制造业区域中的小国内贸易商那里进货，而只要有很小的制造商残存，这种小国内贸易商就是不可少的。[④] 他说英格兰差不多每一个城镇、苏格兰很多城镇和爱尔兰某些城镇中的商店都是由他供应货源。他解释说，有少数几个很大的零售商是一部分直接从工厂进货，一部分从像他自己那类人手里进货的。

224 自从拿破仑战争以来，这两方面的信用期限都已经缩短。他向以六至十二个月的信用进货。现在则最多是三四个月，而以月底付现为原则。他的一些零售商主顾也都是在同样短的期限内作支付了。他们现在付款比较快，因而存货也比过去照例的要少些。这种说法差不多可以同样地得自于一家二十世纪的城市批发行。

在分配的最后阶段上，杂货“市场”和百货商店在伦敦和其它

---

① 《剑桥纪事报和杭廷顿郡日报》(*Cambs. Chron. and Huntingdonshire Gazette*)，1820 年 9 月 29 日。

② 《贝里和瑙威治邮报》(*Bury and Norwich Post*)，1828 年 9 月 29 日。

③ 《制造业审查委员会》，询问案第 1349 号及以下。

④ 在所有呢绒贸易比较老的记载中都有关于他们的描述，并且直到 1820—1830 年以后很久他们还保持着这个地位。

少数大城镇才刚刚出现。在伦敦,“少数大商店”(在另一个地方说是“八个或十个”)“已经发展起来,凡是小店主出售的货物,在那里可以一趟就买全;而且现在到这些大商店去是非常时髦的”。[①] 格拉斯哥颇以有坎度立格街的坎贝尔大零售商店而自豪。“有六十个人招待顾客”。“各种纺织品”一应俱全。“买六便士花边或一便士线的顾客和购买大批货物的顾客是受同样招待的”。伦敦的摩里逊公司、利夫父子·柯尔公司以及温·艾利斯公司虽“每年赚钱更多,但是服务顾客之多,在英王领域内却没有一家商店能和格拉斯哥的坎贝尔媲美的”。[②]

专业或普通商店到处都取代着负贩、集市上的跑四方商人和在家里缝制衣服的古老习惯,以至最小的乡镇和一些村庄都莫不如此。甚至在1800年以前,英格兰南部工人和米德兰工人的“大部分衣着”就是“从最近城镇上的小店主那里”购买了。[③] 这一部分已日见增加。在串特河以北,“苏格兰人”以布店作为码头,云集的外埠推销员则帮助最小村庄上的普通商店与时并进。在斯托克波特,地方商店甚至已开始同来自曼彻斯特的新式苏格兰人展开廉价竞销。[④] 城镇商店正用玻璃窗橱和金箔装潢店面。在希鲁兹伯里之类
的风气未开的地方,在二十年代初期还可以看见这样一种商店,“把 225
货物陈列在窗洞或装有百叶窗的窗子里,夜间再把窗关紧”;[⑤]但是

① 《制造业审查委员会》,询问案第527、529号。

② 1831年的人口调查,“格拉斯哥”项下有关苏格兰人的引人注意的注脚之一。

③ 艾登,前引书,第157页。

④ 《制造业审查委员会》,同上书,第221页。

⑤ “直到1823年”:麦特雅德:《韦季伍德传》,第1卷,第206页注。

由于1825年左右的那一番活动、投机和“进步”，这一切就往往为一些更适合于伦敦店面大街上的事物所代替了——那些伦敦店面大街“被式样最优美的煤气灯照耀得真像是一条条的天街魔路。凡所读到……关于巴格达、大马士革、伊斯法罕和撒马尔罕的那种规模和财富，在这里都看到了具体的实现。亚洲式的富丽堂皇同希腊式的淳朴格调以及哥特式的丰富多彩和柔媚的风韵，在这里融汇为一”。“这里”就是摄政王街或乔治四世晚年的海滨，正如在虽则多愁善感但不失为纯真的梅丁格看来的那样。[①] 公路和运河上迅捷的运输工具——十英里一小时的四轮马车、行商的双轮单马车和皮克福德公司的飞船——使这些商店不难同伦敦的批发商或米德兰和北部工业区的制造商和国内贸易商保持经常接触。

国产食品贸易——至少各种主要食品的二十分之十九是国产的——比之衣服材料的贸易，变化要少些，虽然交通的迅捷也已经有了影响。但是新的速率并没有改变、更加没有简化现有的商业结构：而这种商业结构的范围照例是日益扩张的。在很多城镇里，生产者和消费者在市场露天货摊上和市场妇女货篷下进行的直接交易，一直没有什么变化。梅丁格对于从四乡运到瑙威治那个五光十色的老市场上“惊人之多的各种食品、菜蔬、牛油、水果和牲畜”，羡慕不置。[②] 新兴的工业城镇往往缺乏古老城镇的那种世代相沿的市场设备；但是直到晚近，营业并没有很大的不同。曼彻斯特和伯明翰向来是在大街、小巷、教堂的庭院和屠宰场上举行它们

① 梅丁格：《不列颠和爱尔兰旅行记》，第1卷，第14页。

② 同上书，第204页。

的市集。伯明翰最近已经把领主府邸的庭院辟为市场；但是在 226
1825 年，仍然“缺乏供作进行交易之用的”“一个廊庑，大厅，或其它有遮蔽的地方”。[①] 一年以前，在曼彻斯特，警察局局长曾经在伦敦道上为屠宰商和蔬菜商——而不是为肉类和蔬菜——开辟了一个带屋顶的市场。跟着先后在 1827 和 1828 年有了布朗街的另一个“漂亮的带屋顶的市场”和一个鱼市场。但是仍有很多街道市场，以及“数目确实惊人的从四乡……载运农产品而来的车辆”。[②] 正是那个敢作敢为、未经改革的利物浦公司在 1822 年开办那个“比巴黎的市场还大得多，也堂皇得多的”[③]市场大厦——长一千一百英尺、宽二百英尺，装有熟铁柱、四个分别设置的抽水机和煤气灯——时，这种市场大厦方蔚然成风。

从新兴的曼彻斯特肉类蔬菜市场的记述中，可以看出商贩正如何渐渐插足于生产者和消费者之间。（就肉类来说，商贩总是到处都需要的，但是蔬菜则不然。）那条中间商的链锁正朝着伦敦那样的长短去伸展。[④] 在伦敦，那条链锁——如考虑到在没有迅捷运输工具的条件下供应民食的困难情形，其效力实属惊人——仍然照着那种可悲的老路子发挥其作用。这里也有“建筑利物浦那

① 《伯明翰写真》（1825 年版）。

② 惠勒：《曼彻斯特的政治、社会和商业史》（1836 年版），第 347 页。

③ 梅丁格，前引书，第 1 卷，第 321 页。关于贵族阶级管辖下的裁判所对曼彻斯特市场的控制，参阅韦伯夫妇：《地方政府》，第 2 卷，第 108 页。在第 4 卷（“法定机关”，1922 年版）中，警察、改良等局局长在市政史上的重要性完全表露无遗。关于利物浦自治市，参阅第 3 卷，第 414—424 页。

④ 本卷，第 219 页。

样的大市场大厦的风声”；[①]但只是风声而已。“在星期一那一天，伦敦城几乎被牲畜拥塞得水泄不通”，[②]牲畜是赶往斯密菲尔德牲畜市——那个既不相宜，又最不卫生，而且充满了对牲畜的咒骂和虐待的牲畜市的。比林斯盖特也是“既逼窄而又龌龊”。[③] 这就是英王乔治四世通过中间商取得他的牛肉，也是克里维先生取得他的鲜鱼的地方。

在伦敦和一些比较大的城镇中，甚至那些维持直接的、或近于直接的贸易为时最久的食品贸易，也渐渐需要更多的中间商了。鲜
227 奶品贸易过去一向是严格地方化的，简直没有中间商插足的余地。[④]现在小汽船按期把爱尔兰的鲜奶油运到利物浦，把西部的鲜奶油运到伦敦。结果加强了奶油批发商的地位，并且使他成为从牛奶场到消费者这条链锁上的一个比较重要的环节。他靠了经营远自诺森伯兰和卡马森各地运入伦敦的大量咸奶油，已经在十八世纪或更早的时候就奠定了他的地位。在 1730 年，单单一位叫作亚伯拉罕·达金的批发商，据说一年就做了七万五千箱咸奶油的生意。

运输的加速已开始影响到了甚至伦敦的牛奶供应，而且如出一辙。直到十九世纪，伦敦的牛奶一直是取之于一个有限狭窄的地区的。首都牧场主可能自行派售，或更常常买给自己有“分送牛奶路线”的小派售人——这种人在高尚住宅区雇佣一些穿老印花

① 梅丁格，前引书，第 1 卷，第 67 页。

② 《斯密菲尔德牲畜市场和首都屠宰业审查委员会》(*S. C. on Smithfield Market and the Slaughtering of Cattle in the Metropolis*)，1828 年(第 8 卷，第 1 编)，第 4 页。

③ 梅丁格，同上书，他是但能不说英国的坏话就绝不会说的。

④ 维斯特菲尔德，前引书，第 204 页。

布的漂亮牛奶女郎，在其余地方则雇佣一些奴隶式的教区学徒。[①] 现在看不出有任何精密组织或任何大规模经营的迹象。[②] 十八世纪末有了新的发展——资本主义牛奶场在伦敦郊区成立了。在1825—1830 年，这类牛奶场之中“最杰出的”就是伊斯令顿的那两个牛奶场和艾治瓦尔路上的首都牛奶场。伊斯令顿的那两个牛奶场之一，罗兹牛奶场这时已经有三十多年的历史。它平均有四百多头乳牛：牛从不放开，主要以啤酒厂的酿制剩余物为饲料：空气非常流通。伊斯令顿的累科克牛奶场则更大，原来由这位牛奶大王罗兹创办的首都牛奶场在牛棚里养有三百二十头乳牛：但是这两处的通风条件都不佳。“自 1822 至 1829 年涌现出很多其它的牛奶场……但都像那些年份中的其它投机事业一样，不过昙花一现而已”。幸存的牛奶场都握有供应机关牛奶的大合同，并且还担任对牛奶商那个重要性显然与日俱增的阶层的批发工作。[③] 在这

期间，分送牛奶的区域正随着首都道路的改良而扩大。乳牛仍旧 228
是牵到郊区住宅的门前，挨户挤奶，以作为纯度的保证；“正像瑞士一样”，[④]天天进行着分配工作的还是那些吆喊着“下面牛奶”！并提着两个奶桶的挤奶女郎。但是在她的背后却有更多的组织工

① 乔治：《十八世纪的伦敦生活》，第 90、232 页。卖牛奶并不是坎贝尔所承认的一种“行业”。

② 供应牛奶、乳酒冻和“农村风味”的“圣乔治亚农场的乳制品专家拉克塔利亚”营业的可能很不错的。乔治，前引书，第 349 页，所引证的 1773 年的广告。

③ 劳登：《农业百科全书》(1831 年版)，第 1028－1029 页。累科克不仅仅是一个牛奶承办商。他在去斯密菲尔德牲畜场的路上有一个能容纳一千五百头牛的“建筑物供养牛之用”。《斯密菲尔德牲畜市场审查委员会》，1828 年，第 234 页。

④ 梅丁格，前引书，第 1 卷，第 67 页。

作;"……距离伦敦五至二十英里远近的乡间牛奶场""早已"在1831年以前就用"飞驰的弹簧车"把装在密封器里的牛奶送上城了——无疑是送给商贩的。铁路对所有这一切将造成何等的变化,正是劳登在叙述这段经过时所作出的评论。①

资本主义化的牛奶业在王国的另一端格拉斯哥也可以看到。"1810年,惠特森台的哈利先生是该城第一个注意到组织大规模牛奶场的"。那时,事实上在晚得多的时候,"农场主很少"把鲜奶运到格拉斯哥,虽则经常装运桶装的牛奶。大部分鲜奶却取给于城镇中养在牛棚里的乳牛。在1816年这种乳牛共有五百八十六头。"哈利牛奶场"那个令人赞叹的、最卫生的机构养有一百九十五头,其余则是六十四个"饲牛人"所经营的。② 十年之后,拥有二百头牛和一个联合浴牛设备的哈利牛奶场还继续营业;因为哈利一直是同以城市卫生和个人所得为职志,而无所偏倚的。③

伦敦马铃薯贸易的发展曾经为中间商活动范围的扩大提供了进一步的机会。随着十八世纪时马铃薯的通用,伦敦为供应市场而种植菜蔬水果的园圃区都种植了马铃薯。到1760年左右,原来局限于米多塞克斯和萨里的马铃薯区,现在已多扩展到了艾塞克斯。

马铃薯现在是普莱斯托的荣誉,
整个市场的供应都取给于那里。

① 劳登,前引书,第1029页。
② 克利兰德,《格拉斯哥年鉴》(1816年版),第1卷,第370—372页。
③ 梅丁格,前引书,第2卷,第95页。

到了1796年，在巴京、伊尔福德、雷顿、万斯特德、西哈姆和东哈姆，马铃薯的种植计有一千六百多英亩。[①] 但是到那时，马铃薯已作为一种庄稼运进来了，并且往伦敦的长距离输入也已经开始。托马斯·斯通在1794年就注意到艾克斯霍姆岛上的小土地持有者把马铃薯送到远至伦敦的这件事。[②] 三十五年之后，这种早期杂粮的种植在康沃耳刚刚开始，并且已经在修道院花园[③]上市 229
了。[④] 同时，由于汽船在太晤士河、福思河和特河之间新近的通航，福尔法尔和法夫郡的农场主已经能以靠了在田间为伦敦市场生产马铃薯而在萧条时期稍获安心。[⑤] 为了这些从远地运来的大批寄售货，修道院花园的批发商自非有一个大规西莱定是模组织不可了。

自从在十八世纪初期盛极一时的货样售货办法使各式各样的中间商为伦敦市场进行大规模购买趋于方便以来，最大宗的国内食品贸易——即粮食贸易——并没有简化了多少。[⑥] 简化工作因重量和度量的骇人听闻的复杂情形而受到阻碍。粮食的买卖，纽卡斯耳是按二或六蒲式耳的波尔(boll)，卡来尔是按三蒲式耳的袋，诺福克是按四蒲式耳的库姆(coomb)，伦敦是按八蒲式耳的夸

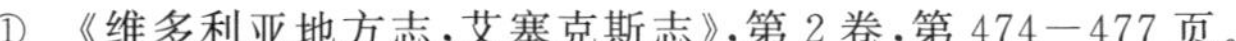

① 《维多利亚地方志，艾塞克斯志》，第2卷，第474—477页。

② 《林肯郡农业概况》，第30页。斯雷特博士似乎隐谓艾克斯霍姆岛上的马铃薯种植在1850年以后方始趋于重要(《英国农民和公用地的圈围》〔*The English Peasantry and the Enclosure of Common Fields*〕，1907年，第57页)；但斯通却不是含糊其辞的。

③ 伦敦布的一个广场，现在是伦敦菜蔬水果花草市场。——译者

④ 劳登，前引书，第849页。

⑤ 本卷，第135页。

⑥ 韦斯特菲尔德，前引书，第145页。

脱，哈尔弗德是按五蒲式耳的罗德(load)，西莱定是按三蒲式耳的罗德，福内斯是按四又二分之一蒲式耳的罗德。在沼泽区的主要市场之一，杭廷顿郡的圣艾夫斯，小麦的买卖是按五蒲式耳的罗德，燕麦是按十又二分之一夸脱的拉斯特(last)，大麦则按八蒲式耳的夸脱。在把按蒲式耳计的容量换算成重量时，也并不稍划一些。就同类的谷物来说，希罗普按七十五磅换算，约克郡按六十磅，兰开郡按七十磅，伯明翰按六十二磅，伍耳佛汉普顿按七十二磅；在斯塔福德郡，重量"几乎是因地而异，某些市场上竟然用两三种不同的重量"。在商人同商人交易时，可以用事先规定按每蒲式耳若干磅的蒲式耳计算来解决困难，这是1834年谷物买卖审查委员会建议普遍采用的一种办法；但是在农场主和商人之间，这种商业的合理办法始终没有得到承认。[①] 大约商人是利于这种不合理的办法的。

230 尽管货样售货已经有了发展，凭眼力售货并没有绝迹。农场主看他所住地方，或所经营粮食的不同而分别售货给"代理商、商人、船老板、磨坊主、面粉商或制麦芽商"等不同的对象；[②]但是这些名目虽异，行业却未必都像过去那样全然不同。在1800年，农场主仍然在马可巷凭他们口袋里带来的货样进行售货；[③]但是到了1830年，这种办法已渐趋绝迹。作为农场主售货对象的，可能

---

① 参阅委员会报告书(1834年，第7卷)和作证，散见各页。引证录自询问案第7号。

② 《谷物买卖审查委员会》(*S. C. on the Sale of Corn*)，1834年，第13页。

③ 《谷物贸易报告书》(*Reports on the Corn Trade*)，1801年，附录。在《未列入会讯中的委员会报告书》(*Reports from Comm... not inserted in the Journals*)，第9卷，第156页。

都是本人不能掌握卡来尔袋和斯塔福德郡蒲式耳这类地方知识的一些大企业家、商人或者磨坊主的代理人。但是伦敦附近各郡的一些大农场主却能以同另一种形式的代理商、即替他们在马可巷发售货物的代理商相交往。谷物代理商约瑟夫·斯徒纳德曾经向1800年的下院委员会解释说，他以发售东安格利亚的粮食为主，并且大部分是“生产者托售的”：他每发售一夸脱就取得一笔佣金。[①] 很多住在肯特沿海附近的农场主的地位同东安格利亚的这些生产者的地位相似：他们每两星期一次由肯特的船老板负责把他们的粮食送往伦敦，这些船老板都兼充谷物交易所的代理人，并代为发售粮食而抽取佣金。[②] 在1800和1830年之间，由于时势的推移——交通的改进和大农场主人数的稍有增加——能以这样同伦敦直接进行贸易的谷物生产者的人数或许已有增加。但是平均的农场主是直接卖给代理商、船老板、当地商人、或当地磨坊主的。[③]

如果科贝特可以凭信的话，地方商人多半是教友派教徒。

绝大部分工作是教友派教徒进行的。他们之于土地上的产品，正如犹太人之于金银……。人们会想到，他们的宗教是以驱逐出会来禁止他们从事劳动的。所有其他各教派都有一部分人从事劳动……但这却是一个只有买者

① 同上书，第147页及以下。

② 《未列入会讯中的委员会报告书》，第151页和韦斯特菲尔德，前引书，第154页。

③ 根据国会议员查理·沙维尔的说法，在1800年所有肯特、艾塞克斯和萨福克以外的农场主都是直接发售的，《谷物贸易报告书》，1801年，第146页。

和卖者的教派。[1]

231 乡镇上的许许多多商人和银行家的家谱至少可以证明这段一针见血的概括性泛论中的第一句话是不错的。看起来这类家族不是排除大商家的代理商，就是自己担任他们的代理商：在英国仍然输出粮食而由他们代出口行经营其事的那个时期曾经是收购代理商的极盛时期，正如1800年的作证所证明的那样。小麦，据解释说，是大部分发售给磨坊主的，但是“在出口时”——自从1792年以来就不曾有过这样的时候——却由“船舶代理商”经办。[2] 战后，船舶代理商已经无所事事，而磨坊主——已经是强有力的人物达很多世代之久[3]——左右了全局。在1830年他们直接从农场主手里办来大部分的英格兰小麦，[4]并且往往兼磨坊主、谷物商和面粉商的职能于一身。在1800年的作证中可以看出，磨坊主早已雇用代理人在远处替他们进行购买了，正如小麦出口商在他们以前所行的办法那样，并且通过销售代理商而在伦敦谷物交易所发售粮食。在磨粉以前经过各式各样中间人之手的小麦，为数相当可观；但是在1830年，这种“中间人之间的流转”在比较原始的爱

① 《农村走马记》，第1卷，第209页。

② 《报告书》，第146页。关于进口货和出口货，参阅包括1697—1814年这段时期在内的可贵的1830年报告书(第22卷，第5编)。关于十八世纪的大出口商，参阅韦斯特菲尔德，前引书，第166页。

③ 关于视为十七世纪的一种弊害的磨坊主商人，参阅同上书，第168页。

④ 贸易部谷物司的威廉·雅各布在《农业审查委员会》，1833年，询问案第8号中的作证。

尔兰市场上却更为常见。[①] 1824 年英爱汽船交通的兴办曾经给爱尔兰磨粉业一个“巨大的”刺激:爱尔兰小麦虽质量仍差,但自和平以后已大有改进,而且**沿途**受海水侵害的风险既已减少很多,以面粉的形式运送过海也就不是不相宜了。[②]

磨坊主已经担任了批发“面粉商”的职能但迄还没有把面粉商毁灭掉。一百年前,这种形式的小本经营者买进小麦,磨成面粉,然后把面粉发售给开设店面的面粉商——尤其是在伦敦。但是甚至在狄福时代,磨坊主就插足于这一种贸易了,而出售上等面粉给
消费者的面包匠则插足于另一种贸易。[③] “经营面粉贸易”的证人 232
在 1800 年出面作证,[④]并且在那一年的委员会中解释说,伦敦的谷物代理人一般是以“代理商和面粉商”起家的。三十年代初期的下院委员会还能以把面粉商说成是农场主的经常购买者之一;但是作为一种个别的职业来说,这一行显然已经大大地没落了。

大麦贸易方面的制麦芽人和小麦贸易中的磨坊主所处的地位大致相同:几乎到处都有麦芽行,正如到处都有磨坊一样,并且这种贸易照例是不需要任何中间人的,虽则大麦像其它粮食一样,有时也是经过若干转手的。一两世纪以来,伦敦附近从没有制造过任何数量的麦芽,[⑤]而在这个期间伦敦啤酒酿制厂的需求已经增长到了荒谬的程度;所以伦敦大部分麦芽所由来的太晤士河流域

① 雅各布的作证,《农业审查委员会》,1833 年,询问案第 8 号。

② 利物浦商人约瑟夫·桑达斯的作证,《农业审查委员会》,1833 年,询问案第 4101、4132 号。

③ 狄福,转录自韦斯特菲尔德,前引书,第 171 页。

④ 即威廉·腊斯廷,《1801 年的报告书》,第 153 页。

⑤ 坎贝尔:《伦敦行名录》,第 268 页:“比照消费来说,在伦敦制造的麦芽很少”。

及其支流一带的大规模经营，大有发展余地。其它大城镇的啤酒酿制中心，即如瑙威治，也起了同样的影响作用。在酒店啤酒酿制和家庭啤酒酿制占优势的地区中，①麦芽制造一定是以比较小的规模经营的。至于家庭麦芽制造这种原始风俗究竟残存了多少，现已无案可稽。

据 1800 年委员会报告说，农场主把燕麦和豆类卖给“所谓经纪人和商人”；把“蚕豆”卖给船舶代理商运往西印度殖民地——奴隶经济部分；而把豌豆卖给当时的一个很大的消费者海军的代理商，和“专以剥豌豆为业并以剥好的豌豆卖给粮商供一般消费之用的那些人”。② 除去对殖民地和海军方面的需求必须加以修正外，这种说法在二十五年之后还是可以适用的。（燕麦和豆类的）经纪人是否和 1800 年所查报的另一个人数虽少但最为重要的伦敦经纪人集团曾经是同一些人，现已不能肯定——或许不是。所谈的这个集团是纯粹的市场商人，即所有十九世纪物产交易所的经纪
233 人的祖先。他们似乎曾从事于一切粮食的投机——虽则在小麦方面比在其它各种粮食方面少一些，因为有那样多的小麦都不经过马可巷——但却是在相当大的法律困难之下进行的。

在谷物交易所里有“大约二十个”这类的经纪人，而“在市场上进行一定程度的买空卖空的可能有四十人”。③ 他们赊买进来再转手卖出，并且，正如他们的批评者所指称，“乘他们自己所造成的市场上的瞬息变化而从中取利”。市场开市既没有确定的时间，据

① 本卷，第 170－171 页。

② 《谷物贸易报告书》，第 146 页。

③ 同上书，第 154 页，并散见各页。

说他们是“先于正当买主而”进场的。几年以前，他们常常进行购买而并不提货，这是十八世纪法律上的一种非法行为，但“由于金控诉拉斯皮案这次最近的审判，他们〔在这方面〕已经比较谨慎了”。他们还不完全是一个独树一帜的集团，他们的经营也不是规模很大的：有一位证人认为没有一个人以买空卖空为他们的主要业务——但这个证人是交易所过去的成员，看上去他的作证已多少有点过时。[①] 只有他一个人为“买空卖空”进行过辩护，他认为买空卖空在货物丰富的时候稳定了价格，这种看法并不错：他也认为在缺货的时候是危险的。此后二十五年中的发展情形如何没有确切的纪录，但是在这期间，商业演变和伦敦城舆论的整个倾向是有利于这一类人的活动的。

全国最重要的分配组织之一，伦敦和太晤士河流域的巨大煤炭贸易，已为成文法和古老的习惯限制到了僵化的程度。在这方面还没有什么简化的机会。在 1688 和 1800 年之间，涉及这种贸易的国会条例有七十几项之多。在 1800 年的调查之后，一部备极周详的煤炭贸易法已经载在迄仍有效的 1807 年条例（乔治三世，第 47 年，第二届，第 68 章）中。它是以旧有的太恩河—维尔河—太晤士河沿岸贸易的习惯为依据的。在 1800 年，主张通过“内地”煤的竞争来限制这种贸易上可能发生的种种弊端的议论，业已甚嚣尘上。但是一无结果。每于海运煤价格极高的时候，就有小量煤炭由运河输入，但是只要价格稍稍下降，就足以使它停运。“派丁顿煤”，照它当时的名称——也就是取道大联络线运河和摄政王

① 这个人是查理·沙维尔。

234 运河而输入的米德兰煤——在 1826 年共计一千四百八十四吨。[①] 在 1828 年有来自北部的“商战贸易”(fighting trade)时，它降到了五百四十七吨。当时伦敦煤炭贸易的总额约为一年二百万吨。[②] 在 1826 年以前伦敦向所未闻的提兹煤，方始渐渐成为市场上的一个重要因素：甚至“来自飞茨”——即福思河上的飞茨——的煤炭也已经在那里出现；但是这两种煤炭既都是海运煤，自当一应遵照伦敦浦煤炭贸易有关旧章办理。

纽卡斯耳煤一度是照例由用自备驳煤船装运煤炭的“煤业经纪人”(fitter)从煤炭所有主手里全部包购的，这类煤炭所有主可能不是矿主兼开采人，像伦敦德里勋爵那样，就是缴纳矿税的租地人——并且常常是这类租地人组成的一个非正式的公司。煤业经纪人是一种代理商，他把煤运给船舶所有主而从中抽取一笔佣金：他并不自订价格，价格通常是由在联产联销的煤炭所有主控制的。[③] 根据安娜女王的一项条例(安娜女王，第 9 年，第 28 章)，煤业经纪人还必须把他运货给船舶所有主的证明书送交伦敦市长所属的煤业机关。但是后来，向煤码头上的运煤船直接装煤，从而在煤炭所有主和船舶所有主之间进行的直接交易日益增加——这是贸易方面一个旧中间商阶层在一定程度上被逐渐淘汰的少数关键之一。船舶所有主是货主而不是代理人，只要产销定额办法运行

① 这是在 1824 年罗宾逊取消内地煤炭税以后。参阅斯马特：《经济年鉴》(*Economic Annals*)，第 2 卷，第 196 页。数字见 1830 年的《煤炭贸易报告书》(*Report on the Coal Trade*)，第 67 页：该报告书和 1800 年的《报告书》(载于《未刊入会讯中的委员会报告书》，第 10 卷，第 538 号)是以下各段的根据。

② 关于伦敦的贸易数字，参阅《国家的进步》，第 581 页。

③ 本卷，第 202 页。

无阻，煤炭所有主就绝不会插足他的业务或分润他的贸易利润；但是在商战贸易的年月，即如在1828年，煤炭所有主未始不会自雇船只——以期在运费方面比他的同行占些便宜——而自行在伦敦发售。

在伦敦，通常的买主是大煤商，他照例是同代表船舶所有主的代理商接头，并论船地或按一船的几分之几进货。根据“所谓积习”，他付二十卡尔庄(chaldron)[①]的货价而实得二十一卡尔庄的煤炭。但是非在缜密的监督下不得卸货。煤炭须缴纳各种税捐。煤业经纪人，或在没有经纪人场合下的煤炭所有主，须证明在装船
以前已缴清纽卡斯耳“出矿税”(spoutage)和一种叫作“里奇蒙先 235
令”(Richmond shilling)的太恩河特捐——查理二世用以赏赐一位皇族而于1799年经国家从里奇蒙公爵手中赎回的一种旧捐税。除去代理商手续费、印花税和保险费等等之外，在太晤士河方面还有市捐、市场捐和苛重的英王捐。所以卸货是加以监督的，货载由法定的“水上督察”(water-meters)凭经纪人的证明书加以查验。水上督察共十五人，由伦敦城推荐，所属助理员计一百五十八人。卸货工作是由另一个有法定工资集团，即“煤炭督卸员”(coal whippers)进行。因为1807年所规定的这项工资超过类似工作的一般工资率，所以雇佣工人的督卸员，串通酒店主，硬性规定最低限度的酒类消费，不论他们的工人是否饮酒，一律每日照收烧酒和啤酒费二先令。

差不多所有装运煤炭的驳船照例都是属于商人的。这类船只

① 卡尔庄是煤的量名，通常为三十二—三十六蒲式耳。——译者

不受任何规定的限制，但是只有驳船夫公会的会员才能驾驶。煤炭运到商人的码头之后，就处于法定“陆上督察”监视之下了，陆上督察把货载过秤，眼同将煤炭装入三蒲式耳的袋中，煤炭是只能按这样的袋装交货的。自始至终计量都是按容积的，因为碎煤比整煤占地位，所以把煤敲碎是对每个人都有利的。陆上督察或许是一切官僚阶级中最无用的一种。他们甚至连名义上的保护都不给那些无力成袋购买煤炭的贫民。在伦敦市肯特郡属的一些地方和摄政王运河的很多码头上，由于法律上的一个偶然事故而没有设置这种陆上督察，人们深加赞许。①

保有码头的大商人照例是发售给“第二流商人”的。其中最重要的一类叫作“驳商”(accounters)，即自有驳船，可以派船直接从伦敦浦的煤船上取煤，并进行上游贸易的一些人。当时还有所谓“煤炭掮客”(brass plate coal merchants)，“主要都是……商人的职员、绅士的佣仆和其他商贩”。伦敦家庭燃料的六分之五大概是由这些人经营的。第三类是从码头所有人手里买进煤炭，再分成
236 小袋贩卖给贫民的。大消费者，诸如“临河的制造商”，和少数最大的公私机构，都会直接从商人手里购买；但这种直接贸易在整个贸易中显然只占一小部分。然而它却正随着煤气公司的发展而发展，煤气公司的需求对于伦敦煤炭贸易的逐渐转变以及煤炭所有主和消费者之间的中间商的被淘汰，将是一个重要的因素。

对于伦敦以外的煤炭贸易没有作过全面的调查。但是靠了有

---

① 〔在1831年，这部法典大部分已经废止，但关于煤炭督卸员的法律一直残存到1856年。乔治：《伦敦运煤夫》(George, M. D., *The London Coal-Heavers*)，《经济季刊》(经济史)，1927年。〕

关伦敦的报告书和1831年绘制的那幅地图[1]，它的情况是不难想象的。在煤田附近中间商自然很少，在煤田当地可能完全被屏除。就太晤士河流域来说，上游大概是由驳商供应的，并且远至温索尔和里丁之间的“煤炭掮客”式的商人也都是由他们供应。里丁这时有来自萨默塞特的海运煤，牛津则有来自沃里克和累斯特的运河运煤。整个南海岸一带都会是集散港的商人，在普利茅斯以东以经营东北海岸的煤炭为主，以西则以经营威尔士煤炭为主。沿东海岸各港的船舶所有主久已就和太恩—太晤士河运煤业务有利害关系。例如雅茅斯人在狄福时代就在这项贸易中占一很大份额。[2] 当地的煤栈也是由他们供应的。在二十年代时，煤炭是伊普斯威奇、雅茅斯和林恩的主要进口货——姑从东海岸的大批城市之中仅举极少几个例子来说。[3] 在每一场合之下，要把货载运进内地，就非换船不可，而换船又往往会有所有权的变更偕以俱来，这是推想可知的。一只二十八吨的驳船可以不利用水闸就从雅茅斯驶至瑙威治，而一只同样大小的船从林恩到剑桥也只通过三个水闸。在最终的内地集散港，可能即北安普敦或剑桥，会有兼营煤炭、木材和粮食的“第二流商人”——以至第三流或第四流的商人。很多这类的人已经成为银行家了，既成为银行家，就会把一些商品贸易渐次让给次一流的人。教友派会友在他们中间固不足奇，非国教徒一般也是司空见惯的。

单单沿岸煤炭贸易的散仓货就为量至巨：连对外贸易都为之 237

① 下面所附的煤田图就是以此为依据的。

② 狄福：《游记》，第1卷，第193页。

③ 参阅例如梅丁格，前引书，第1卷，第200、205、213页中的引证。

减色。运往爱尔兰的煤为运往一切外国和殖民地口岸的煤两倍以上，到 1830 年，太晤士河所汲取的煤几达整个爱尔兰的三倍之多。[①] 到 1825 年为止，煤炭出口从没有达到二十八万吨。1830 年方始迅速上涨，出口已超过四十万吨。无论英国或世界各国都没有足够的吨位载运很多远程的散仓货。对外贸易还没有完全丧失它的原始特色——贵重物品的交换。在 1825—1830 年之间，从事对外贸易的各国船只进入英国港口的总吨位平均为二百七十五万吨。在这期间，太晤士河靠短程煤船取得它每年二百万吨的煤炭。

在英国经常进口货中有一项而且仅有的一项真正散仓贸易——即木材贸易。几世纪以来，供海军用的大圆材，连同产自热带的染料木和稀有木材，都非进口不可；但只是到了十八世纪，由于英国林木的竭耗和房屋的需求，首先伦敦，继而全国各地方始绝对仰给于海外供应。它们自然一向是取给于斯堪的纳维亚和波罗的海的。十八世纪中叶坎贝尔的伦敦木材商一向"由挪威方面供给松木原材和板材；由瑞典方面供给橡木和槲木；也由英格兰各郡供给一些；并由牙买加方面供给桃花心木；西班牙方面供给胡桃木"。[②] 在这个世纪之末，在 1788 和 1802 年之间，英国从北欧进口约二十万罗德的枞木。[③] 当时来自美洲殖民地的数量是微不足道的，虽则这项贸易曾以奖励金或优惠税扶植了九十年之久。但是当 1809—1810 年拿破仑的大陆制度推行到北欧的时候，木材荒的恐惧转变了贸易的趋向。欧洲木材的关税从 1793 年的六先令

① 数字见波特尔：《国家的进步》，第 279、581 页。

② 《伦敦行名录》，第 167 页。

③ 波特尔：《国家的进步》，第 375 页。

八便士一罗德提高到1819年的六十五先令一罗德，殖民地的木材则不是准许免税进口就是抽收很轻微的关税。[①]

欧洲运费从二十七先令四便士到五十四先令八便士的猛涨， 238
发生于1811年对拿破仑战事方殷之际。结果是，虽直到1809—1810年英国所用的木料主要还是来自波罗的海各国，但是在1821年波罗的海的木材却只用于“比较重要的建筑物”了。

在那一年关税有了一番修改——殖民地木材加征一罗德十先令，外国货的税率减到五十五先令——这些税率几乎二十年没有变更。据当时的计算，除扣运费的平均差价外，这项税率还给加拿大木材保留了一罗德三十先令非常优厚的优惠待遇。[②] 而还有这样一种说法，认为美洲享有大松木的天然垄断权，并且在自由采伐的枞树巨大木干和最低廉木材的供应方面享有天然的便宜，所以它们的贸易毫无危险可言。这种说法经证明是正确的，但这种优惠待遇也经证明在大多数季节中是优厚的。1821年，殖民地散仓进口货约为外国的三倍左右；据所可利用的数字表明，殖民地进口贸易的有利地位得到了充分的维护。[③] 总进口，以当时的标准衡量，的确已经变得很大。在1831年，“八平方英寸以上的”木材共输入五十六万四千罗德。就这类木材而论，五十立方尺的罗德可换算为一吨。圆材、松木板、窄板、桶板、宽板等等都不是按重量或

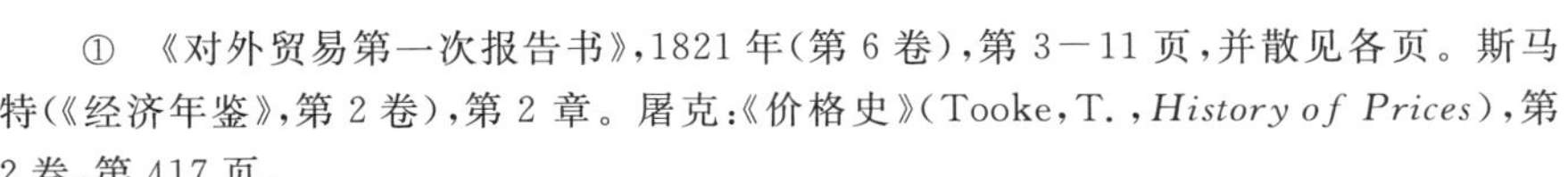

① 《对外贸易第一次报告书》，1821年（第6卷），第3—11页，并散见各页。斯马特（《经济年鉴》，第2卷），第2章。屠克：《价格史》（Tooke，T.，*History of Prices*），第2卷，第417页。

② 《1821年报告书》，第9页。

③ 波特尔，前引书，第579页：误印作1831年。

立方容积进口的。这些木材会把吨数提高到六十万至七十万之间。十三年之后，在第一次对进口的木材试作详尽估计时，数字是一百三十一万八千罗德——大约一百二十五万吨——其中殖民地的木材占九十二万二千罗德。在二十年代时从海外驶入英格兰和爱尔兰各港的总吨位之中，有很大一部分，或许有三分之一的吨位，装运木材，木材是大多数第二流口岸的主要贸易品目。木材船是如此之多，以致对建立了这项殖民地贸易的那个政策持批评态度的人议论说，英国无异是以奖励金来维持英属美洲的一些内多属于劣等的"多余船舶"。[①] 任何旧船都可以装运这种不会沉的货物：商船联合会的丙等三级船会"载同浸在水里的湿透了的松木"渡海而来。

239 由于谷物的性质和谷物法的一再修正，谷物进口贸易是不规则的、断续的，虽则有时数量很大。因为谷物总可以存栈供作再出口，所以总归有一些贸易，但数量往往很小——例如 1823 年共约一万三千吨。[②] 商人抱着经常紧张的焦虑心情注视但泽价格，即当时的标准价格同英国正式规定的价格间的关系。在形势看好的时候，他们就开始把保税仓库装满，希望终于能找到一条流入国内市场的出路。但是从 1820 到 1825 年，丰收和旧谷物法一直使真正的进口贸易微不足道。在 1821 年，为供国内消费而进口的小麦只不过两夸脱——除开自爱尔兰进口的不计——在 1822 年甚至连那一点进口都没有了。直到 1825 年，供消费用的外国小麦的进

① 《1821 年报告书》，第 6 页。

② 数字见屠克，前引书，第 3 卷，第 293 页。

口一直是微乎其微的，虽然在 1824 年有大约十五万吨粮食和各类面粉到达英国口岸。1825 年，匮乏的恐惧导致法律在这方面的放宽——根据枢密院令和国会特别条例而准予存栈谷物放行。① 三十年代和四十年代初期的谷物法继 1828 年税率递减表条例（乔治四世，第 9 年，第 60 章）而来。一连串的歉收和荒年随着政策上的这些变更接踵而至。结果，外国小麦和面粉的进口在 1825—1828 年平均约为十三万吨一年，在 1829—1831 年则将近四十万吨。在一年之中为国内消费而进口的各种谷物和面粉的最高额，是 1827 年的大约七百万吨，这是因异常庞大的燕麦进口致使数字膨胀的一年。但是，从 1832 年起直到 1837 年，这种应变贸易渐次消失。就 1833—1836 年这四年而论，小麦的进口很少，而各种粮食的和面粉的总平均进口量都约为 1827 年那个最高峰年份的十分之一。②

矿石和金属所占的进口吨位很少。由于本国工业最近的发
展，所用的外国铁比过去很多年都更加少了。供设菲尔德铁业用
的瑞典条铁是至关重要的；③但是一吨泡钢可以制造很多的剪和 240
锉刀。在十八世纪之初，铁的年进口量约为四十万吨。这可以同
1820 年的一万一千吨、1823 年的一万吨、1825 年的一万五千吨和
1828 年的一万四千吨作一比较。诚然，军火的需求已经停止，但

① 1827 年坎宁的存栈谷物条例（乔治四世，第 7 和第 8 年，第 57 章）是在一个更远大的计划失败之后提出的。在 1825 年，赫斯基森准许加拿大谷物按五先令进口。参阅斯马特：《经济年鉴》，第 2 卷，第 274、422 页；屠克，前引书，第 2 卷，第 134 页。

② 屠克，前引书，第 3 卷，第 239 页。

③ 本卷，第 150 页。

是对刀具的新需求或许超过了已经消失的对刀剑的需求。在二三十年前一般还用进口铁的很多用途上,现在英国铁却足可济用了。"那种铁是供作制钢还是供作一切用途之用呢?"约瑟夫·休姆在1840年提及十八世纪后期的这种进口货时向约翰·格斯特勋爵这样问道。"它是供作一切用途之用的",这位专家回答说。[①] "我们本国铁的使用已经大大地超过了一切进口铁",一位工程师在1824年这样对国会委员会说。[②] 1800年左右,本国铁对进口铁的比率是四比一,或更少一些:在1828年则是五十比一;在那一年英国原铁的出口——主要是熟条铁而不是铸铁——是六万五千吨,而进口是一万四千吨。[③]

铜矿石多是沿岸装运的,但已开始进口——来自南美洲,这是1824—1825年那里所进行的无数次冒险开采的结果。[④] 以斯温西为首的熔炼中心的主要供应来源是得文、康沃耳、安格尔西岛上产量日益萎缩的巴里斯矿和莫纳矿,以及马恩岛。据说,在三十年代初期,斯温西的大哈福德铜厂雇用了

① 格斯特在《1840年进口税审查委员会》(*Comm. on Import Duties of 1840*)中的作证,询问案第30号及以下。

② 亚历山大·加洛韦:《工匠和机器审查委员会》,第22页。

③ 数字见波特尔,前引书,第248、575页。

④ 参阅《自然铜进出口报告书》(*Return on Copper Imported and Exported*),1833年,第33卷,第229页。在1832年,铜的进口刚刚超过100吨(其中三分之二以上是供作重新制造的旧铜),铜矿石的进口为三千五百吨。一半以上是来自哥伦比亚的,其余则差不多全部来自墨西哥、古巴和秘鲁:这都是新兴的贸易。汉密尔顿在《英国黄铜和自然铜工业》,第210页中说,在1797年以前一直有"比较大量的生铜和矿石"进口;但是1790－1797年这八年的平均数却不到八百五十吨,而且爱尔兰的矿石一并包括在内,同上书,附录9。

一百五十只沿岸商船来供应它们的矿石。[①] 自 1815—1825 年，英国每年输出的自然铜比它用于国内的要多得多；并且此后很多年出口超过国内消费的情形还是很常见的。在
1832 年，英国生铜和铜片的出口约为八千吨，用外国矿石在 241
英国熔炼成的铜是七百吨；但后一个数字在三十年代增长得很快。[②] 锡的情况和铜大同小异。不列颠群岛仍然是欧洲的锡岛，虽则在两个世纪以前暹罗锡已开始西运，并且马来群岛上的巴加和勿里洞的大矿藏业已开采达一世纪之久。[③] 但康沃耳的工业在英王乔治四世治下的生气勃勃是空前所未有的。在这一世纪之初，英国的平均年产量是二千五百吨略强，1817 年已达到四千一百吨，1827 年达五千五百吨，1821—1830 年这十年的平均数是四千四百吨。[④] 这种锡的将近半数是输出的，虽则几百吨东印度锡留供特殊用途之用。并且锡的转口贸易也已经在伦敦出现。[⑤] 铅是英国的出口货，自从罗马人在曼迪普斯初次铸造坯铅以来，就一直如此。在有摩勒纳山新兴或恢复起来的西班牙工业竞争以前，

① 拉德纳：《袖珍百科全书》，“金属制造业”（1834 年版），第 3 卷，第 149 页。关于十八世纪的情况，参阅《1799 年铜矿和自然铜报告书》（*1799 Report on Copper Mines and the Copper Trade*）和艾伦文，载《经济季刊》，1923 年 3 月号。

② 《1833 年报告书》，另波特尔：《国家的进步》，第 578 页。

③ 刘易斯：《锡矿区》，第 54 页注。

④ 同上书，第 258 页。

⑤ 拉德纳，前引书，第 3 卷，第 21 页。转口贸易在三十年代增长得很快。在 1839 年真正的进口是九百吨，复出口一千一百吨。《1840 年进口税调查委员会》，第 262 页。

这种出口就已经多少趋于衰落了：从 1821 年的二万吨降到了 1831 年的八千—九千吨。西班牙铅输入英国的还很少——在 1832 年纪录有案的只不过五百五十四吨——但是在其它市场上已同英国铅展开了竞争。[①]

所以只要有普通金属或“半贵重”金属的散仓贸易存在，铅就不失为一种出口散仓贸易；但是只要有一个很小的商船队就可以装运而有余了。

一种新的可以称之为“半贵重”商品的进口散仓贸易——二十年代的海关职员不按吨或罗德而按磅计的那些物品之一——是为了在建设过程中供应兰开郡的铁纺车之用的。四十年前，英国所需用的全部棉花——大约一年八千吨——还用不了多少船舶，但
242 是到了 1800—1801 年，却非有二万五千吨的位置不可；战后两倍于是；自 1825—1830 年以来则平均在十万吨以上。[②] 直到 1794 年为止，来自地中海沿岸东部各国、西印度群岛和圭亚那的棉花，一度供应了差不多所有的需求，但是随着美洲奴隶种植和机器除籽的棉花的出口登上了新世纪的舞台而退入幕后。但直到战后，美洲还没有能真正支配英国的市场。在 1816 和 1820 年之间，除乔治亚和卡罗利纳扼杀着的西印度贸易的残余之外，还有来自苏拉特、孟加拉和巴西的大量进口。在 1822 年，穆罕默德·阿里和他的法国技术顾问驱使埃及农民种植的埃及棉花初次上市，在

① 拉德纳，前引书，第 3 卷，第 58 页。在 1832 年，出口再度上升到近一万四千吨。《报告和文件》，1833 年，第 33 卷，第 441 页。

② 数字见屠克，前引书，第 2 卷，第 391 页及以下。另参阅查普曼：《兰开郡棉纺织工业》，第 143 页。

1825年——但也只有在那一年——埃及输出了大量的棉花。可是到1826—1830年，美洲的支配地位已经奠定；联合王国消费的全部棉花的四分之三都是由美国供应了。[①]

直到十八世纪末叶工厂制度勃兴时为止，主要来自波罗的海方面的生亚麻和苧麻的进口，已经比棉花所占的仓位更加大了。[②] 彼得堡的价格是伦敦市上这两种商品的标准牌价。苧麻贸易——为了种种明显的理由——在战争期间曾盛极一时。在和平以后的十年中，进口已经奠定在一年二万五千——三万吨的正常水平，而且没有多大起伏。多少年来不列颠群岛所生产的苧麻都不很多，所以消费方面的变动可以相当正确地从进口方面反映出来。亚麻的进口——不仅以来自俄国的为限——在1820年以后增长得很快，在这个场合下增长是有双重原因的：一则是麻织品因使用机器而增加，一则是英国原料生产的萎缩。在1825年那个景气的年份中，进口几达五万三千吨，虽则在1833年以前再没有过这样高的数字，但是其间只有两次跌落到四万五千吨以下。

在羊毛贸易方面从没有接近过这样的数字；因为联合王国在任何显著程度上仰赖于海外供应来源都还是晚近的事。在十八世纪时，政府本着旧有的既定政策，对于制止英国过剩羊毛的出口走私，比之防止或鼓励羊毛的进口更为关心。政策一直没有能见很

① 尤尔：《棉纺织业》(Ure, *The Cotton Manufacture*)，第1卷，第144页。查普曼，前引书，第143页。艾利斯：《不列颠的棉花贸易》(Ellis, *The Cotton Trade of Great Britain*)，第86页。

② 屠克，前引书，第2卷，第391页。

大的功效，[①]并且，在1825年，出口禁令一旦取消，正常的出口贸易立刻发展起来，或公开出来了，在1827年据报告约有一百二十五吨英国羊毛装运出国。[②] 英格兰西部的制造商在十八世纪时所需要的主要是来自西班牙的比较小量的上等羊毛——在兰开郡完全不用[③]——向来是免税进口的。到1789年，这项进口已经增长到一千吨以上，在1800年则已将近四千吨。[④] 半岛战争期间[⑤]的政治情况加强了西班牙和葡萄牙的贸易联系，而且西班牙羊毛的质量也颇能保持原有标准；所以直到1812年，很少是来自其它来源的。但是当1814—1815年欧洲开放时，英国商人和制造商才刚刚发现西里西亚和萨克森这时所产上等羊毛的优点，那里新近输入的螺角羊“是像你在英格兰饲养一匹跑马场的马一样地饲养起来的”。[⑥] 这时对外国羊毛都开征关税了，有几年（1820—1825年）竟达每磅六便士之高；但上等羊毛是很贵重的，在1824年在这种
243 重税之下还输入了一万吨之数——其中三分之二是德国毛。翌年

① 参阅《1786年绵羊和羊毛走私报告书》(*The 1786 Report on Sheep and Wool Smuggling*)。《未刊入会讯中的委员会报告书》，第11卷，第302页(英国羊毛在阿腊斯、埃耳伯夫、卢维叶、亚眠等地自由使用)，关于早期的情况，参阅利普森：《英国羊毛和毛丝工业史》(Lipson, E., *History of the English Woollen and Worsted Industries*)(1921年版)，第88—91页。

② 上院的《英国羊毛贸易报告书》(*Report on British Wool Trade*)，1828年，第350页。出口一旦弛禁，往海峡群岛的出口立刻减少了。同上。

③ 本杰明·戈特在上院委员会这样说，第285页。

④ 上院《报告书》(第330页)中的数字同屠克，前引书，第2卷，第391页中所举的数字不甚符合。

⑤ 1808—1814年，在法国革命战争和拿破仑战争中西班牙半岛上的一次最重要的战役。——译者

⑥ 商人亨利·休斯，见《1828年报告书》，第40页。

关税降低到了每磅一便士，进口几乎增加了一倍；但 1825 年是不正常的，在此后四年之中各种羊毛的平均进口又回落到近于 1924 年的水平。

在 1828 年为上院羊毛委员会准备的各项报告书之中，有一项报告书列举了自 1800 年以来从各国进口的数量。在 1806 年项下，出现“新荷兰”二百四十五磅这样一项记载。在 1814 年“新荷兰”项下列为十吨以上；在 1826 年将近五百吨，但 1827 年却不到二百五十吨。这是坎登的约翰·麦克阿瑟经营的结果，麦克阿瑟是过去派往警卫杰克逊港俘虏营的新南威尔士军团中的一名大尉。这位乐观的证人认为澳洲的前景是如此之好，可望在十五……或二十年之内英国就不必再仰给于西班牙或德国的〔上等〕 244
羊毛了。[①] 利兹的大制造商本杰明·戈特不认为澳洲的产量能“敌得过萨克森”，因为它们不过是“一桶水中的一滴”而已。[②] 但是正如小约翰·麦克阿瑟在 1825 年 7 月的家信中所说，“约克郡尽管总是说这种羊毛不好，但一直还是在买进”；[③]因此，戈特的话大概并不完全是由衷之言。需要最上等羊毛的那些约克郡人无须他求的日子已屈指可计了。[④]

① 商人亨利·休斯，见《1828 年报告书》，第 48 页(休斯)。

② 商人亨利·休斯，见《1828 年报告书》，第 287 页。

③ 昂斯娄：《坎登的麦克阿瑟家的一些早期记录》(Onslow, S. M., *Some Early Records of the Macarthurs of Camden*)(1914 年版)，第 416 页。麦克阿瑟在 1805 年迁居坎登。

④ 在 1830 年，有西班牙羊毛七百三十吨、德意志羊毛一万一千吨和澳洲羊毛八百八十吨进口。国内剪绒不详：或许是六万吨。二十年之后，澳洲进口的是一万七千吨，德意志四千吨。参阅贝恩斯：《约克郡的今昔》(1858 年)，第 2 卷，第 639 页。

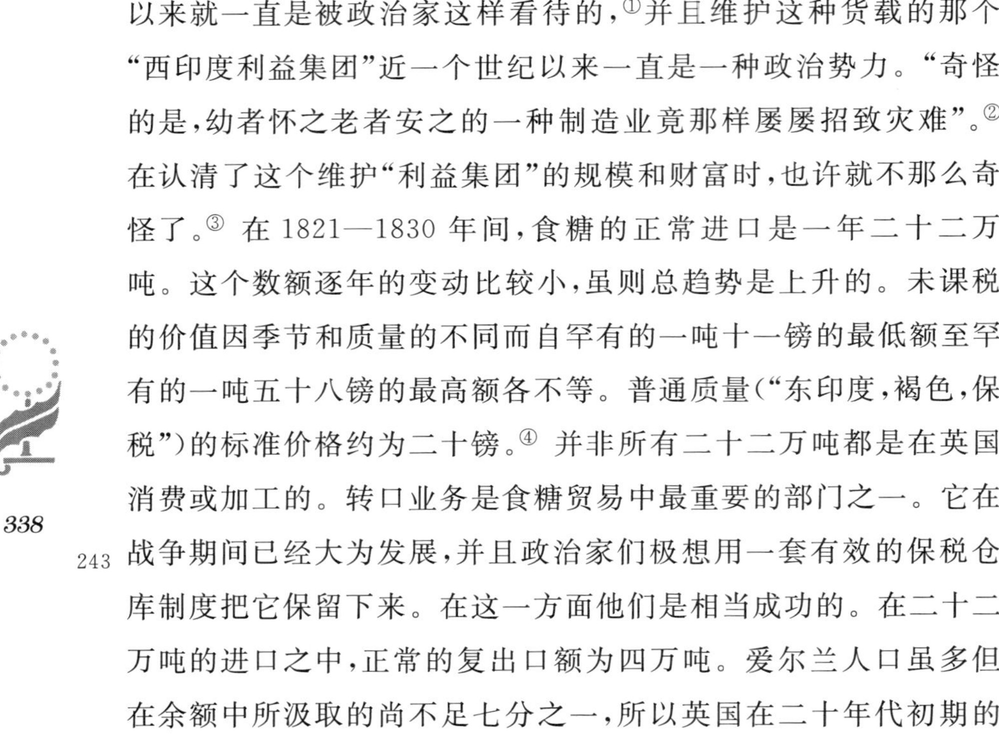

如果一种商品的经济重要性可以用将价值化成为容积的方法来计算的话——这是下文还要谈到的一种计算方式——那么在乔治四世朝代中最重要的进口货载就是食糖货载了。食糖货载很久以来就一直是被政治家这样看待的，[①]并且维护这种货载的那个“西印度利益集团”近一个世纪以来一直是一种政治势力。“奇怪的是，幼者怀之老者安之的一种制造业竟那样屡屡招致灾难”。[②]在认清了这个维护“利益集团”的规模和财富时，也许就不那么奇怪了。[③] 在1821—1830年间，食糖的正常进口是一年二十二万吨。这个数额逐年的变动比较小，虽则总趋势是上升的。未课税的价值因季节和质量的不同而自罕有的一吨十一镑的最低额至罕有的一吨五十八镑的最高额各不等。普通质量（“东印度，褐色，保税”）的标准价格约为二十镑。[④] 并非所有二十二万吨都是在英国消费或加工的。转口业务是食糖贸易中最重要的部门之一。它在

243 战争期间已经大为发展，并且政治家们极想用一套有效的保税仓库制度把它保留下来。在这一方面他们是相当成功的。在二十二万吨的进口之中，正常的复出口额为四万吨。爱尔兰人口虽多但在余额中所汲取的尚不足七分之一，所以英国在二十年代初期的消费当在十五万至十六万吨之间，也就是每人每年不太少于二十

① 关于政治家和食糖的故事，参阅比尔：《旧殖民地制度》（Beer, G. L., *The Old Colonial System*）和桑巴特：《奢侈和资本主义》（Sombart, *Luxus und Kapitalismus*）。

② 狄斯累利：《乔治·本廷克勋爵传》（Disraeli, *Lord George Bentinck*）（1906年版），第209页。

③ 彭森：《西印度利益集团》（Penson, *The West India Interest*），载《经济史评论》，1921年7月号。

④ 屠克，前引书，第2卷，第391、412—414页。

磅;尽管税课把最便宜的食糖零售价格保持在六至九便士一磅,而消费量尚且如此可观。①

咖啡和茶在商业、财政和社会方面的重要性要差得多。咖啡的毛进口额自一年一万七千至二万三千吨各不等,但其中大部分是复出口的——有些年份远在半数以上。这种集中于伦敦的转口业务有助于英国的贸易平衡,并且哺育了“这个人烟稠密的都会”,但别无很大的重要性。比业务本身更重要的是1821和1831年之间发生的衰落现象,结果是1825年西印度咖啡的关税从一先令减至六便士一磅。当时,只有享受优惠待遇的主要来自牙买加的西印度咖啡投入消费;事实上也没有足够的需求按这个价格全部买进。余额,连同其它各种咖啡——也就是,为西印度利益计而征收那样重的关税以致无人问津的那些咖啡——一并出口。显然使国内平均消费增加一倍以上的关税改革——是和绅士咖啡店相对待的平民咖啡店的初期——渐渐把西印度咖啡全部投入了消费。但甚至那时(在1831年时),整个英国的需求仍然不到一万吨,也就是全部人口每人每年一又四分之一磅强。英国工人是没有咖啡嗜好的;虽则秣市歇腊德街上的潘飞托里斯咖啡馆早已是“上自最体面人物,下至贩夫走卒、三教九流莫不光顾的地方”。②

工资劳动者也不能成为一个茶客,尽管社会调查家三十多年

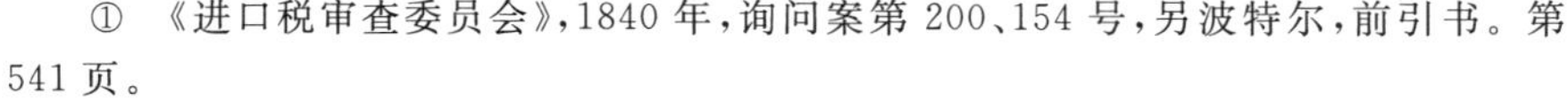

① 《进口税审查委员会》,1840年,询问案第200、154号,另波特尔,前引书。第541页。

② 《进口税审查委员会》,1840年,询问案第201号。他的作证和其它咖啡馆店主的作证在社会史上占了珍奇的一页。关于商业方面,参阅波特尔的作证和他的《国家的进步》,第372、549页。

来一直描写他如何喜爱这种“中国毒品”[①]。茶仍然牢牢地握在东
246 印度公司手里。每一磅茶都是通过公司的伦敦仓库的。这种垄断权事实上把价格抬高到了怎样的程度，又把消费限制到了怎样的程度，诚无法断言。价格的确很高，消费也的确很小——不列颠和爱尔兰(在1831年)仅一万三千吨略强。在不列颠每人的消费可能低至一又四分之一磅，但绝不会高于一磅半很多。在1821—1831年这十年间，一切未课税的茶平均价格是二先令七便士。最便宜的茶无疑是在两先令以下的。如果是这样，茶叶所缴纳的从价税应是96%；设非如此，当为100%。连同各式各样的中间利润，茶的零售价格不会低到一磅五先令：平均零售价格一定在六先令以上。[②] 一个一妻三子的工人，在城镇里每星期挣十八至十六先令的工资，在乡间每星期挣十二至九先令的工资，那么按六先令一磅的价格，每星期又能购买多少“有毒的”茶呢？他全家在国民消费中的准确份额应不到二两，约值八便士。乡下人也负担不起的。如果他能负担的话，那就绝不会对这五口之家有多大的妨害。

烟草，像茶和咖啡一样，是无论进口或消费都向为骇人的战时和战后征课所限制的商品之一。英格兰的消费起伏于五千至七千吨之间。在美洲殖民地丧失之后，没有强有力的利益集团为勉可负担的征课而斗争了，而且烟草又是一种显而易见的奢侈品。如果数字可以信赖的话，在1811和1821年之间不列颠的消费已经多少有了降低，而爱尔兰则跌落甚惨。到1831年，英格兰的消费

① 艾登语，本卷，第118页。

② 波特尔，前引书，第552页。《联合王国海关税则》(1879年的第8706章)，第204页。

刚刚相当于1811年的水平。爱尔兰的消费约为1811年消费的三分之二。在这两者之中任何一个场合下，每人消费都远不如过去之大。这是无足惊异的。在1811年，英国关税是每磅二先令二便士强。自1820至1826年是四先令；1826年，三先令；1827至1831年，二先令九便士。当时保税的弗吉尼亚烟草的价格很少超过八便士一磅，有时低至二便士半以至于二便士。[①]

葡萄酒是一种既已停滞而又比较不重要的贸易，虽则葡萄酒的进口对于船舶所有主是具有一定重要意义的。统计家认为在联合王国中每人消费不会超过前一世纪消费的四分之一很多。无论 247
如何，从现有的数字中可以看出，1801年的进口比1821年或1831年的进口都大一些，绝对地大一些，而并非仅仅就每人消费量说大一些。[②] 降低的情形，在愈益沉沦于贫困和烧酒之中的爱尔兰最为显著，但在英格兰也是不难看出的。葡萄酒久已不复是人民的饮料，葡萄酒消费的曲线除纪录富人餐桌上的嗜好变迁之外，殆已无关宏旨。在1821—1831年，联合王国每年节省了六百万加仑的各种葡萄酒，或者，不妨说，六十艘四百吨船的整船货载。

虽然葡萄酒的进口比较少，烧酒的进口却为量至巨。在1831年，从西印度群岛运入联合王国的甜酒比运自一切产地的葡萄酒还要多——七百八十万加仑对七百万加仑。（大部分都没有留供消费，因为甜酒的复出口数量很大。）这是有案可查的甜酒：此外还

---

① 波特尔，前引书，第566页。《联合王国海关税则》，第197页。屠克，前引书，第2卷，第418页。莱夫：《1600年以来烟草的消费》（*The Consumption of Tobaccosince 1600*），载《经济季刊》（经济史），1926年1月号。

② 数字见波特尔，前引书，第560页。《联合王国海关税则》，第150－151页。

有无估计数字的走私甜酒。但是关于未始不可称之为官方走私的法国白兰地酒却有一个估计数字。在1827至1831年这五年间平均为一年六十万加仑。那几年法国海关所登记的对英出口的平均数为二百二十万加仑，而英国海关所登记的来自法国的平均数为一百六十万加仑。据英国贸易委员会说，“法国政府对这类事的做法在道德上是很有问题的，在走私方面给了法国人不少帮助”；[①]但是若说全部或差不多全部走私白兰地都在装运以前申报过法国海关，那也是不能设想的。每年真正走私的可能在一百万加仑以上。

由于粮食的暴涨暴跌和有效的走私办法，以致难以准确地说正常进口究竟是多少；但木材、粮食和面粉、糖、棉、亚麻、苧麻、咖啡、葡萄酒、茶、铁、羊毛和烟草——如按仓位分等，则应照上述顺序将烧酒列在大约亚麻和苧麻之间——肯定是1825—1830年的主要进口货。按仓位计它们约占全部进口贸易的四分之三，按价值计或许一样。其余品目，包括逃漏关税或逃税未遂的一切货轻
248 而价昂的物品在内，则各有不同。在生丝和各种丝制品之中，丝制品或许是最重要的。在1824年罗宾逊减低生丝关税之后，没有任何证据证明有过很多的走私，所以一千五百吨至两千吨非常贵重的“生丝、屑丝和拈丝”这项二十年代后期的正常数字，多半是正确的；但是法国丝织品走私的习惯，像法国花边、白兰地酒和手套的走私一样，是那样普通、容易，而又组织严密，以致同一年以合理关

① 波特尔在1840年委员会的作证，询问案第187号，和他所著《国家的进步》，第560、803页。

税代替禁令的措施也没有能使法国丝绸全部报关检验。在这方面法国报表又复帮助了编制走私统计的学者。在法国作为对英出口而登记的丝绸，半数以上都没有作为法国进口丝绸而见诸英国报表中。[1]

甚至把走私的和完税的丝绸一并包括在内，在进口货中外国制造品也不过占一很小部分。有相当数量的镜子和杂色玻璃从德国和法国通关进口：这些东西因太容易破碎是无法走私的。各色呢绒通关和走私进口的都有一些，法国丝织装饰品常常和丝绸一起走私。再加上一些多半是走私进口的手套，连同来自里窝那的草帽辫和来自德国、法国和比利时的麻布，就构成了通常进口制造品的全部品名单；虽则不时还有小量供时髦人使用的精致商品进口。大部分的杂项进口货是食品和原料——诸如松节油、油脂和种子、红腊栗油和硫黄、橘、米和香料、染料木、蓝靛和皮革。[2]

不列颠是差不多完全以它的制造业产品和“殖民地货”的复出口支付进口货的。日益增长但数量还不多的煤炭、相当数量的锡、铜和铅、少量的羊毛、几千吨块铁和几百吨未制钢、少量石板以及采自圣奥斯特耳沼泽地的几船陶土，构成了出口原料的一张差不多包括无遗的品名单。在 1827 年，再度在 1830 年，这些原料，连同与“制成品和已有很多劳动加入价值之中的货物”相对待的一切“仅仅施加了很少劳动的货物”——其中最重要的是条铁——只不 249
过在公布的英国出口货总值中占 17%至 18%。[3] 1827 年的总出

① 《1840 年报告书》，询问案第 188 号和波特尔：《国家的进步》，第 560、803 页。

② 根据《1840 年报告书》，询问案第 9 号，第 208 页中追述的事实和数字。

③ 《1840 年报告书》，第 206 页：波特尔提交委员会的备忘录。

口计值三千七百万镑，1830年计值三千八百万镑。棉制品的价值在前一数字中刚刚超过半数（一千九百三十万镑）而在后一数字中刚刚不到半数（一千七百五十万镑）——英国对外贸易对这种伟大的新兴工业的依存已经到了如此不平常的程度。在这两个场合下，数字之中不但包括棉布，而且包括棉纱和棉线；这种半制成品的出口，虽然还不很大，却日有增加；因为大陆各国——首先法国，继而俄国，继而普鲁士——都在抵制制成品的进口。

五十年前就已经是这个国家的大宗出口货的毛织品，已瞠乎其后了；虽则海关当局仍然以他们对棉货迄未具有的那种详细分目的传统癖好一一加以列举——如呢绒若干匹，起毛上衣呢若干，开司米呢、粗呢、制服呢、法兰绒等各若干匹或码。在二十年代后期，毛织品每年平均出口约值整五百万镑。当时还没有可观数量的毛纱或毛丝纱的出口。在另一方面，利兹和其它各地的新兴纺织厂的麻纱方始以海关可以计算的数量行销国外。第一笔纪录有案的对法国出口是1829年的五十五磅。[①] 到了1836年，已是值二十七万七千镑的四百万磅了。但是直到1830年，在每年的价值自二百万至二百五十万镑的麻货出口总额之中，纱并不占任何重要比重。在这个总额之中，约有四分之一是爱尔兰的出品，虽则在爱尔兰贸易保持单独纪录的最后几年中——这项纪录一直保持至1833年为止——爱尔兰的比重已经下降。[②]

① 《1840年报告书》，第186页。

② 波特尔，前引书，第225页。在1820－1823年间平均每年出口（以百万码计）为——英格兰，三十一点四；爱尔兰，十五点一。在1830－1833年为——英格兰四十八点七；爱尔兰，十一点九。

在 1830 年价值三千八百三十万镑的英国出口中，棉、毛、麻、丝制造品共约二千六百五十万镑。如果将出口的原料和“仅仅施加了很少劳动的货物”的价值(六百九十万镑)从总额中一并扣除，那么所剩下的纺织品以外的一切制成品的数字比较来说也就微不 250
足道了。铁器和刀具在下余的品名表上以一千四百万镑居第一位；黄铜和自然铜制造品以八十六万七千镑居第二。在这个项目以下，统计表上就没有一项有二十五万镑之数了，而且耐人寻味的也只有一项而已——即“机器和纱厂设备”。在这个项目下公布的 1830 年的价值是二十万零八千镑。但是没有人相信。准许任何种类贵重机器的出口还都不过是近几年的事，而且在这项贸易上仍然有法律和行政的种种限制。但在当时，正如一位工程师对 1824 年委员会所说的那样，以谎报进行逃避是很容易的，因为没有一个海关职员能认证一部有系统地拆卸了的机器。另一位工程师谈到海关人员不胜感激地说，“他们只有在没有办法闭眼的时候，才把眼睛睁开”。[①]

1830 年价值三千八百二十万镑的出口是这样分配的。[②] 美国这个最大的单个顾客吸取了价值六百一十万镑的货物，其中多数是棉货。普鲁士、德意志各邦、荷兰和比利时共吸取六百七十万镑；法国、西班牙、葡萄牙、意大利和巴尔干沿岸七百二十万镑；俄国和斯堪的那维亚各国一百七十万镑。整个亚洲满足于四百一十万镑；整个非洲七十四万四千镑，澳洲三十万镑。英属北美殖民地一百九十

① 《工匠和机器审查委员会》，第 9、20 页：引证系录自亚历山大·加洛韦的作证。

② 《进口税审查委员会》，第 206 页：1827 年的分配差不多和 1830 年的完全不同。

万镑，但是英属西印度群岛二百八十万镑，南美连同墨西哥五百二十万镑。单单毛里求斯一岛占十六万一千镑，他国所属西印度群岛在九十万镑以上。所剩少数余额则是运往马恩岛和海峡群岛的。不出所料，这项分析反映出原棉产国、食糖产国、得天独厚的木料产国以及凭靠在伦敦市场上进行借贷而获得购买力的南美各国的购买力所占的优势。斯堪的那维亚和俄国之所以成为那样可怜的顾客，并不是“自然的”；而是英国国会有意使然。应该注意的是，亚洲吸取了一部分现金银作为对它出口的支付，正如它自从吸取罗马帝国富藏以来的情形那样；但贵金属却没有包括在这些数字之中。

251 除开一项重要的和一项不重要的例外不论，所有英国贸易都掌握在私人商号手中。那项重要的例外就是东印度公司的贸易，但这时东印度公司贸易和东印度贸易是截然两事；那项比较不重要的贸易则是哈得孙海湾公司的贸易。根据准将东印度特许状再一次——但如事实所证明，即最后一次——展期二十年的1813年条例(乔治三世，第53年，第155章)，私人贸易已经得到了广阔的活动余地。二十年代时的这个制度的那种毫无意义的错综复杂情形，正有助于说明它何以在1833年告一结束。[①] 它们也有力地说明了政治经济学家所不断斩伐的那种盘根错节的古老贸易章程。情形有如下述，正像科贝特原本会说的那样。[②] 私人贸易商得以合法船只——即按照航海法规定，有四分之三水手是英国人的英国建造的船只——装运依法得出口的货物前往“东印度的”任何口

① 本卷，第486页及以下。

② 根据《对外贸易第三次报告书》，1821年(第6卷)。

岸，并将该口岸依法得进口的任何产品装运回国。所谓“东印度”口岸就是好望角以东，麦哲伦海峡以西的一切口岸。但是如果这个贸易商要侵入“公司的特殊范围”，也就是位于印度河口和马六甲海峡之间的整个海岸，他就必须请购公司的许可证。如果这艘船是开往孟买、马德拉斯、加尔各答或威尔士太子岛[①]的，他有权取得这项许可证。如往其它各口，则董事得拒绝发证，但是准向印度事务部申请。在所谓“部辖范围”内，即一般包括锡兰、爪哇和马来群岛的那个区域内，印度事务部是发证机关：它常常发证，而并不收费。在“特许状范围”——即自好望角至麦哲伦海峡——以内，1813 年条例规定以三百五十吨以上的船只为限。小船，曾据公司辩称，易于走私，而大船则比较会维护英国的声誉。但是根据乔治三世，第 59 年，第 122 章的规定，小船得驶往新南威尔士。直到 1821 年，“英王陛下的臣民……在东印度公司特许状范围内（除……中国外）的一切口岸以及在这个范围以外的……属于一切……与英王陛下维持友好关系的国家的……口岸之间进行贸易”， 252
方始合法[②]（根据乔治四世，第 1 和第 2 年，第 65 章）。

除中国外的这项但书触及了二十年代贸易问题的根本。自 1814 年以来，对印度的一般贸易虽已发展成熟，但是东印度公司的印度贸易却已衰落。[③] 所以它更加牢牢地抓住它的中国贸易垄断权这唯一原封未动的垄断权和东印度公司股息的这个主要来源。甚至所谓中国垄断权原封未动也只是对英国船舶所有主而并

① 即马来海岸外的槟榔屿。

② 正如 1821 年《对外贸易第二次报告书》中的建议。

③ 《第三次报告书》，第 3 页和本卷，第 486 页。

不是对英国而言的。根据一种很奇特的破格办法，美国船依照条约得在英国口岸装货前往广州。广州的公司船货管理员[①]曾经在1820年报称，有三四千匹英国大呢已经由悬挂美国旗的船只从英国直接运到；有些英国货甚至经由俄国和恰克图从陆路运入中国。1821年的对外贸易委员会未能下太大的决心来攻击这种破格办法——虽则也讨论了对私人企业开放广州贸易但仍保留公司茶叶垄断权的可能性——一种尴尬的办法。但委员会最后的结论是，不能不把整个中国贸易的垄断权保留到1813年特许状期满时为止。它是财产权，国家保证的财产权，不可稍有触犯。这项理由是无懈可击的；所以茶叶昂贵如故，供应中国市场的大呢和毛哔叽，要么由公司装运，要么作为它的船长和船员的"特权贸易"的一部分，要么由美国船装运，要么就完全不运。

"关于哈得孙海湾的领土"，贸易部统计家波特尔在四十年代写道，"所了解的情况是如此之少，以致它的面积究有多大都举不出数字……。它的唯一用途就是作为哈得孙海湾公司的猎场，靠它来供应世界市场名贵的皮毛"。[②] 他认为，要对它作一番叙述，是足够一位地理学家去做的，但却不是他这样一位研究政治经济关系方面"国家的进步"的学者分内之事。二十年前，类似的人则更加漠不关心。诚然，在那个时候，公司
253 正靠它的皮毛而大获其利。它的二十万镑资本的市场价值已

① 我国旧档称之为公班衙大班。——译者

② 波特尔，前引书，第797页。

远在四十万镑以上；[①]但是无论皮毛的进口或者为交换皮毛的贸易品的出口，都不是联合王国海外商业的一个真正重要部分；根据英王查理二世的赐予而握有垄断权的那二十万镑股份的所有人，对于“绵亘于北纬四十九度〔在伍兹湖以西，加拿大领地和美国之间的现行边界〕和七十度之间，并自拉布拉多的查理斯角……直到落基山和麦肯齐河口”，[②]这片广袤而又陌生的地带的未来，也是模糊不清的。

其它少数古老的贸易公司有的还勉强维持，有的则已于最近放弃了那块有名无实的招牌。后来通称为汉堡公司的那个英国商人冒险家公司，自从 1806 年马歇尔·摩尔铁尔没收它在格罗宁根斯特拉斯的商号和在汉堡的所有英国商货以来，一直没有恢复旧观。[③] 所有公司之中最早的莫斯科威公司或俄国公司在将近六十年之后，仍然主张有对贸易征税的一定权力：一个长老会的商人也还坚持它有权决定以其所得价款在莫斯科建立一英国国教机关。[④] 英国大宗物产商人，在羊毛出口的业务经过一又四分之三

① 英格利希：《股份公司的全貌》(English, H., *A Complete View of... Joint Stock Companies*)(1827 年)，第 41 页。

② 波特尔，前引书，第 797 页。

③ 它在汉堡稍稍享有 imperium in imperio(帝国内之帝国)的地位，这种地位经过长期交涉之后，在 1833 年方始放弃。希寄格拉斯：《商人冒险家公司和汉堡英国教区》(Hitzigrath, *Die Kompanie der Merchants Adventurers und die englischen Kirchengemeinde in Hamburg*)(1904 年版)，和巴什：《汉堡史》(Baasch, *Geschichte Hamburgs*, 1814—1918)(1924 年版)，第 25 页。

④ 参阅《关于俄国公司所征捐税及公司收支详情通讯汇编》(*Correspondence respecting dues levied by the Russia Company, with particulars relating to the Company's Income and Expenditure*)(1864 年)。档案，第 58 集，第 56 卷，第 3 号。

世纪的不合法而又再度成为合法的时候，已经完全不再对于他们的这项主要的古老业务发生兴趣了；但他们似乎仍然坐享其成。[1]直到 1807 年，南海公司在名义上仍享有它的绝对贸易权，当时还对于从所谓“南海公司范围”输入的某些货物抽收一种捐税，以便筹措一笔保证金来赔偿股东所受的这种莫须有的损失。[2] 在 1821 年，东方公司，即土耳其商人（Turkey Merchants）已经放弃了他们
254 的特许状，“作为对于英国因以著名的那种商业上的扩张和自由精神的一个贡献”；在此后数年中，国家便开始接管商人为监督贸易而维持的诸如驻士麦拿领事馆之类的那些机构，连同它的领事、副领事、“注销员”、领馆牧师、外科医生、翻译员、学员和卫士。[3] 但是这些公司都不过是徒具虚名而已，事实上只有早期的莫斯科威公司以及南海公司曾经以公司的资格进行过贸易，或者打算进行贸易。余者则只不过规定它们成员的私人贸易和维护它们的垄断权以防外界人士或违禁营业者的侵犯而已。二十年代的英国商业界对于这些公司的任何一个都没有尽过丝毫力量。

一种微妙的、尝试性的和易滋流弊的信用机构已经——毫无计划地——建立了起来，并且正逐年加以改正——除自利心那种看不见的力量外，不受任何监督——以促进私人行号的海外贸易。

① 例如在南安普敦就有一些“本国大宗物产”的遗迹。格罗斯:《行会商人》(Gross，C.，*The Gild Merchant*)，第 1 卷，第 145 页及以下。

② 《政治经济学辞典》，“南海公司”条。

③ 坦珀利博士曾以若干件有关这类移交的珍贵往来函件见示，并蒙惠允加以引证。

凡是市场掌握在资金充足的强大公司手里的地方，贸易“资金周转”问题就简单；但只有中国市场和北纬四十度以外的美洲市场是这样的市场。有些市场在金融方面有充分配备。美洲和欧洲大陆各有自己的银行、银号和金融行号，并有几乎完全从商品贸易走上票据贸易的商人和经纪人，以及专为英国行号设立的证券交易所和往来号；虽则 1789—1815 年的大改革已经把这类微妙机构中的某一些损害到了这样的程度，以致它或许不再有效，或可能不那样有效，正如奥格斯堡的富格斯时代曾经有过的情形的那样。[①] 但是在英国进行贸易的市场上有很多根本就没有任何银行制度，而且在某些市场上甚至连英国商人或制造家可以接触的正规进口商都没有。[②] 资金的周转须英国商人和他们赖以济缓急的那些人自行设法。在出口商之中——尤其是在 1816 和 1825 年的商业危机以后——旧的“冒险”制度已经多少放弃了，所谓冒险制度，即出口商把货物无条件地买去，装上自置或雇用的船只，而自行担负推销货物的全部风险。商人也可能不是无条件地买进，而对于极想找市场的制造商所委托给他或他的海外代理人寄售的货物，支付一定百分比的垫款，以减少自己的风险。据说在 1830 年左右这种制度在格拉斯哥和对印度各地区的棉货贸易方面已经变得特别风行，并且已经给比较小的制造商以具有危险性的诱惑。[③] 这却不是曼彻斯特贸易的一个显著特征。在所有制造商之中最雄厚和最 255

① 关于十六世纪的货币市场和贸易周转金的供应，参阅威尔逊：《高利贷论》(Wilson's *Discourse on Usury*)，托尼序。

② 参阅拉潘特在 1833 年商业和工业委员会的作证，询问案第 2148 号及以下。

③ 《手织机织工请愿书审查委员会》，1834 年，询问案第 100 号。

著名的几家——博耳顿·瓦特公司、戴尔·欧文公司、韦季伍德公司，或戈特公司——已经更前进了一步而自行担负推销的风险，其所以比较有恃无恐，无疑是因为这类行号，特别是经营新兴纺织品贸易的行号，往往是经商出身的。戴尔在投资于纺纱工厂以前是一个商人，戈特亦复如此，他和另一些像他一样的人被约克郡的“纯粹”制造商斥为危险的骑墙派，脚踩两只船的人，一句话，“商人制造家”。

但是，就整个英国贸易以及在大多数工业中仍系小规模经营的那种平均制造商而言，若说对生产货物预付垫款是正常的制度，并不为过当。在 1823 年就可以是这样说，[1]而且这种办法并没有很快地消灭。在贸易不振的时候，它变得尤其重要。[2] 小制造商——以铁器行为例——只要能进行生产并能从替他销货的地方

256 代理商那里取得了一定百分比的垫款，就继续进行生产。除地方代理商外，还可能有一个伦敦代理商为那个地方代理商做同样的工作，而那个伦敦代理商又仰赖于把货物运往国外发售的一个资力雄厚的商家给以财政支援。整个这一系列经手人都要等待最终

① 见《代理人和代理商法审查委员会报告书》（*S. C. on the Law of Agents and Factors*），1823 年（第 4 卷，第 265 号）。这项报告书导致了 1824 年条例（乔治四世，第 4 年，第 18 章），该条例准受托人比照垫款数额享有对货物的留置权，而这项权利是他们过去在法律上所没有得到的。委员会之所以这样做是起因于法庭上久已予以忽视而最近又复实施的一项旧法律规走，依据该项规定，凡代理商越出货主授权的范围，即须自行负责，而且如有越权行为，则凡与该代理商交往的善意第三者的权利，也同受影响。这种及于第三者的效力据说是以未提出任何正式报告的 1742 年派特逊控诉塔什那桩神秘案件为依据的。为说明何以这项旧规定“与目前营业不相适应”，委员会对营业方法作了一番详尽的叙述。

② 《1823 年报告书》，第 12—13 页。

的销售来调整按百分比的垫款和议定价格之间的差额。比较大的、资力雄厚的制造商宁愿承做订货，企业单位愈大，承做的订货也愈多。在1835年，安德鲁·尤尔甚至于这样写道："过去总有大量制造品，留在手头待销；今则不然；制造商承接订货；而且订货似乎完全把他们的手占住了"。[①] 但尤尔是仅就大制造业企业，尤其是就纺织厂来说的；而在他最后一语中的"似乎"一词表明他甚至于仅就这一方面来说也并无太大把握。然而，无疑，他所指出的那个方向乃是大势所趋，1824—1825年的超资本贸易已经使得稍有眼光并能以在订货少的时候经得起减产或停产的制造商成为惊弓之鸟，而作防患未然之计了。

对货物预付垫款在出口贸易方面尽管是那样重要，却从来不是它的根本重要方面。而最需要资金周转的，却是从经济发展水平低于英国的地方装运粮食和原料。

"我国商业的绝大部分"，1823年委员会报告说，[②]"在一定期间……以及在很多场合下是靠预付垫款的帮助的，首先是外国运商或受托人付给外国货主〔指农场主或种植园主而言〕的垫款，继而是受托人〔在英国的〕付给委托人的垫款……然后是某资本家对于待善价而沽的代理商〔即并非合法货主的英国受托人〕的垫款"。

这种制度在转口贸易方面尤其风行。"世界各地的商人和种植园主"把他们的咖啡、蔗糖和谷物寄售于伦敦，"并立即照预期的

① 《制造业哲学》，第430页。

② 《报告书》，第7页。

价值开给〔票据〕”。[①] 很多这样寄售的产品在英国是销不掉的——诸如关税太高以致同牙买加的寄售货绝对无法竞争的古巴
257 糖或巴西咖啡，或由于价格关系而不能进入英国市场的存栈寄售的谷物。受托人的职责就是要随机应变，来无论在英国市场或其它市场上适当地处理寄售货物。这样寄售于伦敦的一批批谷物，在一旦谷物法许可时，或者像1825—1826年的情形那样，在法律许可之前，政府决定先以枢密院令予以放宽时，立即构成为一项可取给的经常储备。[②]

寄售货物销售的极其缓慢，换句话来说也就是伦敦受托人——产品经纪人或商人——提供的信用之长，尤其是东印度贸易的特色。受托人“常常保持货物达数月以至数年之久”，然后才最后售出。[③] “我们的大多数印度商家都是很殷实的”，对于寄售货物随便预付垫款，虽则他们可能“并不知道货主是谁”，因为他们是同一个可能并非最终所有主的委托人打交道的。风险相当大，而很多以殷实著名但管理不善的商家因滥付订金而使风险倍增。他们对于已经生产的商品，行将生产的商品，以至可指望生产商品的食糖和蓝靛地产都预付垫款。重大的流弊在二十年代是看不出的，但是当1847年的危险把很多重要的东印度行号拖垮时，那些表明制度中固有危险的陈年积弊就一总暴露出来了。

“在毛里求斯贸易和其它那一类贸易中”，一位证人解释说，“经纪人向来

① 同上书，第11页。

② 本卷，第239页。

③ 《报告书》，第15页。

习惯于……不但在货物运到以后凭货物预付垫款，这是完全合法的，以及凭提货单预付垫款，这也是在一定程度上可以做的〔一种正常办法，照二十年代的说法〕，而且，除此之外，他们还做过完全不合法的事；他们在装船以前，且有时在制造以前就对产品预付垫款”。……“我曾经在加尔各答买进汇票……汇票的价款则带往毛里求斯去帮助食糖的种植；把汇票带至英国，其中约有一半是拒绝支付的；因为在装运食糖前来时，并未保留作支付这些汇票之用，而早已抵押出去……用以支付它在装运以前、实则差不多在制炼以前先已担负的债务”。

局面非常尴尬。①

这种对来自无法控制的来源的货物预付垫款制度的风险，在二十年代时是人所共知的，这一点从1823年的调查人员对东、西印度贸易之间所作的对比中可以看出。在后一项贸易中风险比较少，他们这样指出，因为多数种植园是抵押给英国商人的。在伦敦、布里斯托尔或利物浦，对于他们的情况多少总知道些，并且预付垫款的受托人能以确知他所交接的究竟是合法货主，即能以抵押货物“来支付先已负担的债务”的那个人，还是从法律观点上看只不过是和他自己一样一个“代理人或代理商”那种委托人。但是，调查人员补充说，很多咖啡和其它产品是照例来自西印度群岛和南美洲这两个地方的未抵押过的地产上的，凭这种地产而预付的垫款也是照例或多或少地带点盲目性。 258

所冒的风险，在很大程度上，是对开放不久的国家新近进行的贸易在所难免的风险。这种风险以西印度群岛为最少，因为贸易是旧有

① 伊凡斯：《1847－1848年的商业危机》(Evans, D. M., *The Commercial Crisis of 1847－1848*)，第81页，引用了国会对危机的调查。

的，贸易条件比较稳定，对于“各关系方面的情况”也比较容易了解。在西班牙贸易垄断权新近才随着缔造新共和国的革命而消逝的南美各地，则风险最大。作为独立商人的贸易的东印度贸易，也比较年轻，并且也还没有完全开放：新贸易部门还在成长中。在每一种贸易上——无论进口或出口——对寄售货物预付垫款的制度，在以合理的谨慎态度管理之下所带来的风险，终归比试销制度的风险要少些。当然，这两种制度是相辅而行的。往往同一个人既是商人又是代理商或代理人。[①] 有些货物他直截了当地买进、进口，并且一直保留到能以卖出时为止；对于另一些委托他出售的货物，他在售出以前就签出了高达可能市价三分之二或四分之三的承兑票据作为预付垫款。转过来，如果需要的话，他也可以用他自己的货物或委托他出售的货物为担保，从银行家和其他资本家那里取得垫款。

这种对寄售货物预付垫款的办法并不仅以热带和亚热带贸易为限，虽则在这两种贸易上是最最重要的，如果贸易还要继续进行
259 的话。例如，意大利蚕丝就是由伦敦经纪人代委托人出售的。英国的蚕丝贩卖商和制造商可以得到那样长期的信用——总是有顺着供应连锁一手转一手的长期信贷，如果最后消费者是一个时髦人物的话——致使售货人往往有六个月或十二个月得不到现款。在这期间，他已经凭意大利委托人所开的票据而先已作了记账预付，而委托人自己也曾经对本人很可能就是内地蚕农的最终所有主预付了垫款。[②] 西班牙和德国羊毛以及美洲棉花的情形亦复如

① 《报告书》，第 4 页。

② 同上书，第 6 页。

此，虽则不至于耽搁到这样荒谬的程度，而且最终所有主多半是殷实的人——萨克森或西里西亚的绅士和卡罗利纳的种植园主。① 棉花进口商——这种业务现集中于利物浦——几乎总是兼商人职能和美洲运商的代理商职能于一身的。在进口商的背后有经纪人，也就是——自从大约战争结束时起——曾经替利物浦内地大纺织公司代购所用大部分棉花的那一类人。到 1815 年为止一直发挥着重要职能的曼彻斯特棉布商和他在其它制造业城市中的同行，正逐渐被淘汰。如眼光远大，他们自己就变成为经纪人。缔和时，这类人在曼彻斯特还有一百多个，只是铁路给了他们一个一蹶不振的打击；但是从 1815 到 1830 年，他们就已经一步步地削弱了。供求的知识渐渐集中于德林克华特·拉思博恩和霍耳茨在十八世纪创立的那个经纪人阶层，财势也随以俱归。有些经纪人买进；有些卖出；有些既买又卖。进口商在进行售货时照例从他们那里得到垫款，虽则和蚕丝贸易的支付期限或旧曼彻斯特棉货商贩的支付期限比较起来，利物浦的期限是很短的。他们是十天的信用和三个月的期票。兰开郡使商业机器加快起来了。②

委托售货和受托人预付垫款办法无论在对国外或国内的谷
物、种子、干酪和粮食贸易方面，都很通行，而以在英爱贸易方面尤 260
为突出，尤为重要。③ 据说这种办法对于经济困难的爱尔兰生产

① 《报告书》，第 7 页。

② 《报告书》，第 14－15 页。埃利森：《棉花贸易》（Ellis，*The Cotton Trade*），第 165 页及以下。丹尼尔斯：《一个曼彻斯特棉纺公司的早期记录》（Daniels，G. W.，*Early Records of a Manchester Cotton Spinning Firm*），《经济季刊》，1915 年 6 月号，第 179－180 页。

③ 《报告书》，第 12 页。

者是一个很大的帮助，这话诚然不错。在这方面的信用通常期限也不像在某些贸易上那样长；但是委托人既是那样急需现款，以致受托人——主要是伦敦谷物产品经纪人——在他们自己能以售出货物收进现款以前须经常进行垫付。他们正像食糖和咖啡经纪人那些同行一样，履行着资本家的那种负有风险的正当职能。

这类的公司乃是委托售货和预付垫款制度以其善意为依存的那个最终资本家集团的主要成员，也就是1823年的调查人员称之为“银行家、谷物代理商和经纪人”所组成的那个集团的主要成员。“惯于给商人以垫款”的正是他们。[①] 因为资助谷物进口的周转具有突出的全国重要性，所以不妨以谷物代理商为例。他们的同行，即“以他们大抵所经营的货物而著名的”那些产品经纪人和票据经纪人，在他们——就坎贝尔的材料而言——仍不过是名副其实的经纪人的坎贝尔时代，就是一个重要人物和庞大信用集团了。“他们的业务是为商人进行交易；趸买货物；和收取汇票，为此他〔？他们〕从中抽取一笔称作佣金的酬报”。[②] 在1830年这种纯粹的佣金仍广泛通行，但是在这期间——在委托售货制度的大力帮助下——从经纪人当中已经涌现出很多实力最雄厚的英国商业公司，也就是与其说靠佣金为生，毋宁说靠自己所积累的财富和个人信誉的正当运用为生的真正资本家。一个成功的票据经纪人也差不多同样地不再仅仅为商人于必要时设法获致汇票了；他靠了自己的资本，已渐渐成为具有十九世纪中叶票据经纪人基本条件的

① 《报告书》，第10页。

② 《伦敦行名录》(1747—1757年)，第296页。

人物——即广泛经营国内外票据而自负盈亏的票据商。在1820—1823年，伦敦最大的“票据经纪人和货币代理人”理查逊·欧威兰公司的托马斯·理查逊“每年约有两千万的”营业额，“有时 261
还不止此数”。[①] 除经纪人外，还有真正的商人，这些商人在业务发达之后，就越来越不“从事于冒险”，转而利用他们对人和市场的知识来资助别人的冒险事业了。[②]

正如国内贸易方面的银行家可能仍然是商人，同样对外贸易方面的经纪人、商人和银行家也不完全是各不相同的类型。产品经纪人在独立进行冒险事业时，往往从事于商业活动，在给顾客以信用贷款时，则从事于银行活动。从票据经纪人一跃而成为欧威兰·葛尼公司的那位理查逊·欧威兰公司的合伙人塞缪尔·葛尼，在1833年的一个国会委员会中自称为“票据经纪人兼银行家”：[③]公众则称他为“银行家之银行家”。一个资本家产品经纪人，如果所经营的产品刚巧是国内外都有出产的，自不会把自己的营业或信贷仅局限于无论国内或国外贸易一方面，正如一个票据经纪人在票据已经是国内贸易上的一个很突出的特征时，不会自行局限于仅仅国外贸易方面的票据一样。交通的迟缓给予伦敦和僻远各郡之间的产品贸易以类似对外贸易的性质。巨额的爱尔兰产品贸易基本上是对外性质的，因为它是在经济类型大相悬殊、地

---

① 《报告书》，第79页；它们大部分是以货物为担保的产品经纪人的汇票。〔金：《伦敦贴现市场史》(King, W. T. C. *History of the London Discount Market*)(1936年版)，第25—26页。〕

② 自十六世纪以来，英格兰就一直有这一类人。托尼：前引书，第66页。

③ 《商业和工业审查委员会》(*S. C. on Commerce and Industry*)。

理环境各异的地方之间进行的，而且这两个地方直到 1825 年还能以对这两地之间的往来贸易抽收关税。一个纯粹的银行家，纵使定居在一个有对外贸易关系的城市里，也并不仅限于给某一类商人以垫款。[①] 但是已经有一小批行号渐渐以某一种资助对外贸易的特殊方法为专业了。它们把自己的名字借给进口商使用，并承兑凭海外寄售货物所开立的汇票，从而使汇票在市场上容易出售得多，更由于它们对各有关方面的了解，而给予整个贸易过程以便利和保障。1833 年，这个阶层的一个代表人物曾和葛尼一同作证。[②] 提默锡·威金——这就是他的倔强的名字——过去曾经是
262 曼彻斯特的进口商。问以目前职业时，他说他是一个对外银行家。问以工作时，他说是“承兑开往国外的票据”和“接受开自世界各地的汇票”。这是一个有了充分发展和专业化的承兑行号，也就是很多年后华尔特·白哲特称之为伦巴街组成分子之一的商人银行家。威金是一个并非不愿描述他的工作的生手。从事于这种工作的肯定还有一些资格更老、实力更雄厚，而且更加守口如瓶的行号。[③]

---

① 关于一般银行业，参阅本书第 7 章。

② 《商业和工业审查委员会》，询问案第 1930 号及以下。

③ 这种职能原是旧有的；以此为专业却是比较新的。在这个古老城市的各种行号和家族的纪录未公开以前，它的演变情形是不会了然的。关于这个问题的商榷，参阅鲍威尔：《伦敦金融市场的演变》(Powell, E. T., *The Evolution of the London Money Market*)(1915 年版)，第 332 页。〔在哈佛大学《经济和商业史季刊》(*Journal of Economic and Business History*)，1929 年，第 1 卷，第 384 页及以下的柯尔所提出的新资料，颇有价值。〕

第七章　货币、银行、保险和特殊商业组织 263

在英王乔治四世治下，英国通货结构稳稳地奠定在那些指定的基础上，有将近一个世纪没有移动过。1819 年的“皮尔条例”（乔治三世，第 59 年，第 49 章）曾经责成英格兰银行，正如自 1821 年 5 月 1 日起的情形那样，按三镑十七先令十又二分之一便士的价格，也就是按每两黄金的法定价格，以纸币收兑金条。自 1823 年 5 月 1 日起，则必须以英国的新金币，即一镑金币和半镑金币随时收兑它的所有纸币，关于新金币的铸造，则早在政治家们认为恢复现金支付已为期不远的时候就结合着 1816 年条例（乔治三世，第 56 年，第 68 章）而有所规定了。事实上，自 1821 年 5 月 10 日起，它就开始随时以黄金收兑小额纸币，即五镑以下的纸币。[①] 皮尔条例也已经清除了限制贵金属贸易的一切古老法律；甚至连英国货币也可以自由买卖了——虽则不能熔毁。在伯明翰，事实上

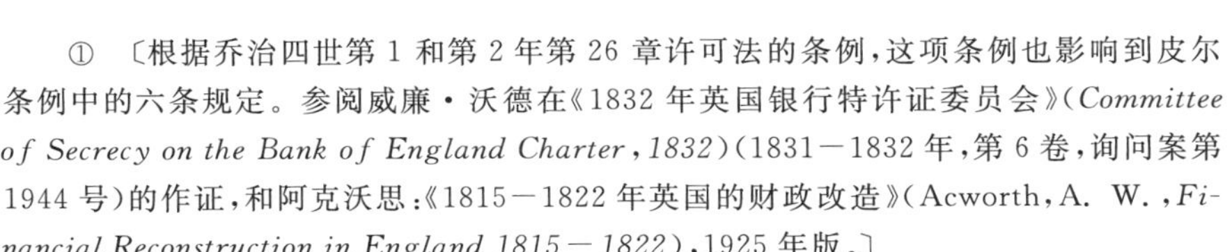

① 〔根据乔治四世第 1 和第 2 年第 26 章许可法的条例，这项条例也影响到皮尔条例中的六条规定。参阅威廉·沃德在《1832 年英国银行特许证委员会》（*Committee of Secrecy on the Bank of England Charter, 1832*）（1831－1832 年，第 6 卷，询问案第 1944 号）的作证，和阿克沃思：《1815－1822 年英国的财政改造》（Acworth, A. W., *Financial Reconstruction in England 1815－1822*），1925 年版。〕

货币还是有人熔毁的,“其经常和公开,几乎和铁或铜无异”;[①]买卖货币“过去虽为法律所禁止,但始终都在进行”。根据一项有关条例(乔治三世,第59年,第56章),英格兰银行不得未经国会授权而为政府垫款,但准购买国库券,或凭国库券垫款,如果这项业务的金额是按年提出国会的话。

所以,在缔和六年之后,也就是英格兰银行首次获准拒绝收兑纸币二十四年之后,战时应变的货币制度告一结束,金本位制终于确立。

联合王国是唯一的一个金本位国。英格兰也是唯一的一个拥有这样一种银行制度的地方,在那种制度下的中央全国股份银行
264 享有股份银行的垄断权,国家银行业务的垄断权,和对首都其它一切银行的最终储备,即全国唯一真正的黄金储备的监管权,而且除应随时以黄金收兑纸币,此后不得发行票面小于五镑的纸币,和未经国会许可不得借款给政府外,没有任何法定义务。它鹤立于大多数实力雄厚和卓著声誉的大约六十家私人银行[②]和将近八百家[③]性质各异的私人地方银行之中,而所有那些地方银行都是同许多这类银行所自出的谷物商的机构、杂货商、茶商或绸布商的店铺一样地不受国家管制的——除去在唯一的一件事情上。这个受管制的事项就是它的纸币的票额。1775年国会曾经禁止它们发

① 阿特伍德:《论货币,敬致阿瑟·杨格先生》(Attwood, T., *Observations on Currency... to Arthur Young, Esq.*)(1818年版),第121页。

② 在1832年有六十二家:参阅卡尔·戈林在那一年委员会中的保证。

③ 在1821年有七百八十一家:吉尔巴特:《银行业务实践论》(Gilbart, *Practical Treatise on Banking*)(1827年版),第95页。

行二十先令以下的纸币，1777 年又禁止发行五镑以下的纸币。后来又恢复二十先令纸币；但是在 1804 年纸币加征印花税，并自 1808 年起发行人须缴纳发行执照税。国家至少明白它自己的做法。1819 年的立法曾打算再行禁止小额纸币的发行；并且已经训令英格兰银行筹措黄金，俾能收回这些小额纸币。黄金已经准备就绪；但是在 1822 年国会又改变方针。乡村绅士害怕谷物市场上的暴跌而渴望把货币紧缩的步伐放慢下来；所以银行奉准在 1823 年以前照旧以它们的一镑纸币流通。[①] 继而国会又改变方针，根据 1826 年初通过的一项条例(乔治四世，第 7 年，第 6 章)，凡五镑以下的英格兰纸币不再征收印花税，已贴印花的纸币在 1829 年 4 月 5 日以后不得重行发行。但是银行对于它的纸币和其它负债究应保持何种储备，或何种形式的储备，国会却始终没有进行过辩论。

伦敦没有一个银行家曾发行纸币达五十年左右。[②] 他们一直认为英格兰银行的纸币和支票——用支票作巨额支付在十八世纪
的伦敦就已经成为通例——已足敷他们的一切需要。他们以准许 265
顾客透支的信贷办法而不以见票即付的票据办法放款。[③] 地方银行家，除少数例外，基本上都是纸币发行人：他们很少使用支票。在 1779 年以后，他们的纸币提供了一种非常需要的通货，尤其是

① 参阅董事为 1832 年委员会所写的《备忘录》(*Memorandum*)，第 69 页：关于价格的暴跌，参阅前引书，第 133—134 页。

② 卡尔·戈林的作证，同上。

③ 但是鉴于吉尔巴特在《银行业务实践论》(第 2 节，《银行的功用》)中对于支票制度的优点所作的非常浅近的说明，则商业界公众的无知可见一斑。

在北部工业区，那里因缺乏现金，致制造商有时为支付几先令的账目而不得不用承兑票据，并以兼营酒馆的“银行家”贴现的借据支付手织机织工的工资。[①] 奇怪不过的是，在恢复现金支付之后，在英格兰银行纸币真正流通的伦敦区域以外的唯一重要地区就是南兰开郡。[②] 英格兰银行小额纸币在那里甚至作支付工资之用。为了这项用途，更以铸币、地方纸币、借据和“实物工资”来补其不足。“带有商业汇票性质的大量小额票据也同样地常常在发行”；[③]并且著名行号的商业票据通过背书也差不多像纸币一样地辗转流通，虽然这种办法在1821年已经不像十年前那样普通了。

英格兰银行纸币并不是到处受欢迎的。“在更北的各郡，人们但有办法，就不愿接受一张英格兰银行纸币”。[④] 每一个地方银行家似乎都有一些。在伦敦，地方银行家总是就市银行家之中保持一个往来行，往来行的主要任务就是在必要时为他将地方上的伦敦汇票兑现。这时既然又可以保有黄金，地方银行家自然可指望

① 格林顿：《曼彻斯特的银行和银行家》(Grindon, L. H. *Manchester Banks and Bankers*)(1877年版)，第33页。

② 约普林：《论英格兰和苏格兰银行的一般原理和现行办法》(*On the General Principles and Present Practice of Banking in England and Scotland*)(太恩河畔的纽卡斯耳，1822年版：重刊于《小册子丛刊》(*Pamphleteer*)，1824年，第24卷，第529号——上文所引据的版本)，第545页。

③ 格林顿，同上。约翰·劳埃德是不会不了解的，据他说，在1825年前后，在曼彻斯特的流通额中票据占九成，黄金和英格兰银行纸币占一成(吉尔巴特：《银行业务实践论》，第35页注)。但是地方银行家委员会的秘书在1832年说，“关于兰开郡票据和纸币的流通额……有一个很大的错误……我认识一位布拉克本恩和曼彻斯特的银行家……在1825年曼彻斯特一镑纸币的流通额已超过十四万镑”。《1832年委员会》，询问案第5327号。

④ 约普林，同上。

通过他的往来行用汇票或银行纸币兑现的办法来取得。地方银行家往往是在这个持续达二十年以上的纸币**制度**之下历练出来的，266
而没有保持黄金储备的习惯。[①] 因此，正如赫斯基森在1828年所说，英格兰银行，一旦遇有风潮，“七八百个〔黄金〕漏卮……就一齐洞开了”。[②]

当时并没有任何有力的传统作为地方银行家的指南。每一个人都以自己认为最好的办法去使用手头的现金。没有任何标准化的投资。每一个地区有它自己的特点和需要。没有合作也没有互相学习。例如，伦敦对存款不付息，但处理往来存款也不收手续费。在地方上，则往往收取手续费，也有时给付利息，但一般只是对定期存款而不是对往来结存付息；而定期存款却是罕见的。正如1827年吉尔巴特所说，“伦敦银行家是替他的顾客保管现金，但是地方银行家则主要是替他的顾客垫款”。[③]

有一些小的地方银行家既不是受过良好教育，或精明强干的，也不都是诚实无欺的。就是撇开特殊的危机时期不谈，他们倒闭的频繁也殊足惊人。自1815至1830年没有一年不至少有三家银行倒闭，十五年之间银行家破产的总数达二百零六起。倒闭通常不外下列的两种原因，不是用自己的资金进行投机，就是给单独一个行号以太多的贷款，以致那个行号一旦破产，也就把它们拖倒了。有巨额资金供作投机之用的银行家寥寥无几。一个慎重的小

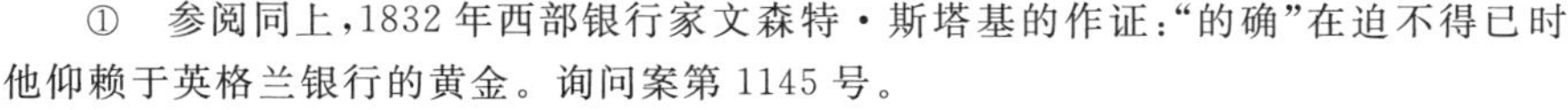

① 参阅同上，1832年西部银行家文森特·斯塔基的作证：“的确”在迫不得已时他仰赖于英格兰银行的黄金。询问案第1145号。

② 1862年2月10日。《韩氏国会实录》(新编)，第14卷，第237号。

③ 《银行业务实践论》，第7页。

银行总是把它的业务局限于这样狭窄的范围，只用“由发行纸币所筹借的资金和比较为数无多的、大抵是无息的存款进行贷放……和买卖伦敦汇票”。贷款则“基本上是以〔本行纸币〕对这类短期汇票进行的贴现为限……因为通过它的伦敦代理人可以随时变成现钱”。[①] 这种安全的慎重标准看上去并不是很多银行家都能始终坚持的。

在苏格兰，在恢复现金支付时情况却全然不同。银行的数目
267 很少——在1826年只不过三十六家——其中有四家是不发行纸币的私人银行。[②] 很少几家私人银行这时有重要业务可做，几乎没有一家从事发行。在这个银行体系的顶端有三家“依照立案的性质大约是有限责任的”[③]老牌特许股份银行——苏格兰银行、苏格兰皇家银行和英格兰麻业公司。直到1831年才奉到特许但实力早已很雄厚的是1810年创立的新商业银行。甚至在1700年以前，苏格兰银行就已经在格拉斯哥、阿伯丁、敦提和蒙特罗斯各地试办分行了；但是它的这些分行从1774年起才开始有成功的发展。[④] 在1826年它有十六个分行。1774年之后不多几年，皇家银行曾经步它的后尘而在格拉斯哥创办了唯一的一个无关重要的分行；但在十九世纪初期，麻业公司和商业银行正在一切应设分行的

① 约普林，前引书，第536—537页。

② 《苏格兰和爱尔兰期票审查委员会》(*S. C. on Promissory Notes in Scotland and Ireland*)，1826年(第3卷，第257号)。报告书，第5页，另吉尔巴特：《银行业务实践论》，第59页。

③ 克尔：《苏格兰银行史》(Kerr, A. W., *History of Banking in Scotland*)(1902年版)第7页。英格兰麻业公司并不是一个正式银行，而是一个事实上的银行。

④ 克尔，前引书，第28、115页。

地区遍设分行。1826 年麻业公司已有二十七处，商业银行有三十一处。[①] 在英格兰却没有一个分行。随着分行在苏格兰的普遍设立，苏格兰各银行有了增加资本的力量：在 1821 年苏格兰银行和皇家银行各有资本一百五十万镑，麻业公司五十万镑，商业银行名义资本三百万镑，实收四十五万镑。[②] 除英格兰银行外，英格兰没有一家银行的资本——无论名义上的或实际上的——是公众所得而知的。

在这些中央特许的苏格兰银行之下有一系列地方银行，其中很多都实力雄厚，正迅速地吞并着其余的私人公司。这一类中的一个典型第一流行号就是 1767 年成立的阿伯丁银行公司。（可以注意的是，直到 1771 年，还没有任何一类银行在曼彻斯特开办起来。[③]）它的原始资本七万五千镑，实收三万镑。任何非银行业务都为本身章程所禁止，所以它一直是既安全而又成功的。在 1821 年，实收一百五十镑的一张股票，计值一千四百镑：在 1836 年，价格已是三千镑。在 1826 年共有股份合伙人四百四十六人。[④] 这 268
样一个机构并不是一个法人；因为法人的权利只能得自英王，而这个阿伯丁银行不过是阿伯丁人所创立的。但是苏格兰人的法律既没有任何禁止设立股份公司的规定，所以它采取了除法人资格外股份公司的全部结构。这在法律事务方面免不了要有一些繁难的

---

① 《1826 年报告书》，第 5 页。

② 克尔，前引书，第 161、152 页。

③ 格林顿，前引书，第 4 页。〔关于制造商所发挥的银行作用，参阅渥兹华斯·曼：《棉纺织业和兰开郡工业区，1600—1780 年》（1931 年），第 92—93 页。〕

④ 《1826 年报告书》，第 5 页。

手续——在 1826 年,从法律观点看,商业银行乃是一个拥有五百二十一名合伙人的行号——但是股份企业的其它优点,当然连同无限责任,都完全得到了保证。

在这一类比较小的银行和私人银行本身之间并没有很明显的界限。大多数股份银行,不论大小,都采取了一个地方性的半公半私的名称——诸如佩斯利银行公司、斯特林商业银行公司、福尔克尔克银行公司等等。它们各有分成股份的一定数目的可转让的资本。但是由于它们股东的寥寥无几,所以又和只有少数合伙人的普通英格兰银行颇为相似:"它们虽冠以一个地方的名称,却只不过是一些由少数私人组成的银号而已"。[①] 在 1826 年,佩斯利银行有六个合伙人;斯特林银行有七个;福尔克尔克银行有五个。它们由于股份的易于转让而带有一点公共的性质,但是在所有其它各方面,却都是私人性质的。最后是私人银行本身那个迅趋没落的集团。到了 1820 年,"仍有纯粹私人银行积极从事活动的,只有爱丁堡一地了";[②]在爱丁堡,私人行号和已经变得多少有点死气沉沉的公共特许银行之间曾经有过种种不适当的密切关系。在 1810 和 1821 年之间来自那个新商业银行方面的竞争,曾经激起了特许银行的新活动,并插手于私人银行的剩余业务。每一个重要的苏格兰银行,不论其属于哪一类,都发行纸币,所以支票制度没有得到多大发展。

---

① 在 1826 年有四百多个合伙人的银行计三家;另一百多个的三家;二十至一百个的六家;二十个以下的十七家。《报告书》,第 5 页。引文录自克尔,前引书,第 123 页。

② 克尔,前引书,第 160 页。

公共性质、分行制度、总行的集中于爱丁堡和苏格兰“业务”范围的狭小已经导致银行业务在很大程度上的划一。由于实收资本 269
数目之大以及主要行号寿命之长，已经自然而然地产生了信用。定期存款是一种普通的习惯。十镑以上的小存户受到鼓励，而在英格兰却一般是不受欢迎的。甚至对活期存款结存的付息都差不多是普遍的。完全靠存款利息为生的“人很多”，据1826年一位苏格兰证人对下院委员会这样说。[①] 在那个时候据这同一位证人的估计，所有苏格兰各银行的定期存款“远不止两千万镑”。各类银行的纸币就是一般的通货，尤其是一镑纸币，所以苏格兰银行家夸口说，“如果可以选择的话，工人阶级十分之九……都宁愿要一张一镑纸币而不愿要一个金镑”。[②] 没有一个人担心任何纸币会突然丧失币值，像英格兰地方银行纸币常常发生的情形那样。靠了下述那种著名的“活期信贷”制度，银行的信用往来增加了，苏格兰的财富也随之而增加了，在那种制度之下，凡是老成持重、勤勤恳恳的人，“拿一点钱作创业之资”，而这点钱是大家知道靠了本人的勤劳而得来的，那么只要他们能得到“再稍微多一点的资产、再有人肯于鼓励他们”而不辞“作为他们……银行往来的保证人”，就不难取得在一定限额内透支的便利。“出身寒素的青年……佣工……甚至于农业佣工……以对他们自己来说极可钦佩、对他们的国家来说殊有裨益的方法而变成为大农场主或制造商，从而跻身

① 《苏格兰和爱尔兰期票审查委员会》，1826年，第165页。

② 苏格兰银行家罗伯特·贝尔致吉尔巴特函：刊载于吉尔巴特书的后期版本（当他所著的两本书合并成为《吉尔巴特银行论》〔*Gilbart on Banking*〕时），即1873年版，第500页。

于缙绅之列的，颇不乏其例”。①

现金支付刚刚恢复，就有一批英格兰人开始宣传苏格兰制度的优点，并主张在特威德河以南予以采行了。1822 年 2 月，托马斯·约普林的那本《论英格兰和苏格兰的银行原理和现行办法》(*On the General Principles and Present Practice of Banking in England and Scotland*)的小册子，连同一份纽卡斯耳及地区股份银行计划书在纽卡斯耳问世了。这本小册子销行甚广，并且在曼
270 彻斯特、利物浦和其它各地的商人集会上都加以广泛的讨论。两年之后，一种新的版本，连同这段间隔时期的发展概略，一并在伦敦的《小册子丛刊》上发表出来。约普林注意到了如何在截至 1818 年为止这二十年间英格兰有二百三十家地方银行破产，“……多半是远超过任何正式商业的一个平均倒闭数字”；如何“有时整个地区的银行仿佛受了传染病一样地一齐倒闭，正如一两年前南爱尔兰的情形”和稍早一些时候达拉姆的情形那样；以及如何四十几年来苏格兰没有倒闭过一家股份银行。苏格兰人，据他说，认为他们各主要银行的信用“堪与英格兰银行本身媲美”。而且，这些银行彻底地发挥了他所认为是一个银行家的主要职能，而在这一点上至少英格兰地方银行是肯定没有做到的。银行的主要职能就是要扮演一个“资本商人”，一个自由、正规和公认的资本买者和卖者的角色。“现在，苏格兰银行家之于金融市场，正如一个商人之于其它商品市场一样。他们向那些有钱贷放的人借入，而贷放给那些需要借款的人，了解双方的情况，并抽收……1％的佣

① 《苏格兰和爱尔兰期票审查委员会》，第 272 页。

金”。作为这种情况的一个反衬，他扼述了平均英格兰地方银行的狭窄业务范围和为数有限的一群信心不太大的存款人。约普林并不是一位对英格兰银行吹毛求疵的人，但是他的加强地方股份银行的方案却蕴有终止英格兰银行垄断股份银行纸币发行业务之意；虽则他在1823年首先提出了这样的论证，[①]认为该行的特许状事实上并不“妨碍储存资金的公共银行的设立”，而只不过给以纸币发行垄断权而已。他虽然担心在1833年下一次换发特许状之前，修改特许状未必可行；但是“作为一个股份公司的这种专有的银行权利”既然“除在伦敦和兰开郡两地之外……对于英格兰银行并无好处……”；而兰开郡纸币流通上的利润既然又“很可能是偶然的结果”，所以他深盼能早日订定办法，给予他的纽卡斯耳银行以充分自由。为了这个目的，他发起了一个运动，并分访适当人士，李嘉图亦在访问之列。“我始终赞成对该行的抨击”，李嘉图曾经在1815年致函马尔萨斯说，“如果我有足够的勇气，我也会参加 271
进去”。[②] 他在1822年国会议席上曾斥该行董事为通货问题的不学无术的外行。

1822年初，政府事实上已经准备听取任何加强地方银行并顺便听取一下增加通货的计划了；而且利物浦勋爵[③]对于李嘉图

① 在他的《银行论第三版补篇》(*Supplementary Observations to the third edition of an Essay on Banking*)，第84页中。

② 转引自安德雷亚德斯：《英格兰银行史》(Andreades', *History of the Bank of England*)(1909年版)，第20页，福克斯韦耳教授的序言。

③ 利物浦勋爵是自由贸易论者，时任首相。——译者

的意见向来是尊重的。[1] 至于究竟在三四月间开始的那项政府措施是否——如约普林所说——由于他的2月的小册子，则殊可怀疑。英国政府曾经同英格兰银行有过一次商谈，准备将该行的特许状展期到1843年，来换取在伦敦周围六十五英里半径以外设立股份银行的这样一项立即的变革。由于地方银行家和其他人士的反对，致这项计划在已于国会中宣布之后而予以放弃；政府则满足于延长地方一镑纸币的寿命这样一项权宜措施，而没有采取任何步骤来加强发行行号或允许比较强有力的行号同它们竞争。[2]

在这期间，李嘉图正考虑着一项计划，想在1833年以后把全国整个纸币发行集中在一个由五名委员组成的机构手里，由他们以国家银行的名义接管英格兰银行和其它所有银行在这方面的业务。[3] 他建议“禁止那些委员和阁员之间的任何银钱往来，以防止他们之间的一切交接”。根据一项原本很难推行的办法，拟准一镑纸币通行于地方但不得在伦敦流通。但这项计划只不过是一个大纲而已。1823年夏季李嘉图将它写成书面，但是在那年9月11日“这位开明、敦厚而又真正善良的议员”经过了一场最痛苦的疾病之后而与世长辞。[4] 他的计划在第二年照原样出版；但是托马

---

① 关于利物浦勋爵在二十年代经济政策中的贡献，参阅哈勒维：《英国人民史》(Halévy, E., *Hist. du peuple Anglais*)(1923年版)，第2卷，第197页，并散见各页。

② 本卷，第264页。约普林于《小册子丛刊》，第563—565页。1822年4月29日卡斯尔雷的演讲。《韩氏国会实录》，第7卷，第160—162页。哈勒维，前引书，第2卷，注107。斯马特：《经济年鉴》，第2卷，注78。

③ 《设立国家银行的方案》，《李嘉图论文集》(*Works*)，第499页。

④ 《观察家杂志》(*Observer*)，1823年9月15日。

斯·约普林说，“如果李嘉图先生对于我们地方银行流通理论有了解的话，”他会宁建议设立股份公司，而“绝不会建议”设置“政府官员”的。[①] 272

在1823—1824年的贸易繁荣之后有了十九世纪股份公司的第一次大涌现，即1824—1825年的那一次，在这期间，于六百二十四项急就的计划之中，有一百四十三项始终没有达到说明究需多少资本的程度；有二百三十六项虽提出了这种说明并且发出了计划书，但始终没有发行股票；有一百一十八项虽欣然看到它们的股票上市，但继而又被放弃；另有一百二十七项在1827年虽依然存在，但一千五百二十万镑的实收资本总额，市价却只值九百三十万镑了。[②] 在幸存者之中有曼彻斯特—利物浦铁路、通用汽船航运公司和四十四家矿业公司，而无可避免地，没有一家英格兰的银行。但是有四家苏格兰新股份银行创办了起来，其中三家是永久成功的[③]——由四百七十个股东分认资本十五万镑的阿伯丁市郡银行；资本十万镑的阿布罗斯银行公司；和1824年计划由三家公司合并组成、名义资本为五百万镑而其中已发行五十万镑的苏格兰国民银行。按照苏格兰的惯例，国民银行立即开始组设分行：到了1833年，开业的已有二十四处。

在1825年年底倒风大作的时候，苏格兰并未幸免；但是它的

① 《小册子丛刊》，第573页。

② 英格利希：《在1824和1825年期间所组织的股份公司全貌》(English, H., *A Complete View of the Joint-Stock Companies formed during... 1824 and 1825*)(1827年版)，第28页。

③ 甚至第四家也存在了十年之久。克尔，前引书，第191页。

那些有了充分发展的股份银行、它的新股份银行，以及爱丁堡和格拉斯哥的所有银行却都得免于难。威克的开司内斯银行公司倒歇，但为商业银行所合并。仅仅八个合伙人的斯特林银行公司倒闭，但却是十足清偿的。只有自 1825 年 12 月 5 日停止支付而一直苟延到 1829 年的法伊夫银行公司终以股东的巨大的损失而告破产。每股须以私产偿付五千五百镑以履行其无限责任。英格兰所受的打击更重。在 11 月底，以总行设于普利茅斯的那家实力雄厚的西部行号之一，威廉·埃耳福德爵士银行倒歇。温特沃思公
273 司那家以实力雄厚著称的约克郡行号踵随其后。[①] 到了 12 月 3 日，波耳·桑顿公司那家同样著名的行号破产；此外还有其它几家。就 1825—1826 年这两年来说，对地方银行家发出的破产委任令不下八十件之多，虽则很多破产的行号还能每镑偿还二十先令并恢复营业。[②]

关于英国银行法和惯例的一切时评似乎都是不无正当理由的。论通货问题卓有见地的利物浦勋爵久已嫌弃这种银行法和惯例了。他和皮尔急于要把批评变成法律。皮尔在 1826 年 2 月 13

① 麦克劳德：《银行的历史和惯例》(Macleod, *The History and Practice of Banking*)(1883 年第 4 版)，第 2 卷，第 115 页及以下。利兹银行家威廉·贝克特对 1832 年的委员会说，温特沃思公司管理得很糟。

② 数字见吉尔巴特：《历史和原理》(Gilbart's *History and Principles*)(1834 年版)，第 95 页。安得雷亚德斯在前引书第 252 页上说地方银行的倒闭计有三十二起；在第 254 页上引据皮尔的说法为七十六起；麦克劳德在前引书第 2 卷，第 116 页上说是六十三起；鲍威尔：《金融市场的演进》(*The Evolution of the Money Market*)，第 330 页上说是七十九起。

日的一篇演讲中，[1]给了相颉颃的苏格兰制度以一番甚至张大其
词的赞美。然而他并不是对整个制度都加以赞美——向为评论家
坚持认作是特别危险的一镑纸币那种特定形式的支付契约就不是
他所赞美的。皮尔和赫斯基森都认为它有助于把金镑币逐出流通
范围，或保持在流通范围以外，而这是五镑纸币所不会的。况且，
银行的力量愈薄弱，据论证，它就愈有赖于小额纸币的发行。作为
强使金镑币通用的一种手段，并从而建立此后八十八年成为英国
通货之特色的公众手中的黄金储备，这项废除小额纸币的建议是
合乎时宜的；虽则在 1826 年这种特殊形式的黄金论并不流行。就
当时所可利用的条件和知识来说，废除小额纸币比之由白厅来改
进那七八百家发行小额纸币的银行所用的方法和组织也轻而易举
得多。从苏格兰方面可以看出，在一镑纸币和不健全银行之间并
没有任何必然的联系；虽则一个英格兰人尽可指出，在可以自由买 274
卖黄金的一个现在所谓的金本位国家里，苏格兰银行业的永久健
全性正有赖于总有一个地方存有一笔适当的黄金储备。在 1825
年，苏格兰事实上曾经有过“很大量的”黄金需求。[2] 一旦听说政
府建议在它所计划的禁止英格兰小额纸币的立法之后接着就对联
合王国其余各地进行立法，苏格兰方面立即一致起而反对这个得

① 《韩氏国会实录》(续编)，第 14 卷，第 286 号。在这次演讲中提及七十六起银行倒闭案。

② 卡尔·戈林在 1832 年这样说。《银行……特许状报告书》(*Report on Bank... Charter*)，询问案第 3074 号。1826 年一个可靠的苏格兰证人曾经说(《报告书》，第 50 页)这种需求并不大。事实似乎是大多数本地银行对黄金的需求比较小。人民所要求的是靠得住的货币。例如，文森特·斯塔基带入西部的黄金就很少，而带去的纸币却有十万镑。《银行……特许状报告书》，询问案第 1193 号。

寸进尺、背信弃义的南部人，这个装扮成马拉基·马拉格罗特的吹奏风笛曲的华尔特爵士。这个南部人从两院退到了调查委员会的幕后，[①]并且放弃了这种立场；这种立场的放弃，如果真正是——照政治家们的说法——由于见证人证明苏格兰懂得如何万无一失地管理一镑纸币的话，那么这种做法本身就无异是承认，撇开某些纸币发行人的那种无可讳言的愚蠢打算和毫无疑问的财政弱点不谈，一镑纸币是没有任何害处的。

根据有关纸币的那道条例——乔治四世，第7年，第6章——五镑以下的纸币不得再行印制。已印制的在1829年4月5日以后不得发行或再发行。在贸易景气的最初几个月中，英格兰银行，连同地方银行，一并受到了发行过多的指责。事实上，它在1824年凭黄金而增加纸币发行之后，在1825年初再度增加发行而却没有增加黄金。[②]这时它奉命以五镑以下纸币每星期的流通额呈报财政部，报表则于政府公报上予以公布。既然没有加诸苏格兰各银行以这样的义务，而它的纸币可无限制的继续发行(唯不得越过特威德河)，那么英格兰银行不如它们可靠也就是不无可能的结论了。在待遇方面则更形成一鲜明的对照，因为英格兰银行的小额纸币并不通行于英格兰各地，而苏格兰比较大的银行的纸币却向来是在苏格兰差不多到处流通的，并且也在一定程度上流通于英格兰北部各郡："既然是苏格兰的……照理会是自北而南的"。[③]

---

① 同前引书。

② 董事诺曼在1832年的作证。询问案第2557号。他认为1825年的发行是一个错误。

③ 据认为是埃尔登勋爵所说的一句话。

但是，政府的确希望英格兰银行的纸币有比较广泛的流通：因 275
此，毫无疑问，也希望有这种公众对纸币的监督。在涉及银行组织的那项条例（乔治四世，第7年，第46章）中，它破格为该行规定了开办分支机构的权利。开办分支机构或许在任何时候都原不是不合法的；但是政府希望消除一切疑虑。这一条款实际上无异是一道训令。利物浦勋爵久已想把出自安全而又部分受到控制的那些来源的纸币流布于各郡。他“急于要英格兰银行开办分支机构”，赫斯基森有一次这样说。[1] 以往“该行始终不愿这样做”；[2]现在却差不多是渴望开办分支机构了。“为了进一步调整英格兰某些银行家的合伙关系”，[3]这项条例在本文中规定：凡不限定合伙人数的银行，得在伦敦六十五英里半径以外营业，一如1822年的拟议，如果它们在伦敦没有行址而所有“合伙人”对营业上的一切债务负无限责任的话。这项条例对银行所规定的纪律比根据前一年国会对股份公司具有好感时所制定而一向适用于——至少就可能性来说——其它各种公司的那项条例的纪律，要更加严格些。因为根据取消对股份贸易一切限制的乔治四世第6年第91章的规定，今后颁给各公司——既是法人，也就是权利义务的主体——以任何特许状时，英王有权规定各该成员应“……按照英王陛下……所认为适当的程度并依据英王陛下所认为适当的章程和限制，各自以他们的人身和财产对法人的债务……负责”。这项规定为特许状

① 在和西部的地方银行家文森特·斯塔基谈话时所说。《纸币发行银行审查委员会》(*S. C. on Banks of Issue*)，1841年（第5卷），询问案第602号：斯塔基的作证。

② 总裁霍斯利·帕麦尔在1832年的作证。

③ 这一法令的正式名称。

保留了对责任加以限制的余地，而对苏格兰银行之类的未经特许的社团却把全部个人责任保留了下来。1826 年条例的目的显然不是要限制英王依据 1825 年条例所享有的权宜处理权，就是示意英王不得再行颁发银行特许证。

1826 年条例除规定首都银行业的区域外，还授权股份银行得以职务上的名义进行诉讼和被诉讼。这是一种真正的便利，而是拥有成百名“合伙人”的那些苏格兰银行在涉讼时所不会体会不到。

276 在 1826 年年底以前，英格兰银行就利用它的新法定权利在格拉斯特、斯温西和曼彻斯特开办分行了。不到几年的工夫，它在伯明翰、布里斯托尔、埃克塞特、赫尔、利兹、利物浦、累斯特、纽卡斯耳和瑙威治各地也都设了分行。[①] 后来又设立了普利茅斯和朴次茅斯分行以代替埃克塞特分行。这些分支机构并不仅仅发行纸币而已。它们还按照往往低于地方贴现率的线针街贴现率承办票据贴现。它们办理“合伙人暂付账”而不收任何手续费，但多数地方银行家却是收费的。反之，它们既不像很多地方银行家那样对定期存款——即六个月以上的存款——给付利息，也不像在苏格兰那样对活期存款的结存给付利息；并且它们不许透支。它们以方便的条件发行银钱转移的信用状。它们并不是照它们所由产生的环境原会指望的那样，开设在银行业务特别薄弱、渴求健全货币的那些地区，而是开设在既有一般有效的银行又有许多业务等待分支行去开辟的那些地区。它们的竞争似乎——差不多肯定地——

① 在 1833 年有 11 个分支行。吉尔巴特：《历史和原理》，第 114 页。

压低了贴现率和存款的利率；但是它们的刻板的政策对它们本身殊为不利。特别是在米德兰和北部，商界都希望能够透支。在分行开办之初，地方银行家对于它们那种除非纸币发行人同它们已立有往来户并且在账上有足敷的结存，就拒绝接受存户的任何“地方纸币”的做法，大伤脑筋。似乎英格兰银行的分支行不但是一个赋有特权的竞争者，而且是一个半官方的纸币监察人。这是很多实力雄厚而又管理得宜的地方银行深感不快的，那些地方银行履行义务向不苟且，而且在办理贴现和各式各样的抵押业务方面都是保守的，虽不是僵硬的。曼彻斯特英王街和伦敦洛思伯里街第43号的“琼斯·劳埃德”银行只不过是市场巷第104号老约翰·琼斯先生的茶叶店的第二代经营而已。然而这个大行号的合伙人（其中有一位早已把他的儿子塞缪尔·琼斯·劳埃德送进伊顿大学和三一学院去求学了）是理应对于这样一个政策表示遗憾，那个政策无异是说他们比苏格兰的商业银行公司还低一等，实际上不
过刚刚超过不负责任的茶叶店银行家阶段而已。不发行纸币的 277
“琼斯·劳埃德”银行在曼彻斯特所愤懑的，会是发行纸币的葛尼银行在瑙威治，或阿特伍德银行在伯明翰所更加忿忿不平的。[1]

在1827和1828年地方银行曾两次呈文政府，反对英格兰银行的分支机构。[2] 这些分支机构的设立，据它们说，有“破坏久已

① 英格兰银行各分支行和地方银行的早期关系的最好的叙述见1832年威廉·贝克特（询问案第1380号及以下）、沃尔索耳的福尔斯特（询问案第1497号及以下）和琼斯·劳埃德（询问案第3360号及以下）的作证。关于琼斯·劳埃德银行的历史，参阅格林顿，前引书，第38页及以下和第92页。

② 分别刊载于吉尔巴特：《历史和原理》的各项年份之下。

存在于全国各地的一般银行制度的明显倾向”。“贸易的繁荣、对农业的支援、一般改良事业的增进和国家税收的畅旺，与现行银行制度的密切相关”是不难“清楚证明的”。它们“对基于平等条件的竞争机构固无所抱怨；但是要它们同一个赋有垄断权和种种排他性权益的大公司去竞争则确实有所不平”。它们生怕“这个大公司”会变成为“全国纸币流通的主宰……若再以这样惊人的权势武装起来，那就难免危及财产的安定和国家的独立”。这是 1827 年的事：阁员们回答说，对它们的意见“当予以最审慎和最认真的注意”。地方银行家们的要求并不是什么给予注意所能满足的。它们的 1828 年请愿书结尾说：

> 贵部〔财政部〕大臣不以采取撤销分支行的措施为有正当理由，〔殊以为憾〕深盼贵大臣等能就权力所及，于一切有碍呈请人等营业之事，惠予防止；于地方银行制度，惠予调查，于可视为拟行申请换发银行特许状一事之有关方面的地方银行家的权利主张，惠予考虑，并祈不再另行或续行颁给英格兰银行总裁及公司以任何特殊权益或垄断权。

阁员们应允在“政府就换发银行特许状事和英格兰银行进行任何
278 磋商”时，不忽视地方银行的利益，并且事实上他们的后任在 1833 年换发特许状以前的确对地方银行制度进行了一次全面调查。但是除英格兰银行为本身利益计而自行决定关闭某些分行外，分支机构还是照旧存在，而且英格兰银行纸币的习惯很快地从那些分支行传布开来。到了 1833 年，有些领袖银行家渐渐地安之若素了。利兹的威廉·贝克特认为“整个说来”那里的分行“是令人满意的，而且……有助于银行业的安全”。它并没有太妨碍他的主要业务，并且作为一个黄金取给者，它是有用的。代表西部地方发言的文森特·斯塔基以及代表南威尔士发言的布雷昆和默瑟尔的威金斯都同意这种说法。[①]

在 1826 年条例公布之后的第一年，英格兰银行的分支机构“在地方上”发展之速，几乎同股份公司不相上下。私人银行家自然是敌视的，公众对股份公司则抱怀疑态度。约克郡是采取行动的第一个工业区，在 1827 年时，资本充足的银行正创办于哈德兹菲尔德和布莱德福。[②] 在那一年兰开斯特也开办了一家小银行，瑙威治则开办了一家比较殷实的银行。直到 1828 年 11 月曼彻斯特方始提出股份银行的计划。这项计划是“苏格兰式的”——一个总行，而以分支机构分设于周围的制造业城镇。但是后来它的发起人之一，曼彻斯特的第一任市长托马斯·坡特尔却率先反对这种苏格兰制度。他说：“只有事事在自己亲眼目睹之下进行，方期事业有成，这同一原则也适用于银行业”。[③] 这种毫无道理的议论一时颇为风行，曼彻斯特银行以一个拥有三十万镑的单一银行在 1829 年 3 月开始营业。但是在这一年年底之前，在斯托克波特开设了一个分行——显然是为了应付一个计划中的竞争者，即 1829

① 贝克特，询问案第 1447 号(另第 1370 和 1435 号)；斯塔基，询问案第 1135 号：威金斯询问案第 1668 号。

② 1832 年曼彻斯特股份银行的董事们以一张附有日期和核定资本的银行一览表提出作证。《报告书》，第 323 页。表上列有截至 1830 年以前新成立的十四家和 1831 年的一家。所以麦克劳德所说(第 2 卷，第 383 页)“〔在条例公布之后〕四五年内组织成立的不过四五家”云云是不正确的，而据鲍威尔估计，到 1830 年年底约共十家，(前引书，第 310 页)也失之太低。

③ 格林顿，前引书，第 241 页。

年12月在斯托克波特开幕并于翌年5月在曼彻斯特开幕的那家曼彻斯特—利物浦区银行的竞争。据该行纪录说，它拥有资本五
279 百万镑；但是有“将近十八个月没有董事会”，并且直到1832年“还没有公布过任何议事录”。[①] 正如它的名称和它的政策所表明，所谓区银行就无异是说要发展分支行；所以曼彻斯特行——它把区银行看做是一种非常靠不住的事业——后来在博耳顿，并且殊属令人不解地也在蒙特哥马利郡的新镇分别开设起来。[②] 分支银行就这样在这个新工业运动的发祥地创始了。但这仅仅是一个开端而已。在这同一年(1829年)，哈里法克斯、伯明翰、坎伯兰和累斯特也都有了一个开端，但是在这些地方都规模很小。在这期间，在西南部已经有了一种饶有兴趣的——而且是独一无二的——发展。年已六十岁的文森特·斯塔基在1826年是朗波特的一家银行的主持人，也是其它四五家银行的合伙人。他很早就利用这项条例把它们都联合了起来，使他的合伙人变成为股东，并且广设分行，在1832年就有了十四处之多。来自曼彻斯特股份公司的人们认为他的银行并不是真正的股份公司：不过“徒具股份公司之名而已”，据他们这样说。但是文森特·斯塔基却心满意足；他已经“在他的所有分支机构中”找到了“最最方便的”办法。[③]

在1830年利物浦需要一个实力雄厚的银行；但在这一年却有约克市郡银行和怀特黑文银行这两个比较小的银行开幕。到了

① 曼彻斯特银行董事递送1832年委员会的备忘录。

② 格林顿，前引书，第241页。

③ 曼彻斯特备忘录和询问案第1008号。

1833 年年底，股份银行的总数已经增加到三十二个。[①] 有相当数目分支机构的只有两家——斯塔基的那一家和拥有十六个分行的曼彻斯特—利物浦区银行那一家野心勃勃的公司。

伦敦的银行一直没有参加反对英格兰银行新活动范围的抗议运动，因为他们并没有受到那些活动的影响。作为一个团体来说，他们是实力雄厚、组织完善的，并且满意于英格兰银行为整个伦敦发行纸币、为他们保存结余，以及于必要时为他们贴现[②]和供给他们以所需纸币或黄金的那一整套办法。他们差不多随时都同它有往来，并且满意于它所给的帮助。[③] 他们通常保持怎样的纸币或黄金内部储备不得而知。但他们肯定是纸币的大持有户。在 280
1832 年 3 月伦敦流通的一千五百二十万镑纸币中恐怕有很大一部分握在他们手中。若说他们会把不需作零钱用的黄金保存多么长的时间，则恐怕未必。我们只以黄金作为我们储备的“一小部分”，1832 年卡尔·戈林这样说，[④]戈林公司大概并非例外。总之，英格兰银行是英国黄金储备的保管人；但是现金支付既已恢复，它自不能将新的一镑金币和半镑金币从公共钱袋中吸收过来。诚然，在困难时期，黄金不但装在钱袋里不放，而且会从银行里源源流入袋中。

① 该年度的《伦敦邮局行名录》（*The London P. O. Directory*），1834 年版，转引于吉尔巴特的《历史》，第 108 页。

② 在战争期间和在 1825 年以前他们曾经同它办了大量的贴现：从 1825 年起这项办法就渐渐停止了。鲍威尔，前引书，第 331 页注。

③ 卡尔·戈林在 1832 年的作证（询问案第 2829 号及以下）是这一段记述的根据。

④ 询问案第 2870 号。

从来没有任何法律把照管国家黄金的责任交给英格兰银行，而该行董事们又面对这种并非他们所造成的局势而迟迟不能认清他们的责任。在二十年代后期和三十年代初期，他们泛泛地以这样一种政策为目标，即以证券——主要是公债、国库券和数目日益减少的商业票据[1]——抵付他们的总负债的三分之二，而于汇兑正常时以大条抵付三分之一。在1827和1828年他们接近过这个指标，但通常却远在这个指标以下。在1832年间以他们是否真正维持了若干董事所谈说的这种三分之一的比例时，一位在1825年任副总裁的人说，“事情还没有做到那样准确的地步”。[2] 应该注意的是，他们是把白银像黄金一样地算在他们的大条之内的；银条有时占金属储备的五分之一。他们的公开政策是以这种决定得不免武断而又难以办到的金属储备为目标，余则听其自然；“全国的流通额，仅就依存于英格兰银行的来说，接着就要受到外汇作用的调节”，正如该行总裁于1832年所说的那样。[3] 他的意思是说，在外汇对我们不利的时候，如果海外需要黄金，公众就会以英格兰银
281 行纸币兑换黄金，从而减少了流通。“在通常的情况下，这个计划一直是任由公众去影响该行，而不是由该行去影响公众的”。[4] 或

---

① 从1827到1832年商业票据往往不到一百万镑：从1805到1816年则自一千一百万至两千万镑各不等。参阅吉尔巴特：《历史》，第173页上的一览表。

② 理查德，询问案第5029号。

③ 霍斯利·帕麦尔，询问案第72号。对霍斯利·帕麦尔所给三分之一大条政策的支持未免过分予以重视，诸如麦克劳德，前引书，第2卷，第131页；朱格拉尔：《论商业危机》(Juglar，C.，*Des Crises Commerciales*)(1889年版)，第343页；以及安德雷亚德斯，前引书，第257页，就都是这样的。

④ 诺曼，询问案第2392号。

者，正如公众之中的内森·罗思柴耳德所说，“你把你的银行纸币送进银行，他们就付给你黄金”[①]——并且一句话不问。作为一个黄金的大操纵者，他认为这个办法是再好不过的。该行从不自行把黄金输往海外；但是他有时输送白银，“以期直接影响巴黎的汇兑”。[②] 它也不试图通过它的贴现率来操纵汇兑。它把自己贴现率保持在市场贴现率以上很多，因为，虽然在拿破仑战争时期它曾经是商业票据的大贴现者，现在它的董事们却认为它不应该和从事于这类业务的银行有太多的竞争。[③] 贴现率在1826年是5%，经由1827年的$4\frac{1}{2}$%而降到了1828年的4%。它一直都保持在那个水平上。由于高利贷法的缘故，它不能提高到5%以上。[④]

只有在特殊政治或商业不安的时候，该行国内范围的黄金外流才有可能。诚然，这类的外流在1820年和1832年之间是屡见不鲜的。黄金的流出国外也是例外。“通常汇兑总是对我们有利的”，罗思柴耳德这样说，“我在我自己的营业上有这样的经验”。[⑤] 巨大的黄金需求未始不会因外国的公私贷款而出现；但是，随着国家的日益富饶，这类需求一般并未出现过。“近四五年来”，还是据内森·罗思柴耳德的说法，“我发现在提供新贷款时，大多数资本家只不过是以一种财产变换成另一种财产，而无需从国内调出很多财产”。在国外所存的现款或所生的利润显然是在那里进行投

① 询问案第4848号。

② 霍斯利·帕麦尔，询问案第215号。

③ 同上书，询问案第171、477号。

④ 参阅本卷，第346页及以下。

⑤ 询问案第4804、4876号。

资的。但是甚至在有战争危险时，据罗思柴耳德解释说，外国王公也是愿意要黄金的，而且不惜重价收购；这样黄金也就无法保留在英格兰银行了。他了解这一点。黄金外流的唯一的另一个真正原因，据他说，就是谷物法机构所鼓励的一批批的大量而又突然的粮食进口。间歇性的谷物贸易是一边倒的：英国制造品对我们不经常去购买谷物的那些国家也没有适当的正常输出。

282　在1817—1819年刚刚试图使黄金再度进入流通时，这种形势就得到了清楚的说明。那项试图和大陆各国在伦敦筹募重要贷款是同时并举的，贷款的一部分则以黄金的形式流出国外。在俄国——那里的实际情况是我们所确切知道的——募债活动和对英国异乎寻常的大量谷物和其它产品的出口也是同时并举的。用制造品的出口来平衡贷款本非不可能，但是既要它平衡贷款又要它平衡不正常的进口却证明是做不到的。所以“大部〔贷款〕的支付”“是靠输出大条来进行”，因而俄汇对我们不利了。[①] 1818年，其它汇兑亦复如此，而以法汇为特甚。[②] 在1817—1818年发行的七百万镑铸币之中有很大一部分（其中英格兰银行已开始以一部分收兑纸币）已经流出国外，有效地恢复现金支付从而有所展缓。

在1825年国内外的黄金外流是同时发生的。在1824年11月，外汇已开始对英国不利。到了8月，该行所存的大条已经降到三百六十万镑。那时巴黎汇兑已经恢复，但是该行不能不以匮乏的库存来面对秋季的难关。所幸法国采用复本位制，在那个制度

① 屠克，前引书，第2卷，第95页。屠克是一个对俄贸易商。

② 屠克，前引书，第2卷，第385页中的各表。法国正举债来偿付战争赔款。朱格拉尔：《论商业危机》，第327页。

之下不难用白银购买黄金。白银大量装运出国，而换回了黄
金——很大一部分是英国的一镑金币，可能就是1817—1819年所
丧失的一部分。毫无疑问这批黄金，或其中的一部分，是来自法兰
西银行的——据霍斯利·帕麦尔这样想①——但这并不是银行与
银行之间的交易。当时任董事的诺曼“从没有听到过运来的那一
批黄金大部分是得自法兰西银行的这种说法……关于这个问题从
没有听到过任何具体的消息”。② 但是法兰西银行是了解这种情 283
况的。法兰西银行如果存心不良——如果它的大条交易从来没有
过罗思柴耳德在线针街交易中所不胜欣赏的那种自动性——英格
兰银行的停止支付是可以想见的；因为它的铸币和大条虽总共不
下一百零二万七千镑，但是铸币短缺，而大条又不是法定货币。深
悉内情的英国人士曾听说“确实有人建议法国政府采取制止英格
兰银行的措施”。③ 即使真正有过这种建议，但是善意或友好政策
毕竟占了上风，而且把黄金装运出来了。

黄金或现钱的经济使用在伦敦城向来是受到鼓励的，并且该城的银行家由于有组织的票据清算制度而有了五十多年的联系。虽然“并非以商人”——正如库茨·特罗特爵士所说——“为主要

① 询问案第800号，这也是以半镑金币的形式输入黄金的那种说法的根据。

② 询问案第2727号。另参阅威廉·沃德的作证，询问案第1882号及以下。所以未必像鲍威尔所说的那样(《金融市场的演进》，第329页)，这种“权宜办法”的采行注定……要成为“向法兰西银行谋求以二百万镑为度的帮助”的“典范”。英格兰银行的白银在1826年2月比1825年2月减少了一百多万镑；但是二百万镑这数字是缺乏当代根据的。

③ 霍斯利·帕麦尔曾经“听到过这样一个报告”。询问案第466号。

业务对象”[①]的库茨号之类的伦敦少数最著名的行号，连同一些次要的或比较新的市内行号，以及一些伦敦外圈的银行家都不在这个制度之内，但是列有三十二个“清算银行家”的那张一览表，照1827年的情形来说，差不多把伦敦银行史上所有伟大的名字都包括无遗了，而这些名字都是很可以和狄斯累利的一览表上所列的那些推翻罗伯特·皮尔爵士的“五金商和大乡绅”并肩而列的。其中有巴克利家、博赞克特家和柯里家；多伦家、弗莱家、哥林家和格罗特家；汉伯里、汉基和霍尔；琼斯·卢波克和马斯特曼；斯密和斯波纳、惠特莫尔和威廉斯。“但是这张一览表太长；或者说可尊敬的名字还在下面”。[②]

票据清算所位于各行行址的中间，“坐落在清算所所有人斯密·潘恩的斯密银号附近的伦巴街上”。[③] 票据清算所久已取代了银行职员在马路边上的清算碰头会。每一家银行各有一个抽屉，其它银行的职员一天两次跑去把这个抽屉所有人的应付票据和支票放进抽屉内。应收应付的款项由两个专职监察员加以计算核对，应付的余额则照数过付。“任何金、银或铜都不带进票据清
284 算所；五镑以下的差额可以交由银行职员……滚入第二天的账中”。现在也有提到职员们从票据清算所回行领取应付款项的记载，但是在这段1827年的记述中却没有提到以英格兰银行支票进行支付的这种十九世纪中期的例行办法。鉴于所提到的五镑这个单位，似乎支付仍然是以英格兰银行纸币进行的。但是五镑也是

① 《1832年报告书》，询问案第3186号。

② 《乔治·本廷克勋爵传》，第195页。

③ 吉尔巴特：《银行业务实践论》，第16页。

该行准许顾客开具支票的最低数字，[①]所以职员回行领取他们本店签署的支票也恰巧是可能的。在这两种情况的任何一种之下，制度本身都不失其为简便。这个制度是由破产银行家名单上不常出现行名的那一类行号来运转的。

在1771年曼彻斯特创办第一家银行时，《曼彻斯特日报》上出现了下述一段通告：

> 径启者：曼彻斯特银行连同火险保险公司即将在本号和拜伦、塞治维克及阿泠、普雷斯的主持下，于12月2日，星期一开幕。再火险公司在本郡和各邻郡的代理人将迅即派定；凡在其它公司保险者可免费移转于本公司，幸顾客惠予注意。[②]

转移"其它各公司"火险业务这种勇于进取的尝试的历史经过，并不是这里所要讨论的。耐人寻味的问题是：保险业务各主要部门中的至少一个部门，以及保险代理商，在没有任何地方银行而始终能以进行其业务的曼彻斯特，已早为人所习知，而且曼彻斯特人对各式各样的非专业保险公司也始终加以扶植。五年之后，亚当·斯密评论说："以整个联合王国平均来说，二十幢房屋中的十九幢，或者不如说，也许一百幢房屋中的九十九幢都是没有保过火险的"[③]——这是一个颇易令人误解的似是而非的论断。然而照字

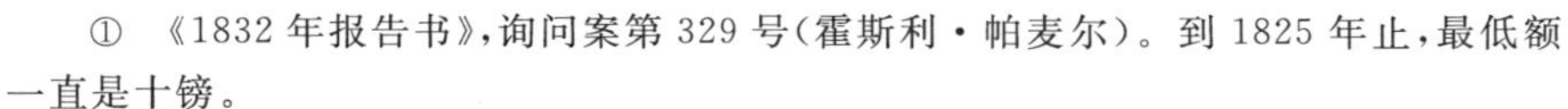

① 《1832年报告书》，询问案第329号（霍斯利·帕麦尔）。到1825年止，最低额一直是十镑。

② 格林顿，前引书，第4页。

③ 《国富论》，第1卷，第110页。

面解释,甚至连他的第二个估计也都可能是正确的。在“平均说来的联合王国”中,有足够多的未经保险和不能保险的爱尔兰小屋、威尔士和苏格兰茅屋,以及东倒西歪的英格兰庐舍来证明他的论断是不无根据的。但是如果他的意思是说在联合王国之中只有房产价值的1%或二十分之一是保过火险的,那么他的两个假定之
285 中的任何一个似乎都是不正确的。就英格兰来说,他差不多肯定是错的。在《国富论》问世二十九年之后,英格兰各公司保险的总数约为二千四百万镑;苏格兰各公司约为两千万镑;爱尔兰约为一千万镑。固然这段时期是一个发展的时期,但是1805年的所有实力最雄厚的公司,除开一家之外,在1776年都十分兴隆。若说在1776年它们所保险的英格兰房屋还不到大致五千万镑的数目,那会是令人非常诧异的;若说英格兰房产当时能值五亿镑,也是不可思议的,更不消说五十亿镑了①。

在十八世纪差不多包办了所有业务的那些伦敦老公司,无论是特许的或非特许的,股份的或互助性质的,都创立于南海大骗案时期(the South Sea Bubble),甚至以前。联保火险公司那个共济社创始于1696年;太阳保险公司那个伦敦以外从事经营的第一家

① 在1805年所保险的财产之中很多是商货,究竟是多少现在不得而知。这项论证的假设是:姑以1805年作两亿四千万镑,那么以不低于,甚至相当高过于十万镑的数目作为1776年的数字似乎是合理的,而以这个数目的一半作为房屋保险的数字也不会不合理。关于1805年的情形,参阅沃福德:《保险百科全书》(Walford,C.,*The Insurance Cyclopadia*)(5卷,未完卷,1871—1878年版),第3卷,第420—421、484页。本书以下各页的记述所叨惠匪浅的沃福德的这部令人难以置信的艰巨而又全面的著述,虽不尽完善,却一直没有受到历史家们应有的借重。这部书也没有开列在肯宁安:《英国工商业发达史》(Cunningham's *Growth of English Industry and Commerce*)的书目提要中。

保险公司在1709—1710年就已经从查理·波威在1706年成立的伦敦保险公司中派生出来。联合公司和威斯敏斯特公司也年轻不了多少。有两家特许公司是在大骗案时期创立的,原打算经营海上保险,但是“刚刚成立,所有人就大肆抱怨为董事们所欺骗”,因而被迫改营火险业务以图苟存,并且注定要继续经营火险业务达两个世纪之久。这两家就是皇家交易公司和伦敦保证公司。[①] 此后伦敦内外实际上有大约五十年没有任何新保险公司的创立,虽然至少有过一次发起。[②] 据说,1738年多尔塞特郡布兰德福德的一场毁灭性的火灾刺激了各郡的保险业务。[③] 如果这种传说可靠的话,那么经办这项工作的一定是伦敦的保险公司。三十年后这 286
些公司显然是在曼彻斯特附近从事经营的;因为在1771年存在的仅有的两家地方公司,据我们所知,就是1767年的巴斯火险公司和1769年的布里斯托尔火险公司。布里斯托尔公司可能早于1771年就在曼彻斯特有了一个代办处,因为在1789年它“在西北部所有各城镇都有代办处了”,并且它正杀价和伦敦各公司展开竞争;但1771年的“其它各公司”更可能是首都的公司。[④]

在1770和1800年之间约有十二或十五家英格兰公司在全国各地创办起来,其中有少数几家——尤以创立于1779年而后来发

① 斯科特:《1720年以前英格兰、苏格兰和爱尔兰股份公司的组织和财政》(Scott, W. R., *The Constitution and Finance of English, Scottish and Irish Joint-Stock Companies to 1720*)(1911—1912年版),第2卷,第373页及以下和408、481页。

② 瑞尔敦:《十七和十八世纪时的火险公司》(Relton, F. B., *Fire Insurance Companies... during the Seventeenth and Eighteenth Centuries*)(1893年版),第203页。

③ 沃福德,前引书,第3卷,第481页。

④ 瑞尔敦,前引书,第208页。

展成为瑙威治联合公司的那一家为特别著名——在十九世纪还保有它们的重要性。在历史上，比它们之中任何一家都更重要的是1720年以来伦敦新增的第一个公司——即1782年的新公司或鸾凤公司。它是由“糖业利益集团”创办的，并且是打开海外业务——自然是西印度群岛方面的业务——的第一家英格兰公司。1786年它在汉堡有一个代办处，这个代办处无疑在二十年后随着法国的占领而倒闭了。于是鸾凤公司谋求补偿于美国。1805年它已经在纽约开业，并且从那里把业务推广到美国的其它许多城镇。①

在这期间，适值拿破仑战争之际，英格兰的火险事业正在郡的扶植之下并以郡的名义很快地组织起来——威尔特郡、伍斯特郡和希罗普郡公司都是1800年以前成立的。步趋它们之后的有艾塞克斯和萨福克；肯特；汉普郡，苏塞克斯和多尔塞特以及1807年的伦敦郡公司等，而这最后一家是旨在从伦敦通过一系列的郡委员会而进行活动，俾使力量薄弱的地方组织成为多余事物的一个社团。这个计划是成功的，当很多郡社团苟延残喘的时候，伦敦郡公司却变成为十九世纪初期实力雄厚的公司之一。② 伦敦的其它重要社团，诸如环球公司、帝国公司和大力神公司，以及很多地方社团都创始于这同一个时期(1800—1810年)。从1810到1824年这段时期很少看见几家新公司，而且除伦敦私人银行家在1821年创立的保护人公司之外，几乎没有一家是持久的；但是1824—

① 沃福德，前引书，第3卷，第485页。瑞尔敦，前引书，第218页。

② 同上，第490页。同上，第214、238页。

1826 年的大改革所建立起来的公司比它们所摧毁的公司要多得
多，其中之一就是以亚历山大·巴林、塞缪尔·葛尼、内森·罗思
柴耳德和摩西·蒙提菲奥里——一个实力雄厚的集团——为后盾
的联盟公司(1824 年)。据传罗思柴耳德是为了替他的侄儿本杰 287
明·冈珀茨那位数学家准备一个保险会计员的优缺而创办这个公
司的。无论如何，冈珀茨确是以卓越的成绩为这个社团服务了二
十四年之久。[①]

在 1832 年这一年，英格兰和威尔士的火险业务是掌握在三十九家公司手里，其中有十五家在伦敦，二十四家在各郡；但是这十五家承办了火险业务十一分之七，而那二十四家仅承办十一分之四。[②] 这是一笔关系大约五亿镑的保险业务。将近一半的业务是由太阳、鸾凤、保护者、皇家交易和伦敦郡五家伦敦最大的公司经办的——这五家公司之中有两家创始于十八世纪初期、一家创始于十八世纪后期，另一家(保护者)则是 1824 年的产物。单单太阳一家就承办了差不多全部业务的六分之一：在 1805 年竟达三分之一。能与伦敦五大公司并驾齐驱的地方公司只有一家，即仅次于大力神公司的瑙威治联合公司。第二名地方公司——创立于 1807 年的西英公司——则只能和伦敦的第七名公司并列了。

在苏格兰，本地火险业的发展和银行业的情形不同，是为期既

① 沃福德，前引书，“联盟公司”条；关于联盟公司的海险业务，参阅本卷，第 291 页。

② 《1832 年火险税实缴总额报告书》(*An Account of all Sums paid... for Duty on Insurance from Fire... 1832*)(1833 年，第 33 卷，第 423 页)。沃福德，前引书，第 3 卷，第 422 页，利用了一张 1830 年的一览表，其中提供出这项报告书中所没有的一些材料：在那一年共有三十个地方社团。

晚而又发展缓慢的。可能苏格兰建筑物的性质与此多少有关。石头建筑的城镇和农舍不容易起火，而小佃农的茅屋又是不保险的。自从大约1720年以来，爱丁堡就已经有了它的互助友谊保险社，[①]但在1800年苏格兰也只另有一家而已。1805年共有五家，总营业额不到同一时期太阳公司的十二分之一。并非这五家都能长此维持下去。在1816年，据格拉斯哥编年历史学家的记载，“现在虽然没有一家火险公司是属于本城的，但是伦敦和地方公司在
288 这里设立的分支机构却不下二十二处”。[②] 只是在1824年苏格兰联合社成立之后，保险事业方始有了迅速的发展。即令如此，1836年（有这类数字可供利用的第一年）苏格兰十一家公司的全部营业额还比不上六年前单单瑙威治联合公司一家的营业额。[③]

火险公司的组织各有很大的不同。少数几家是立案特许状予以限制的公司。大多数是没有特许状的股份公司，或与股份公司不容易区别的扩大私人合伙。太阳公司原来有二十四个股东；但是在1720年每一股又分成为一百小股，而且股票是上市的。八年之后数目增加了一倍，自1728至1892年太阳保险公司有四千八百股。[④] 鸾凤公司是一个私人合伙，股票没有准定的价值，董事得拒绝任何新股东。1714年的联合火险公司原来是一个互助保险社，在1805年改组为股份公司，计有二百镑的股份一千五百股，每

① 沃福德，前引书，斯科特，前引书，第3卷，第374页。

② 克利兰德：《格拉斯哥年鉴》，第1卷，第406页。

③ 沃福德，前引书，第3卷，第423页。

④ 斯科特，前引书，第3卷，第387—388页。

股实收二十镑。[①] 两年之后，伦敦郡公司改组，计有一百镑的股份四千股，每股实收十镑。这种保留责任制是很普通的：它为各公司提供了一笔预备金。在 1800—1824 年这段期间创立的公司没有一家是立案的。为了克服因它们的巨型私人合伙性质而产生的法律上的困难，若干公司在 1810 和 1815 年之间争取到了几项国会条例，准备该公司得以它们秘书的名义提起法律诉讼和被控告。例如，伦敦郡公司在 1813 年就已经采取了这种预防办法（乔治三世，第 54 年，第 2 章）。这一系列的条例形成了现代股份公司演进上的一个耐人寻味的环节。[②]

作为一种正式的营业形式，海上保险比无论房屋保险或人寿保险都要古老得多——在不列颠如此，在其它各地犹然：在要件方面，1555 或 1613 年——即残存的两张英国最早期的保险单的年份——的保险单和 1800—1900 年的保险单没有很大的区别。[③]
规定这种营业的第一件国会条例（伊丽莎白，第 43 年，第 12 章）就 289
注意到了如何"在船舶毁损或覆灭而没有继之以人的伤亡时，使这项损失由很多人轻而易举地加以分担，俾不致成为少数几人的沉

① 斯科特，前引书，第 3 卷，第 379 页。

② 在 1826 年对银行已采行这项原则。泡沫公司法（乔治一世，第 6 年，第 18 章）在 1825 年（经乔治四世，第 6 年，第 61 章）废止之后，股份公司即归由普通法处理了，普通法对它们虽不适合，但也无敌意。渥兹华斯：《英国法律史》，第 8 卷，第 221 页。

③ 格欧：《海险手册》（Gow. W., *Marine Insurance, a Handbook*）（1903 年第 3 版），第 27 页。这张 1555 年的保险单刊载于马斯登：《海军审判所抗辩选集》（Marsden, R. G., *Selects Pleas in the Court of Admiralty*）（塞尔登社），第 2 卷，第 49 页，并翻印于格欧，前引书，第 323 页。

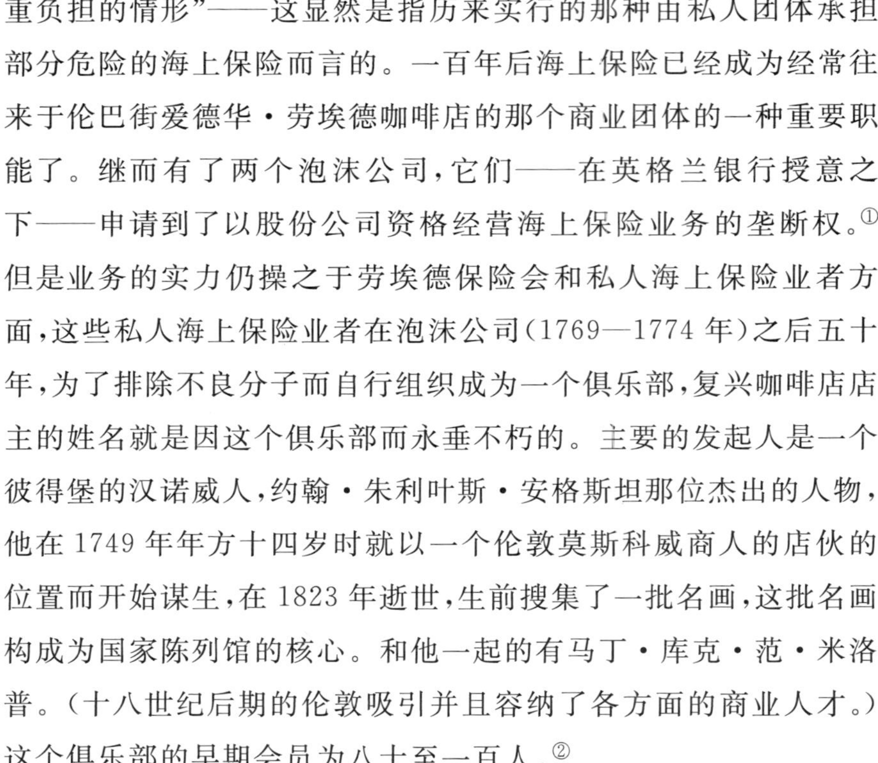

重负担的情形”——这显然是指历来实行的那种由私人团体承担部分危险的海上保险而言的。一百年后海上保险已经成为经常往来于伦巴街爱德华·劳埃德咖啡店的那个商业团体的一种重要职能了。继而有了两个泡沫公司，它们——在英格兰银行授意之下——申请到了以股份公司资格经营海上保险业务的垄断权。[①]但是业务的实力仍操之于劳埃德保险会和私人海上保险业者方面，这些私人海上保险业者在泡沫公司(1769—1774 年)之后五十年，为了排除不良分子而自行组织成为一个俱乐部，复兴咖啡店店主的姓名就是因这个俱乐部而永垂不朽的。主要的发起人是一个彼得堡的汉诺威人，约翰·朱利叶斯·安格斯坦那位杰出的人物，他在 1749 年年方十四岁时就以一个伦敦莫斯科威商人的店伙的位置而开始谋生，在 1823 年逝世，生前搜集了一批名画，这批名画构成为国家陈列馆的核心。和他一起的有马丁·库克·范·米洛普。(十八世纪后期的伦敦吸引并且容纳了各方面的商业人才。)这个俱乐部的早期会员为八十至一百人。[②]

这时还没有海上保险的一般习惯。在这方面亚当·斯密也没有冒险做一个他那种似是而非的数学式概括结论。他满足于下述

① 马丁:《不列颠劳埃德保险会和海上保险史》(Martin, F., *The History of Lloyd's and of Marine Insurance in Great Britain*)(1876 年版)，第 101 页。〔为赖特和费尔著《劳埃德保险会史》(Wright, C. and Fayle, C, E., *A History of Lloyd's*)(1928 年版)所取代。〕

② 马丁:《不列颠劳埃德保险会和海上保险史》(1876 年版)，第 119 页及以下，关于安格斯坦，参阅《英国人名词典》。依照 1810 年劳埃德咖啡店秘书贝奈特的说法，会员人数在 1771 年是七十九个。《海上保险审查委员会》(*S. C. on Marine Insurance*)(1810 年版：1824 年再版)，1824 年版(第 7 卷，第 303 号)，第 107 页。

这样两个稳当的命题：第一，“保险的船只对未保险的船只的比例”比房屋的那种比例要大得多，第二，虽然如此，“很多船只没有保险而四季……出航，甚至在战时亦复如此”。[①] 在他执笔时已迫眉睫的那次战争以及在他死后几年之内开始的那些规模大得多的战争却使这种习惯确立了；“这样”，正如维多利亚时代劳埃德保险会编年史学家所说，“造成了英国的伟大的那场战争也终于成就了劳埃德保险会的伟大”。[②] 它的委员会在护航问题上同海军部保持经常接触；它的情报工作比怀特霍尔还要高一筹；它的会员船舶到1810年已经发展到了一千四五百艘，其中有四五百艘“每天出 290
航”；[③]它的会员都是诚实商人，承保一切需要保险的船舶，包括保英国战舰捕获险的中立船只在内。这种保险是可以爽爽快快“按很高的保险费”承办的，安格斯坦这样说。他过去常常承办，虽然没有“在保险单上注明”。但是“现在承办的不如过去那样多了”。[④] 对于海上保险业者的这种做法也难以苛责，因为关于这个问题的法律还是新近的产物。甚至对敌产的保险也还是由1794年肯尼昂勋爵的一项决定才宣布为“违反公共政策，因而无效的”；[⑤]大战中同盟关系的错综复杂和变换无常（在大战期间一艘船舶可能今年是中立国船，明年是敌国船，而后年又是盟国船），必然会鼓励海上保险业者在法律没有对细节问题作明文规定之前不

① 《国富论》，第1卷，第110页。

② 马丁，前引书，第162页。

③ 贝奈特的作证，同前书，第107页。

④ 安格斯坦的作证，第64页。

⑤ 布兰敦控诉内斯比特案。参阅沃福德，前引书，“敌产保险”条。〔赖特和费尔，前引书，第80—81、180页。〕

放弃任何做生意的机会。他们承办“违反公共政策”的业务所冒的唯一风险，就是遇有损害发生，不见得会赔偿。这类业务只被宣布为无效，而并非叛国；但是在大和平时期它已经丧失了它的利害关系。

1810 年的报告书已经指出：延长皇家交易公司和伦敦公司所享有的股份公司海上保险垄断权是没有任何理由的。前一年在关系价值一亿六千二百五十三万九千镑财产的业务中，它们所经办的不到 4%。但是，为了它们的利益起见，甚至把海上保险业者之间的合伙关系都视为非法；以致一个海上保险业者“一旦死亡”就“没有任何还活着的合伙人善其后了”。[①] 在拥有大量业务和很多实力雄厚的海上保险者的伦敦，不方便的情形尽管严重，或许还不是不能容忍的。但真正困难之所在，却是迄仍称之为外港的那些地方。所以那里每有违法情形，但就这个问题而论，伦敦也未为不然。垄断权受到了非正式海上保险会社的侵犯，这类社团据说有二十个左右。两个是在伦敦的，其中之一是八十三艘政府运输舰所有主之间的一项互助保险安排；其余则大多是纽卡斯耳、希尔
291 兹、散德兰和布来思煤船所有主之间商定的。曾经赞助这项调查的那些商人希望在保险方面有充分的结社自由。他们不满意于劳埃德保险会，斥责它的主要会员在 9 月、10 月和 11 月避不露面，以逃避冬季的风险。[②]

但是以约瑟夫·马里厄特——一位更伟大的马里厄特的父

① 《报告书》，第 7 页。

② 《报告书》，第 15 页。〔赖特和费尔，前引书，并没有讨论这项指控。〕

亲——为国会中的代言人的劳埃德保险会千方百计使委员会的建议遭到否决；随着和平之后海上风险的大为减少，对于这个问题的兴趣淡漠了将近十年。继而内森·罗思柴耳德和他的联合保险公司中的有力伙伴因为想把他们的经营推广到海上保险方面，又复旧事重提。[①] 在国会里，福埃耳·巴克斯顿替他们争取到了1810年报告书的重新刊印，并且建议废止给予皇家交易公司和伦敦公司以垄断权的乔治一世，第6年，第18章。他得到了休姆·赫斯基森和罗宾逊的意料中的支持；他的议案通过了；拥有实收资本二十五万镑的联盟海上保险公司在年底以前就已经组织成立。[②] 在1827年初，它是在1824—1825年发起或创立的几百家公司中股票价值超过实收金额的仅有的十三家之一。[③] 它的营业不错，但是对劳埃德保险会并没有很大妨害。继联盟保险公司之后在1825年有不幸和波尔公司有银钱往来的那家管理不善的赔偿保险公司。但是它支撑下去了。在外港，海上保险公司在1826年首先出现于东北海岸，据说那里早在1810年就有了保险会。这些公司之中只有一家幸存。伦敦通用海上保险公司（1830年）和利物浦海上保险公司（1831年）都比较能持久，但起初都不是很重要的。

这样，在这十年终了时由公司进行的海上保险已经得到了承认，而且在蒸蒸日上之中，这些公司之中有一些实力的雄厚是足可

① 马丁，前引书，第231－252页和290页。〔赖特和费尔，前引书，第307页及以下。〕

② 国会中的经过原委见斯马特：《经济年鉴》，第2卷，第237－239页。

③ 英格利希：《股份公司的全貌》，第6页。

承担很大风险的；但是劳埃德保险会的私人海上保险业者以及那种分门别类的风险却没有失去它们一点点重要性。

人寿保险，像火险一样，不是一种个体或小合伙的营业，虽然
292 他们也有过这种尝试。从不知何年何月残存下来的唯一的一个公司组织就是1706年的一家永存保险公司的友谊社。[1] 友谊社是拥有照章程规定以二千名会员为最高限额的一个互助社。“它对于早期经营管理的能力或许是一个不小的贡献，从而在这类业务所应遵循的原则还不甚了然的时候，能以维持这个事业不坠”。[2] 到1830年，这项事业的这种独此一家的局面还要再维持三十六年。皇家交易公司和伦敦保证公司可能是作为早期立案的人寿保险公司而同它并存的；因为这两家都力图增辟人寿保险，以与火险一并为它们的主要业务。但事实上这两家之中的任何一家在早期都没有太依赖于这一类的业务——在1721到1761年这40年之间，皇家交易公司所得的人寿保险费不到一万一千镑。[3]

人寿保险的现代时期并不像一般公认的那样以这些公司为嚆矢，而是以1762年9月谷物山白狮街完全组织成立的公平社第一次董事会会议为开始的。在那一天签立了七件保险契约。[4] 公平

---

① 斯科特，前引书，第2卷，第390—392页。

② 同上书，第391页。另参阅杰克：《人寿保险史导论》(Jack, A. F., *An Introduction to the History of Life Assurance*)(1912年版)，第234—236页。

③ 杰克，前引书，第236页，从沃福德之说。

④ 沃福德，前引书，“公平社”条。弗朗西斯：《人寿保险年鉴、逸事和野史》(Francis, J. F., *Annals, Anecdotes and Legends... of Life Assurance*)(1853年版)，第108页。杰克，前引书，第233页。

社在创办之初，像它的先驱者一样，也缺乏人寿保险的会计知识，由于没有这种知识，所以过去的一切人寿保险都只不过是赌博而已，虽则是友谊社那样一种明智而保守的赌博。但是在1774年，那位伟大的普赖斯博士的晚亲威廉·摩尔根担任了它的助理保险会计员。他直到1830年还没有退休。他的服务期间是和人寿保险那种以日益成熟的科学知识为基础的业务的发展相终始的，而这种业务的发展却得力于他的活动独多。[①] 但是，作为全国经济生活中的一个因素，这种业务直到他的晚年为止还是不很重要的。亚当·斯密甚至不认为它值得特别一提；迟至1800年所仅存的那六家伦敦公司也只有为数无多、纵然是挑选出来的主顾的光顾而已。

从随后几年时事的发展中可以看出在人寿保险方面，正如在海上保险方面一样，战时的需要对经济习惯和组织产生了永恒的影响。根据1799年的第一次所得税条例（乔治三世，第39年，第 293
13章），人寿保险费免征宗教裁判所税。这项特权在后来的战时所得税条例中予以保留；虽则根据1806年的条例（乔治三世，第46年，第65章），只以收入在一百五十镑以下者为限。在那一年从事于人寿保险的公司计有九家。[②] 到1808年年底，又创立了八家，有几家是纯粹人寿保险公司，其它则兼营寿险和火险业务。1805年创立的英国公司兼保寿险和火险，但是二十二年之后放弃了火险业务。[③] 1807年创立的鹰公司在1825年以前也同样兼营

① 《英国人名词典》。

② 弗朗西斯，前引书，第180页。

③ 沃福德，前引书，“古英国公司”条。

这两种业务，但在1825年以后则渐渐集中于人寿保险了。[①] 鹰公司和英国公司各拥有实收资本十万镑。很多同时代的公司则资力比较薄弱，寿命也短得多。在1825年以前，胡乱发起、作风不老实和从而造成的大量倒闭情形是各种保险公司之中所在多有的，的确倒闭的情形在危机以前比危机之后的那段时期更加严重得多。人寿保险自然受到了1824—1825年的那些发起人的注意，虽则保险的财政刺激已经随着战争的终止而终止。鉴于这一批公司的发起的相对成功，可知当时对保险机构的需求是有效的。有六家公司已经发起，但始终没有进行股份分配。已创立但以股东的重大损失而又放弃的唯一的一家就是盾牌公司。包括牧师、医务和一般保险公司在内的大约半打新设立的人寿保险公司和几家混合保险公司都继续存在下去了。[②]

直到滑铁卢战役时期为止，苏格兰一向是以英格兰的公司去满足它所需要的任何人寿保险的。在那一年，正如英格兰在大约一个世纪以前的情形，它以一个互助社——即苏格兰孀妇社——为嚆矢。到了1815年，它所发出的保险单已达二十五万份以上。在1815和1823年之间没有任何进一步的发展，在1823年北英格兰火险公司开始办理人寿保险，并且由一些辩护士和作家创办了一个爱丁堡人寿保险公司。到了1830年，已有七家地道的苏格兰保险社在经营之中。[③]

在早期，有以搬运夫雕像为招牌的那家最安全、最便宜的保险公
294 司办理结婚和佣仆保险，有以海滨金蜂窠为招牌的蜂窠社办理结婚和

---

① 沃福德，前引书，"鹰公司"条。

② 关于英格兰人方面的发起、失败和幸存者，见前引书。

③ 弗朗西斯，前引书，第317—323页。

生育保险，并兼办不结婚保险[①]（这究竟是为姑娘保险呢还是为猎娶富家女的人保险呢？）种种异想天开的办法不一而足，待一切恢复正常之后，保险，在十八世纪后期就基本上变成为人寿保险了——一种为本人身后之计的储蓄方法。[②] 到1825—1830年，它又多少恢复到了原来那种五花八门的状态。正规的保险公司虽只经营人寿保险，但也欣然接受债权人为债务人缔结的生命保险，即在妻一旦死亡，其财产即由夫让渡的场合下，基于妻的生命而作的婚姻授产保险，或者对因死亡而引起的意外事故的其它类似规定的保险。[③] 虽然如此，显而易见，很多这类的意外事故依然没有规定，甚至那些很可以有所规定的。二十多年后，人寿保险的第一位编年史学家以下述一段话结束他的序言说——“只要支付一笔为数不多的年金，就能立刻保证被保险人的家属免于匮乏，纵使他在缴纳第一笔保险费之后就死亡的话，这一简单的事实在外行看来是非常特别的；但更加特别的是，这个大家都可以得到的机会却很少为人所利用”。[④]

“大家可以得到的”——其实，不如说某些人可以得到的。虽然苏格兰银行家很正确地声称，在他们那个地方“……出身低微的青年……佣工……甚至农场佣工”[⑤]都有办法与银行有往来，经常在银行里有存款和在大公司保险，但这却不是工资劳动者和手工

① 斯科特，前引书，第2卷，第392页。

② 早期的婚姻和习艺保险同近代的教育和其它养老保险，即对某项预期开支的保险，颇为相似。这种制度在1800年左右又渐渐恢复起来，但似乎并不太为人所借重。沃福德，前引书，“养老保险”条，以及该条所援引的证据。

③ 弗朗西斯，前引书，第189—190页。

④ 同上书，第8页。

⑤ 本卷，第269页。

业者力所能及的，也是小自耕农或小商贩难以办到的。认识到了这一点，国会——自从十七世纪九十年代“贫民的状况”和革命的危机最初把它惊醒以来——就一直奖励储蓄银行和友谊会这两种贫民的等同物。第一种是富有的慈善家的一个杰出的发明。在1815—1816年充任储蓄银行国会代言人的乔治·罗斯，正如在二十多年前充任友谊社的代言人一样，为他久已参加的那个贫民状
295 况改进社的这种发明而大声疾呼。[①] 杰雷米·边沁的学识渊博的执行人论称，这个观念产生于他在1797—1798年《农业年鉴》上发表的那几篇“贫民管理”中所提倡的节约银行的。[②] 大概他们都是对的；但不管发明人是谁，这种造诣总是近事。第二种则是一个古代的、普遍的和自然的产物，它的根却深深扎在“庄严而伟大的兄弟会”，行会和原始的葬礼中。十一世纪自由侍从行会所属的剑桥自由侍从分会曾约定互相参加葬礼，和困难时互相帮助。[③] 在1719年，纽卡斯耳的鞋匠每六个星期捐赠一先令供作疾病基金，并各捐六便士作为一位弟兄的丧葬费。[④] 在1796年他们的社团拥有社员一百六十人。它只不过是十八世纪的无数低级社团之一，其中大多数是不可能留下任何纪录的。

“下等人”，普赖斯博士按1771年的文体写道：“因偶然的疾病或年龄关系而无以为生时，是特别值得同情的对象。因而他们中

① 罗斯：《储蓄银行简论》(Rose, Rt Hon. G., *Observations on Banks for Savings*)(1816年第3版)，第3页。

② 《边沁论文集》(*Works*)，第1卷，第73页和第8卷，第358页及以下。

③ 索普：《萨克森时代的英国外交》(Thorpe, B., *Diplomatarium Anglicum Aevi Saxonici*)(1865年版)，第605页。

④ 沃福德，前引书，第4卷，第383页，“友谊社”条。

间产生了很多非常有用的社团，由每星期的捐款构成一笔小小的基金供作互相救济之用”。[①] 这种方法被认为是这样的有用，以致在 1758 和 1770 年之间“为了救济太晤士河畔的运煤夫；和为了使他们能以为他们之中的那些生病、瘸腿或丧失劳动力的人，和他们的孤儿寡妇有备无患起见”，法典上曾经有过一项未奏实效的条例（乔治三世，第 31 年，第 76 章）——简言之，即一种国会友谊社。[②]
1786 年出现了约翰·艾克兰的那个当时颇为著名的全国友谊社 296
方案，这个友谊社所要推动的工作之一就是如今所谓的养老金捐助计划[③]——如果不是友谊社和他的方法已经远近皆知，这项建议也不过令人一笑置之而已。所以，当国家根据 1793 年罗斯条例（乔治三世，第 33 年，第 54 章）鼓励“友谊社”“为了互相救济和维持生病、年老和体弱……会员的生活，以自愿捐款，筹措……独立基金”，使它们能以取得社团法人的多种资格，制定有拘束力的章程和保有法律上所承认的基金时，只不过是对早为人所共知并且在不列颠几乎每一郡和每一重要城镇都早为人所利用的一种组织，加以承认和规定而已。在大约那个时候，赫尔有五十一个社、设菲尔德有五十二个——都是严守秘密并且对政府抱怀疑态度的——伯明翰则“不计其数”。它们同行业互助会的关系，可以从

① 引证于前引沃福德，第 4 卷，第 385 页。

② 为太恩河煤船水手曾经制定过一项类似的条例（乔治三世，第 28 年，第 59 章），这项条例的寿命比较长些。〔关于运煤夫条例，参阅乔治：《伦敦运煤夫》，载《经济季刊》（经济史），1927 年，第 233、240 页。〕

③ 艾克兰的小册名为《使贫民不依赖以通称俱乐部的友谊社为基础的那种公共捐款为生的方案》（*A Plan for rendering the Poor independent on Public Contributions, founded on the Basis of the Friendly Societies, commonly called Clubs*）。

拥有二十个社的肯达尔的数字中清楚地表明出来。其中有两个是为妇女组织的，有七个叫做行业互助会，“因为它们只准同行入会”。[1] 几年之后，友谊社随着 1799—1800 年的大结社法的公布而和行业互助会完全混同起来。[2] 国家以它的右手为那七个肯达耳的互助会祝福，如果它们还存在的话，却以左手诅咒它们。根据罗斯条例，它只是为呈报过四季法庭的那些章程祝福；但是有一些东西可以很容易地不列进章程之中，而且凡是叫做友谊社的团体，在未证明有颠覆活动以前，纵令章程未经呈报，似乎也是受尊重的。在 1795—1796 年向调查**贫民状况**的弗雷德里克·艾登提出过报告的那些社团，有大约一半都没有把它们的章程呈报过四季法庭；但是这个比例后来逐渐减少了。

艾登在 1801 年所著《友谊社简论》中估计英格兰和威尔士的互助会共有七千个以上，会员有六七十万人。他从一系列不大完备的私人报告书中得到了五千一百一十七个登记的互助会的确切材料，此外他又加上了三分之一未登记的互助会。“如以每一会员家庭平均作四个人计……那么不妨假定从这类有用组织中得到临时救济的约占英格兰和威尔士人口的四分之一”。在 1806 年，帕特里克·科胡恩相信“在首都及其附近”登记的社团大约有八百个，未登记的为数也不相上下。据他计算，它们的会员共有“机器匠和工人”八万
297 人。[3] 在 1815 年所编制的一项报告书上，把不列颠已知的会员人数

① 艾登：《贫民的状况》（1797 年版）是将艾登在 1795 年开始搜集的资料按郡和城镇编列的。

② 本卷，第 210－211 页。

③ 《首都的警察》（*Police of Metropolis*），第 575 页。

作为九十二万五千人。[①] 这个数字如果正确的话，定可表明，尽管有战事发生和高物价的存在，会员人数对总人口的比例至少也是保持不变的。另外还有那些秘而不宣的社团，它们究有多少会员虽不得而知，但一定很多。可靠的人数估计在 1815 年以后殊为缺乏，1820 年一位爱丁堡评论家所说“帝国人口的八分之一以上”是会员云云一节，虽不完全是指这一类而言的，[②]但是没有任何迹象表明这个运动有任何放慢下来的趋势，而组织的日益改良和政策的日益健全，倒是证据俱在的。苏格兰在罗斯条例通过之前就有很多的社团，这时则已比比皆是。在 1793 和 1824 年之间，单单阿伯丁郡一郡就有二百个社团的章程为治安法官所批准。[③] 在那里和其它各地，很多都是公开出来的旧有的手工业互助会：“我们差不多在每一个城镇里都有**织匠社**；**船匠社**；**鞋匠社**等等，虽然它们**现在**很少同它们所由得名的那个行业还有任何关联”，对于这个运动有二十年经验的一个人在 1821 年这样写道。[④]

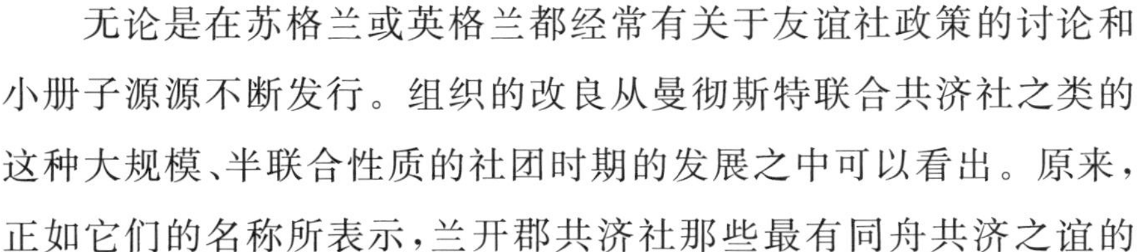

无论是在苏格兰或英格兰都经常有关于友谊社政策的讨论和小册子源源不断发行。组织的改良从曼彻斯特联合共济社之类的这种大规模、半联合性质的社团时期的发展之中可以看出。原来，正如它们的名称所表示，兰开郡共济社那些最有同舟共济之谊的

① 参阅本卷，第 211 页。

② 1820 年 1 月号，第 158 页。

③ 《高原社会的友谊社或共济社报告书》(*Report on Friendly or Benifit Societies of the Highland Society*)(1824 年)，第 6 页。

④ 伯恩斯：《苏格兰友谊社原理和管理的调查》(Burns, G., *An Inquiry into the Principles and Management of Friendly Societies in Scotland*)，引自沃福德，前引书，第 4 卷，第 409 页。

社团到了1832年，已经完全组织起来了，不但有地址不固定的年会、地区分社和三万一千名会员，而且有不可限量的前途。它们自称在二十年代时就已经存在："共济社这个名称……是太特斯·恺撒因其立意新奇而给予这个团体的"。[①] 在初创立的十年之内，它们每年登记的会员都远不止三万一千人。鉴于1825和1827年讨论这类社团事务的那两个审查委员会和整理汗牛充栋的友谊社法的1829年条例（乔治四世，第10年，第56章），可知公众对于这类
298 社团的兴趣是久久不衰的。

典型的社团仍旧是公然以酒会友的：集会也许就是在搬夫六酒友酒店。这是像奠敬一样的一种旧传统。盎格鲁·撒克逊的行会不是以麦芽助捐吗？[②] 在欧洲残存下来的最早商人行会的第三条规定不是开始 adveniente tempore potacionis〔于宴饮之前〕吗？[③] 南维尔的牧师托马斯·比彻在一次丧礼中至少喝过酒中之王和白葡萄酒，他在1823年计算了一下而不胜慨叹地说，友谊社每年集会共总不下十九万零一百七十次，以每人每次六便士计，这就是说："各劳动阶层每年就这样不知不觉地在酒馆里送掉了三十四万七千零三十九镑"。[④] 不论每人在酒馆里送掉的这六便士是不是一种道德上的缺陷，这些社团在组织方面的缺陷却着实不少。

① 沃福德，前引书，第4卷，第400页所援引的一项共济社的文件。

② 埃克塞特行会章程，大约1040年。索普，前引书，第512页。

③ 圣奥梅尔的行会。法尼埃：《工商史文件汇编》（Fagniez, G. *Documents relatifs à l'histoire de l'industrie et du commerce*）（1898年版），第1卷，第105页。

④ 《友谊社的组织》（*The Constitution of Friendly Societies*），第49页。他在所写的那本论《南维尔的友谊社》（*The Friendly Society at Southwell*）小册子中，将他的改良形式同"管理不善和每会必酒的旧制度"作了一番比较。

它们的财政常常是原始型的，它们的保险会计学的知识完全谈不上。这一时期的大多数小册子和大部分立法都是旨在改良它们的财政或保险会计的。有一些社团只以救济贫病交加的会员为限。至少直到1819年法律出面干涉时止，有一些社团是接受会员的火灾、因负债而下狱或被征入民兵等危险的保险的。有一些则纯粹是进行分配的社团，它们一年的储蓄只是为了圣诞节的一只鹅。[①]它们比银行倒闭得更加频繁，虽然从没有过像1825年的股份公司那样的一扫而光的倒风。但是它们使很多卑微的生命得到了鼓舞，并在社会保险方面做了脚踏实地的工作，为它们的会员减轻了对于疾病、分娩、丧失工作能力和年老的担心，也为他们的子女减轻了一笔像样的丧葬的开支。

在整理友谊社法的前一年，对储蓄银行法也作了一番整理和修正(乔治四世，第9年，第92章)。最早的是1817年乔治·罗斯的储蓄银行法(乔治三世，第57年，第130章)。这项法律所要鼓励的这种类型的第一家银行，大概就是1804年创立于托特讷姆的普里西拉·威克菲尔德女士的慈济银行。[②] 由六位董事掌管钱 299
财，凡存款在二十五先令以上、存满一年者，给息5%。因利息太高，致董事赔累不堪；所以后来的一家储蓄银行，即为家务佣工开设的那家巴斯储蓄银行，把利息减低了1%。在1810年以后，这项事业在慈善人士当中取得了迅速的发展，后来罗斯以特别感激的心情写到爱丁堡方面凭以接办下去的那种“才智、热忱和毅

① 沃福德，前引书，第4卷，第409—410页。

② 《政治经济学词典》，“储蓄银行”条：《英国人名词典》说是1798年。

力”。[1] 在1816年4月他首次把这个问题提出国会时，[2]全国约有这一类的银行八十家。他所创制的这项法律只适用于英格兰和威尔士。对于爱尔兰则另有一项单行法，但是对于苏格兰则无任何规定。苏格兰银行业的例行办法早已给小存户以足够的便利，这一点似乎已在考虑之中。英格兰条例严禁董事利用职权牟利，凡存款数在五十镑以上者，须一律解部供作减债基金之用。财政部立有“储蓄银行基金户”，利息为每日3%便士，或四镑十一先令三便士一年。因为储蓄银行存户的一般利率是4%，这就留有一笔余额供开支之用，而不致使董事们去违法了。

存户在第一年存进的款项不得超过一百镑，嗣后每年不得超过五十镑。后来的一项条例，即1824年条例，将这两个数字分别减至五十镑和三十镑，并禁止对二百镑以上的存款给息。诚然，这种比较高的限额，使任何人都不能设想，随即在银行里积聚起来的非常庞大的基金，会主要是由“各劳动阶层”本身的直接存款构成的。但是罗斯条例中有一项条款却给予这些阶层的间接存款以很大的便利；因为那一条款允许登记有案的友谊社得通过它们公认的职员干部而成为储蓄银行存户。这项许可经1819年的友谊社条例（乔治三世，第59年，第128章）又予以重申，该项条例也像授权储蓄银行一样地授权友谊社，准将它们的基金直接送交财政部，供作减债基金之用。在此后十年之中，它们究竟直接送交财政部多少，未据官方公布。在1828年的储蓄银行整理条例公布五年之

---

① 罗斯，前引书，第4页。

② 斯马特：《经济年鉴》，第1卷，第504页。

后，英格兰和威尔士共有信托储蓄银行四百零八家，存户四十二万五千个，存款一千四百三十三万四千镑，[①]根据该项条例，国债局 300
所给的利息从每日 3% 便士减至 $2\frac{1}{2}\%$ 便士，存户的利息则减至 $3\frac{1}{2}\%$ 便士弱。鉴于平均存款比较高，约为三十四镑弱，可知广泛加以惠顾的是小商小贩和其他不完全靠工资或手劳动为生的人们。但是无论如何，机构已经在英国社会史上一个最艰难的时期建立起来了，为一切有余款可存的人们提供了一个既可靠而又有适当利息可得的储蓄的机会。

在英国工商业的辅助机构中，劳埃德保险会的海上保险业者俱乐部的一切出诸自决的办法，比之对纸币发行所制定的那些既肤浅而又落后于形势的法定章程，或为储蓄银行和友谊社的管理所制定的那些不厌其详的法规，都更有代表性得多。自决完全是在向所谓自由持有者的社会理论的传统以内的，而这种传统自从光荣革命以来就一直在思想和政策上起着如此之大的影响作用，以致对少有财产或完全无产者——也就是在自由持有水平以下的人——有关事宜所适用的取缔性或慈善性的章规法令，比对有产者——也就是自由民、绅士、商人和已跻身于富贵之列的制造商——勉强可以适用，或被他们认为是勉强可以适用的规章法令多得多，因为社会向来就被认为是为了保卫有产者的自决而存在的。“财产”，法国革命初期的领袖思想家这样说，“是一切立法的

① 1833 年 11 月的报告。《政治经济学词典》。

上帝”。[①] 塞叶神甫在英国的读者虽不多，但他也是在这种传统以内的：他的这种理论在英国久已为人所完全领悟，虽则往往不自觉：我们称做工业革命的事物就是这种理论的产物，而并非它的所由生。如果不是战时的意外使货币陷于紊乱，从而使政府迫不得已，那么连 1819 和 1826 年的那些既落后于形势而又无关宏旨的银行规章也是 1815—1830 年的政治家们所不会制定的。他们之所以听由那一团杂乱无章的古老章程去束缚东印度贸易，原非有爱于那些章程，初不过是出于对股东产权的关怀而已。以取消腐败市为打击产权的说法，乃是在 1832 年有相当分量的一种论据。

301 五十多年来，劳埃德保险会即其中一种类型的自决性的商业互助会，在数目上和实力上一直是与日俱增，但并非没有遭到反对和垄断把持的诋毁，然而只要它们的会员看来是体面人物，政府是照例不加过问的。在十八世纪的大部分期间，股票经纪人是否体面人物一直是有问题的。1733 年的约翰·巴纳德条例（“为查禁股票经纪恶习”的乔治三世，第 7 年，第 8 章）就是以经纪人的某种最具有特征性的活动，即期货买卖为对象：“凡是有关股票或证券的现在或未来价格的一切赌博、附特卖权和先买权”，一律宣布为无效，并且力图防止其死灰复燃。股票经纪人和伦敦市当局之间还有另一个斗争在这一世纪的前七十五年中一直在断续进行。根据威廉三世和安娜女王在位时所解释和加强了的古代成文法，“交易所经纪人”必须由伦敦市长和市参

① 塞叶：《执行方法的观察》（Sieyès，E. J.，*Vues sur les moyens d'exécution ete.*）（1789 年版），第 72 页。

事会参议员发给执照和颁给证章，但一般经纪人是否可以算做这个严加限制的"交易所经纪人"集团中的一分子呢？[①] 经纪人获得了胜利。迟至1774年版（第4版）的马拉彻·波斯耳思怀特的《商业词典》，仍然把股票经纪人看做是纯粹寄生者，而"股票经纪业为什么一直是并且仍继续是有害于国家的浅近理由"十二项，连同查禁经纪人的古老法律，乃是这部词典对这个问题的经济学的唯一贡献。[②] 至于五十年后科贝特对波斯耳思怀特的意见的共鸣是无需赘述的。

但是股票经纪人一直在建立他们自己的地位，并且也没有再制定任何查禁他们的法律。约翰·巴纳德条例从来不是真正有效的；虽则据说在早期由于能使商贩对他们所交接的人事事小心谨慎而起了良好作用。[③] 法庭的判决把这种小心谨慎的作风逐渐化为乌有了。1767年的两件试验性的例案都有利于这样一种看法：以为连政府证券也未始不可由没有伦敦市长所发证章的经纪人进行买卖。五年以前，一些主要的和最殷实的证券商为了体面的关系，已经采取了它的表征——在交易所巷乔纳森咖啡店集会的一个俱乐部。十一年之后，这个"组织起来的经纪人核心"[④]从那里 302
搬到线针街情人巷拐角处他们自己的证券交易所中——照他们自己的称呼，虽则它仍不过是一个咖啡店之流的东西而已。又二十

① 狄骥：《证券交易所的故事》（Duguid, C., *The Story of the Stock Exchange*）（1901年版），第56—57页。

② 波斯耳思怀特死于1767年。第4版比之第3版（1766年版）改动很少，比之第1版（1751年版）改动也不太多。

③ 狄骥，前引书，第48—50页。

④ 同上书，第60页。

九年之后(1802年),当这段时期中将近二十年的战争和三十年的运河开筑的结果,连同其它种种因素,已经使他们的人数和身份都大为提高的时候,他们迁移到对街马厂巷的新址,人数已超过五百,职员还未计在内。身份差一点的人,从场内失败出来之后,就逗留在场外,出没于交易所巷和情人巷一带,变成了十九世纪早期的"黑市"或"弄堂"经纪人。

历经1810年的一个创办对峙俱乐部的企图而保全了下来之后,这个俱乐部一俟从战争中挣脱出来,就经营起"食税人"的庞大业务了,它的成员都是"高车骏马,往来骋驰"于布赖顿和伦敦之间,这使得科贝特怒不可遏。公债现在是每一个人的投资了,虽则"在上次战争之初",正如约瑟夫·娄在1822年所说,它们过去"在联合王国的外郡各地是不常作为私人财产的储存手段的……"。[1] 1815年,法国政府公债首次在伦敦市场上买卖;事实上不仅在那里买卖,而且还在那里发行。在此后十年间,欧洲的所有各国和欧洲以外的很多国家发行的公债也接踵而来。在1823年,这类公债的买卖开始在也坐落于马厂巷的一个独立建筑物,即外国证券交易所中进行;但是这个独立的交易场所经过短期试办之后就取消了。[2] 在运河公司之外又加上了船坞、煤气、保险、自来水和桥梁等公司以及在1824—1825年繁荣时期经营各种业务但以开发自

① 《英国现状,附英法前途的比较》(*The Present State of England, with a Comparison of the Prospects of England and France*),第309页。

② 狄骥,前引书,第121页。直到二十年代为止,所有英国公债的买卖都在英格兰银行的圆厅中进行。当梅丁格写作时,圆厅"theilweise noch dazu"〔有时还供写作之用〕。《不列颠和爱尔兰旅行记》,第1卷,第19页。

惠尔·特顿到黄金海岸和秘鲁的矿山为主的那些公司。

当战争将近结束，欧洲地图行将重制的时候，卡斯尔雷正和阿伯丁讨论已划为法国县治有若干年之久的荷兰的复国问题。“纵使单单就它作为欧洲银钱交易的自然中心这个观点来说”，他以那 303
种蹩脚的英文写道，“所有利害关系国对于它的重跻于自由独立国家之列都是非常关怀的”。[①] 它已经跻身于这样的地位，并且把比利时增划给它以增进它的自由和独立。它重又成为银钱交易的一个重要中心；但并非欧洲的自然中心。那个中心现在位于伦敦了，而伦敦的自然中心则位于马厂巷的这个俱乐部以及聚拢在它周围并靠了它的机构去贯彻它们的计划的那些像罗思柴耳德号之类的行号中。这个俱乐部不是像当代法国的辅助性商业机构那样，由成文法或政府条例加以组织和管理，而是由它自己的表决和自己的专门委员会去组织和管理的。当 1821 年企图取消任意买卖时，这项倡议并不是出自国会中的哪一位约翰·巴纳德爵士，更不是出自财政大臣，而是出自委员本身。对于这项倡议，经纪人大众——一批有财产资格的大众——表示反对：同俱乐部的分裂已岌岌可危，委员会体察场内舆情，又收回了成议。[②]

伦敦谷物交易所的比较模糊的历史提供了一个商人俱乐部的例证，那个俱乐部一部分由于问题的固有困难，一部分——似乎是——由于缺乏远见以及领导集团的狭隘自私心，始终不能把它

① 卡斯尔雷致阿伯丁函，1813 年 11 月 5 日。《剑桥大学英国外交政策史》(*Cambridge History of British Foriegn Policy*)(1922 年版)，第 1 卷，第 424 页注。

② 狄骥，前引书，第 122 页。

自己的贸易全部集中起来加以管理。但是谷物买卖的立法控制的残存传统似乎并没有妨害它的自由发展。"直到"十八世纪结束前"约四十年",大部分水运谷物贸易都是在北斗星码头进行的,"因为它靠近沿海航行的船舶"。[①] 在乔治三世即位的那一年前后,有一批谷物代理商、谷物买主和肯特郡船户——北斗星码头的主要商人——在马可巷买了一块地皮,建筑了一个交易所。它是一个
304 私人的冒险事业,共分为八十股,由一个所有人委员会加以管理。"席位"是有限的,它们的管理权不久就落入很少数人手中。据说甚至股东也不是总能得到席位的。来自领导集团的一个有势力的经理商在 1801 年作证时[②]解释说,关于席位的申请,所有人总是给学过这一行生意——即学过经理商和面粉商这一行——的人以优先权——这是未始不会把某些所有人排斥出去的一项原则。在交易所里没有席位,虽然也有进行谷物买卖的可能,但这样进行的谷物买卖不能给市场以显著的影响。所以一个占有席位的经理商的地位是非常有力的,因而对联合买占和操纵价格的指摘也就自然在所难免了。一个"面粉业中的"[③]证人抱怨说,伦敦没有真正的——他的意思是说公开的——谷物市场:这个马可巷交易所既是私人的财产,而规模又未免太小。

但是,据我们所知,干涉这项财产的任何建议,无论在国会内

① 《未列入会讯中的下院委员会报告书》,第 9 卷,第 153 页("七项谷物贸易报告书"是 1801 年取得的证据)。另参阅韦斯特菲尔德:《英国商业中的经纪人》(Westerfield, *Middlemen in English Business*),第 153 页。关于谷物贸易的一般组织,参阅本卷,第 229 页及以下。

② 詹姆斯·斯托纳尔的作证,第 148 页。

③ 威廉·腊斯廷,第 153 页。

外都从未讨论过。管理机构是如此的庸弱，以致政府要查明谷物的真正价格都大非易事，因而除非通过关税，就无法控制或影响价格或价格的形成，纵令它想这样做的话。当1820年控诉农业疾苦的请愿书纷至沓来的时候，承办审查工作的那个委员会奉命只以调查价格的计算方法为限。据那个委员会报告说，“除在谷物交易所取得的报表外，无以复加的疏忽大意”已经是“普遍的风气”；“一向所呈报的销售额”只不过是“其中一个很小部分”，可能的补救办法是，“应由法律给贸易部以比现今更大的一般监督权和〔搜集贸易统计数字的〕指导权”。[①] 由于马可巷只能掌握伦敦贸易的一部分，而且所掌握的畜粮比小麦多，从而使它躲避掉不少的批评，如它在业务方面的垄断真能和马厂巷相提并论的话，想来批评就会 305
尖锐得多了。它继续在私人财产的基础上自流地发展下去。[②]

太晤士街的伦敦煤炭交易所，在历史和功能上，差不多完全是马可巷谷物交易所的翻版；但是却有一项至关重要的区别，即早在1807年它就纳入深为首都煤炭贸易所苦的那个法定制度之中了。[③] 自由是原则，但也没有人谋求划一。伦敦煤炭贸易始终是受限制的，但有一个时期章程却全靠它本身的力量去推行。像谷物市场一样，煤炭市场在乔治三世朝代的初期就从一个露天场

① 《控诉农业疾苦请愿书审查委员会》(*S. C. on Petitions complaining of Agricultural Distress*)，1820年(第2卷，第101号)，第5、6、9页。

② 〔1828年在马可巷建造了第二个交易所，那里的主要业务是种子的买卖。陶林：《伦敦的交易所》(Dowling, S. W., *The Exchange of London*)(1929年版)，第180页。两处的贸易方法是一样的。〕

③ 直到1831年为止。

址——比林斯盖特码头顶端的“罗姆兰”——迁到了这个新址。[①]这个交易所是一个自由持有的产业，共分六十四股，分别为煤炭经理商、煤炭买主和煤船船主所持有。贸易并不以所有人为限，而对于凡是年纳三镑十六先令或每营业日纳六便士的一切会员都是公开的；并且——交易所在这一点上显出了弱点，如果把它视为俱乐部的话——会员无须旧会员介绍，也无须投票表决。但是，1800—1801 年的会员只不过一百五十多人，既备有按日提供纽卡斯耳贸易状况的可贵消息的“公函”，大部分贸易成交之所在的“会员室”对于潜在的买主又是那样显然地有利，那么出入会员室看上去一定有比六便士会费更严重的障碍梗阻其间了。非会员也进行购买：“价格从未见拒于任何申请者”，一位见证人这样解释说。会员室的利益一定值六便士一次，但是这些利益显然不是每一个人，也不是任何一个可以叫做消费者的人所能分享的。

1807 年条例已经使这个私营煤炭交易所成为一个全国性的，或至少全市性的机构。这项条例适用于伦敦、威斯敏斯特以及米多塞克斯、萨里、肯特和艾塞克斯的某些地区——总之，适用于大伦敦。凡装运到伦敦浦的煤炭，必须在例行交易日（即星期一、三、五，自正午 12 时至下午 2 时）在交易所出售。契约须送经理商登
306 账，并以副本送市场市书记存查。[②] 这似乎是和以法律把一切证

① 《煤炭贸易报告书》，1800 年（《未列入会讯中的报告书》，第 10 卷，第 538 页及以下。）另参阅韦斯特菲尔德：《英国商业中的经纪人》，第 233 页。

② 参阅那项非常周密的条例（乔治三世，第 47 年，第二届，第 68 章）或《伦敦港煤业状况审查委员会》，1830 年，第 3－4 页中那项条例的摘要。这项条例共占六十八页篇幅。

券和股票交易都驱逐到马厂巷，而致“黑市经纪人”于毁灭的情形差不多——但是有一个重要的区别，即整船货和部分船货的买进这种法律所重视的生意是掌握在少数几个资力雄厚的公司即“第一级买主”手里的，而这些公司的成员自然常常出入于交易所。1807 年的办法似乎是鼓励贸易集中于这个比较小的集团手中。煤炭一旦在伦敦售出并交割清楚，付清税款，法律就不再予以注意了。第一级买主得任意发售给第二级买主——即“独立经营者”、“煤炭掮客”(brass plate merchants)和卖煤给贫民的负贩那种既无组织也不甚体面的伦敦煤炭贸易中的“起码”人。

约克郡十八世纪的布业公所同这些伦敦商业交易所和俱乐部有许多共同之点，但是由于和主要地方化的工业有关，所以具有比较明确的公共性质。它们照例是由各关系方面[①]——商人、土地所有人和布商——醵资兴建，并且是由董事而不是由自由持有的所有人进行管理的。但是它们之中没有一个是真正全市性的，或公共性质的。例如，当 1774—1775 年利兹的第三个白布公所在计划中时，创导其事的是商人。[②] 捐赠从一基尼[③]到二百五十镑各不等。其中有一笔是利兹公司捐助的一百镑。公所是一个很大的场所，拥有不下一千二百一十三个布摊；因为它旨在吸引布商的广大

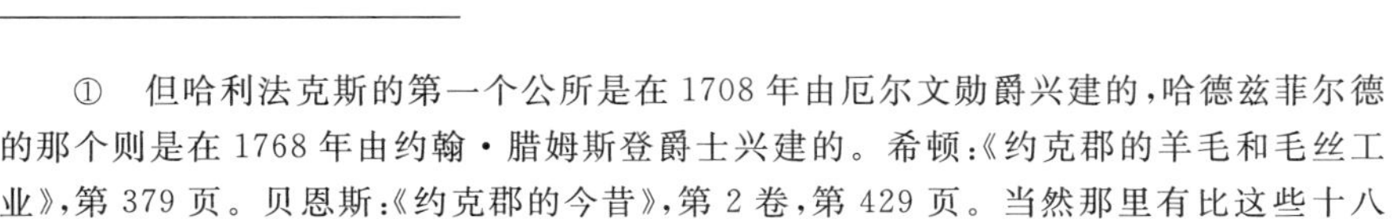

① 但哈利法克斯的第一个公所是在 1708 年由厄尔文勋爵兴建的，哈德兹菲尔德的那个则是在 1768 年由约翰·腊姆斯登爵士兴建的。希顿：《约克郡的羊毛和毛丝工业》，第 379 页。贝恩斯：《约克郡的今昔》，第 2 卷，第 429 页。当然那里有比这些十八世纪建造物古老得多的棉布公所。

② 希顿，前引书，第 368 页。

③ 英国金币名，合二十一先令。——译者

群众。在这里出现了自由持有；因为“终于缴纳……一镑十先令整就可以自由持有一个货摊。这类货摊完全是布商的财产，他可以出售、出租……或作身后赠与”。[①] 到了1806年，货摊视地点的好坏，可值三——八基尼。在那个时候，公所早已是根据地区原则从布商当中按期选出的十七名董事来管理了——利物塞治二名、白
307 斯塔尔和哥梅塞尔各二名等等。利兹的那个更老，甚至更大的染色布业公所建于1756年，拥有一千七百七十个货摊，1810年在二楼上增设的那些还未计算在内，这个公所差不多是以同样方法进行管理的——有制定细则、调度业务、收集租费和维持建筑物的董事十五名以及自由持有货摊的摊主大众。[②] 它的大广场——即建筑物围成的一个天井——直到十九世纪很久之后还是这个城市的政治和商业中心。

但是到了1820—1830年，布业公所的鼎盛时代已成过去了。在1830年以前，威克菲尔德的“毛布业公所”就已经完全废置不用。[③] 随着工业的集中和新推销方法的发展，利兹的客商往来已经如此之萧条，以致如果不是染色布业公所的董事们对于房租那样漫天要价，白布业公所的董事们或许早已在1818年就把他们的场址卖给牲畜市场公司，而把他们的摊户搬到染色布业公所的空货摊上去了。[④] 但是各公所的重要性的日趋衰落和它们个体的、自决的组织毫不相干；它们和市政当局的毫无结果的谈判这件事

① 希顿，前引书，第369页。

② 同上书，第373页。

③ 同上书，第382页。

④ 同上书，第389页。

情本身，就是它们完全不依附于中央和地方政府的一个说明。

比布业公所更有公共性质，但仍——像它们一样——不失为自发的产物而不受一切政府管制的，就是 1780 和 1820 年之间成立的那几个商会。商会这个名称最初是由法国人的老盟友苏格兰人自法国方面借用来的，十八世纪的格拉斯哥有它自己的商人公会或商人行会，自己的行业公会或十四个立案行业的代表会，以及，在它们之上，自己的市评议会。[①] 但是随着十八世纪最后二十五年中克来德河畔的商业和制造业的迅速扩充，在克来德河谷经济生活中比较有野心的领袖们就不再满足于这些古老的，既不适当而又赋有特权的团体了。在当时称作普罗浮斯特勋爵、后来以伦敦市长和统计学家而更加著名的帕特里克·科胡恩的号召下，他们在 1783 年自行组织成为格 308
拉斯哥市和区的商业和制造业公会。[②] 为了增加声望和地位，他们取得了一个立案特许状；但是那个特许状并未赋予他们以管理权；他们所享有的只不过是一些俱乐部的权力而已。他们的特许状提及“商业的保护和奖励”；交由他们审核的“商业或制造业任何部门”有关事宜的章程；为补救财政或立法上的疾苦而实行的措施；对他们的会员在同苏格兰贸易公司、皇家市议会，或帝国议会交接时所给的支持；以及最后——唯一绝对正确的目标——对“有关联合王国这一地区的一切谷物法问

① 拉姆斯登和埃特金：《格拉斯哥铁匠史》(Lumsden, H. and Aitken, P. H., *History of the Hammermen of Glasgow*)(1912 年版)，第 106 页。克利兰德：《格拉斯哥年鉴》(1816 年版)，第 1 卷，第 409 页。

② 克利兰德，前引书，第 2 卷，第 377 页及以下。

题”的审议。令人不解的是如此之早，而且在谷物法还不是一个激烈争论的主题时，就看到了后来成为早期商会的特有职能的这种东西的出现。格拉斯哥的商会，像四十年后比它年轻得多的曼彻斯特的弟兄商会一样，主要是作为自由主义思想的清算所和地方意见的播音器之用的。

爱丁堡也不后人。它也有足可作为监督商业之用的机构，如果它们完全有效的话。特别是它有爱丁堡商人公会那样一个从事于许许多多非常好的慈善性和其它各种活动的组织严密的团体，这个团体甚至在十八世纪八十年代时，还是像中世纪的任何商人行会一样，同“非自由商人”的问题不断作斗争，所谓非自由商人就是临时在爱丁堡开设店面而还没缴纳自由民全部市政捐的商人。[1] 在1785年创立的那个商会是要保持更开放的门户和放眼于更开阔的视野；但是在这两个机构之间似乎并没有过任何敌视。商会就是利用公会的会址，而且这两个团体共同努力在全国商谈之中为爱丁堡争取一适当的地位。在1812年促使公会呈文国会反对换发东印度公司特许状的是商会。在1813、1814和1815年声明赞成谷物自由贸易的，则显然是出于公会的意思。[2] 当伦敦
309 商人在1820年向国会呈递了他们的自由贸易请愿书之后，商会和公会也提出了同样的请愿书，正如格拉斯哥商会和胚胎时期的曼

---

①　赫伦：《爱丁堡商人公会的兴起和发展》(Heron, A., *The rise and progress of the Company of Merchants... of Edinburgh*)(1903年版)，第136页，另参见各页。

②　希顿，前引书，第158页。商会使用公会的会址有整一个世纪之久。同上，第324页。

彻斯特商会的做法一样。[①]

格拉斯哥和爱丁堡商会的建立同筹设英国制造商协会并终于产生英格兰早期各商会的英格兰运动是同一个时期。发展成为伯明翰商会的1783年的伯明翰委员会部分是由于铁匠师傅鼓吹之力,那些铁匠师傅从他们本身的业务中逐渐体会到了团结的有利。两年之后皮特提出了对爱尔兰自由贸易的建议,而约西亚·韦季伍德所领导的制造商联合会随即予以拒绝。[②] 当时,曼彻斯特有自己的反对自由贸易委员会,或协会——照瓦特致函韦季伍德时所给它的称呼——;[③]但是意外之事一旦过去,它显然就像制造商协会一样地归于消灭了。九年之后,它又以商业会社的名义恢复起来,以照顾曼彻斯特贸易商对欧洲大陆的事务,欧洲大陆已经由于英国的参加革命战争而陷于天翻地覆之中。[④] 除伯明翰的那一个之外,其它各城镇也都有了类似的社团。在1797年,来自利兹、哈利法克斯和埃克塞特各社团的代表同来自曼彻斯特和伯明翰的代表举行会议,共商合作和有关共同利益的问题。[⑤] 但是那些社

① 希顿,前引书,第9章。李维:《英国商业史》(Levi, L., *History of British Commerce*)(1872年版),第153页。斯马特:《经济年鉴》,第1卷,第748页,遗漏了爱丁堡。公会的自由贸易热忱同牢不可破的乡土观念是不相容的:1816年它呈文反对小块煤的出口税,因为苏格兰煤是"既多磁石而又块头很大的"。赫伦,前引书,第158页。

② 维特·鲍登文,载《美国历史评论》,第25卷,第70页。艾希顿《工业革命中的铁和钢》,第164页及以下。赖特:《伯明翰商会编年史》(Wright, *Chronicles of the Birmingham Chamber of Commerce*),第1—18页。本卷,第199、204页。

③ 艾希顿,前引书,第173页,录自博耳顿和瓦特的手稿。

④ 赫耳姆:《曼彻斯特商会史》(Helm, E., *Chapters in the History of the Manchester Chamber of Commerce*)(1902年版),第1页。赫耳姆以1794年作为基本年。

⑤ 同上书,第48页。

团并不都是生气勃勃的。曼彻斯特的那一个虽则始终没有解散，但在1801年却已奄奄一息，只在银行里剩下一百五十七镑另九先令的一笔结余。伯明翰的那一个在1803年又重整旗鼓，在1813年采取了商会的正式名称。[①]

310 七年之后，曼彻斯特也步其后尘。1820年的商会适当地结合着那一年的自由贸易请愿书而成立了。它把旧社团的结余、档案和留下来的很多会员都一并加以接收。[②] 它对自由贸易的信念还不是十分坚定的。在1824年商会理事为旨在支持自由迁徙出境和工程师的自由贸易的那个工匠机器委员会搜集了证据之后，商会却又反对人口和工具的自由出口，但坚决赞成谷物的自由进口。在1825年，商会会员“感到他们有责任声明他们对”赫斯基森的财政政策“的赞同”。当这十年结束时，这个二十年代最活跃的商会对1828年的修正谷物法还是不停地呈文反对。[③] 布里斯托尔有一个新成立的商会，这是有意和该城的那个不太令人满意的社团和那个排他性的商人冒险家会社对抗而在1823年创立的；[④]但是它还没有发展到具有重要性的地位。至于伯明翰，一位无名氏著的地方指南在1825年认为不能不这样写道——“这个社团虽仍存

① 同上书，第60页。赖特，前引书，《伯明翰写真》(1825年版)，第17页。关于利物浦，参阅《皇家劳工调查委员会》。《报告和文件》，1892年，第26卷，第5编，第32页。

② 赫耳姆，前引书，第1、61页。

③ 参阅商会会长詹姆斯·斯密在1840年进口税委员会对商会的政治活动所作的概述，询问案第2009－2014号。斯密力图辩明1825年的投票只意味着曼彻斯特认为国会应于准许工匠和工具自由出口以前，先准许谷物自由进口。

④ 《关于贸易和布里斯托尔港的函件》(1834年)，引自韦伯夫妇：《英国地方政府》，第3卷，第465页。

在，但已经不是生命力很强了”。[1] 总之，这些商会虽则是英格兰特有的组织，但在国家生活中所起的作用却是无足轻重的。

① 《伯明翰写真》，第 17 页。

311 # 第八章　国家的经济活动

在英王乔治四世朝的后期，英国大多数有头脑的人都认为他们自己被统治得不得当，并且认为政府在经济方面表现得特别无能。至于究竟在哪一点上最为无能，虽人各异词，但国家财政的某一方面，或者谷物法，多半是众矢之的。科贝特的不计其数的门徒向所得悉的是如何战争和诸如养老金、闲曹散职以及饱食终日的教区长等公共浪费，已经在新近方始废除的为众人所诅咒的纸币和理应废除的国债制度的助长之下，使英国成为一个“股票掮客”和“食税人”的乐园。伯明翰银行家的儿子阿特伍德在中等阶级和工人阶级中所拥有的读者却深信，政府的根本错误正是这种纸币的废除——总之，通货紧缩——补救之道不外是修改皮尔条例和提供大量通货来刺激贸易，而不是削足适履，把贸易强纳于金本位的框框中。[1] 四十年在野，因而对于他们的国家在和拿破仑——

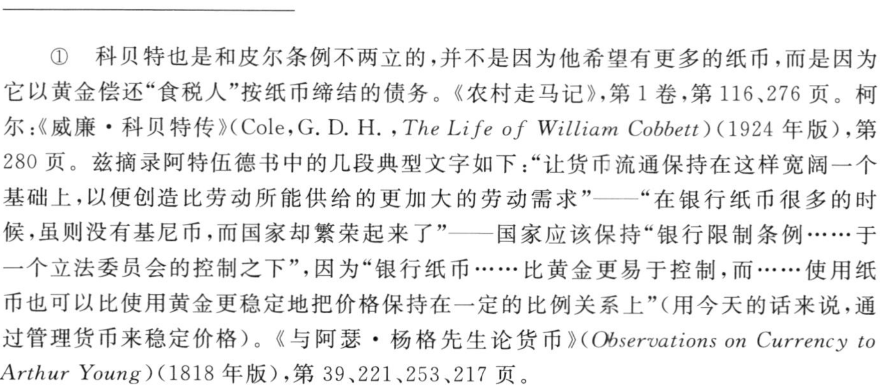

① 科贝特也是和皮尔条例不两立的，并不是因为他希望有更多的纸币，而是因为它以黄金偿还“食税人”按纸币缔结的债务。《农村走马记》，第 1 卷，第 116、276 页。柯尔：《威廉·科贝特传》(Cole，G. D. H.，*The Life of William Cobbett*)(1924 年版)，第 280 页。兹摘录阿特伍德书中的几段典型文字如下：“让货币流通保持在这样宽阔一个基础上，以便创造比劳动所能供给的更加大的劳动需求”——“在银行纸币很多的时候，虽则没有基尼币，而国家却繁荣起来了”——国家应该保持“银行限制条例……于一个立法委员会的控制之下”，因为“银行纸币……比黄金更易于控制，而……使用纸币也可以比使用黄金更稳定地把价格保持在一定的比例关系上”(用今天的话来说，通过管理货币来稳定价格)。《与阿瑟·杨格先生论货币》(*Observations on Currency to Arthur Young*)(1818 年版)，第 39、221、253、217 页。

为他们中间某些人敬若神明的人物——作战时用钱是否得当全无所知的那些有教养的辉格党人(Whigs),对于悉尼·斯密的那幅英格兰人垂死图却颇感兴趣,图上的那个英格兰人一旦瞑目,可不再苦于捐税了,但是身后却留下了他的墓碑税和药剂师的账单任他的遗嘱执行人去设法善后,因为药剂师已经付给这个浪费无度的托利党(Tory)国家"一笔一百镑的执照税,因而才换取到签证他死亡的那个特权"。[①] 在现在通称为政治经济学家的那一批人之中,年轻的麦卡洛克,在紧接着战争之后的那一年,对于国债的 312
负担已经是那样惶惶不安,因而曾主张强制减轻利息[②]——这是后来他不想再去回忆的一种主张——而他的老师李嘉图,自 1819 到 1823 年逝世时止,却以更大的魄力主张一种资本税政策。[③] 对于这个政策,没有任何人给以多大注意:这是李嘉图先生的自负之一。他的朋友马尔萨斯对于地方济贫开支的膨胀——在 1818 年已经增加到七百八十七万镑的最高额——最为苦恼,因为在他看,济贫捐有助于造成过多的人口,从而一切经济弊害也偕以俱来。他和李嘉图对现行谷物法,虽非一切谷物法都是敌视的,并且他们和政治经济学家、边沁主义者、商人及制造商之中越来越多的一批自由贸易主义者,都是同二十年代初期的错综复杂和不规则的关税壁垒誓不两立的。李嘉图没有能活着看到这十年中期关税壁垒

① 引自《爱丁堡评论》,1820 年号的那篇著名的论文。

② 《国债减息论》(*An Essay on a Reduction of the Interest on the National Debt, proving that this is the only means, etc., ete.*),1816 年版。

③ 参阅坎南:《国会中的李嘉图》(Cannan, E., *Ricardo in Parliament*),《经济季刊》,6 月和 9 月号,1894 年。

的第一次降低；他的朋友们则为谋求第二次和第三次的降低而努力。

虽已年近八旬但仍每日从王后广场出发做“饭前散步”并“积极编纂法典”的边沁本人，对于国家的大部分活动都抱批评态度。由于对官吏的不信任，他甚至曾一度赞成将济贫法交由一个国民慈善会去执行；[①]虽则在他始终孜孜从事的那部宪法中还可以为一个济贫部大臣找到一个立足地。[②] 除搜集和散发对商人和制造商的判断和财富可能有帮助的一切资料的那种预测行情的职能外，他的贸易部大臣的行政职能寥寥无几。另一些有限制的，但非

选择欠当而且多少带点经济性的职能，则分别划归交通大臣、卫生大臣以及和后者职能相重叠的那个最堪玩味的官员——防疫大臣，这位大臣须负责考虑如何预防或减轻“倒塌、水灾、火灾”、不合
428 313 卫生地区或行业的特有疾病、传染病以及饥馑和灾荒所造成的弊害等。在上述各部之下，设有一大批登记员，这些登记员不但登记出生、死亡和结婚，而且登记其它许多有政治和社会重要性的事物。[③]

除去对政府作理性批评的人以及像机械破坏党工人（Luddites）和 1830 年南部某些农业工人那样对凡是损害他们最厉害的——无论地方官、雇主或机械——就盲目加以攻击的那些直觉

① 在 1797—1799 年。《济贫法短论》（*Tracts on the Poor Laws*），《全集》，第 8 卷，第 358 页及以下。本卷第 314 页。

② 这个法典载于《全集》，第 9 卷：各部，载第 438 页及以下。

③ 在他逝世四年之后，根据威廉四世，第 6 和第 7 年，第 86 章而有了登记员，至少出生等等的登记员。

的批评家之外，还有一些个别的思想家和小集团，已经从单纯批评政府转而批评社会。纽卡斯耳公司的成员为了他们自己的利益而进行的城镇旷地的圈围，以及所抱的不但公用地，而且凡是土地根据自然法都应该是公共财产的那种简单信念，使托马斯·斯宾斯——那个“身材不满五英尺……脱离现实至不可思议程度”[①]的人——早在法国革命之前若干年就已经成为一个土地国有主义者了。他对托姆·派恩在1795—1796年的那个在他看不热心宗教的建议大肆攻击，派恩曾建议由土地所有人于其成年时担负受赠地产所分担的百分之十的死亡税，和对一切无产者的养老金来偿还他们对社会的负债。后来他虽朝着他的这个信念的目标去努力，但于1814年逝世；身后却留下了一小批激烈的“斯宾斯派慈善家”并在马尔萨斯《人口原理》的后几版中留下了备受轻侮的一页，据马尔萨斯论称，“人人享有一份土地”——长此以往，按照人口原理来说——无异是谁都没有足够的土地。[②]

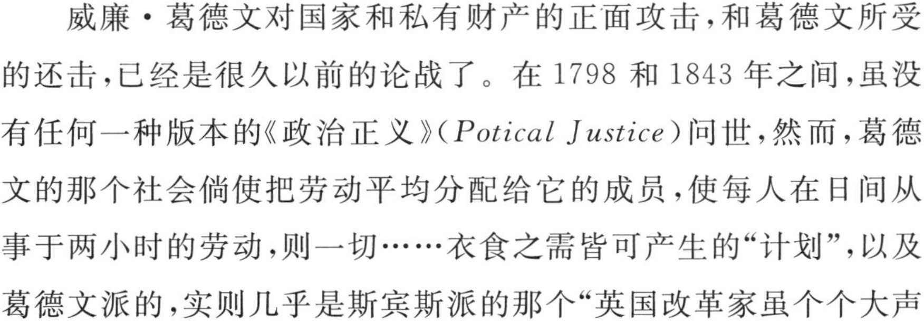

威廉·葛德文对国家和私有财产的正面攻击，和葛德文所受的还击，已经是很久以前的论战了。在1798和1843年之间，虽没有任何一种版本的《政治正义》(*Potical Justice*)问世，然而，葛德文的那个社会倘使把劳动平均分配给它的成员，使每人在日间从事于两小时的劳动，则一切……衣食之需皆可产生的“计划”，以及葛德文派的，实则几乎是斯宾斯派的那个“英国改革家虽个个大声

① 弗朗西斯·普雷斯对他所作的描述，引自比尔：《英国社会主义史》(Beer, M., *A History of British Socialism*)(1920年版)，第1卷，第109页。

② 马尔萨斯：《人口原理》(*Malthus on Population*)，第6版(1826年)，第2卷，第45页。

314 疾呼反对闲曹散职——但真正的年金表乃是地主的租折”的命题，却早在1813年《神仙女王》(*Queen Mab*)的注五中就已经出现。但是雪莱的信徒不多，或许他们也不常常阅读他的附注，葛德文——在二十年代时——已经首先成为一个寄食于地主的食客，而当时遍向朋友告贷的雪莱也——在三十年初期——终于靠了首相的帮忙而成为王室度支局的一个领干薪的侍卫传达官。① 但是他的声音已播扬远近，无法收回了，勇敢的人们对国家的权利、财产的神圣，或终朝劳苦的必要时时加以攻击，而竟不知他们是以一位侍卫传达官的名义进行攻击的。

在英王乔治三世逝世时年方五十并早以工厂改革家和教育家而闻名于世的罗伯特·欧文，在十二个月之前就已经发现连李嘉图、罗伯特·皮尔爵士和肯特公爵一并罗致在内的一个委员会，都不能使公众慷慨解囊，赞助一个一千二百人占地一千二百英亩的试验联合村，这一千二百人都将居住在世人称之为欧文平行四边形(Owen's parallelograms)的那个长方形大院里的一行行公社建筑物中，并且——在不从事农作时——靠机械的帮助在那里进行制造。② 作为失业问题的一个解决办法而规划并以其早期形式提

① 参阅《英国人名词典》和布朗：《葛德文传》(Brown, F. K., *Life of Godwin*)(1926年版)中他的生平。

② 波德摩：《罗伯特·欧文传》(1906年版)，第1卷，第218、256页。欧文的平行四边形或许可以溯源于边沁。边沁在他为1797—1798年《农业年鉴》(*Annals of Agriculture*)所写的那篇《贫民的状况和救济》(*Situation and Relief of the Poor*)中，主张“大规模的工业习艺所……应各拥有一段土地(最好是荒地)，至少须足够维持各自人口的给养”。《全集》，第8卷，第369页。〔但是里思教授指出，欧文乃是抄袭约翰·贝列特的《设立一个各种有用工业和农业学院的建议》(John Bellet's *Proposals for raising a college of industry of all useful trades and husbandry*)(1695年版)。〕

交一个国会济贫法委员会的这项方案，在欧文和其他少数几个人看来，已经成为全世界希望寄托的所在。人类将依照他们的关系远近分成为一个个的联合村，所以在所提出的这个不含有丝毫讥讽或幽默意味的方案中，第一号村可能是由同为拥护内阁派的那些阿民尼阿斯教派美以美会会友组成的，而第 50 号村则可能是由碰巧同为犹太人的那些缓和改革家组成的。这个方案，像欧文所有的方案一样，并不是对政府的攻击的一部分，而是一种新生活方式的一部分启示。在 1820 年，这个启示录又新增了两章：犁耕的废除和深锄耕作法的普遍采用，可使公社农业生产力同克隆普敦和卡特赖特的机械所造成的棉纺业的生产力不相上下；并且随着公社的发达，囤积和货币逐渐成为多余的事物，从而自然地导向真 315
正价值标准（凝结成为像呎、磅或马力一样的单位的人类劳动）的采行。[①] 在这一点上，欧文几乎和阿特伍德携手了，一同变成为对政府和皮尔条例的批评者。像其他任何一个通货狂一样，他说他的制度——撇开其它各点来说，这个制度倒像是共产主义的——会“致国家于无限繁荣之境”。

但是在这整个十年之中，他和他的门徒无论在英格兰、苏格兰或美洲都不是从事对政府的批评，而是凭借报刊和公开的辩论，通过为建立“联合互助村”而努力的社团，以及无论印第安纳州的新哈蒙尼或拉纳克的奥比斯顿的那些联合村的实际试验，而着手于建立一种改良的生活方式——即“领圣餐者和社会主义者的那种

① 波德摩，前引书，第 1 卷，第 267 页及以下。

生活方式”，[①]这种生活方式会使一般所了解的政府这种东西成为多余的事物。作为一个先知先觉者，欧文是从不宽恕那些冒牌上帝的。如果他对他所认为的一切宗教的虚伪性肯多多宽恕一点，他作为一个社会先驱者也未始不会更加成功一点。然而他过于诚实，这是他所办不到的。但是二十年代的政治制度和政府得一般地免于他的正式谴责，并不足以证明这两者之中的任何一者是值得表扬的。他对于这两者都不甚介意，因为他越来越不把它们看做是事关根本的问题。它们固然不好，但无关重要，宗教却是既不好而又关系重大的。[②]

历史家已经公认国家在乔治四世治下，整个来说，是治理不善的。他们虽然以这一点归咎于皮尔或利物浦，那一点归咎于华莱士或赫斯基森以至于罗宾逊，但是政府的未能坚决而公正地处理税收和国债问题，或奉行一坚持不渝的出于缜密考虑的商业政策；结社法的勉强废止；对农业工人的要求的忽视；对漫无限制的城市
316 发展的弊端的盲无所睹；对矿场工厂所在地疠疫漫延的漠不关心；以及济贫法当局的宽严失度等等，却是众矢之的。单独就一个个的指责来说，每一个指责都不是无的放矢。但是任何一个政府在一定时期内所能进行的具有匠才的创造性的立法或立法的实施，在数量上总有一定限度——而且是很快就会达到的一个限度。但

---

① 《合作杂志》(*The Co-operative Magazine*)，1827 年，第 509 页注。〔社会主义者这一名词的一次早期的使用。法伊教授曾提醒我对 1824 年的一次更早的使用加以注意。〕

② 这里并没有试图讨论对政府和社会所作的一切批评，而只不过说明一下看上去是主要思想路线的东西而已。

是对于国家的创造力所要求的，却漫无限度。而这个国家又是经过了二十二年战争之后刚刚恢复元气就被不尽理解的经济改革所震撼，被它的人口的史无前例的增长弄得莫知所措。如果根据各政府堪凭以衡量的标准，既非根据后来经验更丰富的时代里证明为切实可行的一切，也不是根据改革家和诗人所憧憬而不须他们去实行的一切，而是根据当代的其它政府的成就去衡量，那么英国政府在十九世纪二十年代后期的成就也可谓洋洋大观了。亨利·梅丁格在 1827 年写道："我曾遍历低地各国、瑞士、德意志、奥地利、普鲁士、北意大利和法国；也就是说欧洲最文明的地区；但是我在任何地方都没有看到比英国景况更好的乡下人和城里人，更完美更多的交通工具，更强烈的公德心，管理得更好的慈善机构，以及像在英国那样占优势而又那样有保障的合理的人类自由"。[①]

英国人既了然于城镇和乡村的一些生活状况，又早料到济贫法委员在七年之后对他们的主要慈善机构将下何定评，乍闻这种赞美之词，难免有所诧异——然而却忘记了其它各地的艰难困苦以及不论其缺点是怎样骇人听闻而毕竟使人民得免于饥饿的那个博施普济的济贫法制度在外国人看来是如何的令人艳羡。[②] 在英格兰，在战后歉收的年月里，人民固然饱尝忧患，而且有斯文大尉的出现；但是他们究竟没有像西里西亚农村手织机织工或莱茵河

① 《游记》，第 1 卷，第 22 页。

② 并非在所有外国人看来都是可羡慕的。马尔萨斯（第 6 版，1826 年，第 2 卷，第 335 页）不胜满意地引证过 1790 年的《济贫委员会》（*Comité de Mendecité*）一书，书中称它为"英国最大的政治祸患"。在英格兰确是有个别的人挨饿，尤其是在大城市中，但是没有普遍的"饥馑"。

农民那样地受到的饥饿和饥饿虚症的蹂躏。在没有济贫法的爱尔兰，人民却每隔一定期间就要遭到饥馑。乔治四世的伦敦虽然不
317 卫生到了惊人的程度，但是总没有像查理十世的巴黎那样不堪。二十年代法国的死亡率比英国高约50%。[①] 当1831—1832年霍乱流行时，法国人因而致死的几乎肯定比英国人多得多。[②] 英国农业工人——即梅丁格所谓的“乡下人”——的伙食有时很苦；但是没有一个地方一年之中有六个月是“专靠马铃薯和板栗”过活的，像塔尔纳县的一些自由农民那样。[③] 他们既不赤足也不穿木屐行路。只有在西群岛才能看到一些像塞纳河畔的诺让的古老房屋那样坏的房屋——“低矮、没有窗户……深陷在地面之下……照例只有一个房间，完全靠半扇门透进来的光线取亮”。[④] 虽然他曾号召大家对兰开郡纺织厂最低级工人的伙食加以注意——“马铃薯、燕麦面包、脱脂牛奶和充其量一点腌猪肉”[⑤]——但是梅丁格却肯定曼彻斯特工资劳动者在有正常工作时比法国或德国同一社会阶层人的居住条件都要好一些。

① 参阅，例如波特尔：《国家的进步》，第18—19页。

② 法国人十万零三千人（勒瓦瑟尔：《法国人口论》〔Levasseur, *La Population Française*〕，第2卷，第146页）。英国没有总的数字。在伦敦及其附近死亡数据报在十五个月内为五千二百七十五人（马提诺：《英国史》，第2卷，第73页）。据杰夫森：《伦敦卫生方面的改进》，第2页中所说，一百五十万人口中的死亡数是五千人；即使根据全国各地的死亡率都同样高这样一个肯定过分张大的假设来计算，这也不过是说五万人左右。

③ 《1814年的农业统计》（*La statistique agricole de 1814*）（1914年版），第534页。

④ 同上书，第89页。

⑤ 《不列颠和爱尔兰旅行记》，第1卷，第302页。

英国在交通工具、公德心和“合理的人类自由”各方面之远胜于它的邻国，是不须举例说明的。它的其它种种优点远不是政府的德政，更肯定不是滑铁卢战役以来当政的那些政府的政绩；但是举止受束缚的十九世纪初期的大陆人把这一切都归功于懂得在什么时候该袖手旁观，在什么时候又该自由放任——自由通行(Laisser faire—Laisser passer)的那些政府和能以把这种优良传统合理地保全下来的那些政府，倒也不无理由。

大陆人同意岛国人的看法，认为这个岛国肩负了一笔极其沉重的国债负担和一种根本要不得的税收制度。鲜为人所注意的是，其所以造成这笔国债负担的原因之一，就是卡斯尔雷和惠灵顿甚至连考虑一下向法国索取具有任何重要性的战争赔款都不肯的那种深谋远虑的、绅士派的气度。往往以被征服者为牺牲而进行战争的法国，却发现它自己所须偿付一切同盟国的赔款或损害赔 318
偿，比联合王国在联合战争时期以贷款和补助金方式所付出的数目还要少得多，[①]因为英国的这些支出，除少数例外不计，都是赠与而不是贷款，所以是无法指望以还款来减轻英国负担的。在1796—1797年曾经有几笔对奥地利的贷款，但奥皇始终连利息都不能照付。所以，正如利物浦勋爵在二十年后所解释的那样，“有了奥地利贷款的经验之后，从此再不干任何这类的事，已经成为每

① 从1793—1816年所付出的总数在五千七百万镑以上〔克拉潘：《战争时期的贷款和津贴》(Clapham, J., *Loans and Subsidies in time of War*)，载《经济季刊》，1917年12月号〕。法国支付了七亿法郎作为赔款，二亿六千五百万法郎作为损害赔偿，两共不过三千八百万镑有奇。参阅韦伯斯特：《卡斯尔雷的外交政策》(Webster, C. K., *The Foreign policy of Castlereagh*)(1925年版)，第82—85、145页。

一届内阁的座右铭”。[①] 当 1823 年由于在维也纳所实行的明智外交的结果，奥皇终于建议以二百五十万镑“偿还英国对皇帝陛下所提出的全部索赔要求时”，[②]英国公众已万分欣慰。布鲁姆所说每镑仅偿付二点五先令这样一个差可补还欠息的数目，就一位皇帝来说，实非一笔很漂亮的债务折偿费云云，诚属非礼之言，致梅特涅亲王大为不快。[③]

虽然没有任何希望再从海外得到款项来减轻负债，至少英国在海外倒也没有任何重要的负债，像二十世纪历次战争所造成的那样。[④] 1827 年国债负担的总数约为二千九百万镑——固定公债的本金是七亿八千万镑——但是，正如亨利·帕纳耳爵士所说，“事实上”这不过是“把这样多的钱从一部分公众的荷包里转移到另一部分的荷包里罢了”。[⑤] 如果“食税人”和纳税人多少是同一些人，那就不一定会发生什么特别困难了。但他们却不是同一些人；从而使科贝特的绰号有了锋芒，并且导致帕纳耳得出了这样一个具见苦心的结论：在妥善安排的财政制度之下，为支付利息而征收的捐税所会造成的损害，虽然，正如事实所表明的那样，主要“在
319 于和捐税的征收偕以俱来的开支和苛扰”，“但把国债，视为全国工业的一项沉重的负荷，却不失为公正的”。

国债负担在联合王国的 1827 年几达五千六百万镑的公共支

---

① 《韩氏国会实录》，第 32 卷，第 1030 号（1816 年 3 月）。另有一些小额贷款（《经济季刊》，1917 年 12 月号，同上）。

② 录自批评中的国会条例，乔治四世，第 3 年，第 9 章。

③ 《韩氏国会实录》（新编），第 10 卷，第 310、358 页。

④ 得自奥地利的这笔小小的意外之财是作为收入使用的。

⑤ 《财政改革》（*Financial Reform*），第 274 页。

出中刚刚占半数以上。[①] 陆海军费占一千六百多万镑，税务征收费将近四百万镑。其余七百万镑不到的数目则支应文官薪俸、文职机关经费、给某些工业的津贴，和根据国会特别条例的临时支出。为应付这笔岁出而征收的捐税不能不取自“总收入”，即来自一切资源的国民财富的年所得，这笔每年所得，就不列颠来说，据当代的估计约为三亿镑。[②] 至于爱尔兰的“总收入”则向来没有真正试图加以估计。以整数计，不妨设定不列颠人民的全部收入的六分之一是缴纳捐税的，其中食税人却从所持有的公债中平均收回国民收入的十二分之一。

在税收制度中很少是根据个人纳税能力而作的安排，虽然人人都可以不消费那些绝大部分税收所自出的半奢侈品来减少自己的税负。据亨利·帕纳耳爵士计算，主要的奢侈品税是“由比较富裕的阶层缴纳的……因为劳动阶级对这些物品使用得有限”。[③] 在他心目中的是得自糖（四百五十万镑）、茶（三百二十五万镑）、咖啡（五十万镑）、进口烧酒（三百万镑）、英格兰烧酒（二百二十五万镑）、苏格兰和爱尔兰烧酒（二百二十五万镑）、啤酒（三百二十五万镑）、葡萄酒（一百五十万镑）、烟草（二百七十五万镑）、小葡萄干（二十五万镑）和其它干果以及各式各样进口的奢侈制造品的那笔二千七百万镑以上的净税收。[④] 一位见闻广博而又胸怀磊落的政治家认为“劳动阶级使用得有限”的

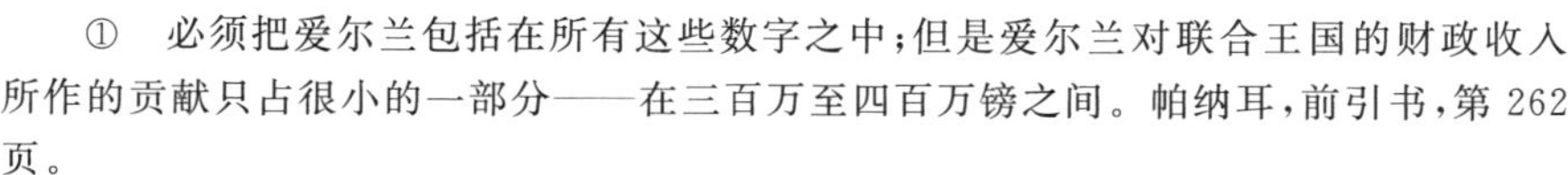

① 必须把爱尔兰包括在所有这些数字之中；但是爱尔兰对联合王国的财政收入所作的贡献只占很小的一部分——在三百万至四百万镑之间。帕纳耳，前引书，第 262 页。

② 帕纳耳，前引书，第 16 页，和该页所引证的估计数字。

③ 同上书，第 43 页。

④ 这些是 1828 年的数字。

物品的这张品名表是令人莫名其妙的。他的说法一半是纯粹的错误——工资劳动者对于烧酒、浓啤酒和烟草有很大的消费量——一半则正是一种启示，表明只担负得起这样有限一点数量的糖、茶、咖啡
320 和干果的“劳动阶级”的生活水平是如何之低。

1827年，关税和国产税的全部净收入共达三千六百多万镑。[①]其它各类税收的净收入是一千三百万镑；另有得自各种来源的二百万镑的非捐税收入。在那笔一千三百万镑之中，可以发现大体上真正是比较富裕的阶级所缴纳的那些捐税——计有虽经皮特给以固定形式并经部分赎回但仍可征得约一百五十万镑的土地税，虽在1823和1825年两度裁减却仍征得二百万镑的马车、纹章、男仆、马、狗、枪械等的“估价税”(assessed taxes)，可征得二百五十万镑的孀妇税和房捐，以及遗嘱检验和遗产税。[②]其余具有重要性的捐税究由谁负担，则情形既各有不同，而且是人各异词的。当时有各种不同的执照捐，其中包括悉尼·斯密药房所缴纳的执照捐以及拍卖商、律师和很多其它职业的从业人员所缴纳的那些，也包括饮料零售商、负贩、烟草和鼻烟制造商以及零售商、典当商和纸牌制造商的执照捐在内。发票、收据、期票、银行券、抵押契约和事实上差不多一切商业文书都有各种不同的印花税，这类印花税所征税款共达三百万镑以上。另一类印花税则包括那种经过激烈斗争的报纸捐以及1812年条例中所开列的加诸“制造、配方、改装、零售或陈列出售的人于其中握有或自称握有秘方或技巧的一

① 1828和1829年的数字大致相同。

② “估价税”这个名称常常用来把土地税、房捐等一并包括在内。

切……外用或内服的药丸、药粉、药片、药酒……”的捐税在内。[①]各种印花和执照所征税款共达七百万镑。

帕纳耳选出来作为特殊攻击对象的是非奢侈性农产品和工业原料的关税以及某些重要国内工业的国产税，也就是在他视为正当的二千七百万镑的奢侈品税和三千六百七十万镑的关税及国产税之间产生一笔差额的那一组税收。这一组税收包括进口谷物所缴纳的将近一百万镑的关税在内，因为他是以进口数字庞大的1827年作为基础的。[②] 其中也包括其它各种食品的进口税所提供的一些小数目——诸如三便士一磅的腌猪肉、二便士强一磅的奶 321
油、一便士多一磅的干酪和一便士弱一磅的猪油。[③] 这些相对高的关税阻碍了进口。除去腌猪肉以外，一切猪肉都完全不能进口；牛、羊或鹅也都不能进口。所以谷物税是这一小组税收中唯一重要的税源；然而也是间歇性的。在原料那一小组中，情形却有不同。“棉毛”，抽税虽轻——外国货是从价百分之六，运自英国领地的则是有名无实的四便士一英担——所征税款却在三十万镑以上；生丝和捻丝——尽管有赫斯基森的改革，征税仍然很重——约为十三万镑；羊毛——现在已准许英国领地免税进口，外国货按不超过一便士一磅的税率——则是十万零五千多镑。亚麻税是徒有其名的，而且寥寥无几；但是大麻税却不合理得多——因为联合王国出产的亚麻很多，但大麻很少，而供作制绳用的大麻却是经常需

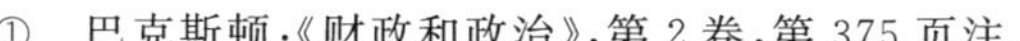

① 巴克斯顿：《财政和政治》，第 2 卷，第 375 页注。

② 本卷，第 239 页。

③ 奶油恐怕不是当做食品进口的：非用一根涂黑油的棒插进桶里把它“糟踏掉”不可。

要的——约按百分之十二征税，税收在十万镑以上。

木料税是原料进口税之中的巨大税源。它的特殊安排是战时遗物。[①] 英国没有波罗的海枞木、波罗的海松木，以及从克来彼达和但泽进口的橡木是不行的，虽然英属北美的枞木只缴纳十先令一船而波罗的海枞木却须缴纳二镑十五先令，即征税最轻的波罗的海松木所缴的关税也比相应的美洲原料多九倍以上。共计木料税约可征得一百五十万镑，其中有一百三十万镑以上是得自枞木、松木和条板的。结果，缺乏森林的不列颠为它的木料所花费的要比其它任何国家都多得多；因为美洲木料虽征税很轻，却须担负大西洋那段漫长而又迟缓的拖运。另两个结果是：建筑商在建造城市廉价房屋时不得不节省木料——“为了省木料而常常把房屋盖成平顶而不是有适当坡度的斜顶”[②]——以及，据辩称，在同法国人较大较廉的渔船所作的竞争上北海和英吉利海峡的渔业吃亏不
322 浅。[③] 法国船当时比英国船既大又好又多，以及英国渔业的不太发达，都是无可讳言的：至于由关税造成的木料昂贵——此外还可以加上绳索和粮食，这两者也都是由于同样的原因而昂贵的——究竟是如何重要的一个原因，却是一个争论的问题；但木料的低廉是不会没有帮助的。

---

① 本卷，第 237 页。

② 休姆的作证，《进口税审查委员会》，1840 年，询问案第 1468 号。

③ 《进口税审查委员会》，1840 年，询问案第 2989 号。关于法国在渔业方面的竞争之所以成功的其它但或许更重要的原因，参阅《英吉利海峡渔业审查委员会》(*S. C. on British Channel Fisheries*)，1833 年(第 14 卷，第 69 号)。另参阅《得文郡渔业审查委员会》(*S. C. on Devon Fisheries*)和《渔业岩盐使用审查委员会》(*S. C. on the Use of Rock Salt in the Fisheries*)，均 1817 年(第 3 卷，第 117 和 123 号)。

生铁税是收入既不多、负担也不太重的一种税收。当时英国所需要的唯一的一种外国铁，就是瑞典和俄国的泡铁条（blister-bar），这种铁条的关税合计约为从价百分之十，在市场疲软的时候或稍高于百分之十。[①] 在设菲尔德加工之后，它的价值会增加如此之多，所以这笔关税对于它以刀具形式的复出口也就不成其为障碍了。除开二三百吨的锌——每吨征税十镑！——之外，其它贱金属或“半贵重”金属简直完全没有进口。

有一些很不合理的原料税散见于税则各款，既不保护任何人，也得不到很大的税收。这就是从百分之三十到四十的普通松节油税；十先令一吨的生硫磺税和六镑一吨的制硫磺税；以及各种树胶的关税。最后，最不合理，但收入也最丰的是沿海装运煤炭的帝国税。在英格兰口岸这类煤炭每吨征税四先令：在威尔士口岸一先令八便士：在爱尔兰口岸一先令七又四分之一便士：在苏格兰口岸免征。[②] 沿海装运的石板也同样征税，这两种税共征税款约九十万镑，却是以广大消费者为牺牲的。从前一世纪沃波耳取消大部分出口税时保留下来的那项关税发展而来的更加苛重得多的煤炭出口税，实有助于阻碍原可成为英国主要出口贸易之一的那项贸易。但我们却不能轻轻给它加上不合理这三个字的封号。在它的 323

① 不是三十先令一吨。直到1825年一直是六镑十先令一吨。关于价格的沿革，参阅屠克：《价格史》，第2卷，第406页。

② 这些以及其它各税，都按1827年的情形便于查阅地开列在帕纳耳的前引书的附录一。在1824年以前还有另一种税，按三先令六便士一吨加征于运进伦敦的煤炭。参阅波特尔，前引书，第277—278页。斯马特：《经济年鉴》，第2卷，第196页。1824—1825年的预算自然将税则大加修正，但是要称之为“自由贸易的预算”，像斯马特那样，则未免过分。

背后有这样一种考虑，即如何保全国家的一项独特资财，而这项资财的出口是不会不助长外国竞争的。[①]

帕纳耳在1830年挑选出来作为攻击对象的制造品国产税，就是玻璃税、纸张税和印花布税。如果他早一年执笔，无疑他还会再加上皮革一项。在1822年范西塔德已经将皮革税减去一半，这样就把它恢复到安娜女王逝世以前的标准，古耳本在他的1830年预算中则将其余部分一并取消——使国库牺牲了三百四十多万镑。[②]这项税收是这十年的特色，而且像其它国内工业税一样，由于对工业技术和组织方面的影响，是至关重要的。直到1824年为止，和它密切相关的还有一些——新近制定的——早在十八世纪结束以前就常常被认做是已经过时了的那一类的法律规定。这些规定是“关于用马革制造鞋靴和加意防范剥揭时损及生革和生皮的”1800和1801年条例所制定的。[③] 条例中载有对剥揭工作进行检查和给不熟练的剥揭工以训练的规定。伦敦方面的检查虽然据说到1824年已经成为“儿戏”，[④]但在很多地方却都是认真其事的。例如在爱丁堡，这些条例在二十年代时方开始雷厉风行，并且在某些地区屠户须把他们的皮革送到相当远的地方去呈请检查员检验。在1824

① 托伦斯在1826年所用的论据，引证自斯马特，前引书，第2卷，第379页。资财可能是有时而尽的这一观念当时还不流行。

② 斯马特，前引书，第2卷，第80、538页。

③ 《建议废止先王陛下第39、第40和第41年两项关于使用马革等等条例的议案审查委员会证词记录》(*Minutes of Evidence taken before the Comm. on the Bill to repeal two Acts of the 39th and 40th and 41st of his late Majesty relating to the use*)，1824年(第7卷，第183号)。

④ 帕纳耳，前引书，第111页。

年，很多专家都认为检查保全了质量，所以赞成把这种办法保留下来；但是它在赫斯基森时代的竞争性的政治经济气氛之下，却难以幸存了。然而只要皮革税继续实行，制造过程的某种政府管制就是无可避免的。为国产税的利益计，染革业和鞣革业不准合并——至少不得合并在一个厂址上。“国产税”，一位见证人在 1813 年曾经解释说，“限定我们在……染革时不得……使皮革减少，因为须按全部重量纳税。现在皮革一旦到了鞣皮匠手里，表层皮……就要被他 324
刮掉很多”。[①] 一位染革匠在 1824 年说，如果不是这项严禁行业合并的规定，那些检查条例早已是多余的了。如果一个染革匠对于皮革的全部利害关系只在于染革，那么交进来和交出去的皮革在剥揭方面有什么损害是和他不大相干的：皮革的价钱自然会小一点，少卖一点钱，但不一定影响到他的染革费。但是他如果也是和皮革最后的精度和均匀度有利害关系的一个鞣革匠，那么他就更可能会拒收剥揭得不好的皮革，从而保持住剥揭水平。[②] 所以国产税章程是工业综合化的一道障碍物和有助于保持染革及其有关行业的那种小规模的，差不多中世纪的组织的一个力量。[③]

这类后果却不能归咎于印花布和洋纱的国产税。主要的印染厂都是很大，很现代化的。税很重——三又二分之一便士一码——但如果货物装运出口，税款就可作为退税发还；棉纺织工业的地位在 1828 年是那样强大，以致所征款项的三分之二以上都是

---

① 《皮革税审查委员会》，1812－1813 年(第 7 卷，第 593 号)，第 30 页。伯蒙德塞的塞缪尔·贝多姆的作证。

② 《1824 年审查委员会》，第 25 页。

③ 本卷，第 170 页。

发还的。[①] 即令如此，还是剩有将近六十万镑的一笔净收入，这也就是说四千万码以上的一项国内消费。在另一方面，玻璃税和纸税，除有增加主要消费品国内成本的后果外——甚至二级纸也征税一又二分之一便士一磅——像皮革税一样，对工业也起了僵化作用。在玻璃税终于在1812年提高以前，每年保留供国内消费的英国玻璃为数达四十一万三千英担。在1829年则仅只三十六万四千英担。当三十几年前大战开始时，曾经是三十七万四千英担。[②] 为税收的利益计，每个玻璃厂至少驻扎两名国产税征收员。“不先把我们的打算通知派来监督我们的官吏，我们在自己的业务调度上就不能有任何举动”，[③]一位制造商在1833年这样说。“我们非整天送通知不可”，柳卡斯·钱斯这样说。玻璃厂有执照捐、
325 坩埚中所熔解的全部玻璃的一项按磅计的课征和超过坩埚照例熔解量百分之五十以上的那一部分玻璃制成品的超额重量的另一笔磅税。这就无怪乎国产税征收员常常用铁“标尺”测量坩埚了。

但这还并不是最糟的。每一个坩埚里膛的尺寸都必须登记，锻炉须有一定的形式，“只准有一个炉口”，而且炉口必须可以上锁。为了检查的便利，每一个玻璃厂只可生产一种玻璃。

高级玻璃厂不得制造铅玻璃，玻璃板厂不得制造玻璃瓶。普通玻璃瓶厂不得生产容量在六两以下的小玻璃瓶。高级平面玻璃或德国式平面玻璃厂

① 帕纳耳，前引书，第40页。

② 拉德纳：《袖珍百科全书》，“瓷器和玻璃”(1832年版)，第142页。

③ 引证自鲍威尔：《英国的玻璃制造》(Powell, H. J.: *Glass-making in England*)(1923年版)，第153页。

不得生产超过九分之一英寸厚的玻璃，玻璃板厂不得生产超过八分之五英寸厚或不到八分之一英寸厚的玻璃板。[①]

这种制度对于组织和发明的影响是无须强调的。它偶尔产生出一些用回炉的碎玻璃制造廉价品的非法锅炉，黑暗角落里的偷偷摸摸的黑市商。但是，尽管造成了这样的损害，三分之一以上的英国玻璃在海外找到了市场，并且征自这三分之一的税款是作为退税发还的。[②]

纸张税的主要弊害仅仅是它的重量——一切印书纸和写字纸一律三便士一磅。在 1831 年，英国制的上等纸——即布浆纸——共四千五百万磅。按一又二分之一便士征税的次等纸仅制造一千五百万磅。[③] 在二十年代后期实施的那项法律（乔治三世，第 43 年，第 69 章）公布时，次等纸是不会搞错的。它订明为“只用未……提出沥青或焦油的旧麻绳”制成的棕色纸张，[④]并且可以从它的气味来辨认。但是到了 1830 年，便宜得多的原料可供利用了，而且有了除气味的制法。因而用次等原料制造的纸张可以同上等纸竞争了。对于公众来说，这没有什么不公平可言，但是随着一度泾渭分明的等级界限的趋于模糊，行业中的一些混乱和摩擦

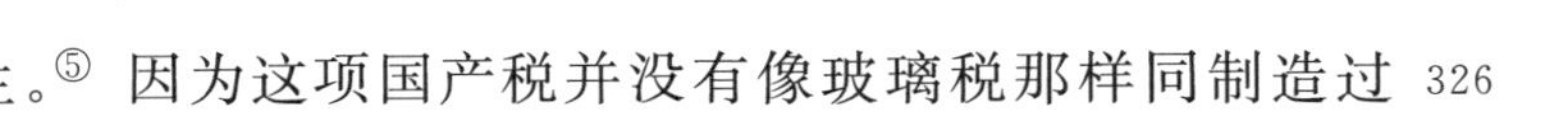

也就随之而生。[⑤] 因为这项国产税并没有像玻璃税那样同制造过 326

① 鲍威尔，前引书，第 155 页。

② 同上书，第 41 页。

③ 《国产税调查委员会第 14 次报告书》，1835 年，第 74 页。爱尔兰制造的计上等纸一千三百万磅，次等纸五百万磅。

④ 同上书，第 10 页。

⑤ 结果，在 1836 年，税率划一为一又二分之一便士一磅。

程纠缠起来，而是加在最终产品上的，所以除去仅仅由于它对需求设定了严格的界限从而妨害了改良之外，我们没有任何理由认为它妨碍了这种工业的自然发展。

大多数制造品的关税都得不到税收，但原意倒也不是为了税收而设的。它们坦坦白白都是保护性质的，虽然目前在多数场合下已无此必要。一般归功于赫斯基森的 1824—1825 年税则的变革，并没有在任何本质上改变了这个制度。对法国丝绸只征收百分之三十的从价税而未禁止进口；但是尽管有种种相反的预测，这却证明是足够防止大部分法国丝绸的进口了。“1825 年以来进口的总数”，帕纳耳在 1830 年完全正确地写道，“不够几天的消费”。[①] 把一切棉制品税合并为百分之十的从价税，并没有对进口发生任何显见的影响。在关税高的时候，曾经有少数的特别“订货”进口，但是关税降到百分之十时，进口的却也不多。呢绒税从百分之五十减到百分之十五以上，其效果也大致相同；进口的呢绒增加了一些，但无足轻重。玻璃、瓷器、手套、麻布、花边和其余等等都是如此。鉴于 1825 年预算的最后**杂项**条款所作的凡未列举的制造品一律按百分之二十纳税一节，则改革的根本保守性可以概见。由于英国的工业领导地位，百分之二十的一般税率对于大多数外国制造品来说，已足可封闭它的口岸而有余了。“1825 年以保护税代替禁止进口的办法真正造成的变革很小或根本没有造成任何变革”，帕纳耳这样说。“如果自由贸易……是正确的政策，

① 《财政改革》，第 73 页。

那么这项政策尚有待采纳实行”。[①]

虽然适用于制造业和农业这两者的保护制度仍旧原封未动，和它长久以来密切联系在一起的出口津贴，却几乎不是寿终正寝，就是判处死刑了。其中最重要的谷物津贴——初次试办于乔治二世治下并于革命时立为永久制度——已经失效达三十余年。差不多同样古老的捕鲸业奖励金——开始于 1732 年，并终于在滑铁卢之役那一年由乔治三世，第 55 年，第 32 章加以规定[②]——已经在 327
1824 年听其期满作废。它的任务，据认为，已告完成。出口丝的津贴——原是不常给付的——已经在同一年任其归于无效。[③] 麻布津贴也已经宣布停止实施。粗麻布津贴原已有人建议立即废止，细麻布津贴则逐步递减 10％至于完全取消为止。但是在阿伯丁郡拥有选民的那位自由贸易急进派约瑟夫·休姆以及其他制造极粗粗麻布的东苏格兰人却一直主张给这两种麻布以平等待遇。爱尔兰的利益也不能不加以考虑；麻布制造——不论粗细——被认为是一种起开化作用的力量。结局对这两类麻布都采取了逐步废除的办法。[④] 1827 年在麻布津贴方面仍支付了二十多万镑；但是根据第二年的一项条例，这个制度订于 1832 年 1 月 5 日起停止

① 《财政改革》，第 72、74 页。

② 斯马特，前引书，第 2 卷，第 194 页。关于捕鲸业津贴的一个现代辩解，参阅克莱门茨·马克姆爵士：《恬静之乡》(Markham, Sir Clements R., *The Lands of Silence*)(1921 年版)，第 189 页。在 1732 和 1787 年之间，捕鲸者的人数从不到十个人增加到一百八十五人。

③ 斯马特，前引书，第 2 卷，第 199 页注。

④ 同上书，第 2 卷，第 195、213 页，赅述了这些论辩。

施行。[①] 奖励捕获青鱼和熏制青鱼的津贴在1824和1830年之间也逐渐裁废。熏制津贴首先废止。对苏格兰和爱尔兰渔业的特别津贴——约十万镑一年——在坎宁执政时以乔治四世,第7年,第39章宣布予以废止。"它们准于1830年4月5日起停止实施",帕纳耳这样写道。但是因为"后来津贴的废止是那样常常以法律加以规定,却又那样常常延期实行",[②]他并不相信这类津贴会真正废止。事实上它们确是废止了。

除开颇为可观的麻布津贴之外,英国的收入,在这十年之末,只剩下一种津贴的负担了,它的确切数额当时是有争论的——即复出口食糖的津贴。在进口时征税的食糖,在复出口时有权申请退税。有鉴于计税的方法,在1824年有人认为这种退税起了津贴的作用,甚至在食糖未经加工而装运出口时亦复如此。在1824年和以后几年中,公认加工出口货退税的计算方
328 法中包含了一项巨额津贴,"据一些可靠人士说,可高达六先令或七先令一英担"。[③] 帕纳耳站在万无一失的地位说,"为了西印度种植园主和外国消费者的利益而给予出口商的〔这笔〕慷公家之慨的大量赠与……"可以算做是五先令一英担,也就是就1828年来说共约十万镑以上。

总之,津贴只是作为帝国产品的一般优惠待遇制度的一个很次要的部分而残存下来。爱尔兰麻布津贴之所以得到保护是政治原因重于经济原因的。大家都认为不列颠不再需要津贴了,即使

① 帕纳耳,前引书,第130页。

② 帕纳耳,前引书,第132页。

③ 同上书,第139页;另参阅斯马特,前引书,第2卷,第217、265页。

在原则上不反对津贴的人也都抱这样的看法。在议会中的政治经济学家看来，为了支付津贴而不能不保持一些对生产者和消费者苛扰的税课的那个原则，实不无可议之处；并且这种看法适用于每一种津贴。经济学家对于大部分，纵非全部的优惠税则也持反对态度，因其终于会成为母国生产力和消费能力的负担。据帕纳耳计算，那种具有超级帝国优惠性质的东印度公司茶叶垄断权，使茶叶价格，"除开税款不计，比纽约和汉堡的价格加了一倍"，并且"以加价的方式"加征了"至少二百万镑一年的一笔税收"；优惠糖税，因排斥低廉的外国糖和东印度糖，无异是"加诸公众的"——至少——一百五十万镑一年的"一笔税课"；而"船舶所有主和加拿大商人所享有的木料贸易垄断权"致公众损失一年一百余万镑之巨。①

这些，以及咖啡、生革和纺织原料，都是优惠税的突出事例；但是这个原则却几乎在税则的每一页上都是被承认的。粗酒石和秦皮、黄杨木、西洋杉、乌木、桃花心木和仙人掌；熊皮、海狸皮、猫皮、狐皮、燕皮、水貂皮、獭皮和浣熊皮；阿拉伯树胶和驼绒；鱼胶、鲸脑油和油脂；郁金、蜂腊、松脂和蓖麻子；以及肥皂、铣铁和铁条——
在它们所想要运来的这些和其它一些东西上，殖民地和海外领地 329
都得到了切实的优惠待遇。② 它们反过来也必须给联合王国的产品和制造品以优惠待遇，结果是母国"实际上在以产品供应殖民地方面仍享有旧日垄断权的一切利益"。③

① 《财政改革》，第 5 页。

② 这些品目按 1827 年的情形表列于帕纳耳，前引书，第 313 页。

③ 帕纳耳，前引书，第 239 页。

但是如要不举债而能以支应公债的本息和其它国家服务方面真正很有节制的开支，那就不能不对某些物品征税——除非国会能再度接受那项“大受质询的”财产税，而这项税课是在1816年3月18日，在“连续几分钟之久的大声欢呼”之下，一违当时财务卿之所愿，以二百三十八票对二百零一票予以废除的。[①] 十年之后，一切有资格的财政学家都能了解：恢复某种形式的财产税的征课，对于财政制度的任何改革都是至关重要的。利物浦勋爵曾经反对废除财产税，并且始终以此为憾。“如果我们能尽自己的职责”，他在1824年写信给坎宁说，“我们应该将我们的直接税至少增加二百万镑”，[②]并将关税和国产税削减四百万或五百万镑。在1827年，这个原则实际上已经为内阁所接受；但是在这项原则能以适用之前，哥德里奇的内阁倒台了。[③] 梅丁格在那一年9月寄自法兰克福的信说，单单一项有条不紊的财产税就能使英国政府把苛重的进口税一并取消，这显然是反映了他在1824、1825和1826年旅行期间所搜集的一般舆论。[④]

“在选择新税时”，帕纳耳在三年之后能以这样写道，“那项税究竟应该是什么税，似乎只有一种意见。对我国财政、商业和农业困难的问题持极端相

① 斯马特，前引书，第1卷，第468页。

② 引自哈勒维：《十九世纪英国人民史》(Halévy, E., *Hist. du peuple anglais au 19me siècle*)，第2卷(1923年版)，第183页。

③ 赫里斯：《传记》(*Life*)，第2卷，第1编，第132页。

④ 《不列颠和爱尔兰旅行记》，第17页。

反原则的人们，在建议补救办法时，也已经把所得税作为其中的一部分了”。[①]

他建议1.5%或2%的一种税率，但未详加说明，按这个税率他认为“或可征得三百万镑”。同一年，赫斯基森、波利特·汤姆森和奥尔梭普勋爵在辩论时都接受了这个原则，后者以他一贯的坦率态 330
度声称，减低商品税和“征收财产税以弥补从而造成的损失，可能是一个很好的办法”。[②] 这个好办法他却始终未予实行，虽然他担任财务卿多年而尽有付诸实行的机会。

在这十年之末，英国税制，尽管在原则上没有改变而且还有根本的缺陷，但是在细节上比1820年的情形却有条理得多，也合理得多了。至少政府在为自己辩护时未始不可以这样说。在这个殖民地和航海政策密切关联的制度中现在又作了一番更大限度的调整，连同一些幅度虽小但显见是原则性上的变革。自美洲殖民地丧失以来，根据枢密院令和条约所作的不相称的调整，已经使那以整个新大陆是某一人的殖民地为根本假定之一的殖民和航海制度同现存事实相适应了。在这期间，靠了掠夺和协定，新领土连同新的需要和新的产品一并落入帝国的版图以内。后来，西班牙美洲起义的成功，使新大陆布满了非任何人的殖民地的国家。凡美国产品[③]必

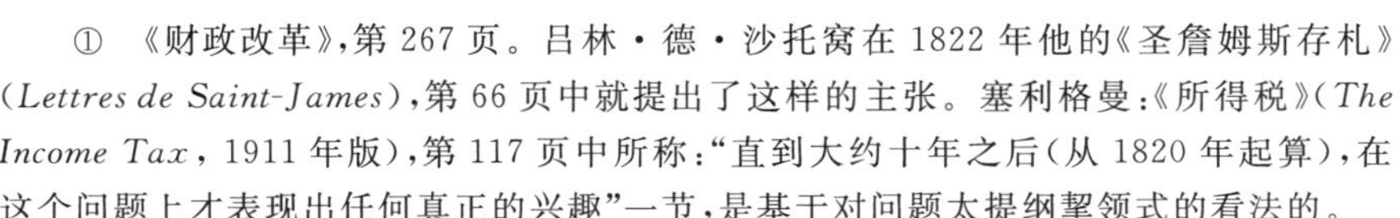
① 《财政改革》，第267页。吕林·德·沙托窝在1822年他的《圣詹姆斯存札》(*Lettres de Saint-James*)，第66页中就提出了这样的主张。塞利格曼：《所得税》(*The Income Tax*，1911年版)，第117页中所称：“直到大约十年之后(从1820年起算)，在这个问题上才表现出任何真正的兴趣”一节，是基于对问题太提纲挈领式的看法的。

② 《韩氏国会实录》，第23卷，第908页。

③ 这项原则也适用于亚洲和非洲的产品，但附有某些例外。

须由英国船舶装运进口的那项航海法的旧规定，也就是为应付 1783 年以后的美国情形而已经放宽了的那项规定，四十年后显然是过时了。限令殖民地产品的某些列举的品目——其中以糖、烟草和棉花为主——只能运往英国的那一款，在适用到这样一个帝国，而它的重心已经从弗吉尼亚、南北卡罗利纳和西印度群岛转移开来的时候，变得特别不全面了。古代英国人对荷兰人的嫉视已经消失殆尽，而且在维也纳会议刚刚议定把比利时各省并给荷兰，并由英国出钱来巩固它防范法国的工事，以便——为英国的利益计——加强荷兰王国的时候，专门对付荷兰人的立法早就特别不合宜了。[①]

1822 年的华莱士条例（乔治四世，第 3 年，第 41、42、43、
331 44 和 45 章）已经承认这些事实；已经从法典上删除了大量陈腐的法律；已经不顾航海法的规定而给予某些既成事实以立法上的承认；并且已经松开了航海法上的一两个次要的症结。[②] 1825 年的赫斯基森航海条例（乔治四世，第 6 年，第 109 章——“为奖励英国船舶和航运的一项条例”）已经将这项法律著诸法典，但是并没有放弃更多的原则。其中固然没有针对荷兰人的特殊条款；但是，正如在查理二世条例中所载，[③]仍然有一张货物品名表，即非由英国船，或货物出产国船，**或货物进口所自国船**装运，不得输入联合王国**供国内使用**的欧洲产品品

① 在 1818－1820 年，我们为加强沿边炮台——包括伊泊尔炮台在内——而支出的款项尚不止一百五十万镑。《经济季刊》，1917 年 12 月号，第 500 页。

② 斯马特，前引书，第 2 卷，第 104－106 页。

③ 并非航海条例本身而是“逃漏关税”条例，查理二世，第 13 和第 14 年，第 2 章。

名表。黑体字的语词表示出症结已经松开，但是其所以松开却是为英国人的便利计的。一度是非法的货物，现在为转口贸易计，可以在不列颠境内存栈以待复出口了，断定一艘外国船从该国口岸装运的货物究竟是否真正该国产品的那种试图——繁难至于令人难以置信的程度——对欧洲已经放弃。至于非欧洲产品，则现在无论用英国船或货物出产国**和**货物进口所自国船都可以装运进口了。这就为遥远大陆上实行自决的"各国"保留了回旋的余地，因为这类国家现在已经成立，而且其中有一些已拥有远洋船舶。这种办法事实上只适用于美洲：中国茶叶不见得会用帆船运来，象牙也不会用桑给巴尔的帆船装运。但是同欧洲相比，美洲却被限制得更严一些——因为用了一个"和"字而不是"或"字。现在一艘葡萄牙船虽然可以从里斯本装运西班牙的葡萄酒，但是一艘美国船却不得从纽约装运古巴糖到伦敦存栈。①

非欧洲产品甚至不得用英国船从欧洲口岸装运的旧规定依然保留未动。它的目的是为给英国以长程而不是短程的航路。但是这一规定并不适用于从欧洲土耳其运出的亚洲或非洲产品。332

沿海贸易以及英国和所属殖民地之间的全部运输贸易，正如向来的情形一样，是保留给英国船舶的。"母国和殖民地之间的一切往来，不论直接的或迂回的"，赫斯基森在介绍他的方案时曾经这样说，"以及殖民地相互间的一切往来，将认为

① 对产糖殖民地的特惠待遇妨碍了古巴糖的运供此间消费。

是完全而绝对地保留给我们自己的一种沿海贸易”。[①] 应该注意的是，东印度公司的领土并不是这项条例所谓的殖民地。董事们得管理各友邦船舶在那里进行的贸易；依照 1819 年所作的一项特殊安排，美国船甚至得载同运往公司各口岸的货物从不列颠取得执照出口。[②]

从航海和殖民政策最初之日起，各殖民地就可以任便把很多种类的产品运往它们所愿装运去的任何地方。这项自由现在一般化了。那个陈腐的“品名”表已经废止；但是对于各类食糖的破格的优惠税率同全部殖民地产品的强制运入英国口岸是一样有效的，这对于西印度群岛和圭亚那大为有利。从未“列举过”的牙买加咖啡的情形亦复如此。现在每一个殖民地都有自由港，可以通过它来吸取外国产品，如果该外国愿意遵行自由殖民地政策并准备实行互惠的话。但是没有任何一个大殖民地国——荷兰、法国和西班牙——愿意实行完全的互惠。荷兰不准备实行任何互惠办法。事实上新制度的主要后果是为美国的某几种产品——主要是粮食和烟草——的输入各殖民地开了一个方便之门。

这项法律并没有像某些古老法律所规定的那样，限令各殖民地只能从英国购买它所不能生产的制造品。但是这个目的是通过另一种手段来达到的，即各殖民地所需要的英国产品的优惠税。鉴于英国政府为殖民地的利益而加诸英国消费者的负担，在这一点上固毫无不公平可言，但是却妨害了自由港的自由。赫斯基森

---

① 《韩氏国会实录》，第 12 卷，第 1097 页。

② 本卷，第 487 页。

的法律，帕纳耳在1830年这样写道，

> 并没有能收这样的实效，使殖民地贸易比过去更加自由一些。……这些〔差 333
> 别税率〕是那样之高，以致事实上，在以英国产品供应各殖民地方面，英国仍享有旧垄断权的一切利益。在1825年就预料到，一面建立殖民地自由贸易而同时给英国制造品以保护的那个企图必归失败……今竟不幸而言中……。①

赫斯基森所首创的那一系列著名的互惠条约，严格讲来，同航海法并不相干。在旧制度之下，甚至在“合法”货物由外国船载运进口时——例如由葡萄牙船装运的葡萄酒，或汉堡船装运的麻布——对货物也有种种不同的差别课征，也就是古代对外关税的残余，对船舶则有较高的口岸、灯塔及港口等捐。在货物由外国船装运进口时，其复出口退税也比较少。意欲取得的结果是，甚至在航海法公开给外国人的那些贸易上，也给英国船舶以优惠待遇。这样一种制度，正如赫斯基森在1823年所说，只有在外国同意时方有实施可能。首先起而反对的是美国。1815年英国让步，同意给美国船以口岸和关税的平等待遇。葡萄牙继起反对；继而荷兰；然后普鲁士也开始以报复手段相威胁。赫斯基森的互惠条例（乔治四世，第4年，第77章，和乔治四世，第5年，第1章）授权政府，得根据条约或枢密院令，建议给一切由外国船依法输入或输出的货物以平等待遇，但以该外国对英国船和由英国船输入的货物不课以差别税为条件。到了1830年，普鲁士、丹麦、瑞典、汉撒诸镇、梅克伦堡、汉诺威、美国、法国、奥地利和差不多所有南美的新兴各共和国都已经接受了

① 《财政改革》，第238—239页。

这项建议；虽则由于它们不准备给予完全平等待遇而不是全都享有完全平等待遇的。例如，根据 1824 年 11 月的枢密院令给予始终未能缔订条约的荷兰人以口岸捐的平等待遇；但是两年之后，因为他们“所予太少而所求太奢”其过在彼，坎宁遂加“征荷兰船以仅仅 20%”，以示薄惩。[1] 这 20%一直附加了十几年之久。

334 完全互惠条约究竟有些什么作用不妨举一件条约——1824 年 4 月 2 日的英普条约——来予以说明。[2] 两国船只在彼此港口中所征的捐税应完全平等。两国中任何一国出产的货物，凡依法可以运转的，得毫无差别地由任何一国的船只往来装运。如果进口货在其它方面是合法的话，任何一国均不得仅因其由另一国船只输入，而加征任何货物以特殊关税。英国将不以依法可以出口或复出口的货物因由普鲁士船只装运的缘故，而不发给津贴或退税。两年之后(1826 年 5 月)，普鲁士也取得了同各殖民地进行贸易的权利，这项权利，是荷兰不愿让与因而始终没有得到的。普鲁士因为没有殖民地，不能用同样的让与来换取。所以它用来进行交换的是保证给予英国商务和航运以“最惠国待遇”。它所享有的对殖民地贸易的权利并不能使它的货物豁免给英国产品以特别优待的殖民地关税：而只不过保证给予货物以进口权以及在用普鲁士船输入时给以用英国船输入时所能享受的同样待遇。因而才有

---

① 参阅坦珀利：《坎宁的外交政策》(Temperley, H. W. V., *The Foreign policy of Canning*)(1925 年版)，第 295－296 页。关于互惠条约，参阅克拉潘：《航海法的末期》(*The last years of the Navigation Acts*)载《经济史评论》，1910 年 7 月和 10 月号。

② 这些条约以及各项枢密院令都很便于查阅地搜集在麦格雷戈：《商业统计》(Macgregor, J., *Commercial Statistics*)，4 卷装，1844 年版。

了帕纳耳对维护英国旧垄断制度所发的怨言。华莱士、赫斯基森和贯彻他们的政策的人们都是以严格限制的对象为目标。[①]

二十年代议会政治家之中的思想家正不断地受到经济学家的影响。利物浦勋爵认识到了他在财政问题上的“职责”，而深以未能尽职为憾。[②] 赫里斯那位高贵的托利党人，“那位白发苍苍的老财政家赫里斯”[③]和他具有同感。纵非1815年谷物法的生父也是它的教父的辉格党的帕纳耳，在1827年向下院解释说，在对“和他有关的科学”有了更深切的认识之后，他已经改变了他的主张。[④]“在1813年以后，租税方首次得到了完善的解释。……也是在 335
1813年以后，李嘉图先生方始发表了他的关于工资和利润以及低利润促进资本从本国向外国转移的倾向等新理论”。他进而总结李嘉图的论证说，昂贵谷物意味着迟早必造成高工资；工资高则利润低；利润低则资本短缺。但并非所有议会政治家都是思想家；甚至于经济家也是小心翼翼的；对于一切和国家权力有关或认为是有关的问题，一般都不愿意应用一种太严格的经济理论。利物浦勋爵碍于一次不学无术的、绅士般的全体一致的票决而不得尽他的职责。李嘉图甚至在他的第三版《政治经济学及赋税原理》

① 他们一定会被下述的说法弄得莫名其妙：“由于赫斯基森的开明政策，旧航海法已经在互惠的条件下予以废除”。《英国政治史》(*The Political History of England*)，第11卷(1906年版)，第207页。

② 本卷，第329页。

③ 本杰明·狄斯累利致萨勒·狄斯累利函，1832年5月15日。《狄斯累利传》，第1卷，第205页。

④ 演讲全文(《韩氏国会实录》，第16卷，第1101页)引证于斯马特，前引书，第2卷，第414—415页。

(1821 年)中讨论税则时,也只不过建议“逐步回复到普遍自由贸易的健全原则”而已:[①]为了特殊的理由,他直到逝世时止一直赞成十先令的固定谷物税。[②] 马尔萨斯亦复如此。[③] 每逢航海法提出讨论时,亚当·斯密的那种袒护富有者的辩护之词总是挂在每一个人的口边。迟至 1840 年,詹姆斯·迪肯·休姆这位帮助李嘉图和马尔萨斯建立政治经济学俱乐部并帮助赫斯基森修改税则的自由贸易派海关官员,以诘屈聱牙的词句向一个国会委员会解释说,这里所以有一些“从自由贸易类中举出的事关安全和道德问题的国防、国民健康和自由劳工的事例,因为它们都是为了与贸易无关的目的而依法加以干涉的”。[④]

的确,在一般议员的思想上,并不是对于一切干涉都太武断地加以反对。限制性立法的一批批地废止——从学徒法的废止到斯比脱菲尔兹法和结社法的废止——与其说是由于理性上偏爱所谓
336 经济自由,毋宁说是由于为处理随时发生的各式各样问题缺乏建设性的理想,以及为执行残存的限制性立法甚至缺乏适当的机构。废止了的那些限制性法律都是毫无例外地运行得既无实效而又不公平,但是没有一个人有现成的替代办法,或准备去面临一大堆行

① 《全集》(麦卡洛克编,1852 年版),第 191 页。

② 《论农业的保护》(*On protection to Agriculture*)(第 4 版,1822 年),《结论》。他认为十先令“作为加在谷物生产者身上的特别税……的一种平衡税不免太高”,但“津贴宁可失之于丰而毋失之于啬”。

③ 参阅《人口原理》,第 6 版(1826 年),第 2 卷,第 12 章注。马尔萨斯认为“贸易的完全自由……我们所担心的那种幻境,是永远不能实现的”。同上。

④ 《进口税审查委员会》,询问案第 1411 号。他所提到的自由劳动是指“奴隶生产的”食糖的特别课征而言,所提到的卫生则是指检疫法而言。

政方案。在抨击那项——用现代语来说——由政府强制执行地方化工业中的行业协定[①]的斯比脱菲尔兹政策时，对于这些条例仍然载诸法典“不禁表示惊异”的李嘉图，仅仅使下院同意了他的这样一项论证：即这些条例果真像它们的辩护人所说的那样有益，那么为什么不先适用于整个丝织业，然后再适用于全国各行各业呢。[②] 这无异是一种**反证法**，不论他的听众是否这样认为，它也总不失其为**反证法**。好也罢，坏也罢，事情都是不可思议的，当时英国的工业是那样无组织，眼界又是那样局于一隅，并且是处于那样不停的变动之中，以致在比斯比脱菲尔兹大得多的地区中就始终无法达成行业性的协定，或纵令达成，也无法维持，因为对于这样的行业协定在行政上是不可能有适当的监督的。兰开郡法官是骑马跑到曼彻斯特去解决棉布计件工资那一切错综复杂的问题吗？如果是这样，他们的裁决在恰巧坐落在柴郡境内的斯塔利布里治又会产生什么结果呢？这个制度甚至连艾塞克斯郡都没有实行，正是反对斯比脱菲尔兹制度的最有力的论证。

如果有任何限制性的议案看上去可以行得通，它早会几乎不受任何挑衅就通过了，尤其是如果看上去可以促进和它们在“下层阶级”中的地位相适应的那种善良行为和品德，或可确保英国的权力的话。友谊社的立法乃是，举例来说，各大学或布鲁克斯的立法

① 本卷，第 209 页。

② 是以六十八对六十的多数在 1823 年 6 月 9 日通过的。参阅克拉潘：《斯比脱菲尔兹法令》，载《经济季刊》，1916 年 12 月号。

或怀特的立法所不反对的一种干涉：它是十足限制性的。[①] 当轻
337 率地废除结社法而引起理所当然的罢工时，议会——正如我们所熟知的那样——对于凡不能请到一位治安法官担任会计的职工会不予承认的计划，给以非常认真的注意。[②] 对于英国海权的担心，在乔治四世，第 4 年，第 25 章“商船招收学徒人数条例”通过以前的辩论中可以清楚地看出。它是赫斯基森的条例之一，并且像他的其余很多条例一样，只不过是一项古老的重商主义政策的现代版而已。[③] 十年以前，陆上学徒制就已经不再是法律所规定的了；但是始终没有从法典中取消的海上学徒制，现在不仅得到了确认，而且还用新规定予以加强和支持。船舶所有主须保证在吨位和学徒之间保持一适当的比例；船舶愈大，所雇的契约学徒就必须越多，以便能有足够多的训练有素的海员。这项法案并没有逃过李嘉图这一关。他说：“要制定法律，限令每一个外科医生必须招收一定数目的学徒以奖励外科医学的进步，那就更加不公平了”。他也指出，这有助于，或可能有助于加重学徒的工作，压低海员的工资。赫斯基森却能以船舶所有主都非常满意于这项措施来作为回答。他相信除李嘉图先生外，每一位下院议员也都如此。在这项议案进入三读阶段时，甚至李嘉图也不再反对了。[④] 因为赫斯基森为他们在航海法典中保留了他们所重视的大部分东西，所以这

① 本卷，第 297 页。

② 韦伯夫妇：《工会运动史》（Webb, S. and B., *History of Trade Unionism*）（1920 年版），第 106 页注。

③ 它取代了远溯到安娜女王，第 2 和第 3 年，第 6 章的若干条例。

④ 《韩氏国会实录》，第 8 卷，第 551、663、1125 页和斯马特，前引书，第 2 卷，第 168 页。

些船舶所有主仍负有——诚然，并非不情愿地——图报国家的义务。应知英国海军在缓急之际仍须从商船队中征发人员来加以配备；并且在此后很多年中，据一般海军方面的意见，也看不出有什么其它的方法来配备海军。①

详细规定货物应如何制造、丈量或买卖的那些限制性法律，即在十八世纪中叶仍然时髦的那一批法律，已经差不多全都听其失效了，但其中很多是最近才失效的。迟至 1765 年还制定过一部最复杂的法律（乔治三世，第 5 年，第 51 章），即无数部法律中的倒数第二部，②

以便废除几部关于约克郡呢绒制造的法律和其它几部关于规定这类呢绒的特定宽长标准的法律，并取代西莱定境内的棉布业……为防止在证明棉布规格方面的欺骗行为，和保全该项制造品在国外市场上的信誉而订立的其它几项章程。

自从大宪章第一次提到 una latitudo pannorum tinctorium（染色布的宽度）以来，现在制造商织造任何尺寸和重量的布匹在英格兰各地 338
都不违法了。但是这项条例却规定了一整套检查员、视察员和监督员的定额编制，来保证布匹的长短和质量，保证布匹在张布机上不过分拉长，并从而“保全它们在国外市场上的信誉”。在约克郡的西莱定——具有老英格兰特色的郡经济是值得注意的：兰开郡没有设检查员——所织造的每一匹布仍须加盖戳记。所有这些规定一时

① 本卷，第 501 页。

② 希顿：《约克郡的羊毛和毛丝工业》，第 414 页称之为“差不多最后一部”。最后一部是一项修正条例，乔治三世，第 6 年，第 23 章。

都颇雷厉风行。“在刚一取得这项条例的时候”，一位证人在四十年之后这样说，“我们看见他们〔官吏们〕每天要检查我们的张布机一两次，有时甚至三次”。[1] 但是在这次作证时，管制已渐成具文了[2]。为表明一定的长短，布匹都加盖戳记；但是很多商人并不重视这种戳记，而且往往宁取他郡不盖戳记的布匹，而不取西莱定盖戳记的布匹。鉴于西英格兰的上等布从不加盖戳记，这种情形也就不是不合理的了。但是在 1806 年国会没有采取任何措施，西莱定的这些法律重又拖延了十五年，然而却一年比一年更流为具文。

继而，在 1821 年，有一个审查委员会对这些法律进行了调查。[3] 只有约克郡一郡定有这类法律的这一事实乃是应予废止的明证。显而易见的是，正如这个委员会所指出，它们绝不是“保全国外市场上的信誉”的要件，因为在国外没有一种布匹比没有任何限制性规定的科次窝尔德流域的布匹更为人所称誉了。有一位证人，一位哈
339 利法克斯的制造商，兴高采烈地说他每天都违法。[4] 哈利法克斯的另一位大制造商说他近二十五年来每天应该罚款一百镑——一个绝好的、大胆的、以应受的处分来夸口的陈述。[5] 哈利法克斯的这些证人都是经营规模既大，而且和没有任何加盖戳记法的兰开郡——相距约仅十英里——有商业上的密切接触的。但是小企业家，尤其是重呢绒产区的那些，却是严格守法的；虽然他们这样做的理由并

---

[1] 《报告书》，1806 年，第 3 卷，第 157 页，和希顿，前引书，第 416 页。

[2] 或许并不像希顿教授所暗示的那样无效。

[3] 《呢绒标识法审查委员会》，1821 年（第 6 卷，第 435 页）。

[4] 华特豪斯：《报告书》，第 8 页。

[5] 娄森：《报告书》，第 22 页。

没有清楚说明。巴特莱的罗伯特·克拉潘和他的所有朋友曾经举行过一次会议，并且意见完全一致。他们的主要理由是戳记在债务和破产要求方面的用处。“戳记是我所依据的东西；我曾经靠它胜诉过不止一两次”，[①]据白斯塔尔的詹姆斯·奥迪这样说。作为赞成戳记的另一项理由，他说“三个织布者之中没有一个会丈量布匹”。在要求对这一论点加以解释时，他说“十足诚实的人不多”。得自艾德尔、希普莱和利兹的证据也证明家庭呢绒商对于这项法律是有感情的。他们认为“这些法律是他们和商人之间的一层保障。”如果他们抱这种看法，那么这些法律在某种场合下多半是一种保障，因为在这类事情上家庭织造者应该懂得什么对他们有帮助。但是一般的证据证明，商人一向是凭他们自己的估计而完全不凭戳记。一个哈德兹菲尔德商人制造者直到被追问时方承认说，在从家庭织造者买进时，如果丈量后发现布匹“低于戳记”，[②]也就是不足戳记所标明的尺寸，他就比合同价格少付钱，但是如果高于戳记，却并不多付。戳记仿佛也并不能起多大的保护作用。

委员会忠实地汇报了家庭织造者的观点。他们指出了这项法律对于商人制造家的不便，以及它在哈利法克斯地区被玩忽的情形。他们说明了它在利兹一带仍然是很受欢迎的，甚至在商人中间；但是现在决定价格的丈量既然到处都由商人来进行，他们实无法解释它何以会受欢迎。他们总结说，这类法律可以安然予以废除。乔治四世，第 1 年和第 2 年，第 116 章既经予以废止，由国家

① 《报告书》，第 88 页。

② 里格莱：《报告书》，第 5 页。

340 规定呢绒制造已达一世纪之久的这段故事遂告一结束。

在这个场合下，国会机器已经依照最古老的先例，由请愿书推动了起来。“关于使用马革制造鞋靴，和为慎防剥揭时损伤生革……”条例在1824年的废止，以及接踵而来的皮革税及其有关章程在1827年的废止，都是旨在应付通过请愿书而反复陈述于国会的那些疾苦的。例如，1813年对于皮革税在这个行业的组织和健康方面的影响所进行得非常详尽的调查，就是对请愿书的一个答复，在1824年也有关于马革的请愿。[①]

约克郡戳记和标记条例的废止已经使国会对于苏格兰麻布类似条例的废止有了思想上的准备。有一些苏格兰人也一直是积极于请愿的。自从1727年以来，苏格兰制造品和渔业保管委员会有差不多一个世纪的时间总是把英格兰根据合并法（“等同物”）应付给苏格兰的款项的一部分用于发展麻织品。在乔治二世时，它曾经为家庭妇女设置奖金，开办纺织学校，从圣康坦招聘法国人到爱丁堡，并颁给发明家以奖品。这个委员会在十九世纪初期仍然是极其活跃的。在1803年它的视察员没收了若干质地很坏的麻布，于是委员会下令将这些麻布分别在福尔法尔、基里木尔、格拉斯密、敦提和布里金的集市日公开焚毁。四年之后，它的职员又从事搜查坏的大麻子和处罚卖布短缺尺寸的人们。1813年，它正对水力帆布织机的发明人进行奖励。它不断地奖励大麻种植，并且通过它的查验员厉行乔治一世时代的一项要求对苏格兰一切麻布进行查验和加盖

① 本卷，第323页。

戳记的法律。(在英格兰对于麻布却没有这类的规定。[1])

1820 年 7 月,苏格兰市议员的旧宪法组织,即皇家市议会,曾经通过一项建议,大意说:“查验员对麻布进行查验和加盖戳记殊无裨益,而无异是一种制造品税,应予废除”。[2] 看上去查验员本 341
身就在破坏法律,像哈利法克斯的商人制造家一样,因为苏格兰所制造的主要麻织品没有一件是合乎法定宽度的。一旦听到这项建议,保管委员会立刻在 1820 年 11 月 21 日——当时的委员是复审法院审判长、调查委员会主任委员、阿伯克朗比、约翰·海爵士和吉耳伯特·英内斯——决议:第一,“既然这个制度在苏格兰已经遵行将近一个世纪之久,并且,据一切明智的制造家和麻布商的判断,对一切关系人等都有莫大的裨益……要推翻这个制度,不独失策莫此为甚,抑且愚不可及”,以及第九,“若干年前,敦提的职工……在叫做囊布的那种织物的制造上进行试验”,因为没有检验和标记办法,致使“质量和价格都〔日益〕降低,这是尽人皆知的”。尽管有保管委员会的这一项和另外七项主张干涉的决议,一两年后还是有人,大约是皇家市议会的议员,把这个问题提交赫斯基森了。保管委员们听到赫斯基森反对他们,于是极力抗争,但是他不为所动。[3] 他在 1823 年提出了一项议案,主张废除一切有关苏格兰制造品的法律,这些法律,正如他在插句中所说,是“在下院习惯于干涉个人业务的那个时期”通过的。[4] 他断言苏格兰人民会以

① 沃登:《古代和现代的麻纺织业》,(1864 年版)第 5、17、18 页。

② 参阅《手织机织工审查委员会》,第 3 卷,第 693 页及以下。

③ 沃登,前引书,第 19 页。

④ 引证于斯马特,第 2 卷,第 164 页。

满意和感激的心情对他的议案加以接受；在下院没有一个人反驳他。这个议案没有经过什么辩论就变成为法律(乔治四世，第3年，第40章)，保管委员们的论据被根本攻破了。这并无关宏旨，因为他们本身就是在同一年裁撤的。

在对于赫斯基森的议案进行简短的辩论时，帕纳耳声称也应该把这项原则推行到爱尔兰，自1710年以来爱尔兰就也有它的法定麻织品保管委员会，和一整套麻布法及查验人员——仅仅在阿
342 尔斯特一地就有查验员三百五十六名。保管委员的办事不力是远近皆知的："他们对于他们银钱关系的粗心大意"[①]在1810年已经遭到了爱尔兰会计委员非常激烈的批评。但是整个说来，爱尔兰是缄默的，并没有进行请愿：很可能是限制性法律适合于它的经济发展水平。的确，甚至到1840年时，爱尔兰麻布业中的"大部分人"，"仍然指望以立法规定作为福利和保障利益的要件"，[②]正如二十年前约克郡的罗伯特·克拉潘和詹姆斯·奥迪那样。尽管如此；尽管有二十二项爱尔兰麻布法在1825年废止(经乔治四世，第6年，第122章予以废止)并另有四项法律定于翌年废止；尽管在1828年保管委员会也被裁撤，可是它的权力却移交给爱尔兰总督；并且在维多利亚女王的第1年，又重新制定了一套详细的爱尔兰麻布法典，连同郡委员会、为保护买主或卖主的查验员、市场视察员以及对盗用棉纱的职工的特别处分等，有效期五年(维多利亚，第1和第2年，第52章)。

---

① 《手织机织工》，第3卷，第689页，对爱尔兰法律有充分档案根据的历史的综述，本段即以此为据。

② 《手织机织工》，第3卷，第708页。

厂外加工的家庭工人的盗用和滥用原料及棉纱之类的半制成品，一直是雇主在厂外加工制度之下的经常风险之一。为取缔这类行为曾经有过无穷无尽的立法。由于一种奇特的时代错误，为处理这类行为的法定机构在英格兰毛丝业中比其它一切立法规章的寿命都更加长些——并且迄仍残存。在十八世纪第四个二十五年之初已经肯定是资本主义性质的，而且在雇主和佣工之间已经有了一条斩截的鸿沟的西莱定毛丝业中，这类法律——当时是不胜其多的——在雇主看来已经是完全不适当了。工人已经组织起来，“倘使一个雇主要把这类法律付诸实施……他不但会找不到一个黑腿，而且会陷自己的生命财产于危险之境”。[①] 所以雇主成立了对峙的组织，筹募基金，并雇用视察员来控制不老实的厂外加工工人。继而他们向国会请愿，并且在 1777 年，根据乔治三世，第 17 年，第 56 章而为现仍存在的约克、兰开斯特和柴郡的毛丝委员会取得了法律

上的承认。值得注意的是，他们有了这样的明辨力去谋求对一个工 343
业区而不是照老办法对仅仅一个郡行使职权。其它各区都纷纷效法；到了这十年之末，萨福克、诺福克和瑙威治，以及包括林肯郡、累斯特、腊特兰、北安普敦、贝德弗德、罕次岛、伊里岛和剑桥在内的这个庞杂地区，都有了法定的毛丝委员会。但是这些地区，除瑙威治外，都是印染区域，它们的委员会是没有持久重要性的。

约克郡委员会——以总办事处设于哈里法克斯——握有极为可观的权力。雇主的一个发放待纺羊毛的职员，如查出存有羊毛

① 詹姆斯：《英格兰毛丝纺织业史》，第 202－203 页。关于一般的历史，参阅希顿：《约克郡的羊毛和毛丝工业》，第 418 页及以下。

而不能提出圆满的解释时，就认定是非法取得的。要洗清这项罪名，他必须证明自己的无罪。工人如不能在八天以内将适当加工的原料缴还，他会像真正盗用原料一样地受处分。国会甚至给予雇主一些很像征税权的权力。肥皂是应税物品；但是在工业用肥皂方面却有退税办法。委员会的职员有权在这笔退税中每先令抽取二便士供作委员会的办公经费。这个有势力的、专恣的组织以设计利兹—利物浦运河的那位教友会的羊毛批发商约翰·赫斯特勒为第一位主席，它的委员是选任终身并由联合选举撤换的。

委员会在制造业区域的核心地区推行政策虽有相当成功，但在边缘地区却往往受到势力更大而专恣略无逊色的郡法官的阻挠。1801 年，里士满的法官以“国会条例专断，不宜执行”为理由，拒绝了它的一个视察员的判决。[①] 在狄斯累利的所谓“我们的地方宪法”之下，对拥有主权的国会的这样一种挑衅是可能的。但委员会并不仅仅是惩戒工人的一个组织。它也对以实物给付工资的雇主提起诉讼；同走私梳毛出口或企图使出口合法化的人们进行斗争；奖励改良和发明；并以罚款用于疗养院和主日学校。十九世纪家庭纺织的没落自然限制了它的功能；但在二十年代它却是兢兢业业的，而且随着肥皂的工业用途日益增加，经费非常宽裕。根据 1821 年的命令，委员每次开会付给出席费二基尼币，另给旅费
344 津贴每英里二先令。[②] 关于瑙威治委员会的历史至今还没有编写成书：但是因为诺福克在从厂外加工向工厂条件过渡的阶段上落

① 希顿，前引书，第 429 页。

② 同上书，第 436 页。

后于约克郡，所以它在二十年代或许是有相当重要性的。

比为棉布制造所制定的最老章程更加古老的，古老到的确不知始于何年何月的一种章程——一种经济习惯法，就是虽已奄奄一息但仍存在于各郡的那种面包定量定价章程。[①] 根据这项章程，比治安法官还要古老得多的地方当局原来在假定面包价格固定不变的条件下，曾比照谷物价格规定了面包的重量。目的在于为面包匠规定他们的社会服务应得报酬所依据的比率：他们买进谷物的价格提高了多少，他们就可以将按一定价格出售的面包分量比例地减少多少。在前几个世纪中，按事情的性质来说，它主要是和城镇居民有利害关系的一种制度。十八世纪时，乡间面包匠已经在南英格兰的若干地区中发展起来，但在十八世纪以前却还没有。在北部，他们在1820年都还没有出现；而且由于乡间风俗的传入成长中的北部各城镇，加之大多数城镇的易于取得燃料，所以在串特河以外家庭烘制面包虽不普遍，却依然是常见的。在1815年，据说曼彻斯特的一半人口都是自制面包，虽则是花钱到公共炉灶去烘制；[②]从利兹寄给1821年国会委员的一封信中解释说，面包定量定价章程在那里完全没有“实施”，因为大多数人都在家里烘制面包。所以在贩卖面包的面包匠发展起来之后，他们一直是自由的。[③] 在1813年，斯坦福德对于定量定价章程颇伤脑

① 关于定量定价章程的历史，参阅韦伯夫妇：《面包定量定价章程》(*The Assize of Bread*)，载《经济季刊》，1904年6月号。

② 法伊：《磨粉匠和面包匠》(Fay, C. R., *The miller and the baker*)，载《剑桥历史季刊》，第1卷，第91页。

③ 《面包制造及贩卖章程审查委员会》(S. C. *on the regulations relative to the making and the sale of bread*)，附录。

筋，那里分量随时增减的老式面包仍然通行——“我们的面包是定量定价的面包，重量变化不定”[①]——在德尔比郡亦复如此。再往北一些，定量定价章程有时可能实施，但是绝不会具有真正社会重要性。

345 至于伦敦，在安娜女王逝世以前，定量定价的老办法已经过时，因为面包匠不买谷物而买面粉了。[②] 所以，在那一朝代，首都法官曾奉命对面粉价格加以考虑。在乔治二世朝后期(1758 年)，曾经制定了一项规定，订明一袋二百八十磅的面粉须制出二十配客(peck)的面包。这时伦敦的定量定价章程是由规定每配客面包的价格而予以“实施”的。后来，在对定量定价章程的兴趣重又到处恢复起来的一个高物价时期，法官的便宜行事权经 1797 和 1805 年的条例取消了——后一条例对于凡以一袋面粉制成适当数量面包的面包匠，一律给以十三先令的固定报酬。这一方案使他在面粉价格上完全无利可图了：无论买贵买贱，赚项都是一样的。在滑铁卢战役的那一年它遭到了一个下院委员会的严厉批评：由于以八百名面包匠的请愿书为后盾的这项批评，伦敦定量定价章程终于由乔治三世，第 55 年，第 49 章予以废止。但是伦敦却将有关面包重量、掺杂掺假和面包匠按法定重量及大小烘制面包

---

① 《就伦敦以外……面包定量定价章程有关部分改变和修正乔治二世第 31 年和乔治三世第 13 年条例的议案审查委员会》(*Comm. on the Bill to alter and amend 31 Geo. II and 13 Geo. III, so far as they relate to the Assize of Bread outside…London*)。

② 《乡间面包匠请愿书审查委员会》(*Comm. On the Petitions of certain Country Bakers*)，1813 年，第 1 页，以及法伊，前引书，第 1 卷，第 86 页。

的义务等项规定一并保留未动。[①] 四年之后，(乔治三世，第 59 年，第 36 章)以一些虽不相同但大体相似的规定，推行于原没有制定任何定量定价章程的“死亡周报表实施范围和皇家交易所十英里范围以外”[②]的一切首都外围地方。

战后时期的复杂情况有如下述。伦敦没有定量定价章程，然而却有面包章程。其它很多地方也没有定量定价章程——不是已经废置不用，就是因为新的地方而从没有适用过——但也有稍稍不同的面包章程。在另一些地方，定量定价章程则仍以这一种或那一种的形式继续“实施”。在没有定量定价的地方，根据 1773 年的一项条例，治安法官在荒歉的年份有权强迫面包匠只制造和出售一种面包[③]——标准白面包，同 1916—1918 年又为国人所熟悉的那种面包相似。在年成不好的时候，治安法官立即采取行动。在 1813 年，即十九世纪初期价格最高的那一年，在依然实施定量定价章程的那些地方的乡间面包匠，曾经向国会哭诉治安法官的横暴，这至少可以表明治安法官并不总是——像常常提到的那 346
样——苛待贫民的。在巴思和布里斯托尔他只给面包匠每袋面粉十先令的利润，而伦敦则给以十三先令。在牛津郡，他们仍然是按老办法，以小麦为“准”的。在伍斯特，面包匠的利润有三十年没有提高过。治安法官认为提高“对贫民殊为不利”。结果，据说没有

① 法伊，前引书，第 87 页。韦伯夫妇文，见《经济季刊》，1904 年 6 月号，第 216 页。

② 1821 年奉派调查这项法令实施情况的委员会。

③ 韦伯夫妇文，见《经济季刊》，第 213 页。

一个面包匠能单单靠烘制面包为生。[①]

到了 1821 年，荒年似乎已成过去，[②]对于定量定价章程和其它一切面包章程的兴趣也都淡薄了。奉派查报“面包产销现行章程”的 1821 年审查委员会，肯定地赞成试行完全自由贸易——“至少为期一年”——但须遵守取缔掺杂掺假法和面包匠须随时应顾客之请称面包重量的法律规定。为了某种未说明的原因，渊源于这些建议的那项法律（乔治四世，第 3 年，第 106 章）只适用于伦敦十英里半径以内。但是国会已经表明了它的意向。更加重要的是，二十年代时面包已经比较便宜了。只是由于战时和战后的连年歉收，定量定价章程和它的辅助性立法方得继续有效。在二十年代后期和三十年代初期也许偶尔“实施”过这类章程。但在任何地方都不再为人所关心。在北部新兴的各工业中心，却从未为人关心过。1821 年曼彻斯特曾经报告说，那里如有面包出售的话，总是违反一切规章而论磅出售的：它以它完全不受限制自夸。利兹，正如上文所述，也没有任何章程。但是直到 1836 年（根据威廉四世，第 6 年和第 7 年，第 37 章），治安法官规定面包匠的利润或面包价格的权利和义务，才终于为一项条例所取消，这项条例几乎是 1822 年伦敦条例的翻版。

曾经使面包定量定价章程继续有效的战时和战后艰难岁月，几乎成为旨在制止高利贷的那一套虽不太古老但仍不失为可尊敬的
347 限制性法律的致命原因——任何一种已知的局势都未必那样有利

① 录自《乡间面包匠请愿书审查委员会》。

② 本卷，第 133—134 页。

于或有碍于章程。既经原封不动地渡过了这些年月，被多方规避而几成具文的高利贷法，仍将有整个一世代的苟延残喘。现行法是安娜女王的那项法律（安娜女王，第12年，第16章），这项法律，已将最高法定利率从6%降至5%，而只有以船为担保的抵押借款和以船货为担保的抵押借款[①]准许较高的利率。历经十八世纪的大部分期间，根据亚当·斯密的说法，法定利率一直还是“高于而不是低于市场利率的”。[②] 斯密对于这项法律并无异词。虽然他承认5%的法定利率“或许不比任何利率不适当”，意在言外，一切利率都可能是不适当的，但是他却进而以下述的理由攻击高达8%或10%的法定利率说：如果采纳任何这类的数字，“那么贷款的大部分必会是借给纨绔子弟和空想家的”。[③] 对于这一点，杰雷米·边沁曾经在1787年——在最后于1816年以《为高利贷而辩护》(*Defence of Usury*)这个书名印行的一些函件中——反驳说，纨绔子弟不见得能掌握英国的大量资金，至于空想家，却正是大多数好事之所由来：“屠巴尔·凯恩本人就是他那个时代的一个空想家，名气之大，和托马斯·隆比爵士或布莱斯主教不相上下”。[④]

边沁也曾经说明了一个纨绔子弟可凭以逃避法律的一些妙法，并补充说：

如果这一页的效果是指点给一些否则会想不出这样一个方便之门的人以规

① 关于这类抵押借款，参阅《政治经济学词典》，“船货抵押借款”条。

② 《国富论》（坎南版），第1卷，第91页。

③ 同上书，第1卷，第338页。

④ 《全集》（包林版），第4卷，第27页。

> 避取缔高利法的锦囊妙计，而且是既安全又便利的一个，我在良心上并不会深感不安。我希望我可以对于高利贷者的祷告提出某种要求，不论那些祷告在减轻负担方面究有什么效验。我想你不会……奇怪我何以说，我对于这类祷告的效验并不比对于其它任何阶级的人的祷告的效验更加缺少信心。[1]

在十八世纪时尽管经济困难的妄想家、纨绔子弟和商人逃避法律，可是就大多普通业务往来而论，规避却是不必要的，因为市场利率不到5%。但是拿破仑战争将近结束时，当二十年来的公共借贷
348 已经验使市场利息高涨起来的时候，英国政府本身“允给以现款购买的公债以折扣”，[2]而往往提出比法定利率为高的利率。到1816年，高利贷法已经差不多扼杀了普通的抵押业务。抵押，由于它的种种法定手续，正是逃漏最难的一种业务。地主在1813—1815年谷价暴跌的沉重打击下，找不到任何抵押品，因而不得不以迂回的方法，按算下来有10%以上的利率从保险公司借款；[3]因为高利贷法，正如边沁所指出，从未推行到“保险的各部门，也未推行到年金和以应得遗产作抵押的重利借据的买和卖”。[4]在1817年，萨京特·昂斯娄在亨利·帕纳尔的支持下，曾经提出过主张取消这类法律的议案。他特别着重于爱尔兰的需要：爱尔兰“土地肥沃、人口众多、气候适宜，而只绌于资本”，如能得到金融方面的自由贸

---

① 《全集》（包林版），第4卷，第13页。

② 李嘉图的作证，《高利贷法审查委员会》（*S. C. on the Usury Laws*），1818年（第6卷），第5页。

③ 参阅1816年3月布鲁姆的发言，载《韩氏国会实录》，第32卷，第392页。

④ 《全集》，第4卷，第14页。

易，则一定比联合王国的其它各地受惠更多。[①]

昂斯娄的议案并未大力推动：提案人同意这个问题尚需进一步的考虑。1818 年，提出报告的那个下院审查委员会曾给以这样的考虑。它听取了最可靠的作证。李嘉图证明在他所接触的范围内，逃避法律的事情“差不多无时无之”。在证券交易所方面，“通过股票货币价格和时间价格之间的差额，规避是很容易的”。如果你有证券的话，你就可以按 5％以上的利率借款，如果，“货币价格和时间价格之间的差额能提供较高的利率”，那么你就可以按较高的利率贷放。这是“照例的、经常的办法”，并没有因为大多数“期货”交易严格地说是非法的而受到任何影响。[②] 法律专家说明了想进行抵押的人最近的种种困难，太阳保险公司的一位代表则说明了保险公司所实行的贷放办法。内森·罗思柴耳德说，据他所知，类似的法律在每一个国家都为人所规避，而在荷兰或“汉堡”则根本没有这类法
律；虽然一位荷兰证人指出事实上他的本国并非没有这类法律，不 349
过不适用于商业事务，另据一位旅居汉堡的英国侨民说，汉撒诸镇也有高利贷法，但是犹太人避不遵行，正如内森·罗思柴耳德所正确陈述的那样。[③] 只有塞缪尔·葛尼根据可以说是道德和宗教上的考虑而对于高利贷法进行了暗中有利的作证。[④]

委员会的报告赞成废除，并且举出了另一项理由：市场利

① 这项讨论扼述于斯马特，前引书，第 1 卷，第 475 页中。

② 《报告书》，第 5—7 页。

③ 《报告书》，第 17 页(罗思柴耳德)，第 42 页(荷兰证人华林)，第 51 页(汉堡的桑顿)。

④ 同上书，第 24 页。

率——随着战时借贷的停止——现又已降到法定利率以下，时机刚刚凑巧。但正是由于这个事实，一个地主的国会也显然兴趣冷淡了，因为地主们又可按合理的条件得到不动产抵押品了，并且他们厌恶放债人和高利贷那个可恨的字眼。昂斯娄废除高利法的议案——他持之甚坚——在 1821、1824 和 1825 年都未能通过。1826 年，议案在政府的请求下撤回，虽则皮尔承认在前一年恐慌之际，市场利率跳动的时候，法律又曾给人以麻烦。[①] 此后十年，利率一直保持在 5%以下，因而对整个问题的兴趣，除少数唯理主义者外，都渐渐地淡薄了。[②]

马尔萨斯告诉他的同时代人说："有一种向来公认是人人所享有，而我确信并未享有也不能享有的权利——即不能以劳动公平地换取生活资料时取得生活资料的权利。我国法律的确是说人人享有这种权利"，所以除非听由人口原理横行肆虐，那么改变我们的法律，"正式否认贫民享有赡养费的**权利**"，就是我们义不容辞的了。"我建议制定一项章程，订明凡在该法公布届满一年后的任何婚生子女，和届满二年后的任何非婚生子女，都没有享受教区帮助的资格"。[③] 对于未来的一代，则济贫法——事无巨细概以女王命令行之
350 并由国家为全体臣民承担责任的那样一个时代的产物[④]——应干脆

① 斯马特，前引书，第 2 卷，第 396 页。关于利率，参阅杰文斯：《通货和财政的研究》(Jevons, *Investigations in Currency and Finance*)。

② 但是从 1833 年起英格兰银行再不受这项法律的限制。本卷，第 509 页。

③ 引自《人口原理》，第 6 版(1826 年)，第 2 卷，第 319 页。

④ 这些句不是马尔萨斯的议论。

停止实施。马尔萨斯不仅仅对当时的行政措施持批评态度——像一切见闻广博的人那样：而且认为，“弊害之所以产生，根本观念上的错误比随之而来的行政上的错误要负更多的责任”。①

1832—1834 年的准马尔萨斯派的济贫委员们跟他同走了一半路；但是他们缺乏他那种学究式的勇气。他们曾经有这样一种想法，认为应该使济贫捐成为一种国家的而不是教区的课征。他们承认赞成这种变革是有理由的。但是要他们给马尔萨斯所否认其存在的那种权利以完全的国家承认，却又有所踌躇，因而宁愿听其作为一种半有半无的权利，也就是一种低级的教区权利。他们似乎认为教区并不完全是“政府”。他们想把他们的准马尔萨斯派的正统论和现行制度的基础一并加以保全。国民权利的想法，据他们说：

在原则上是碍难承认的。由政府方面许给所有人以生活资料，使政府成为一切不幸、疾病、浪费无度，和不良习惯的总保险者，也许是比现行教区制度好一点的一个方案；但仍不失为这样一种建议，即肯定教区制度已不可能有真正的改良，而国家制度已成为立即防范崩溃的唯一代替办法，亦即船舶遇险时唯一能诱使我们抱住不放的一块木板②。

然而他们却建议把济贫法比自从伯尔雷勋爵③和劳德大主教④时代以来更加直接地置于“政府”，即中央政府的掌握之下。他们是以成为他们那个时代之特色的财政上的理由为依据而拒绝考虑这

① 《人口原理》，第 2 卷，第 295 页注。

② 《报告书》，第 179 页。

③ 英国政治家，1520—1598 年。——译者

④ 坎特伯里的大主教，1573—1645 年。——译者

个方案的。繁荣的格恩济岛有一笔单独的济贫基金;但这是非有“一种不少于3%的一般所得税”而不能办到的。[①] 意在言外,为了救济贫民而每英镑征收将近七又四分之一便士的一种一般所得税,是不可思议的。纵令你准备担负这样一笔负担,可是如果你为了英格兰和威尔士贫民的缘故而开始对私人财产征税,那你又怎样应付“居住在爱尔兰和苏格兰的”基金持有人呢?

就是马尔萨斯担任一个为立即行动而制定原则的委员会委员的话,他也未始不会对于坚持他为整套济贫法所立的时限有所踌
351 躇。没有一位二十年代的政治家会把它作为一种施政方针来考虑的。“我常常听坎宁先生说,英国对欧美竞争的胜利正是得利于它的济贫法;它们使人民安于他们的负担,并且曾经把英国挽救出革命”。[②] 无论这种说法对还是不对,坎宁总是具有代表性的。在牛津的伊顿学院而不是腊斯金学院受教育的一位现代学者颇倾向于他的看法。[③] 比权利宣言更古老,比辉格党和托利党更古老,比高教派、低教派和有组织的非国教派更古老的限制性的反个人主义的伊丽莎白条例,不仅仅是英国宪法的一部分,而且的确是普通英格兰人在日常生活中最经常意识到的那一部分。除马尔萨斯外,很少人敢于或愿意谈到“根本观念的错误”。1832年的调查委员们力称他们的政策显然贯彻了伊丽莎白时代的**精神和趣旨**,来表

① 《报告书》,第180页。

② 乔治·本廷克勋爵,引自迪斯累利:《本廷克传》,第127页。

③ 阿希比:《在沃里克郡一个乡村中济贫法百年来的实施》(Ashby, A. W. *One Hundred Years of Poor Law Administration in a Warwickshire Village*)(牛津社会及法律研究),第3卷,1912年,第103页。“从1785到1800年,如果英国不曾保持这样一种制度……它的宪法难免会遭到激烈的变革”。

示对这项条例及其精神和趣旨的既有威望的敬意，要肯定这些调查委员们在每一个场合下究竟抱有多少诚意，会是饶有兴趣的，但他们无疑是具有政治智慧的。[①] “我们所建议取消的户外救济”，他们接下去辩称——因为，正如众所周知，他们希望对户外救济，尤其是对补助工资的救济立一时限——

> 一般是部分救济，这种救济……是和伊丽莎白条例的第 43 条不相符合的，因为该条例的制定人不可能意在使督理员为有工作的人……“再安排工作”；他们所说“凡不利用寻常和日常生活技能谋生的人”这句话，也绝不会是意指“那些确实在利用一种寻常和日常技能的”人而言的。

对于比寇克的李特尔顿评注[②]还更加古老的一项条例作这样的审查和诠释并不是不适宜的。

由于两个世纪以来行政政策的不断变动，环绕着伊丽莎白条例第 34 条而发展起来的执行法典的各有关机构已经毫无规则地 352
遍布于全国。这些机构之中最古老的一种，就是原本打算并且主要用来收容一种特殊贫民——即游民、娼妓、半犯罪者和违犯济贫法者——的自新院。1776 年的报告表明大多数郡都已经执行了伊丽莎白时代的命令，建造或购置了这类的“自新院”，并且一直维持至今：在少数郡中且有若干所之多[③]。自从 1776 年以来，这一

① 《报告书》，第 262 页。

② 爱德华·寇克：《李特尔顿评注》(Edward Coke, *Commentary upon Littleton*)出版于 1628 年，是英国法律史的一部重要著作。——译者

③ 《未列入会讯中的委员会报告书》，第 9 卷。《1776 年工厂等报告书》，第 4 节。《游民和自新所》(*Vagrants and Houses of Correction*)：郡报告书。

制度已经没有进一步的发展;在十九世纪初期的济贫法争论中,自新院自难出现。[①] 就时间前后来说,其次就是城市贫民习艺所了,这些习艺所是为了因应全城的需要,并为避免在小城市教区中纯粹由教区办理的浪费,而根据国会特别条例设立起来的。[②] 其中最老的是伦敦城贫民协会习艺所,贫民协会是国会在1647年创立的一个团体。"主教门街的伦敦贫民习艺所"已经在1698年根据1662年的条例成立。[③] 布里斯托尔、赫尔、埃克塞特、克里狄敦、利物浦和林恩各地的贫民习艺所也都创始于威廉和玛丽朝;其余则大部分创始于前两位乔治王的朝代。在1750和1800年之间首都大约有二十个教区——其中有一些人口之稠密和克里狄敦或林恩不相上下——成立了同一种类型的习艺所,往往是设在旧有的基础上。[④] 但是即使把这些以及像牛津(1771年)和希鲁兹伯里(1783年)的少数十八世纪后期的法定市习艺所一并包括在内,到1800年,总共也不过四十多个。此外还有一二十个城镇以及少数像伯蒙德塞、圣马丽·马格达冷和德特福德的圣保罗那样的大城镇教区也都有类似的机构,但从来没有为它们申请过特别条例。[⑤] 大多数设有法定或非法定习艺所的城镇都位于太晤士河以南;但是德尔比、利物浦和普雷斯顿也居于这些城镇之列。在十八世纪

① 这个名词未见于1834年报告书的索引。

② 这些贫民习艺所连同它的成立年月载在1776年报告书第一节。另参阅韦伯夫妇:《英国地方政府》,第4卷(1922年),第115—117页,并散见第2章各页。

③ 乔治:《十八世纪的伦敦生活》,第218—219页。

④ 韦伯,前引书,第110页注。

⑤ 表列于1776年报告书的第2节中。这些表并不十分完备。伯明翰没有列进,但是它有一个十八世纪的贫民习艺所。

后期，这些都市贫民习艺所中最大的一个是瑙威治的那一个。它创立于1771年，是为全城服务的。在七十年代初期，当瑙威治的 353
人口在二万至三万之间的时候，它在深冬之际平均容纳一千二百人，其中六百人是身体健康的，其余则是儿童和残废。① 当时伦敦虽然没有一个教区习艺所能容纳身体健康的贫民达三百人之数，但是圣詹姆士、威斯敏斯特和白礼拜堂的圣马丽等教区都各容纳二百名以上。

当1756年萨福克郡的卡尔福德县和科尔尼斯县的绅士，在维尔农海军上将的领导下，受权把二十八个教区的行政统一起来，并在纳克敦欧石南灌木丛设立纳克敦工业习艺所时，联合教区建立贫民习艺所的原则才第一次推行到农村区域。② 此后三十年中，在诺福克和萨福克有十三个县，或联合起来的县，像卡尔福德县和科尔尼斯县那样，都如法炮制；“所以，到1785年，在这两个大郡的大部分地域中，济贫法行政都已经……委由十四个联合监理员的新机构掌管了”。③ 它们的工业习艺所一般都规模宏大，而且有时是很堂皇的。诺福克郡洛当县和克累佛临县的那个习艺所拥有“八十三个房间”。萨幅克郡罗埃斯县和维尔福德县的那个习艺所拥有礼拜堂、“厅堂”、卧室和工作室、传染病隔离室、酿酒所、洗衣室和磨粉室。有些还拥有附设的小农场。④ 它们在外表上简直是

① 数字系摘自1776年的报告书。

② 韦伯，前引书，第122页。

③ 韦伯，前引书，第125页。

④ 《1776年报告书》，第254页中描述了几个习艺所。

“欧文平行四边形”的工作模型。[①] 它们是抱着不辜负它的名称和给以真正工业训练的最高希望而创始的。

后来在英国的另一端，在希罗普郡和蒙特哥马利郡的边境上也进行了同样的试验。[②] 1783 年的希鲁兹伯里工业习艺所设于原为伦敦育婴堂医院分院建造起来但因总院政策变更而又放弃了的一幢建筑物中，它一度非常成功，大受表扬。它经营了一个面粉厂，一个织呢厂和一个农场。在九十年代初期，有五个邻近的农村
354 区域仿效希鲁兹伯里的办法，统一了它们的济贫法行政，设立了工业习艺所。所有这一切都是十八世纪济贫法立法中最著名的杰作之一吉耳伯特条例（乔治三世，第 23 年，第 83 章）在 1782 年已经为教区的联合提供了一般的，但任意取舍的便利条件之后，方始创立的，虽则事实上希罗普郡的那些联合教区都是根据特别条例创立的，而并不是吉耳伯特联合区。

在这项法令和 1832 年调查委员会之间的那五十年，但主要是在 1795—1815 年的战争年月里，有九百多个教区合组成为大约六十七个“吉耳伯特联合区”。但是因为英格兰或威尔士的教区或济贫法各别行政单位的总数将近一万六千，所以新的部署并不具有很大的全国重要性。而且这些吉耳伯特联合区都是地方化的。其中有十个在累斯特郡、九个在诺福克、八个在约克郡、七个在肯特、五个在苏塞克斯。其余则分散得很广，而没有一个郡有三个以上。在赫列福德、伍斯特、格拉斯特、威尔特郡、多尔塞特、萨默塞特、得

① 其间也许有直接关系。边沁的“工业习艺所”（本卷，第 314 页）公认不讳是东安格利亚式的一种改良。

② 韦伯，前引书，第 118 页及以下。

文或康沃耳一个没有；在剑桥、杭廷顿、贝德弗德、巴金汉和牛津一个没有；在诺森伯兰或达拉姆也一个没有。大约全部吉耳伯特教区的七分之一是在累斯特，累斯特的联合区都是“极随便地联合起来的”，而且非常混杂。一两个占支配地位的教区核心，会自行同其它一些教区联合起来，只要这些教区看上去是对它们有用的联盟，而不问是否接壤。结果，一个吉耳伯特联合区的中心贫民习艺所不一定位置适宜，虽则有时如此。①

既没有国会特别条例也没有采用吉耳伯特条例的全国各地的很多教区，也都有通常叫做贫民习艺所的机构，另有很多教区则有济贫院，它们从不假借工业习艺所之名而单纯供残病和饥寒的贫民栖身之用。从1776—1777年在吉耳伯特条例的托马斯·吉耳伯特（当时任利奇菲尔德的国会议员）鼓动下提出的一系列报告书 355
中，对于十八世纪末叶贫民习艺所的地理分布情形可以得一概念。这些报告无疑是有缺陷的，正如十八世纪的报告常有的情形那样；但却是绝无仅有的。我们也没有任何理由设想，在1777年和乔治四世朝之间，除吉耳伯特联合区和1782年以后的其它联合区外，在贫民习艺所的分布和性质方面有过任何重要变革。至于所址利用方面的一些变革，在讨论稍晚一些时候的作证时将可见到。

1777年的报告是所有各教区首次提出的关于以济贫捐所征

① 关于吉耳伯特联合区，参阅特威斯累顿：《地方条例报告书》（Twistleton, E., *Report on Local Acts*），《济贫法调查委员第九次报告书》，1843年，（第21卷）。这些数字却非易易：特威斯累顿并不知道有任何正确的联合区一览表。关于累斯特郡的联合区，参阅赫尔报告书，载《济贫法调查委员会第二次报告书》，1836年（第29卷），第1编，第396页及以下。

得的税款和为救济贫民而支出的款项的一个报告书的附录。① 地方当局也被要求对于“贫民习艺所”和各所可收容的人数提出报告。蒙默思报称没有贫民习艺所，腊特兰报称有四所，韦斯特木兰九所，赫列福德十七所——其中十所小的在城里，一所大的在罗斯——约克郡东莱定十八所，除柏威立的一所之外都是小的。伯克郡、康沃耳、德尔比郡、多尔塞特、杭廷顿、伦敦和威斯敏斯特、诺福克、诺森伯兰、诺丁汉、牛津、沃里克和伍斯特都报称有二三十所。整个威尔士报称有十九所，其中有十一所在彭布鲁克郡。在这张表的另一端则是艾塞克斯的一百四十二所（其中有十九所能收容五十多人）；②肯特的一百三十二所；苏塞克斯的一百十七所；萨福克九十四所（其中单单伊普斯威奇就有十三所，一个教区一所）；萨里的六十七所，米多塞克斯的六十一所和哈尔弗德的六十所。另一批有充分习艺所的郡则在西南部，计得文郡有九十五所，萨默塞特有七十五所。得文郡的习艺所大部分是在它的许多既小而又古老的市里——诸如霍尼敦、班普顿、艾克斯敏斯特、巴恩斯特普耳各市，而且各具一格；据萨普福德·科尔特尼低地的报告说，那里有一个能收容三十个人的习艺所，而这并不是一个仅有的事例。在北部工业区，西莱定有九十九个习艺所，单单利兹一地就有七所；兰开郡有五十五所，而利物浦那个能收容六百人的习艺所乃是全国最大的习艺所之一；达拉姆有四十七所。其余各郡有四十所以上的是累斯特、汉普郡、林肯和北安普敦。

① 《未列入会讯中的报告书》，第 9 卷，第 297 页。

② 当时艾塞克斯计有四百十三个教区。《维多利亚地方志，艾塞克斯志》，第 2 卷，第 330 页。

在全郡最大城市的居民不到一万人的一个完全农村型的郡里，习艺所的分布情形及其性质，从剑桥郡可以得到很好的说明。剑桥本身有九个教区习艺所。[①] 在1801年拥有人口一百六十二人的兰普敦教区据说有六所。这要不是一排庐舍，就一定是手民之误；因为对于这样的人口来说就是六间庐舍也似乎是很高的数字了。其余则散布在郡本土和伊里岛上的几个小城镇——诸如伊里、马奇、威兹比奇、查特里斯——和大村庄——诸如科登安、苏安姆、维根、桑尼、哈丹南——之间，每一处地方从不超过一所。 356

在十八世纪的第三个二十五年中，贫民习艺所已经照例不辜负这个名称了。如何使贫民从事于劳动，用伊丽莎白时代的话来说，仍在多方设法之中。在东安格利亚县习艺所和希鲁兹伯里模范习艺所中所做的工作姑置不谈，织布和纺纱的工作几乎在所有老的市习艺所中都可以看到。[②] 在切斯特，凡收容的贫民都从事于“各自的本业”。在格拉斯特，有些人至少是制造钢针等等的。但是布里斯托尔贫民习艺所，这个制度的地方先驱者，已经完全变成为一个济贫院兼疗养所了——除开护士和工友之外，里面没有

① 是根据1722年条例建立的。它们是为应受照顾的贫民而设的。**城镇**的不肖分子都送往自新所，即一直残存到1901年的那个“纺纱局”；郡的不肖分子则送往邻近果尔堡垒的那所纺纱局。斯托克斯：《剑桥古代社会》(Stokes, *Camb. Ant. Soc*)，第11卷，第70—142页；格雷：《剑桥镇》(Gray, *The Town of Cambridge*)(1925年版)，第100页；汉普森：《剑桥郡贫民的待遇》(Hampson E. M., *The Treatment of Poverty in Cambridgeshire*)(1934年版)，第71页。

② 事实取自《1776年工业习艺所报告书》(*Report on Houses of Industry of 1776*)。

一个健康的贫民。瑙威治的大习艺所，正如上文所述，是混合性质的；利物浦的那一所亦复如此。所有这些，可以肯定地说，至少都带有一点济贫院的性质。但可信以为然的是，在1776—1777年之间任何一个地方呈报贫民习艺所时，报告编制人绝不是指在很多教区中都可以看到的济贫院——仅仅收容少数几个残病或孤儿的一两间庐舍——之类的东西而言。兰普敦报告以及其它一些报告清楚地表明，这两类机构可能会混淆在一起。凡是想来有衰弱的妇女和儿童在那里进行纺织的一个庐舍，就会被称做贫民习艺所。但是关于贫民习艺所的地理分布情形，1776—1777年报告书和1832—1834年助理调查委员会的片段报告是大体一致的。[①] 例如，据说当时在牛津、赫列福德、蒙默思和威尔士各地，贫民习艺所
357 是罕见的，正如1777年的情形那样。在另一方面，凡贫民习艺所罕见的地方，在这两个时期都有很多的济贫院，这一点也可以从赫列福德得到说明。“希罗普郡和赫列福德的大多数教区……不是有一个贫民习艺所就是有一个济贫院”，据报告人这样说。[②]

在1795年以后，由于各种形式的户外救济的全盘采纳，不但终止了贫民习艺所的增设，而且助长了旧习艺所性质的改变。其所以然，就不止一方面来说，吉耳伯特条例都是它的肇因。无论一个教区或一组教区是否予以采纳，该条例第二十九条所作只有“已经成为赤贫……而且不能以自己的劳动谋生的人”，以及孤儿，方得送往济贫院的规定，肯定对于任何为身体健康者提供工作的办

① 《济贫法调查委员报告书》，附录甲，“习艺所”，1834年(第28卷)。

② 同上书，第659页。

法，都是一个立法上的障碍；而该条例著名的第三十二条，责成有关当局为任何“能以和愿意”工作的人“在他或她住址邻近的任何教区或地方”找“适合于他或她的体力和能力的”工作，并在找到工作之前，“以及在工作期间”维持其生活，或使之能以为生；且以捐税补贴其劳动报酬和生活费之间的任何不足等各节，却给予业经存在的补助工资制度以立法上的鼓励，[1]并为在英格兰大部分地区已成既定政策达一世代之久的斯宾安兰政策铺平了道路。“在他或她的住址邻近”找工作的责任，却妨害了吉耳伯特大联合区，尤其妨害了累斯特郡的杂乱混合而成的联合区的中心贫民习艺所或济贫院的筹办。

现有的贫民习艺所在1782年以前就有一些不再和这个名称相称了，在1795年以后，却很快地降低到同一个水平。“一般都只不过是济贫院和疗养所”，据1834年报告书索引，“贫民习艺所”条这样写道。多少带点训练性质的工作在有些管理得法的习艺所中仍继续施行。经过十九世纪的扩充而现已成为联合王国规模最大的利物浦贫民习艺所——可收容一千七百五十人——在大约1804年落到了一位第一流的监督手里，这位监督一直蝉联到 358
1832—1834年。[2] 他非常着重于有别；把男女严格地分隔开来；以三百镑的薪金聘请了一位外科医生；并使所内身体健康的贫民都

[1] 阿希比于1912年，在前引书，第156页中表明，以捐税补助工资的办法并非始于斯宾安兰。马歇尔：《十八世纪中的英国贫民》(Marshall, D. C., *The English Poor in the Eighteenth Century*)(1926年版)，第104页，证明在1795年它“至少已有一百年之久”。

[2] 《1834年报告书》，附录甲，第914页。

从事于拣麻絮之类的粗活。在1832—1833年腊姆兹格特也有一个"根据吉耳伯特条例管理非常得法的"习艺所:[①]那里是真正做工的。其它一些管理得法的习艺所已经丢开了做工这类遮人耳目之词,而集中于帮助贫病的工作。曼彻斯特的那个"既不讳言而事实上却也是济贫院"的习艺所,办理得很好,但开支浩繁:它一点也不令人望而却步,因为"收容毋宁是一种照顾"。[②] 布里斯托尔的老习艺所依然是五十年前的故态,与其说是一个贫民习艺所,"毋宁说是一个疗养院兼医院",但"管理得极好"。[③]

很多老的市办贫民习艺所都处于风雨飘摇之中了。1832年的调查委员在他们的主要报告中的一切抱怨之词,正是对它们而发的;虽然调查委员所主要关心的工资问题基本上是一个农村的问题。牛津的那个著名的工业习艺所,据说"事实上是处于无政府状态的"。男女混杂;不做任何工作;出入几乎随便;所内贫民在宽敞而又无人管理的花园里优游终日,所以怀疑有"所内私生子"是有充分理由的。林恩有一个很古老的习艺所——现在"很糟":"男女混杂;任何工作不做"。在查塔姆,习艺所已处于"令人可怕的状态"。任何工作不做,住在所里的人自由出入,享以上好的白面包和自酿的真正强麦酒,他们还非要葡萄酒和杜松子酒不可——而且他们竟能如愿以偿。在习艺所里,那个有铁格子门通往庭院的饭厅下面就是查塔姆的"粪池",一个船坞城镇的人类粪便不分昼夜倾泻进去的所在——往往在那里停留两三个星期之久,同残病、

① 《1834年报告书》,第218页。
② 同上书,第922页。
③ 同上书,附录甲,第512页。

孤儿以及身体健康的贫民只有一道栏栅之隔。[①]

改革家的运动，自然地并且也理所应然地把这种情况公之于世人，著诸史册。所以把其它管理得好的习艺所笔之于书，也是同样应该的——诸如林肯郡的“特优的”习艺所以及布赖顿、契彻斯
特、坎特伯里、卡来尔、昂加尔——像腊姆兹格特一样，有一个吉耳 359
伯特习艺所——和普尔的那些管理得很好的习艺所，全国各地都不乏其例。[②] 好的习艺所和坏的习艺所一样，都久已放弃了给所内贫民以有别于训练工作的生产性工作的任何想法。考文垂有一个根据地方条例而设立的大习艺所。它可以收容三百多人。虽然是作为工业习艺所而创办起来的，但是到了 1800 年前后，它已经变成为一个单纯的济贫院了，据市书记在 1818 年这样报告说。[③]

东安格利亚和希罗普郡的社团并不比老的市办贫民习艺所略好一些。鉴于它们的组织和管理方面差不多自始就有显见的缺点，它们效率的降低或许是无可避免的；但真正降低的过程却决定于户外救济的推广。在 1824 年，其中之一，萨福克郡罗埃斯县和维尔福德县立案的工业习艺所，由于两个主要的原因而被解散——一则因为对于纳税人来说，任何户外救济都比习艺所里的救济省钱；一则因为常住在所里据说是败坏道德的。[④] 又据说东安格利亚的所有这些社团都是很富有吸引力的——对于某一类不

① 牛津，第 988 页；林恩，第 596 页；查塔姆，第 220 页。

② 林肯郡见第 2 编(第 29 卷)，第 132 页，附录甲。其余见第 1 编，第 531、533、217、321、225、12 页。这张表并不是完全的。

③ 《济贫法审查委员会》，1818 年，《第二次报告书》，第 185 页。

④ 附录甲，第 1 编，第 373 页和《济贫法调查委员会第二次报告书》，1836 年，附录乙，第 154 页。凯伊关于东安格利亚联合委员会的报告书。

大体面的贫民来说，不妨这样假定；或许对于残病和老弱来说亦复如此，因为这些习艺所都是很轩敞的。至少有一件事，据一位严谨的济贫法医务助理调查委员在1836年这样报告说，[①]是东安格利亚各社团的通病——即“对它们原来所依据的管理原则的背离”，也就是，对收容者和生产工人的分类原则的背离。“户外救济很快地代替了户内赡养〔在十九世纪时〕；习艺所……变成一个纯粹为老病和遭意外事故的身体健康者而设的招待所了”。[②] 在希罗普郡，某调查委员在1832年所访问的那个沃兹韦斯特里和埃尔兹米尔联合习艺所，发现情形亦复相同——没有真正的工作，没有适当
360 的分类；“这是在实际运用和效果方面一个令人惋惜的退步”。[③]只有威地岛备案的监理员——效法萨福克的社团；在当代非常著名；并且在派克赫斯特森林中有一个宽敞的贫民习艺所——得免于一般的指责。他们的管理情形据说相当不错。在他们的所里是有真正工作可做的。但是男女的隔离执行得不像前往访问的调查委员所希望的那样彻底。[④]

纵有偏见但深悉内情的乔治·尼科耳斯爵士曾写道，“误称为贫民习艺所的教区济贫院”，在1832年以前，“事实上无异是品行不端、荒淫无度，和卑鄙下流分子，连同一些病弱及少数贫无立锥之地者的收容所——全部良莠不分、男女无别地混杂住在一起”，

① 凯伊医生。

② 这段叙述适用于罗埃斯和维尔福尔：萨福克的其它习艺所并“没有多少不同”：诺福克的那些略好一点。凯伊医生，第154页这样说。

③ 《1834年报告书》，附录甲，第660页。

④ 同上书，第305页。关于它的历史，参阅韦伯，前引书，第138页。

在他写这句话时，[①]大约首先想到了他所了解最清楚的小单一教区的小市镇和大村庄中的那些习艺所。在二十年代时，他曾经亲自帮同把南维尔那个小市镇上的一个糟不堪言的习艺所整顿成为一个“良好的”习艺所，这对于他心里所留的印象无疑是有影响的。(南维尔习艺所的宿舍已经整顿得“完全合乎……卫生，但也完全索然乏味”。[②])他说房屋“往往不是为习艺所建筑的，而常常是临时租用或买下来的……一般都不敷用，布置也不适宜”，至于“管理方面则粗心大意，徇私舞弊，不一而足”。“这类的习艺所”，他总结说，“是著者所亲眼目睹的”。南维尔习艺所不仅仅为1831年拥有人口三千零五十一人的这个城镇服务，而且为周围地区服务：“南维尔的区济贫院使人口有了增加”，这是人口调查上的一个脚注。[③]

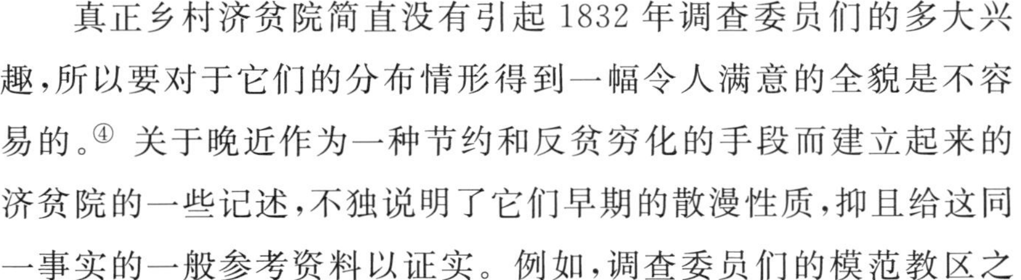

真正乡村济贫院简直没有引起1832年调查委员们的多大兴趣，所以要对于它们的分布情形得到一幅令人满意的全貌是不容 361
易的。[④] 关于晚近作为一种节约和反贫穷化的手段而建立起来的济贫院的一些记述，不独说明了它们早期的散漫性质，抑且给这同一事实的一般参考资料以证实。例如，调查委员们的模范教区之

① 《英国济贫法史》(*History of the English Poor Law*)(1898年版)，第2卷，第101页。

② 《农业审查委员会》，1833年，询问案第11952号。对于已为全郡各地所取法的南维尔改革引以为荣的一位诺丁汉证人的作证。南维尔所采取的措施之中，有“禁止外出或会见亲友；禁止吸烟；禁饮啤酒”。《1834年报告书》，第231页。为东印度公司在海上服务直至1815年的尼科耳斯，在1821年充任南维尔的贫民监理员。他在比彻牧师领导下工作，比彻牧师在1818—1819年就开始研究南维尔的贫民问题了。

③ 《1831年的人口调查》，总结卷，第205页。

④ 像阿希比先生所作的那种对于郡的研究工作是大有进行余地的。

一，伯克郡莱卡姆斯太德“靠了在1827年秋季成立的那个使老弱有所养、儿童有所业的济贫院……节省了教区开支约三分之一”。① 布雷昆的兰盖托克也是同样的做法，把“互相毗邻的几幢房子〔改成〕一个小小的济贫院”。② 在威尔士，无论济贫院或者贫民习艺所都很罕见，尤其在农村区域。③ 在英格兰，据说小的教区济贫院，像比较大的贫民习艺所一样，在向来常见的地区里，在实行无区别的户外救济时期，不是退化，就是弃而不用了。

在赫列福德和希罗普郡，正如上文所述，据说大多数教区都有一个贫民习艺所或济贫院。在另一方面，在沃里克，济贫院却不常见。④ 在威尔特郡则显然是普通的。威尔特郡的一位治安法官波利特·斯科洛普在1831年把“教区贫民习艺所”写作为一种正常的机构，在那里工人“和他们的妻子是要隔离开来的”——这暗示出纪律的严格。⑤ 在赫列福德，贫民习艺所的数目日益减少，因为用其它办法来维持贫民可以节省得多。这是否也适用于济贫院，未据说明。鉴于萨默塞特的一项证据，以及贫民习艺所和济贫院这两个名称当时经常混淆的情形，可知济贫院也是在日益减少的。“几乎每一个教区都有一个贫民习艺所”，一位萨默塞特的治安法官在1918年这样说，“但与其说是作为一个贫民习艺所来设备和

① 《报告书》，第231页。

② 同上。

③ 它们“不常见，而且通常是不以为然的”。附录甲，第2编，第173页。

④ 阿希比，前引书，第120页。

⑤ 《致南英格兰各地方长官的一封信》(*A letter to the Magistrates of the South of England*)，第8页。

管理的，毋宁说是**用昭炯戒**的所在”。[①] 治安法官在批准给一可疑分子以救济时说“你了解，这会归由贫民习艺所去办的”，而那个人却还是不太怕，其情景可以想见。津贴和其它各种形式的户外救济既已使东安格利亚的一些大机构空无一人，那么乡村小济贫院的没落自不难想见，即使在没有这种记载的地方。几间供年老病 362
人免费使用的庐舍和一些供儿童膳宿及习艺的安排就可以应付了事，正如教区官员所看到的那样。对于剑桥郡兰普敦的那六个1777年的“贫民习艺所”——如果它们当真存在的话——多半写不出这样的报告。教区或许把贫穷的老年人安置在里面而不收租金，这是全国各地的一种既古老而又普通的救济方式。这或许就是1777年的做法。的确，在很多地区，在任何时候都需要稍多一点的救济。幸而并非英格兰和威尔士的每一个地方都有一批身体健康的失业者或半失业者；虽则在很多地方事实上都有靠自己的劳动收入而不能为生的家庭。

随着贫民习艺所和济贫院收容设备的停止发展或趋于没落，随着人口的迅速增长，随着爱尔兰移民的散布于乡村区域，随着农村工资在很多地方由于济贫法实施的方法而受到的限制，以及随着面包价格——这是规定救济的重要因素——的异常昂贵，济贫捐在十九世纪前二十年中为支应工资补助金和其它方式的户外救济而担负的开支之所以日有增加，是充分可以理解的。在城市里，由于行业的没落——1832年，在奥耳德姆，一个严正的济贫法当

① 《济贫法审查委员会》，第174页。

局就不能拒绝给手织机织工以经常的帮助[①]——由于1815至1816年军人的复员，并由于1816和1825年严重的商业萧条所造成的失业情形，还另有其特殊的支出。

马尔萨斯在1803至1826年各版的《人口原理》中，多载有这样一项引人误解的脚注——“济贫捐如继续照近十年来的平均速度那样迅速增加下去，瞻望前途，实令人忧郁”。在1817年版问世以前的十年之中，增加诚然是很可观的；但是在1826年版问世以前的十年之中，却没有显著的提高。我们很可以把数字这样处理来表明它还有一百万镑的降低。[②] 1818
363 曾经是最高峰的年份；所以在1818年，在除开饥饿制度以外的任何公共帮助的制度下，救济都会是所费不赀的。二十年代时食品价格的低廉有助于平衡日益增长的人口；所以在这十年之末，负担诚然是不必要地沉重，却还远不是反对济贫法论者口口声声所说的那样不胜其负荷，至于说它是“这样一种弊害，即使以公债的弊害及其恐怖的程度与之相比，都有小巫见

① 《1834年报告书》，附录甲，第1编，第918页。

② 以1826年来和1817年比较。数字如下：

1815	5,400,000镑	1821	7,000,000镑
1816	5,700,000镑	1822	6,400,000镑
1817	6,900,000镑	1823	5,800,000镑
1818	7,900,000镑	1824	5,700,000镑
1819	7,500,000镑	1825	5,800,000镑
1820	7,300,000镑	1826	5,900,000镑

现在没有1804—1810年的数字：1803年的数字是四百三十万镑。据报这些都是实际用于“贫民救济方面”的总数。所参阅的马尔萨斯：《人口原理》是——1803年版，第536页；1806年版，第2卷，第394页；1817年版，第3卷，第176页；1826年版，第2卷，第335页。1806和1817年之间的第四版，大英博物馆无此书。

大巫之感”,也是有失公允的。[①]

在1830—1831年,英格兰和威尔士真正用于贫民救济的总数是六百八十万镑。[②] 那一年公债的负担,包括本息在内,共三千一百万镑,而英格兰和威尔士的国民总收入,如果帕纳耳对不列颠所作的三亿镑的估计接近正确的话,一定在二亿五千万镑以上。南不列颠用于它的贫民的,包括以工资的形式付给他们的那些可观的数目在内,不到它的收入的百分之二又四分之三,以济贫捐的形式付给的不到百分之三又三分之一——这是一项很说得过去的负担,同繁荣的格恩济岛用于它的统一济贫制度上的百分之三所得税非常接近。[③] 按人计算,在英格兰和威尔士真正用于贫民救济上的款项为每人每年九先令九便士,这是出乎反对济贫法的统计家之手的一个骇人听闻的数字。但是这个数字可以从一个使它看上去并不太骇人听闻的角度上去加以观察的。在二十年代时,每人每星期二先令上下大约是一个四五口之家能以按绝对最低享受标准维持生活的最少的数目。[④] 按照这个标准,九先令九便士只能维持全家不到五个星期的生活,或仅全家百分之八九的人口的全年生活,包括相应比例的怀抱中的婴儿在内。一个法国人答复1832年调查委员们的询问时说,这是英国不难担负而且也必须担负的一个负担,“因为这

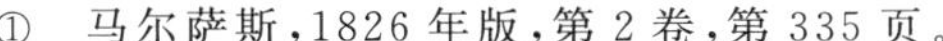

① 马尔萨斯,1826年版,第2卷,第335页。

② 由济贫捐征得的总数是八百二十八万镑。

③ 本卷,第350页。

④ 在东英格兰有一些地方,一夫一妇同四个孩子只要一星期有十先令的收入,就不得请领济贫金;但是在制造业区域,像这样一个家庭,如有十二先令的收入就往往视为一个迫需救济的事例。布卢姆菲耳德牧师的作证,《移民委员会》,1826－1827年,询问案第2298号。

364 是它的历史事实和它的无限繁荣的无可避免的结果”。[①] 调查委员们不同意他的意见，但是却把他的备忘录刊印了出来。

但是这个负担也可以用一种方法从量的方面去看，这种方法虽不增加它的总量，却可指明它使人恼火的地方，并有助于证明当代的惊惧是不无理由的。在六百八十万镑之中，用之于农业劳动阶级的，大约不下三百万镑之数，[②]而且主要是用于南部。在截至 1831 年为止的那一年中，兰开郡和西莱定，尽管有它们的一切城市贫民问题和日甚一日的手织机织工问题，而在贫民救济方面仅各自花费了二十九万三千镑和二十七万五千镑。[③] 诺森伯兰和达拉姆，既没有纺织业的贫民问题，又像兰开郡和西莱定一样，幸而有一个很公平的农村工资水平，则仅各自花费了七万四千镑和八万二千镑。诺福克却花费了二十九万九千镑(但是它有一个日趋没落的纺织业)，萨福克二十七万一千镑，几乎没有城镇的苏塞克斯二十六万四千镑。肯特设法花费了三十六万四千镑；但是它有自德特福德至希尔内斯那一段太晤士河河岸的人口须加以照顾。半都市的萨里花费了二十六万五千镑，具有一个河岸的虽还说不上是都市的贫民问题的艾塞克斯则花费了二十七万三千镑。汉普郡、威尔特郡和得文郡

① 《圣海伦手稿》(*Manuscrit de Sainte-Hélène*)(1817 年版)和《圣詹姆斯存札》(1822 年版)的著者吕林·德·沙托窝。虽然生于瑞士而又死于瑞士，他却实实在在是一个法国人。关于法国和英国贫民问题的备忘录，《1834 年报告书》(第 38 卷)，附录乙，第 33 页。

② 假定米多塞克斯、兰开郡和西莱定的大约全部开支；萨里、肯特、艾塞克斯、诺福克和累斯特的百分之四十开支；以及所有其它各郡的百分之三十开支是用之于城市或工业的，所得数字即如上述。

③ 《济贫捐》(*Poor Rates*)。截至 1831 年 3 月 25 日为止的那一年的《报告提要》(*Abstract of Returns*)，1831—1832 年(第 44 卷)，第 449 页。

这三个农村型的、大的、人烟稠密的郡,也都是开支浩繁的。

在 1831 年,英格兰和威尔士约有六十万户农业工资劳动者的家庭。[①] 假定一个平均四个半人的家庭每星期需要九先令来维持他们的最低标准生活,那么从三百万镑所能分给每家的五镑这个数字来看,则平均家庭的最低限度需要有五分之一以上是仰给于国家的。所花费之数足够维持所有家庭每年十一个多星期的全部生活。但是上文已经说明在北部所花费的是如何之少;并且二十八万九千镑已足敷整个威尔士之用。单单苏塞克斯一郡所花费的就和威尔士不相上下,而用之于每人的则不下全国平均数的两倍之多(十九先令四便士而不是九先令九便士)。[②] 那里所支出的数 365
目足敷维持霍布登和伊哥登之类的所有家庭远不止每年十一个星期的生活之用。[③]

苏格兰,据 1817 年济贫法审查委员会这样报告说,一直把一项和英格兰法非常相像的法律执行得如此之不同,以致这个委员会不能不把这种不同的情形归功于苏格兰教区行政当局,世袭产业继承人和苏格兰教会的那种比英格兰和威尔士的教会委员和济

① 本卷,第 113 页。

② 该郡的每人平均数见波特尔:《国家的进步》,第 96 页。这里所举的年份是 1831 年:在 1811 年,苏塞克斯曾经用了三十二先令!苏塞克斯始终是数字最高的一个郡。其次,在 1831 年,则是巴金汉郡(每人十八先令八便士)、萨福克(十八先令三便士)、艾塞克斯(十七先令二便士)、牛津(十七先令一便士)、贝德弗德(十六先令十一便士)。

③ 关于这些家庭,参阅腊德亚德·吉卜林的苏塞克斯的故事,散见各页。苏塞克斯、萨福克和艾塞克斯没有受到圈地的什么影响;其它各郡则所受影响甚大。本卷,第 20 页。

贫法监理员的更加开明的态度。① 他们对于成为苏格兰施政之特征的那种对身体健康者的救济的厉行节约和难得予以救济的情形，赞扬备至。他们看到了一份苏格兰教会大会委员会所提供的关于这个制度的相当详尽的备忘录。② 但是他们似乎并不完全了解这两个地方的法律上的一些根本区别。“有劳动力的”贫民以劳动换取赡养的权利在英格兰法律中是根深蒂固的。是否劳动可以在任何地方进行，抑或只可在有适当组织和纪律的贫民习艺所进行，固然是当时的一个争论问题：但准备向这项权利挑衅的，却只有附和马尔萨斯谈说伊丽莎白法典的“根本观念上的错误”的那一小批人。在苏格兰，从来没有过这类的权利。这个制度所依据的1579 年法典的第 74 章，只承认由于年龄或其它原因丧失能力而“不得不靠周济为生”的那些人——即伊丽莎白分类中的无劳动力者——才有这种权力。③ 然而估征，即济贫捐的征课，也不是强制
366 性质的。地方当局如果愿意这样做，它可以借助于这项法律；但是直到十八世纪中叶，都很少加以援用。教堂里的捐款和捐赠给慈善事业的遗产已足敷世袭产业继承人和法庭所认为必须的开支，其余则以个人的捐赠济用。在 1820—1830 年之间，苏格兰的几乎

① 《济贫法审查委员会》，1817 年，（第 6 卷）第 1 编，第 21 页。

② 《1817 年报告书》，附录甲。

③ 参阅 1817 年的备忘录，另参阅尼科耳斯：《苏格兰济贫法史》（Nicholls，Sir G.，*Hist. of the Scottish Poor Law*）（1856 年版）；拉蒙德：《苏格兰济贫法》（Lamond，R. P. *The Scottish Poor Laws*）（1892 年版）；洛克：《1791－1891 年的贫民救济》（Loch，C. S.，*Poor Relief in Scotland ... 1791－1891*），《社会学季刊》，1898 年；《政治经济词典》，“苏格兰济贫法”条。〔斯马特教授：《关于……1845 年以前苏格兰济贫法的备忘录》，载《济贫法皇家调查委员会》，1909 年（第 38 卷）。〕

所有“内地”教区和少数城市教区仍然是这样的。很多内地教区曾经试办过估征，但是其中大多数——据苏格兰教会委员会报告说——在1817年以前就已经停止实施，因为它导致贫民的内流。但应该注意的是，虽然没有任何正式的估征，世袭产业继承人却并非不常常自行按照他们在教区所拥有产业私下比例摊派，以弥补教堂所募款项和贫民所需款项之间的差额。[①]

教区当局把“不得不靠周济为生”的人分为两类，登记在案的贫民，即作为永久有申请救济权利者而登记在教区名单中的那些无劳动力的人，和临时贫民。[②] 第二类原意是专指由于暂时丧失劳动力、疾病，或其它不幸而遭受苦难，和1817年称之为勤劳贫民的那些人的，但在工业区域，却未始不会由于将失业或无业人员一并包括在内而使人数大增；不过这种情形显然是很少见的。苏格兰农业社会，虽有很多小自耕农和居住或安家在农场上的长工，[③]却很少导致英格兰最常见的那种流弊的发生。在苏格兰的一个管理得法的城镇教区中，救济工作是由人地两熟并严格守法的长老们亲自管理的。

长老会委员会，无疑，以完全公正的态度解释说，很多乡区的世袭产业继承人和法庭的捐赠之所以为数甚微，可以由苏格兰农民当中强烈的家族和邻里的情谊来予以解释，这种情谊几乎是一

---

① 在那位爱国的英国人，“为英格兰济贫法而辩护……1823年致坎宁先生函的要旨”一文中，对于这一点特别予以强调。浦特尼教区的一位教区委员著。1831年版。

② 从苏格兰统计报告时期(1791－1798年)的注册贫民统计中可以看出每千居民中占十八点一六。1818年的报告则为每千人二十五点零四，但这个数字可能包括临时贫民在内，虽则多半不包括。洛克，前引书，第279－280页。

③ 本卷，第30页。

切极贫的人一定可以得到相当私人帮助的保证。

"在我们苏格兰的大多数教区中"，旧教区制度的激烈拥护者托马斯·查默斯在1832年这样写道，"公共慈善事业的执行人所要负责去作的只不过是
367 '请布施'而已。对于任何贫民的整个生计，他们都不负责任；他们一般地凭靠其它来源去推定而不具体地调查它们的性质或数量。这种推定几乎从未使他们失望；以及无论靠亲戚的善意、邻居的同情，还是靠贫民自己很多说不出的办法和能力而总会有一条为生之路的那个事实，很可以说明我们整个理论（即没有对贫民的强制性供应，反足以刺激博爱和自助）的正确性"。①

甚至在以估征弥补济贫基金之不足的二十年代时，凭靠考盖特和特隆盖特的穷街陋巷中的那些说不出的办法和能力，究竟找出了怎样一种为生之路，却是一个有待研究和思考的问题。在三十年代和四十年代时，生活是非常低的。在1823和1843年之间，苏格兰城市的条件固然已经放宽，但可能更坏；教会法庭和贫民之间的私人关系已逐渐薄弱；但是在1844年提交国会的证据使那位非常冷静的统计家波特尔也发出了不平之鸣。

在任何一个自称信奉基督教的地方，尤其是在这样一个注重宗教表面仪式的地方，竟能容许对人类呼声像调查委员们所记载的那样无动于衷，若要仅仅表示一下惊愕而不作任何批评之词，的确是很需一番克制功夫的。②

---

① 《大城镇的基督教和市政经济》（*The Christian and Civic Economy of Large Towns*），第2卷（1823年），第199页。第3卷于1826年问世。

② 《国家的进步》，第101页。本卷，第585页及以下。

甚至苏格兰最大的城镇，在查默斯执笔的时候，也还没有完全过渡到估征和强制供应的那种制度。苏格兰正面临歧路，而这也正是它何以奋斗的缘故。“在苏格兰边境上的大多数教区中〔由于英格兰方面的感染〕，以及在它的很多大城镇中……不但有由教堂门前自愿捐助而筹得的一笔基金；而且为弥补其可能的不足，还有由法定估征所筹得的另一笔基金”。[1] 1821 年在大爱丁堡的十三万八千人之中占五万人的圣柯羡伯特教区，在 1770 年左右曾一度借助于估征：[2]它也有一个贫民习艺所。爱丁堡城亦复如此，但是这个城一直到进入十九世纪很久以后还是没有靠估征而继续支持下去的。[3]

为了维持传统的苏格兰教区组织和维持使这个组织成为可能 368
并转而受到它的鼓励的那些美德而进行的查默斯运动，恰恰是和由于日益盛行的英格兰制度的种种流弊而引起的理所当然的愤怒同时并行的。长老会大会委员会在 1817 年曾经向国会解释说，在一个苏格兰教区中，只要采行了估征，开支的继续增高，就几乎永远无法避免了：贫民一旦得知他们可以染指于一个无底的、非个人的教区捐的钱袋时，相信他们就不再运用他们的那些“说不出的办法和能力”了。英格兰的很多改革家都那样渴望发挥英格兰贫民的这种能力，并减低英格兰的济贫捐，所以他们——像 1817 年报告书所表明的那样——对于苏格兰制度赞扬备至，而无一字贬词，并祝愿查默斯的顺利成功。但是长老会委员会却已经承认，凡是

① 查默斯，前引书，第 2 卷，第 94 页。

② “五十多年”。1817 年备忘录。

③ “只是最近的事”——1817 年备忘录。

非国教徒人数多的地方，或教堂的座位和人口比起来太少的地方，教堂门前的募捐事实上就会不足。至少在英格兰城区，一般的情况是这样的。

查默斯从 1815 到 1823 年主持教务和进行斗争的所在格拉斯哥，兼有这两种情况，而且有日甚一日之势。在 1821 年，该城本身有九个或十个教区教堂，和几个小礼拜堂，供七万五千人口之用。除去这些，还有七个供脱离教派——市民派（Burghers）、反市民派（Anti-Burghers）和救济长老会派（Relief Kirk）——之用；七个供美以美会教徒、独立派教徒和浸礼会教会之用；二个供犹太教徒之用；其余供一神会教徒、神证派教徒、宇宙神教教徒和罗马天主教会之用的各一个。[①] 在 1815 年查默斯就任于特隆教区时，该城已经有了强制性的估征，此外还有教堂门前的捐款。中央组织是总法庭那个古代未划分的格拉斯哥教区的宗教当局，它的执行机构是城镇医院——1773 年建造的贫民疗养院。在二十年代时，这个医院约有五百名住院病人和相同数目的院外年金领受人。凡由估征和捐募而来的款项未经中央方面开销的，都退还各教区长老供开支之用。在苏格兰的大多数城镇中都有类似的办法。除开单一教区的城镇外，任何城镇都简直没有"纯粹独立的教区行政"。[②]
369 查默斯对集中管理的浪费、铺张、官僚主义的方法，和贫穷化的影响等都有严厉的指责。

① 这张表是取自梅丁格那位外国人（《游记》，第 2 卷，第 99 页），所以未必在每一个细节上都很准确。

② 查默斯，前引书，第 2 卷，第 97 页。

把地方上的全体贫民汇集在一处，让他们从一个既大而又显眼的建筑物的高高的尖顶上闪耀于众目之前，那未始不会导使一些家庭误入歧途，而不去信赖他们本身的自然和真正的能力，但是一个苏格兰教会下级教务院的那点微不足道的作为，是不会有这样的后果。[①]

查默斯在1820年接管了新成立的圣约翰教区之后，立刻就使它同城镇医院和教会总教务院断绝了关系，而组织成为一个救贫工作的自治单位。[②] 边远的苏格兰教会教区都步其后尘，其它的教区也都走上他的这条路：他在1823年的巨著就是对它们的号召，要它们再接再厉，以便使格拉斯哥能以取消对贫民的强制性供应，而返还真正的基督教经济。他以得自两个并不属于格拉斯哥城的格拉斯哥教区——格拉斯哥男爵领地和戈贝尔斯——的证据来支持他的呼吁。男爵领地，苏格兰的这个人口最密的教区，在1810年开始借助于估征。直到1810年时为止，它“为这个庞大的、完全工业性质的人口”——在1801年是二万七千人，在1811年是三万七千人——所作的支出，“很少超过六百镑一年”，这在查默斯看来，“足以证明法定的救济制度，并没有自然的和永久的必要性”；[③]这在历史家看来却足以表明这个男爵领地的贫民必常常处于水深火热之中。情况或许并不像查默斯所揣想的那样可悲，据他想“在1810年以后，在短短七年之间，支出就成为过去的五倍之多”。在1816—1817年大凶年时期，为将近三万人的一个完全工业性质的人口每年

① 这个在尖顶上闪耀的汇集之所似乎不是苏格兰的。

② 查默斯，前引书，第2卷，第139页。

③ 查默斯，前引书，第2卷，第181页。

纵使花费三千镑，也不能说是一笔骇人听闻的支出。

在 1811 和 1821 年之间，戈贝尔斯的人口增长很快，从五千增长到了二万二千人。它的人口是从事于制造业和水滨劳动的。但是它却“保存了祖传的那种单纯教区经济，而且”——“在这种经济之下，繁荣了起来”。“这个教会从没有采纳过估征——它的下级教务院为贫民所作的全部支出是靠每年四百镑的一笔收入来支应的”。幸福的戈贝尔斯！那里的住户“在各方面的条件之好，以及从未有过贫无以为生的情形，比之任何实行估征的毗邻各城，都毫
370 无逊色”，[①]这一事实足证估征是多余的，而且未必能医治社会病态；但却无法证明戈贝尔斯的贫民从社会得到了他们所应得的一切。他们之中未始不会有一些人被驱逐到实行估征的城市去。

1830—1831 年苏格兰在贫民救济方面的正式支出总额，无案可稽，但按平均人口每人一先令三便士之数估计是可以有相当把握的。就 1807—1808 年而论，得自募捐、下级教务院的基金，和估征的总数平均为每人一先令三又四分之三便士，就 1835—1837 年而论，为一先令三又四分之一便士。[②] 没有理由认为在这两段时期之间有任何大的变动。无可怀疑，苏格兰贫民的自助和互助比英格兰贫民是既多而又有效的。查默斯之所以为“祖传的那种单纯教区经济”而奋斗，并不仅仅是由于宗教上的保守主义，而英格兰改革家之所以钦慕苏格兰制度，也不仅仅是想降低济贫捐而已。

---

① 查默斯，前引书，第 2 卷，第 185－186 页。查默斯注意到（第 2 卷，第 188 页）戈贝尔斯的长老都住在他们的教区里，并亲自参加教区行政，这是令人称誉的一项记载。

② 洛克，前引书，第 283 页。

在另一方面，苏格兰贫民的生活比英格兰贫民更加艰苦，也是不会有多大疑问的。

英格兰济贫法中关于贫寒儿童的那一段规定所产生的结果——从某一种观点来看——几乎自始就是不幸的。教区当局的责任就是送他们去学徒，以便使他们能以自食其力。在十七和十八世纪时，一般都多少尽到了这个责任。但是甚至在伊丽莎白女王逝世之前，法庭就已经有了这样一项裁定：在非技术性行业中，学徒并不是必须的；作一个叫卖小贩，就无须七年学徒。“农夫、挑桶者、制砖匠、搬运夫、磨粉者之类同样”[①]都认为是可以无师自通的。在技术性行业中，普通的学徒都是出身于和他师傅同样社会水平的家庭，并且要付出一笔可观的登记费。这类空额既不收贫寒儿童，而这笔费用也往往是济贫院所不肯支付的。所以无可避免，家境贫寒的学徒不是走上虽需要童工但没有很大出路的那些 371
既艰苦而又苛刻的海上和陆上的各行业中去，就是落到一个低级地位上，如果被一位有技术的工匠师傅——像约翰·吉耳平的朋友那种研光机匠——或者像吉耳平本人那种小店主收录的话。在吉耳平或研光机匠的店里，男女学徒很容易变成为一个佣工或仆役，而不成其为一个手艺行或商店的艺徒。[②]

在十八世纪第三个二十五年时，新型大规模工业的出现，对于

① 布兰德·布朗和托尼：《英国经济史文件选集》(Bland Brown and Tawnay, *English Economic History Select Documents*)(1914 年版)，第 356 页。

② 邓洛普：《英国的学徒和童工》(Dunlop, J., *English Apprenticeship and Child Labour*)(1912 年版)，第 16 章，《作为贫民救济手段的习艺》乔治：《十八世纪的伦敦生活》，第 5 章，《教区儿童和贫寒的学徒》。

教区监理员来说无异是一个意外的幸事。曾经是十八世纪中叶典型工业人物的计件厂外加工工人，总摆脱不掉他们的整个童工后备军。[1] 商人，也就是厂外加工工人的雇主，只需要一小批挑选出来的职工。但是随着现代雇主的渐渐出现，情况有了改变。在棉纺织厂兴起的前夕，米德兰新工业界的发展情况，可以用瓦特的合伙人马修·博耳顿在1768年所写的一封信中的一句话予以充分说明。他说，除开“可以安置在最下层工作上的孤儿、教区学徒，和贫民医院的儿童”外，他不收任何学徒。[2] 他的计划不是“一个可以容纳中等资产者就业的业务计划……里面所养活的人，不是进行操作的散工……就一定是有很大一笔产业的人”。[3] 他曾经以此之故而谢绝接受一位朋友的侄子做学徒。博耳顿的经营是一种例外的经营，但是他对待教区学徒和贫民医院的儿童的态度却不是例外的。他们不是作为一种廉价劳动力被收录去学一些不需要多大技术的粗工散匠的活计，就是——如果被收在陆上做学徒的话——必须先为师傅服务七年偿还他们的膳宿费，像林肯郡的造纸匠那样，然后方能成为工人。[4]

372　他们所以成大批地从都市区域，尤其是从首都区域被吸引到

---

① 虽然在手织机织工（赫琴斯和哈里逊：《工厂立法史》〔Hutchins and Harrison, *History of Factory Legislation*〕，第20页），针织机织工，散工鞋匠等等（乔治，前引书，第233、237各页），以及乡间小手艺人那里也没有贫寒儿童学艺（马歇尔，前引书，第357页注2）。

② 劳德：《资本和蒸汽动力》（1923年版），第58页，引自马修·博耳顿的手稿。

③ 劳德，前引书，第91页。

④ “邻近的农场主都很愿意接受他们”。波特尔：《论济贫法》（Porter, R., *Observations on the Poor Laws*）（1775年版）。

早期的棉纺织厂，是十分自然的。举世皆知，很多人在那里受到了可耻的虐待；但也并非人人都是受虐待的。早期的最大纺织厂之一，“一百九十八面玻璃窗夜间灯光灿烂”的弗林特郡霍利维尔的斯莫利厂，在1795年计有学徒不下三百人。[①] 男女童都分别住宿，“宿舍一年粉刷两次，一星期用烟草熏三次”。厂内有一名外科医生和一所主日学校。一张床最多睡三个儿童；“大一点的床”只睡两个；“做夜班的非但不是轮流睡同一张床，而且不是睡在同一个房间里”。另一位模范雇主，斯托克波特附近米勒尔镇的塞缪尔·奥德诺在当地的传统中迄仍留有余芳。在十九世纪初期的学徒宿舍里，他们“早餐吃豆米牛奶粥和腌猪肉，每日午餐有鲜肉，间日有布丁或馅饼”。他们也能把“不让一个人在米勒尔有抱怨之词”的宣言，保持作为传统，始终信守不渝。[②] 奥德诺的大多数儿童似乎都是从克拉根维尔教区、约克公爵的彻尔塞孤儿院和首都的其它来源招收的。他只要他们从上午六时操作到下午七时。有些工厂的上班时间是从上午五时到下午八时。

老罗伯特·皮尔爵士所打算用他的1802年学徒健康及道德条例（乔治三世，第42年，第73章）加以控制的，并不是斯莫利厂和奥德诺厂，而是，说来可怪，包括他自己在内的雇佣教区学徒的残暴不仁的一般工厂主。[③] 这项补充案（因为皮尔条例并不是什

① 昂温：《塞缪尔·奥德诺和阿克赖特》，第95—96页，引自彭南特：《霍利维尔史》（Pennant，T.，*A History of ... Holywell*），1796年版。

② 昂温，前引书，第173—174页。另一位证人在早餐的菜单上以“白面包”代替了腌猪肉。〔关于另一位模范雇主，参阅《基蒂·威金逊传》〕（*Life of Kitty Wilkinson*），引自诺耳斯：《十九世纪工商业的革命》，第1版，第92页注。

③ 最全面的叙述，见赫琴斯和哈里逊，前引书，第16—18页。

么别的)之所以能在十九世纪初著诸法典之中,英国叨惠于伊丽莎白济贫法的实非浅显。这些儿童是国家已经为他们承担了责任的那些。二十五年多来,国家一直把这类责任解释得比一度所惯于作的解释更合乎人道些。皮尔并没有在国会遭到任何麻烦。他是
373 一位专家:下院里面是否还有另一位雇佣学徒的雇主殊属疑问:他的同事,正如他后来所说,都深信有采取措施的必要,而所通过的第一次修正案就是在"棉纺"和"工厂"这两个词之间加进了"及其它"三个字。[①] 尽管未能收效,皮尔条例在二十年代却一直没有经过修正,并为其它已经补充进去的——但也同样无效的——立法和即将提出的更多的立法供备了一个草草的大纲。条例中计有下列各范畴——教区学徒的工作时间每日不得超过十二小时;应逐步取消教区学徒的夜工;工厂应每年粉刷两次,应有适当的通风设备,应发给教区学徒每人每年服装一套,男女儿童应分别住宿,每床限睡二人(纵令是"大床"),以照顾卫生和健康;教区学徒的教育应包括读写算和每月至少做一次礼拜;[②]视察工作应由两位治安法官担任,但两位治安法官之中应有一位是牧师。这项条例适用一切雇佣二十人以上的棉纺和毛纺工厂,因为二十人的工厂大概都有学徒;规定一切纺织厂和工厂必须向治安法官登记,以便使治安法官得了解自己的责任;但有关粉刷和通风设备的条款既不以有无学徒为转移,所以这些条款至少在名义上是普遍适用的。再者,对于学徒并没有年龄上的限制:用后来工厂法的术语来说,他

① 《下院公报》(*Journal of the H. of C.*),第 57 卷,第 303 页。

② 在苏格兰,他们应由牧师予以考试,并在十八岁以前,"送往教区教堂接受……洗礼"。这是一项修正案。《下院公报》,第 57 卷,第 534 页。

们可以是儿童，也可以是青年或成年。

治安法官虽没有完全忽视他们的职责，但这项任务却是他们力所能及的。问题也在时时变化。甚至在皮尔条例实施之前，少数派送学徒的机关就似乎已经把派送学徒到棉纺织厂看做是不相宜了：育婴院当局（在 1807 年）说，只有毫无办法的女童才会送往这类的地方。① 在这项条例实施以后，比较恶劣的纺织厂主也认清雇“自由”童工对自己有利。很多制造商都把这项条例看做是一层严重的障碍，这一点可以由曼彻斯特、博耳顿、斯托克波特、格拉 374
斯哥、利兹、基思利、南提治、赖恩河畔的艾希顿和其它各地申请废除该法的请愿书予以证明②。既没有能争取到条例的废除，他们就“谢绝收录学徒了，但仍毫无限制地雇佣穷人的子女”。③ 对于一个满厂都是“自由”男女童的纺织厂，这些多管闲事的治安法官是无权过问的。诚然，从 1802 到 1811 年，“死亡报表实施范围内的”，也就是大伦敦范围内的济贫法当局仍然是把在该区以外习艺的儿童四分之三派送到棉纺织厂的；④但是就这十年的平均数来说，这只意味着每年男女儿童四百三十六名，比之罗伯特·欧文在 1799 年去拉纳克时在那里所看到的数目要少一些。⑤ 但是却还有

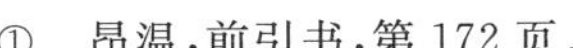

① 昂温，前引书，第 172 页。

② 《下院公报》，第 58 卷，第 148、160、191 页。

③ 皮尔在贵族院语，1818 年 2 月 10 日，《韩氏国会实录》，第 27 卷，第 264 页，全文引证于斯马特，前引书，第 1 卷，第 658 页。

④ 引自关于教区学徒的《1815 年下院审查委员会报告书》（*Report of the H. of C. Comm. of 1815*），刊于《韩氏国会实录》，第 30 卷，第 533 页。

⑤ 约有五百名“贫寒儿童”。欧文的作证，《制造业……童工……状况审查委员会》（*S. C. on the State of ... Children…in the Manufactories*），1816 年（第 3 卷，第 235 号），第 20 页。

当地的贫寒儿童有待吸收。但证据明显的是，到了二十年代，学徒问题已不再为人所注意了。① 蒸汽已经把大棉纺织厂带进城镇，而且在它们的门前还有尽多的儿童。

所以，当战后工厂立法运动以罗伯特·欧文作为它的先知者和组织者，以老罗伯特·皮尔再度作为它的国会主要代言人而重新开始的时候，原则问题肯定是要提出的，虽则讨论是就每一个方法和细节问题分别予以进行。这里不仅仅是一个济贫法的问题，一个社会上被监护的贫苦儿童的问题，这些儿童的社会地位自从英格兰人在法律上仍然可以是奴隶的都铎时代，最初给这种监护权以承认时起就是带有奴隶性质的。国家对于“自由”儿童负有任何责任吗？凡事关他们福利的问题，难道不是天经地义地由他们的父母做主吗？如果国家对于那些处于严重危险或困难中的儿童负有责任的话，是否这些儿童——指某些纺织工厂中的儿童——
375 就是主要，或唯一有权要求国家保护的人呢？对于诸如细节和权宜问题；以及工厂儿童是否真正操作过度；某甲某乙所受的损害；某丙某丁所受的优惠待遇；加诸这一行业或那一大城的非分所应得的毁誉，和“企业”及对外贸易所受的打击等问题，亦复如此②。

① 贫寒学徒是否有任何一个时期在棉纺织厂中占一很大比例，是令人怀疑的。所引证的伦敦的数字在这方面殊有裨益。

② 参阅1815、1816和1818年辩论的全部总结，载斯马特，前引书，第1卷，第442—443，505—506，658页及以下。弗朗西斯·霍尔纳在1815年引证了一个伦敦教区和一个兰开郡纺织厂主所缔结的合同，那件合同在委员会中曾经提到过，合同中订明，该纺织厂主每收录二十名健康的儿童，必须收录一名骇笨的儿童（《韩氏国会实录》，第31卷，第626页）。这个事例看上去是真实的，但却不见得像讨论这个问题的所有书上的引证所说的那样有代表性。

皮尔声言赞成自由劳动。但是，他不能设想自己没有意志的幼童可以叫做自由劳动者：他建议以十六岁为有独立意志和担负自由责任的年龄。[1] 在一次辩论中，小皮尔很巧妙地利用现行法给他的敌方以侧击。保护学徒是没有任何人加以攻击的。维持学徒的健康虽与雇主利害相关，但是对于按日或按星期雇佣而又随时通知随时就可以从隔壁弄堂的过剩儿童中找人来代替的一个童工，和雇主却无利害关系可言。在这一方面是更加迫切需要法律保护的。[2] 这样，他的父亲的那项没有受到挑衅的济贫法补充案就为需要者提供了一个更加有理由的论据。

1818 年，利物浦勋爵在上院并没有凭靠先例或法律上的论据。本人就可说是第一流经济学家的劳德达尔伯爵詹姆斯曾经援引了劳动应听其自由的那项伟大政治经济学原理，从而成功地阻挠皮尔的议案一年不得通过，利物浦勋爵在和他辩论时说，因为，在他看来，不得使儿童劳动过度乃是习惯法上的一项原则，所以他很愿意看到这项原则能一字不改地在这一条例中加以承认。[3] 艾尔登勋爵以儿童的过度劳动既是根据习惯法可以控告的，那么就应该制定一项适用于所有各行各业的普通法，否则就根本不需要制定为词，闪开了这项论证，[4]但是这项论证却表达了分组讨论时所流行的和渐渐成为国家之呼声的一般国会议员的意见。儿童正 376

[1] 1818 年 2 月 23 日的发言。《韩氏国会实录》，第 37 卷，第 582 页。

[2] 1818 年 4 月 27 日的发言。《韩氏国会实录》，第 38 卷，第 354 页。

[3] 5 月 7 日的辩论。《韩氏国会实录》，第 38 卷，第 548 页。摘要见斯马特，前引书，第 1 卷，第 668—669 页。

[4] 在 1819 年 2 月。《韩氏国会实录》，第 39 卷，第 654 页。在斯马特，前引书，第 1 卷，第 703 页中把他的论点写得比真实的论点还要更“艾尔登派”一点。

在新的和异常显眼的机构中被迫以新的和显眼的方法从事于过度的劳动。由于这种情况还为时不久，没有形成为一个几乎具有宪法地位的利益集团，一如西印度利益集团之于它的奴隶，或者航运利益集团之于它的航海法那样。国会里简直没有什么人和它有直接利害关系，所以出乎本性的人道精神也还没有磨灭。认为在对整个工业领域还没有进行过测绘以前，单单为某一种形式的机构制定立法是不合逻辑的，甚或是不公平的那种论点，对于一个法国议会未始没有号召力，但是对于很多最重要的经济决议都是通过私法案逐步达成的一个议会却起不了阻挠作用。

国会中所通过的1819年条例比之罗伯特·欧文所起草并经皮尔和下院先后加以推敲的那项草案要窄狭得多。在某些方面，它比1802年的健康道德条例还要窄狭些。它仅仅涉及棉纺织厂——最大、最显眼和恶名最著的工厂。[①] 欧文原是把一切纺织厂都包括在内的。皮尔所提出的开始享有过度劳动自由的年龄为年满十六岁，这一点得到了承认：超过这个年龄的人就不再受十二小时工作日限制的任何影响。原拟不得进工厂劳动的年龄是十岁。最后所同意的年龄是九岁。欧文提出的指派专职工厂视察员的建议，或许是一切建议中最重要的一项，却被删去了，虽则皮尔在1815年6月最初提出议案时曾予以相当重视。[②] 所以，“为棉

① 早期的麻纺织厂多半更坏，新兴的毛丝厂和久已确立的拈丝厂至少也不相上下。

② 参阅《韩氏国会实录》，第31卷，第624页中他的发言。人们常常说有薪给的视察员是十九世纪的大发明；但他却是直接承继十八世纪纺织业管理条例的检查员和盖印员的衣钵的。本卷，第337页及以下。

纺织厂和工厂的管理和更好的保护青年职工的健康作进一步规定”的乔治三世第59年，第66章，结果变成为最无效的一项保护健康的文件。在六年之中只有两个有罪的裁决是根据这项法律而取得的，毫无疑问，在二十年代中期，它的各种不同的条款都经常遭到破坏和逃避。1820、1825和1831年这三项小有修正或补充的条例（乔治三世，第60年，第4章；乔治四世，第6年，第63章和 377
威廉四世，第1和第2年，第39章），也不具有普遍的重要意义和效力。①

1825年的法案尽管不重要，它的编制和讨论却是有启发性和预见性的。卡姆·霍布豪斯正承办这一法案。他曾经和小皮尔谈及。皮尔让他去请教赫斯基森，赫斯基森又让他去请教曼彻斯特的乔治·菲利普斯，因为曼彻斯特这时在下院已经有了发言权，虽则由于宪法的作用，菲利普斯还是代表伍顿·巴塞特的。菲利普斯却让他去请教曼彻斯特商会那个新近成立的曼彻斯特地方意见的表达机关。② 霍布豪斯不是没有征询商会的意见，就是没有对它的忠告加以注意，而有十足准备把他的提案扩大到棉纺织范围以外，但是却非常聪明地想到，要解决一个大工业的问题已经够一个人单枪匹马去干了：在他的背后既没有任何部会的支持，在他周围的议席上也没有反对逐步立法的成见。而且棉纺织方面的正确资料比其它任何方面的资料都更加容易取得些。他能以证明，甚

① 赫琴斯和哈里逊，前引书，第30—32页。斯马特，前引书，第2卷，第314页。

② 卡姆·霍布豪斯的日记，1825年3月21日，引证于斯马特，前引书，第2卷，第313页。关于辩论，参阅《韩氏国会实录》（续编），第13卷，第421—422、643页及以下，第1008页及以下。

至根据他的议案，棉纺织业的儿童劳动时间比成年木匠、石匠、砌砖匠、铁匠或水车匠的劳动时间还要更长。

菲利普斯的发言把曼彻斯特案例的力量和弱点一并揭示出来。根据他对现行法的经验，据他这样说，他相信这个法案是不会改善任何人的情况的。他多半是对的。他深信在厂外工作还不如在厂内工作，而尤以织工为然。在这一点上，他或许也至少有一半是对的。他并不反对限制童工的劳动时间：如果可能的话，这确是一件大好事。但是如不限制成年人的劳动，那就无此可能；而限制成年人的劳动——意在言外——却又是不可思议的。既然承认了这一切，他就以下述的论证总结他在二读会上的发言说，对于工资和劳动契约，绝不应加以任何干涉，国会最好是把所有这类干涉性的法律一并予以废除，而不是去加以修改。在委员会中，他探索这个法案的根源，正确地追溯到下院对结社问题非常敏感的一个时期的那个工人的组织，即纺纱工大联合会，以图攻破这个法案。棉业人员由于单单把他们这个行业挑选出来，当众加以非分所应得的侮辱而产生的那种抑制不住的——但大体上正当的——不平，
378 自始至终给他们的言论以那样一股愤慨的情绪，从而使反对派的力量大张。

赫斯基森和皮尔并不是始终站在菲利普斯方面的，但是在这个场合下他们却也没有对管制政策表示热心。“既然国会认为对棉纺织厂方面的干涉是对的，那么毫无疑问，前项法案〔即 1819 年的法案〕的规定自然是愈充分付诸实施愈好”。每一种劳动中都有很多自己不愿做的事，这是不待言的；但是如果这样加以干涉，致使儿童的就业机会减少，或工资降低——而雇主说二者必居其

一——那又怎么办呢？这是赫斯基森的说法。皮尔则要求下院“在太广泛地迈进这一立法领域以前，先停留一下”。他曾经支持过 1819 年的那项类似的议案，但是也像赫斯基森一样，他生怕管制如果太严，就难免会使儿童流浪街头。与其让儿童冒没有面包的危险，不如还是吃苦而有面包吧。

就他的那种迟疑不决，那种种先决条件和种种限制来说；就他的那种认真，那种虚怀若谷，那种对当前事务的练达和那种昧于当前事务和未来需要之间的关系来说，我们很可把皮尔看做是十九世纪中叶的英国的化身。但这是十分自然的——因为自 1819 至 1850 年，这个国家，这个经济国家，纵非一个惟妙惟肖的皮尔，至少像皮尔的程度也比像其他任何人的程度多得多；虽则在 1850 年以后，他是从坟墓中通过他一手造就的格拉德斯通而左右国政的。“他缺乏想象力，因而没有先知之明”，[①]狄斯累利在他死后谈到他时这样说。“这是从来看不出运动的结局的一位先生”，据说这位公爵在他生前就对他有过差不多同样的评论。[②] 国家，无论在他或在别人的主持之下，都缺乏先见之明，对于它的很多运动都不是有始有终的。“时事自流，而人为时事所左右”，国家也一任其左右。有时国家似乎是遵循一种不无理由的无为而治的政策；但或许更常常是纯粹由于不清楚了解究竟怎样作为方是上策，所以才无所作为的。对于当前的问题倒也往往能了如指掌，但很少是把它作为一系列互相关联问题中的一个加以处理的。或许还不应该

① 《乔治·本廷克勋爵传》，第 198 页。

② 《狄斯累利传》，第 2 卷，第 104 页，引证没有举出出处，也许是稗官野史之谈。

对它有这样的期待，甚至暗存此念，因为赋有先见之明和始终协调的想象力的国家还没有从人类的智慧中诞生。

珍藏本
纪念版

汉译世界学术名著丛书

现代英国经济史

上卷

早期铁路时代
（1820–1850年）

第二分册

〔英〕克拉潘 著

姚曾廙 译

2017年·北京

目　　录

第二编　早期铁路时代

图表

第二编　早期铁路时代

为全身精力之冲的炽热的脉搏，沿着贯穿于我国周身的铁的血管跳动着，流淌着，一小时比一小时更热，一小时比一小时更快。全部精力都通过这些脉络而集中到一个个中央城市；狭窄的铁桥跨过像绿色海洋一样的乡间而把我们抛回城门口愈益密集的人群之中。

约翰·罗斯金，《建筑学的七盏明灯》
(Ruskin,J.,*The Seven Lamps of Architecture*),1847 年

总督。英国人的船舶像飞虫一样地蜂拥云集；他们的印花布覆盖了全世界……整个印度只不过是商人总账上的一个户头而已，那些商人的货栈里堆满了古代帝王的宝座！——呜呜而来！呜呜而去！完全靠了舵轮！——嘶嘶而来！嘶嘶而去！完全靠了蒸汽。

金累克，《爱欧琴》(*Eothen*),1845 年

第九章　铁路和铁路政策 381

机车的胜利是得来不易的；就它的早期形式而言，也完全不应该取得胜利。在1828年年底曼彻斯特—利物浦铁路已经施工很久之后，牵引问题还没有解决。发起人邀请了两位外界专家进行查报，一位是伦敦人，另一位是中原的工程师。报告并没有提出肯定的建议。这两位顾问人员认为，如果要立刻对这条铁路尽量加以利用，最经济的办法是采用定置机器和缆绳。“但是董事们如权衡环境，要和需求成比例地逐步发展运输力，那么我们就建议在全线上一般地使用机车，”①而在两个斜坡上用定置机器。斯蒂芬逊极力主张采取后一项代替办法；因为这两位外界人士已经承认机车比定置机器有更大的改进余地。因而有1829年10月雨山的机车比赛和斯蒂芬逊的凯旋。翌年在《加洛韦蒸汽机论》那部当代标准教科书上出现了一篇论机车前途的悲观记述，这显然是以雨山比赛以前的资料为依据的。斯托克顿和达林敦铁路的董事们在他们的1827年报告书中，指出如何“对这个问题加以缜密研究的结果……发现用机车牵引比用马力牵引可节省经费百分之三十。”何

---

①　参阅斯迈尔斯：《工程师传》，第3卷，注258。资料是取自《出纳员亨利·布思先生的利物浦·曼彻斯特铁路……报告书》(*An Account of the Liverpool and Manchester Railway... by Hy. Booth ESQ. Treasurer*)(1830年)。

止百分之三十而已，加洛韦这样写道，[1]在一条为运煤而建筑的铁路上，燃料的成本将是微不足道的！

> “这些机车久已在基林华斯见诸使用了，”他继续写道；但是“尽管发明家斯蒂芬逊先生尽了最大的努力……而在纽卡斯耳和卡来尔之间拟建的铁路上仍决定不使用任何机车一事，却是人们对它们的功用抱怀疑态度的一个再好不过的证明。”

382 他是想到了 1829 年 5 月 22 日奉英皇批准的那项有关该路的法案。第六款无疑是禁止机车的使用，“在那华斯堡、科尔比堡或〔列举出来的六七位绅士的〕大府第的视野以内，”这条铁路甚至连定置机器都不准使用。无疑这是一个迫不得已的让步。发起人未见得不愿有使用机车的自由，但是却没有任何证据证明他们当时就有意加以使用。[2] 他们的铁路在竣工之后不会有多少大斜坡的，因为甚至老乔治，照早期铁路界对他的称呼，也很多年来都没有为他的机车设计过一个大斜坡。他在 1836 年对设菲尔德的人们说，他们只能让机车通过罗瑟勒姆驶入他们的城镇，既不越过也不穿过他们的山坡。[3]

---

① 《加洛韦蒸汽机论》(*Galloway on the Steam Engine*)，1830 年第 4 版，第 334 页。〔对早期机车评论受到了沃伦的《一百年来机车的建造》(Warren，J. G. H. ，*A Century of Locomotive Building*)(1923 年版)一书的攻击。〕

② 汤林森：《东北铁路》，第 198 页。

③ 斯特里敦：《米德兰铁路史》(Stretton，C. S. ，*The History of the Midland Railway*)(1901 年版)，第 88 页。

当1834年卡来尔线已经有一段将近完工并须订购铁轨的时候，董事们还在商量马匹的问题。如果用马的话，那么普鲁德豪·赫斯和海克斯安姆之间的那段一英里路程的单轨铁路，就需要四条岔路：如果用机车的话，只要一条岔路就够用了，仅仅这一英里就可以节省大约七百镑。[1] 尼古拉斯·伍德是他们的委员会委员之一，他所著的《铁路实践论》这时已问世有十年之久，并且铁路发展的每一步迈进都是以他为内行的代言人。最后他们决定要求国会删除原条例中取缔机车的条款；并且对于结果感到那样的有信心，竟立刻从罗伯特·斯蒂芬逊公司、霍索恩公司——这两家都是纽卡斯耳的公司——和利物浦的爱德华·伯里公司各订购了一部机车。要求经国会照准，于是在1835年3月9日，斯蒂芬逊公司的“迅捷号”机车把“远征号”、“社交号”和“希望号”等客车、霍桑公司的“彗星号”机车把“疾行号”、“实业号”和“运输号”等客车分别从布赖顿拖曳到海克斯安姆。[2] 自此而后，也就再不大听说新公共铁路上有马力牵引了。熟铁护轮轨也同样地奠定了基础。[3] 这时熟铁护轮轨不独在最初获得专利权的贝德林顿进行生产，而且
在南威尔士也取得了很大的成就。“迅捷号”从道莱斯和埃布—佛 383
尔所制造的重四十二磅一码的铁轨上驶入海克斯安姆，在道莱斯和埃布—佛尔的生产成本已经低廉到足可经得起这段长程运输的程度了。三年之后，在1838年6月，机车正从护轮铁轨上驶往卡

① 汤林森，前引书，第262页。

② 汤林森，前引书，第263页。

③ 本卷，第91页。

来尔，差不多从东部一直驶至西海。[①]

到这时，新型铁路已经克服了一切内行方面的反对：工程师们已经改变或正在改变他们的主张，他们的队伍正迅速地充实起来为新铁路服务，但是在财政方面，专家们却仍不无怀疑，可是总的说来，多少令人诧异的是，为了追求在大多数场合下既遥遥无期又不优厚的利润而投出的资本竟是那样现成。荒唐的募股计划是那样之多；具体计划的执行又有那样多无可避免的不确定因素；对于工程问题既有那样多茫无所知的公众；而在利害关系方面以至于非利害关系方面又有那样多有系统的反对，那么自 1835 年以来，一个公司接着一个公司的募股计划的顺利成功，初看起来就不免令人惊奇了。直到 1835 年为止，已完工的铁路并没有为机车的实际运用积累了多少经验。在斯托克顿—达林敦铁路和利物浦—曼彻斯特铁路之外，1830 年又增建了坎特伯里—惠次特布尔那条短短的"牡蛎"线，但主要是靠定置机器运转的；[②]在 1832 年（根据 1830 年条例）又增加了累斯特—斯文宁敦煤炭线，即后来米德兰铁路系最老的一段。[③] 接着在 1834 年 9 月有了利兹—塞耳比线——一条没有明显目标的二十英里长的路线。伦敦—伯明翰铁路这条大联络线——从利物浦—曼彻斯特铁路上的牛顿—里—威洛斯到伯明翰——和伦敦—格林威治铁路已经在 1833 年取得了它们的条例；伦敦—南安普敦铁路已经在 1834 年奉到核准；大西铁路在 1834—1835 年正在打通国会这一关，另外还有很多发起计

① 汤林森，前引书，第 314—318 页。

② 《英格兰的铁路》（*The Railways of England*）（1839 年版），第 97 页。

③ 斯特里敦，前引书，第 1 章。

划也已公布于世。[①] 投资与否的决定必然是主要奠定在希望上，但是有很多政论家却专以打击这种希望为务。《铁路欺骗性的败露：证明曼彻斯特—利物浦铁路从没有付过百分之一的净利；伯明翰、布里斯托尔、南安普敦、温索尔和其他铁路不但现在是，而且一定永远是纯粹欺人的骗局的事实和论证》是一部内容充实，且颇不可轻视的小册子，它在1834年一年之中就发行了两版。[②] 384

利物浦—曼彻斯特铁路的早期财政的确是令人不解的。条例限制公司股息不得超过百分之十。在"业务逐渐发达"之后，它立刻达到了这个数字，[③]并且在1837年的上半年，就已经付出了四十多万镑的股息。但是它时时都在取得发行新股票和更大量举债的权力：在1837年它试图从国库贷放委员会取得一笔四十万镑的贷款，[④]并愿作为它的财政收入第一笔负担来考虑。在每一阶段上概算的各个项目都有很大的超额，董事们对于"他们所有的超额开支报告书都啧有烦言"。[⑤] 在另一方面，如果像某些评论家所断定的那样，以这种隐蔽方式分配给股东的一部分新股票就是超过

① 《对主要铁路的几项一般的评论……附笔者对作为投资的铁路的意见》(*A few general observations on the principal railways... with the author's opinion upon them as investments*)(伦敦和利物浦，1838年版)中对于这段时期作了一个很好的总结。另参阅杰克曼：《现代英国的运输》，第2卷，第563页。

② 搅炼法发明家的儿子考尔德所著。在斯迈尔斯，前引书，第3卷，第303页；杰克曼，前引书，第2卷，第531页注；和塞康：《大西铁路史》(Sekon, G. A., *A History of the Great Western Railway*)(1895年版)，第5页中所以很轻蔑地提到这个小册子，是由于自信对事情有所了解。

③ 《几项一般的评论……》，第49页。

④ 根据乔治三世，第57年，第34章，"为经营公共工程和渔业"等等而设立的。

⑤ 惠勒：《曼彻斯特的政治、社会和商业史》(1836年版)，第302页。

百分之十以上的利润，那么公司的情形自比外界所得而知的要好得多。[①] 诚然，它在支付贷款利息方面从未有过任何困难。一位谨严而又深悉内情的辩护者在1838年写自利物浦的一封信中虽承认它浪费无度，但是却以“伟大的试验”为词来替这条铁路进行辩护。至于营业费，则因为它的路程既短而它的终点车站同路长相比又是那样不必要的昂贵；因为它不得不为全世界进行机车和其他的试验；因为既经发现十二吨机车的必要就不能不将原为六吨机车设计的一条线路重新铺设；并且因为它有比其他任何铁路都更“讨厌的”斜坡，所以用它“作为其他铁路的标准是不适当的”。董事们承认“这条铁路自1830至1836年的营业费一直约为全部
385 收入的五分之三”，这的确是“一种骇人听闻的情况”；但是这位辩护人看到新机车、车皮和存料都包括在营业费之内，又不禁引以为慰了。[②]

在这期间，斯托克顿—达林顿铁路，尽管偶尔有财政上的困难——爱德华·皮斯一度，在1826年，不得不寻求现款来给付工资[③]——已经宣布发放股息了，股息在1831年上升到百分之六，并且在上升到百分之八以后，在1834—1835年又回跌到百分之六。[④] 累斯特—斯文宁敦铁路也“和一般的预料相反，证明是一个很稳当的投资”。[⑤] 在账面上所看到的1837—1839年这三年的平

① 杰克曼，前引书，第2卷，第530—531页。

② 《几项一般的评论……》，第49页及以下。

③ 汤林森，前引书，第138页。

④ 同上书，第357页。

⑤ 《几项一般的评论……》，第20页。

均利润已经在百分之六以上，而且股票的市价当时已经超过票面价格；[1]但是直到1835—1836年，外界公众还是不能不以这种“一般的预料”为依据。利兹—塞耳比铁路从来没有很兴隆过。它在最初的半年中（1834—1835）榨取了百分之二又二分之一，在1836年仅百分之一又二分之一，1837年相同，1838年却一无所获。[2]在1841年上半年，后来成为东北铁路地区中的那十七家公司的平均股息约仅百分之三又二分之一，虽则这个平均数还是靠了斯托克顿—达林顿铁路的百分之十五和约克—北米德兰铁路的百分之九扯平的。[3] 直到1850年为止，所有现存铁路的总收入——并非股息——从来没有达到过所用资本的百分之八。[4] 在1834—1835年，人人都会认为除运煤线之外，股息的前景殊难乐观，而且运煤线也并无把握。认为公路上的马车道更为可取的人还没有被驳倒。[5] 而且当时还有一种蒸汽车（steam-carriage），提倡蒸汽车的人直到1840年依然非常活跃。乔治·希利比尔从1829年将公共马车输入伦敦并于其晚年将维多利亚式灵柩车加以改进，后来又有戈耳兹沃锡·葛尼、查理·丹斯爵士和马西伦尼上校这几位公 386
共蒸汽车的先驱者。托马斯·特耳福德和布莱恩·唐金在1833

① 斯特里敦，前引书，第30页。

② 《……铁路交通审查委员会》（*S. C. on…Communications by Railway*），1839年（第10卷），询问案第3874号：主席戈特的作证。

③ 汤林森，前引书，第359页。

④ 拉德纳：《铁路经济》（Lardner，D.，*Railway Economy*）（1850年版），第281页。拉德纳所以举出这个概略的数字，因为“只有收入可以准确知道，开支和利润都是但凭揣测的”（第279页）。

⑤ 例如费尔贝恩：《铁路政治经济学》（Fairbairn，H.，*The Political Economy of Railroads*），1836年版。

年 11 月 1 日搭乘一辆伯明翰公路上的蒸汽车旅行到远至斯托尼·斯特腊特福之后，已经公开地证明了它的优点。他们颇寄予厚望，尤其是如果有一部分公路“能按照最适合蒸汽机车行驶状况修筑和保养”的话。① 翌年至少有一个公司为使霍利黑德公路符合这种要求以便行驶蒸汽车而成立了一个临时委员会。亨利·帕纳耳爵士不胜其适当地膺聘为委员，特耳福德则被提名为顾问工程师。② 但是公众并没有上钩。

铁路迄所得到的像当时那一点成就，主要应归功于地方实业界一些小集团的决心；乡土观念的激发；和对工程比对股息更加关心的少数工程师的信心和推动力。大部分决心都是出自非国教徒的：其中教友派教徒占一极大比重，而且不仅以教友派教徒的铁路为限。教友派教徒在早期的管理委员会中占有特别多的席位——诸如在斯托克顿、利物浦、累斯特和伯明翰；计有皮斯家、巴克豪斯家、克罗珀家、利斯特家、艾利斯家和斯特季家。在乔治·斯蒂芬逊的诺森伯兰的辚辚车声之中，据早期铁路轶话的说法，时时听到这些有事业心的贤明人士以一种低沉的声音对一个自负但遭失败的工程师这样说——“朋友……为什么你不说，只要是斯蒂芬逊的机车所能做的，你自己也能做呢？”③在某些地方，这些振兴铁路的集团是和地方政府当局经常接触的。至于所传约克自治市的一个委员会在 1833—1834 年这整个两年之中一直在讨论以这个北都

① 《铁路征课的揭露……》(*Railroad Impositions Detected...*)，附录第 6，载有这项文件。

② 它的计划书载同上，附录第 7。

③ 斯特里敦，前引书，第 30 页。

为中心制定一个铁路系计划的那种说法，则似乎是无稽之谈；但身为整个运动之原动力的学院街麻布富商乔治·赫德逊却早已成为一位卓越的地方政治家，并且在 1837 年担任了市长。[1] 布里斯托尔一旦从地方铁路事业热心人士所抱怨的那种冷淡态度和党派心中猛醒——在布里斯托尔骚动[2]之后的几年内，一定程度的冷淡和党派心原是不足为奇的[3]——就在 1839 年把大西铁路计划差 387
不多列为市政要务了。市长召开了一次会议，在会议上将铁路振兴委员会对这项计划所作的极其详尽的调查提出讨论；自治市、船坞公司和商人冒险家协会都在这个临时董事会中派有正式代表。应该补充说明的是，认股在当地进行得很慢，大西铁路不但没有伦敦的股款不能济事，就是没有伯明翰、曼彻斯特和利物浦的股款也是绝对建造不起来的。[4]

利物浦的实业家在他们的邻近地区以外的投资特别活跃，这不但可以说明他们有理想，而且可以说明利物浦—曼彻斯特铁路的收益比我们所得而知的要更好些。斯蒂芬逊甚至在利物浦—曼彻斯特铁路通车之前就能以在利物浦为累斯特—斯文宁敦铁路募股了；应募入股的那个集团，在早期铁路时代通称为利物浦系——计有克罗珀家、拉思博恩家、霍斯福耳家、布思家、桑达斯家——不

① 事实经过见格临林：《大北铁路》(Grinling，C. H.，*The Great Northern Railway*)(1898 年版)，第 2 页。但参阅汤林森，前引书，第 272 页。赫德逊自 1832 年起任约克卫生委员会委员，自 1835 年起任自治市委员。

② 布里斯托尔骚动发生于 1831 年，是因上院拒绝第一次选举改革法而引起的。——译者

③ 杰克曼，前引书，第 2 卷，第 562 页。

④ 塞康，前引书，第 2 页。杰克曼，前引书，第 2 卷，第 562—563 页。

但在建造默尔西河、恒比尔河、太晤士河和塞佛恩河之间的英格兰中央联络线方面占了重要的一份，而且，和斯蒂芬逊一样，自始就考虑到了长程直达线。[①] 伦敦—伯明翰铁路几乎是兰开郡所有的。[②]

自 1825 至 1835 年年底之间，国会通过了五十四项各式各样的铁路条例，所批准的路线自全长三又四分之一英里、资本三万三千镑的佩斯利—伦弗罗铁路至全长一百一十二又二分之一英里、资本五百五十万镑的伦敦—伯明翰铁路各不等。[③] 这项立法的结果，截至 1838 年 9 月伦敦—伯明翰铁路通车时止，产生了五百英里已通车的公共机车铁路，其中伦敦—伯明翰铁路及其通往普雷斯顿的支线、大联络线铁路和北联合铁路约占半数。[④] 在 1836—1837 年这两年之间，不列颠又有三十九项新路线的铁路条例奉到敕准，爱尔兰的几项条例还不在此数。此后却停顿下来：在 1838—1839 年只通过了五项条例。1840 年一项条例都没有通过，1841 年仅仅通过了一项。

388 在 1836—1837 年，事情已经做过头了。自 1831 年至 1835—1836 年，生活费已趋下降，而整理公债的价格则不断上涨。在 1830 年有一亿五千三百万镑，在 1834 年又有一亿零六十万镑的

---

① 参阅斯特里敦，前引书，第 7—9、33、36—37、47 页。

② 屠克：《价格史》，第 2 卷，第 275 页（1838 年版），说它握有资本的八分之七。

③ 《……铁路交通审查委员会》，1839 年，附录第 29，第 410 页中的一览表。

④ 克利夫兰—斯蒂文斯：《英国的铁路，它们的发展和它们与国家的关系》(Cleveland-Stevens, E. , *English Railways：their Development and their Relation to the State*)(1915 年版)，第 9 页。

政府证券从百分之四改为百分之三又二分之一。[①] 与来自米德兰和北部教友派的眼光敏锐的资本全然不同的追求百分之五股息的盲目资本，已经为掠夺者积聚起来，铁路发起人和自封的工程师却看中了伦敦城。

> 报纸支持这种热狂；政府许可这种热狂；人民不惜为它而解囊。铁路一时蔚然成风，如火如荼。英格兰的铁路已经画好了蓝图。利物浦—曼彻斯特铁路的利润和百分率被广泛地引证。伦敦—伯明翰铁路的前景和力量却被说得天花乱坠。[②]

希望和利物浦—曼彻斯特铁路的这个先例仍然是主要的原因。但有这两种原因也就够了。铁路被盲目地、不经济地、像有生命的东西一样地增殖繁育。许许多多的卵都没有孵出条例。通往布赖顿的铁路有五个竞争计划，所有这五种股票的市价一度都高于票面价额。通往瑙威治的铁路也有三个公司，或发起的公司。"在一个都市的一个教区里就有十六种计划公布出来，预计拆除的房屋达一千二百幢以上。"[③]但是却也涌现了若干真正的公司，建造了若干真正的铁路，其中或许以布里斯托尔—埃克塞特铁路、伯

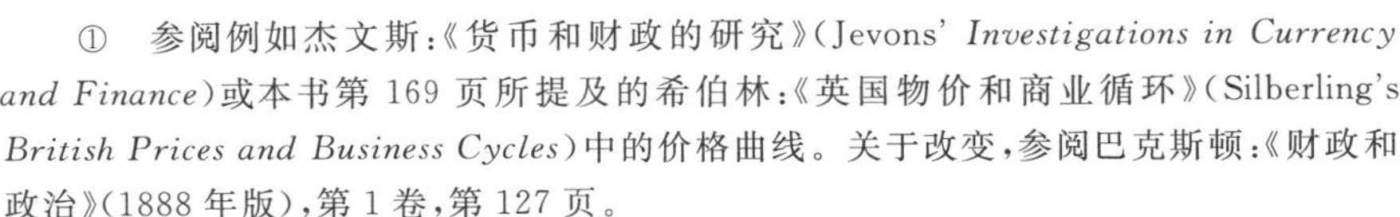

① 参阅例如杰文斯：《货币和财政的研究》(Jevons' *Investigations in Currency and Finance*)或本书第 169 页所提及的希伯林：《英国物价和商业循环》(Silberling's *British Prices and Business Cycles*)中的价格曲线。关于改变，参阅巴克斯顿：《财政和政治》(1888 年版)，第 1 卷，第 127 页。

② 弗朗西斯：《英国铁路史》(1851 年版)，第 1 卷，第 290 页。

③ 同上书，第 1 卷，第 293 页。

明翰—格拉斯特铁路、东南铁路、米德兰郡铁路、北米德兰铁路、约克—北米德兰铁路、英格兰大北铁路、塔夫谷铁路、东部郡铁路、曼彻斯特—利兹铁路、格拉斯哥—格里诺克铁路、格拉斯哥—埃尔铁路和伦敦—布赖顿铁路最为重要。〔在被否决的议案之中有约瑟夫·吉布所提出的经由剑桥、斯利弗德和林肯至约克的大北铁路案。〕某些言语上的变革，正如一位当代人士所指出，随着这些公司的出现而出现了。“人们常说‘开动蒸汽’，‘铁路速度’，并且按小时和分钟而计算路程了。”[①]

389 在业务不受限制的地方股份银行过分迅速地发展、粮价不断上涨，以及英美贸易关系既造成英国黄金的流往美洲复陷实业于不健全状态的同时，[②]1836—1837 年的这种筹办铁路狂，把甚至残存的铁路，尤其是占大多数的一切未完工的残存铁路，都陷入困难之境了。银行的便利已被剥夺。大西铁路那条不惜工本设计的铁路，支票竟一度遭到拒绝支付。它的支线，即布里斯托尔—埃克塞特铁路，已目睹它的股票在市场上以折扣出售。[③] 伦敦—南安普敦铁路正按百分之五十的折扣出售新股票以筹募现款。甚至伦敦—伯明翰铁路也跌到票面价格以下；虽则在 1837 年这条仍未完工的铁路的董事长一职已由伦敦老银行界的老成持重的代表乔治·卡尔·戈林接任。伦敦老银行界虽一直准备接受铁路的往来账目，但迄仍未在铁路的发起和指导方面起任何积极作用。先驱铁路已经靠信贷而成功。利物浦—曼彻斯特铁路继续有利可图，

① 弗朗西斯，前引书，第 1 卷，第 292 页。

② 本卷，第 511 页及以下。

③ 弗朗西斯，前引书，第 1 卷，第 299—300 页。

斯托克顿—达林顿铁路在 1837 年把它的股息提高到百分之十四，1838 年保持不动，1839 年再度提高。[1]

1836—1837 年铁路公司的发起，已经使不列颠的潜在铁路又增加了一千多英里。到处架桥、开路和挖掘隧道，此后有五年没有什么新公司发起。曼彻斯特—利兹铁路上长约一又四分之三英里的小市(Little borough)山顶隧道，和大西铁路上更长出二百五十码的布鲁内尔的包克斯隧道都已经竣工，深为举世所钦羡；曼彻斯特—设菲尔德铁路上的伍德赫德大隧道正在施工。在 1841 年就有人认为铁路系统的大功告成已为期不太远了。自那年 7 月起，以不到十七个小时的时间从伦敦旅行到纽卡斯耳已经有了可能——取道伯明翰—德尔比和约克乘火车至达林顿，然后乘马车前往。[2] 从尤斯顿乘火车经由普雷斯顿至弗利特伍德；从弗利特伍德乘轮船至阿德拉桑；再乘火车至格拉斯哥，全程只需二十四小时。“任何一个有理性的人还能更何所求呢?”甚至《铁路时报》
(*Railway Times*)都这样发问说。[3] 在 1843 年 6 月，不列颠已经 390
有大约一千九百英里的铁路通车，手头未完工的铁路已为数无多。[4] 第一次铁路潮已成过去了。

但是工程师和大发起人并不以此为满足。吉布的那个沿着东

① 汤林森，前引书，第 357 页。

② 格临林，前引书，第 8 页：或在大约同时可搭乘更长得多的一段铁路(新建的沿海铁路)。汤林森，前引书，第 430 页。

③ 引证于格临林，前引书，第 6 页。弗利特伍德已经在 1836 年由海斯凯思·弗利特伍德爵士建成。

④ 温德姆·哈定在《统计学报》，第 11 卷，第 323 页(1848 年)作 1900，但后来的估计比这个数字又有所减少，难求其准确。

米德兰的徐缓斜坡的北路干线计划，已经削减成为自伦敦至剑桥的东北铁路——而且还没有修到剑桥。1836—1837年的繁荣并没有为贝德弗德、杭廷顿或林肯修筑了一码核准的铁路，为诺丁汉修筑的也很少。没有一条通过威尔士的铁路曾获得核准，苏格兰依然是交通梗阻；虽则专门委员在1840—1841年曾经向财政部提出了苏格兰和爱尔兰铁路交通问题的报告书。在1841年3月公布的第四次报告书，赞成修筑一条经由卡来尔和罗克尔比通往苏格兰的联络线——如果自兰开斯特至卡来尔和自卡来尔至格拉斯哥这两小段艰难的路线有指望"在一定时期内"进行施工的话。如果不能如期完成，那么他们就认为"根据目前从南部至爱丁堡和格拉斯哥只能构成一条铁路的这个假定"，西岸的发起人就应该站开而让东岸的发起人去承办。[①]

这时在东岸发起人中占支配地位的那个集团都是一些强有力的人物，并且他们在委员和国会中的活动，对于从1836—1837年所发起的主要工程告成时起至1844年新铁路潮的迸发时止的那段空隙期间起了承先启后的作用。在1841—1842年，随着罗伯特·斯蒂芬逊孜孜于测量而乔治·赫德逊的运筹于委员会，设法——于必要时——以资本支付股息，[②]或由个人承担巨额负债以推动他的计划，他们同斯托克顿—达林顿铁路利益集团和惊人贪婪的达拉姆牧师评议会展开了错综复杂的论争，争取修建一条直接的达林顿—纽卡斯耳联络线，也就是斯蒂芬逊所谓的"通往苏

① 《报告和文件》，1841年，第13卷，第213号，第65—66页。斯密爵士和巴洛教授的报告。

② 汤林森，前引书，第433页。

格兰的东岸路线有待奠定的最后一步”。[①] 他们在 1842 年 6 月得到了他们的主要条例，在 1843 年 4 月得到了修改路线的条例。纽 391
卡斯耳—伯里克铁路的测量工作已准备就绪。在 1844 年春季，赫德逊展开了导向纽卡斯耳高原和伯里克皇家界桥的那个运动。[②]

那时，资本和机会是赫德逊随手可得的：他同所有比较小和所有比较可靠的铁路策略家可以随意制订任何规模的计划。自从 1842 年大丰收以来，小麦价格一直是公道的。皮尔正削减进口粮食的关税。最贫苦的消费者也可以多花费一点了，没有一种生意不赚钱。市场贴现率从没有像 1843—1844 年那样长期地低于百分之二又二分之一。[③] 在 1844 年毫无困难地把尚未清偿的按百分之三又二分之一计息的二亿五千万镑改为百分之三又四分之一；因为在那一年，百分之三是自七年战争以前起第一次接近票面价格。[④] 在 1845 年初，这个新的百分之三又四分之一已经颇超过票面价格了。[⑤] 甚至最大的地主要反对在个人的土地上修建铁路也不再那样容易了。只有最勇敢的文人还斥责“蒸汽的鼾声和活塞的冲击”，但一般公众却充耳不闻。首相很有意于铁路事业；下院里有一个铁路派——是由董事之类的人组成的——1845 年赫德逊本人也进入了下院。“他在英格兰握有无出其右的、史无前例的势力……贵族都设法和他们结交；他的孩子也成为贵族的

① 汤林森，前引书，第 432、434、438—439 页。

② 同上书，第 454 页。

③ 杰文斯在《货币和财政的研究》中的图表。

④ 杰文斯和巴克斯顿，前引书，第 1 卷，第 127 页。

⑤ 一百零四又四分之三。《经济学家周刊》，1845 年 2 月 1 日号。

谈友。”①

到 1843 年年底为止，经国会核准的公共铁路，包括爱尔兰的区区之数在内，据后来计算，共长二千二百八十五英里。其中已经通车的计一千九百五十二英里。1844 年条例在已核准的里数上又增加了三分之一以上——计八百零五英里；1845 年条例增加了二千七百英里；1846 年条例增加了四千五百三十八英里，前后计有单行条例二百一十九件。继而这个增加数在 1847 年降到一千三百五十四，在 1848 年降到了三百三十。到 1848 年年底，在联合王国通车的铁路整整五千英里，其中爱尔兰不到四百英里。这是铁路狂时代的统计轮廓。②

392 在地图上，现代英国整个铁路系统的草图已经打妥——主要的例外是通往伦敦的圣盘克拉斯—美勒立本铁路、通往曼彻斯特的米德兰峰林路、米德兰奔宁山脉和卡来尔的联络线以及高原线以北的很多铁路。在干线之中，它的主要建设就是 1844 年核准的霍利黑德铁路，完成了通往苏格兰的东西两岸的各式各样的苏格兰和英格兰铁路，把英格兰西南部各郡更彻底开放了的其他铁路，以及自金兹克罗斯至约克的大北铁路，也就是单行条例迄所核准的最长的那条铁路。这项法案是和废除谷物法一案同一天奉英王敕准的(1846 年 6 月 26 日)。为了这项法案的斗争，不但激烈的程度毫无逊色，而且更加旷日持久，更加费用浩繁。他们为大北铁

① 弗朗西斯，前引书，第 2 卷，第 218—219 页。

② 拉德纳：《铁路经济》，第 54—55 页。

路之父国会议员埃德蒙·丹尼森所画的肖像，照当时的式样，就是右手牢牢地握着这件所费不赀的文书的。[①]

乔治·赫德逊是那次角逐中的失败者之一。当论争在1844年以合同、共同董事和单纯个人人格的力量展开的时候，

> 他的势力在约克—北米德兰铁路上伸张了七十六英里；在赫尔—塞耳比铁路和利兹—塞耳比铁路上伸张了五十一英里；在北米德兰铁路、米德兰郡铁路和另一铁路（伯明翰—德尔比联络线）上伸张了一百七十八英里；在纽卡斯耳—达林顿铁路和英格兰大北铁路上伸张了一百一十一英里；而在设菲尔德—罗瑟勒姆铁路、约克—斯卡尔布勒铁路、英格兰大北铁路和惠特比—匹克林铁路方面，它影响所及的还有将近六百英里，共计一千另一十六英里，所有这些铁路在发展货运方面都一帆风顺，在支付股息方面也都同样的成功。[②]

在1845年10月，他接受了很不兴隆的东部铁路的董事长一职，并且推动了这样一项计划，根据这一计划，拟以偏东的米德兰铁路和偏西的东部各郡铁路在当卡斯特将拟议的大北铁路切断，并将未为竞争所掠夺的货运交由约克谷铁路和英格兰大北铁路承运。

---

① 格临林，前引书，第56页和封皮里页。式样坚持不变——

“他会握着一卷什么东西，
牢牢地握在他的左手里。”

刘易斯·卡罗尔，海亚华宅摄影（1858年）

② 弗朗西斯，前引书，第2卷，第216页。参阅格临林，前引书，第47—48页。斯特里敦，前引书，第67页。

393 直到那时为止，在邻近的公司之间自愿的和强制性的合作虽然很多，但是依法的大合并却只有一起。诚然，国会的第一件合并案早在 1834 年就已经出现（地方条例，威廉二世，第 4 年和第 5 年，第 25 章），但它只不过合并了威根附近的两个很小的公司。[①] 1835 年，大联络线铁路合并了五英里长的沃临顿—牛顿铁路，1836 年英格兰大北铁路根据它的合并条例取得了购买斯托克顿—达林顿铁路一条支路的权力。继而在 1840 年，大联络线铁路又兼并了一条邻近的铁路，即二十三英里长的切斯特—克鲁铁路。此后三年没有合并条例，而只有两项授权公司彼此进行购买或租借路线的条例。在 1844—1845 年有十六项合并条例和二十二项购买和租借条例，在 1846 年有二十项合并条例和十九项购买或租借条例。[②] 随着 1843—1844 年米德兰铁路的兴建而发动了真正合并运动的，是赫德逊。

在伯明翰同伦敦—伯明翰铁路和大联络线铁路相衔接的伯明翰—德尔比铁路，以及在腊格比同伦敦—伯明翰铁路相沟通而也驶往德尔比的米德兰郡铁路，一直在竞争上消耗着它们的实力。将货运输往约克郡并有赫德逊担任董事的北米德兰铁路，虽然还没有受到它们的角逐的损害，但却利害相关。所有这三条铁路都开始担心可能出现的伦敦—约克铁路在北部直达货运方面的竞争，有一两条铁路则更担心来自西南的布鲁内尔的宽轨的“侵犯”。同这三条铁路多少有点利害关系和最初反对合并的“利物浦系”，

① 克利夫兰—斯蒂文斯（他对铁路合并有过专门的研究），前引书，第 18 页及以下。

② 一览表，同上，第 25 页。

据说因这些外患而就范了。[①] 条件是在 1843—1844 年冬季商定的:联合董事会中没有利物浦方面的名字:条例在 1844 年 5 月奉英王敕准,以乔治·赫德逊为董事长,累斯特的约翰·艾利斯为副董事长。利益和野心这种经济的和非经济的动机,在这次合并中究竟起了多大作用,将是永远无法了解的。不到一年的工夫,米德 394
兰铁路就接管了伯明翰—格拉斯特铁路;不到两年的工夫,又接管了格拉斯特—布里斯托尔铁路。为此后两代所采取的政策方针早已制定在案——从发祥地郡向四面伸张。

在 1845 年,大联络线铁路那条肆行兼并的铁路,在当代最优秀的铁路外交家,它的总经理马克·休伊希大佐的精明领导下,接收了利物浦—曼彻斯特那一条邻近的铁路,连同兰开郡两个较小的公司。复杂的外交接踵而来。大西铁路这时当真试图把宽轨推行到米德兰工业区了,并且就原计划通往腊格比和伍耳佛汉普顿的宽轨铁路展开了"轨幅战"。卡尔·戈林的伦敦—伯明翰铁路正和曼彻斯特—伯明翰铁路(在地理上讲只是一条曼彻斯特—克鲁铁路)商订同盟。大联络线铁路以它的秘书的一件赞成宽轨的作证和由休伊希签字的一件反对卡尔·戈林及其董事会的垄断计划的呈国会文(1845 年 6 月),对谈判进行干涉。大佐正妥筹妙计,以资因应。不到五个月的工夫,大联络线铁路就召开股东大会批准同卡尔·戈林的董事会进行合并了。曼彻斯特—伯明翰铁路也

① 提醒一下非维多利亚时代的读者或许是有必要的:由布鲁内尔任工程师的那条大西铁路有它与众不同的宽轨。关于米德兰铁路的建造,参阅斯特里敦,前引书,第 67 页及以下。克里夫兰—斯蒂文斯,前引书,第 42 页及以下。格临林,前引书,第 15 页。

决与合并。在 1846 年 7 月 16 日(维多利亚,第 9 年和第 10 年,第 254 章),拥有三百七十九英里铁路的伦敦—西北线诞生;休伊希大佐在卡尔·戈林手下担任了总经理。①

在这同一年,当国会开会期间每天至少有一条新铁路的议案通过,而头戴“白呢帽……身着棉法兰绒……方尾服、红地黑点丝绒背心和……灯心绒裤”、②“一口一大杯威士忌而称它为白啤酒”③的那位航海家,正使得人心惶惶并且闯开了多多少少农村的时候,曼彻斯特—利兹铁路开始进行合并,从而在 1847 年变成为兰开郡—约克郡铁路;曼彻斯特—设菲尔德—林肯铁路揭开了它在那个名称下的五十年的历史;通过合并产生了伦敦—布赖顿—南海岸铁路;通过租给和购买,很多次要的铁路和运河都归入这些
395 新涌现出来的大公司管辖之下。翌年在东安格利亚看到了一个重要的合并,和由八个独立企业分别修筑的三百六十英里铁路所构成的约克—纽卡斯耳—伯里克铁路——未来的东北铁路的骨干。全国铁路虽仍距离完成阶段很远,但已渐渐奠定成为一个铁路系统了。④

作为铁路系统的一个重要附属品的电话,刚刚脱离了试验阶段。电话的实用性,一位英国先驱者在 1838 年的一次演讲中这样

① 依据克利夫兰—斯蒂文斯,前引书,第 51 页及以下的对铁路合并的杰出的研究。

② 斯迈尔斯,前引书,第 3 卷,第 321 页。

③ 弗朗西斯,前引书,第 2 卷,第 70 页。

④ 克利夫兰—斯蒂文斯,前引书,特别是第 25—28 页。

指出，“已经不再为科学家和大部分公众所怀疑。”他预言电话会“有朝一日成为社交中的一个特殊因素。”“电话系统一旦在欧洲各地普遍采纳，它将为我们开辟一个何等广阔的领域。”[1]前一年，库克和惠特斯东已经申请他们的第一个专利权证；一年之后；那个富于理想的、试办性质的大西公司已经在一条从派丁顿到西德来顿的铁管里敷设了电线，来运转他们的早期电话机。[2] 在1839—1840年，在伦敦—伯明翰铁路和布莱克韦耳铁路上也进行了试验；但是这些早期电话机所费不赀，因而伦敦—伯明翰铁路放弃了这种试验。[3] 几年来都没有取得多大进展。甚至大西公司也是行动迟缓的：直到1847年，它所敷设的电线还没有穿过包克斯隧道。[4] 约克—北米德兰铁路、约克—纽卡斯耳铁路和纽卡斯耳—伯里克铁路只是在1846—1847年才在通往苏格兰东海岸的干线上安装了电话。它们使它们的站长大伤脑筋，甚至在1852年在谈到某站长的一项记录中还写道：“他仍然不会使用电话，无论如何是不予以注意。”[5]在1852年初，大北铁路还完全没有电话系统。[6]
到1846年，电话机已大为改良。在1843年库克也已经想到最好 396
是把电线装在杆子上，而现在它已从杆子上“迎风发出忽张忽弛的

① 爱德华·戴维，引证于法希：《1837年以前的电报史》(Fahie J. J., *A History of Electric Telegraphy to the Year 1837*)(1884年版)，第405、408、412页。

② 塞康，前引书，第58页。

③ 参阅《铁路交通第五次报告书》(*Fifth Report on Railway Communications*)，1840年(第13卷)，询问案第349—350页，另萨拜因：《电话》(Sabine, R., *The Electric Telegraph*)(1867年版)，第38页。

④ 塞康，前引书，第49页。

⑤ 汤林森，前引书，第532—533页。

⑥ 格临林，前引书，第140页。

清脆响声”。

在海外，这种新的“社交”手段虽一般地掌握在政府手中，在英国，为了发展这种事业却在 1846 年那个危急的年头组织了电话公司。这家公司收买了惠特斯东和库克大部分的以及亚历山大·贝恩和其他发明家的那些专利权，并且力劝铁路和公众安装电话。[①] 在它初成立的四年之中，因为没有竞争者，所以它能对普通的通话收取很高的费用。[②] 到了 1848 年中期，一千八百多英里的铁路，“即已通车铁路的大约半数”，[③]都有了电话设备。早期电话如何基本上是铁路的附属品，可以由它迟至 1854 年在伦敦的地位予以说明。在首都包括洛思伯里的总机构在内，电话公司当时只有十七个机构。在这十七个机构之中，有八个设在铁路的终点，三个，正如拉德纳在 1855 年不胜骄傲地写道，是“日夜开张的”。[④]

有一些早期的铁路是专门为打破运河或航运的垄断权而建造的。尽人皆知这是利物浦—曼彻斯特铁路的目的，沿着这条路线，各水运公司保持着严格的、徧私的同盟。因为约翰·艾利斯告诉斯蒂芬逊说，累斯特的富人大多数是“染指运河的”，似乎不会赞成竞争，以致斯蒂芬逊不得不在利物浦为累斯特—斯文宁敦铁路筹募股款。[⑤] 在铁路通车的时候，据说运河经营者个个垂头丧气，鉴于伊利瓦什运河——似乎是受损害的运河之一——在二十年代时

---

① 李维:《英国商业史》(1872 年版)，第 214—215 页。

② 拉德纳:《电报的大众化》(Lardner, D., *The Electric Telegraph Popularised*)(1855 年版)，第 273 页。

③ 哈定文，载《统计学报》，第 11 卷，第 336 号(1848 年 8 月)。

④ 拉德纳，前引书，第 273 页。

⑤ 斯特里敦，前引书，第 7 页。

所付股息曾经高达百分之五六十，这种说法不像是靠不住的。到
处的运河利益集团自然都和铁路计划势不两立，但是直到1840年
左右，铁路竞争还是发展得如此之慢，以致运河一直没有作任何改
进本身竞争能力的努力。[①] 虽然有少数像伊利瓦什和拉夫伯勒那
样特别使铁路有懈可击的运河，在收入上受到了严重的损失，但是 397
在1825—1840年之间有一些运河已经改善了它们的财政状况。
很多运河都能维持现状，更多的运河虽由于未必与铁路有关的原
因而不如以往，但仍不失为利润优厚的企业。在1825年股息为百
分之十六的利兹—利物浦运河，在1838—1839年所发股息为百分
之二十。大联络线运河在同两个年份的相应数字是百分之十三和
百分之十二——1839年伦敦—伯明翰铁路刚刚通车。全国各地
其他一些有代表性的运河的相应数字如下：[②]

运河	股息	
北部	1825	1838—1839
串特—默尔西	75*	32½
埃尔兹米尔—切斯特	2⅘	2⅘
巴恩斯利	8¾*	13
哈德兹菲尔德	零	3¾
米德兰		
牛津	32*	30

① 关于缺点，参阅本卷第82页及以下。

② 1838—1839年的数字取自《英国的铁路》，1839年，第127页及以下；关于1825年的数字，参阅本卷，第81页。

伯明翰	70*	12
考文垂	44*	46
伍斯特—伯明翰	2	$1\frac{3}{4}$
斯塔福德—伍斯特	$28\frac{1}{2}$	$28\frac{1}{2}$
沃里克—伯明翰	11	30
亚士比—德—拉—左赤	零	$3\frac{1}{2}$
西南部和威尔士		
斯特劳德沃特	$15\frac{1}{3}$	24
格拉摩根	8	8
蒙默思郡	10	$4\frac{1}{2}$
斯温西	14	15
南部		
太晤士—塞佛恩	$1\frac{1}{20}$	$1\frac{1}{2}$
太晤士—米德威	零	零
威尔特郡—伯克郡	零	$1\frac{3}{4}$
贝津斯托克	零	零
克内特—埃房	$2\frac{1}{2}$	$3\frac{1}{8}$

* 包括红利在内

直接竞争的铁路一旦通车，运河就不得不削减它的运费了；但是为预防竞争而削减运费的情形，还向无所闻。在利物浦和曼彻斯特之间，铁路使轻货每吨十六先令的运河运费削减到了十先令。
398 艾尔维尔—默尔西航道和布里季沃特运河不得不踵随其后。在四十年代，自曼彻斯特至赫尔的铁路的通车，将制造品的直达水道的运费减低了差不多一半。伊利瓦什运河将它的煤炭运费从每吨一先令减至四便士；大联络线运河将运往伦敦的长距离拖驳的煤炭运费从九先令一便士减至二先令又四分之一便士。埃尔—卡尔德航运公司将它的普通货物运费从七先令一吨减至二先令三便士，以便和利兹—塞耳比等铁路相抗衡。[①] 但是在1840年以前殊少这种必要。

在这六年之中，为民间的热狂所张大了的现实和潜在铁路竞争的全部分量，都落到了毫无准备的运河身上。它们把花在本身设备方面要有裨益得多的款项，都花费到国会去进行毫无结果的对抗。在它们路线之中凡是天然适合水路运输的，它们还继续保有很多的运输业务。例如在1839年，曼彻斯特和利物浦之间的水道所载运的货物吨数就将近铁路所载运的两倍：在1845和1846年则远在两倍以上。[②] 自此而后，在奔宁山脉兰开郡那面的布里季沃特运河，正如在约克郡那面的埃尔—卡尔德航道一样，始终是货运频繁的。但凡是水闸很多，或者在分水线上水源供应困难的运河，以及所有从来没赚得一笔余利可供削价竞争而不致赔出血本的那些运河，都感到了进退维谷。有一些已惊惶失措，向铁路无条件投降；有一些已成为铁路的手下败将；有一些以进行反抗为威胁而向铁路公司讹诈；但是只要价钱还好，几乎没有一个运河是不愿接受的。所以根据1845—1847年的条例——主要是根据又成为危机年的1846年的条例——有九百四十八英里的运河为铁路

① 主要取材于杰克曼，前引书，第2卷，第639页及附录第10。关于埃尔—卡尔德渠，则取材于《铁路审查委员会六项报告书》(*Six Reports from the S. C. on Railways*)，1844年(第11卷)，询问案第6176号。

② 杰克曼，前引书，第2卷，第741页。

所收购或租借；根据 1846 年的伯明翰铁路和伯明翰运河整理条例，统一的伯明翰运河变成了伦敦—西北铁路的附属品。[①] 但是不列颠依然还有大约二千七百五十英里的独立运河和“航道”。[②]

399 在这之前，伯明翰各运河已经取得了改组成为铁路公司的权力；但是，局势演变的结果，它们却归并到一个铁路公司的下面了。串特—默尔西（大干线）运河比较幸运。它真正改成为一条铁路。它目睹它的优厚股息被大联络线铁路和米德兰铁路的竞争削减到了这样的程度，以致在股息百分之七十五时代价值一千二百镑的股票，已经跌到了四百五十镑——一个仍然值得重视的数字。但是它还保有充沛的精力，靠了 1846—1847 年一系列的条例把自己变成为北斯塔福德郡铁路公司，并且以这个铁路公司的资格相当成功地管理一条铁路和一条与铁路干线平行的水道达七十年之久。[③] 或许值得记载下来的是，串特—默尔西运河在它改组时期的主席是一位李嘉图氏。[④]

① 克利夫兰—斯蒂文斯，前引书，第 91 页。〔关于运河对铁路的讹诈，参阅《铁路和运河议案审查委员会》，1852—1853 年（第 37 卷），第 11 页。〕

② 是就《铁路合并审查委员会》，1872 年（第 13 卷），第 19 页的报表中计算出来的。

③ 敕令第 3719 号，第 333 页。这种改组并不是“独一无二的”，正如克利夫兰—斯蒂文斯所说（第 93 页注）。根据威廉四世第 1 年和第 2 年第 60 章，曼彻斯特，博耳顿和贝里运河改组成为曼彻斯特—博耳顿—贝里航运铁路公司。宗旨是要把运河改成为铁路：事实却是兼营两种业务。《铁路审查委员会》，1839 年，询问案第 4076 号及以下。根据维多利亚第 9 年和第 10 年第 215 章，查德运河取得了同样的权力。

④ 李嘉图，斯托克国会议员，1841—1862 年。主要的条例是维多利亚，第 9 年和第 10 年，第 84 章。〔在第 1 版中，据说铁路公司使地区得到了“满足”。里思教授对于这一点始终表示怀疑。《经济季刊》，1927 年 6 月号。〕

处境最坏的运河，甚至在除开缓慢的地方性散仓货运之外有丧失一切货运危险的时候，仍在全国运输业务上起着一定的作用。在早期铁路时代，它的真正竞争力量由于很多铁路上的货运，尤其是廉价和散仓货运发展的缓慢而得到了加强。在大部分货物由铁路运输的地方，如在英格兰的最北部，就没有运河。原以货运为主要考虑而发起的那些铁路，却常常发现它们自己主要忙于客运的情形是尽人皆知的。[①] 估计的错误并不像往往所想象的那样普遍。在1845年所分析的六十六条铁路的统计之中，有二十二条从货运方面所得的毛收入比从客运方面所得的为多。[②] 但这二十二条铁路中的大多数是短程运煤线。在斯蒂芬逊的家乡，铁路是为矿石而建造和运输矿石的。"客运……则只作为一种副业来考虑。在斯托克顿—达林顿铁路上……客运为某些马车业主把持了八年

之久。"[③]甚至纽卡斯耳—卡来尔铁路那条最长和所运"矿石"最少 400
的最北路线，从货运所得的毛收入也比从客运所得的为多。

但是在四十年代中叶，在梯斯达尔的紧南面，客运已开始占优势。[④] 英格兰大北铁路的收入，百分之六十以上得自于客运，正如在一个更加工业化得多的区域中的曼彻斯特—利兹铁路和曼彻斯特—博耳顿—贝里铁路的情形一样。在这些曼彻斯特铁路上，三等车客运已经有了异常迅速而又重大的发展。但是在赫尔—塞耳比铁路上，客运收入仅稍稍超过货运收入，而在利物浦—曼彻斯特

① 拉德纳：《铁路经济》，第277页。弗朗西斯，前引书，第1卷，第203页。

② 格里姆：《统计学报》，第8卷，第215号（1845年9月）。

③ 汤林森，前引书，第364页。

④ 据格里姆的计算，参阅上文。

铁路上，货运的数字则高出百分之四十以上。客运占最大和最出人意外的优势的所在，就是首都各线。伦敦—伯明翰铁路曾预料可同样地从客运和货运方面各得到大约六十七万镑的收入。在通车后的第一年，它从客运方面得到了五十多万镑，但从货运方面仅得到了九万镑。[①] 在 1844—1845 年，它从客运方面所得到的收入仍占四分之三以上。大西铁路和西南铁路得自客运的收入占五分之四以上，东部郡铁路占百分之九十。[②]

在 1845 年，客票费在全国铁路的毛收入中占百分之六十四。到 1848 年，这个百分数是五十七。[③] 在整个十九世纪之中，它从未达到过百分之四十。既然得知铁路业务在这一方面的价值，各公司就多方加以刺激，并且旅客对于每一个刺激都有所反应。甚至在 1850 年以前，他就发现，“凡火车为去休养的旅客停车的沿途各站，都设有布置豪华、室内温暖和光线充足的候车室。〔这些候车室后来称之为维多利亚式接待室。〕这些候车室都附设餐厅，”它们的服务员“既不贪图也不指望小费”。[④] 无怪旅客对于运用得这样巧妙的一种刺激要有所反应了。旅客立刻就不再在他从来不很欢喜的运河上旅行了。他一贯喜爱优美的海湾：现在他却喜爱“开
401 动蒸汽”和“铁路速度”了。运河虽继续运输商货，但股息已大非昔比。“说来可怪的是，”尽管有一条平行的铁路，而曼彻斯特—贝里—博耳顿运河上的石头和煤炭的货运，在1839年还是有增无

① 弗朗西斯，前引书，第 1 卷，第 203 页。

② 格里姆。

③ 拉德纳，前引书，第 277 页。

④ 同上书，第 147 页。

已，[1]在 1840 年，斯托尔布里治的柳卡斯·钱斯仍然有六分之五的玻璃是由水路运到伦敦的。[2] 但是运河已经不能吸取任何新的资本了，并且除开少数例外，历经整个十九世纪也没有进行过任何改良。

年轻的马卡丹在 1839 年关道公司国会委员会作证时，谈及它们所遭到的“铁路灾”。[3] 对于很多关道公司来说，无疑，铁路是一种灾难。对于在大部分是关道的很多主要公路上经营运输的人们来说，铁路也是一种灾难。但是在讨论铁路对公路的影响时，因为国会对于关道公司是那样关心，以致会容易给它以过分的重视，又因为关道是英格兰的正统道路和英国的驿路——诸如布赖顿路、多佛尔路、朴次茅斯路、巴思路、大北路、新霍利黑德路等——所以也会很容易给关道以过分的重视。1815 年，在靠伦敦那样近的艾塞克斯，只有百分之十的道路是关道；虽然在米多塞克斯，百分比是超过三十的，但就整个英格兰而论，在 1838 年却仅仅十七。[4]

像运河一样，关道公司曾经和铁路有过一番斗争，但终于失败。不同于运河，它们很少有过真正的繁荣，而且很多都背有负债和管理腐败的包袱。马卡丹并不认为铁路灾是它们的困难的主要原因。它只不过是，据他说，“加重了弊害”而已，弊害的根源在于

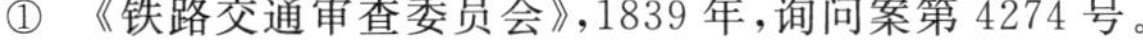

① 《铁路交通审查委员会》，1839 年，询问案第 4274 号。

② 同上书，1840 年，询问案第 2865—2866 号。

③ 《铁路和关道公司审查委员会》(*S. C. on Railways and Turnpike Trusts*)，1839 年(第 9 卷，第 369 号)，询问案第 427 号。

④ 本卷，第 94 页和韦伯夫妇：《英国公路史话》(Webb, S. and B., *The Story of the King's Highway*)，第 215 页。

债务、管理不善、缺乏合作、河道和沿海轮船的竞争，以及公路根据1835 年一般公路条例（威廉四世，第 5 年和第 6 年，第 50 章）所享有的法定劳动最近的丧失。关道公司在 1836 年负有将近九百万
402 镑的债务，在 1839 年已在九百万镑以上。[①] 债务“由于在若干关道公司所通行的那种把未发放的利润转化为资本的惯行办法而与年俱增。”[②]有几家债息比毛收益还要多。马卡丹说他知道有某些关道欠下了六十年的息金。由工人——而并非由贫民——用锄头和铲子进行的法定劳动，在 1835 年以前似乎就已经渐渐废弛；但是农场主又往往宁愿派他们的车子和牲口为道路服务而不愿缴纳税捐。劳动的义务和在某些地方商定作为代替的征课，经这一项条例一并予以废除。对一条道路的法定劳动既不因该路移交关道公司而取消，所以这一条例无疑是剥夺了关道公司的一笔收入，这笔收入据马卡丹在 1839 年的估计，按现款或劳动计，为数不下一年二十万镑。此外还须加上三十年代的灾难。

因为被铁路一并囊括而去的客运和邮件恰恰是关道公司大部分通行税的所自出，所以这个打击对于关道比对于运河更加是致命伤。农庄上的大车得免费使用关道，而低级散装货载所付的捐税又微乎其微。铁路对通行税的影响是立竿见影的。艾克勒斯关卡在 1830 年曾以一千七百镑将曼彻斯特—利物浦公路所征的通行税包出，翌年开价为八百镑，而竟无人问津。曾经以一千三百镑

① 《关道公司审查委员会》（*S. C. on Turnpike Trusts*），1836 年（第 19 卷，第 335 号），第 6 页和《铁路和关道审查委员会》（*S. C. on Railways and Turnpikes*），1839 年，第 3 页。

② 《1839 年审查委员会》，第 3 页。

包出的同一条关路上的艾尔拉姆关卡，竟不能以五百镑租出。[①]在格林威治铁路通车之后的那一年，新十字关道公司亏蚀了二千五百镑。[②] 在1836年时，先后八个关道公司在伦敦—伯明翰关道上征得了二万八千五百镑的通行税。在1839年铁路通车之后，收入仅一万五千八百镑。八个关道公司抵押借款的利息是一万六千五百镑。[③]

如果一个关道公司幸而和铁路交叉的话，情况就完全相反了。“在很多场合下，横路的收入都大为增加，”[④]据马卡丹这样说；但是目前却没有具体的数字可供利用。然而绝大多数关道公司既是沿着迟早有铁路修建起来的那些干路上经营的，关道财政的终于破产也就无可避免了。在1837和1850年之间，关道公司的收入
降低了三分之一。[⑤] 全国最大的关道通行税包税人刘易斯·李维 403

曾出席1839年关道公司审查委员会。[⑥] 他说，他过去承包过价值五十万镑的通行税，约为全国通行税总额的三分之一。“他还不曾准备”告诉委员会他现在的业务情况如何；但是已大非昔比了。他半吞半吐地证实了一位议员所提出的大约十万镑的数字。要了解一下李维把他的活动转到什么方向，以及他如何及时地认清关道这条船正渐渐下沉，会是非常有趣的。

关道公司的灾难，不必说，并不是全国马车路运输的灾难。这

① 杰克曼，前引书，第2卷，第617页：取材于《曼彻斯特卫报》。
② 《铁路和关道审查委员会》，1839年，询问案第64号。
③ 同上书，附录1。
④ 同上书，询问案第428号。
⑤ 韦伯，前引书，第216页。
⑥ 询问案第204页及以下。

种运输，正如大家公认和车辆执照的增发所确切证明的那样，[①]历经早期铁路时代，一直是稳步发展的。铁路是由"驿站马车、马车、独轮车和载货马车"在催眠曲声中喂养起来的。在伦敦，笨重的双马出租马车，"那种……身配武器并在穿制服的扈从前呼后拥之下的一个英国旧家的食客的往日风流遗韵，"[②]已渐渐湮没了。各式各样出租的迅捷"轻便马车"正取而代之。在1843年，艾洛伊歇斯·汉桑取得了他的安全"轻便马车"的专利权；但是维多利亚式轻马车事实上却是渊源于两年之后另一个人所领得的专利权证书的。在1836和1840年之间，和它齐头并进的有维多利亚式单马车。[③] 至于蒸汽车则差不多为人所淡忘了：戈耳兹沃锡·葛尼已从事于其他的创造发明，他曾以此封爵，马西伦尼上校却为此而殉身。

载货马车和轻马车增加了，但驿站马车和驿馆已日渐式微。乘马车旅行的人倍增；但是乘马车做长途旅行的人却绝迹了。在1839年，布尔—茅斯旅店和驿站的薛尔曼恰恰先刘易斯·李维而出席作证。[④] 他说，自伦敦—伯明翰铁路通车以来，每日从北道上的布尔—茅斯驶出的十五辆驿车已经停驶。"奥姆斯比—戈尔先生问道：是把驿站马车废掉了吗？薛尔曼答称：是的，全都废掉了。"这两种声音的抑扬顿挫犹如在耳。随着枕木和铁轨的沿途敷

---

① 杰克曼，前引书，第2卷，第611页。

② 狄更斯：《博兹漫笔》(Dickens, *Sketches by Boz*)，"出租马车站"。

③ 莫尔斯：《长途马车和轻便马车》(Morse, H. C., *Omnibuses and Cabs*)(1902年版)，第216、224—225页。

④ 询问案第132号及以下。

设，这个悲剧在每一条干线上都重演了一遍。在1843年以后再没 404
有任何驿车驶往布里斯托尔，在1847年以后也没有任何驿车再驶往普利茅斯。“无精打采的利兹”已经在同一年废弃了驿路，正如布里斯托尔废弃驿车一样。在东米德兰，铁路的发展很慢，在1848年仍然有一辆贝德弗德的驿车。但是确凿的日期固无关重要。在每一个场合下，后果都是立竿见影、无可避免的。

驿车利益集团认为它是受捐税过重之害。铁路是每搭载一名旅客每英里征税八分之一便士：驿车则是按标准的座位每英里四分之一便士：沿海轮船免征。驿车并不仅仅是这一笔每英里四分之一便士的捐税而已。每辆驿车还有五镑的执照捐；御者和卫士有男仆税；每匹马又有估价税。此外还有关道的通行税。[①] 从捐税的形式观点来看，驿车利益集团是对的。八分之一便士和四分之一便士之间的不平等是毫无理由的；财政部由于缺乏经验和铁路统计——允许铁路公司以不合理的便宜条件免缴旅客捐的时候，这种不平等就更变本加厉了。但是驿车利益集团却从没有提到过铁路财产早已开始承担的济贫捐；[②]他们为通行税而兴叹之余，却没有提到铁路为取得修路行车的权利、为那些道路的修建和为保养道路以供有效使用而付出的巨额款项。整个这一番讨论不但必然毫无结果，而且，纵有结果，也必然徒劳无益。任何政府所能考虑的任何免税或新税，也都挽救不了被迫和铁路作直接竞争

① 《铁路和关道审查委员会》，1839年，第5页和杰克曼，前引书，第2卷，第619页及以下。

② “铁路由于分担这项负荷，曾对济贫捐起了非常有益的影响作用。”克尔德：《1850和1851年的英国农业》，第125页。

的驿车的命运。充其量不过使它们苟延一时而已。不如趁着彩泽犹新，车仍焕耀的时候载誉下场反而好些。

当铁路建设缓缓进行的时候，也就是说直到维多利亚即位时止，无论铁路的修筑或人员的配合都没有呈现出一个重大的和真
405 正新颖的劳动问题。运河和道路的修筑和疏浚工程已经为一小批仍然叫做“承包人”的承造商和多少带有几分职业性的“铁路工人”供备了一些传统和一定程度的**组织**。补充人员是很容易招募的，而以在爱尔兰移民和农村区域的过剩人口中为最易招募。在建造斯托克顿—达林顿铁路时，土方工程是分段“包给小承造商和自行组成临时合伙的工人小组的”①——这是此后二十五年中依然具有典型性的一种方法。因为达拉姆没有太多的过剩农业人口，又因为爱尔兰人还没有成大批地来到这里，所以有些新工人是从1822年的罢工所造成的失业驳煤船夫中招募而来的。

曼彻斯特—利物浦铁路，正如董事们自己曾一度所解释的那样，是“大部分既非爱尔兰人也非本地人的”工人建造的。② 但是，据说有一些最优秀的，即少数职业性的工人，“是来自林肯和剑桥的泥沼区的，他们在那里曾经受过筑路和修堤工程的训练。”③当斯蒂芬逊设法解决查特沼地的工程问题时，无疑这些人会成为他的头等监工：“尽管看上去粗手粗脚，但他们中间很多人在他们本

---

① 汤林森，前引书，第88页。

② 《利物浦—曼彻斯特铁路。铁路董事会对1832年爱丁堡评论中一篇论文的答复》(*Liverpool and Manchester Railway. Answer of the Directors to an Article in the Edinburgh Review for 1832*)(利物浦，1832年版)，第5页。

③ 斯迈尔斯，前引书，第3卷，第321页；未引证出处。

行中的重要性却和承造商或工程师不相上下。”[①]等到敷设永久铁轨和后来操纵机关车的时候，历练有素的诺森伯兰人和达拉姆人得到了一定的优先权。[②] 有少数人一上来就被雇为管理员。在1832年竣工时，在大约六百名工人之中约有六十名是斯蒂芬逊手下的北部人；其余则是董事们就地招募的。[③] 招募这样一小批永久铁路工人并无困难；这样创造的少数新职业也没有对南兰开郡的劳动力市场起了多大影响。

一条经营中的铁路对工人的直接有效需求，在这个场合下，是每英里已完工的铁路约各类职工十八人。这个比例如一直保持不 406
变，那么1838年年底通车的大约五百英里铁路所雇用的可能是九千人，1848年年底通车的四千五百英里可能是八千一百人。但是向国会提出的1849年6月30日的雇用数字如果正确的话[④]——并无任何理由加以怀疑——那么曼彻斯特—利物浦铁路上的职工对里数的比例之高，就不是有代表性的。那些数字表明，拥有五千多里通车里数的英国各公司，包括少数爱尔兰公司在内，上自秘书和工程师，下至安装铁轨工和小工，雇用了各类职工五万六千人，也就是每英里约十一人。但是和很多久已建立的工业相比，直接雇用的这五万六千人已经是一个很大的数字了。这个新辟的职业这时已日见重要。

在这期间，对铁路建筑工的庞大而又十分明显的需求才刚刚

① 斯迈尔斯，前引书，第3卷，第321页。

② 《铁路董事会的答复》，第7页。

③ 同上。

④ 引证于波特尔：《国家的进步》，1851年版，第336页。

缓和下来。据1846年7月对铁路工人状况提出报告的国会委员会估计，“在未来几年之内，”继续雇用于各种工程上的“工人，不会少于二万人。”[1]就工程活动达于最高峰的时期(1846—1848年)而论，这项估计证明相去并不太远。据1848年5月1日的情况所作的一项报告书表明，在尚未开放货运的铁路上做工的工人共计十八万八千名，其中有十四万七千名列为小工，六千名列为矿工或采石匠，二万九千名列为工匠。[2] 但是年余之后(1849年6月30日)，这个数字已经降到十万零四千名，其中八万四千多名是铁路工人和他们的工头。[3]

铁路工人这个名词当时有一个普通的和一个专门的意义。有一些赋有专门技巧并能得到相应工资的有经验工人的工帮，即真正铁路工人，另有一些做粗活的挖土工。“就我的经验所及，”一位苏格兰证人这样说，“在苏格兰我们还没有任何叫做铁路工人的这类人；他们一般都只不过是临时干一下而以后或许不再回到这类
407 工作上去的。”[4]他们大部分是高原人或爱尔兰人。在英格兰北部，“或许一半的铁路工人，”[5]就广义讲，都是爱尔兰人；但是在农村人口稠密和农村工资较低的南部，大部分工人是当地的。例如，南得文铁路在1848年正主要是靠了顺着大西铁路一路做工而来的多尔塞特、萨默塞特、威尔特和得文的工人进行建造。其中有少

---

① 1846年，第13卷，第13页。

② 引证于拉德纳：《铁路经济》，第58页。

③ 引证于波特尔，前引书，第336页。

④ 《铁路工人调查委员会》(*Comm. on Railway Labourers*)，询问案第167号。

⑤ 同上书，询问案第1043号。

数，但“极少数的”北方人，至于爱尔兰人则没有提及。[①] 当时在工程上也没有任何特别熟练的铁路工人。[②] 这类熟练工人需要大约五先令一天，在南得文，工程是按二先令六便士至四先令三便士各不等的工资进行的，工资最高的是挖隧道的矿工，挖隧道是一种真正熟练工的工作。[③] 只有为了特别艰巨的工作，或必须赶工的时候才去找五先令的熟练工：“至于什么时候需要找这类人，承造商一般都心中有数。”[④]他们有时在操作的工人之中形成一很大的比重。建造巴黎—卢昂铁路的五千名英格兰人大多数是“真正铁路工人，”因为，正如那位承造商所解释，“我们有几条长隧道。”[⑤]这些人吃肉和做工的本事都使得法国人惊愕不置。他们的工资即使在英格兰也大约是一个平均非熟练工人的一倍，所以颇有余裕用在牛排、天鹅绒背心和威士忌酒上面。他们在全体铁路建筑工之中究竟占怎样一个比例，无法确知；但是证据表明，这个比例数至少在 1844—1848 年并不很高，因为整个铁路没有他们也还是可以办得到的。

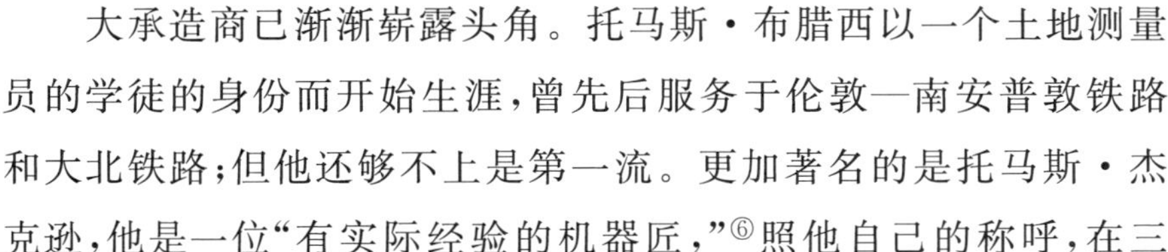

大承造商已渐渐崭露头角。托马斯·布腊西以一个土地测量员的学徒的身份而开始生涯，曾先后服务于伦敦—南安普敦铁路和大北铁路；但他还够不上是第一流。更加著名的是托马斯·杰克逊，他是一位“有实际经验的机器匠，”[⑥]照他自己的称呼，在三

① 《铁路工人调查委员会》(*Comm. on Railway Labourers*)，询问案第 184 号。

② 同上书，询问案第 311 号。

③ 同上书，询问案第 185 号。

④ 同上书，询问案第 311 号。

⑤ 同上书，询问案第 328 号。

⑥ 参阅他在 1846 年的作证，询问案第 1886 号及以下。

十年代初期就开始在铁路方面服务。在1846年他握有三条不同铁路的合同,包括曼彻斯特—霍利黑德铁路的合同在内,他雇用了
408 三千五百名工人。但在四十年代时承造商的领袖人物无疑是塞缪尔·摩顿·佩托。[①] 佩托是十九世纪初期的一个大建筑承造商(他的公司改建为国会大厦)的晚亲和学徒,当他在1834年,二十五岁,放弃普通建筑业而专营铁路工程时,不但有了大规模经营的经验而且是知名之士了。十二年之后,他直接和间接雇用的工人共约九千名:在1847和1850年之间,据说有一万四千名。[②] 在这些大人物的姓名之下以及和他们齐名的,有无数小承包人和铁路工人团体,大部分直接工程是由他们承担的。

大承造商照例不把比较关键性的业务分包出去。杰克逊总是用直接工人进行开隧道的工程,1846年佩托在通过泥沼地中心和贝德弗德各河的那段自伊里至彼得伯罗的令人棘手的路线上,有自己手下的工人三千七百名。[③] 但分包和再分包是常例。佩托那位模范雇主曾经给他的分包工头以训练,并且要求他们按星期发给他们的工人货币工资;但甚至佩托也承认,要让工头遵守他的办法是有一些困难的。在大多数场合下,同许许多多小包工打交道的主要承造商或公司是既不懂、也不愿意做任何这类的事。二级承造商,据伊萨姆巴德·布鲁内耳这样说,常常是只有一千或一千

① 布鲁内耳说他是世界上最大的承造商,见《铁路工人调查委员会》,询问案第2047号。他自己的作证是询问案第1230号及以下。另参阅弗朗西斯,前引书,第1卷,第266页及以下。

② 据弗朗西斯在1851年这样说。

③ 询问案第1976、1230号。

五百镑资本的人，把砌砖工程分包给小砌砖匠师傅，把土方工程分包给挖土帮。[1] 至于这些工帮究竟如何运转，有一位二十年代小工出身的自我造就的承造商约翰·夏普曾予以说明。“在某些工程上有所谓伙友帮；在伙友帮里面彼此都是一样的，由一个人领钱而均分给大家。在另一些地方，则是一个人把工作承接下来，由他雇用工人……而自己从中取利。”[2]最出色的工人，据夏普这样想，都欢喜伙友帮，因为帮里人人平等，并且——正如一位铁路工人作证时所说——“只要头上打一记，另外加一两夸脱的啤酒，”工资问题就迎刃而解了。[3]

佩托所坚持的按星期发付货币工资的办法，正是1846年委员 409
会所愿目睹其普遍化的铁路劳动组织的改革之一。这种改革已经取得了相当大的进展。它正在英格兰西部逐步实现，据约翰·夏普这样说：他自己是每两个星期发一次工资，必要时可以随时预支，但是他也不反对由法律予每星期发付货币工资的规定以强制执行——即委员会正在考虑的一项建议。（他没有提到甚至每两个星期发付一次工资的办法也是通过南得文铁路上的一次罢工而取得的，但是这一点，却有另一位证人提及。[4]）托马斯·杰克逊已经仿效了佩托的办法，在曼彻斯特—霍利黑德铁路上每星期发付工资的制度已相当确立。但是两星期发付、按月发付，甚至按更长间隔发付的办法仍然是很普通的。唯一为这种制度辩护的证人就

① 他的作证是询问案第2047号及以下。

② 询问案第2797号。

③ 托马斯·伊顿，询问案第2997号。

④ 询问案第196—197号。

是伊萨姆巴德·布鲁内耳。他是那些削价和大公司竞争并压低价格的小承造商的大信仰者。“同三十年前政府的大工程的造价相比，铁路的造价，”据他说：是证明这类竞争有益的“一个有力的事例”，“在那个时期，大承造商握有垄断权。”[1]他认为不能指望这类小企业主按星期发货币工资而不危及这类包工制的经济。

长间隔发付工资的制度常常是和“实物工资店铺”制及以购物券预付工资制的办法相结合的，虽则并非总是如此。实物工资制店铺可能是承造商或工头开设的，也可能是为取得经营这种店铺的权利而付给他们之中任何一者以佣金的人开设的。[2] 这样一个人很会出售质劣而价昂的货物以图暴利。“他们拿我买最好榫头的价钱买最粗糙的货色，”一位曾任铁路工人的牧师的见证人这样说。[3] 有时实物工资制店铺的店主会凭券供给货币——按每先令扣一便士的这样一种折扣。工地店铺制本身并不是什么弊俗。佩托说他甚至在距村庄既远而又很难出入的泥沼地中也不需什么店铺，只要把他打算在下星期六发放的工资总数通知镇上的屠户和面包匠，他们立刻就派出他们的送货马车了。[4] 但是承造从最邻近的镇越过奔宁山脉的一条十英里山路的伍德赫德隧道的那个
410 人[5]却肯定地说，中央供应组织，即他所谓的“殖民制度”是无可避免的，并且很可以为工人的利益而服务。有些人证明这种店铺经

① 询问案第 2063 号。

② 《报告书》，第 4 页。

③ 询问案第 212 号。

④ 询问案第 1268 号。

⑤ 曼彻斯特—设菲尔德铁路的工程师波顿：询问案第 1544 号及以下。

营得很好；但是多数人的意见似乎已经由一位有二十七年经验的铁路工人总结了出来，他说“实物工资”无疑是“每日征税”和“一堆次货”。[①] 委员会听取了一切作证之后，并没有对兼充供应者的雇主提出任何异议；但是他们建议将 1830—1831 年的实物工资制条例（威廉四世，第 1 和第 2 年，第 37 章）适用于铁路工程，俾使雇主以货币给付工资，并保全应予保存的工人店铺的习俗。“对实物工资所郑重反对的，”据他们说，是“为欺骗契约的弱者方所开的那个方便之门。”既然“立法机关……早已广泛地干涉缔约各造的自由权力”，对于这种制度的推广在原则上是不应该有任何反对的。[②] 实物工资制的取消应该和强制按星期发放工资的办法相结合，以免每月发放日的骚乱和吃喝玩乐的现象。

关于铁路工人的住宿问题，委员会却有比较革命性的建议需要提出。事实是不容置辩的，然而情况却照例各有不同。在伍德赫德隧道，公司曾经建造了很好的石头庐舍。佩托在找不到宿舍时，建造了一些每幢可容纳二十五人的木建屯舍，里面设有吊铺，并由一对定居的夫妇负责管理，寄宿者每人每星期缴纳一先令。在班果，杰克逊曾经造了一些木建庐舍，其中大部分供他的已婚工人居住，诸如此类，不乏其例。但是甚至最出色的承造商也不能防止早已拥挤的村庄因铁路工人的大规模寄宿而弄得格外拥挤，并且一般承造商都满足于为工人——特别是为他的爱尔兰工人——所建盖的那种最简陋的茅棚。在中洛蒂昂，苏格兰人是寄宿的，爱

① 询问案第 3041—3042 号。

② 第 6 页。

尔兰人却住草棚，而且在这个爱尔兰人和承造商之间又插进了一个居间的草棚看管人——这是凡有爱尔兰人可供剥削的地方一种无可避免的现象。[①] 在得文，草棚是用泥和草皮建盖的，这样一间“房屋”承造商要收三先令一星期的租金：我“从未见过任何东西可以和它们相比拟，”这位证人这样说。[②] 伊萨姆巴德·布鲁内耳承认大西铁路的宿舍，甚至在斯温登他们的新殖民地上，也还是很简
411 陋的；但是他说已在改进之中。[③] 所有的证据事实上都指出了近几年来改进的倾向；但委员会之不满意于改进的速度是理所当然的。他们主张非确知已有或已供备了适当的住宿地点，不得将铁路工人聚集在一起。宿舍必须由“负责铁路一般监督工作的委员会”所属视察员予以批准。这项建议，据他们说，无疑是新的，但是当时问题却也是新的。这些工业野战军的住宿问题，正如女王陛下军队的住宿问题一样，理应由国家来解决。[④]

这个总结使人想到了事实上是主要见证人之一的埃德温·查德韦克。但是他的主要兴趣却在于雇主对铁路工程的责任问题，这是他博得了委员会和布鲁内耳以外的几乎所有证人一致同情的一个问题。[⑤] 拿法国自 1840 年以来适用于铁路的拿破仑法典的有关责任各节，和加诸雇主以圈围危险性机器的义务及否则对意外事故负责的英国新工厂条例（维多利亚，第 7 和第 8 年，第 15

① 询问案第 8437 号。

② 询问案第 188 号。

③ 询问案第 2113 号。

④ 《报告书》，第 7 页。

⑤ 他的作证是询问案第 2163 号及以下。

章)作为先例,委员会力主“对英格兰现行普通法作这样一次重大的修改”,俾使铁路公司对它们的工人的一切伤亡事故负民事责任,并以证明受害人故意疏忽的举证责任加诸铁路公司,而不以证明铁路公司曾忽视它对该受害人所负的合理义务要求于受害人。他们同时希望取消法律上的这样一种畸形的变格,即于个人或法人,因他或它的过失行为或对所负责任的忽视而致第三者遭受伤害,但未因伤致死时,须负民事上的损害赔偿责任。作为第一步,须先搜集意外事故的官方统计数字。但事实上已只字不存。委员会深信这种统计表“如能正确地编制出来,会是既可惊而又令人痛心的”。[①]

委员会不期而然地知道了他们调查主题范围以外的许多有关铁路工人的生活情形。佩托从未听到过在铁路工人之中有任何职工会的组织,[②]而且所提出的证据也没有一件说明他是错的。但 412
是他却注意到了他们几乎总是组织自己筹划的疾病互助会。“它们对于它们的病员帮助无微不至,”另一位证人作证说:“每一个人给病人一点钱……这就构成了一笔小额的星期工资。”[③]在这些粗人当中确有真正的团结。佩托虽在他的工人因工伤事故而死亡时,给予丧葬费,并给遗孀一笔津贴;但没有理由相信这是一般承造商所行的政策。疾病互助会多半有一个丧葬部。关于工人的无

① 第 8 页。1837 年普里斯特利控诉福勒一案,即“因一个职工对另一个职工造成损害而对雇主提起诉讼的第一个控诉案”(霍耳兹沃恩:《英国法律史》,第 8 卷,第 480 页),已经使律师们注意到责任问题。

② 询问案第 1302 号。

③ 询问案第 307 号:上文所提到的那个牧师。

知，尤其是在宗教方面的无知，有几位曾任铁路工人志愿宣教师的虔诚牧师提出过大量的证据。爱尔兰天主教徒的无知并不亚于其余的人；但据说他们为他们的牧师的薪金是颇肯慷慨解囊的。

"你谈到异教徒的看法。你认为他们有很多人是社会主义者吗？"[①]"事实上他们大多数都是，"被问以这个问题的作证牧师这样回答说，"他们看上去虽有妻子，但很少……是结过婚的。"这是社会主义者一词的狭义解释，但却是由于罗伯特・欧文的说教——和他的实践大相径庭的说教——的一种特殊看法而成为极其普通的一种解释。蓄妾的异教铁路工人，都酗酒、好勇斗狠、爱好狗和鸽子以及别人的果木园和养鸡场，并且惯"用伪币"，[②]这都是无须证人证明的。这是举世皆知的。但据说自大约 1842 年以来，他的标准已经有了显著的提高。"我们正逐渐消灭走江湖这一类的人，"杰克逊解释说。[③] 曾经有过这样一个时期，把铁路工人算作是化外的野蛮人；凡是小康之家的乡下人，宁取他们十先令或十二先令一星期的田间工作，而不取伦敦—伯明翰铁路工程上的野蛮人的工资和偕与俱在的罪恶。[④]

这个 1846 年委员会所提出的那些赞成国家对铁路工人严加管理的建议，在一个铁路大发展的年月中那些无关宏旨的建议，已

① 询问案第 2528 号。

② 询问案第 3095—3097 号。

③ 询问案第 2006 号。

④ 曾经在伦敦—伯明翰铁路上服务四年的罗林森的作证，询问案第 889 号及以下。

经从在当代固然重要，而在回顾中更加重要得多的国会舆论中滋生了出来，但整个说来是毫无结果的。以铁路工人和女王的军队 413
相比拟，对于主流派的政治家来说，无疑是一种最危险的征兆，这一派人已准备把铁路章程的任何方案都斥为“对产权的一种非常破格的干涉”。[①] 国会已经开始把铁路视为纯粹关系地方利害的事务，并且把关道公司和运河的先例适用于铁路。如果他们能在一私法案委员会中说明他们的问题，那么，它们就会像运河一样，得到真正重大的“对产业的干涉权”，也就是强制购买土地的权利，但不得触犯对产权的周密保障——即由宣过誓的和大公无私的调查委员或陪审团负责保证土地将被征购的地主不是出于被迫的。然而地主很少不是如此。在出售土地给铁路还没有被承认是一种很健全的交易年代里，土地利益集团在这种干涉之下已惶惶不安。[②] 使它尤其有反感的是那些勇于进取的铁路发起人的做法，未经许可或特许就进行土地测量，以决定其是否合用。早期铁路史学家讲述了许许多多地主如何落进圈套的故事。斯蒂芬逊的测量员在请求测量某牧师的地产而遭拒绝之后，就等到星期日他去做礼拜的时候，“看他已经从那一边走远，而从这一边进到他的地里，”塞缪尔·斯迈尔斯把这件事认作是一桩最好的笑谈，如有任何人在星期日偷偷进入一家棉纺织厂去计算件数，以便进行强制收购，他一定会是大为不平的。[③] 在 1837 年以后，这类诡计往往没有必要了，铁路公司已经忘记自己正是靠了对产权的重大干涉

① 议员爱德华·贝恩斯：参阅本卷，第 415 页。

② 关于这种惶遽不安的事例——伦敦德里勋爵，参阅本卷，第 415 页脚注。

③ 《工程师传》，第 3 卷，第 306 页。

而起家，却变得对所有权的维护非常敏感。有决定性意义的利物浦—曼彻斯特铁路条例对于处分其本身财产的权利所作的主要限制是：第一，正式承认他们的道路，像关道一样，连同它们的马匹或其他牵引工具，应公开给一切使用人；第二，采纳一项对这类使用人沿线运输的各种货物以及旅客和牲畜每吨英里所收通行税的最
414 高限额简表，和一项由公司本身负责运输时所可收取的最高运费的相应价目表；第三，以百分之十为股息最高额这项对运河公司向未适用过的限制。

最后一项限制是在议案提交委员会时，由赫斯基森为缓和反对派起见而增列进去的。后来的议案没有一件载有这样一项限制。通行税最高限额表，因为订得如此之高，结果几乎毫无意义。利物浦—曼彻斯特铁路对于不由它提供牵引力而在沿线运输的煤炭，得收取高达每吨英里一又二分之一便士作为纯粹的通行税：在1845年，二十二家公司的真正拖运煤炭的平均取费只不过每吨英里一点八三便士。[①]当客运最高限额在议案上出现时，情形亦复相同：大联络线铁路、伦敦—伯明翰铁路和大西铁路得对载客敞篷车收取一又二分之一便士一英里的费用。[②]公众像使用关道一样地使用铁路的这种权利，不久就在机车牵引这个事实的前面破产了。1839年，卡尔·戈林说他的公司的确收到过一两件要求把新奇的机车放在他们路线上的申请，但因这些申请来自“不知何许人”，所以未予

① 格雷姆，见《社会学报》，第8卷，第222页（1845年9月号）。煤炭是否总是由私人运货马车载运，未据说明：一般是这样的。

② 寇恩：《英国铁路政策》（Cohn，G.，*Englische Eisenbahnpolitik*）（1874年版），第1卷，第45页及以下，极其详尽地论及早期的一些法案。

理会。他补充说，这种机车果真出现，他“肯定不”能指望他的信号员和其他职员给予任何协助；[①]所以试车成功的希望殊少。这样看来，在整个三十年代和四十年代初期，公司的行动是非常自由的。

它的自由甚至在三十年代也没有遭到物议。在1836—1837年小铁路狂时期，伦敦德里勋爵有一次在上院说，如果每一议案都列有这样一项规定，订明在一定时期之后，本利一旦回收，“铁路即收归公有，”那就好极了。[②] 他在批评华恩克利夫勋爵（Lord Wharncliffe）关于布赖顿线的种种不合理建议时说，决定任何两点之间究竟哪条路线最好，乃是国家的职权。这位贵族是那个时代一位最可能的 étatiste（国家主义者）。在几年之后一项稍稍和缓的铁路章程开始实施时，惠灵顿热烈投票赞成，并且说他一直希 415
望能有这样一项章程，但仍嫌其过于温和，不免引以为憾。[③]

下院中也有很少几位**国家主义者**。在1836年，经营布业致富而且越来越富的伊普斯威奇下院议员詹姆斯·摩里逊辩称，所有运河和铁路都具有垄断性质，并且用比较成功的运河的股息说明其可能得到的垄断收益。[④] 纵令两者为同一条路线服务，他补充说，它们之间的某种谅解也几乎是无可避免的。他以这些和类似的论证支持他5月17日的这样一项动议，主张“在所有有关铁路或其他公共工程的议案中，都应载有下述条件：订明股息不得超过

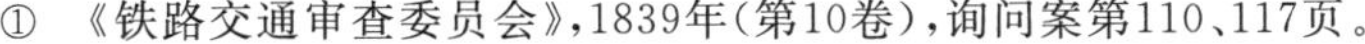

① 《铁路交通审查委员会》，1839年（第10卷），询问案第110、117页。

② 《韩氏国会实录》，第3集，第31卷，第671页。

③ 《韩氏国会实录》，第55卷，第1251号（1840年版）。伦敦德里也希望取消铁路条例中有关土地强制收购的条款，惠灵顿则抱怨长途马车已渐为铁路所扼杀。

④ 参阅《英国人名词典》。克利夫兰—斯蒂文斯，前引书，第66页及以下。寇恩，前引书，第1卷，第60页及以下。

一定的比率；或者国会保留于每二十五年届满时修改和规定应征通行税的权力。”[1]他的前一项办法招致了理所应得的批评：这样会导致不作长远之计的打算，或逃漏，或两者兼而有之的弊端。他的第二项办法却是明显的常识，尽管载有这项办法的议案从未超过二读阶段。为什么，他问道，要给一个公司以“永远征收某种特定通行税和征课的权力”呢？从来没有人回答过他的问题，而国会却继续为这种权力而设法。皮尔、奥康奈耳和曼彻斯特的马克·菲利普斯都曾经反对他的议案；利兹的激进派爱德华·贝恩斯所谓的“对产权非常例外的干涉”正是指这一议案而言的。

迄仍将一般铁路立法局限于国会委员会铁路议案议事规程范围以内的国会，在1839年成立了一个强有力的调查委员会来调查这整个问题。[2] 很多有趣的事情都真相大白了。在听取了卡尔·戈林的说法之后，委员会对于以关道和运河这种似是而非的类比为依据的那种自由机车的观念和有关的通行税原则，断然加以斥
416 责。水塔既为公司所有，自由机车如何加水呢？他们指出，事实上利物浦—曼彻斯特铁路、利兹—塞耳比铁路、纽卡斯耳—卡来尔铁路和大联络线铁路都早已是各自铁路系统上的唯一运输业者了。[3] 伦敦—伯明翰铁路则供备车皮和牵引力，但只允许皮克福德家之类的人使用。在博耳顿—雷铁路上，全部营业都“出租给一

---

① 《韩氏国会实录》，第33卷，第977页及以下。

② 上文所引《铁路交通审查委员会》。委员之中有皮尔、格雷姆和约翰·格斯特爵士等。

③ 《报告书》，第8页。大联络线铁路准许将伦敦—伯明翰铁路带给它的伦敦贸易保留在运输业者手里，但是凡来自伯明翰或伯明翰以北的托运货物的运输业务，则自行承办。

个运输业者”。只有在斯托克顿—达林顿铁路上，除使用机车动力的公司外，还有“使用马的动力的第三者”，像原计划的那样。[①] 这个委员会批判了铁路财政和一成不变的超概算的开支；批评了公司对细则制定权的滥用和每一旅客每英里八分之一便士的负担；开始了对“某种管理机关”的试探性的商榷；并且说整个问题的解决尚须时日。

在下一次会期中经过重新任命之后，他们讨论了很多的问题——诸如捐税、隧道、电报、运河和运输业者、平交路和意外事故等等。[②] 但他们所建议的只是成立一个公共团体来检查铁路工程，监察铁路条例的执行、监督铁路细则和搜集统计数字。他们甚至连运费、股息、垄断收益和合并等这类彰明较著的问题，都没有列进这样一个拟议机关的调查范围以内。但补充这样一句话方为公平，即在1840年也只有在像摩里逊之类有先见之明的人才会考虑到合并问题。但是在1839年委员会就把垄断经济学中的一个基本要点记录在案了：那个要点就是以提高运费、减少所提供的便利，来增加净垄断收益：利兹·塞耳比铁路曾经提高运费，减少旅客数目，从而赚到了一千三百镑。但是因为那条铁路依然是一个很贫瘠的垄断企业，并且因为那些垄断企业，或其中的任何一个，就百分率计算，在英国铁路史上从来没有得到过还勉强说得上是大量的垄断收入，所以这个和其他委员会对于垄断理论的漠不关心，也就不是不可以解释的了。

① 在1854年，东北地区仍有很多马力的运输。汤林森，前引书，第527—528页。

② 《铁路交通审查委员会(五项)报告书》，1840年(第13卷，第129号)。

417 这个报告书的直接结果就是1840年的西摩尔条例（维多利亚，第3和第4年，第97章），即惠灵顿以其温和为憾的那项条例，以及1842年的格拉德斯通补充条例（维多利亚，第5和第6年，第55章）。这两项条例也只不过是把国家听取各公司如何进行所委托给它们的工作和处罚它们的玩忽和不法的现有权利，集中在叫做贸易部铁道处的那三个人手里而已。[①] 凡以"公开载运旅客"为宗旨的铁路，非经呈报贸易部，一律不得通车。贸易部得"在任何合理的时间"派员视察。它必须核定办事细则，搜集运输和意外事故的统计数字，并建议法官对违法公司提起诉讼。凡视察员认为不满意的铁路工程，得令其暂缓通车，并得根据任何与争一造的申请而对于邻近铁路之间关于通运管理的争端进行裁决。这两项条例为了旅客的利益而给铁路工程的非常有效的管理奠定了基础，但也只此而已。贸易部铁道处的工作，正如秘书塞缪尔·拉恩在1844年所说明，"差不多完全以着眼于公共安全的规定为限。"[②]那一条比较有雄心大志的仲裁条款却从没有利用过，既未赋予该部本身以管理权，所以公司如有违抗情形，自须诉请法院予以应得处分。它从来没有这样做过，因为它的温和的警告是值不得违抗的。[③]

---

① 波特尔、斯密爵士和塞缪尔·拉恩。

② 《铁路审查委员会六项报告书》，1844年（第11卷），第2页。

③ 在所引证的这两项条例的间隔期间还有1841年流产的拉布谢尔议案。正是在这一年中，**为讨论应否为公共安全起见赋予贸易部以颁发防止铁路事故章程的便宜行事权而指派的那个审查委员会**主张（第5页）：应责成该部"用建议而不是用……积极规定的方法"来妥筹办理。关于一般的立法，参阅寇恩，前引书，第1卷，第86页及以下。

当1844年2月新升任塞缪尔·拉恩所服务的那个贸易部部长的格拉德斯通在下院建议由委员会重新进行铁路调查时，他所主要考虑的是竞争和合并问题，正如也是赫德逊家族、休伊希家族、戈林家族和丹尼森家族从另一个角度考虑的一样。格拉德斯通本人是个相当大的铁路股东，有通过他的父亲的私人门径和通过利物浦方面他父亲周围的铁路消息来源最可靠的私人门径—— 418
但是，纵使他利用过，他的作传人却没有这样告诉过我们。对于这个问题的探讨，他绝不像他的上司那样的多所保留，他的上司在讨论刚刚开始时，就明白表示他不鼓励对已经营业的公司和业经授予的权力加以干涉——而肯定代表其主席格拉德斯通的看法的那个委员会，虽承认必须尊重对现有铁路有利的"积极立法"，却坚持"国会不应承认在所谓既得利益的性质上有任何东西……是附着于"它们本身的。[①] 格拉德斯通最初的希望是，乘现行铁路请求增加权利和土地之便，国家就可提出加强管理的要求以作为交换条件。

委员会的工作是辛勤而敏捷的，在听取了戈林、赫德逊、拉恩、休伊希、曼彻斯特—利兹铁路的劳斯大佐、大西铁路的桑德斯、当时东南铁路的年轻董事爱德华·卡德韦尔、新任布赖顿铁路董事长的罗兰·希耳和铁路工程师查理·维格诺莱斯及其他少数人的意见之后，在2至7月间发表了六项报告书。虽然在这位主席的领导下，对整个问题是就它和竞争这一中心问题的关系而观察的，

① 《第五次报告书》(*Fifth Report*)，第20页。另参阅《韩氏国会实录》，第72卷，第232号及以下；寇恩，前引书，第1卷，第102页及以下；克利夫兰—斯蒂文斯，前引书，第102页及以下；摩莱：《格拉德斯通传》，第1卷，第268—269页，唯一不正确的一段。

但遗漏之处并不多。委员会除了解到很多其他情形外，特别从劳斯和希耳方面[①]得悉各公司如何有系统地通过对票价和运费作经常试探性的变动，以探索最大限度的收益。痛恨竞争——痛恨和他的铁路作竞争——的赫德逊清楚地说明了国会给一竞争铁路以让与权并不能保证它对一条有垄断流弊之嫌的铁路作有效竞争。它们会取得妥协：“铁路的竞争一定导致妥协，这是再明显不过的事。”[②]除桑德斯和赫德逊之外，几乎所有最负责的证人都赞成加强管理。劳斯主张立即实行国有化，甚至戈林都这样说，如果一切从头做起，他也赞成国有制；但事实既已如此，他也就回到每二十年由国家修改一次运费那个摩里逊计划的老路上去了。[③]

419 在未咨商铁道处就稳步地开过私法案委员会的那一支铁路计划大军还没有变成为既得利益集团的一支劲旅之前，这位年轻的阁员显然是那样敏于行动，在6月20日，在他的委员会的第六次报告书尚未发表，在载有证词的第五次报告书问世还不到一个月的工夫，就提出了他的议案。尽管他是那样热心，但是他的那些比较有雄心大志的条款事前就被皮尔给予铁路公司的保证摧毁了。那些条款曾授权贸易部，在任何一条铁路领得特许证十五年之后，得按规定条件加以收购，或者对它的一切取费进行修改，如果它已经获得巨额利润的话(即连续三年有百分之十的利润)，并得在修改之后，对它的经营管理严加掌握，而这种掌握几乎成为全面的控制。但是凡在1844年国会之前已领得特许证的铁路，一概不受这

① 询问案第6227、6254—6255、6407号。

② 询问案第4204号。

③ 询问案第5173号及以下和第3254号。

些条款的影响——这就是说，全国两千多英里最重要的铁路不在此限。尽管如此，铁路利益集团在科布登、布赖特和马考莱的帮助下，对这一议案还是继续展开了激烈的斗争。在 6 月底以前，由赫德逊、戈林和桑德斯所率领的代表五千万镑铁路资本的一个代表团，曾经请求皮尔和格拉德斯通将这项议案暂行搁置。海外有这样一种并非全然无据的感觉，认为格拉德斯通不断地向国会和国人进行猛扑。但是皮尔是不会示弱让步的。诚然他曾批准过格拉德斯通的策略，但并未委身于整个议案；涉及他的信誉的也止于此而已。既遭拒绝，代表团就起草了一件反对这项议案的强硬备忘录，公布于报纸，并且分送股东和国会议员。他们辩称，国会打算批准竞争路线的意愿适足以驳倒铁路是垄断企业的明讥暗讽；平均股息之低证明了它们的取费并不为重；凡英国历任政府所举办的或有待举办的事业，似乎都不能证明政府本身是优良的铁路管理者，集中化是非英国式的，而且铁路股票是像其他股票一样的产权。[①]

在 7 月中旬各组讨论的情况如何不得而知。这项议案已经很
容易地通过了二读，但是它的激烈条款却被格拉德斯通本人在提
出三读时改变得面目全非了。无论是格拉德斯通或是皮尔都已经 420
承认铁路方面的反对是他们敌不过的。[②] 在有关修改票价和国家

① 《铁路时报》(*Railway Times*)，1844 年 7 月 6 日。这整个一段插曲在克利夫兰—斯蒂文斯，前引书，第 105 页及以下的叙述和寇恩，前引书，第 1 卷，第 146 页及以下的叙述中有详尽的讨论。

② 参阅寇恩，前引书，第 1 卷，第 165 页及以下。三一学院的基特森·克拉克先生应著者之请，加以批阅，在皮尔的手稿中却没有能找到任何与此事有关的证据。

收购的条款中，十五年改为二十一年。凡是贸易部得凭以取得对“修改后的”路线严格管理权的条款一律加以删除；无论修改或收购都非有新国会条例不能实行了。究竟从主张加强国家有效管理的观点或任何观点来看，这个原来的议案是不是一个好议案，固不无疑问：但维多利亚，第 7 和第 8 年，第 85 章的这些收购和修改条款的愚蠢殆无可怀疑。

在这一条例中甚至创立维多利亚国会列车的那一著名条款——除耶稣受难日和圣诞节之外，每日至少对开一次，星期日也不例外，如果这条线有星期日列车的话；包括停车时间在内，行速至少一小时十二英里；每站停车；列车应由贸易部认为满意的带篷座位的车辆组成；以一英里一便士的取费为最高额，三岁以下的儿童免费，三至十二岁的儿童半价，行李五十六磅以内免费——甚至这一条款也只适用于新路线或谋求新权利的路线。作为交换的是，豁免各公司这种列车的客票税。只有新铁路线非经国会许可不得发行超过核定资本的有息债券、早已发行这类债券的旧铁路准换发新债券，为期不得超过五年。条例也有一些对公司非常有利的有关邮件运输的条款——在邮务人员携带重邮袋乘车时，须付超重行李费，并且不得搭乘快车，虽则邮件须按一小时二十七英里的速度传递——以及这样一项条款，据规定，新铁路对于出差士兵所收票价，三等车不得多于一英里一便士，对军官所收票价，头等车不得多于一英里二便士。另有一款，准于铁路沿线敷设电话线，但须付相当报酬，并准以沿线所设的电话线供公众使用。贸易
421 部再度奉命于必要时咨请国王的法官对违法铁路提起诉讼；但如有收购铁路的事情发生，应以财政部而非贸易部为政府的代表人。

在会期终了时，条例奉到了英王的敕准。它的名称是“此后修建铁路所应具备的条件……及其他有关铁路事宜条例”。格拉德斯通早已不安于位了，主要是因为皮尔在爱尔兰实施的宗教政策。但是他在7月间对皮尔说，由于他的家庭和铁路利益的关系，他处理贸易部那一部分事务殊多不便。[①] 他在1845年辞职。在后半世纪，格拉德斯通在商业和财政方面曾屡掌大权，而再没有试图进行任何大规模的铁路立法。

在离职之前，他曾经为执行这项条例(1844年8月)而予铁道处以加强。[②] 他也做了另一件无益于铁道处的事。根据1837年的一项规程，凡发起的铁路公司，在议案提出下院时，须缴纳资本的百分之十作为诚意的保证。他曾力请下院[③]将这项保证金减少一半，并千方百计使他的这项建议通过于下院。他把1845年铁路发起计划的狂澜留给他的后任达尔浩希勋爵和他的四位助手，即他们在铁路界数不尽的敌人所称的五大王去徒手奋斗了。他们的权力并没有明确的规定。他们必须审查议案，务使它们有条有理，合乎公众安全的规定，和慎防在不知不觉之中任“原则上新颖的重要规定”潜行纳入议案之中；并且无论咨请或不咨请国会考虑，都必须申述理由。但是铁道处的审查和私法案委员会对铁路议案的咨询调查得同时进行。达尔浩希很希望这种审查能够成为把不必

① 帕克：《皮尔传》，第3卷，第161页。

② 克利夫兰—斯蒂文斯，前引书，第133页。

③ 他在2月5日的发言中曾要求成立一个委员会(本卷第515页)。他的理由之一是上院的规程只要求百分之五。寇恩，前引书，第1卷，第103页中没有给他的论证以适当的扼述。

要的或多余的计划搁置下来一种真正的手段。但铁道处的职能既纯系顾问性质，它的决定究能受到怎样的重视殊无把握。铁路利益集团讨厌整个这一套办法，并且不难对铁道处的报告吹毛求疵，鉴于它在一年之内必须处理大约八千英里的发起计划，错误自是
422 不足为奇的。[①] **自由放任主义**的新闻记者令人殊不可解。

> “以国会作听取和决定大量铁路计划的优缺点的一个裁判机关，虽然在很多方面显然是不方便和**最不令人满意的，**”《经济学家周刊》在1845年2月15日这样写道，“但是我们却常常认为近来我国立法最危险的倾向之一，就是效尤别国最不可取的一些原则，把权力集中在政府手里。”

某种“公开的裁判机关”是非有不可的，有国会委员会总聊胜于无，至于和五大王相比，意在言外，则更加好得多。《经济学家周刊》的原意不过如此。五大王如果把他们认为具有头等重要性的计划先咨行国会，然后再报告他们认为无足轻重的计划，他们就会被指责为不公平。于是失望的人们就会“把他们的……仇恨带进社会和国会，”贵妇就会“在社会上东奔西跑”去搜罗支持她们的事业的人。[②] 利害相同的人和每一个急欲发铁路财的人，上自赫德逊家、铁路律师、以至于布克雷广场的吉姆斯——他们“在短短六个月之

① 李—华尔纳爵士，《达尔浩希传》（1904年版），第76页及以下。1845年7月10日达尔浩希在上院的发言，《韩氏国会实录》，第82卷，第388页。格临林（五大王的一位典型敌人），《大北铁路》，第31页。

② 《达尔浩希传》，第1卷，第78页。

内靠了冷门货而赢得了三万基尼”[①]——对遇事干涉的五大王都啧有烦言。

要么是皮尔自始就对贸易部报告的功用抱怀疑态度——他很可能是这样的；因为事实上贸易部既没有准备也没有权力对计划作充分深入而有效的监察——要么就是他不愿意为了替他们辩护而招致许多各党各派议员的敌视。他总是说报告对下院没有任何拘束力。[②]《经济学家周刊》能以满意地记录 1845 年 2 月有皮尔和詹姆斯·格雷姆爵士参加的那次辩论说，“甚至内阁的发言也倾向于不主张给贸易部的决定以重视。”[③]私法案委员会屡屡将那些决定置诸不理，而以铁道处所敌视的伦敦—约克铁路（即大北铁 423
路）一案尤为显著。[④] 铁道处终于在牛津—伍耳佛汉普顿铁路一案中在下院被皮尔推翻——在 6 月 20 日——之后，[⑤]事实上等于裁撤了。贸易部虽仍有铁路业务可办；但是对于铁路计划不再正式向国会提出报告了，五大王已不复存在，尽管有达尔浩希的不屈不挠和公正无私的努力，他却始终未获成功。

在 1844—1846 年对铁路问题继续进行无间断的调查是理所当然的。除 1844 年的六项报告书、1846 年的劳工报告书，以及关

① 萨克莱：《布克雷广场的吉姆斯》。恶言，在这个场合下，是一种推论。

② 后来他说，这些报告是供给材料的，他丝毫没“妨碍政府中立地位之意”。《韩氏国会实录》，第 77 卷，第 171 号。

③ 《经济学家周刊》(*Economist*)，2 月 15 日。

④ 克利夫兰—斯蒂文斯，前引书，第 140—141 页。

⑤ 《韩氏国会实录》，第 71 卷，第 972 页及以下。《达尔浩希传》，第 1 卷，第 79 页。皮尔说——“我将不运用任何影响力来支持贸易部的决定……我也不运用任何影响力来支持……审查委员会”；但是他却投了审查委员会的赞成票。

于伦敦终点站和宽狭轨幅等技术事宜的铁路议案各项报告书外，还有关于1845年合并问题的贸易部报告书，[①]和一个审查委员会在1846年所提出的关于同一问题的两件薄薄的报告书，这两件报告书曾建议，在达尔浩希的铁道处解散后一年以内，成立“一政府行政部门……负责铁路及运河监督事宜”。[②] 在这个委员会提出报告之前，[③]主张管制政策的摩里逊已经提出另一项报告，并且经过他在下院和赫德逊的一番舌战之后而获得通过。那位更精于剑术、更无所顾忌的铁路大王曾刺中他不止一剑，虽则评判员把摩里逊评为优胜者。摩里逊的委员会是一个强有力的委员会，并且它的主席也深知自己的所长。他指出把铁路议案作为“私”案看待的根本错误：没有任何东西可以而且应该比它更具有公的性质了。在法国、比利时和普鲁士，国家都设法保留自己对铁路的最终权利。“只有在英国能让公司永远占有铁路而不受任何有效条件的限制”：他深愿看到所有铁路让与权都附有一定的年限。[④] 委员会并没有能做到这一点，而只是再度建议“成立一个能得到公众信任
424 的政府行政部门〔这是指五大王而言的〕，以便对铁路事宜进行监督”。[⑤] 但是另一个上院委员会早已提出内容相同的报告了。[⑥]

在8月下旬，国会已经在精神上被谷物法斗争弄得筋疲力尽，

---

① 1845年，第39卷，第153页。

② 1846年，第13卷，第93号，第5页。

③ 报告书是5月6日，摩里逊的建议是3月19日。

④ 录自所谓《第二次报告书》(1846年，第14卷)，而其实是误刊的摩里逊报告草案。

⑤ 《第一次报告书》，第一项决议。

⑥ 1846年，第13卷，第217号。

被铁路的隆隆声和铁路发起人的便士叮当声弄得麻木不仁，既被毫不予法国或普鲁士原则以尊重的时髦经济哲学拖到这一边，又被非“有所作为”不可的实际需要扯到那一边，就在这样的一个国会里，根据这些疲惫不堪的根本没有多大价值的一致同意，通过了铁路调查委员会的组织条例（维多利亚，第 9 和第 10 年，第 105 章）。果不出所料，不过是一件不着边际的条例而已，规定了一些优厚的薪俸，至于权力却未置决定。权力始终也未获决定：不到五年的工夫连薪俸和委员会也一并取消了。这个委员会的设立反映了早期铁路时代结束时公众心理的变迁——只此而已。

425 第十章　铁、煤、蒸汽和工程学

既是因又是果的铁路发展同全然史无前例的冶金业及采矿业的发展是齐头并进的。在1830年不列颠以每一工作日二千多吨的生产率所取得的无论在英国人或外国人看来都似乎是惊人的铁产量(六十五万—七十万吨一年),不久就落后了。数字虽不尽确知,但生产曲线的起伏却不是不肯定的。在1835年左右,它接近一百万吨;在1840—1841年大概已经达到了一百五十万吨之数。继而有徐徐的下降,接着在1847—1848年又上升到二百万吨。不到几年的工夫(1853年),最有资格的观察家都在怀疑是否新近达到的二百七十万的数字能保持不动,“是否这样不顾一切的追求数量已经把我们带到了这样一个地步,除非有现在还不得而知的矿场投入生产……我们就非倒退不可……就非把制造品减少到更适中的限度不可。”①

这种疑虑是由于前二十年苏格兰铁工业突飞猛进的发展那件大事,和靠苏格兰矿石所取得的苏格兰产量势必维持不住的那个

---

① 斯克里夫纳:《铁业史》,第6页。请以斯克里夫纳的数字同波特尔:《国家的进步》,第268、575页中的数字,约翰·格斯特爵士在《1840年进口税审查委员会》,询问案第381号及以下所举的数字,以及《煤炭供应皇家调查委员会》,1871年(第18卷),第879—880页中的回顾和批评作一比较。

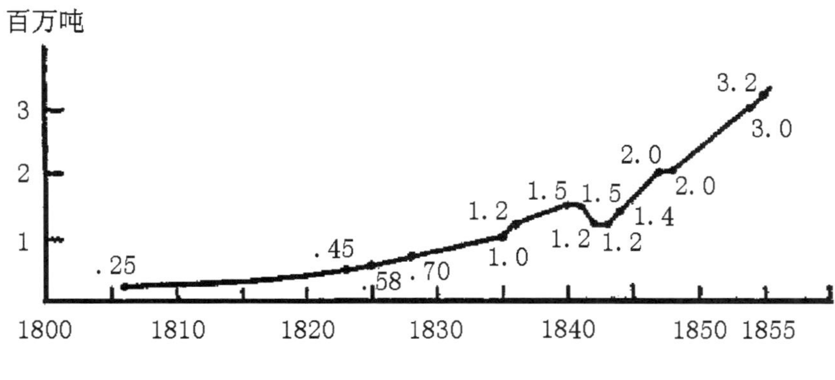

铁产量增长图

尚待证实的信念所引起的。在1830年，苏格兰只有二十七座熔铁炉。它们的产量约为生铁三万七千五百吨。1838年，四十一座在鼓风的熔铁炉共产十四万七千五百吨，1847年，八十一座鼓风的 426
熔铁炉共产五十四万吨——为英格兰产量的四分之一以上。[①] 苏格兰工业有三个主要基础，地质方面的、技术方面的和商业方面的。在地质方面，它依存于炭铁矿石的有限的存量，炭铁矿是“和含煤物质交互隔层”的一种含铁矿石，[②]在大多数煤层中都可以找到，但以亚的里和蒙克兰一带的蕴藏为特丰。它有时叫做墨雪特石，这是因1801年“横渡老蒙克兰教区的考尔德河时发现这种矿石”的戴维德·墨雪特而得名的。[③] 多少年来只有他在考尔德铁工厂中使用这种矿石，和煤层中比较普通的粗劣泥铁矿（即球状菱

① 《煤炭供应皇家调查委员会》，同前。

② 伍德华：《英格兰和威尔士的地质》，第189页。

③ 墨雪特：《有关铁和钢的文件》（Mushet, *Papers on Iron and Steel*），第127页，引证于斯克里夫纳，前引书，第261页。

铁石)掺和使用。1825 年以后不再掺和使用了,因而在三十年代和四十年代时曾拼命加以开采。苏格兰铁工业的技术基础是 1828—1829 年尼耳森所发明的热鼓风。到 1831 年,拉纳克的硬“板石状”煤已经肯定不必先行炼成焦煤就可以在热鼓风炉中使用了。这种办法渐渐成为大多数苏格兰工厂的通例。到 1833 年,熔解一吨铁只需三分之二数量的煤和三分之一数量的石灰石了,石灰石过去被认为是必要的熔解剂。苏格兰生铁不久就使英格兰和威尔士的铁匠师傅惶惶不安了。到 1842 年,《泰晤士报》正否认它是黑乡的失业和骚动的原因。英格兰铁匠师傅所可庆幸的是,搅炼法在 1836 年以前在苏格兰还没有真正奠定,苏格兰铁也还没有能搅炼得成为斯塔福德郡和约克郡的条铁和南威尔士铁轨的危险竞争者。[①] 在商业方面,1836—1846 年的苏格兰工业是建立在英格兰和海外的市场以及能以使它廉价供应生铁的海道的畅通上面。(同英格兰还没有直达的铁路交通。)苏格兰熔炼的生铁在 1845 年有一半,在 1846 年有不太少于四分之三的数量(五十二万二千吨中的三十七万七千吨)是沿着克来德河装运而下的。[②]

在 1830 和 1847 年之间,苏格兰熔炼的生铁增加了将近十五
427 倍,南威尔士增加了约百分之一百五十,南北斯塔福德郡不满百分之百。在这两个年份之间,这三个地区在后一个年份中生产了全国二百万吨产品中的一百六十万吨以上。其他重要产区——按顺序来说——是太恩塞德、德尔比郡、希罗普郡和西莱定。热鼓风已传入很多地区,“但都没有得到像在苏格兰那样异乎寻常的效

---

① 斯克里夫纳,前引书,第 260—264 页。布雷姆诺:《苏格兰的工业》,第 50 页。

② 同上书,第 264 页。

果。”[①]由于各地煤炭的不同，燃料的节省没有一个地区能同斯塔福德郡和格拉摩根郡相比拟。冷鼓风的燃料消费量在苏格兰似乎异常之高；英格兰和威尔士的铁匠师傅当中有这样一种坚定的看法或成见，认为特别是在以制造熟铁为主时，冷鼓风制成的产品要好些。[②] 在这期间，他们力求改良搅炼法；结果是原来的科特法用二吨生铁仅制一吨条铁，改良的洪福瑞法则可制三十至三十五英担，而在四十年代时，则用二十六七英担的生铁可制一吨条铁。[③]发明于1839年并于1842年领得专利证的内斯密斯蒸汽锤方始见诸实用，用以对搅炼炉中出来的物体在轧成铁条以前进行“锻炼”。国内的巨大需求姑置不论，随着海外各国的进入铁路时代，每一项改进功效的努力都换取到千载难逢的出口需求。法国正在它的新铁路上敷设英国铁轨，直到1844年还没有“制造重铁轨设备”[④]的美国亦复如此。在二十年代，以各种形式出口的铁材约占产量的十分之一：到1840—1841年，出口占五分之一强；在1847—1848年，则远在已大为增加的产量的四分之一以上了。[⑤]

国内市场也为直接和间接的铁路需求所左右。就所可肯定的来说，国内消费的波动是和铁路工程的起伏密相一致的。新工程姑置不论，铁路需求始终有增无已。铁轨和辙枕的重量几乎年有增加。在1830—1832年，每码三十二三磅的铁轨就已经够重了：

---

① 斯克里夫纳，前引书，第261页。

② 在二十世纪中，“最优等的约克郡”熟铁仍然在用冷鼓风制造。

③ 斯克里夫纳，前引书，第252—253页。

④ 斯文克，前引书，第432页。

⑤ 波特尔：《国家的进步》，第575页。

428 在 1841 年，则正为斯托克顿—达林顿铁路在米德耳兹布勒辗轧七十三磅的铁轨，一英里单轨铁路在铁轨和辙枕方面所用的铁材就重达一百五十六吨，而以前则是五十三又二分之一吨。[①] 以此为据，则 1847—1848 年通车的二千英里铁路，不算岔路、调车场和双轨，单单为铁轨和辙枕就一定用去了大约四十万吨的铁材。如果再加上车皮、桥梁建筑、车站建筑、栏栅和一切次要的必需品，连同已于 1846 年 12 月 31 日通车的三千英里铁路，那么铁路公司在不列颠这两年间留作国内之用的三百万吨之中所占的比重也就不难概见了。

无论从年度产量、所提供的就业机会或周转资金等可据以测定铁工业企业单位的发展的综合数字，都已湮没不存。熔铁可能是一种专营的业务，也可能和其他项业务一并兼营的，兼营的业务有搅炼、辗轧、铸造等各式各样的加工程序，种类不一；但是只有从熔铁数字中才能看出总的趋势。鼓风炉的尺寸、效能和产量都日益增加。到 1840 年，在先进的工厂中一般已采用高达四十至六十英尺的高炉。“现在每炉每星期产九十至一百吨并不是不平常了；事实上，南威尔士各地大多数厂的平均产量很少低于每星期八十吨。”[②]不但熔铁炉的产量大为增加，而且如果可以苏格兰的数字

---

① 汤林森：《东北铁路史》（Tomlinson, *History of the North-Eastern Railway*），第 405—406 页。

② 斯克里夫纳，前引书，第 248—249 页。斯克里夫纳的第一版于 1840 年问世。1854 年版只增补了一章；所以在第 279 页以前的“现在”一词是指 1839—1840 年而言的。

为准，平均企业的熔炉数量也增加了，虽然并不太多。1830 年的二十七座苏格兰熔铁炉平均年产量为一千四百吨，或每星期生产二十八吨，如果全部熔铁炉一年开工五十个星期的话。事实上它们的生产能力大约是从二十八吨至四十吨，但也难以再多。它们是属于八个公司的。1838 年的四十一座熔铁炉则分别属于仅仅十一个公司，其产量纵假定全部一年开工五十个星期，算来也只每
星期七十余吨。就 1847 年不列颠全境来说，波特尔“根据可视为 429
可靠的来源”，①深信在现有的六百二十三座之中开工的四百三十三座熔炉，共产生铁二百万吨，这个数字，如基于每年开工五十个星期的这项假定——在这个场合下不致相去太远——就是每炉每星期九十余吨。那一年开工的八十九座苏格兰熔铁炉，基于同样的假定，现在平均为一百二十吨一星期。这个差距是可以预料的，因为苏格兰已经有过调整，而在英格兰和威尔士则以旧式设备居多。因此苏格兰的数字不会是太有代表性的。在这三个地区的任何一个之中，1847 年的这些熔铁炉究竟控制在多少公司手里虽不确知；但是它们显然不是和开工的熔铁炉的数目，而更加不是和每炉的产量比例增加的。然而它们至少有一百五十之数，更可能是在一百七十五至二百之间。

迄当时为止，拥有四个以上熔铁炉的公司是不常见的。在 1823 年，约翰·格斯特领导下的道莱斯公司有八座，克罗谢家族的西法斯法公司有八座，色浩威公司有六座；但是没有一家斯塔福德郡公司拥有四座以上，而拥有这个数目的也只不过三家。娄·

① 波特尔：《国家的进步》，第 269 页。

穆尔公司和约克郡最大的博林公司各有四座和三座。[①] 在 1839 年，坐落在默瑟尔的拥有威尔士最大熔铁炉的希耳的普利茅斯铁工厂共有七座：在 1848 年又增加了八座。[②] 那时，西法斯法公司已经增加到十一座，而这时公认的英国铁业领袖约翰·格斯特爵士在道莱斯实际上已经有十八座在开工——虽则并不是最大型的；它们平均为每炉每星期六十六吨生铁。[③] 但是据知这个地方没有其他任何公司已拥有十座熔铁炉。业务是既吃力而又起伏不定的；各区之间的竞争非常激烈；较老的地区充满了停工的熔铁炉和苟延残喘的较小的边际公司。在 1839 年，南威尔士开工的熔铁炉共一百二十二座，停工的仅五座，建造中的三十二座；苏格兰开工的熔铁炉共五十四座，停工的六座，建造中的十八座；南斯塔福德郡开工共一百二十座，停工的一百零六座，而没有一座熔铁炉在
430 建造中。[④] 在商业萧条的 1847 年，在北威尔士那个小小的死气沉沉的地区中，停工的熔铁炉比开工的还多；在南斯塔福德郡，停工的熔铁炉达百分之六十二；而苏格兰仅百分之三十一，南威尔士仅百分之二十二。[⑤] 这整个时期，除在苏格兰和南威尔士外，是条件不利于企业单位扩张的一个时期。十八年之后(在 1865 年)，南斯

---

① 《煤炭供应调查委员会》，1871 年(第 18 卷)，第 1142 页中所引证的芬奇的各表。

② 斯克里夫纳，前引书，第 251 页。

③ 威金斯：《默瑟尔·泰德菲尔史》(Wilkins, C., *History of Merthyr Tydfil*)，第 185、207、213 页。

④ 墨雪特的估计是最早数字中最可靠的一个。《煤炭供应调查委员会》，第 880 页。

⑤ 引自波特尔，前引书，第 269 页。

塔福德郡的五十八个公司各平均不到三座，开工的各仅二座。[1]从这些数字中可以看出，不列颠每一公司四座熔铁炉的平均数，包括开工的和停工的一并在内，未免过高，而三至三又二分之一座也许比较中肯。假定是三又二分之一座，那么1847年应有一百七十七家公司，平均产量各一万一千三百吨。两年以前，约翰·格斯特爵士在道莱斯可以十个星期的时间打破这个平均数，但他的那个公司却全然是例外。

同铁的消费量增加过程步步密相关联的煤的消费量的确切增加过程，却更难断定得多，这是由于起算点的更加不肯定、国内消费量的不得而知，而终结点又在于早期铁路时代结束几年之后。[2]在最初正式搜集1854年的统计数字时，不列颠的煤产量似乎是六千四百五十万吨。[3] 不过两年之前还提出过三千四百万吨的估计数；虽则有一些作估计的人认为在1850年或在1850年以前就已经超过了五千万的大关。在四十年代，最流行的估计的确太低，例如麦卡洛克所提出的1845年三千四百六十万的估计数。地质学家德·拉·白契曾认为在1839年就已经达到了一较高的数字，即三千六百万，包括在矿井和硐后所损耗的煤斤在内；[4]从1854年

① 《伯明翰和米德兰的铁器区》，1865年，第2—3页。

② 参阅《煤炭供应调查委员会》，1871年，第880页及以下的讨论和各项估计数字表。关于十八世纪的数字当然尤可怀疑。

③ 《报告和文件》，1856年，第55卷，第469页及以下：是现代矿产的最早的报告书。

④ 但是，德·拉·白契只管像是尊重麦卡洛克的不可靠的根据，却在1851年写道："年采掘量……现在照例估计作三千五百万吨。"《1851年博览会演讲集》(*1851 Exhibition Lectures*)，第1卷，第44页。

的数字看来，这一数字并不太高。由于几近完成的铁路系统的全部投入生产，和成为四十年代之特征的工业用蒸汽设备的数目和
431 规模的增长所发挥的全部效能，产量曲线在1846—1847和1852年之间有直线的上升。但是滑铁卢战役以后的整个四十年间，曲线似乎是相当平稳的。国内消费由于有越来越多的人可以按照可能的价格购买燃料，大约是随着人口的迅速增加而更加迅速地增加起来。工业用蒸汽生产量的需求、出口的需求以及1830年以后运输的需求，无疑比人口的增加更为迅速，而且越来越迅速，但至少在四十年代后期的铁路大通车以前，尚非如此。[①] 最重要的需求之一，熔铁的需求，因节省用煤的热鼓风的推广而没有使生铁产量增加得那样迅速；但已经是够迅速了，并且搅炼炉的附带需求也随之而来，搅炼炉已经在四十年代随着辗轧铁路用金属的巨大需求而变得非常重要。如以1816年不列颠的一千六百万吨上下的产量作为一个起算点，那么下述的进度该不是不可能的：1826年，二千一百万吨；1836年，三千万吨；1846年，四千四百万吨；1856年，六千五百万吨。

当英国铁的产量增加到二百万吨时，像1847年的情形那样，
432 据料[②]单单冶炼一项所消费的煤就要八百万吨；因为最好的热鼓风炉熔炼一吨铁虽然用不了四吨煤，但很多冷鼓风炉却远不止此数。在搅炼炉、铸造厂和锻冶厂随后的各种熔炼和加热工序上也都是很费燃料的。早在1835年，据估计，设菲尔德钢业、刀具业和

① 在1844—1845年煤炭出口有急遽的上涨。波特尔，前引书，第279页。

② 波特尔，前引书，第280页。

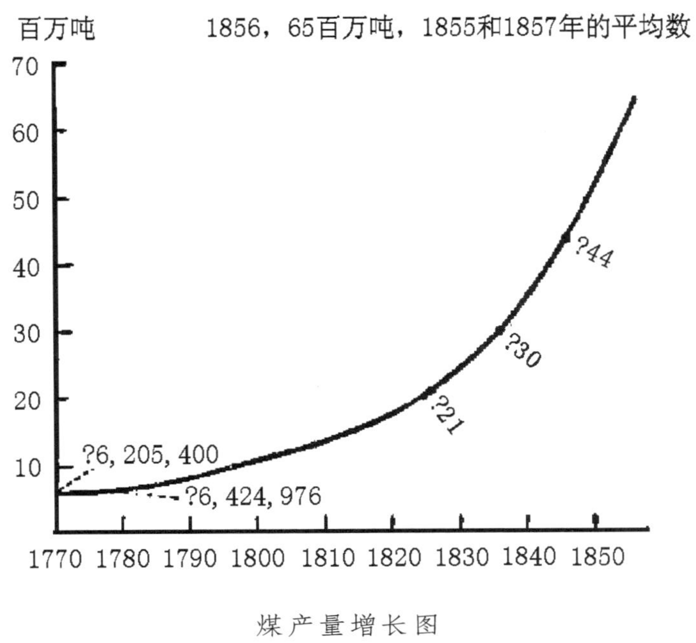

煤产量增长图

类似行业(因为它们是用进口原料炼钢、熔冶和锻冶,所以没有列进英国铁的生产数字中)所消费的煤一年在三十万吨以上。[①] 从这些数字可以看出,至少在四十年代后期,用于冶金业的煤炭可达采掘量的四分之一。其余的煤斤究在家庭消费、工业用蒸汽生产、交通用蒸汽生产,以及诸如烤面包、玻璃制造和陶器等杂项工业用途之间如何分配,在整个十九世纪英国工业用蒸汽生产的适当统计数字全付阙如的情形下,甚至连推测都不可能,由可靠的当代人士所提出的唯一的一项数字,就是对机车在截至 1849 年 6 月 30 日为止的这一年中消费的煤斤所提出的七十五万吨这一数字。[②]

① 波特尔,前引书,第 250 页。

② 《铁路经济》,第 83 页。

在十九世纪前二十五年之末，采矿工程师比其他任何工程集团都具有更悠久的传统。他已经学会如何挖掘和开采约一千英尺深的矿井；在1830年前后，一般的看法是：一千二百英尺的深度将是有利可图的开采极限。[①]但在很多地区常见的还是浅矿井和露天矿场。甚至在诺森伯兰，从地面通过倾斜的“横坑道”取煤的办法，在四十年代还残存在煤田西界，普鲁德豪附近煤层的外露部分。在兰开郡、约克郡、坎伯兰和苏格兰的其他几处北部矿山，也保存了同样的“横坑道”，即古怪的方言所谓的熊口、羊肠路口、胸眼等，以便运出煤炭，或者在煤炭从顶端吊出时，供作工人下矿之
433 用。[②]在希罗普郡和斯塔福德郡都有露天矿场，即所谓煤坑，虽然在四十年代时达德利附近最著名的一个煤坑被人看作是稀奇的事物。用横坑道或平坑道开采的矿场在南威尔士比比皆是，但也有很重要的露天矿场。深深楔入煤层的格拉摩根和蒙默思的山谷，在好煤层比较外露的部分仍然取之不尽的时候，露天开采和平坑道成为很自然的方法。在调查矿场的童工时（1841—1842年），用平坑道开采的矿场或许比竖井还多。两年之后，特里迪加尔铁公司正“开采一个上好的家庭用煤的煤层，厚十五英尺，距地面仅十英寸。它很像是一个大采石场，距离通往新港的铁路不到半英里的路程”。[③]

---

① 加洛韦：《煤矿史》，第1卷，第477页。加洛韦的杰出的技术性的叙述是以下各页的主要依据。

② 加洛韦，前引书，第1卷，第474页；第2卷，第348—349页，主要以《矿场童工报告书》(*Report on Children in Mines*)揭露的事实为依据。〔有些“横坑道”一直残存到二十世纪。〕

③ 《矿业季刊》(*Mining Journal*)，第14卷，第309页，引证加洛韦，前引书，第1卷，第349页。

虽然露天开采和平坑道开采在南威尔士以外是罕见的，但太恩—维尔河煤田以外的大多数煤田却都有很多旧式的浅矿井。政府出版物中最初采纳的报告煤矿童工状况的著名速写之一，就是说明童工上下工的困难情形的。一个男童和一个女童面对面地抓住一根绳子，骑在绳端捆着的一个横杆或木板上面。紧靠他们的上面（在图上大概比在现实生活中多少要近一些）有一位老婆婆转动着把他们吊在悬空的那个吊车的把手。这种简陋的办法或者用一匹马或一部极小的蒸汽机代替那位老婆婆的稍加改良的办法，在约克郡、德尔比郡、斯塔福德郡以及（不难逆料）在像德安森林和萨默塞特那些煤田一样的边远小煤田中，都是最常见的，在德安森林和萨默塞特的煤田中，矿井往往“只不过是直径四五英尺的井孔”。[①]

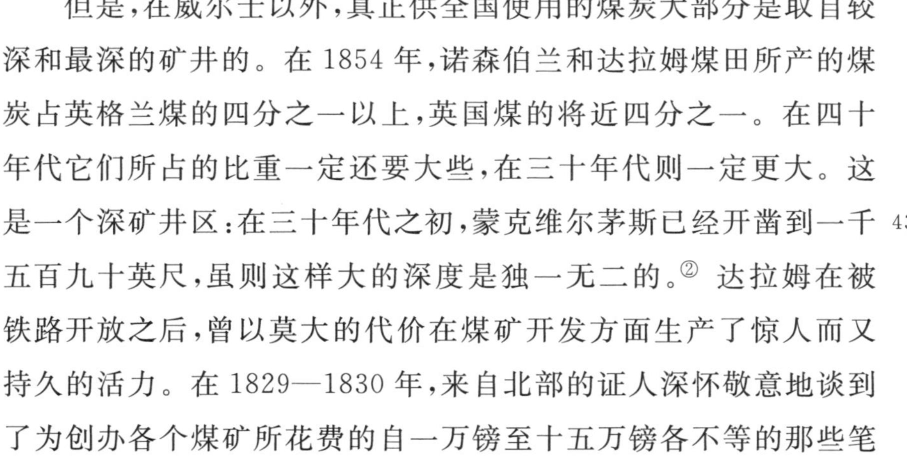

但是，在威尔士以外，真正供全国使用的煤炭大部分是取自较深和最深的矿井的。在 1854 年，诺森伯兰和达拉姆煤田所产的煤炭占英格兰煤的四分之一以上，英国煤的将近四分之一。在四十年代它们所占的比重一定还要大些，在三十年代则一定更大。这是一个深矿井区：在三十年代之初，蒙克维尔茅斯已经开凿到一千 434
五百九十英尺，虽则这样大的深度是独一无二的。[②] 达拉姆在被铁路开放之后，曾以莫大的代价在煤矿开发方面生产了惊人而又持久的活力。在 1829—1830 年，来自北部的证人深怀敬意地谈到了为创办各个煤矿所花费的自一万镑至十五万镑各不等的那些笔

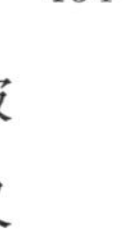

① 加洛韦，前引书，第 1 卷，第 475 页。

② 同上书，第 471 页。

款项。[1] 十至十二年之后，这些数字又已远远地落在后面了。在1838—1843年之间布拉戴尔合伙公司（即南黑顿煤矿公司）的莫尔顿煤矿的三个竖坑的开凿，可能是这段时期中最不可侮的事业。[2] 竖坑洞穿了一个十或十二英尺厚的几无法开凿的流沙床。沙对于抽水用的皮带和吊桶的破坏性是如此之大，以致据说需要三个鞣革厂来维持供应；不过三十年代的鞣革厂是规模很小的。[3] 在这个开掘到一千四百八十三英尺的赫顿矿层之前，所用款项就有二十五万镑、三十万镑和四十万镑各种不同的估计。其他企业则所费更多。在恰恰和第一次铁路繁荣相终始的1836—1837年期间，达拉姆煤田出现了两个股份公司，即达拉姆煤公司和北方煤矿公司，各有资本五十万镑。它们进行了不少挖掘和开井工作之后失败。一个公司的股东几乎将资本蚀光，另一个公司的股东，由于无限责任的关系，赔蚀了两倍于资本之数。宣告破产的产业为另一些人所瓜分，开发落到旧式的私人合伙手里，他们像拥有船舶一样地拥有矿井的二分之一、四分之一、八分之一、十六分之一、三十二分之一和六十四分之一，六十四分之一正如约翰·布德尔在1829年所说，“我想是我所知道的最小的数目。”[4]

① 《伦敦……的……煤炭贸易》（*Coal Trade…in…London*），1830年，第45、50页。

② 《维多利亚地方志，达拉姆志》，第2卷，第329及以下，从加洛韦说。

③ 本卷，第170页。

④ 《伦敦……的……煤炭贸易》，第270页。关于这两个股份企业，参阅前引《维多利亚地方志，达拉姆志》，和加洛韦，前引书，第2卷，第11页及以下。它并不是公开的骗局，像同时期的北安普敦公司那样。挖掘九百英尺，然后再采出工人先已放进去的煤炭。同上书，第2卷，第19页。

太恩塞德本身，尤其是北岸，在三十年代时不如达拉姆那样活跃；有些著名的旧煤炭矿正处于低潮，即如华尔森德煤矿的情形。但是由于经营方法的改良和四十年代时火力强而煤灰少的蒸汽用煤——正如它们所能供应的那种煤炭——的泛世界需求，它们又 435
形复苏了。新矿井的开凿也重新着手，其中北艾尔希克煤矿在1845 年就已经达到五百八十八英尺的波蒙特煤层。[①]

在五十年代比无论南威尔士或苏格兰产煤都更多，而四十年代和三十年代大约仅次于北部大煤田的兰开郡，也主要是凭靠它新开凿的较深的矿井的。甚至在三十年代之初，尽管驳船还是顺着从布林德莱通往布里奇沃特公爵的沃斯利煤矿的坑道往来的时候，兰开郡的大部分煤炭就是取自深达一百英尺以上的矿井了；而在艾希顿和奥耳德姆两区，已经分别达到了七百英尺和五百英尺的深度。[②] 规模宏大和有决定作用的开凿开始于三十年代的后期。在 1838 和 1840 年之间，在彭德尔顿已经达到了一千三百九十二英尺深的一个七英尺厚的煤层，并且成立了一个组织，每天输送一千吨煤到曼彻斯特——这在当时是兰开郡总产量中一个很可观的部分。一年之后，再往西去，一个四英尺的煤层在差不多同样的深度上进行了采掘。供应利物浦以至于美洲的威根煤田主要是在比较容易达到的深度，即 1849 年任何矿井都还没有达到的一千二百英尺的深度——亦即 1830 年认为是有利可图的采掘极限深度——上开采的；但是它已经不再依靠真正浅矿的开采了。[③]

① 加洛韦，前引书，第 2 卷，第 6、9 页。

② 同上书，第 1 卷，第 473 页。

③ 同上书，第 1 卷，第 473 页；第 2 卷，第 17 页。

约克郡的工程师并不是到处都非开凿到这样的深度不可；但是它的最大的消费区和随着铁路的成长而成长起来的约克郡煤炭出口贸易，是无法由露天煤矿供应的。甚至在1819年，设菲尔德就已经从平均三四百英尺深的矿井中采煤了。[①] 二十多年之后，儿童就业调查委员从班兹力也提出了类似深度和最深不到六百英尺的报告。在他们起草报告书时，巴恩斯利在四十年代时的最大煤矿，欧克斯矿已经开凿到八百四十八英尺。曾经从麇集在一起的无数小而浅的矿井开凿出不可思议的“厚煤”——“十码煤层和其他煤层”——的南斯塔福德郡，已经在大约1840年发现，只要开
436 凿到一千英尺左右，穿过原想下面不会有煤的红砂岩床，就可以得到一种厚煤，虽则没有十码煤层那样厚。[②] 在1828和1838年之间，已经懂得了它的某几种煤的生产蒸汽的独特性能并以之教导世人的南威尔士，正挖深下去，以便于必要时——虽则还不常有这种必要——获取这类煤炭。苏格兰最深的矿井是佩兹力附近的当代许许多多维多利亚式矿井之一，这个矿井在1840年或1840年前后已开凿至刚刚一千英尺以下。最深的矿井——就现在所知道的来说——是北斯塔福德郡来姆河畔的纽卡斯耳的亚皮德尔矿井，它甚至在三十年代就已经挖掘到二千一百英尺以下了。[③]

所有这些深掘，以及得自像彭德尔顿各矿井的那种产量，如果

---

① 加洛韦，前引书，第1卷，第473页，从亨特尔：《哈拉姆郡史》(Hunter, *History of Hallamshire*)说。

② 《米德兰矿业报告书》(*Report on Midland Mining*)，1843年(第13卷)，第4、26页及以下。伍德华：《英格兰和威尔士地质》，第188页。加洛韦，前引书，第2卷，第18页。

③ 加洛韦，前引书，第351页。

没有三十年代采矿工程方面的进步，主要是诺森伯兰和达拉姆专家所取得的进步——以及得自大陆方面的一点点借镜——就未必是可能的。长久以来，差不多直到1840年左右，起重机都不是大型的，往往小至二三十匹马力，蒙克维尔茅斯的那些重要煤矿的起重机有一部六十六匹马力的引擎，但一次只能起重三十六英担。[①]有一些苏格兰矿井，正如1840年以后众所周知的那样，是不用起重机的——而由妇女背着走一段难以置信的长梯道。随着四十年代的到来，兰开郡和北部的深矿井有了一百、一百二十、一百五十以至一百七十五匹马力的引擎。

在二十年代或三十年代初期的小起重机上拴一根粗麻绳，绳子把装在榛木条编成的筐子里的煤悬空地吊上来。成年的矿工把一只腿套在缆绳的绳套里，也是悬空地吊上来；强壮的矿童则用手和膝盖抓住缆绳，更加悬空地吊上来。用顺着滑条升降的十字木棍吊着的金属车起煤的方法，甚至在1800年以前就已经试行过：到1830年，在约克郡的浅矿井中已经常见。但是适合于深矿井的方法只是在1834—1835年方始由赫尔在达拉姆南黑顿煤矿以及后来在太恩河畔的莱顿的格利布矿井设计出来——一种双层的金属升降台，可以把装在运煤箱里的煤放在里面，矿工也可以相当舒适而又安全地搭乘上下。因为把它装在凹槽里，所以能顺着铁滑竿很平稳地上下滑行，像迄仍如此的情形的一样。这种方法的采 437
用和金属缆绳的发明是同时的，在1834年初次有效地用于哈次山脉中的克劳斯塔耳，翌年安德鲁·斯密初次在英格兰领得专利证。

① 加洛韦，前引书，第326—327页：事实主要取自《童工报告书》。

在 1842—1847 年之间，先进煤矿中的重起重机都在安装金属缆绳。1849 年，在蒙克维尔茅斯，四吨以上的重量可以在六十五秒钟之内吊起一千七百一十六英尺。[①]

远溯自十八世纪，最初在德尔比郡和斯塔福德郡的少数矿井中，煤矿采掘部分的通风条件已经多少有了一点保证，办法是把所谓的煤灯——即里面放着火的铁篮子——悬挂在最需通风的地方。后来在十九世纪，则把一些大火炉放在竖坑的顶端，或者在更晚一些时候，放在“朝上的”竖坑的底部，来造成更有效的空气流通。到了四十年代，第二种方法在北部煤田的较深矿井中，已差不多普遍实用；通过采掘部分的气流的方向是否适宜也颇为人所注意了。拥有既深而又“充满易燃气体”的矿井的诺森伯兰和达拉姆，已经不得不对通风办法加以研究。除开几个管理得最好的深煤矿外，兰开郡是非常落后的：“在大多数场合下，通风办法似乎一直处于既无效而又不能令人满意的状态中。”[②]1845 年以前，在其他多数区域中，要么因为矿井浅，要么因为没有易燃气体，要么因为更不成其为理由的理由，这种办法都没有受到多大注意。约克郡在这方面殊鲜成绩；但是在四十年代后期已经有了相当的进步。米德兰的煤田还没有超出火灯的阶段多远。在听由大自然控制大气的变化时——朝上的竖坑空气要下降，朝下的要上升——大气的变化会很容易使气流倒转过来。那么，用煤矿的术语来说，“矿井时时在互相搏斗，”在这个斗争胜负未决之前，工作却不能不停

① 加洛韦，前引书，第 1 卷，第 479 页及以下；第 2 卷，第 330 页及以下。《太恩河、维尔河和提兹河的工业资源》(1864 年)，第 256—257 页。

② 加洛韦，前引书，第 2 卷，第 264 页；另参阅第 1 卷，第 252、284、327、520 页。

顿下来。[①]

火炉通风是一种有显著缺点和危险性的简陋方法。朝上的竖坑并非总是一个单纯的烟囱:它可能供通烟又供上下交通之用:结果它的热度不许可达到八、九、十度以上。对一个普通人来说,下 438
矿是一种很可怕的经验。如果火炉得不到足够的新鲜空气,它会突然爆炸。如果太多又会把邻近的煤床烧着。一旦自动发生爆炸,就必须把炉火扑灭,于是空气停止流通,继而就必须作出在什么时候和用什么方法把火炉重新点燃这样一些难下的决定。因而,尤其是在 1840 年以后,对于代替办法曾大加讨论并且进行了大量的试验——设法用高压蒸汽或用各式各样的抽气唧筒、螺旋推进器和风扇来制造气流。但是对于通风办法的改良只是在 1849 年以后方始采取了决定性的步骤。[②] 健康和安全都寄托在发明家和机械工程师的身上。

威尔士、太恩塞德和威根的蒸汽用煤已经在轮船(照汽艇和汽船在当时的俗称)当中找到了一个日益增长,但增长得很慢的市场。“用于奶油和干酪贸易的船舶是属于一种特别类型的;它们都是轮船,或蒸汽推进的船只,”一位证人在 1847 年对一个国会委员

---

① 加洛韦,前引书,第 2 卷,第 265 页。

② “斯特鲁威先生和威廉·布朗顿先生是差不多在 1849 年同时在南威尔士煤田进行的。”加洛韦,前引书,第 2 卷,第 296 页。但是十年之后,一位专家仍然可以辩称,“在设计妥善的矿场中,”机械通风所“供应的空气的量”还不如火炉。泰勒:《论机器的逐步应用于采矿》(Taylor, T. J., *On the progressive application of machinary to mining purposes*),载《英国机械学会会刊》(*Inst. Mech. Eng.*),1859 年,1 月号。

会这样说。[1] 委员会一定不会像这个铺张扬厉的词句所表现的那样无知。轮船已为公众经常惯见达二十多年之久。那一年英国登记的轮船共有九百二十四艘，在大约三百万吨的一支商船舰队中占十一万六千吨：在1837年有五百三十一艘共五万一千吨，在1827年有二百三十二艘共二万三千吨。[2] 它增长很慢，赶不上一艘大小适宜的现代货船的运输能力从1837到1847年每年的增长率；1847年的轮船平均吨位（一百二十五又二分之一）是缩减的。联合王国单单在1847年一年建造的帆船的吨位就几乎和英国整个商用轮船舰队的吨位相等。事实上纵使轮船没有什么“特别”，但至少这样一个事实倒是有点“特别的”：即整个一种贸易竟会完全落入轮船的掌握中，就像干酪和牛奶贸易——主要是爱尔兰的贸易，但自从最近变更税率以来，已一部分是法国的贸易了——显而易见的那样。尽管在大西洋和东方有了相当的成就，轮船却还

439 是故态依然——只是一种河船：一种拖船：在狭海里行驶的邮件或邮包船。每年所造六七十部船用引擎这个直到1847年为止足以供应需求的产量，还不够作为一个个别行业的基础，虽然已经有少数几家公司对于这项业务特别加以注意了。[3]

比轮船舰队成长甚至更慢的是铁船的进展。科特以及对制造铁板的熟铁辗压法进行了改良的那些人，已经使这种进展有了可能。十八世纪共总不过生产了一二艘驳船。接着在十九世纪初

---

[1] 《航海法审查委员会》，1847年（第10卷），询问案第2324号。

[2] 波特尔，前引书，第317—318页。

[3] 例如莫兹利在伦敦已予注意（本卷，第154页），罗伯特·纳皮尔在克来德河也予以注意了，参阅《英国人名词典》。

期有了较多的用马力牵引的铁制运河船。继而于1822年，阿隆·曼比在提普顿一个部件一个部件地建成了以他自己的名字命名的那艘轮船。因为他是在斯塔福德郡和查兰顿——后来又在克勒左——开业的一位铁匠师傅，所以他在伦敦把它装配起来，并且由后来的一位海军上将查理·纳皮尔爵士驾驶着溯太晤士河而上又顺塞纳河而下。这次的成绩本可指望激起英法两国的幻想，但却不曾如此；虽然两年之后据说曼比已经“几乎在法国的每一条河上都设置了铁汽艇”。[①] 据闻伯根赫德的约翰·莱尔德为善农河建造了一艘小轮船(1825年)，并为爱尔兰运河建造了几艘小铁船，至1830年为止，只此而已。在那一年，福思—克来德运河委员会因担心雨山试验后铁路的竞争，曾经邀请在曼彻斯特设计铁框风车的费尔贝恩来教以应付之策。他建议建造铁汽艇；在有莱尔德和他的兄弟参加的那些次试验之后，他在曼彻斯特建造了两三艘明轮汽船——并且驾驶着它们顺艾尔维尔航道而下。莱尔德弟兄的成绩比较好：他们建造了麦格雷戈·莱尔德在1832年乘以溯尼日尔河而上驶的那艘“阿耳布加号”轮船。[②]

莱尔德兄弟自己有海滨。费尔贝恩决定到那里去，“不但为实 440

① 《工匠和机器审查委员会》，第8页：马提诺的作证。

② 参阅费尔贝恩：《铁船建造论》(Fairbairn's, *Treatise on Iron Shipbuilding*)(第7页，“这差不多包括了我的全部亲身经历”)；和他的《运河蒸汽船航行论》(*Remarks on Canal Steam Navigation*)，1831年版。在1835和1850年之间他在密尔瓦尔建造了一百艘铁船。斯迈尔斯：《工业传记》，第329页。另参阅莱尔德和奥德费尔德：《柯拉号和阿尔布加号汽船远征非洲内地记》(Laird, M. and Oldfield, R. A. K., *Narrative of an Expedition into the Interior of Africa in the Steamvessels Quorra and Alburkah*)，1837年版。

现在他看来完全新颖而重要的建筑原则,而且为证明他以前的研究工作是值得政府和全国有关商业企业予以重视的”;所以 1835 年他在密尔瓦尔面临着正如他说而且也很可相信的“各方面的反对”,尤其是“首都大建筑商和造船匠的反对”,而把这项原则提付讨论。[①] 在克来德河方面,1823 年制造了第一部船用发动机的罗伯特·纳皮尔,在 1839—1840 年开始建造了几艘铁船下水。后来变成为太晤士河铁工厂的那个公司在 1846 年成立,1858 年建造了第一艘铁甲舰;1847—1848 年,布里斯托尔的派特逊氏建造了那艘铁制的一千二百匹马力的“大不列颠号”。[②] 这些都是早期最伟大的名字。

但是在 1847 年,铁船是如此罕见,如此不为人所悉知,以致劳埃德海上保险组合都没有为它们制订正式的分等办法。检查员的办法反映出他们对于一种革新、对于这种多少还带点试验性质的铁船的缺乏信心。他们并不像评定木船的等级那样,把它评定为甲等一级为期若干年,而只准它暂行享受那个荣誉等级的待遇为期一年。[③] 他们可以举出种种正当的理由。诚然,“阿隆·曼比号”已有二十五年不需要修理船身;[④]但是船既小,又在法国,而且向不出海。远洋轮船是否建造了有一百五十艘之多,殊可怀疑,而

① 《铁船建造论》,第 4 页。

② 《维多利亚地方志,艾塞克斯志》,第 2 卷,第 499 页。《1851 年博览会演讲集》,第 1 卷,第 563 页。关于纳皮尔,参阅《英国人名词典》和康沃耳—琼斯:《英国商用船舶》(Cornwall-Jones, R. J., *The British Merchant Service*)(1898 年版),第 120 页。

③ 《航海法审查委员会》(*S. C. on Navigation Laws*),1847 年,询问案第 3383 号。

④ 依照波特尔,前引书,第 575 页的说法。

且其中大部分都还行驶不到五年。海军部对于它的第一艘大铁
船,即莱尔德兄弟在1845年开始建造的“伯肯黑德号”还没有两年
的经验。直到1840年在太恩河上还没有见过一般铁船,在1850
年以前,建造的也寥寥无几。[①] 铁船方面的成功比其他任何事或
许都更有助于它所创办的大英轮船公司在1847年肯定还没有五
年的经验。在1844年6月,他们有一艘铁轮船已经购置了十八个
月,另一艘则正在建造中,他们的常务董事威耳科克斯对一个审查
委员会这样说。[②] 威耳科克斯是一个翻然皈依的人,而且还有几
分先知之明。他认为“所有汽船终究会都是用铁制造的”——帆船 441
也不例外:他知道有一艘铁船行驶了六年还宛然如新,而且比第一
流的橡木船便宜百分之十至十五。

自1844年威耳科克斯发表这些意见起,到1848年国会两院结合着取消航海法的拟议而对英国商船舰队的现状和展望进行广泛调查时止,没有一个铁船制造匠或船用引擎制造者受到过查问。除已引证的那些之外,在数千页证词之中,提到蒸汽和铁的地方寥寥可数。1844年有一位船舶所有主认为蒸汽已加深了航运业的萧条:[③]他几乎不承认轮船是一种船舶。利物浦的一位所有主同意轮船的规律性运动自然有害于海员,但却力称海员“几乎是利物

① 《太恩河、维尔河和提兹河的工业资源》(1864年),第241页。〔一般参阅斯密:《海军和海军工程简史》(Smith, Capt. E. C., *A Short History of Naval and Marine Engineering*)(1938年版)。〕

② 《英国船舶审查委员会》(*S. C. on British Shipping*),1844年(第8卷),询问案第1124号及以下。

③ 《1844年调查委员会》:杨格,询问案第194号。

浦成功的要素”。[1] 皇家海军的詹姆斯·斯特林大佐，第一任澳洲总督、拉夫团的批评者和职业性“常备海军”的提倡者，在1847年对于英国海军船只的必将普遍使用蒸汽已“毫不怀疑”。[2] 太晤士河上的大造船商马尼·威格腊姆在1848年不期而然地提出了一项非常重要的作证。在提到四年前威耳科克斯曾称之为“螺旋扬水器”而威格腊姆现在称之为推进器的那种革新创造时，他说建造铁制的“暗轮轮船”显然有利，又说铁的建造物在不列颠比在其他任何地方都要便宜些。[3] 但主要的考虑却决定于，而且在当时海事工程的情况下，纵非在铁船建造的情况下也不得不决定于槲木、大木钉、造船工和“十二年”麻栗木船的成本，以及来自英属北美沿海各洲以质地极差著名的“殖民地建造的船只”的竞争，和采自美洲沿海偏南各地的效能极强、建造极其精良的新英格兰布帆飞剪快船的竞争。

在工厂视察制的初期（1834—1835年），从工厂视察员明知其
442 不完备、因而应该增加百分之十到百分之二十的那些数字中可以看出，棉纺织工业——这一突出的蒸汽工业——使用三万匹马力的蒸汽和一万匹马力的水。蒸汽动力设备差不多全部都是在棉纺织业高度集中的兰开郡、柴郡和格拉斯哥这些地区。在这三万（？三万四千五百）匹马力之中，兰开郡和柴郡约占二万五千（？二万

① 查普曼，询问案第1564号。

② 《1847年的审查委员会》，询问案第4686号。

③ 《1848年上院审查委员会》，询问案第6182号及以下。在1845年发生了著名的暗轮对桨的竞争。

八千七百五十)匹，苏格兰，也就是说格拉斯哥区，约占三千(？三千四百五十)匹。[①] 这些数字是在飞速发展的前夕搜集的；因为到1838年，单单在兰开郡和柴郡就已经增加了，或正在增加着一万五千匹马力的蒸汽。[②] 在随着1837年棉花危机而来的四十年代商业和社会困难之中，发展速度放慢下来。在1850年，即工厂综合数字公布的第二年，英国全国有七万一千匹马力的蒸汽和一万一千匹马力的水可资利用。[③] 这项动力总量分配于大约八千家棉纺织“厂”之间，计每“厂”平均为四十五点五匹马力。[④] 按照三十年代、四十年代和五十年代的视察员的用法，厂这个名词既不作公司解，也不作纱厂解——因为一个公司可能有几个厂(各登记为一个厂)，而一个纱厂也可能包括几个，甚至有时很多个出租动力的公司(也各登记作为一个厂)。但是即使有少数的公司拥有几个纱厂，每个公司的平均动力在1850年也肯定是很低的。动力的总使用量原本就不高。

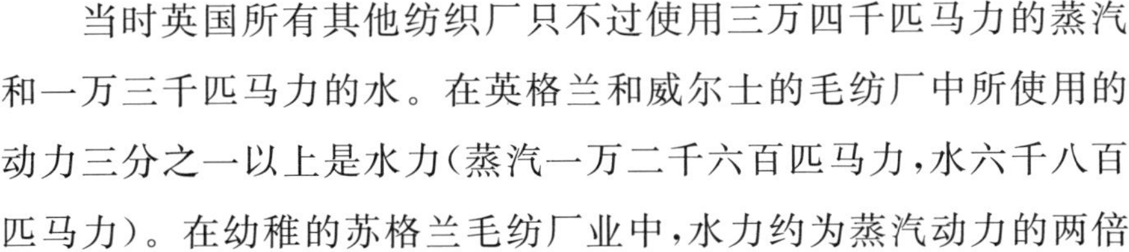

当时英国所有其他纺织厂只不过使用三万四千匹马力的蒸汽和一万三千匹马力的水。在英格兰和威尔士的毛纺厂中所使用的动力三分之一以上是水力(蒸汽一万二千六百匹马力，水六千八百匹马力)。在幼稚的苏格兰毛纺厂业中，水力约为蒸汽动力的两倍

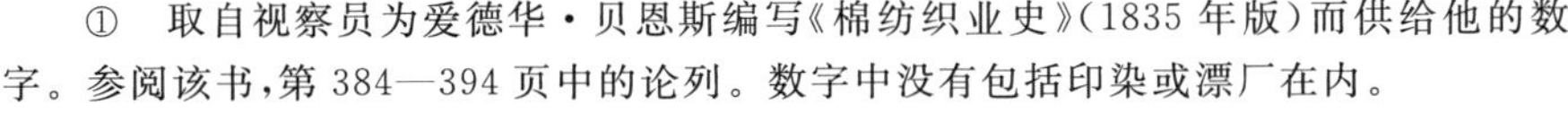

① 取自视察员为爱德华·贝恩斯编写《棉纺织业史》(1835年版)而供给他的数字。参阅该书，第384—394页中的论列。数字中没有包括印染或漂厂在内。

② 《统计学报》，第1卷，第315页(1838年9月号)。

③ 为比较起见，可注意的是，1907年英国棉纺织业，包括爱尔兰的一小部分在内，共使用一百二十三万九千二百一十二匹马力的蒸汽和水，另外还有比较少量的电力。《人口调查》(敕令第6320号)，第340页。

④ 1857年发表的1850和1856年报告书(第57卷，第338页)。

443 (水一千六百五十三匹马力,蒸汽八百八十匹马力)。早已完全集中于拥有七万九千名工人总数中的七万一千名的约克郡西莱定的毛丝厂,在设备方面是比较现代化的:它共使用九千九百匹马力的蒸汽和仅仅一千六百匹马力的水。它的平均动力设备每"厂"在二十三匹马力以上(蒸汽或水),而毛纺业的平均数则为十四点六。[①]在四十年代的毛纺厂之中,很多都是成为约克郡之特征的那种有很多股东的公司工厂,所以我们不能认为英国的平均呢绒制造业者所掌握的动力能超过十四马力很多。然而这些纺织工业,连同棉纺织在内,却是十九世纪第二个二十五年中制造业本身最大的动力使用者。[②]

关于其他各业采用动力的比例所可利用的一些零星数字,强调了这一事实。在 1835—1838 年之间在兰开郡和柴郡棉纺织厂中虽有一万五千多匹马力在进行装备,而在这个高度工业郡的其他工业中却只装备了二千零六匹马力。[③] 在这总数之中,煤矿占五百九十一匹马力,辅助机器制造的占三百五十一匹马力。尚未列为工厂类的那些棉纺织业部门所使用的动力,虽无具体数字,但为量可能不小,正如曼彻斯特的某些数字所表明的那样。1838 年曼彻斯特和索耳福德的蒸汽动力总量是九千九百二十四又二分之一匹马力。棉纺织业使用了六千零三十六匹:漂白、印染等业一千

① 所有数字都是取自 1857 年报告书。

② 但是生产能力的增加有过于所用动力的增加;因为在 1830 和 1850 年之间纺织机器的运转速度已大为提高。福贝斯:《毛丝工业》(*The Worsted Industry*),载《1851 年博览会演讲集》,第 2 卷,第 301 页。

③ 《社会学报》,第 1 卷,第 315 页。

二百七十七匹："机器制造、铸造等业"七百三十四匹。[①]

为说明自开始直至 1838 年 12 月止伯明翰蒸汽动力的进步而审慎编制的那一系列的数字，是很有启发性的。[②] 据说第一部引擎在 1780 年就已经在那里安装起来。在 1803 年，姑且举几个挑选出来的年份来说，安装了四部；1816 年十部；1826 年十三部，平均为十二点五匹马力；1886 年二十一部；1837 年十二部，1838 年十八部。在 1826 和 1838 年之间新增设备的规模并没有什么增加，1836—1838 年的五十一部引擎平均不过十二点六匹马力。在 1838 年伯明翰（连同艾希顿和艾治巴斯顿）的人口约为十七万五千时，这个城镇就拥有二百四十部引擎，共三千五百九十五匹马力，其中有二千一百五十五匹马力用于它的主要金属制造业，其余 444
则用于未列举的杂项行业。伯明翰是一个小企业的城镇，所生产的货物大半是轻型的；但是鉴于三十年代煤矿和棉纺织厂中以及迟至 1850 年毛纺织工业中引擎的大小，那么就全国使用动力的整个工业来说，这些数字就不能认为是特别小了。

对于还没有开始或刚刚开始采用新动力的那些工业，切不可忽视。有一位专家在 1816 年写道，"我们不知道近三十年来有哪一类制造厂所进行的改良像磨粉厂那样少"：[③]在此后三十年之中也没有很显著的改良，而且主要的改良也在风车方面。[④] 就目前

① 《社会学报》，第 2 卷，第 280 页。

② 同上书，第 440 页。

③ 萨克立夫：《论水车的设计和建造》(Sutcliffe, *On Designing and Building Water-mills*)，引自贝奈特和埃耳登：《磨粉业史》(Bennett and Elton, *History of Corn Milling*)(1898—1904 年)，第 2 卷，第 199 页。

④ 同上书，第 2 卷，第 307 页。

所知道的来说，在伦敦的古英国磨粉厂——试用蒸汽动力的第一家——于1791年焚毁之后，蒸汽动力推广得很慢。1801年南兰开郡在沃临顿采用了蒸汽动力，1817年利物浦也采用了，[①]无疑还有其他一些地方；但是在三十年代和四十年代，西莱定工业区却仍为摆脱旧皇室的和领主的水车特权而进行不懈的斗争。只是根据威廉四世，第2和第3年，第105章，“奥塞特—科姆—高梭普的居民”才摆脱了“必须在威克菲尔德镇和霍伯里镇的某些磨坊磨粉的遗风”。1838年利兹收买了英王磨坊的古老特权：在1843年威克菲尔德也收买了。在布莱德福，麦芽方面的特权在很多年之后还强行实施。[②] 在大城镇里，这种权利的存在并不一定就意味着那里没有自由磨粉业，因为权利可能执行不力，或者以财政的方法来执行；但是权利的迟迟没有消灭，适足以表明磨粉业旧法定组织和旧经济组织的顽强性。撇开在利物浦蒸汽磨粉厂中无疑使用得很多的爱尔兰小麦不谈，自1830至1846年英国主要是靠自己的粮食过活的。乡区和小城镇所消费的都是像往常一样，在当地用水
445 力或者风力碾磨的面粉；大城镇虽使用一点蒸汽，但是它们大部分磨成粉的货源是取自乡间的。[③]

在锯木业中，机器和动力的使用在任何地方都不多；尽管在战争期间有边沁、布鲁内耳和莫兹利的杰出的创造发明。[④] 他们的

① 萨克立夫，前引书，第3卷，第293—294页。

② 同上书，第3卷，第256页及以下。直到1884年曼彻斯特拉丁语学校还在伊尔克河握有大麦磨坊的特权，在那一年才以一年一千镑的代价把它的权利卖给了兰开郡—约克郡铁路。第3卷，第282页。

③ 本卷，第231页。

④ 本卷，第153页。

成就已大半为人所遗忘，自1810至1835年，在机器方面没有取得任何进步。甚至在1790年左右最初用于英格兰的圆锯和刨平机在三十年代中期方始有了真正的推广——但即使在这时也只以城市的较大工厂为限。[1] 在乡间，在无数的锯木坑里，一语不发的锯工——所谓“上手”，即老师傅，和所谓“下手”，即只能眼看坑底的苦工——孜孜不倦地从事于锯来锯去这种单调的工作。一位了解他们并且尊敬他们的人最近为他们所写的墓志铭乃是一个不易之论而不是侮辱之词：“在我的经验中，他们是为人作嫁的。”[2]

在农业方面，其蒸汽引擎使科贝特获有深刻印象的苏格兰式工厂农庄，进步的确很慢：“目前在这个王国之中很少几处农庄有这种附属设备，”一位最有权威的证人在1843年这样写道。[3] 虽然伊普斯威奇的兰索姆公司——在1842年以前利用蒸汽制造农业工具的国内少数几家公司之一——“为把轻便的机车蒸汽引擎用在打禾方面”而在1842年得到了皇家农学会的奖品，[4]但在大博览会时，一般农业蒸汽引擎的报告员却仍有必要要求引擎制造商“多注意于各种部件的比例关系，而少注意一些外表的装潢”；[5]而打禾机的正式讲解员则宁选取马力推动的机器来进行说明。但是蒸汽在“沼泽地和泥沼地”排水设备上的应用却有了真正的进

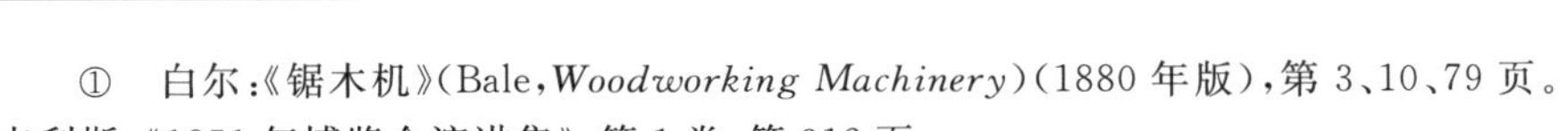

① 白尔：《锯木机》(Bale, *Woodworking Machinery*)(1880年版)，第3、10、79页。韦利斯：《1851年博览会演讲集》，第1卷，第312页。

② 司徒特：《车匠作坊》(Sturt, *The Wheelwright's Shop*)(1923年版)，第37页。

③ 兰索姆：《农具》(Ransome, J. A., *The Implements of Agriculture*)，第166页。

④ 《维多利亚地方志，萨福克志》，第2卷，第284页。

⑤ 《1851年博览会演讲集》，第2卷，第29页。

步。[①] 早在1838年之前八年或十年，作为先驱者之一的约瑟夫·戈林已经处理了九万英亩。但是为供泥沼地排水之用，很大的地
446 区只需很小的动力，因为引擎并不须休息。1833年为南荷兰调查委员会装置的一部二十四马力的低压天平引擎，排干了六千英亩的积水。[②] 戈林装置了两部蒸汽引擎，一部三十四马力，一部八十四马力，来代替在小港泥沼地一带旋转的七十五部风车；为了他的九千英亩地，他也只使用六百四马力的蒸汽。[③] 到1846—1847年，虽然有了不少的成就，但尚未竟全功，风车依然很多，尤其是自波士顿至塔特谢尔和往林肯去的威坦姆谷一带的泥沼地上。[④]

1850年，泥沼地上的每一部风车或引擎都推动一部"吸水车"。离心唧筒是大博览会中的陈列品之一：它的发明人得到了为惠特西沼泽地排水区制造一部这种唧筒的委托，这样就揭开了控制泥沼地积水的最后的一个新生面。[⑤]

四十年代后期的机械工程师正为他们在十九世纪后半叶所要做的工作装备他们自己，但还没有装备妥齐。在二十年代他们已渐渐掌握了简陋的机械工具；但是还缺乏精密仪器作为他们的准

① 按照第一件排水条例，1601年的改良法中的用语。

② 惠勒：《南林肯郡泥沼地史》(Wheeler, *A History of the Fens of South Lincolnshire*)，第119页。

③ 《皇家工艺学会会刊》(*Roy. Soc. of Arts*)，第51卷(1838年)，第15页中格林的记述。

④ 惠勒，前引书，第189—190页。

⑤ 同上书，《维多利亚地方志，兰开郡志》，第2卷，第351页；《1851年博览会演讲集》，第1卷，第415页。关于吸水车，参阅本卷，第19页。

绳，制件也还没有任何标准，虽则莫兹利已经从制造标准螺旋入手了。就量具来说，他们只有尺、圆规和直规。据说一切工具都是私人的。[①] 曾经在1825年设计出自动走锤精纺机来抵制纺工的罢工，后来又大加改良的曼彻斯特的罗伯茨，在1830年前后，面临到这种精纺机复制品的极大的需求。于是他制造了标准型板——显然是第一次——来帮助他的工人复造部件。[②] 1833年，年方三十岁的工具制造商，莫兹利的学生，约瑟夫·惠特沃思在曼彻斯特开
始了小规模的经营，在每日下班时间利用平规和以他的名字命名 447
那些量具来改进计量工作，并给工程学以绝对的精确性。设计和构造的工作是旷日费时的，采纳实行则更不能期于一朝一夕。在1846—1847年，两者都没有竟其全功，尤其是后者。如果要靠精密的计量和精确性导向制造业方面的最大限度的节约和效率的话，正如惠特沃思所承认，彻底标准化是至关重要的，然而在两代之后还远远没有达成。

> “一位杰出的工程师，”据伟大的休韦耳博士在1851年这样说，“曾建议这样一种制度，可凭以保证机器的尺码和零件的划一；尤其是关于螺旋方面；从而可确定它们的准确直径和所谓旋转度——这一办法可使大量用螺旋钉的一切机械部件的制造、应用和修理比现在要迅捷得多。”

---

① 本段有若干处取材于本卷，第152页注①所提到的那篇金氏未发表的论文。

② 尤尔：《棉纺织业》，第2卷，第197—198页和《制造业哲学》，第368页。〔在罗伯茨之前就有过自动走锤纺机的试验。〕

又说，“惠特沃思先生会像水车匠对齿轮分类一样地对螺旋、轮和轴加以分类。”[①]惠特沃思的制度事实上并不止于是一种建议，而更不是一种习惯。

但是在罗伯茨和惠特沃思之类的人所达成的技术影响之下，尽管这种技术还没有尽善尽美，也还没有完全采纳实行，创办于以制造木制机器为主的那个时代的一些老机器制造公司却已经成为新金属机器及其附件的专家了。在棉纺织机器制造业，博耳顿的多德森一巴洛公司和奥耳德姆的阿萨·利斯公司就是这类的专家。这两家都创办于十八世纪。[②] 曼彻斯特的加洛韦公司创办于1790年，在创办之初，大抵从事于木制水车联动机的制造。在三十年代和四十年代，他们正专心致志于向来和他们的名字相联系的那种锅炉。在这期间，年轻的公司已渐渐从现已无案可稽——或仅存于统计记录中——的那些公司的行列之中，挣扎奋斗，而从最底层上升到了已经使后代人士对于它们的起源深感兴趣的一个地位。1821年，一位小梳毛机制造商亨利·普莱特在奥耳德姆开始经营。九年之后，威廉·马瑟和柯林·马瑟(他们的父亲也曾经是一个旧式的机器制造商)加入，一起经营“铁轮”业。十九世纪后期的大织布机制造公司之一，霍尔父子公司在1844年由罗伯特·霍尔在贝里创办起来。霍尔——理所当然地——是和他的帮工一起操作的，和他一起操作的共有三个人。[③]

448 铁路使机车公司，或者比较老的公司变成为机车制造公司。

① 《1851年演讲集》，第1卷，第27页。建议是十年前首次提出的。

② 《维多利亚地方志，兰开郡志》，第2卷，第369页。

③ 同上书，第2卷，第370页。

在牛顿，里·威洛斯有一个和斯蒂芬逊家一度有过利害关系的火神铸造厂，在纽卡斯耳有一个以他们的名字命名的公司。在三十年代通称为夏普·罗伯茨公司的那家和罗伯茨有关的公司，除其他业务外，也兼营机车制造。在1817年为经营其他业务而在格茨黑德成立的霍索恩公司也兼营此业。[①] 1836年，詹姆斯·基特森在利兹创办了一个专门经营机车的企业，它在此后十年之中发展得非常迅速。此外还有其他的一些公司。

自从机械工程开始现代化以来，其中很多企业都还没有来得及扩大，在1846—1848年间从事于机械工程业本身的男工和童工的总数——全国大约四万至四万五千人——自不能为很多堪与主要棉纺织厂媲美的企业提供一支劳动大军。1851年的人口调查委员取得了六百七十七家英格兰的"引擎和机器制造商"的雇佣数字。[②] 其中有四百五十七家雇用不满十人；一百四十七家十至三十九人；三十九家四十至九十九人；九家一百至一百九十九人；八家二百至二百九十九人；三家三百至三百四十九人；十四家在三百五十人以上。当时有一百一十三家棉纺织公司和三十四家毛或毛丝纺织公司据报是属于最后一类的。毫无疑问，人口调查若在四年前举行，工程业的组织规模会小得多，而纺织业的规模却小不了多少。工程业和工程公司的飞速发展恰巧是在这个时期，正如人口调查委员所注意到的那样。例如，1844年约瑟夫·惠特沃思在

① 《太恩河、维尔河和提兹河的工业资源》，第252页。

② 人口调查表II，年龄……职业等(1852—1853年，第88卷，第1和第2编)，第277页。结果是不完备的，因为有160家公司没有提出报告；但是可以稳当地说，其中大多数是规模很小的。

账册上有一百七十二个名字，十年之后却有了六百三十六个。[①] 无疑在举行人口调查时，他已经列入最高的一类了。利兹的基特森厂亦复如此：1845 年最后一个发工资日的在职职工计二百五十九人：1851 年的数字则是四百三十一人。[②] 关于艾尔西克的威廉·阿姆斯特朗的情况，比较暧昧，然而也可能是一样的。他在
449 1847 年担任常务董事，手下只有大约二百工人；但在此后几年之中，艾尔西克发展得很快。[③] 发现在 1846—1847 年列于最高一类的"工程师和机器制造商"的企业不超过半打之数——可能还不到此数——倒不足为奇，而最最令人诧异的却是在同一个日期列于那一类的棉纺织公司还不满一百家。因为，正如威廉·费尔贝恩所说，在"全部机器都用手操作"，[④]而和机器制造相对峙的机械工程本身还不存在的一个时期，具有相当完备的机械设备的大棉纺织公司就已经有了良好的基础。在 1846—1847 年，机械工程师已渐渐有了旋转乾坤、"混一宇内"的准备了。

① 《维多利亚地方志，兰开郡志》，第 2 卷，第 572 页。

② 录自该公司账簿中的数字，是由基特森·克拉克先生提供的。

③ 《太恩河、维尔河和提兹河的工业资源》，第 252 页。

④ 本卷，第 154 页。

第十一章　农业 450

慢慢变革着的英国农业社会的组织结构，在十多年之内——在任何十多年之内——能有多大的改变都是不可想象的；何况在早期铁路时代，甚至连现代组织上的变革的正常速度——不论那是怎样的速度——都还未必赶得上。就某种意义来说，这是一个等待的时期。战争已成过去；战争的萌蘖已经刈获，并且正在享用之中。选举改革法还没有把英国的政府交到新人物手中，任何经济改革也还没有把英国的土地交给他们。苏格兰低地的土地圈围已大体竣事：有待圈围的土地在统计学家的量具上几乎已看不出来。[①] 铁路本身已渐渐影响到功能：但还没有来得及对组织结构发生作用。最后，直到 1846 年为止，历届政府的农业政策是异常稳定的。

根据 1831 年人口调查的登记，计不列颠全国从事于农业并占有自行耕种或者以雇工帮同耕种的土地的共二十七万五千户。[②] 1851 年的那项比较确凿可靠的报告书，举出了二十八万六千个农

① 欧恩利勋爵(《英国农业》〔*English Farming*〕，第 355 页)所说“在 1837 年敞地制度仍广泛通行”云云一节颇易令人误解。严格地说，这种制度在任何地方都不通行了：而只是在各地还有一些残余而已。参阅本卷，第 454 页。

② 本卷，第 113 页。

场(即各包含若干户的一种农业单位)这样一个可供比较的数字，但是苏格兰某些郡中为数众多的“分佃农和其他小块土地持有人”却未计算在内。[①] 在英格兰和威尔士也可能有类似的遗漏，但是因为分佃农这种类型在这两个地区中的任何一个地区都不常见，所以这项遗漏会是无关重要的。在这二十年之间，这里看不出有什么变革。再者，在1831年，据说不列颠有百分之四十七点三的土地占有人不使用雇工。在1851年，百分之四十四点七的“农场主”不是不使用任何雇工，就是漏未说明他们所使用的人数。[②] 数
451 字是出乎意外地接近。1851年的数字并未因这些漏报而造成严重的差误，这一点可由前一年非常详尽的统计数字的分析予以证明，所以1835年的数字也未必不然。有一些漏报是显而易见的：持有六百英亩以上的一百三十四个农场主没有一个填报了雇工的人数；但是在没有提出雇工数字的十二万八千个农场主之中，持有土地在五十英亩以下的占十万零二千多人，而这一类的持有地通常是不需要外面的劳动力的。无疑数千个五十至七十五英亩的农庄持有人和几千个耕种七十五英亩以上的人，正如他们所申报，确是不用雇佣工人，至少是不用长工而耕作的。从表上可以看出，漏报并不会把十二万八千之数减少很多，比如说减至十二万以下，或者从百分之四十四点七减到百分之四十二以下很多。诚然这种家庭耕作式的农场在早期铁路时代已渐趋没落；但没落的过程一定

① 《1851年人口调查》，《人口表》(1854年)，第2卷，第1025页和第1卷，第282页。

② 本卷，第113页。《1851年人口调查》，《人口表》(1854年)，第2卷，第1025页和第1卷，第282页。

是很慢很慢的。

所以，不难预料，全国各地农场规模的正确统计，以及雇主对雇工的经常变动的比率的正确统计，正如1851年人口调查所揭示，一定会给二三十年前的更加不着边际得多的数字以证实，而不会和它们有所两歧。[①]“大不列颠**三分之二**的农场，”1851年的调查委员着重其词地报告说，“是在一百英亩以下的。”平均农场那个虚设的单位是一百零二英亩：[②]英格兰和威尔士的平均数是一百一十一：苏格兰是七十四。但是在威尔士和约克郡，一百英亩以下的农场占十分之七以上，在兰开郡和柴郡则将近十分之九；而在南米德兰区——首都外围的米多塞克斯、哈尔弗德、巴金汉、牛津、北安普敦、杭廷顿、贝德弗德和剑桥——一百英亩以下的农场却远不到半数。

在1810年所查报的巴金汉郡农场之中，有八百七十二个分别列为一百至三百英亩之间的各类；二百二十九个列为三百英亩以上的各类，数目最最多的是一百至一百五十英亩（共有三百二十二个农场）和一百五十至二百英亩（共有二百二十九个农场）的这两类，这些数字大体证实了很多年前所作的巴金汉郡平均农场为一百七十九英亩这个出奇准确的估计。[③] 在剑桥以外的整个南米德兰这一类中，巴金汉是具有代表性的，在它的三千二百九十一个持 452

① 正如本卷，第111页及以下所扼述。

② 《1851年人口调查》，第1卷，第79页。人口调查员当作奇事一般地注意到了这个数字和1086年土地调查书中的一百二十英亩自耕地如何的接近。这一数字不包括附着于农场的山地牧场在内。

③ 本卷，第111页。

有地之中有一千九百一十九个在一百英亩以下，而它唯一最大的一类（三百四十六个农场）就是十至二十英亩那一类。[①] 在兰开郡那个仍然是并且始终是土地最最分散的一郡，在一万五千四百五十个农场之中，一百英亩以上的不到六百个，而大约有一万零五百个都在四十英亩以下。[②] 在苏格兰，“小持有地和大持有地两者都很多。一千英亩以上的农场在苏格兰有三百六十处，在英格兰有七百七十一处。一百英亩以下的农场在英格兰有十四万二千三百五十八处，在苏格兰有四万四千四百九十六处。”[③]

早在1830年以前就已经奠定了的大农场的经济和领土优势，在1851年第一次充分地反映出来。在所查报的“占英国领土三分之二”的英格兰和威尔士二千四百七十万英亩耕地之中，[④]二百至五百英亩的农场占地远在三分之一以上（八百八十二万一千英亩），五百英亩以上的农场约另占六分之一（三百九十五万四千英亩）。一百至二百英亩的农场占总面积四分之一强（六百五十五万六千英亩）；留给十四万二千三百五十八个一百英亩以下的持有地农场主的土地只有总面积的四分之一弱，即五百三十四万五千英亩。一百一十一英亩的平均农庄远不是具有代表性的。这种说法也准用于苏格兰。无论对于英格兰或对于苏格兰来说，这种情况都不是新的。朝向大农场发展的这个运动，和仅足糊口的农场背道而驰的这个运动的完成过程，一定也是同样缓慢的。

① 引自《1851年人口调查》，第1卷，第238—240页中的各表。

② 《1851年人口调查》，第2卷，第658页。

③ 同上书，第1卷，第81页。

④ 同上书，第1卷，第79—81页：也不包括山地牧场在内。

为1831年人口调查所搜集的简陋职业统计已经表明：不列颠每有一个持有和种地的农户，就有二又二分之一个农业工人户。[①] 1851年的二十八万六千个农场可以从列为户外农业工人类的不同年龄和性别的一百零七万八千人（其中有妇女七万一千人），和包括妇女及女童十二万八千人、男子及男童二十三万六千人在内的三十六万四千名农场家内佣仆之中，吸取它们的劳动力——每个农场整五个工资工人。[②] 无疑，很多列为户外农业工人类的人在人口调查时没有工作，或者没有正式工作；但是这种暂时现象并
无关宏旨。用根据这样不同原则所搜集的材料来作贴切的对比是 453
不可能的；但只要这种对比还不无理由的话，那么农业社会的组织结构在二十年间很少变革的这种看法，就得到了充分的证明。在一百四十四万二千名各种工资劳动者和潜在劳动者之中，有四十万零四千名二十岁以下的人会大部分是来自农村工资劳动户的。很多这类的农户都会以两名成年男子供应全国劳动大军。如果平均贡献是一个父亲和一个二十岁上下的做全工的青年（这不是不可能的），那么二又二分之一劳动户对每一农场的这种旧比例关系就可恰好保持。旧有情况的经久不变，可由大多数是十五至二十五岁的农场男性家内佣仆的极其可观的人数予以进一步的说明，这类佣仆恰恰是在1820—1830年的更加不着边际的证据导致人们料想其如此的那些郡中看到的。在整个联合王国之中，仍然差

① 本卷，第114页。

② 《1851年人口调查》，第1卷，第123页。因为在个人报告书中有三十万零七千人自称为农场主或牧场主，其中有一些已不再经营此业，所以二十八万六千个农场该是一个相当准确的数字。

不多是每一农场一人；但很多农场是一个人都不需要的。在这二十三万六千人之中，英格兰有十六万人，威尔士有三万一千人，苏格兰有四万五千人。在萨里、汉普郡、康沃耳、沃里克和斯塔福德，在南、北威尔士以及苏格兰，他们的人数几乎和农场主的数目相等。在肯特、哈尔弗德、伯克郡、累斯特、林肯、北莱定和坎伯兰，它比农场主的数目稍稍大一些。在柴郡和诺丁汉也多少大一些，但在得文、希罗普郡和东莱定则大得多。在拥有很多小草田的郡中——诸如兰开郡、德尔比郡、西莱定；以及诺森伯兰、达拉姆、多尔塞特、萨默塞特、威尔特郡、伍斯特、苏塞克斯、牛津、巴金汉、北安普敦、杭廷顿、贝德弗德、剑桥和整个东安格利亚——他们的数目却少得多。[①] 这一阶层包括大农场主的男仆和家童在内；但从它的分配上可以看出，大多数是真正的农场工人，虽则无疑往往是

① 兹就各种不同类别的郡举例如下：

	郡　名	农　场	男性家内佣仆
甲	萨　里	1814	1596
	沃里克	3580	3289
乙	肯特	4659	4994
	林肯	10189	10878
	柴郡	6380	7279
丙	得　文	11150	15277
	东莱定	4263	7451
丁	兰开郡	15986	8720
戊	达拉姆	3715	2725
	威尔特郡	3084	1046
	诺福克	6473	2355

马夫和车夫——像如今林肯郡或坎伯兰的情形那样。这个阶层的没落情形在通常的历史回顾中向来是铺张扬厉的，一则因为在东安格利亚和新近圈围的米德兰各地，没落的情形最为严重，而米德兰各地的农业史又太常常被当作是英格兰的农业史，再则因为历史家不尽然对现代英格兰有清楚的了解，而在英格兰，这个阶层是远远没有消灭的。 454

到了1830年有一些郡已差不多圈围竣事：后来国会条例所处分的土地在米多塞克斯只有八百英亩，在肯特只有二千二百英亩。[①] 没有一个郡还有很多的耕地有待圈围了。在三十年代，载入法典的只有一百二十五项特别圈地条例和一项普通圈地条例（威廉四世，第6和第7年，第115章）。[②] 到了四十年代，除开一位有经验的证人在1844年审查委员会作证时说他在约克、牛津、伯克等郡“不胜诧异地”发现了一些几乎整个教区没有任何个别田地的地方外，就不知道再有什么更加完善的敞地农业的标本了。[③] 在1845—1848年这三年之间，根据从而产生的条例（维多利亚，第8和第9年，第118章），有涉及十六万多英亩的二百五十九件申请书提交给调查委员。[④] 所处分的平均面积约仅六百英亩之小，这是值得注意的；但是申请书中也有少数大沼泽地的建议，诸如埃

① 《圈地条例报告书》(*Return of Inclosure Acts*)（敕令第399号），1914年，第22、38页。〔在第1版中，采取《维多利亚地方志，米多塞克斯志》，第2卷，第109页的说法，把最后一项米多塞克斯条例说成是1825年公布的。〕

② 《统计学报》，第6卷，第269章。

③ 《公用地圈围审查委员会》，询问案第185号。什一税调查委员布莱米尔。

④ 《圈地调查委员第三次报告书》(*Third Report of Inclosure Commissioners*)，1848年（第26卷，第201页）。

尔谷上面的马拉姆沼泽地。在这些申请书中时常出现一个敞地村的大片土地——诸如牛津二千零九十英亩的密尔顿公用地、剑桥七百七十九英亩的维尔布顿敞地和一千三百五十九英亩的艾斯拉姆敞地、贝德弗德一千零九十二英亩的戈丁顿敞地等——但调查委员的主要任务却是处分丘陵公用地、沼泽地和沙丘。到了 1847 年，剑桥郡只剩下大约五六个敞地教区了——而在二十五年前还是不计其数的。[①]

当铁路时代开始时，笼罩着大多数英格兰农村的阴霾，已经密
455 布了五年之久，而且从没有豁然开朗过，当这个时代随着谷物法的取消而告终时，正值浓阴最密之际。到了 1835 年年底，小麦价格一泻千丈——从 1880 年六十二先令四又二分之一便士的年度平均价格降到了 1835 年的三十八先令一又二分之一便士。[②] 诚然，羊毛是背道而驰的——1821 至 1830 年曾平均为一磅一先令一便士的南原毛在 1831 至 1837 年平均为一先令四又四分之三便士，而相应的林肯毛则平均为九又二分之一便士和一先令二便士[③]——但是无论牛油和牛肉，都没朝着有利于生产者的方向发展，而其他谷物价格却一般地步小麦的后尘。[④] 无怪乎随着 1833 年的国会农业委员会之后，在 1835 年又有另一个委员会；也无怪

① 《皇家农业学会学报》，第 7 卷，第 38 页。乔纳斯：《剑桥报告书》(Jonas, S., *Report on Cambridge*)：本卷，第 20 页。

② 根据屠克：《价格史》，第 2 卷，第 390 页。

③ 《统计学报》，第 1 卷，第 56 页。

④ 关于以多少有点代表性的牛油和牛肉作为实例，而缺乏更好一点的东西，参阅屠克，前引书，第 2 卷，第 408 页中爱尔兰的批发价格。

乎后一个委员会的主席，年轻时曾从过军的那位最精明强干的经营地主詹姆斯·格里姆爵士以这样一种想法宋聊以自慰，认为如果在人口急遽增加、十个农场主之中有九个都耕作不力的时候，这样的价格还有可能的话，那么英吉利群岛倒是还有一个自给自足的机会。

从 1836 年起到 1839 年 1 月的第二个星期止，小麦价格起起伏伏地攀升到了八十一先令六便士——当城市工人变成了宪章主义者(Chartists)而曼彻斯特又创立了反谷物法同盟(Anti-Corn-Law-League)的时候，重又起起伏伏地降到了 1845 年 2 月底的四十五先令；所以“曼彻斯特同盟者似乎最不得国会的欢心，而国人正处于胜利的前夕”。[①] 在 1846 年，即废除谷物法的那一年，每星期价格波动的极限是四十七先令五便士和五十六先令三便士；但是爱尔兰的饥馑年，即 1847 年，却有过 1 月的六十六先令十便士，5 月的一百零二先令五便士和 12 月的五十三先令。这样又逐步降到了 1850 年四十先令强和 1851 年四十先令弱的平均数，而在羊毛、牛油或牛肉方面并没有补偿性的上涨。[②]

农业主要产品价格的低廉和剧烈波动虽不足以制止已经展开了的运动，尤其在这种运动是分散的个体经营能以支持的时候；但却使运动的开始增加了不少困难。诺福克的寇克一直惨淡经营到 456
1842 年以九十岁的高龄逝世时为止，在大多数郡中都不乏他的效法者。他的主要兴趣之一的南原羊，以及为使砂质土壤宜于小麦

① 狄斯累利：《乔治·本廷克勋爵》(1906 年版)，第 6 页。

② 价格数字取自屠克，前引书，和杰文斯：《货币和财政的研究》中的图解。

种植的泥灰石肥田法，已逐步推广，短角牛亦复如此——在所有良种家畜血统记录之中最早的短角牛血统记录开始于1822年。[①] 在三十年代和四十年代时，剑桥郡巴布拉姆的乔纳斯·韦伯正从事于这种家畜的改良和推广工作。在1815和1845年之间，距离原产地像威尔特郡那样远的地方，它们都把有角的威尔特郡羊和长角牛几乎驱逐净尽。[②] 块根作物和留种作物现已无处不知，虽则还不是各处都加以利用或加以适当地栽培。在难得活过二月的普通芜菁之外，又加上了在1800年前夕英国方初听到的芸苔和萘菜，这两种东西都是比较耐霜的。[③] 正是极度的萧条方使思想敏捷的人注意到了施肥的问题。骨灰已经广泛试用，并照例取得了良好的结果，到了1840年，至少可以说是家喻户晓了。在1835—1844年之间，它在柴郡的牧场上产生了惊人的成绩——并且在后一个年份在威尔特郡被说成是具有"无限价值的"。[④] 菜饼在恒比尔河流域各郡——约克、林肯和诺丁汉——已经奠定了地方性的基础，但在其余各地却只有专家才晓得。硝酸盐的试验早已进行：有的大告成功，有的全然失败：到了1845年，对于某些人来说它似乎还是神秘莫测的，而对于另一些人来说，"则已经过时。"[⑤]最后，到了四十年代方始有了氮肥和无机过磷酸盐。[⑥] 到了1842年，菲利

① 欧恩利勋爵(普罗瑟罗)，前引书，第354页。第二个是在1837年。

② 《皇家农业学会学报》，第5卷，第179页(1845年)。

③ 同上书，第3卷，第201页。

④ 同上书，第5卷，第168页；关于柴郡，参阅第5卷，第68页。另参阅第3卷，第210页。

⑤ 同上书，第5卷，第168页：主要来源是第3卷(1842年)中普西的那篇论文。

⑥ 第一船氮肥列入1835年(欧恩利勋爵，前引书，第366页)，但须几年之后方能"到达"：普西在1842年称之为"最新的肥料"。

浦·普西已得出这样一个结论，认为氮肥“如使用得宜”，对块根植物最有好处；四年之后，当氮肥的进口已达到将近三十万吨一年时，乔治·本廷克勋爵在下院提出了他的那些有关氮肥进口的“原来的惊人数字”之一。[①] “本廷克勋爵以一个十字军战士的真挚态度大声疾呼说，‘用十五乘六百六十六万六千六百六十，即可得出九千九百九十九万九千九百磅的羊肉作为十万吨氮肥的成果。’” 457
氮肥尽管是一种上好的肥料，毕竟还产生不出那样算术上的成效。

1842 年约翰·劳斯获得了以粪石制造无机过磷酸盐的专利权，翌年在德特福德开始制造，也正是在那一年，他的农业调查研究工作采取了罗塔姆斯泰德试验站那种永久形式。[②] 在四十年代后期，过磷酸盐已经试用，罗塔姆斯泰德也渐渐引起了人们的注意；但是都还没有发挥出真正的效用。在早期的农业化学方面的确有很多错误认识和令人失望之处。在 1840 年，随着利比格的《有机化学在农业方面的实用和生理学》(Liebig's *Organic Chemistry in its Application to Agriculture and Physiology*)一书的出版，方始为英格兰奠定了基础。[③] 热情鼓舞起来了，但却往往被引入歧途。既然懂得了，例如，农场肥料对植物生长的主要化学贡献是阿摩尼亚，所以有人主张莫若施用生肥，以便使阿摩尼亚的消耗尽可能少些。[④] 利比格的见解并不是全部都经得起批评的；所

① 狄斯累利，前引书，第 67 页。进口是：1846 年二十八万三千吨；1847 年八万九千吨。

② 《英国人名词典》。

③ 是莱昂·普累费尔用利比格的手稿编写的。

④ 《皇家农业学会学报》，第 3 卷，第 208 页，普西的论文。

以他的宣传员的犯错误以及因这类错误而使绝大多数无知农民对于他们的祖传知识的益加坚信不移，都是理所当然。甚至不正确技术知识的通俗化运动也是一个很缓慢的过程。

所以新肥料的知识，不论应用得当与否，都还是为少数人所垄断。在1850—1851年，[①]以一个农业调查者的身份游历全国的詹姆斯·克尔德，因为要传授新方法而有不少关于这方面的写作；但显而易见，除在北诺森伯兰、中林肯郡和北林肯郡或诺福克的寇克的故乡等少数个别地区外，他所谓的“古老农业”，在所有地区都还是占优势的。在“古老农业”中，常常发现甚至农场肥料也“被看做是一种讨厌的事物”，[②]“固体肥料散在农场各处，液体肥料则流入水池或附近的明沟。”[③]在平均地区里，合理农业经营和“古老”农
458 业经营总是并存的，而在很多地区里，合理农业经营却是例外。“一个农场或一郡的成功的办法，却不为邻近的农场或邻郡所得而知或者予以注意。”[④]

三十年代后期和四十年代所广泛呈现出来的排水问题之所以引起人们的兴趣，直接原因是萧条和一个苏格兰棉纺织厂的经理。用成串的许许多多平行沟渠来排除重质土壤中的过多水分的方法，是艾塞克斯久已懂得并且久已实行的，尤其是在丹茅以南，“卢新斯”(The Roothings)的“泥灰石”(即不太重的)黏质土上。[⑤] 这

① 《1850和1851年的英国农业》。

② 同上书，第499页。

③ 同上书，第6页(巴金汉郡)。

④ 同上书，第499页。

⑤ 本卷，第134页，以及《皇家农业学会学报》，第4卷，第23页及以下的有关沟渠问题的重要附注。

种方法也是萨福克、哈尔弗德和诺福克所了解的。在这一地区和沼泽地以外，排水设施都是以汲取真正泉水为主。沟渠既少又深。在1830年以前，在真正黏质土的田塍纵横的田野上——在敞地消灭之后田塍几乎各处还都残存着的这些地方上——也有一种犁沟排水的设施，也就是把真正的沟渠设在犁沟里来帮同排水的一种设施。有些沟渠是用麦秆、泥炭、石南或荆棘筑成——这是艾塞克斯的老办法；有一些是用碎石筑成；另一些是用瓦片筑成，沟底用平瓦或"畦沟底"瓦，顶上用弓形的"马蹄"瓦，来保持沟道的畅通。

在1832和1833年之间，佩思郡第因斯顿厂的经理詹姆斯·斯密发现只要修筑一些相距十六至二十一英尺、深二又二分之一英尺的石筑沟渠，并以一种特别设计的重犁头将底层土翻动，就可以把"一片灯心草丛生的沼泽地"变成为"园圃"。[①] 在1831年他出版了《论彻底的排水和深耕》(*Remarks on Thorough Draining and Deep Ploughing*)一书并且在1835年詹姆斯·格里姆爵士所主持的农业委员会中出席作证。此后，他的方法就常常为农村改良家所乐道；在1838年农业学会成立之后，它的《学报》上立刻充满了讨论第因斯顿法的论文。格里姆在第一期(1840年)中指出："犁沟排水和深耕的办法在英格兰已经实行了半个世纪之久；然而类似的办法一经介绍在苏格兰却几乎被看做是一种创见了。"[②]话诚然不错；但是英格兰人所发出的"他们对这类事管理得更好一些"的呼声——所谓他们是指法国人、苏格兰人或德国人而言，要

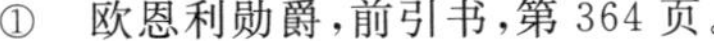

① 欧恩利勋爵，前引书，第364页。

② 《皇家农业学会学报》，第1卷，第29页。

459 看事看时代而定——却也有它的用处；因为事实上原属罕见的英格兰犁沟沟渠还多数是修筑得不合乎科学的。

两年之后，菲利浦·普西虽然声称在东安格利亚“无意中发现了”詹姆斯·斯密的先驱者，[①]但却认为，尽管如此，第因斯顿或艾塞克斯的“彻底”排水法对于英格兰三分之一的地方仍然比较有益。主要的困难是成本，因为英格兰最需要排水设施的那些地方，往往缺乏苏格兰遍地皆是的石头，而艾塞克斯的那些简陋办法又到处为人所信赖。1835 年，果德曼彻斯特的毕尔特靠了一部制瓦机使他能以把别的地方卖四十至六十先令一千片的瓦按二十二先令出售。这些还都是旧式的“畦沟底”瓦和“覆盖”瓦。[②] 很多年前[③]在肯特就进行过手工制瓦管的试验。在 1840 年前后，“艾塞克斯似乎已经开始有了一种用简陋机器制造的瓦管”：在 1842—1843 年以前，它已经在萨福克和苏塞克斯“有了基础”，并且在肯特郡各地试行使用。[④] 皇家农业会用奖金和试验的办法加以鼓励。到了 1847 年，该会顾问工程师约西亚·帕克斯就能以相当满意地报告说，评判员现在很难评选“哪一种制管机器最有成绩”了。[⑤] 不到三年的工夫，当本廷克演算他的氮肥和羊肉方程式，而皮尔行将去职但还没有失势的时候，每部机器每日最高的瓦管产量已从一千英尺增加到二万英尺。现在事情可以办到了；在 1846

① 《皇家农业学会学报》，第 3 卷，第 169 页。

② 同上书，第 2 卷，第 93 页；第 3 卷，第 193 页。

③ “大约三十五年，”同上书，第 4 卷，第 372 页。

④ 约西亚·帕克斯的论文，载《皇家农业学会学报》，第 4 卷，第 369 页。

⑤ 同上书，第 3 卷，第 249 页。

年，皮尔正在德来顿庄园征询帕克斯的意见。威望和声誉都是靠得住的；但在1850年皮尔逝世时，普西所认为需要沟渠的英格兰三分之一的地方有了彻底排水设施的还并不很多。

在1850—1851年任《泰晤士报》“调查委员”的克尔德一再发出关于这种缺陷的报道。在埃耳兹伯里谷，“大有借排水设施进行改良的余地，虽则草地，尤其是上等草地，一般都是用楔形沟道或木沟道排水。”①在威尔特郡，有些地主已供给排水管，但大多数佃户都安装不得其法。汉普郡的情形亦复相同：“只要把水排净就可以使土壤肥沃得多的地方，不是……没有把积水排净，就是根本没
有排水。”艾塞克斯仍墨守它的那种所费无多但不能耐久的麦秆筑 460
沟渠的成规，“因为难得有一个地主肯为土地的永久改良乐助一文。”这是轻质黏土地上的情况：“至于重质黏土地区，则瓦管排水尚未见采纳。土地……分成为一个个的狭条，用排水犁沟排出表层的积水。”萨福克不用排水管，而能以用老法既有效又省钱地把黏质土壤中的水排干。在沃里克郡，重质土塍田上有不胜其多的不完善的犁沟排水法。斯塔福德郡的排水工作进展得很好，“在这一地区的采矿工程中所取得的经验已经证明是非常有价值的”；但有待举办的事还很多。② 柴郡的大多数地区都照料得很好，制酪区的幸运地主是能以找到瓦管的。但是农场主的安装工作却多不得其法。“能‘埋置’瓦管最多的人，就自认为是，而且一般也被他的地主认为是最好的佃户。”五年以前，据报告，整个柴郡的排水设

① 艾塞克斯式的(克尔德，前引书，第1—2页)。

② 自威尔特郡至沃里克，参阅第75、89、135、152、225、230页。

施是“欠缺到了令人慨叹的地步”。[①] 兰开郡菲尔德区有三分之二的地方都“还没有经过排水，比较来说，也没有经过改良”。在约克谷颇有蓬勃气象，有很多地主都“在利用排水工程贷款”；[②]预料一两年内可见实效，但“绝大部分地方”都还“没有把水排干，并且没有很好地耕作”。在雨水淹没的西坎伯兰田野中，已经有了大规模的瓦管排水设施，但是不幸大部分“因埋置太浅，以致比较来说效果不大”。在达拉姆，排水问题仍然是“在很大程度上被忽视的”。在这个问题比较受到重视的诺森伯兰，“沟渠仍多为所费不赀的三英寸长的旧式马蹄瓦和畦沟底瓦所砌成。”1848—1850 年的情况仍然和 1842 年不相上下：“英格兰西北部和威尔士的大部分地区……”都是“由歪七扭八、奇形怪状的篱笆分隔成为很小块的，几乎处于自然状态中的未经排水的草地。”[③]

与此成为对照的是，早在 1842 年就完全奠定在彻底排水工程
461 上的洛蒂昂诸郡沿海地带、哥里的卡斯和南佩思郡——姑举苏格兰的首要地区来说——的农业，在这种工程上，农场主花费了大宗款项，而且多半没有地主的任何帮忙，除去靠了他们为期十九年或二十一年的租约。“围篱之中没有树木，犁沟也很少，〔**排干了水的〕这片土地是完全平坦的，**”据这位不胜羡慕的英格兰人这样报告说，[④]他的着重的字句足以证明传统的田塍和犁沟在特威德河

① 克尔德，前引书，第 256 页，《皇家农业学会学报》，第 5 卷，第 77 页（1845 年）。

② 根据 1846 年皮尔的“安抚”条例，维多利亚，第 9 和 10 年，第 101 章。

③ 自兰开郡至诺森伯兰，参阅第 281、326—327、335、361、378 页；关于 1842 年的情况，参阅格雷格：《洛蒂昂诸郡的苏格兰农业》，第 5 页。

④ 格雷格：《洛蒂昂诸郡的苏格兰农业》，第 7 页。

以南的普遍存在。但并不是苏格兰所有各地都是像洛蒂昂诸郡那样地经过排水和耕作的。

在1830年以前,洛蒂昂诸郡的农场主,以及诺森伯兰的最出色的农场主在使用所取得的机器方面也居于领导地位。现在差不多每一个农场主都有一部蒸汽引擎,通常是六匹马力高压式的,各值一百一十至一百二十镑不等。它的主要用途是打禾,因此总是装置在一部考尔斯多芬所制造的价值八十或九十镑的打禾机上;但有时也另作他用。甚至只在收获季节使用也还是划算的:它是“除非在工作时不吃任何草料的一种马,”一位使用人这样写道。[①]据说在1842年,苏格兰打禾机“比在南英格兰慢慢见诸使用的那些可怜的打禾机不知要好多少”。[②] 在南英格兰,蒸汽发动的手提式机器刚刚出现,但尚待推广。“常常是个人财产的”[③]手提式机器在东安格利亚久已是尽人皆知了,但都是手摇或马力推动的。在《皇家农业学会学报》第一期中就已经提出了蒸汽动力的问题,而在第三期中普西就能以宣布布里斯托尔的兰索姆公司和其他各公司已经有这类机器出售。[④] 但是历经四十年代,任何种类的打禾机,诚然任何种类的其他机器,进步都异常缓慢。在1842年,普西还能以举出一些整个地区“完全用打禾棒的地方”。[⑤] 翌年,“无

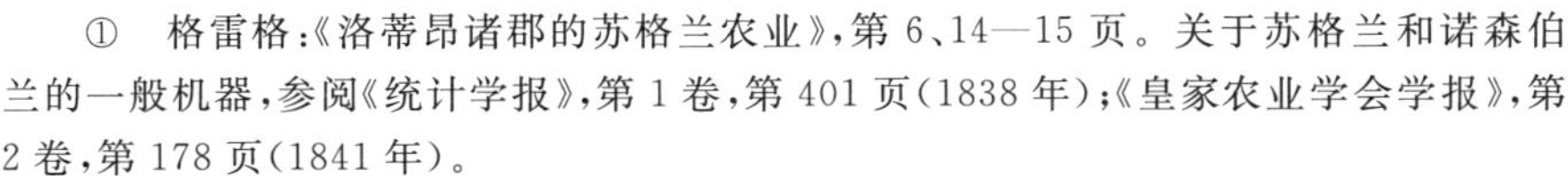

① 格雷格:《洛蒂昂诸郡的苏格兰农业》,第6、14—15页。关于苏格兰和诺森伯兰的一般机器,参阅《统计学报》,第1卷,第401页(1838年);《皇家农业学会学报》,第2卷,第178页(1841年)。

② 格雷格,前引书,第5页。

③ 兰索姆:《农具》(1843年),第151页;另参阅本卷,第140页。

④ 《皇家农业学会学报》,第3卷,第215页。

⑤ 同上。

论现代机器或人造肥料”在汉威尔都还是看不到的；在诺斯伍德教区只有孤零零的一部簸谷机，而没有其他任何现代创造发明；而伊
462 灵则刚刚运到了第一部打禾机。这部打禾机的所有主被斥为损害了农业工人和“农场主的常例”。[①] 七年之后，在萨里若干地区甚至连簸谷机都闻所未闻，苏塞克斯农业的原始状况则是难以置信的——“在布顿赖两英里之内”六只牡牛一具木犁把维多利亚女王时代和马提耳达皇后时代联系了起来。在牛津郡，“大农场上”使用一种为打小麦用的打禾机；但一则“为了给农业工人以工作机会，一则因为通用的机器把麦子割得太短，对麦芽制造者来说太伤麦子”，所以甚至在大农场上燕麦也是用打禾棒打的。在威尔特郡的北部和西部有一些手提式打禾机，但不是用蒸汽运转的。它们都是手摇式：四个成年男子和一个儿童一天打二十四蒲式耳的小麦就不算是轻活了。在这期间，刚刚跨过多尔塞特郡的边境，农场主牧师赫克斯塔布先生已用蒸汽机“打谷，簸谷，切割……一切饲料，转动辗磨牛食的磨盘，并且在必要时通过另一条轮带转动碎骨器了”。这样的设备在太恩河以南很少见，并且也没有人开风气之先。“我们在贝德弗德郡看到了里德林顿的托马斯先生的那部蒸汽机，用它打一蒲式耳的小麦只需一便士，在同一天我们却发现其他的农场主用人力进行的同样工作，不但质量差，而且要付出四五倍的代价。”[②]

至于收割方面，有效的机器还在摸索之中。没有一部机器“可

---

① 《统计学报》，第 6 卷，第 120 页及以下。特里门黑尔：《米多塞克斯五个教区的状况》(Tremenheere，H.，*State of Five Parishes in... Middlesex*)。

② 克尔德，前引书，第 21、67、78、123、127—128、499 页。

望立即满足一般的要求”，一位苏格兰人这样写道，十年之后依然缺如。[①] 1850 年，伊普斯威奇的兰索姆—梅公司雇用了八百多名工人，除搅土器、耙、打禾机、碎土机和其他很多工具之外，还制造了“三百多种各式各样的犁”，但是没有一部刈禾机。在英格兰以条播机和马拽动的锄最负盛名的萨克斯芒德姆附近的莱斯顿的加勒特公司也没有制造这种产品。[②] 至少条播机和马拽动的锄这时已经有了相当的基础。对于伯克郡、威尔特郡、牛津和汉普郡这些比较落后的地区非常熟悉的普西，在 1842 年就能写道“现在很少 463
看见人工播种”了；虽然萨福克的小麦和很多地方的豆类是“用手进行播种的”。[③] 在 1850 年，克尔德还在选拔“全部用条播机播种和用马拽动的锄锄草”的地方来加以表扬；但是他顺便提到的“谷物的撒播”一节，并不是一般状况，而肯定是落后状况。[④]

在所有那些轻易得来的垄断利益使农场主饱食终日无所用心的大城镇附近，这一种或那一种的落后状况总是莫名其妙地常见。西北部工业城镇附近的既未排水也未改良的小型饲养场、制酪场和马铃薯地，是不需要或施展不出多大技术的。[⑤] 在西莱定，“织工农场主”的土地“一定是全区管理得最坏的土地”，因为织工只有生意萧条的时候“才会比较专心致力于农场”。克尔德走过那一带

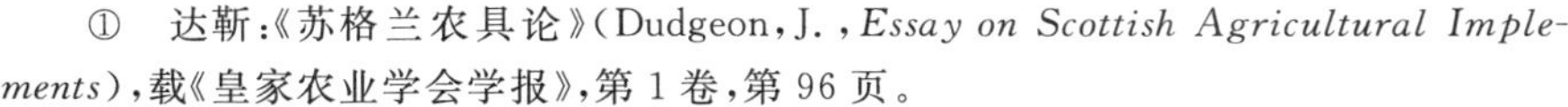

① 达靳：《苏格兰农具论》(Dudgeon, J., *Essay on Scottish Agricultural Implements*)，载《皇家农业学会学报》，第 1 卷，第 96 页。

② 克尔德，前引书，第 149 页。

③ 《皇家农业学会学报》，第 3 卷，第 194 页。

④ 第 375 页，例如，409 页。

⑤ 格雷格的《苏格兰农业》，原是写给《曼彻斯特卫报》的一些通讯，意在激起他们的注意。

"牧场主而非农场主"的地区时所看到的"无处不显出牧场管理的技巧和艰辛"的那个地方，乃是远离城镇而"位于石灰石山积蔽日的谷道之中的"。[①] 达拉姆的工业人口尽管不断增长，而耕作却很落后，租价也很低廉；萨里和苏塞克斯亦复如此。诺斯伍德、汉威尔和伊林则表明了米多塞克斯落后到了如何的程度。

在 1843 年，米多塞克斯的农场主坚决反对修建新铁路。在诺斯伍德和比里维尔，"把牲畜价格的跌落归咎"于铁路，诚然是不无理由的；但诺斯伍德人把草秣价格的跌落也归咎于驿马数目的减少则未免欠当。[②] 若干年前，兰开郡的农场主正是同样对于经常从爱尔兰装运鲜牛奶的轮船啧有烦言。[③] 但是铁路的影响直到四十年代后期还不是到处都可以看到的。在 1842 年，"每年秋季……把牛羊群"还是一仍牛羊贩的旧惯，从容不迫地"从得文、赫列福德、约克郡的某些地方和苏格兰，穿过英格兰而赶到东海岸，让它们在那里上膘"；然后再顺着大路赶往伦敦。[④] 到了 1850 年，在铁路通达到诺福克之后，可以不致再有每条牛从卡斯尔庄到伦
464 敦一路上要减掉二十八磅[⑤]——"每条牛的纯损耗"——的这种情况了。牛奶从利物浦和曼彻斯特周围三十里的地方用铁路源源运到伦敦；[⑥]但是拥有二十万居民的伯明翰供应牛奶的地区却不出周围二三英里的半径，并且克尔德还在建议伦敦三四十英里内的

① 克尔德，前引书，第 286—287 页；及本卷，第 50 页。

② 或许是不当的，因为减少的是驿马而不是马：本卷，第 403 页。

③ 本卷，第 136 页。

④ 普西的论文，载《皇家农业学会学报》，第 3 卷，第 205 页。

⑤ 克尔德，前引书，第 169 页。

⑥ 同上书，第 228 页。

北汉普郡农场主把牛奶、奶酪和菜蔬用铁路运到首都市场,以弥补他们在谷物上的损失。显然他们并没有照办。同样,南汉普郡的农场主也一直是听由法国人以它的大部分马铃薯去供应朴次茅斯的。[①]

“老法农业经营”不仅仅表现为对现代农具、沟渠、交通工具和肥料的忽视而已。更加无可置疑的现象就是几乎到处可以看到的那种原始的或者浪费地力的轮作制,以及在北部和西北部旧圈地各郡中对牧场的失于管理。“水淤积在土壤里,农场主惰于经营,工人惰于耕作——除去参天大树之外,没有任何东西是欣欣向荣的,在比较小的田地里,树根像蛛网一样地把下层土差不多整个盖住,”这是克尔德对格拉斯特谷的古老制酪场的描述。[②]“两作一休”的古老的三田轮作制仍然很普通,尤其在北部的黏土地带——诸如东莱定、约克谷、达拉姆的“整个未排水地带”,以及南诺森伯兰全境。休闲、小麦、燕麦是北部黏土地带的标准轮作法。休闲、小麦、豆类是诺丁汉郡黏土地带上的一种变革。在巴金汉郡和牛津郡的黏土地带,“三作一休”是一种公认的轮作制,也就是在两轮谷类作物之间加种一轮豆类、豌豆和车轴草。但是因为这种轮作只见于南牛津郡的“比较好的农场上”,所以在差一点的农场上可能还是采用未经改良的三田轮作制。在南兰开郡、萨里和苏塞克斯林区相距那样远的一些重质土壤上,于相继播种了呆板而又消耗地力的作物之后作为一种休养地力的手段的单纯休耕是非常普

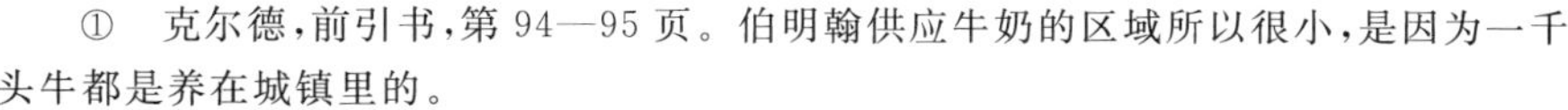

① 克尔德,前引书,第94—95页。伯明翰供应牛奶的区域所以很小,是因为一千头牛都是养在城镇里的。

② 克尔德,前引书,第42页。

遍的。[1]

465 在这期间，各地好的农场主除根据经验变换他们的轮作物之外，也不放弃新农业的主要发明。“诺福克轮作制或四田轮作制无疑是最得到普遍赞许的一种，但所赞许的是谷物和饲料作物互相更替的这个原则，而不是墨守它的原有细节。”[2]有时把它发展成为五田或六田轮作制，作物则因顺序的不同而不同。在潮湿的西部，好的农场主发现他们可以稳当的采取两轮谷类作物两轮绿色作物的办法，以代替严格的交互轮替。在肥料既多而肉类和蔬菜的需求又敏锐的城镇附近，农场主只以三分之一的土地种谷类，三分之二的土地种绿色作物——为供应人和牲畜食用的车轴草、芜菁和马铃薯——是划算的。在科布登的那条“从因佛内斯到南安普敦”的著名分界线以西（在这条线以外，人们对于有关小麦进口的立法殊不关心，因为他们多不种小麦），耕地的轮作却服从牧畜业和制酪业的需要，服从有助于满足这类需要的饲料作物。在克尔德所划的那条稍有不同的分界线以东，据克尔德计算，英格兰地租平均比分界线以西要少百分之三十。[3] 苏格兰没有相应的计算，但情况不会有什么不同。

在一个谷贱伤农的时代里，是无法指望土地方面的社会条件能有迅速改良的。早期铁路时代也感觉到不用麻醉剂而施行济贫

① 克尔德，前引书，第 315、326、334、371、207、9、19、267、120、127 页。

② 克尔德的总结，第 501 页。

③ 参阅本卷，第 468 页克尔德复制的地图。〔这幅地图必然只能勾画出实际情况的一个轮廓，例如牛津有许多耕地而米多塞克斯却有很多草场。〕

法修正条例(威廉四世,第 4 和第 5 年,第 96 章)那种社会针灸的刺痛。威廉四世第 2 和第 3 年第 96 章,对于农村教区以济贫捐有系统地补助工资办法纵未真正禁止,也已经予以法律上的打击了,而且 1834 年法案,照原草案的规定,曾订明对一切壮年男子的户外救济自 1835 年 7 月 1 日起一律停止。[①] 但这一条款并未生效,而且法规调查委员,“萨默塞特的那三位名门显贵”,也只能渐次地、部分地执行这一政策而已;可是久而久之,各处的农业工人却不得不越来越完全依靠自己的劳动收入了。教区一步步地组合成为联合区,联合区却都没有“巴士底狱”——在很多的,纵非大多数的农村区域,除开贵族和乡绅的府第之外,这种巴士底狱就是最大 466
的建筑物。到了 1846 年,英格兰和威尔士的六百四十三个济贫单位——联合区或单独的大城市教区——共有七百零七个平均约容纳二百七十人的习艺所;虽则,甚至在 1853 年,还有很多“不太完善的”习艺所,并且有二十个联合区或教区完全没有习艺所[②]。

对于村民和调查委员们来说,所幸在 1834 年条例公布之后,有两年面包价格低廉。在 1838—1841 年间,英格兰农业工人的生活费曲线同劳动收入的曲线比 1825 年以来的任何时期都更为接近,在 1847 年则显然更接近得多。继而,随着饥荒之后的物价下跌,英格兰的自由进口谷物,这两条曲线又比近六十年来的任何时期都相距更远了。生活费指数——以 1790 年为一百——在 1813

---

① 尼科耳斯爵士:《济贫法史》(1898 年版),第 2 卷,第 214—215 页,及第 2 卷,第 313 页附注。

② 同上书,第 2 卷,第 377、427 页。〔韦伯夫妇:《英国济贫法史》,第 2 编,第 1 和第 2 章。〕

年曾经达到了一八七的最高峰，在 1835 年是九九，1839 年一二三，1847 年一一六，1850 年八三。在 1825 和 1845 年之间，平均劳动收入稍有下降，但是还远没有抵消工人从自由贸易和农业“萧条”之中所获得的利益。当代人士是承认这一点的。“粮价的变动，”克尔德这样写道：“已经大大地增加了工人的享乐。近十年之内〔1840—1850 年〕，工人主要消费品的价格已经降低了百分之三十以上。”[①]但显著的改善是在 1847 年以后方才开始的。平均工资，这里是和物价比较而言，包括了各种等差的个别工资，这些个别工资的变化虽已加强，但自 1830 年以来在一般性质上却没有改变。据克尔德计算，北部工业按星期计的工资现在比南部农业区高达百分之三十七。“这条南北分界线显然是划在不能再找到煤炭的那个地点上。”[②]在北部的十个郡中，平均工资是十一先令六便士；但是北部偏东的耕地上平均工资却要低六便士。在南部的十八个郡中，平均工资是八先令五便士。最高的数字是西莱定的
467 十四先令，最低的是格拉斯特、南威尔特郡和萨福克的七先令。在稍稍早一点的时候，南苏格兰的工资平均约为九先令六便士。[③]

因旧济贫法的实施而产生的社会习俗既无可避免地难以根除，而从旧到新的变革又带来了它本身的弊害。在相沿下来的弊害之中，以“闭关”教区和“开放”教区之间的差异最为突出；在闭关

① 克尔德，前引书，第 518 页。这个数字和希伯林教授最近的计算非常吻合：希伯林的 1840 年指数是一二零：从这指数减低百分之三十二应是八二点三：他的 1850 年的实际数字是八三。参阅本卷，第 128—129 页。

② 克尔德，前引书，第 512 页。参阅本卷，第 468 页克尔德复制的地图。

③ 鲍莱：《联合王国的工资》，第 57 页。所有这些数字都不包括收割等收入在内，而只意在表明地区的差额。

教区，土地掌握在少数几个或单独一个人手里，原来为了限制济贫捐的负担而对庐舍的数量，有时也对庐舍的质量——加上这样一句该是公平的——加以严格控制；至于开放教区，则正如克尔德所说，“因为产权比较分散，所以没有同样的抵制贫民的一致行动，”[①]但是却常常有一些兼有屠户、面包匠和啤酒店店主身份的 468
贪求婪得的投机地主，新近赶造了“一些最简陋不过的茅屋”。[②]在新联合区的所属教区之中，并没有任何缴纳济贫捐义务的计划；因为根据1834年条例第二十八和第二十九条的规定，[③]在联合区成立时，委员应根据各教区在联合前济贫开支的三年平均数，估定各该教区对联合区公共基金所应承担的份额。原来的分配额是可以修改的；但是在这一制度中显然没有任何规定来强制，甚或鼓励济贫捐低的闭关教区承担比1834年更大份额的贫民负担。所以

> 最常见的情况是……工人住宿的地方都距离他们的正式工作地点很远，早晨出去要走一小时，晚上回来也要走一小时——一星期要走四五十英里。……这还不是习常办法的唯一弊害，因为工人都麇集在村子里，而村庄上庐舍租金的昂贵常常迫使他们不得不挤在一间屋子里居住，这不独败坏道德，抑且有损健康。[④]

---

① 克尔德，前引书，第516页。

② 《枢密院医官第七次报告书》(*Seventh Report of the Medical Officer of the Privy Council*)，1864年，第2卷，第11页(1865年，第26号)。关于开放村庄和闭关村庄的详尽讨论，参阅哈斯巴赫：《英国农业工人》，第195页注，第268、400—401页。

③ 参阅尼科耳斯，前引书，第2卷，第275页中的详尽分析。

④ 克尔德，前引书，第516页。

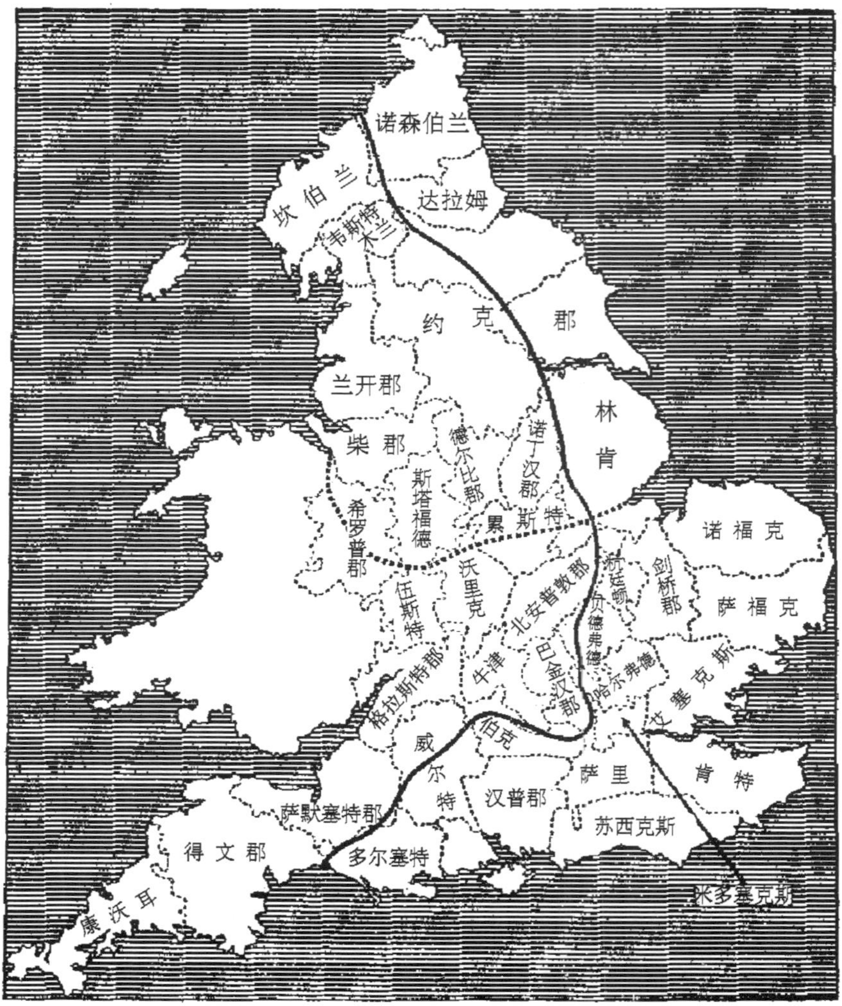

克尔德制 1850 年英格兰地图

……线以北，高工资区域

——线以东，主要耕作区

对于开放教区和闭关教区的分布状况从来没有进行过任何统计调查——这也原非易事，因为所谓闭关只不过是一个程度问题；但是在英格兰肯定没有一个地区没有这种显著的差别及其种种的后果。

国会在四十年代初期首次听到的农业帮伙就是从开放教区招募而来的。西诺福克和林肯、剑桥等郡是他们的发祥地。泥沼地的排水设施、砂质欧石南灌木丛的圈围、过去没有农场地方的大农场的建立，以及诺福克农业的技术上的精益求精，造成了常住人口所不能适应或者不能充分满足的劳动力需求。庐舍或简陋的工人宿舍或许已经赶造起来，从外地来的“过剩的”工人就定居在那里，469
正如在苏格兰和诺森伯兰的情形那样。但是部分因为闭关教区制度的推行；部分因为有许多必须做的季节性或者临时性的工作——诸如锄芜菁的工作，也就是新排干的池沼地上的第一次锄草工作，或者由饲兔场圈围起来的土地上的清除燧石的工作；部分因为剑桥—诺福克边境上的爱尔兰季节工不太多；更无疑部分因为个体企业偶然创行了一种制度，而这种制度既经创行之后，证明是既方便而又便宜的，从而帮伙制度取得了稳固的立足地。[①] 它的创始可以溯源于二十年代，它的发祥地似乎是在诺福克沙地的卡斯尔庄——这是在四周都是闭关教区之中拥有八个一千多英亩的农场和更多五百多英亩的农场的一个被忽略了的开放的村庄。[②] 在临时性或季节性工作迫不及待的时候，农场主就会向卡

① 最详尽的记述见哈斯巴赫，前引书，第198—199页及以下。

② 《农业中的妇女和儿童》，1843年（第12卷，第1号），第220页及以下。一位当地的证人在回忆这个制度的起源时说：这是由于深耕细作的农业的缘故（第274页）。〔在《农业中的儿童》，1867年（第16卷），第21页中提到了更早的起源。〕

斯尔庄的帮头提出申请，他手下的“男女老少”的混合班当即出发，设法住下来，直到工作完毕时为止。

这个始终局限于一地并且只影响英格兰农村一小部分工人的制度，由于它的明显的流弊及其与济贫法的关系而恶名昭著。凡是认为这个制度并非根本不可取而只须妥加规定的当代人，很容易被历史家看做是可疑的和有利害关系的人物。但是季节性的收割工、摘忽布花果实工、剪绒工或葡萄园工，在不同地方和不同时期都始终是农村生活中的一个重要因素。这类移民在这些帮伙地区的重要性——无论如何对第一次土地清除工作来说是如此的——或许并不亚于季节性铁路工人之于铁路建造。但很多帮头对童工的野蛮剥削，以及听由这种劳动后备军充斥于开放教区以供既方便而又便宜地加以吸取的那种社会性的疏忽，不能不给东安格利亚的帮伙以应得的恶名。

克尔德所记载的直到 1850 年还常见的那种溯源于 1834 年以前的习惯的残余——即“一个教区的纳税人同意不依照各自的需
470 要，而依照他们农场的大小来共同分配剩余劳动力”的办法[①]——一定主要是存在于介乎完全开放和有效闭关之间的一种中间型的村庄上的。他痛斥这种惯行办法，一则因为它妨害了精于“对主要生产成本之一厉行节约”的农场主的活动，再则因为工人的报酬既然相同，这就提供不了任何竞争的动机。仅足糊口的生活虽有了保证，正如在面包价格表时代那样，但是正当的好胜心却受到了打击。除开这类的残余之外，四十年代的工人必须依靠他和他的家

① 克尔德，前引书，第 515 页。

口在自由公开竞争中所能挣得的工资为生，此外只有在生病或异常不幸的时候，才可以指望一些户外救济——改革家所未能废除的那些——只有在年老的时候方始可指望投身于习艺所。伦敦主教在伊灵所提供的份地，一位叫做特里门黑尔的济贫法助理委员在 1843 年这样写道，曾经起了令人敬服的作用，尤其是对于老年人——“因为展缓了投身联合区习艺所的时间。”[1]

在农村房屋方面，平均来说，变革很少——在某些方面的些微改善已渐渐为地主日感穷困的那一连若干年的自然退化过程[2]和日益滋生的新弊害所抵消了，也许还不止仅仅抵消而已。四十年代、五十年代和六十年代所进行的调查使我们有可能比二十年代时更加准确地描绘出这幅图画的一些线条，但是并不改变它的着色。最黑的线条是得自埃德温·查德韦克的 1842 年《劳动人口卫生状况报告书》的。查德韦克和他的报告员为了探求热病的原因而把最恶劣的居住条件都非常详尽地加以描绘：诸如多尔塞特的那些低于路面的庐舍的胶泥地每逢阴雨就潮湿不堪的地方；贝德弗德的那些全家睡在一个房间里的地方；全国各地的那些庐舍、粪堆和猪圈拥挤在一起的地方；以及诺森伯兰的那些单间的、“干石头建的”农舍。这些虽是最糟的情况，但平均的情况也并好不多
少。在多尔塞持和萨默塞特新近已经从济贫法的改革中产生了一 471
种新的弊害。新的联合区习艺所已使旧教区的济贫院渐渐归于无

① 《统计学报》，第 6 卷，第 126 页。

② 参阅《农业中的妇女和儿童》，1843 年，第 20 页，和《枢密院医官第七次报告书》，1864 年，第 8 页中“二三十年”的回顾。

用了。[①] 曾经有过把这些建筑物用于济贫法目的试图，但是正如乔治·尼科耳斯爵士本人所记述，“鲜能合用。”[②]所以它们可能都改成为最低级工人的宿舍了——全家只占用一个房间，而只有一个门供各家出入。这篇具体的记述是得自萨默塞特的。[③] 就全国来说，任何种规模的济贫院都没有多到使这种弊害成为具有典型性的程度；而且记载上也还有一些这样的事例，在房屋经过了适当的改建，并且住人不太多的时候，也还是相当宽敞的。[④]

1850 年左右英格兰农村房屋图的另一些准确的线条是由十四年后所进行的调查提供出来的。[⑤] 为了进行考察而选出的散在英格兰各地的八百二十一个教区之中，在 1851 年有六万九千二百二十五个庐舍，共住有三十万五千五百六十七人，也就是说每一个不拘何类的庐舍住有四点四一人。在 1846 年，曾经对这些庐舍之中的五千三百七十五个进行了一次缜密的调查。过分拥挤的情形自 1851 年以来又严重了一些；但庐舍很少是新建的，如以 1864 年的数字作为 1850—1851 年的数字，并不会造成多大的误解。这些挑选出来的庐舍有两个以上卧室的不到百分之五，仅仅有一个卧室的占百分之四十强。单卧室式的庐舍平均每间四人，其中两个通常是儿童；双卧室式的庐舍平均每间二点五人弱。如此说来，平

① 关于这类情况，参阅本卷，第 354—355 页。

② 尼科耳斯，前引书，第 2 卷，第 296 页。

③ 查德韦克的报告书，第 10 页。

④ 见下文亨特尔医生的报告书。

⑤ 《枢密院医官第七次报告书》，1864 年，附录第 6，亨特尔医生的农村房屋报告书。

均的拥挤情形似乎还不过分严重。但是在法律开始涉及公共宿舍时，[①]虽勉强承认二百四十立方英尺为每人最低限度的空间，而在这些挑选出来的庐舍中所可利用的空间只不过大约一百五六十英尺。这些过窄的卧室往往没有窗户，或者仅仅在墙洞上嵌一小块玻璃，很少有壁炉，地板往往是潮湿腐烂的，天花板则裂缝纵横。

因为大地主在建盖良好庐舍方面的活动而在查德韦克的1842年报告书中受到表扬的那些郡，计有贝德弗德、诺福克、萨福克、林肯和斯塔福德。[②] 贝德弗德郡公爵的房屋都是“楼下有两个 472
房间，楼上有两三间卧室。每幢都装有炉灶和铜锅——楼上有一个壁炉——为堆柴、堆灰等用的几间单盖的小屋——以及供每一排庐舍公用的一个炉灶”。[③] 公爵在1850—1851年建盖这些庐舍计每幢的成本为九十至一百镑，材料都是用空心砖。不幸在公爵的地产界外，贝德弗德郡和剑桥郡的邻近各地却有一些英格兰最糟的开放村庄，[④]虽则公爵自行为所有在他的农场上劳动的工人准备了住处，并且一直是自己经管其事，从而使农场主对于他们的工人不能太作威作福。

大多数当代改革家都认为贝德弗德庐舍的标准未免太高。在石头容易取得的地方，宁用石头或胶泥建盖房屋，“而不取砖或砖墙的”房屋，因为它既方便而又温暖；宁可用草顶，因为一间没有天花板的卧室，瓦顶或石板顶是冬冷而夏热的；楼下一间厨房或“器

① 在五十年代时。

② 克尔德，前引书，第262页及以下。

③ 克尔德，前引书，第437—438页。

④ 参阅例如《第七次报告书》，第161页，加林盖的叙述。

皿室”；楼上两间卧室；这是1843年皇家农业学会有关庐舍的征文优胜者的切合实际的理想。[①]

毫无疑问，即使在庐舍越来越退化的地方，份地和马铃薯地也越来越常见了。这种“风气”在1826年已日渐流行，正如科贝特所记载的那样；[②]虽则在十七年之后，照一个国会委员会的看法，“直到1830年”——即农业工人起义的那一年——这种份地制度也还“不太常为人所借重”。[③] 伦敦主教的伊灵份地是在1832年规划的。1832—1834年的济贫法调查委员在不赞成大块份地这项保留条件下祝愿这个运动成功，并且能以提出运动大有进步这样一项报告：[④]在威尔特郡和多尔塞特郡几乎没有一个教区“工人没有土地使用”；北威尔士工人常常有足够的土地“供他们暇时耕作”；“逐渐……普遍推行”等等。在1843年，据报在西南部，尤其在得文，有了进一步的发展；萨默塞特却比较落后。[⑤] 西肯特有它的份地协会。在三十年代中期初创办时，农场主表示反对；据
473 说他们的敌对态度现已被克服。[⑥] 但是七年之后，牛津郡的农场主还“都”以份地“既有害于工人的坚忍勤劳，又是他们自己的一笔重税”，而啧有烦言。[⑦] 虽则在1843年在肯特、萨里和苏塞克斯的很少几个地方份地可说是普遍的，但是没有试行过这种办法的

① 科平格·希耳牧师的论文，载《皇家农业学会学报》，第4卷，第356页。

② 本卷，第121页。

③ 《份地审查委员会》，1843年(第7卷，第201号)，第3页。

④ 《报告书》，第181页及以下和附录。

⑤ 《农业中的妇女和儿童》，第15页。

⑥ 《份地审查委员会》(*S. C. on Allotments*)，询问案第1—29页。

⑦ 克尔德，前引书，第29页：这是克尔德书中唯一提到份地的地方。

地方则更少。[①] 据报在诺福克和萨福克已有进展，并且在某些地方已成为既有的风俗。份地据说在肯特是“近乎普遍的”；但是对于这样辽阔、这样情况不一的一个郡所作的概括泛论，好也罢，坏也罢，总是不容易无保留地接受的。“在每一个工人的房屋里都可以看到一口肥猪，”这是关于林肯郡的另一个乐观的说法。[②] 诚然，鉴于四十年代的卫生改革家对猪圈的位置和它的管理的怨声载道——发自非常分散的各郡——可知科贝特用以测定工人幸福的猪是非常普遍的。养猪未必就有裨于养猪人的饮食。一位得文郡的证人解释说，养猪的作用是支付鞋匠的账单。

关于四十年代份地的进展情形，中英格兰的大多数地区都没有像西南部、东南部和东部那样正式的证据；但是相当的进展是可想而知的。在约克郡，份地本身，也就是说工人以纳租佃户的身份所持有的自一路得[③]至一英亩的一点点土地，几乎是闻所未闻的；但是农场主给工人酌留的马铃薯地却渐渐普通了。份地之所以寥寥无几，有一项最好的理由——即在这一郡的比较繁荣地区，好的园圃和“牛栏”是常见的。在达尔斯，除农场佣仆之外，没有工人，而在东莱定，甚至已婚男工也是由农场供给伙食。[④] 正是在二十年代既缺乏园圃而济贫法又多被滥用的那些新近圈围的谷物产区中，份地引起了改良的地主和教区长们的注意。在诺森伯兰和苏

① 《农业中的妇女和儿童》，第 143 页。

② 同上书，第 220、261 页。〔从 1867 年北林肯郡的份地寥寥无几这样一项记载中，可以看出这种说法是乐观的。《农业中的妇女和儿童》，1867—1868 年，第 17 卷，附录丙，第 28 节。〕

③ 路得(rood)是地积量名，等于四分之一英亩。——译者

④ 《农业中的妇女和儿童》，第 294—295 页。

格兰低地，份地是很少听说的；这是因为长工、农仆或“农奴”都有
474 附带园圃的庐舍，都能养两口肥猪，也都可能有相当于约克郡的牛栏的事物。①

1843年的份地委员曾经有过这样一种一厢情愿的想法，想把提供土地给工人的事宜交由国家的一个行政部门主管。按当时的法律规定，也就是根据1819和1831年的条例（乔治三世，第59年，第12章，和威廉四世，第2年，第42章），济贫法当局得供应土地；②但是根据这些法律并没有作出多大成绩，而且自1834年以来简直毫无成绩可言。委员会说明了济贫法当局之所以不适当，但是也没有其他建议。关于“对邻户贫民的照顾理应由土地所有主负责”一节，他们踌躇不决，未敢置喙。他们指出，份地是减少犯罪的妙法；既可培养“感恩怀惠的心情和敬意”，又可把人民屡屡丧失了的土地归还给人民而得到利用的机会。委员会把这个问题委之于“下院和……每一个地主”的善意——倒也没有完全落空。③

只要第一批铁路中有一条铁路通过任何农村区域，人口就因铁路工人的驻扎于村庄内外而更加稠密了，其他的弊恶从而偕以俱来。有一些勇于冒险的人也参加进行列，因而缓和了就业方面、

---

① 关于“农奴的地位”，参阅《统计学报》，第1卷，第319、397页；《皇家农业学会学报》，第2卷，第183页。〔凡来自庐舍的人，无论农仆或“仆”妇都必须随时帮同干活。〕

② 1819年条例就是所谓的特选区委员会条例；1831年条例则主要是和份地有关的：它特别提及“为贫民利益计而（根据圈地法）制定的主要着眼于燃料的份地（关于这个问题，参阅本卷，第116页），这种份地现虽比较无用”，但可能转化为配耕份地。

③ 《报告书》，第5—6页。

纵非住宿方面的压力。但至少到 1842 年为止，负责当局始终认为铁路的修筑对于农村人口是利少而害多的。在那一年，据济贫法调查委员说，铁路“给常住农业工人所提供的新就业机会微乎其微，而且这种职业的性质是那样败坏道德，不如没有还好些；这些铁路由于所发生的意外事故而带给教区以沉重的负担；不但使私生子增加，而且使犯罪行为增加了两三倍”。[①] 这是小康的乡民和多少有点职业性头脑的调查委员仍以厌恶的眼光看待大多数是老手和爱尔兰人的铁路工人的时代。[②] 但是在几年以前，那些调查 475
委员之中却有一位曾经以乐观的心情作出“在不久的将来”，单单铁路工程“就会把全国所有剩余劳动力吸收干干净净这样一项预料”。[③] 四十年代的济贫法统计证明他的预料是错误的，部分因为济贫法本身已经把丧失“户籍”的担忧深深印在乡民的心里；但是至迟到 1845 年，做铁路工人的这种铁路工作——比做铺轨工人或担夫的工作还要好一些——已渐渐成为农村青年的一种公认的前程了。如何在铁路终点的城镇中，甚至在铁路所通往的海面上争取生活机会的问题，都会在成千上万的新“铁路宿舍”中认真地讨论起来。有少数铁路工人在成功之后又回到了田间。到了 1850 年，已可看到“‘干铁路的’，也就是说，靠铁路合同积下了一点钱的人”，在北兰开郡竟购置小牧场了。[④]

① 《1842 年调查委员会报告书》(附录乙，第 241 页)，引自《皇家济贫法调查委员会报告书》(*Report of Royal Comm. on the Poor Laws*)，1909 年(敕令第 4499 号)，第 231 页。

② 本卷，第 412 页。

③ 在 1836 年，引自敕令第 4499 号，第 306 页而未注明出处。

④ 克尔德，前引书，第 281 页。

476 第十二章　海外贸易和商业政策

在早期铁路时代，自由贸易派有这样一项共同的论证，认为国家财政政策，尤其是旨在遏制进口的谷物法，由于经济规律运行的无可避免的结果，也遏制了为出口而进行制造的那些工业的发展。这项论证，作为一个一般的命题原是无懈可击的，并且在不列颠以外也是农业国的公职人员用来作为工业保护政策的借口的：如果英国不买它们的货物，它们又为什么要买英国货呢？当1836年贸

646 易部的一位非正式代表探询新近成立的德意志关税同盟以缔结商约的展望时，他们就告诉他说，英国非首先“减低它的谷物税”不可，因为谷物税比德意志关税同盟的制造品税更加不合理。在这位代表商以变通办法时，普鲁士方面则“坚持他们对谷物的主张”。[①] 论证尽管有力，但是在就还没有太意识到本身工业力量的那样一个时代，或者一个不如英国制造业者那样热衷于把这种力量显扬于全世界的一个阶级来说，对于贸易事实上已有的扩张也宜乎引以为满足了。因为自斯托克顿—达林顿铁路通车时起到曼彻斯特—利物浦铁路通车时止这五年间，不列颠和爱尔兰的出口

① 约翰·麦格雷戈致贸易部函，1836年7月9日和14日。《贸易部函件集》(*Letters of the Board*)。

产品和制造品——事实上几乎全部是不列颠的——的公布价值虽平均为三千五百万镑一年，十年之后(1835—1840年)却已平均为五千万镑，而再十年之后，进口限制虽多已取消，平均也只不过六千一百万镑之数。其实在谷物法取消之前的十年间，因为价格逐渐下跌，似乎出口的增加比看上去的情形还要更大一些。[①]

不列颠为使出口得有这种迅速扩张的余地，始终能以从国外 477
吸取足够的货物，虽则有相当部分的出口因为是以资本输往国外投资的形式或者是以提供运输或其他劳务的形式，而不是直接用货物支付的。直到1846年为止，除来自各殖民地的谷物外，它既始终没有准备自由输入谷物；它也不愿意输入欧洲木材、“奴隶生产的”食糖、帝国以外生产的咖啡、法国上等酒或制造品、德国麻布或其他一些商品。但是在1846年以前，它原无必要——在任何情况下——经常地大量输入外国谷物；因为在1846—1849年这四年间，当它——正值谷物法停止实施之际——面临着歉收和爱尔兰严重饥馑时，整个联合王国，包括爱尔兰在内，所进口的小麦和面粉的年平均额也还不到九十万吨，而在1848年，以不到五十万吨之数就勉可济用。它能以一定的代价从各殖民地取得它所需要的

① 这几段时期的平均物价指数(索尔贝克编制)是：1825—1830年，九五点四；1835—1840年，一零零点四；1845—1850年，八二点六。但是由于以制造品为主的英国出口货的价格比这个以谷物价格占主导地位的指数下降得更快，这一点是可想而见的。从制造品的“官方”价值和“公布”价值的比较中也可以看出下降的迹象。每单位的官方价值——早已过时的价值——不变。在1830年，进口棉花的公布价值是一千九百五十万镑；官方价值是四千一百万镑。在1844年，公布价值是二千五百八十万镑；官方价值是九千一百万镑。关于其间各年的情形，参阅波特尔：《国家的进步》，第178页。

木材，而以欧洲木材补其不足；虽则设非碍于关税制度，它所购买的数量也许会更大，而购自波罗的海的数量肯定会更多。[①]“殖民地货”或多或少是和木材处于同样地位的。它可以吸取任何数量的货物存入关栈；但是它的优惠制度，照四十年代运行的情形，却有助于遏制流入国内消费的数量。德国麻布——普鲁士政治家在1836年曾经和麦格雷戈谈及——很快地就不再有，德国人会这样说，同英国工厂织造的或准工厂织造的织物“进行竞争的能力”了；但是始终具有完全竞争能力的法国上等酒和制造品，纵令准许按照真正方便的条件进口，固然这是连最坚决的自由贸易主义者也不考虑的一种政策，却也不会对英国货的需求提供一重要因素。

不列颠虽拒绝欧洲大多数产品和制造品以及非欧洲的很多种产品和制造品的进口，但是原棉和生毛的大量进口却足可予以抵补，后两者的进口，自二十年代调整关税以来，已经没有任何真正
478 障碍了，[②]它所非有不可的木材的进口，亦复如此，而不问关税高低。在二十年代后期每年平均进口的十万吨棉花，到三十年代后期已差不多增加了一倍。在1849年（即经过了大起大落之后：1846—1847年的进口额是低于1835—1840年的平均数的），它已经达到了三十四万六千吨的庞大数字，但其中八分之一以上是复出口的。[③]至于价值，则由于等级既各有不同，而每年又涨落不

① 参阅本卷，第237—238页。

② 直到1845年为止，外国棉的关税约为一磅三分之一便士，英国棉的关税是有名无实的。在1845年一并予以取消。羊毛关税的最高额（对每磅价值在一先令以上的羊毛所课征的）是一又二十分之一便士。1844年予以取消。

③ 波特尔，前引书，第178页，另埃利森：《棉花贸易》，附录中的各表不太一致。

定，却很难说；但是“中等高原棉”在二十年代后期约值一磅六便士，或一吨五十六镑，在三十年代后期约为七便士或六十五镑，在四十年代后期约为五便士或四十七镑。[1] 把比较低级的棉花和价格的波动一并计算在内，在三十年代后期平均每年原棉进口所值绝不少于一千万镑，在 1847 年则绝不少于一千五百万镑。

羊毛进口的增加虽不能和棉花相比拟，但却是始终平稳的，而且为数也相当可观。它从二十年代后期的一万一千多吨上升到三十年代后期的二万二千多吨和 1849 年的三万三千多吨。进口的羊毛差不多都是上等货——西班牙毛、德国毛或者澳洲毛——在 1840 年以前平均约值二先令四便士一磅，在 1849 年价格低廉的那一年约值一先令八便士。[2] 这样算来，三十年代后期的平均进口价值约为五百万镑，1849 年则为六百五十万镑弱。

在 1842 年下半年，海关对木材税采取了新的课征办法。“一切木材，不论见方的或者锯开和劈开的，”[3]一律按以罗德[4]计的立方容积计算——从而首次对于进口的数量和价值有了作准确估计的可能。进口忽涨忽跌，正如铁路方兴工建筑，而木材税几乎在每次预算上都有所变更的一个时代里可以想见的那样。在 1843 年共买进约值一罗德三镑的殖民地木材九十万罗德，和约值一罗德四镑的外国木材约四十万罗德[5]——约共值四百三十万镑。在 479

① 各项价格引自屠克：《价格史》，各章节。

② 屠克，前引书，第 3 卷，第 434 页（西班牙上等羊毛的价格可作为相当有代表性的）。

③ 波特尔，前引书，第 579 页，另参阅本卷，第 238 页。

④ 一罗德（load）等于五十立方英尺。——译者

⑤ 各项价格引自屠克，前引书，第 3 卷，第 432 页。

1846年，总进口额已达二百万罗德——约值七八百万镑之数，而在1849年重又降至一百七十万罗德，或约六百万镑。1835—1840年每年进口木材的价值大概在三四百万镑之间。

这就是说，在联合王国产品的出口还远不到五千万镑，而这项出口又非有等量的年进口额不可的时候，人口和制造业的膨胀——它们本身也受出口可能性的限制——就已经使英国单单木材、羊毛和棉花这三种原料的进口约值二千万镑了；第一种全部用于国内；第二种主要用于国内；第三种——也是最重要的一种——却大抵以制成棉纱、棉布、针织品或花边出口为目的。在1835—1840年，这些货物的平均年出口额约值二千四百万镑，而各种毛织品却不到六百万镑，其余各种货物约二千万镑。[①] 无怪不列颠的对外贸易几乎表现成为一个棉织品的问题，也无怪曼彻斯特在决定国家的商业——以及工业和社会——政策上要求更大的发言权了。

大体说来，在1830和1848年之间不论联合王国奉行什么财政政策，它的棉纺织品和其他纺织品在欧洲大陆上的销路也未必会比事实上已享有的更好多少。法国方面禁令森然。直到1834年为止，任何种类的纱或织物的进口都是非法的。1834年，改最上等棉纱的禁止进口为纳税进口，因为这类棉纺织品对于塔腊尔的洋纱工业至关重要，而且在禁止时期，也一向是从英国和瑞士有

① 在1830—1849年，毛纺织品的最高数字是1844年的八百二十万镑；棉纺织品是1849年的二千六百七十万镑。

系统地走私进口的。但这是唯一的一项解禁。[①] 赫斯基森的改禁止法国丝绸进口为准予纳税进口，并没有对法国政策发生任何影响；四十年代皮尔的重修英国税则也未发生丝毫作用。1810 年，俄国直截了当地禁止一切外国制造品进口。它的 1822 年税则，也 480
就是 1844 年以前商业政策的基础，虽然不是这样地趋于极端，但也有三百零一项品目是禁止进口的，余则定有很高的关税。[②] 在这整个期间它买进了相当数量的棉纱，但甚至在 1844 年税则稍稍放宽之后，买进的制成品也为数甚微。奥地利（包括匈牙利在内）的 1835 年关税条例也有六十九种品目禁止进口，另一千六百种则定有重税。但是由于 1838 年 6 月 18 日英奥商约的缔结，以关税——高额关税——取代了棉布、呢绒、麻布、陶器、“灭火机”和其他一切制造品的禁止进口。[③] 但是当时却有一些相当畅通的贸易途径，经由比利时、荷兰、汉撒诸镇和德意志各邦的腹地而深入欧洲中心，以达于奥地利和俄国的边境。

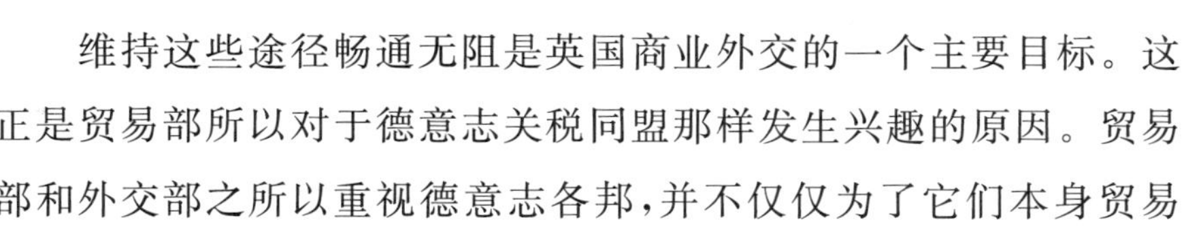

维持这些途径畅通无阻是英国商业外交的一个主要目标。这正是贸易部所以对于德意志关税同盟那样发生兴趣的原因。贸易部和外交部之所以重视德意志各邦，并不仅仅为了它们本身贸易的缘故：它们还可以作为最理想的走私基地之用。莱比锡是对波

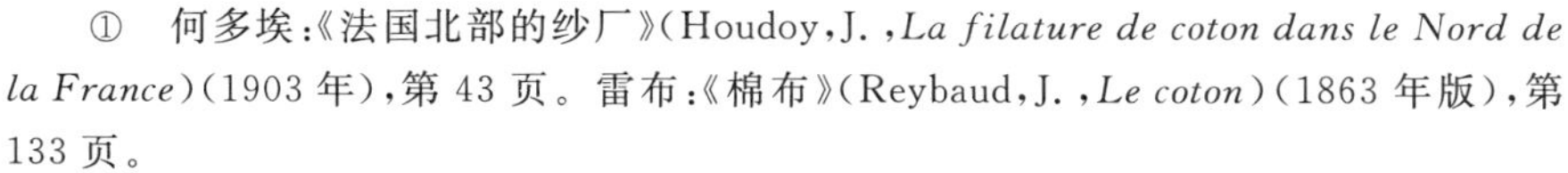

① 何多埃：《法国北部的纱厂》（Houdoy, J., *La filature de coton dans le Nord de la France*）（1903 年），第 43 页。雷布：《棉布》（Reybaud, J., *Le coton*）（1863 年版），第 133 页。

② 施默勒：《国民经济学》（Schmoller G., *Volkswirthschaftslehre*），第 2 卷（1904 年版），第 610 页。

③ 麦格雷戈：《商业统计》（1844 年版），第 1 卷，第 20 页。

希米亚走私进行贸易的基地，易北河是进行走私的路线；[1]这是一项很重要的贸易，其重要性直到1838年奥地利领域内的禁令取消之后方始渐渐降低。当1836年麦格雷戈在莱比锡的时候，犹太走私贩也从那里买去大量棉货，以图运入俄属波兰，其数量之大，是最可令人欣慰的。[2] 在1835年1月1日德意志关税同盟成立之前，帝国的城市，尤其法兰克福，曾同样地供作为对不大开放的德意志领土进行走私的基地。在1830年的前夕，英国驻法兰克福的代表亨利·阿丁顿曾经给这个主张自由贸易——但寿命不长——的中部德意志贸易协会的自由贸易以支持，因为它“对于在普鲁士、巴伐利亚、瓦登堡和达姆施塔特进行的贸易可提供莫大的便利”。[3]

481 德意志关税同盟没有禁止走私的规定，它的关税也从来不是不合理的，但是却有为德意志生产者的利益计而逐渐提高的倾向；甚至在没有提高之前，英国机械工业的价格不断下降的产品对于这些关税就越来越不胜负担了，因为它们都是固定税，而不是从价税。如果在三十年代时辉格党将谷物法取消，或彻底予以改革，并将英国麻布关税减低，想来未始不会防止德意志关税同盟的1835和1848年之间制定的少数几项关税提高到旧普鲁士关税水平以上；但是若说普鲁士的基本水平会降低，恐怕未必。德国依旧是英

[1] 兰姆爵士致帕默斯通等函，1836年11月2日。外交部奥地利档。

[2] 麦格雷戈致贸易部函，1836年4月29日。

[3] 阿丁顿致达德利勋爵函，1828年5月27日。外交部德意志档。关于德意志的看法，参阅特里斯克：《德国史》（Treitschke, *Deutsche Geschichte*），第3卷，第637、644页。中部德意志贸易协会包括萨克森、汉诺威、黑森—加塞尔、布劳恩施魏克、魏玛、不来梅、法兰克福和其他少数地方在内。

国纺织品最好的欧洲市场，但却不是一个很广阔的市场；不论英国的商业政策如何，恐怕都不见得有什么两样。在1839年出口的棉线和棉纱半数以上（在一亿零六百万镑之中占六千万镑）是装运到荷兰和德意志口岸的。[①] 十年之后，数量差不多相同，但在整个进口之中所占的比例却降低了一些（在一亿四千五百万镑之中占六百五十万镑）。[②] 在1839和1849年，素色布和印花布的出口额也大致相同。就厚呢和旧式呢绒来说，德意志并不是一个很好的市场：它在萨克森等地有它自己的羊群和自己的工业。但是它没有为制造供妇女穿着的轻软织品——“薄毛料”——的有组织的毛丝（精梳毛）工业，所以德意志没有对这类来自布莱德福的货物加以特别课征的要求。就这类货物来说，它依旧是英格兰最好的主顾，在1849年——当英格兰商贩在一次短时期的饥荒和革命之后手头存货大概日益充斥的时候——买进了英国全部出口货的大约四分之一。

不论怎样运用税则和制定互惠办法也打开不了多大的欧洲市场上的需求，是以热带和亚热带毫无保护的市场上的几乎无限制的需求补其不足的。曼彻斯特是靠了“为黑种人”、黄种人、棕种人和回教徒世界“制造衬衫”而维持下去的。在德意志市场停滞不动，法国市场享以闭门羹的时候，土耳其帝国和东方的市场却欣欣向荣。这正是在1839和1849年之间——正介乎早期铁路时代的中期和它的结束期之间：这两段时期是两个标准的贸易兴旺时期， 482

① 《报告和文件》，1841年（第24卷）。《商业表》（*Commercial Tables*），第123页。

② 同上书，1851年（第54卷）。《商业表》，第125页。

它们的数字会是和出口的上升相吻合或接近的——运往海外的本色布增加到一倍以上(从三亿八千万码增加到七亿九千五百万码);运往印度、锡兰和土耳其帝国的本色布增加到三倍以上;运往中国内地和中国香港(在这期间所取得的一个贸易基地)的本色布从报告中不分列的一个数字增加到几近总数的十分之一。英属西印度群岛和巴西的黑人也高居于顾客表之中,非洲的非洲人却还瞠乎其后。

几乎所有原棉,连同烟草、一些谷物、木材和杂货所自来的美国,自然不是本色布的大买主——它在国内可以很好的进行织造,姑撇开任何关税问题不谈。在目前所讨论的大部分期间,美国一直有一种不太严的保护制度(1832 和 1842 年的税则[①]),其间也有过一段贸易比较自由的时期。但是关税并没有阻止它成为英国染色布和印花布的好主顾,也没有阻止它成为羊毛制造业者最最重要的顾客。在 1839 年,它购买了出口的全部呢绒和全部地毯的三分之一以上、全部薄呢的大约三分之一、全部毛毯和"毛毡"的差不多三分之二,以及约克郡开始生产的一种很宜于温暖气候的新棉花混织物的差不多一半。[②] 在此后十年之中,这类混织品的出口从二百四十万码增加到四千二百一十一万五千码,仍有差不多半数是美国购买的。它在旧式呢绒——这是在所有市场上都走下坡路的一种商品——和薄呢方面所占的比重已多少有点降低,而在

① 一般参阅陶西格:《美国关税史》(Taussig, *Tariff History of the U. S. A.*)和杜威:《美国财政史》(Dewey, *Financial History of the U. S. A.*)和这两部书中所举的参考书。

② 即所谓奥尔良布(Orleans cloth)。《报告和文件》,1841 年(第 24 卷),第 124 页。

毛毯和地毯方面的比重则略有增加。美国的关税是受输出英国所渴求的产品的纯农业南部和特别渴望保护其纺织品及各种制造品的比较工业化的北部的相对政治力量的限制的。美国可以输出谷物，但输出量还不太大；因为在输出木材方面，英属北美殖民地居于更好的地位。在这种情况下，若说英国的粮食和原料关税的变 483
革会影响美国国会，那几乎是不可思议的。对于英国的制造品关税，美国全然而且也当然漠不关心，因为他们没有任何制造品可以对英国输出。

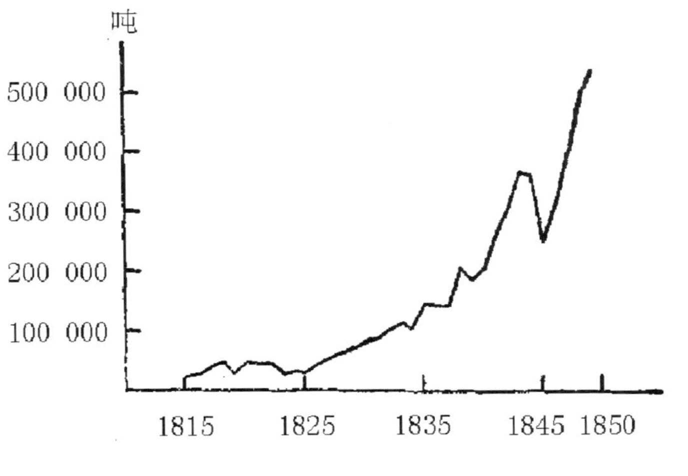

未制铁材料出口增长图

在联合王国从1830到1849年所输出的全部货物之中，按价值计，美国买进了差不多整整六分之一；有时上升到约五分之一（1847和1849年），以至四分之一左右（1835和1836年）。[①] 凡是

① 参阅波特尔，前引书，第360页的出口分配表。

它完全不生产或生产数量不敷用的各种精致制造品，它都是大买主。它是铁条、铁钉、铁杆、生铁和铸铁那类英国出口货的最最重要的买主，这类出口货比其他任何货物，甚至比棉布增加得更快，尤其是在四十年代。总出口量从1829年的七万三千吨增加到1839年的十九万一千吨和1849年的五十五万四千吨；至于波动则是大抵为顺应建筑方面断续需求的一种贸易而在所难免的，但是从没有任何真正的顿挫。在1839年，美国所购买的数量几乎同1829年的全部出口（六万八千吨）相等，在1849年则买进了在当代人看来似乎是再大不过的全年输出额的整整五分之三（三十二万九千吨）。

美国也是比较粗重的熟铁制造品的大买主，而海关当局把这类制造品既不归入“铁器”“刀具”类，也不归入“机器和工厂制造
484 品”类，而归入未制材料类。在这个中间类别之中计有钉、桶箍、链索等等——但属于“铁器”的铁砧、铁锥、火炉用具或鞍镫等却不包括在内。无疑在很多地方这种划分完全是武断的。到1849年，美国购买了十万零八千吨的熟铁货的大约四分之一，也购买了海关划入铁器和刀具类的精制货物的一个相当比例部分。这最后一类，无论在重量和价值上，都是出口贸易中的一个陷于停滞状态的部分——大概是因为这一部分贸易所经营的货物差不多还都是手工制的，而每一个文明国家和半文明国家都能或多或少地自行制造了。它的价值在1831年已经上升到一百六十多万镑：在1850年以前只有一次上升到二百二十五万镑之数（在1836年）。因为在1830和1850年之间，这类货物没有很大的跌价，一如在1815和1830年之间英国铁第一次真正充沛而陆海军又已几乎不再有

需求时的情形那样，所以重量和价值颇为一致。[①]

和铁的出口一并增长但增长的没有那样快的是煤炭的出口——这是没有一个需要煤的国家能轻易加以拒绝的一种商品，尤其是在1834年一般出口税取消以后。美洲并不需要煤炭，但法俄两国却有此需求。[②] 以十九世纪后期的标准来衡量，这项出口是微不足道的——在维多利亚女王即位的那一年[③]方始超过一百万吨，而在1849年仍不足三百万吨。一半以上都是走北海、波罗的海和英吉利海峡这条捷径的——法国所购买的占总额四分之一到五分之一，德国所购买的，在四十年代后期而并非三十年代，也同法国不相上下，照例不是直接输入，就是取道荷兰。1839年，这三个国家从总额一百四十二万八千吨之中共购买了七十一万四千吨，在1849年，从二百七十一万三千吨之中购买了一百一十九万八千吨。本国不出产煤的丹麦自始就是一个经常的，而且按照领土的比例来说，很好的主顾：它所购买的煤炭约占货载的十二分之
一。俄国和意大利在四十年代是其余两个相当重要，但不及前三 485
个那样重要的买主。[④] 在世界各地凡有加煤站逐渐发展起来的地方，为满足“轮船、蒸汽推动的船只”的需要也还有其他的买主或受

① 参阅波特尔，前引书，第247页。

② 〔但是法国征收煤炭税，甚至课以差别税，而予由陆路运输的比利时煤以优待。〕在1831年，一切海运煤不复征税。由英国船或互惠条约保护下的外国船载运的煤斤只剩下三先令四便士一吨的出口税，由其他船只载运的煤斤只六先令八便士一吨。在1834年以后，由这类船只载运的煤炭只剩下四先令的关税。

③ 即1837年。——译者

④ 关于1839和1849年的情形，参阅《报告和文件》，1841年（第24卷），第80页和1851年（第54卷），第79页。关于一般的增长情形，参阅波特尔（他不太同意《报告和文件》中的数字），第279页。

托人。[1]

海关报告如果可以信赖的话，联合王国输出的“机器和工厂制造品”在1831年只不过价值十万镑；1832年还更加少些；1837年将近五十万镑；但在四十年代后期还远不到一百万镑。可以肯定的是，至少直到1843年为止，海关报告还不是可以信赖的；因为英国的最后一项出口禁令还继续实施，但又实施得极不彻底。现行制度的缺点在二十年代的两个国会委员会的讨论中已经予以揭露，[2]但是并没有因而导致这个制度的废除。在1825和1833年的海关章程条例中都载有禁止出口的机器品名表，但贸易部却还保留了核发机器出口许可证的权利。在1834和1835年，海关仍认真履行这项职责[3]——凡纺机，以至织机和起毛机的铸架、刮布机、梳棉机、花边织机、“切削轮齿用的切削车床”和“为切截条铁和制造铁钉用的成套刀具”，一律拒发许可证。但造纸机是许可出口的。轧钢机、“撕绒布的机器”，即制废绒的所谓“摧裂机”、打包机、竹布印花机和松麻机，也准许出口，但纺麻机不在此列。这些决定的反证法是这样的，它奖励颁发为梳麻屑和纺麻屑用的机器出口许可证，但如果发现这些机器可以用于麻、毛或丝的梳纺，“则须承担一切刑事处分。”

在1841年6月，上院的一个委员会对这个问题提出了报

① 参阅本卷，第438页。地方煤炭也正为了这些用途而加以开发：孟加拉的布德万各矿的产量在1830年已达到一万四千至一万五千吨之数。《东印度公司事务审查委员会》(*S. C. on East India Company's Affairs*)1831年(第5、6卷)，询问案第301号。

② 《工匠和机器审查委员会》，1824年和《工具和机器出口审查委员会》，1825年(第5卷)，第115页。

③ 《贸易部记录》(*Minutes of the Board*)，1834、1835年，散见各页。

告。[1] 他们说现在差不多除纺织机器外，一切东西都可领得许可证；逃漏和走私的情形不胜其多。而自从这些法律颁布以来，机器工具已经发明，“所有这类精巧工具……都准许自由出口，”这表明不是贸易部 1834 年不颁发“切轮齿机器”许可证的政策已经停止实施，就更可能是因为海关官员“必须照章办事”[2]——而机器工具又的确没有列在品名表中，所以机器工具的出口商也就无须再费事去申请许可证了。在 1841 年，申请许可证的人很少。情况是这样的：一部尽人皆知的机器——即如织布机或针织机——很会在海关被截留，而一部精巧的新式机器却很会没有许可证就通关无阻。无论如何模型和蓝图的出口是既为数至巨而又完全合法的，但这却比准许任何英国制机器的出口对英国工业所可能造成的损害更要大得多。这项既啰唆而又不收实效的法律既是对出口贸易唯一残存的合法障碍，所以委员会建议予以取消。爰于 1843 年颁布了废止令（维多利亚，第 6 和第 7 年，第 84 章）。 486

九年以前，在 1834 年 4 月，根据前一年的一项条例（威廉四世，第 3 和第 4 年，第 85 章），东印度公司已经丧失了它的最后一个垄断权，即中国市场的垄断权，并且已不再成为一个贸易团体了。1835 和 1848 年之间东方贸易的扩张同 1833 年条例究有多大关系固然不能肯定，不过肯定是有关系的，但是其间的关系很容易予以过高的估价。就印度本土而论，具有决定性的大事是 1814

① 《有关机器出口的法律……实施状况审查委员会》（*S. C. to enquire into the operation of the... laws affecting the export of machinery*）。

② 《报告书》，第 5 页。

年那里的贸易垄断权的终止。私人商号已经倍增——主要是在加尔各答——政府需用品之外的英国出口贸易在1833年以前就已经完全落到它们手中。这类行号的数目还不很多。除开在1814年以前就经营代理和银行业务的五六家加尔各答老行号之外，在1814和1831年之间又增加了十二或十四家新行号。[①] 但是在1828年，既不是为东印度公司也不是为英王服务而旅居印度的欧洲侨民的总数——仅就东印度公司所能确定的来说——只不过二千六百一十六人。[②] 在1815年人数曾经是一千五百零一人。商业自由似乎使这个为数甚微的非官方人员每年增加四十人，其中
487 半数以上侨居于加尔各答。但这一点人已足可掌握所有英国进口货了。直到1820—1821年，东印度公司仍在这项业务中占有很大的一份。在那一年它输出的商品共值五十七万六千镑。在1826—1827年，它没有丝毫输出英国产品。[③] 但直到最后它还继续不断地输出印度产品，虽则它所经营的品目已日趋减少。到了1831年，它们已经减少到只剩生丝、某几种丝绸、硝石和蓝靛了。(食糖已于最近停止，洋纱则已先食糖而停止了。)公司在这项贸易上面是亏蚀的。[④]

其所以要维持这项贸易，纯粹是为了财政上的原因——只是在自己握有相当数量的货运可凭以开具汇票时，据董事们这样相

---

① 《东印度公司事务审查委员会》，1831年(第6卷)，询问案第1号。

② 同上书，附录，第769页。在二千六百一十六人之中有一千五百九十五人侨居于孟加拉。

③ 同上书，1832年(第10卷)，附录，第767页。

④ 同上书(第8卷)，第57—58页和《有关东印度文件汇编》(*Papers relating to the East Indies*)，1829年(第23卷)，第115页。

信，印度的汇票和外汇交易才比较容易控制。（1828 年的数额是一百五十万镑。）评论家指出，这项贸易并不“根据通常的盈亏条件”[1]经营而只作为统治印度事务的一个方便的副产品，俾使一切和公司领土收入有关的业务易于处理，对于非考虑盈亏不可的自由贸易商是妨害很大的。

在 1832 年有一位审查委员会委员询问东印度公司进货部主任兼仓库主任威廉·西蒙斯说，为什么在你们已经停止向印度输出英国货之后，还向中国输出呢？[2] 既是起于垄断权的一种义务，据这位忠诚的公务员说：“我想我可以肯定这是作为一种道义上的责任而考虑的。”经营这类货物有一定的程式。货物不是按照通常方法，而是“通过投标和合同”购买的，正如为国家进行购买那样。货物都经过认真的检验——虽然退货往往由美国人买去而依旧运往中国。[3] 1828 年东印度公司装运了价值六十多万镑的货物——哔叽、羽纱、科耳切斯特粗呢、宫呢、骑士呢、毛布和其他少数几种东西；[4]因为这种贸易的传统是从羊毛称王道霸的一个时代因袭而来的，并且十八世纪的政治家都欢喜中国市场，因为它吸取名称 488
稀奇古怪的那些东西。但是在 1828—1832 年它所购买的货物远不足以支付茶叶的解款。为了调整贸易平衡，东印度公司——不再像以往那样输送大条——输送，或鼓励它的职员和散商们输送

① 《东印度公司事务审查委员会》，1832 年，询问案第 1973 号。

② 同上书，询问案第 887 号。

③ 同上书，1830 年（第 5 卷），询问案第 4756 号；另参阅本卷第 414 页。〔另莫尔斯：《东印度公司的对华贸易》（Morse, H. B., *The East India Cop. Trading to China*）（1926 年版），第 3 卷，第 363 页。〕

④ 《有关东印度文件汇编》，1829 年，第 150、159 页。

印度棉花。印度鸦片“这种违禁品的贸易”，却完全掌握在散商手里；但东印度公司也承认它有帮助棉花平衡贸易的功用。在广州完全实行自由贸易的美国人则有三分之二的茶叶和中国产品是用现洋购买的。[①]

在垄断权取消之后，中国贸易渐趋于多样化，正如1814年以后印度贸易所变成的那样，东印度公司从未考虑过的很多英国货已开始装运。[②] 最重要的是曼彻斯特货得到了一个新出路，正如曼彻斯特人在作证反对垄断权时所希望的那样。[③] 但是中国贸易增长得很慢。它的增长是不胜其苦痛而又不光彩地换取来的。东印度公司在它最后几个贸易年份中，曾每年输出约值六十五万镑的粗呢和羽纱等货：在1845—1849年期间，散商贸易所输出的全部英国货平均约仅值一百七十万镑，而在鸦片战争（1839—1841年）的惨淡年月中，则不过仅仅超过公司的数字而已。[④] 战争也遏制了茶价在1834年之后不久在国内开始的下跌；但是在1843年重又开始下降，所以在1845—1849年未税价格并没有超过二十年前的半数太多，而消费量却增加了一倍。[⑤]

在1831—1832年的讨论中，曾经一致认为“缺乏回程货”是印

① 《东印度公司事务审查委员会》，1830年，第9—10页，以及询问案第5647号。

② 同上书，1831年，询问案第2753号。

③ 例如约翰·肯尼迪：《东印度公司事务审查委员会》，1830年，询问案第5016号。

④ 关于东印度公司的贸易，参阅《有关东印度文件汇编》1829年，第111页：1834—1849年的一览表，见波特尔，前引书，第370页。

⑤ 参阅本卷，第245—246页，关于茶叶价格，参阅屠克，前引书，第2卷，第416页；第3卷，第433页。

度贸易最棘手的问题[1]——完全由于曼彻斯特的缘故，除大条外在英国找不到任何东西去支付东方珍贵物品的那种十七和十八世纪的典型困难非常奇妙地一下子倒转过来了。由于“缺乏回程货”，致公司不得不抓牢中国茶这项最好的“回程货”不放。印度仍然输出一些洋纱和其他棉纺织品——1848 年有一百多万匹——以及相当数量的丝绸，这一时期的最高额为 1845 年的七十二万八 489
千匹弱；但是制造品也就仅此而已。在东印度公司退出贸易之后，私人企业发展了一些重要的新出口货——诸如亚麻仁、羊毛、甜酒等；并且大大地提高了一些旧出口货的数量——诸如虫胶、大麻、食糖和棉花等。在 1835 年西印度咖啡在国内市场上所享有的优于东印度咖啡的优惠待遇停止之后，[2]印度开始试行发展咖啡种植的计划。这项计划几乎完全归于失败；但在锡兰方面却立见成效，所以这个岛屿在四十年代就能以用咖啡来支付它的曼彻斯特的价款了。[3]

联合王国不仅货物抑且人口外流的激增都是随着铁路时代的开始而开始的。自从禁止技工出境的法律废止以来，法律上已经没有任何障碍了；随着在不列颠和美洲的人口增长以及运输工具的改良，迁徙的动机和移动的方便都偕以俱增。从整个联合王国的不完全数字中可以看出，往海外的移民在 1830 年第一次超过了三万人一年这个过去的最高数字，一跃而增加到六万人左右，在

---

① 《东印度公司事务审查委员会》，1831 年，询问案第 1084 号。

② 参阅本卷，第 497 页。

③ 各类贸易表见波特尔，前引书，第 472—473 页。

1832 年达到了十万人以上——暂时——的最高额。第二个高峰是 1842 年的将近十三万人。这个时代是以 1846 年的十三万多人和 1847—1849 年这三年的远不止二十五万人这个庞大的平均数而告终的。[①]

在这整个时期,尤其是在那三年饥馑时期,往海外的移民都是以爱尔兰人占多数。在 1851 年以前,没有正式的、单独的爱尔兰报告书的编制;但从一系列相当可靠的数字中可以看出,直到 1845 年爱尔兰人的比重骤增时为止,[②]通常的比例约为英国人五分之二,爱尔兰人五分之三。这一系列的数字是得自可以适当地代表移民收容国的英属北美的。[③] 在 1830 和 1834 年之间,魁北克移民总事务官提出了有三十三万八千八百人从联合王国到达的报告。其中英格兰和威尔士人九万二千五百名,苏格兰人四万二
490 千二百名,爱尔兰人二十万零四千一百名。十三年来到达魁北克的人约占联合王国移民的三分之一。另有十万人往英属北美各地,四十四万五千人往美国。前往澳洲和新西兰的人数在 1838 年方渐渐增多,计有十一万二千人。在 1844—1845 年,往海外的移民减少下来,正如在谷贱的年份中常有的情形那样,在这两年之内离国的人数仅仅十六万四千。随着 1846 年的饥荒和两年之后加

① 约翰逊:《联合王国往北美的移民》,第 344—345 页。摩尔豪斯:《1840—1850 年联合王国往北美的移民》(Morehouse F. ,*Migration from the U. K. to North America, 1840—1850*)。(曼彻斯特的博士论文。)〔卡罗瑟斯:《不列颠群岛的移民》(Carrothers, W. A. ,*Emigration from the British Isles*)(1929 年版)。〕

② 自 1845 年初至 1849 年底,爱尔兰所占的比例是五分之四,即在一百零二万八千五百人的总数之中占八十一万二千人。

③ 见波特尔,前引书,第 129 页。

利福尼亚金矿的发现,往海外的移民又开始了一个新纪元,但这段历史却不在早期铁路时代范围之内了。

假定截至1846年为止往海外的移民总数的五分之二,按官方的记载,是不列颠人——纵令五分之二可能太低,但二分之一却肯定太高——那么自1830年年底到1845年年底从不列颠前往海外的移民平均约仅三万一千人一年,对于一个素以人口过多著称的国家来说,的确不是一项重要的人口减少,多半还不到——而1815至1830年从不列颠移往海外的移民则肯定地不到——从爱尔兰移入不列颠的移民之数。官方数字固然太低,而移民之中那个具有经济重要性的阶层的数字恐怕尤低;但是那个阶层却是以它的重要性见称,而不是以人数取胜的,并且即使把错误和不尽不实之处统统计算在内,每年平均数也提高不到三万五千人之数。

问题中的这个阶层就是前往欧洲大陆的那个技工阶层,以及前往印度和其他各地的商业移民,诚然其中大多数重又回到祖国,而且恐怕没有一个人一上来就是肯定以移民的身份出国的。但是,纵令把这一类人都计算在内,前往北美、澳洲和新西兰以外"其他各地"的移民的官方数字,似乎也不十分正确。1820年登记的一千零六十三人虽然太低,[①]但或许反映出那一年往南非的有组织的移民;而1831年的五十八人,1832年的二百零二人和1839年的二百二十七人,却几乎是毫无意义的。甚至1840—1847年的大约二千人的年度平均数也殊嫌不足。

在1825年以前,凡是那样有助于在大陆上传播工业革命的技

① 数目是三千六百五十九人。约翰逊,前引书,第228页。

工都小心不要被计算在内，潜行出国的习惯或许还是一时破除不掉的。在迁移出国还是不合法的时候，加洛韦就对工匠和机器审
491 查委员会说，单单在1822—1823年这两年到达法国的英国技工就已经有一千六百人之多。据说沙兰顿的阿隆·曼比厂和塞罗的爱德华厂各雇用了三五百名英国人。在加来附近的花边行业中有“无数的英国人”；在阿尔萨斯的狄克逊机器厂；在卢昂的其他机器厂；以及在“几乎每一家”新式呢绒和棉花“制造厂”等等工厂中，都有英国人做工。[①] 在此后十五年间，随着西欧新工业方面的进步，已设有像阿隆·曼比厂那样为搅炼和铸造而吸取熟练人员的必要了。但是对于监工和管理人员的需求却益形扩大。约翰·麦格雷戈是熟习大陆情况的。他对1840年的进口税调查委员会说：“在法国，我们发现卢昂厂和各棉纺织厂的主要监工都是兰开郡人；在比利时、荷兰和列日附近也可看到同样的情形。”一直远至维也纳，各棉纺织厂中的“管理人员和监工”“主要〔都是〕来自……格拉斯哥和曼彻斯特制造厂的英格兰人或苏格兰人。”[②]这些都是精工良匠而不是通常的过剩的人口，失去了这些人是令人遗憾的。

麦格雷戈继续论证说，“现在可以看到英国资本正大量地流入比利时、法国和德国；用来在那里进行制造品的生产，而在地中海、

① 《工匠和机器审查委员会》，第8、16、101、103和108页。

② 询问案第1046号。本段引自霍布森：《资本的出口》（Hobson, C. K., *The Export of Capital*）（1914年版），第109页。麦格雷戈是一位善于观察而不善于判断的人。“贸易部秘书麦格雷戈是一位很不高明的顾问”——一位“意志涣散的自由贸易派”——格拉德斯通语，见摩莱：《格拉德斯通传》，第1卷，第250、252页。

美国、古巴、波多黎各、南美和东印度群岛市场上和我们竞争的，也正是这些制造品。”英国资本和英国工人，他补充说，也已经投入了新英格兰的制造厂。[①] 在他发言的时候私营企业为了私人业务而进行的这种资本输出已经继续了二十五年之久，可是数量究有多大却无从揣测。这项资本和偕以俱去的优秀技工的损失——在麦格雷戈式的自由贸易者看来——乃是加联合王国进口货以种种限制的结果。既不能比照它的无与匹敌的工业能力所能使它输出的货物的价值输入货物，它只有把多余的价值留在国外作为生产资 492
本，而把它交给在国内找不到同样有利可图的职业的那些熟练技术人员去经管了。这就是他的论证。诚然这项资本是代表剩余出口的；但是英国如果奉行另一种商业政策，是否剩余价值就会少一些，是否它的所有主就会不去追求海外的高额利润率，是否熟练技工对半工业化国家的垄断价值就会小些，都大可怀疑。继而所采取的自由贸易政策既没有减少了对外投资，也没有遏制了技工人员往海外的迁徙；在二十年代和三十年代作为某些英国自由贸易主张的依据，认为只要英国自由购买和自由使用外国粮食和原料，就会诱致外国人“永远”去生产粮食和原料的这样一种臆断，[②]是建立在一些靠不住的政治臆测上的，试对法国政策加以研究，当可了然。

除正式投入外国企业的这笔资金之外，还有五十万英国移民在1830—1845年期间所携去的款项，每一笔或许为数无多，但总

① 询问案第1047号。

② 《工具和机器出口审查委员会》，1825年，第15页。

数却颇有可观。在这些人之中可称作资本家的固然纵有也不会很多，但是除开一些一贫如洗的高原人之外，分文不名的恐怕更少。据加拿大的一项估计说，仅仅 1834 年这一年入境的移民就携有一百万镑之数。[①] 那一年前往加拿大的移民约有英国人一万二千名，爱尔兰人二万名。爱尔兰人携去的或许少些；但是英国人据估计数计算很可能平均为每人七八十镑之巨。以此为据，那么在 1830—1845 年之间，除开曼比和爱德华兹之类的人所投的资本外，很可能还有两三千万镑未登记的资本携往海外，而从比较狭隘的英国观点来说，也就是损失了这样一笔款项。唯一直接的利益就是成功的移民对祖国的汇款；而这种汇款的习惯在贫穷的爱尔兰人当中——为了帮助他们在国内的贫无以为生的亲戚——却比在境遇好的英国人当中更为风行。[②]

有记录可查的对外投资——记载也多少有点不完全——是以
493 公债或股份企业的形式所做的投资。据 1825 年倒风已过去之后的 1827 年的估计，英国已经有九千三百万镑的现款和作为六百万镑息金的“年度债务”投资于外国公债——即法国、俄国、美国和德国的公债——以及美国银行和运河股票。[③] 在西班牙、希腊和全属子虚的波爱斯共和国的损失，连同在南美矿场中的损失，早在提出这项估计之前就已经注销了。在三十年代，欧洲的新贷款已属

① 波特尔，前引书，第 132 页。也转引于下列各节多所叨惠的霍布森，前引书。

② 参阅约翰逊，前引书，第 353 页。爱尔兰人的汇款常常是为帮助亲戚的迁徙；摩尔豪斯，前引书。

③ 《英帝国统计图解》(*Statistical Illustrations of the British Empire*)(1827 年版)，引自霍布森，前引书，第 104 页。

罕见，南美的贷款也已经不再风行，虽则南美各国还发行过几次公债；但是美国的贷款却可以弥补此数而有余。美国各州、运河和银行——主要是美国各州——自由进行借贷，而借贷最方便的地方就是伦敦。很多银行破产，而且还有一些州也拒绝履行债务[①]，但是在这次主要的破产和拒绝履行债务的风潮之后安德鲁·杰克逊还把欧洲人在美国证券和股票方面的投资估计为二亿镑；[②]其实他未始不可以用英国人来代替欧洲人一词。

继而美国铁路债票和欧洲铁路股票开始吸引投资的公众了。有一些法国公司和比利时公司在资本、管理和设计方面都一半是英国的。在巴黎—卢昂铁路上——布腊西所承包的铁路之一——有整个一半的工程是英国铁路工人进行的；而且法国人已经学会不用做粗活的英国人就能自己兴工建造之后很久，还雇用了一些英国铺轨工人和其他专家。[③] 到 1845 年 8 月，金融报的正式行情表已经把大多数欧洲国家和很多南美国家的证券都开列进去了；计有美国十三个州的证券，其中之一——宾夕法尼亚州——列有六种不同的项目；美国银行和路易斯安那银行的证券；六家殖民地股份银行和爱奥尼亚群岛的证券；新奥尔良和纽约城的证券；坎

① 密执安和密西西比，连同佛罗里达，是一个领地。〔关于这整个问题，参阅詹克斯：《1875 年以前英国资本的外流》(Jenks L. H., *Migration of British Capital to 1875*)，纽约，1927 年版。〕

② 霍布森，前引书，第 111 页。

③ 布腊西：《工作和工资》(Brassey, T., *Work and Wage*)(1872 年版)，第 79 页。在一万工人之中有“四千多名”是英国人，而且他们做的工作比法国人多。这是 1842 年和此后几年的情形。在后来的第厄普线上，“比较艰难的工作仍然是雇用英国人做的”——铺轨和装榫头。同上书，第 82 页。

登—安波伊铁路和费拉德尔非亚—里丁铁路的债票，连同八条法
494 国铁路、一条比利时铁路——即松布尔—默兹铁路——和荷兰—来因铁路的股票。在法国铁路股票之中，当时股款完全收齐的只有两种，即巴黎—卢昂铁路和奥尔良铁路的股票。两者的市价都超过了票面价格百分之百。[①]

到 1847 年年初，外国铁路和殖民地铁路的行情已增加到三十四种之多，虽然对其中很多铁路的有效资本输出还没有开始。有十四种开列行情的铁路股票是法国的，其中有三种已缴齐股款，一种已缴百分之九十，两种已缴一半以上。印度铁路和加拿大铁路——即如每股五十镑而已缴五先令的大印度铁路，或加拿大的大西铁路——连同西班牙、锡兰和德麦拉拉的铁路公司以及牙买加中南联合线，这时似乎都在草创期中。[②] 上述各铁路缴纳股款的请求，[③]单单在 1847 年上半年就约达三百万镑之数，因而助长了那一年秋季的财政危机的酿成。

这次危机以及 1848 年初在西欧已成燎原之势的革命，使投资人变成为惊弓之鸟，从而遏制了英国资本的东流。《经济学家周刊》在 1848 年 3 月号中说，“现在有一种情况对我国来说特别可以庆幸。恐怕从没有一个时期英国投放于大陆证券或信贷方面的资本是如此之少，至少过去很多年来没有过；近八个月的事态已导致

① 《经济学家周刊》，1845 年 8 月 9 日号，引证了除最后两者外的上述一切，最后两者见于他处。《经济学家周刊》只引证最畅销的证券和股票。

② 《经济学家周刊》，1847 年 1 月 2 日号。

③ 《经济学家周刊》，1847 年 7 月 3 日号，引自《银行家杂志》（*Bankers' Magazine*）。所引的实际数字是二百八十九万八千六百七十七镑。

证券的变卖和信贷的紧缩。”[①]在真正革命的月份中，大量变卖证
券是不可能的。《经济学家周刊》本身在早两个星期就曾经指出：
“法国大北铁路、布伦—亚眠铁路和所有其他法国证券都继续暴 495
跌，而找不到现成的市场。”[②]法国人和德国人为求安全而不是——可以有把握地说——为在大陆证券方面的投资，纷纷把现金运到伦敦。上文所提到的证券变卖，则主要是由于食粮不正常的进口、棉花的昂贵和那些多事年份的大条外流而于1847年夏季发生的。为了调整贸易平衡和弥补商业危机中的损失而不得不抛售大陆证券。据11月份所作的估计，已经脱手的证券计值六百万镑。银行家和商人对大陆的信贷也已经实行紧缩。在欧洲重新安定下来之前，既劳神而又伤财的投资人不大会再在大陆私人企业或公债方面做任何新的长期投资了。无论如何，1846—1847年的损失已大大地减少了可作为进行投资的剩余。在这次资本外流暂停的时候——恰值早期铁路时代结束之际——海外投资的总额，不包括和海外移民偕以俱去的“损失”在内，究竟是1827年的号称九千三百万镑的两倍、三倍抑或四倍，现无适当方法予以断定。[③]

在利物浦—曼彻斯特铁路通车的那一年问世的亨利·帕纳耳爵士所著《论财政改革》一书中，以刺激海外贸易来增加帝国财富

---

① 1848年3月18日。〔詹克斯，前引书，第380页已经证明在第一版中受到过批评的这项记述是完全正确的。下文就是以他的记述为依据。〕

② 1848年3月4日。

③ 鲍莱：《英国的对外贸易》(Bowley, A. L., *England's Foreign Trade*)，1905年版，第75页，估计五十年代初期的英国对外投资在四亿镑以上。詹克斯，前引节，第413页，“算来不会”超过二亿镑太多。

的自由贸易方案的主要方针，是以便于政治家和公众理解的方式提出的。[①] 方案以简单化相标榜。原料进口税，显然是弊政，自应废止。再者“既然凡是有助于提高每年进口额的事物都大大地促进了工业的进步和资本的增加，所以正确的政策应是清除妨害进口的障碍，尽可不必顾及外国政府所认为宜于采取的措施为何”。[②] 这句话主要适用于制造品。在附录中，帕纳耳表列出，第一，不会受到外国竞争的损害而仍予以保护的那些英国制造品，以及，第二，“误认为”[③]会受到这样的损害从而也予以保护的那些制造品。第一表开列了所有主要的出口品目，第二表则开列有书籍、瓷器、玻璃、手套、皮革制品、麻布、纸张、丝绸、精糖、表和其他少数几种品目。至于殖民贸易，则凡是加诸殖民地经济自由上的限制
496 应一律取消，并于取消之后，各殖民地“即不得再有任何垄断英国市场的权利主张”。[④]

帕纳耳只不过对行将成为自由贸易的正统原则在两点上作了妥协。“如果必须给”农产品“以保护”——他考虑到政治上的必要——不妨制定“百分之十镑或十二镑的一种固定关税”，这样会产生一笔巨额收入，从而“有助于原料和制造品关税的废除，并用以弥补工业因粮价上涨而免不了的损害”。[⑤] 至于禁止出口和出口关税，他彻底反对；但他准备以出口的“温和关税”来取代机器的

① 参阅本卷，第318页及以下。

② 第24页。

③ 第36页。

④ 帕纳耳，前引书，第246页。

⑤ 同上书，第70—71页。

“禁止出口”——对于这项禁令的既有限制而又无实效的实施恐怕他还不十分了然——而希望从中取得“一笔可观的税收”。[1]

十年之后，帕纳耳担任委员的那个进口税委员会，就它的权限所及，因利趁便地重又把同一个方案郑重提出国会；因为在这期间一直没有采取过任何具有头等重要性的措施。进口的麻、丝、棉、羊毛、铁、牛皮和其他原料，凡是赫斯基森和果德里奇置未变动的，还都照征关税——诚然，只是为数甚微的一些关税而已——虽则奥尔梭普已经将麻税从四先令八便士一英担减至有名无实的一便士。[2] 至于制造品关税，则无论是公认无须保护的那些，还是“误认为”需要保护的那些，都概未触及。辉格党人曾先后在当政之初和下台之前摆出一副反对木材税的姿态；但在提出报告的那一年(1840 年)反而予以提高，且全未触及“殖民地的垄断权”。外国原材木料这时征课一罗德五十六先令，殖民地货一罗德十先令六便士，木板则所征更多。在 1841 年摆出姿态之后是否应继之以一击的问题尚未及决定，辉格党人就下台而去。食糖的情形亦复如此：
继关税的一次真正提高之后，有过一项和辉格党人相背驰的剧烈 497
变革的建议。[3] 在他们下台的时候，帝国生产的糖每英担课征二十五先令三便士，外国糖六十三先令。帝国咖啡保有九又二十分

① 帕纳耳，前引书，第 42 页。在他执笔的时候，并没有绝对的禁止出口，参阅本卷，第 485—486 页。

② 在屠克，前引书，第 3 卷，第 426 页及以下有 1840—1847 年的一些主要商品关税及其变革的简明表。关于奥尔梭普，参阅巴克斯顿：《财政和政治》，第 1 卷，第 34 页。

③ 作为 1840 年对谷物、酒精和木材以外的一切进口税普遍增加百分之五的通例的一部分：木材却不是按一般的百分率增加的。屠克，前引书，第 3 卷，第 426 页。巴克斯顿，前引书，第 1 卷，第 325 页。

之九便士一磅的优惠税。(茶课税二先令二又四分之一便士,但是因为没有帝国茶,所以没有优惠待遇的问题。)但辉格党人至少已经取消了帝国内部的优惠待遇,取消了糖和咖啡的差别税率,这种差别税率曾使东印度货载处于比腐败的西印度货载为不利的地位。他们已经取消了煤炭的一般出口税,而只对联合王国未缔结互惠条约各国的船只所进行的出口(无疑是很少的)征税。[①] 谷物税原封未动,但是他们却在被赶下台的时刻又回过头来喊道,只有像李嘉图所赞同而又刚刚为帕纳耳所默许的那种合理的固定关税方是正当办法。[②] 羊毛、皮革、瓷土和"胶灰石"的出口税,他都留置未动;机器的禁止出口也一仍其旧。

皮尔不是一个单纯应用简单公式的人。他正推敲一项政策——使自己的教育臻于尽善,或化他人的思想而为己有,正如狄斯累利在怀善意或怀恶意的时候所说的那样。他的办法是"枝枝节节、点点滴滴的",——这也是生性和极度艰难的政治处境使然。当他在1846年6月倒阁时,自由贸易案正占上风,但很少是简捷了当的。活牲畜和大多数肉类已准予进口;但是奶油——除非"亟需"供作食品之用外,直到1842年还是禁止进口的——酪干、火腿、舌和咸鱼仍然课税。如果没有爱尔兰的饥荒,料想在对1845年他所拟议的谷物法审查时,他会争取一项固定的谷物税,这项固定关税一定很低,但可能比一先令一夸脱的"登记"税即1846年谷

① 本卷,第484页注。

② 1841年2月约翰·鲁塞尔勋爵曾在内阁中建议修改等差表。这项建议遭到了非议,因而提议八先令的财政税以为代替。斯潘塞·沃颇耳:《约翰·罗素勋爵传》(Spencer Walpole, *Lord John Russell*)(1891年版),第1卷,第383—384页。

物法案中所规定的等差关税的起码数多少高一点。这个税率是谷物法在饥荒时期暂停实施的规定既成过去之后，自1849年2月1 498 日起实际征收的关税。[①]

在皮尔执政时，机器出口终于自由了。他也取消了羊毛的小额出口税。[②] 但是他本人一度（在1842—1845年）恢复过煤炭的一般出口税；并且在倒阁时还留有这项关税的最后残余，也就是对于用英国未缔结互惠条约各国的船只输出的煤炭所征的那项税课。[③] 他也遗留下瓷土的出口税。他只有在一个问题上是大致合乎逻辑的。他取消了差不多一切原料进口税——各种纺织原料、生铁和钢、皮革，以及秦皮、洋红、蓝靛、苏木、焦油和若干种油类的关税。但是除其他一些关税之外，他还留下了铜、铅、锡和油脂的小额关税以及木材的巨额关税。

木材税，像糖税一样，引起了帝国的争论，对于这一争论，皮尔没有帕纳耳的那种简捷方法。既然他认为保留任何程度的谷物税都是可能的，所以他提高了殖民地的谷物优惠待遇。[④] 他不止一次触及木材税，最后在1846年的预算中拟定在1847和1848年分两步将外国木材的关税减至一罗德十五先令，将殖民地木材的关

① 订明甚至在谷物昂贵时也课征关税——虽则税率很低——的1846年6月的“废止”条例（维多利亚，第9和第10年，第22章）自1847年1月暂停实施。一直暂停到1848年3月1日，它所规定的关税（价格在五十三先令以上时为四先令，在五十三先令以下时则更多）方始生效。十一个月之后一先令关税开始实施。

② 本卷，第243页。

③ 巴克斯顿，前引书，第1卷，第60页注。

④ 根据1843年的加拿大谷物条例（维多利亚，第6和第7年，第29章），谷物是按一先令一夸脱的税率进口的。

税减至一罗德一先令。[①] 至于糖税，他和其他每一位政治家一样，发现是既棘手而又在政治上有危险的。他们既迫于1834年的条例而不得使用奴隶生产的食糖，西印度群岛人就可以要求——在二千万镑的赔偿以外——给他们的糖，“自由生产的食糖”，以破格的照顾。“自由生产”是国会的一个极好的口号，托利党人曾在1841年利用它反对辉格党的糖税案而获得成功。不论出于悔悟抑或是政治上的必要，皮尔任内对由“奴隶生产”的食糖保留寓禁于征的关税，虽则他已经把“自由工人的外国糖”——爪哇糖或菲律宾糖——的关税置于帝国糖约一便士一磅的税率适用范围以内。对于帝国咖啡的二便士一磅的优惠待遇以及对于胡椒和香料
499 的优惠待遇，也置未变动。在他倒阁两个月之后，鲁塞尔取消了自由生产的食糖和奴隶生产的食糖之间的区别，并且规定了殖民地优惠待遇的有效期于1851年截止。在这个问题上，乔治·本廷克勋爵为西印度群岛的利益而同他展开了斗争，并且获得了胜利：结果有效期延长，为帝国糖保证了一便士多一磅的优惠待遇，为期六年。[②]

甚至皮尔对制造品的处理办法在帕纳耳看来也是半心半意的。他减低了很多关税，取消了帕纳耳第一类中——即外国竞争几乎是不可思议的那一类货物——的很多关税，但是对于一切似乎还有可能遭到有效竞争的制造品，如果进口货是帝国制的话，都保留百分之十或百分之五的关税；并且根据为了照顾——不论帕

---

① 参阅巴克斯顿，前引书，第1卷，第344页。

② 狄斯累利：《本廷克勋爵传》（1906年版），第209等页。狄斯累利：《自传》，第3卷，第92—93、97页。巴克斯顿，前引书，第1卷，第96页。

纳耳的态度如何——肯定容易遭受外国竞争损害的工业的至少为某一些部门而设的一项特别条例，他保留了百分之十五的丝织品关税。[1]

这些改革，这些保守性的改革是不能指望在短期内产生显著效果的；虽则在1843—1845年的贸易兴旺时期皮尔能以借早一些时候的一系列措施（即1842—1843年的措施）在财政和商业上运行的圆满结果，来为1845—1846年所采取的更大胆的措施进行辩护。但是却也有一些立竿见影的效果，这差不多全都是在食品贸易方面。到了1847年，奶油的进口已经一跃而至一万五千吨以上，干酪的进口至一万八千吨以上——“但……国内生产者的售价却一年比一年更有起色，”《经济学家周刊》不胜得意地这样指出。[2] 进口的牲畜——几乎全都是牛羊——从1842年的五千头增至1847年的二十一万六千头；腌肉从零星的几吨增至四万三千吨；咸猪肉和咸牛肉虽不那样显著，但也增加很快。[3] 如果不是这一切东西的供应地爱尔兰遭到饥荒，增加数未始不会少些，英国生产者的售价也未必会那样令人满意。爱尔兰继续把这些东西输入不列颠：在饥荒最严重的时候，爱尔兰仍不断成千吨地运到伦敦市 500
场；[4]但它的出口能力不可能是正常的。所以在1846—1847—1848年进口的这些食品之中有一些，正如1847年输入联合王国

① 丝绸税自赫斯基森以来一直是百分之三十。约五百种无关重要的商品关税的完全取消于国家福利殊无影响。

② 《经济学家周刊》，1848年3月4日号：1847年的贸易评论。

③ 《经济学家周刊》的年度贸易评论中的数字。

④ 参阅1847—1848年《经济学家周刊》中食品市场的每星期报告书。

的五百五十万吨额外粮食或面粉那样，是紧急供应性质的。[①]

在贸易已经完全开放的1848年，不正常粮食进口的来源是值得注意的。它们本身就不十分正常，因为整个西欧都有缺粮情形。供作爱尔兰赈济之用的玉米——磨成为“皮尔的硫黄”的玉米——几乎全部是美洲的。在约占英国全部进口五分之二的通过伦敦市场的一百一十万吨小麦之中，来自俄国的有三十七万夸脱，来自普鲁士的二十五万三千夸脱，来自美国的十二万五千夸脱，来自英帝国的三万七千夸脱。七分之三的伦敦大麦是丹麦的，七分之三以上的燕麦是俄国的。没有帝国大麦，而只有七千吨帝国燕麦。这些伦敦数字可以认作是相当有代表性的。[②]

在皮尔当政时，帝国糖的垄断地位依然没有打破：在1845年有二十四万吨英国糖和不到四千吨的“自由劳动外国糖”纳税进口，供作消费之用。鲁塞尔开放了关栈，在1847年所消费的全部糖的六分之一是外国糖，其中大部分是“奴隶糖”；但是英国糖的消费并没有降低。木材税的变革对于无论消费的增长率或者英国木材和外国木材的相对消费量都没有多大影响。在1843年，全部消费额的四分之三是英国木材；1845年，三分之二；1847年九分之五；1848年，八分之五。[③] 总消费额，和纺织原料的总消费额一样，受贸易方针的影响比受关税方针的影响更大。1849年比1846

① 所谓“额外”系指超过1846年的水平而言，该年的水平本身就超过了1845年的一百六十万夸脱之数。

② 这些数字是《经济学家周刊》，1848年1月29日号所举的数字，也是伦敦粮食经纪人的数字。粮食年度报告书并未提出材料来源的正式分析。

③ 数字见波特尔，前引书，第579页。

年消费的木材少得多；1847 年比 1845 年消费的羊毛少些，消费的棉花等项则少得多。至于制造品——欧洲丝绸进口的大量增加可以通过税则分类方面的改变好容易才探索出来；但是它同印度丝绸进口的缩减恰相符合。[1] 手套略有增加，熟革也有增加，两者 501
或许都和税则有关——至于其余则无所增减。1848 年的海关职员并不认为外国羊毛、棉花、麻、铁或者钢的制造品是“商品的主要项目”，而值得在平常贸易报告书中分别予以登记：无疑他们是对的。

关于帝国糖的垄断权，皮尔仍置原来的帝国航海法典原封未动；但是他对它的不满是可以想见的。在爱尔兰马铃薯病害公布后几十个月之内，当最后一道“英国船舶及航海奖励办法”条例（维多利亚，第 8 和第 9 年，第 88 章）未经讨论而通过于国会时，它方始获得修正。[2] 一则因为它的某些章节已经废而不用；一则因为贸易已经和它相适应达几代之久；一则因为它是那样复杂，那样专门，以致只有“少数官方人员和少数政治经济学者”[3]才能以了解，所以这个法典逃避了热衷而又见闻广博的自由贸易主义者的酷评。甚至连詹姆斯·威尔逊都没有在《经济学家周刊》上加以抨击。人们泛泛地知道它限制了某一些事务，**自由放任主义者**也抱这样的怀疑态度，但是他们因为这些限制是“政治性而不是经济性

① 关于税则的分类，参阅《经济学家周刊》，1848 年 3 月 4 日号。

② 与航海法有关的各节，就广义来说，是载在维多利亚，第 8 和第 9 年，第 86、89、93 章的。

③ 哈耳：《废除全部航海法的商榷》（Harle, W. L., *The total repeal of the navigation laws discussed, etc.*）（纽卡斯耳，1848 年版），第 27 页。

的”，也就听其存在了。[①] 亚当·斯密所承认的关于国防和丰裕的格言向为经济学家和政治家所重视。海军部已经相信这项法律真正是英国国防的一个重要支柱。[②]

自从赫斯基森时代以来就一直没有进行过任何重要的变革，[③]虽则在三十年代初期的一次修正（威廉四世，第3和第4年，第34章）中，古老的品名表，即非由英国船或输出国船装载不得输入联合王国供当地消费（但得在境内存栈）的欧洲产品的品名表，已经扩大，增加了包括羊毛、硫黄和柑橘等在内的十二种商品；这
502 表明贸易部已有人对于这个品名表作了认真的考虑。[④] 其中仍然包括有欧洲贸易的主要品目——计有木材、谷物、大麻、亚麻、干果、橄榄油和酒类。这是起抵消作用的规定；因为这项规定在平常时期虽可施行无阻——英国商船队既是那样强大——但在饥馑年代却不得不暂停实施。“它虽不阻止外国船装运粮食到英国来储存和供法国及荷兰消费，只要它们愿意这样做的话，”《经济学家周刊》这样写道：“但是除非在暂停实施期间，它却阻止我们本国人民加以利用。”[⑤]这项法律虽一般并不阻止外国船为我们本国人民装运粮食；但却禁止荷兰船从但泽或者汉堡船从敖德萨装运粮食到伦敦，而在饥馑年代，甚至连这些禁令也不能维持，虽则取消禁令

① 《经济学家周刊》，1847年1月30日号。

② 参阅下文所引征的任何一项报告书中海军人员所提出的或哈德威克勋爵在上院讲话中所提出的问题。《韩氏国会实录》，第96卷，第1313页。

③ 本卷，第331页。

④ 盐、沥青、松脂、木炭、糖和醋六种商品已从表上删除，究竟为什么是不容易说的。

⑤ 1847年1月30日号。

也未必能对谷物货载有多大影响。

饥馑既经把这个法典中的一些奥秘揭示给早已注定对它抱批评态度的人，他们就开始调查它的其他经济方面和政治方面作用了。他们在国内贸易方面没有能找到很多棘手的事例。唯一的一个就是约翰·布赖特的朋友的那个事例，他在阿佛买进了棉花，但不能运到英国，[①]因为旨在维护英国船舶长程运输的旧规定，禁止从欧洲港口装运远方大陆的产品。詹姆斯·威尔逊也有一个朋友，因为急需蓝靛，就在荷兰买进，但由于同样的原因，竟须绕道美国装运回国。[②] 爪哇原糖不得从鹿特丹输入；但精糖是荷兰的制造品，因而可以进口——这似乎是专为荷兰制糖厂广为招徕的一项规定。[③] 但是，虽则还有一些其他类似的事例，威尔逊在这项法律已经遭到了两年调查和辩论的不断打击的时候，却在国会议席上承认"与其说这些弊害是表面的，毋宁说是实质的。与其说这种恶作剧是经常的，毋宁说是偶然的"。[④] 这既是以贸易适应法律的一个证明，也是说明这种强迫适应不符合贸易永久利益的一项议论——鹿特丹和阿佛是应该成为易于出入的良好市场的。

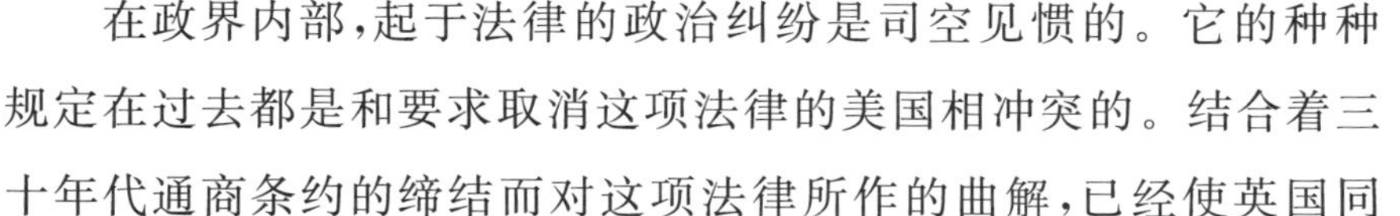

在政界内部，起于法律的政治纠纷是司空见惯的。它的种种 503
规定在过去都是和要求取消这项法律的美国相冲突的。结合着三十年代通商条约的缔结而对这项法律所作的曲解，已经使英国同

① 《韩氏国会实录》，第 89 卷，第 1007 页及以下。

② 同上书，第 103 卷，第 485 页。

③ 《航海法史简论》(*A short review of the history of the navigation laws*)。一位律师(斯塔福德·诺斯科特爵士)著，1849 年版，第 60 页。

④ 《韩氏国会实录》，第 89 卷，第 1007 页，1849 年 3 月 9 日。

欧洲各国的关系，特别是同荷兰和德意志关税同盟的关系轇轕丛生。英国先后在约翰·麦格雷戈所缔结的对奥条约和其他几项条约中，承认了一些并不位于另一缔约方领土内的港口为就一切航海法目的而言的“自然出口”。这项办法在最初采纳时原是不合法的，因而事后必须予以合法化。[①] 极端的事例是对除波希米亚外别无海岸的梅克伦堡—斯特利兹所让与的以但泽、哥尼斯堡、安特卫普和鹿特丹为自然出口的权利。除但泽或许有此可能外，其他任何港口是否曾经利用过，都大可怀疑；但是以防止自由贸易的德意志各邦加入德意志关税同盟为主要目的的这项和其他各项类似条约，使普鲁士大为恼怒，尤其是因为它自己的航运法的限制并不像英国的那样严格。

代表德意志关税同盟的普鲁士在 1846 年 4 月开始了反对这些法律的外交活动。[②] 据邦森表示，要续订英德现行通商条约或许须以某种海上让与作为代价。他指出，英国既行将废除谷物法，也未始不可进而废除航海法。他向英国保证，“普鲁士……绝不会想”同英国在海上“争夺霸权”，但是愿意在海上享有较大的自由。两年之后他说，德意志同盟深深以为它的船舶所受的不平等待遇“颇于德意志的荣誉有碍”，如果英国航海法继续实施，那么德意志势将照办。[③] 在这期间，在英荷的商业外交上已经发生了这个问题（在 1846 年），而且颇为难办，在 1847 年秋季在英美外交上也发

① 根据维多利亚，第 3 和第 4 年，第 95 章。参阅《经济史评论》，第 25 卷（1910 年），第 687 页及以下。

② 邦森致阿伯丁的备忘录。外交部普鲁士档，第 268 卷。

③ 致帕默斯通函，1848 年 1 月 24 日。外交部普鲁士档，第 292 卷。

生了同样的问题，虽远不像那样棘手，但问题是相当明确的。[①]

殖民地的意见甚至比外国的意见更为重要。北美殖民地所产 504
谷物一直享有优惠待遇，并且自1843年以来就按一夸脱一先令这个徒有其名的固定税率进口。皮尔的1846年政策势将破坏这项优惠待遇，而同时他又正在取消木材方面的优惠办法。北美殖民地之所以会有人发出帝国限制不应在帝国优惠待遇取消之后还继续存在的议论，是理所当然的。但是如果没有航海法，货运自会随着高度有效的美国商船队的参加帝国运输贸易而减少。自1846年8月起，英属北美殖民地公私团体的决议和请愿书即纷至沓来。鲁塞尔的食糖政策也使西印度群岛惴惴不安。这个群岛的大部分面粉、肉类和木材都取自美国：如果准许他们用美国船装运食糖到英国，那么他们的食糖推销工作就会比较方便些，因为在加勒比海英国船是常常缺乏仓位的。[②]

既然直到1849年航海法废止以后木材和食糖还保留了切实的优惠待遇，所以讨论就主要集中于谷物，尤其是因为糖商只希望废止某些规定而并不指望将所有规定，一并或永远予以废除。牙买加在1847和1848年的主张是前后不一致的，而德麦拉拉却拥护这项法律。[③] 北美木材利益集团鉴于航海法一旦废止，如果无

① 荷兰方面对于英国的"自然出口"政策不适用于该国，颇以为憾。因美国大使班克罗夫特的缘故，英美关系是友好的。参阅班克罗夫特致帕默斯通函，1847年11月3日和17日，外交部美国档，第478卷。进一步的讨论见《经济史评论》，第25卷。

② 《加拿大和西印度的决议和请愿书》(*The resolutions and petitions from Canada and the West Indies*)，见《上院航海法报告书》(*House of Lords' Reports on the Navigation Laws*)，1847—1848年(第20卷)，附录，另《报告和文件》，1849年(第51卷)。

③ 参阅1849年5月8日斯坦莱在上院的发言，《韩氏国会实录》，第105卷，第95—99页。

保障的英国造船商坚持在最靠近的市场上购买木材，他们的优惠待遇就会随之而告终，因而也往往有拥护航海法的表示。在连篇累牍的殖民地文件之中最重要的一件恐怕就是1848年12月14日蒙特利尔贸易委员会的一件请愿书了。委员会的多数派一致认为谷物优惠待遇的废止，会陷圣劳伦斯河的贸易于破产之境；所以他们要求废止航海法和英国对外国谷物所课征的五先令关税。主张自由贸易的少数派拒绝了优惠待遇的要求，但同意了废止航海法的主张。①

505 不论各式各样的请愿人对各该殖民地的一般永久利益所作的阐释是否正确，他们的请愿书总是在国会中受到重视的。1847—1849年接连不断的调查和讨论期间，虽然在野而影响力不亚于任何人的皮尔，一度将他所以决定赞成彻底修改这项法律的种种考虑依次加以排比。那些考虑是：殖民地的意见：外国的建议和要求：互惠条约的不胜其烦的复杂性：以及法律本身的“支离破碎状态”。②

他所指的建议主要是准备保证以完全航海自由换取完全自由的那些普鲁士建议，以及通由班克罗夫特经手提出的美国建议。③美国准备以条约来废止一切航运上的限制，但以沿岸贸易垄断权为例外。这是一项严重的例外。在1848年和1849年的辩论

① 见《报告和文件》，1849年(第51卷)。〔早在1846年8月蒙特利尔贸易委员会就已经因废止谷物法而引起的这个问题对航海法进行驳辩了，1847—1848年(第20卷)，第935页。〕

② 1848年6月9日。《韩氏国会实录》，第99卷，第646页。

③ 参阅班克罗夫特致帕默斯通函，1847年11月3日，和班克罗夫特向拉布谢尔所提建议的摘要，1849年3月10日。外交部美国档，第506页。

中，[1]格拉德斯通极其有力地辩称，美国的沿岸贸易乃是海洋贸易，事实上就是帝国贸易；英帝国应以放弃英帝国垄断权为条件，换取它对英国的开放。美国，他指出，“总而言之不是一个自由贸易的爱好者。”而废止航海法派却说，这正是当前的英国。[2] 而且，格拉德斯通的讲价政策会使现有不胜其烦的各式各样航运规定——正是皮尔所不胜其厌恶的——长此继续下去。经过国会长期争论之后，废止派取得了胜利，虽则在上院只是一次险胜；自 1849 年 6 月 26 日起，将近两世纪之久的一部航海法就只剩下把英国沿岸贸易保留给以英籍船员配备的英国船只这样一项限制，和非配备有四分之三的英籍船员不得登记为英国船的这一项规定了。

若说这项法律——在它废止的前夕——对于维护航运有多少效果，确是无法证明的。自由贸易派以英国船舶在最重要和最广
大的贸易方面早已不须保护就可对抗全世界的船舶而游刃有余的 506
论证，是“船舶利益集团”无词反驳的。但是自由贸易论者却也无法使船舶利益集团对于坡克总统那样大言不惭的 1847 年致国会咨文充耳不闻——美国船舶果能像最近这样继续增加下去，“则我国商船队之驾凌于世界其他任何国家之上，当已为期不远。”[3]对大英轮船公司的威耳科克斯所提出的询问和他的答复一直埋没在

① 1848 年 6 月 2 日和 1849 年 3 月 12 日。《韩氏国会实录》，第 99 卷，第 251 页和第 103 卷，第 540 页。引证是录自第二次的发言。

② 1849 年 3 月 9 日威尔逊的演讲。

③ 1848 年 2 月 25 日哈德威克在上院曾加以引证。

最近的一本蓝本书中而未为任何一方所引证——“就铁而论，我国胜得过世界上其余的国家吗？毫无疑问。”[1]

① 《英国船舶审查委员会》，1844 年，询问案第 1244 号。本卷，第 440—441 页。

第十三章　银行、物价和货币市场 507

随着二十年代有效金本位制的恢复，联合王国终于把它的经济战车系在**单独一种金属**上了。在黄金使用国，尤其是在这些国家，正如1830和1849年之间的联合王国那样，时时变更其根本影响价格水平的税则并修改其银行惯例的时候，要在黄金供应和价格之间建立一简便而又准确的关系，的确是不可能的；但是无可怀疑，在1820—1830年这十年和1848—1851年的黄金发现之间，按黄金计的价格的一般跌落趋势乃是就货币和工艺方面对黄金的世界需求的关系而言，世界黄金供应相对缺乏的明证。但是，虽不能准确而绝对地溯源于黄金的供求关系然而却可能和它有关的这些主要食品和原料价格的盘旋下降，却由于逐年以更大幅度随之涨落的那些价格的缘故而差不多完全被蒙蔽起来。从1820—1829年这十年的103这个平均指数跌到了1840—1849年这十年的88这个平均数。[①] 回涨的最高峰也从没有超过开始时的水平，虽则在1839—1840年曾经接近过；但是最后一次的起伏是由下述的大涨大落的数字体现出来的——1843年，八三；1847年，九五；1849

① 这些是索尔贝克的指数，其中的基准线(一百)是1867—1877年这十一年的价格平均数。到1846年是以三十一种商品的价格为基础的，从1846年起则是以四十五种商品的价格。这些商品都是主要食品和原料，最高级的“制造品”就是普通铁条。

年，七四。非有真正的饥馑是绝不会在 1847 年把回涨的最高峰带到开始时水平的百分之五以内的。

托马斯·阿特伍德和“伯明翰学派”如能自行其是，“在一个立法委员会控制下的”银行限制条例的继续有效，末始不会一反这种盘旋下降的趋势，并以大量但妥加“管理的”纸币发行来弥平这种
508 起伏。[①] 阿特伍德的政治和经济活动在选举改革法案时期正达到它的最高峰；他试图借宪章运动来推动他的货币理论；但在他生前就听到了皮尔在论 1844 年银行特许证条例的发言中以不胜其轻蔑地对这些理论所作的讨论，并且读到了——想必也拒绝了——穆勒在 1848 年对这些理论的驳斥之词。[②] 在 1844 年，他的伯明翰信徒正扬言——“把一盎司黄金铸成五金镑〔而不是三镑十七先令十又二分之一便士〕，我们就可以摆脱掉我们的负担并给工商业以刺激。”[③]但是他们虽插足于若干次政府的调查，[④]伯明翰原理却是既一无结果而又——在皮尔眼里——荒谬无稽的。阿特伍德从没有机会证明如何在事实上用纸币“比用黄金”“可以更稳定地把价格保持在一定的比率上”；虽则他的见解在今天的学者看来似乎并不像在四十年代皮尔眼里那样全然无稽。

英格兰银行的董事们现在已完全掉转头来拥护照他们所理解

① 参阅本卷，第 311 页注。

② 《韩氏国会实录》，第 74 卷，第 726 页(1844 年 5 月 6 日皮尔的发言)。穆勒：《政治经济学原理》(Mill, J. S., *Principles of Political Economy*)，第 3 卷，第 13 章，第 4 节。阿特伍德死于 1856 年。

③ 皮尔在下院中不胜轻蔑地引自一本署名“双生”(Gemini)的人所写的小册子。

④ 例如，《1832 年银行……特许状秘密委员会》(*1832 Comm. of Secrecy on the Bank... Charter*)(1831—1832 年，第 6 卷)，询问案第 5567 号。

的李嘉图原理和大条报告书了。他们并没有抱迄尚有案可查那些关于稳定价格的见解；但是他们却希望把英国通货和黄金密切地联系起来，以便使这两者的购买力之间不致发生任何分歧。他们承认，广泛地说，不利的外汇和黄金外流正表明这个国家的价格水平偏高——和一般商业界比较而言——而应该用紧缩国内流通票据的办法来应付。但他们的计划，像 1832 年所解释的那样，是要保持相当的金银储备，而把其余的留给公众——事实上是留给很小的一批买卖大条的人，这批人是和黄金外流有关的，他们为了输出而用纸币向英格兰银行兑换黄金，因而或许会减少纸币的总流通额。[①] 这个过程并不是机械的，一则因为除开银行本身的自行约制的权力外没有任何东西防止它增加纸币发行；再则因为有这样一种倾向，一旦流通方面有任何青黄不继的情形，就会部分由
“地方”纸币的增发来予以弥补。[②] 但是到了三十年代后期，至少 509
重要的地方银行家已经懂得如何推断形势了。不利的外汇已使他们“谨慎从事”，正如文森特·斯塔基所说。在他们的实际经验中，每经过一次黄金外流，食品的趸售价格就趋于下降；并且通过压低地方物价，以减少一定数量的贸易所需要的地方银行纸币，这就“及时地”影响到地方纸币的发行。[③]

究竟银行的消极自决方法是否适宜，以及究竟把发行的完全自由仍然留给地方银行家是否明智，乃是早期铁路时代的中心货

① 本卷，第 280—281 页。

② 《发行银行审查委员会》，1841 年，第 5 卷，询问案第 96 号及以下，第 465 号及以下。

③ 同上书，询问案第 502、528 号。

币问题，对于这些问题，政治家和政论家往往全力以赴，以致达到了货币狂的程度。很少有人谈及信贷和支票，虽则它们的使用已逐渐推广，纵令是悄悄推广的。[①] 至于英格兰银行如何可以适当地操纵利息和贴现率以影响流通额和价格，政治家和董事会都没有透辟的理解，而这却是比单单见票即付的纸币供应方面任何小小的变动影响面更广的一种方法，因为它可以影响购买力的总供应量。[②]

关于贴现宜有更大的自由一节，业经 1833 年换发英格兰银行特许证的那一项条例（威廉四世，第 3 和第 4 年，第 98 章）予以承认，虽然还不是放胆承认的。现在英格兰银行可以不再顾及高利贷法，也就是说，可以按超过百分之五的利率而对短于三个月期的票据进行贴现了。这项条例还把从来不是法币的英格兰银行纸币定成为法币，[③]虽则只不过就英格兰银行见票即付这一点而言才是法币，从而对于该行本身所进行的支付并不具有法币的性能；条例中又规定由国库归还国家所欠该行一亿四千五百二十万镑的四分之一，而减去该行为经理公债所领得之数；它也承认了“任何团
510 体、法人、社团、公司或合伙组织，虽有六个以上的成员”，除不得发行见票即付的纸币外在伦敦仍享有进行一切银行业务的正式权利，发行纸币的地方银行也享有“专为兑付在伦敦所提出的各该行

① 本卷，第 519 页。

② 托马斯·屠克在 1838 年批评英格兰银行的政策时，对这个方法作了令人信服的说明。《物价史》，第 2 卷（1838 年版），第 296 页。

③ 这就说明为什么金勋爵在停止支付时能以要求他的佃户用黄金付租，因而迫使进行货币调查。斯马特：《经济年鉴》，第 1 卷，第 298 页。

的纸币”，而在那里设置代理处的权利；并且它责成英格兰银行将它的存款、纸币和大条供应的统计表按期送呈财政大臣。作为交换条件的是准特许状转期十八年，但在十二年后国家有停止实施的权力。

关于伦敦的银行业务一款乃是英王的司法官过去对于设立和维持英格兰银行垄断权的一系列特许状所作解释——即股份银行的垄断权只适用于发行方面——的明文公布。英格兰银行曾为这项解释进行了激烈的争辩，但是这场争论现在解决了。该行因而在法定区域内尽其力所能及来设法封锁第一家伦敦股份银行——即于 1834 年 3 月开业而以吉尔巴特为经理的伦敦—威斯特敏斯特银行——的业务。吉尔巴特不但须同英格兰银行作斗争，而且须同伦敦的合伙银行、法律和非常可疑的舆论作斗争。1826 年条例所给股份银行的一般法律许可，尽管有 1833 年的正式声明，也只适用于伦敦周围六十五英里以外。伦敦—威斯特敏斯特银行是普通法上的唯一大规模合伙组织；在它试图争取准以董事长的名义进行诉讼和被诉讼的一项私法案时，[①]它的敌对方在奥尔梭普勋爵的帮助下，是力足以在上院否决这一法案的。（吉尔巴特因而设法通过董事们来缔结一切契约。[②]）伦敦资本竟抱这样的敌视态

① 正如保险公司常常取得的那种私法案（本卷，第 288 页）。1826 年条例已轻把这种权利普及于股份银行（本卷，第 275 页）。

② 吉尔巴特：《银行原理和实践》（*The Principles and Practice of Banking*）（1873 年版），第 466 页。在民事高等法院中也取得了一项命令，限制伦敦—威斯特敏斯特银行不得承兑短期票据，理由是任何六人以上的合伙组织和公司都不能进行这项业务而不触犯英格兰银行的特权。“唯一的结果是英格兰银行支付向它开出的票据而不承兑。”

度，以致银行基金大部分都是募自地方的。参加清算所的银行家拒绝给予清算所的便利，而英格兰银行竟会不许吉尔巴特开立往来户。[①]

511 舆论对股份银行抱怀疑态度是不足为奇的。凡是关于组织、经营管理、发行以及账目等一切事宜，1826年条例都一任这些新机构自行其是。[②] 吉尔巴特是一个大银行家，而且早期铁路时代的大多数股份银行似乎都有悠久而体面的历史。但是原来的法律给予太多的回旋余地，而借以进行的改革往往并不适宜，[③]而且银行创办得太快，以致影响到一般的安全。责任固然是无限的，但是人员的无经验也是可以想象的。因而，维多利亚时代人为"诡计多端的股份银行的幽灵"苦恼了三四十年之久。

在1833年年底，英格兰已经有三十二家股份银行完全成立，大多数是在工业区。在1834—1835年，新行的创立是稳步进行的，但在1836年的繁荣时期却有过一次突飞猛进。为了安全或时髦起见，现有的合伙银行常常和股份企业合并，或自行改组为股份企业；所以独立银行机构的数目逐步下降。到了1836年年底，除1834年的不发行纸币的伦敦—威斯特敏斯特银行、1836年的伦敦股份银行和十八家从未发行纸币或已停止发行的地方股份银行外，英格兰计有发行股份银行七十九家。股份银行的纸币流通额在1836年年底是四百二十五万八千镑。在这七十九家发行银行

① 吉尔巴特在1841年的作证：询问案第1307号。

② 唯不得发行一镑的纸币。

③ 例如，皮尔的股份银行条例，即维多利亚，第7和第8年，第113章，经发现为不适当，爰于1857年废止。

之中，开设于约克的不下二十一家，总发行额将近一百万镑，而其中最最大的单独发行额就是约克郡区银行的二十三万一千镑。[①] 当时在英格兰首都区没有任何股份银行的纸币流通；在米德兰、牛津、伯克郡、赫列福德或柴郡也都一家没有。[②]

兹将 1837 年 3 月英格兰和威尔士的银行纸币流通额分列如下：英格兰银行，一千八百二十万镑；合伙银行，七百二十万镑；股份银行，三百七十万镑。四年之后，在皮尔上台前夕的贸易萧条时期，数字是：英格兰银行，一千六百二十万镑；合伙银行，六百二十万镑；股份银行，三百七十万镑。此外还有二百九十万镑的苏格兰纸币和不下五百五十万镑的爱尔兰纸币，包括苏格兰各特许银行 512
和爱尔兰银行的发行在内。[③]

到了 1841 年，英格兰股份银行的数目已经增加到一百一十五家——包括伦敦的另三家在内。合伙银行已经从 1821 年的七百八十一家，经由 1826 年的五百五十四家和 1831 年的四百三十六家而减到三百二十一家。[④] 在这三百二十一家合伙银行之中有二百八十七家是发行银行，而在一百一十五家股份银行之中则有九十一家——大多数不发行纸币的合伙银行自然是在伦敦的。[⑤] 由

① 参阅吉尔巴特提交 1841 年审查委员会的精心编制的统计数字；询问案第 912—940 号。

② 吉尔巴特的作证：询问案第 940 号。

③ 《1841 年审查委员会》，询问案第 937 号和同一报告书的附录 13 甲。在 1844 年 7 月，合伙银行的流通额是四百六十二万四千镑，股份银行是三百三十四万镑。鲍威尔：《伦敦金融市场的演变》，第 413 页。

④ 一览表见鲍威尔，前引书，第 412 页；关于 1821 年的情形，参阅本卷，第 264 页。

⑤ 《1841 年审查委员会》，附录 13 甲。

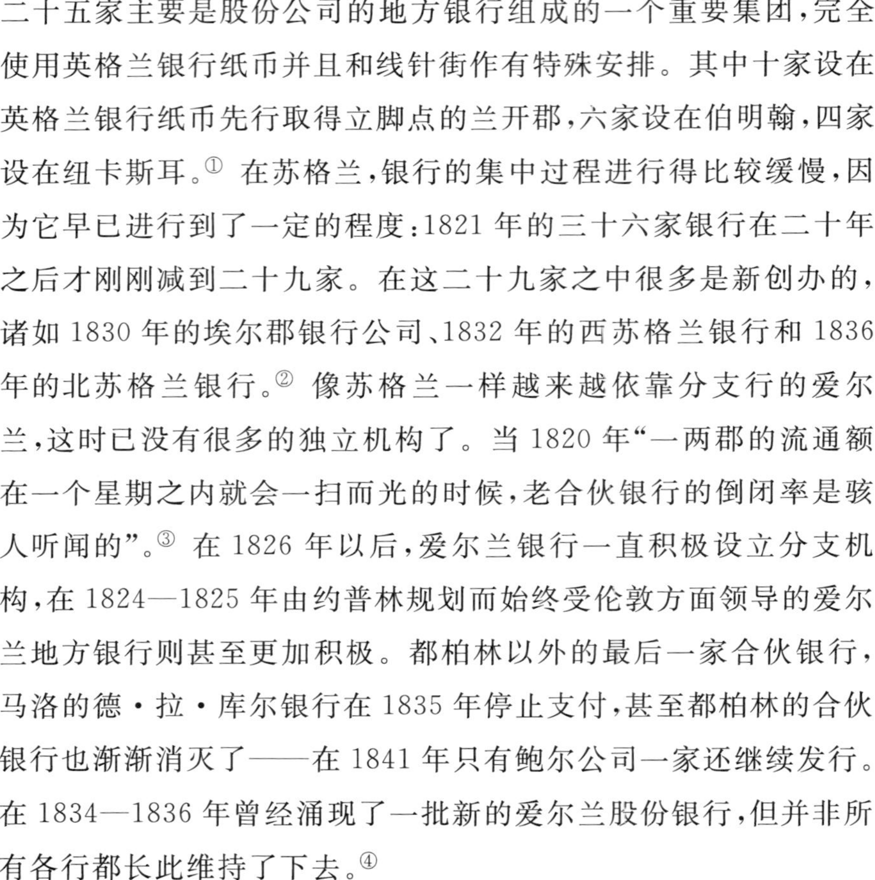

二十五家主要是股份公司的地方银行组成的一个重要集团，完全使用英格兰银行纸币并且和线针街作有特殊安排。其中十家设在英格兰银行纸币先行取得立脚点的兰开郡，六家设在伯明翰，四家设在纽卡斯耳。[①] 在苏格兰，银行的集中过程进行得比较缓慢，因为它早已进行到了一定的程度：1821 年的三十六家银行在二十年之后才刚刚减到二十九家。在这二十九家之中很多是新创办的，诸如 1830 年的埃尔郡银行公司、1832 年的西苏格兰银行和 1836 年的北苏格兰银行。[②] 像苏格兰一样越来越依靠分支行的爱尔兰，这时已没有很多的独立机构了。当 1820 年“一两郡的流通额在一个星期之内就会一扫而光的时候，老合伙银行的倒闭率是骇人听闻的”。[③] 在 1826 年以后，爱尔兰银行一直积极设立分支机构，在 1824—1825 年由约普林规划而始终受伦敦方面领导的爱尔兰地方银行则甚至更加积极。都柏林以外的最后一家合伙银行，马洛的德·拉·库尔银行在 1835 年停止支付，甚至都柏林的合伙银行也渐渐消灭了——在 1841 年只有鲍尔公司一家还继续发行。在 1834—1836 年曾经涌现了一批新的爱尔兰股份银行，但并非所有各行都长此维持了下去。[④]

① 《1841 年审查委员会》，附录 2。另参阅格林顿：《曼彻斯特的银行和银行家》，第 254 页。

② 《1841 年审查委员会》，附录 13 甲和克尔：《苏格兰银行史》，第 215—216 页。

③ 《爱尔兰贫民状况审查委员会》(*S. C. on the State of the Poor in Ireland*)，1830 年(第 7 卷)，询问案第 1164 号。

④ 吉尔巴特：《爱尔兰银行史》(Gilbart, J. W., *A History of Banking in Ireland*)(1836 年版)。吉尔巴特曾经在那里工作。前引附录 13 甲。关于 1834—1836 年的银行，参阅屠克，前引书，第 2 卷，第 286 页。

苏格兰银行业在三十年代时是实力雄厚的，似乎不太需要伦
敦方面操心，即使是在困难时期。例如在 1841 年，苏格兰银行所 513
保有的黄金和英格兰银行纸币的储备相当于它本身流通额的四分之一；但是它从没有在柜台上支付过很多黄金或英格兰纸币，所以这项储备并无耗竭之虞。[①] 爱尔兰却不像那样稳定，并且因为爱尔兰和伦敦联系密切，从而增加了那里金融局势的敏感性。

在 1836—1841 年之间，那里的金融局势受到了严重的考验。在 1837 年初，英格兰银行的大条储备已经降至四百万镑，在 1839 年降至二百五十万镑，当时，正如一位合伙银行家所说，英格兰银行纸币“实际上已经停止”兑现。[②] 该行负有这样的责任：即在 1837 年困难时期，照该行董事于 1832 年所提出的理想储备本应保有一千多万镑大条，在 1839 年困难时期也应保有八百万镑之数。无疑，储备是为供困难时期动用而保持的，但——至少在第二个场合之下——它们已经使用殆尽。该行犯了重大错误。有一些新股份银行，尤其是爱尔兰那些，却更变本加厉。在 1835—1836 年，公众渴望自己的积蓄能获得较高的利润——从铁路、银行、西班牙公债或安全马车公司等方面去获得。[③] 但 1836 年筹设的另一个公司，即资本二百万镑的英美交流公司，却显出了货币风潮的直接原因——即当时存于英美两国之间的那种既密切而又突出的

① 《1841 年审查委员会》，询问案第 1791 号和附录 23 甲。关于苏格兰合伙银行的倒闭情形，参阅克尔，前引书，第 213 页。

② 《1841 年审查委员会》，询问案第 248 号：霍希豪斯。

③ 本卷，第 388 页，另 1836 年 5 月 6 日波利特·汤姆森的发言，引自屠克，前引书，第 2 卷，第 276—277 页。参阅屠克，前引书，第 282—284、386 页；第 3 卷，第 78 页。

商业和金融关系。美国供给英国主要工业以原料，而他们却是英国出口货的最大买主；他们不断的吸取英国资本而加以要弄，正如一个以整个大陆为后备的新兴国家立意要要弄任何工具或玩具一样；并且还操纵着英国经济命脉所系的黄金。

在1835年1月，美国的国债已经偿清，并且制定了如何将联邦剩余收入——已不再因支付利息而感匮乏——分配给各州的办法，从而这笔款项流入了各州需用头寸的银行。[①] 经过长期斗争之后，安德鲁·杰克逊总统在1836年击败了美国银行。该行的特
514 许证已准于该年度归于无效，政府款项则分存于杰克逊的“宠信银行”，而不像过去那样集中在一个中央机构了。这些宠信银行个个富有资金。地产和铁路大为利市，美国的银行在1835—1836年比1834年增加了将近二百家。棉价扶摇直上。在1830和1837年之间，美国进口的商品远比出口为多，外国人事实上把剩余销售额的价款都留存美国生息，尤其愿意投放在市公债和国家公债方面。“我们的好运甚至把委靡不振的欧洲人都引得大做其美梦了，”正如后来一位美国传记家所写的那样。[②]

自十八世纪以来，美国货币——在名义上——一直是复本位的。银对金的比率是十五比一；但是因为比率不够高，所以鼓铸的黄金是不值一提的。这时，根据1834年6月28日的条例，已决定减轻金币的重量，使比率接近于十六比一，而将英镑和美元之间的

① 杜威：《美国财政史》，第219页及以下，以及该书所开列的参考书籍。

② 谢泼德：《范布伦》(Shepard, E. M., *Van Buren*)，引自杜威，前引书，第226页。

法定平价从四点四四美元提高到四点八七美元。[①] 意欲使黄金进入流通的杰克逊政府，责成这些“宠信银行”对于它的一切债务都按一定的比例以黄金支付并设法从欧洲直接吸取黄金。在1835—1836 年，美国银行正从钱贱的伦敦进行筹募一笔巨额贷款，“以利特许证满期时的清算。”[②]在银根松动的伦敦市场上也有荷兰人和其他外国人进行借贷。美国各种证券大量地送到欧洲出售(以取得黄金为最后目标)；“英格兰的一些主要行号就凭这些证券按预期可售得的款数放给信用贷款。”[③]

英格兰银行一再受到而未作任何分辩的指控是：它没有采取任何适当措施采避免或减少这种已可预见的欧洲黄金外流的危险——抑且反其道而行之。它增加了它的证券和发行，而直到1836 年 8 月方始把它的贴现率提高到百分之五。在 1835 年的任 515
何一个月份中，它的大条都没有超过它的资产五分之一太多，而纸

币在全年之中都约为大条三倍之数。[④]

在 1836 年一年之中，国内局势始终是紧张的。问题并不是英格兰的新股份银行使真正的纸币通货膨胀到了危险的程度，像当

① 霍斯利·帕麦尔：《自 1833 年 10 月 1 日至 1836 年 12 月 27 日金融市场所受压力的原因和结果》(Palmer, J. Horsley, *Causes and Consequences of the Pressure on the Money Market, from October 1, 1833, to December 27, 1836*)(1837 年版)，从英国方面对这个问题加以研究。在屠克，前引书，第 2 卷，第 282 页及以下的叙述中曾加以利用。

② 帖麦尔，前引书，第 30 页。另参阅屠克，前引书，第 3 卷，第 73 页。

③ 同上。〔詹克斯：《英国资本的输出》(Jenks, L. H., *The Migration of British Capital*)(1927 年版)，第 92 页及以下有一全面分析。〕

④ 参阅屠克，前引书，第 2 卷，第 285 页及以下的批评和第 2 卷，第 386 页中的各表。

时所认为和后来所想见的那样。[①] 很多股份银行的发行都是取代被合并的合伙银行的发行的，而事实上英格兰地方银行的总发行额——包括合伙银行和股份银行一并在内——在 1836 年虽比 1835 年平均增加了一百万，也就是百分之十左右，然而自 1836 年 4 月到 12 月却逐渐减少。[②] 在 1835 年 12 月和 1836 年 6 月之间，爱尔兰各类银行的发行都稍稍增加，但也仅只稍稍而已；苏格兰却很稳定。但是有些股份银行——虽不单单是它们——却从事于靠不住的业务，对靠不住的票据进行贴现，并且凭各种靠不住抵押品进行垫付。为了增加可利用的资源，它们任意以它们所持有的票据在伦敦进行再贴现——其本身虽不是一种银行业的弊害，但是如果对票据或者以票据再贴现所得款项运用不当，却危险万分。[③] 8 月间，英格兰银行在提高它早应提高的贴现率的同时，突然决定凡业经发行股份银行背书的票据，一律拒绝贴现。股份银行方面对于这种歧视自然引以为憾，并视为"对股份银行制度的推广和竞争最抱有恶感的"一个心怀嫉妒的敌意措施。[④]

倒风随着秋季的到来而开始。11 月农商银行那家爱尔兰股份银行倒歇。以爱尔兰银行为首的爱尔兰另一些银行，为慎防倒

① 屠克(第 2 卷，第 316 页)承认：他认为它们在 1836 年是如此，但后来发现自己错了。鲍威尔：《金融市场的演变》(1915 年版)也犯了屠克原来的错误。

② 鲍威尔因为只引证了股份银行的数字，以致给人以这样的印象，认为"地方银行"在这些月份中不断增加它们的发行。数字见《1841 年审查委员会》，附录 23 甲。

③ 关于十九世纪中叶对于再贴现的一种稳健的看法，参阅雷伊：《地方银行家》(Rae, G., *The Country Banker*)(1903 年版)，第 223 页。

④ 屠克，前引书，第 2 卷，第 304 页。关于英格兰银行的做法，参阅麦克劳德：《银行的理论和实践》，第 2 卷，第 140 页。

闭和担心挤兑起见，已设法从伦敦装运大批黄金。在美国势力区域有三十九个分支机构的曼彻斯特中北银行在11月也陷于周转不灵。据说①线针街原拟听其破产，但是因为怕对本身匮乏的储 516
备有所反应，到12月1日方决定予以支持。在1837年1月，英格兰银行开始给伦敦银行界援助了，在2月也渐渐卷入了“三威”——威金、威尔德和威尔逊——事件的旋涡，这三家都经营对美贸易的商业银行业务，并且是以共有五百五十万镑尚待支付的承兑票据而闻名的。② 在把这些票据暂保留了一段时期之后，英格兰银行在6月1日拒绝再给予进一步支持。于是三威停止支付。少数其他银行也步其后尘。虽然没有酿成总崩溃，但这一牵动已足可遏止贸易和给人警惕而有余了。③

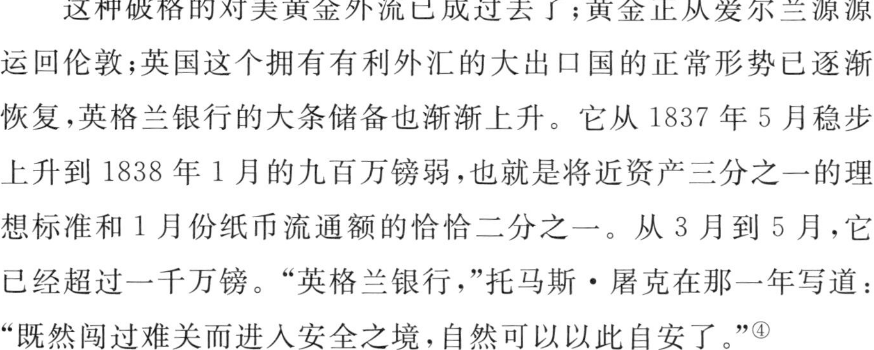

这种破格的对美黄金外流已成过去了；黄金正从爱尔兰源源运回伦敦；英国这个拥有有利外汇的大出口国的正常形势已逐渐恢复，英格兰银行的大条储备也渐渐上升。它从1837年5月稳步上升到1838年1月的九百万镑弱，也就是将近资产三分之一的理想标准和1月份纸币流通额的恰恰二分之一。从3月到5月，它已经超过一千万镑。“英格兰银行，”托马斯·屠克在那一年写道：“既然闯过难关而进入安全之境，自然可以以此自安了。”④

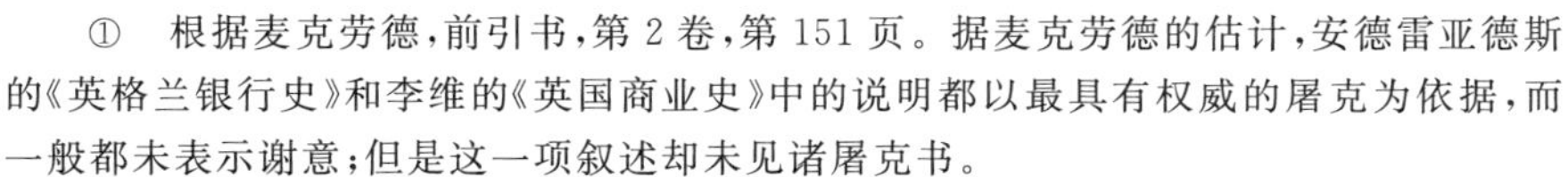

①　根据麦克劳德，前引书，第2卷，第151页。据麦克劳德的估计，安德雷亚德斯的《英格兰银行史》和李维的《英国商业史》中的说明都以最具有权威的屠克为依据，而一般都未表示谢意；但是这一项叙述却未见诸屠克书。

②　《大事记》(*Annual Register*)，1837年，第183页。本卷，第261页。〔詹克斯，前引书，第86及以下各页。〕

③　屠克，前引书，第2卷，第306—308页。

④　同上书，第308页。

幸而由于三十年代中期的几次丰收，谷物进口在这段困难时期尚无必要。但1838年的年成可说是1816年以来最坏的一年，而1839年也所好有限。在1838—1839年之交，小麦已高达八十先令，并且在此后十二个月之中难得低于七十先令之数。连年歉收的累积结果主要见之于1839年，致使约一千万镑的不正常粮食进口已成势所难免。1839年金融界是有理由兴高采烈的。英格
517 兰银行正忙于清理它在1837年收自摇摇欲坠的银行家和商业银行家的证券。其中有美国所欠的大笔款项，所以英格兰银行开始关心美国的国内情况。在商界“通过报纸和银行界的传单”[①]亟力敦促它以雄厚的大条库存为贸易尽一点力量的情况下，它曾于1838年2月将它的利率从百分之五降到百分之四，并且为恢复英美贸易起见，装运了将近一百万镑的大条去帮助美国已停止支付的银行。当秋季之末已料到1839年是一个艰苦的年头而市场利率已经步涨的时候，它还是按百分之三又二分之一的利率提供贷款。[②] 董事们，正如屠克不胜辛辣地写道，“过去在原则上向来不主张按预测行事，”[③]——公众只应“唯英格兰银行的马首是瞻”，[④]何况该行在1839年1月1日还保有九百多万镑大条的库存。公众的行动竟有如此之迅速，以致5月间大条就降到了五百万镑。于是该行（在5月16日）只有借重百分之五这条亡羊补牢的妙计

① 屠克，前引书，第3卷（1840年版），第79页。

② 市场利率曾降至百分之三。

③ 屠克，前引书，第3卷，第83页。本节系以屠克，前引书，第3卷，第73—83页为依据。

④ 本卷，第508页。

了，此外并售出了价值七十五万镑的公债以改善它的储备。

在这期间，美国的银行正帮助棉农抬高棉价以对抗英国。凡是装运来的棉花都是英国承办商按很高的此例预付了订金的。兰开郡的纺工有一个短时期继续强制销商压低价格，而作为出口贸易之砥柱的棉纺品的出口在——由于粮食的情况——最好能增加一点的时候，却停顿下来。[①] 同时，美国证券源源不断地流入英国——尤其是各州的公债和银行证券，包括美国第一银行在内，该行虽已丧失联邦特许证，却持凭宾夕法尼亚州所颁发的特许证继续进行冒险事业。欧洲大陆也不甘寂寞。在那里，正如在英国和美国一样，自 1836 年以来股份公司和银行业都颇极一时之盛。[②] 物价步涨，黄金外流。其中有一些是存在伦敦的。1838 年下半年
比利时银行停止支付了，巴黎拉飞特银行发生了挤兑。金银随着 518
大陆物价的回跌而开始倒流，而且相信俄国正在搜罗贵金属——白银，而不是黄金；但是这时英格兰银行已经把白银也包括在它的大条数字以内——目的在于恢复银卢布以取代纸卢布，并且终于在 1839 年 7 月以敕令公布实行。[③] 所以伦敦的金银外流是面既广而数目又日有增加的，因之第二次的歉收就使英格兰银行纸币距离不兑现已经为期不远了。外汇商自 6 月以来就已经作了这样的推断。

当英格兰银行在 5 月间提高利率和出售证券时，它也设法向巴黎方面开出了为数达六十万镑的短期票据。随着期限的迫近，

① 关于 1839 年少量棉花的取得，参阅波特尔，前引书，第 178 页中的一览表。

② 朱格拉尔：《论商业危机》(1889 年版)，第 347 页。

③ 屠克，前引书，第 3 卷，第 76 页——作为一个俄国商人的屠克是深知其详的。

而它依然准备毫无。6 月 20 日，为保护它的资金起见，它破天荒第一次把它的贴现率提到五又二分之一，并且“只有对汇票”才按贴现率进行垫付。[①] 这就是说，甚至凭财政部证券，也不能取得垫款了；但是还不止于如此，在 7 月间董事们——通过巴林家族——“竟诉诸这样一种不体面的救急办法，而向一批巴黎银行家求援，他们经过再三踌躇和侮辱备至的调查，才表示首肯。”[②]这笔信贷是二百万镑，而以法兰西银行为这批银行家的后盾。另一笔九十万镑的贷款是在汉堡商定的。[③] 8 月 1 日，英格兰银行的贴现率提高到百分之六。经过了这种屠克所谓的“几乎是国耻的事态”之后，[④]大局方始挽回。英格兰银行的金属储备在 9 月初已降至二百四十万镑的最低点。粮食的情况使它在整个秋季无法上升；直到 1840 年 1 月还不超过三百万镑；在 1842 年的丰收没有使英国的贸易平衡绝对有利以前它始终没有上升。差不多两年半以来，英格兰银行很少有五分之一以上的资产是大条，而且往往不到六分之一。[⑤] 但是在这饥馑、宪章运动和失业的黑暗年代里，冒风险的商业试验是不大可能了，因而没有严重的黄金外流。

519　在这整个期间，银行改革问题一直在讨论中。在 1840 和 1841 年都有一个强有力的委员会。[⑥] 其中包括有皮尔、约瑟夫、休姆、

① 屠克，前引书，第 87 页。

② 同上书，第 88—89 页。

③ 麦克劳德，前引书，第 2 卷，第 145 页。

④ 屠克，前引书，第 3 卷，第 90 页。〔在现代人看来，在这种巧妙而成功的国际活动上，并无屈辱可言。〕

⑤ 见屠克，前引书，第 4 卷（1848 年版），第 436—439 页。

⑥ 《纸币发行银行审查委员会》，1840 年（第 4 卷）；1841 年（第 5 卷）。在 1836 年也有一个股份银行审查委员会；1837 年（第 14 卷）。

格罗特、埃伯耳·斯密、玛提亚·阿特伍德——托马斯·阿特伍德的弟兄——和铁路评论家摩里逊。凡应该听取意见的人,它都一一听取了意见。塞缪尔·琼斯·洛埃德指出,英格兰银行在资产中保持一定份额的大条的政策,纵令贯彻,在大条和纸币之间也建立不起任何联系:"由于存户的需求,"大条"可能全部被提光而流通额并无任何紧缩"。[①]（事实上,在1838年3月,流通额为一千八百六十万,而以一千万镑的大条为后盾;在1839年10月则有一千七百六十万镑的流通额和二百五十万镑的大条。)洛埃德主张把纸币和大条紧密地联系起来,并且把这种计划在各式各样的小册子里加以说明。[②] 英格兰银行董事诺曼主张单独一个发行银行和"一个……取代地方银行家的纸币流通机构"。[③] 皮尔对于这两位证人一定是洗耳恭听的:他向来相信黄金而不欢喜无限制的纸币。巴思的霍布豪斯为遭到了威胁的合伙地方银行家所受纸币管理不善的指控进行辩护,据辩称,这类纸币如果取消,通货的这个空隙"一定是由汇票、支票之类的东西来弥补的"。[④] 文森特·斯塔基则为股份银行进行辩护,并且说明它们目前如何非但没有大量发行,而且还鼓励甚至农场主也使用支票以"节省流通额":"这是最

---

① 1840年询问案第2907号。

② 计有《读霍斯利·帕麦尔先生论金融市场所受压力的原因和结果一书有感》(*Reflections suggested by a perusal of Mr. J. Horsley Palmer's pamphlet on the causes and consequences of the pressure on the Money Market*)(1837年版),《论纸币流通的管理等》(*Remarks on the Management of the Circulation, etc*)(1840年版)。

③ 在1841年,询问案第783号中曾加以描述。他的作证见1840年,询问案第2002号及以下。

④ 1841年,询问案第173号。

近大力采行的一种方式。”[①]伊普斯威奇市的柯波德的威廉·罗德韦耳说，地方银行家甚至在困难时期，也还是平安无事的。“在地方上我们总是有很多黄金；特别是在1839年”[②]——话诚然不错，但藏诸地方上的黄金并无补于大局。果不出所料，詹姆斯·吉尔巴特并不以仅仅为自己的那一类银行作一番辩护为满足，因为这
520 个委员会已经被纸币发行问题弄得焦头烂额，而伦敦—威斯特敏斯特银行又不发行纸币，所以这一类银行的确没有受到多少攻击。他更凭借他的最广博的银行经验那个居高临下的地位[③]对他的敌人英格兰银行大肆轰击。他以统计数字证明如何地方纸币自有其规律性的起伏，以8月为最低潮而以4月为最高潮，以及如何难以强使其流通额作不正常的上涨[④]——因为，正如霍布豪斯所阐明，凡是拿汇票或支票往地方银行兑现，银行总是问明“究竟要铸币，英格兰银行纸币，还是地方纸币”?:“这就是我们的纸币进入流通的方法。”[⑤]但是英格兰银行，据吉尔巴特辩称，却可以轻而易举地用它自己的纸币购买黄金或各种证券以增加它的流通额，但这是任何地方银行家所办不到的。而且它的纸币也不像其他一切银行纸币那样快地回笼；因为它既不付“存款利息”，[⑥]也没人想去存

---

① 1841年，询问案第456—457号。

② 1841年，询问案第781号。

③ 代理十二个地方银行的一家伦敦企业的事务员：爱尔兰的一家股份发行银行的经理：伦敦—威斯特敏斯特银行总经理。

④ 《纸币发行银行审查委员会》，1841年，询问案第912号。

⑤ 1841年，询问案第31号。但是，正如斯塔基所承认的（询问案第465号），地方银行的贷款自然有助于地方银行流通额的增加：只是并没有多少证据证明它们近年来已作到这种危险地步。本卷，第515页。

⑥ 1841年，询问案第1361号。

款。吉尔巴特既不赞成洛埃德的意见，也就是务使纸币的流通完全随英格兰银行存金量的波动而波动的这项开始被称作“货币原理”的东西[①]——在这个委员会开会期间，他曾在1841年1月号的《威斯特敏斯特评论》(*Westminster Review*)上加以批评——也不赞成诺曼的集中发行计划，但他的作证却指出有对英格兰银行的发行政策严加控制的必要。如果英格兰银行受到了严格的控制，地方发行银行又怎能逃避呢？

这种意见，可以设想，正是皮尔一面倾听一面得出的结论。以他为首的那个委员会却没有得出任何真正的结论。它“不能提出一个最后报告书”，而它的唯一建议就是主张发行这样“一种会计报告，俾将英格兰和威尔士流通的纸币……平均额，连同英格兰银行所存大条的平均额”，以及苏格兰和爱尔兰的流通额“更加准确地，并按更短的周期予以发表”。[②] 这项建议对于地方发行一旦减 521
少或取消，所缺通货如何可以弥补的问题并未唤起注意；并且，尽管有霍布豪斯和斯塔基的作证，“支票”一词却未见诸同作证记录和这项缺乏内容的报告书一起发表的附录中。

既然在第二项报告书发表以后的三年内没有再对银行问题作过公共调查，皮尔——在这期间已经平衡了预算，并且目睹全国已走上贸易繁荣之路——遂决定利用一下1833年条例授权政府在1845年修改英格兰银行特许状的那一款，以便一劳永逸地将有关

① 屠克(第4卷，第166页)认为这个名词是最初用于1840年询问案第2018号诺曼的证词中的。参阅1841年询问案第932—933号中吉尔巴特对“货币原理”和“银行原理”的讨论。

② 《威斯特敏斯特评论》，1841年，1月号，第3页。

货币方面的银行业务整顿就绪。在1844年5月，他说明了他对货币的意见，[①]国会轻而易举地予以采纳，下院以一百八十五票对三十票通过，上院无异议通过。这一条例(维多利亚，第7和第8年，第22章)，正如一位银行家过去所说的那样，与其说是一项银行条例，毋宁说是一项银行纸币条例。[②] 皮尔是有意这样制定的。他所考虑的是银行纸币的兑换问题，而且止于这一个问题而已。他究竟是否面面俱到地、透彻地加以考虑，却不无疑问。除涉及“货币发行……那项主权者特权”的业务外，他无意于限制银行业务，正如他无意于限制酿酒业务一样。他曾对他的内阁说，如果他要“在一种新的社会情况中建立一种新货币制度”，他会认为发行和发行的利润应该像鼓铸一样地由国家垄断这个李嘉图的结论是难以拒绝的一个结论：“会成立一个不隶属于政府但对国会负责的委员会，来主管可兑换黄金和作为法币的纸币发行事宜。”既然似乎主要因为“把任何一成不变的划一原则立即适用于币制各有不同的这个大帝国的三个地区都不免过于冒险”，[③]所以为实际上的方便起见，拒绝了这项行动方针——他还没有忘记苏格兰人的一镑纸币和马拉基·马拉格罗特——他决定先从英格兰着手；凡已
522 发行纸币的银行得继续发行；此后在联合王国的任何地区不得再

① 5月6日和5月20日。《韩氏国会实录》，第74卷，第720页及以下、第1330页及以下。从经济学家的观点来看，这些演讲并不很高明(参阅屠克，前引书，第4卷，第143页，麦克劳德，前引书，第2卷，第151页)，但皮尔是对下院演讲而不是对经济学家演讲。皮尔的政治小传作者〔帕克：《皮尔传》，第3卷，第139页〕对这些演讲的大捧特捧却很不是地方。

② 埃夫伯里勋爵，引自巴克斯顿：《财政和政治》，第2卷，第15页。

③ 录自皮尔内阁的备忘录，见帕克，前引书，第3卷，第134页及以下。

行设立新的发行银行；凡英格兰旧银行的纸币发行一律不得超过现有数额；为纸币发行的逐渐转移于英格兰银行提供便利，并将英格兰银行的纸币同黄金联系在一起。这是既得利益和主权权利的一种独具一格的平衡。

因而有了银行特许证条例中习见的各款。无论合伙或股份地方银行的纸币流通额一律不得超过截至1844年4月24日为止的一年平均额。它们的纸币将不是法币。一家银行一旦破产，即丧失了它的发行权。如果两家或两家以上的银行合并，它们可以合并发行，但合并的银行如有六名以上的合伙人，则不得从事发行——这一条是意在乘合并，特别是同股份银行的合并为数频繁的时候，加速减少地方发行。任何银行不论因何种理由而一旦停止发行，嗣后即不能再将它的纸币付诸流通。

这些条款的显而易见和公认不讳的目的就是要把发行逐渐集中于线针街。这个过程比皮尔所预料的或许慢一些：在四十年代初期起伏于大约八百万和一千一百万镑之间并于1844年固定于八百六十一万一千六百四十七镑的最高限额以内的英格兰和威尔士的地方发行额，五十年后仍变动于一二百万之间，而七十年后也还没有完全消灭。[①]

英格兰银行依法分成为发行和营业两部。[②] 发行部得凭证券

① 1914年6月20日，八万四千八百三十一镑。最后一家有发行权的银行——福克斯·福勒公司——在1921年被劳埃德银行合并。

② 正如琼斯·洛埃德自1837年以来所主张的那样。因而有狄斯累利对皮尔的这样一番议论。“总有代表某种理论的人……影响他的意见……霍尔纳先生或塞缪尔·罗米利……惠灵顿公爵、法国国王、琼斯·洛埃德先生——其他一些人以及最后科布登先生。”《本廷克勋爵传》，第199—200页。

（包括政府所欠该行约一千一百万镑的到期债务在内）发行一千四百万镑的纸币，并得凭金币和金银大条随意增发，[①]但银条不得超
523 过金条和铸币的四分之一。依据枢密院令，凭证券的发行得增加到其他银行随时放弃的发行额三分之二以内的任何数量。任何人均得按三镑十七先令九便士一盎司的价格以纸币兑换金条。责成该行按规定的格式每星期公布会计账目；准免纸币印花税；并将为换取特权而对国库进行的定额缴纳予以提高；此外，凡超过第一笔一千四百万镑之数的凭证券发行所得的利润，应一律归公。

当这项议案提出国会讨论时，伦敦银行家以集体的名义，并且至少还有一个人——博赞克特先生——以个人的名义请求把这项条例制订得比较有伸缩性一些，以便应付缓急。[②] 博赞克特指出如何在危急之际，汇票和支票——也就是“信用通货”（credit-currency）——全部地或局部地停止发生作用，以及如何“黄金外流一旦造成流通额的减少而需要比平时更大的发行时”，致英格兰银行在其他任何银行都没有增加发行的权力的同时，也没有这种权利。无疑，长此以往，据他这样说，银行家会保持更大的现金储备来应付这类的缓急，但是他担心“在从目前宽弛货币制度走上将来严谨货币制度的这个过渡时期会发生重大的困难……”。他建议给英格兰银行一项许可，准以财政部证券为担保，按不少于百分之八的

① 白银是因为它在复本位制或银本位制国家外流的场合下有用的。皮尔，5月20日，《韩氏国会实录》，第74卷，第1335页。

② 博赞克特致皮尔函，帕克：《皮尔传》，第3卷，第140—142页。

利率进行非常垫款，为期不过五年。[①] 高利率可以保证这项许可只有在最危急的时刻才会加以利用。博赞克特的信被婉词谢绝。对于银行家内容大致相同的备忘录，皮尔则坚定的答称，“女王陛下的臣仆认为除依据议案所规定的条件外，申请国会赋予任何公共机关以核准增加凭证券发行的便宜行事权，概与其职责不相调协。”[②]

6 月 4 日他致函英格兰银行总裁说，[③]“今后如果仍遵照〔英格
兰银行和地方银行〕这两种发行实际不受管制时所遵行的同样论 524
断行事，那么整个措施都将付诸东流。”他认为在“见票即付期的本票〔也就是银行纸币〕和其他形式的信用票据之间以及在它们分别对物价和汇兑所产生的影响之间”存在着本质上的不同。[④] 在他为内阁所写的备忘录和自己的演讲中，他都夸大了英格兰地方发行的重要性和危险性；他似乎深信如果按照他的建议加英格兰银行以限制，并把它从公认重要的促使物价上涨的地方纸币的洪流中拯救出来，它就能以并且渴望按照汇兑情况限制货币〔根据他所下的定义，即纸币和铸币〕的总供应量了。琼斯·洛埃德曾经把旧制度攻击得体无完肤，因为在旧制度之下，“英格兰银行尽管抛出

① “另须授给英格兰银行以权宜处理权，准于这种场合下发行普通纸币，或只可用以纳税但不能兑换现金的纸币”(第 141 页)。

② 帕克：《皮尔传》，第 3 卷，第 142 页。

③ 同上书，第 139—140 页。

④ 他并没有说本质不同，而只是说“实质的不同”(5 月 6 日的演讲)；他的论证更和下述的看法相背驰：“它〔立法机关〕果真认清为了普通商业用途的支票通货……会把银行纸币逐出流通范围……那么以同样的激烈态度来对付支票通货的创造是不难设想的。”威瑟斯：《英国银行制度，美国国币调查委员会》(Withers, H., *The English Banking System, U. S. National Monetary Commission*)(1910 年版)，第 70 页。

大条而流通额〔可能〕并不减少”；[①]皮尔却认为对于防范这种情况的重新发生，新条例已经设有规定——尽管这种规定并不是万无一失的。他认为把大条存留在英格兰银行，流通中的货币就会减少，就会压低物价和遏制黄金外流：如果他不是这样想，他所提到的货币一节也就毫无意义了。但是，正如此后三年所证明的那样，只要能保持像地下财富一样的不会影响物价的本行纸币的大量储备，就可以抛出大条而同时维持有效的流通。弗朗西斯·巴林在1847年声称，在1844年讨论时，“凡谈论这个问题的人都万没有想到……抛出了七百万镑的黄金，公众手中的纸币不但没有减少，反而会有所增加，”一如1846年9月和1847年4月之间所发生的情形那样。“无论是赞成或反对这项法案的人对于储备问题都未加以充分考虑，”据巴林这样说。[②] 皮尔后来进行辩论时发表了一
525 次演讲，但是对于储备问题和巴林的说法都未置一词。

在1844年他曾经认为他“对于货币危机的重新出现正采取立法上所能审慎采取的一切预防措施”。但是他却面临到了重新出现的可能。

> “尽管有种种预防措施，危机也未始不会发生，果真一旦发生，果真为应付危机而必须承担重大责任，我敢说我们是在

---

① 本卷，第519页。

② 《韩氏国会实录》，第95卷，第615—616页（1847年12月3日）。这项评论实即麦克劳德，前引书，第2卷，第160页及以下的评论，麦克劳德引证了巴林演讲中的这几段话。巴林所说反对这项议案的人也没有考虑到银行储备问题一节是错误的——屠克就是充分考虑过这个问题的一个。屠克，前引书，第4卷，第309页。

所不辞的。我宁愿，"他补充说，"抱此信心，而不愿损及那些措施的效率和可能的成就，因为凭借这些措施，我们可以希望一上来就控制住有害的倾向，并缩小非采取非常措施不可的那种危险性。"[①]

这就是他所以说他宁取那种未始不会暂停实施的强有力的法律，而不取因规定有摆脱困难的出路，反而使银行家易于陷入难局的那种法律的道理。

几年之后，在有人问英格兰银行的最高级当局以"关于流通问题，你认为这项条例……可以使你们完全免于责任吗"？时，答称"完全可以"。[②] 他们认为责任应由法律来负，鉴于向所谈及的法律的一切，他们是无可指责的。而且，他们认为既是银行家，他们就应该在业务方面作公开的竞争，这也是皮尔明白表示同意的。自1825年以来不愿太积极从事于贴现业务已成为他们政策的特点，而现在他们却不再抱这种态度了。他们开始"兜揽贴现，并鼓励业务部按照合伙银行家所遵行的同样原则行事的这个新方针进行业务了"，据塞缪尔·葛尼这样说。[③] 作为一个票据经纪人，他难免是一位抱有成见的见证人，但也绝非一无可取。

在1845年，皮尔进一步为苏格兰和爱尔兰制定了法律。1844

① 致英格兰银行总裁函，1844年6月4日。帕克：《皮尔传》，第3卷，第140页。

② 《商业困难秘密委员会》(*Secret Comm. on Commercial Distress*)，1847—1848年(第8卷)，询问案第2652号。英格兰银行总裁和副总裁的作证。

③ 《上院商业困难调查委员会》(*Lords' Comm. on Commercial Distress*)询问案第1098号。关于早期的政策，参阅本卷，第281页。

年条例中禁止设立发行银行的条款，早已冻结了苏格兰银行
526 界——在1844年5月正从事于发行的那十九家银行在所有第一流银行都从事发行而新的无发行权的竞争银行势难图存的这样一个地区里，已渐渐取得了垄断权。[①] 维多利亚第8和第9年，第38章的规定已经差不多应有尽有了。皮尔不愿触及一镑纸币。他允许发行银行，像英格兰和威尔士一样，保留1844年所规定的三百零八万七千二百零九镑的纸币流通额，另外加上以不超过它们总行所存金银数量为限的额外发行；并且允许进行合并的银行保留其十足的发行权，而不问其合伙人的多寡。所以合并还能继续进行，虽则新行已不能，或毋宁说已不再继续设立了。纸币的发行随银行金银储备的逐渐建立而增加；[②]苏格兰对银行纸币的使用依然比英格兰要大得多。

爱尔兰条例（维多利亚，第8和第9年，第37章）取消了爱尔兰银行前此在都柏林所享有的股份银行垄断区，保留了一镑纸币，并且像在苏格兰一样，规定了一般的纸币流通额。无论在爱尔兰或苏格兰，英格兰银行纸币都不是法币。对于英格兰各郡，该行取得了特权；对于各组成国，该行却一无所获。爱尔兰银行那个比它力量薄弱的对称机构则丧失了特权。在苏格兰，准银行在法律上一律平等的制度得到了加强。银行合并而保留其发行权的原则在

① 克尔，前引书，第237—242页。

② 但是在1848年以后增加起来了：以前苏格兰的最高发行额是1846年12月的三百九十万镑。1841年3月全英格兰的发行额是二千六百三十万镑，苏格兰是二百九十万镑：在1901年3月，英格兰的发行额是二千九百六十万镑，苏格兰是七百四十万镑。

英格兰受到了打击，但在苏格兰则不曾。的确，皮尔并不是适用“任何一成不变的划一原则于一个大帝国的三个地区的……”

7月21日苏格兰法案和爱尔兰法案奉到了英王的敕准。不到两个月的工夫就传来了爱尔兰马铃薯歉收的第一批报告。在不列颠，铁路正加紧赶建。建筑材料和其他很多东西的价格都一齐飞涨。[①] 但是在信用和货币方面还没有出现棘手的紧张局面。在1834—1844年久已异常之低的市场贴现率，在1845年刚刚超过百分之三。铁路正使资本固定化，浪费着资本，并且使所有主暂时不做非生产开支的许多款项变成为资本，这一切都是非常显见的；但是一旦完工，它们由于加速了业务的周转，从而无形之中就节省了固定在材料、燃料和成品等存货方面的流动资金。约瑟夫·皮 527

斯后来说，在1845—1846年“没有出现任何缺乏流动资金的情况”。[②] 小麦价格相当低廉，虽然没有1843和1844年两次收成之间的那样低，英格兰的生活费指数也比1800和1843年两次收成之间的任何一个时期都更加低些。[③] 无论如何直到1845年9月为止，没有任何理由要担心为购买粮食而造成黄金外流，像1838—1839年的情形那样。在1846年6月底，英格兰银行发行部有将近一千四百万镑的黄金和二百多万镑的白银，并且在营业部还有将近六十万镑的铸币。十二个月之后，爱尔兰粮荒第一年所造成的骚扰是如此之轻微，大条和铸币共总也没有减少一百

① 例如条铁、铝、锡、铜、木材等等。屠克，前引书，第4卷，第427页及以下。

② 《1847—1848年审查委员会》，询问案第4583号。

③ 本卷，第128页。

万镑。[①]

但是在1845—1846年冬季金融方面却一度有过不安的情形。国会曾经决定每一铁路计划须以纸币预缴百分之五的保证金，存入财政部会计长账户。[②] 英格兰银行本身储备以外的纸币库存约为两千万镑。11月下旬，《泰晤士报》载有一项计算数字，意在证明在2月初就应缴存五千九百万镑的纸币，而这却是办不到的。1845年的铁路计划在名义上所需资金之巨，从这一数字中可以概见。这项数字的公布显然有助于打消其中的一些薄弱计划。结果如期缴存的款项只不过一千一二百万镑。在安排纸币付进付出的时间方面虽乏技巧，英格兰银行或许还能掌握更大的数额而不致把全国的通货抽光，无论如何英格兰银行纸币的充分供应，对于业务并不像公众——头脑里充满了通货问题辩论的公众——通常所设想的那样重要；但是把这样多的资金封锁在财政部却造成了剧烈的、纵然是暂时的银根吃紧，市场贴现率自1841年以来第一次上升到了百分之五。[③] 当4月间皮尔和达尔浩希极力促使国会通过一项法案，以便了结从未获得国会核准的那些被放弃了的铁
528 路计划——即俗称的达尔浩希勋爵解散条例（维多利亚，第9和第10年，第28章）——时，贴现率已经回跌。[④] 这项夹杂在谷物法辩论中的法案给了狄斯累利一个机会，以他后来所说的“因乏

---

① 《经济学家周刊》，1845年6月28日和1846年6月27日。

② 本卷，第421页。

③ 关于这段插曲，参阅伊凡斯：《1847—1848年的商业危机》（1848年版），第18—29页。伊凡斯是《泰晤士报》驻伦敦商业区记者。

④ 伊凡斯，前引书，第43页。

想象力，故乏先见之明"[①]那句话的同样格调，对皮尔大肆讥评。为什么让这些垃圾堆积起来，然后再要求特殊权力去加以清除呢？

虽然爱尔兰的情势在1846年4月比皮尔在决定触犯谷物时所预料的要缓和得多，虽然在英格兰直到收成的前夕小麦价值还继续下降，但是，显而易见，从初春起贸易就走上了下坡路。企业界负责人士的意见——在不能不缺乏统计证明的情况下，自然不是太有决定性的——认为铁路建造已经进行到了严重破坏固定资本和流动资本之间适当平衡的程度。"新计划所需要的每年约四千万镑的额外需求，"一件贸易传单上这样写道，"一定会带来最具有破坏性的后果，因为……从全国工业中抽调出这样大的一笔款项，事实上是办不到的。"[②]2月间的银根吃紧曾给这项论证以支持。物价诚然是在下跌，而存货则越积越多。这种杞忧，完全合理也罢，有一部分不合理也罢，却妨害了企业。东方产品一致下跌——茶、蓝靛、丝或棉无一不跌。[③]甚至连铁都下跌了。英国条铁在1845年第二季度正处于最高峰。跌落不大——约低于1846年第二季度最高价的百分之十[④]——但是供铁路本身用的材料的任何跌价都是值得注意的。

在那一季度之末，皮尔的谷物法在上院获得通过。爱尔兰的

① 《乔治·本廷克勋爵传》，第198页。《韩氏国会实录》，第85卷，第951页。

② 利物浦的科尔曼—斯托特福特公司，转引自伊凡斯，前引书，第37页；但参阅本卷，第527页中约瑟夫·皮斯的意见。

③ 屠克(第4卷，第68页)辩称，对谷物价格上涨的担忧"暂时限制了次要必需品的需求"。

④ 其间价格一度更低一些。屠克，前引书，第4卷，第428—429页。

马铃薯又逢歉收，年成比1845年还坏得多，英格兰亦复如此。很多小麦收成都很好；但是统算起来还是减产，大陆上则减产更多。
529 马铃薯这个漏洞既非弥补不可，后果就变本加厉了。在6月，公报上的小麦价格稳定在五十二先令左右。8月，在新谷物条例已经使保税仓库对国内市场开放之后，它跌落到四十五先令一便士。这一招推迟了价格的上涨，所以在1846年始终没有涨过六十先令太多。但是在截至1847年5月29日为止的那三个月中，平均为八十先令六便士。在5月29日那一天达到了一百零二先令五便士。“在乌克斯布里治的市场上有一笔交易是按一百二十四先令成交的”；[①]并且在截至6月26日为止的那三个星期中，平均价格是九十四先令十便士。继而一次比较好的收成，比较好的马铃薯前景和大量的谷物进口——为此而搜索了全世界——使价格立即下降了。在9月18日，小麦是四十九先令六便士。圣诞节前六个星期的平均价格是五十二先令十便士。[②] 1848年全年的平均价格是在五十七先令以下的。

这样的暴涨暴跌不能不损害谷物市场。铁路狂的那种赌博精神在全国的一般贸易上处处都留下了弱点；事态发展得如此之危险，以致旧有的和比较隐秘的弱点也都一举而暴露出来。1846年秋季惊人的商业崩溃表面上虽和酿成灾难的一般局势不太相干，却先已揭露出这样一个弱点，并且成为1847年的揭幕人。10月，俄国商人兼沙皇代理人的杰雷迈亚·哈尔曼公司以十万镑的资本

① 屠克，前引书，第4卷，第32页。

② 《经济学家周刊》，1847年12月25日。

亏折了五十多万镑。这个公司看上去“已经摇摇欲坠近二十五年之久了”。[①] 恰恰发生在粮食情况日益恶化，而黄金又从英格兰银行源源外流的一个时刻，这就使得伦敦商业区不能不焦虑了；但是黄金外流在11月停止了；谷物也一时并不太缺乏，正如它的价格所表明的那样，而且当时还有不作高瞻远瞩的那样一种诱惑，即把流通问题委诸法律的英格兰银行显然情甘承受的那种诱惑。

但是到了1847年1月，“棉花的供应肯定不足了。”[②]粮食的情况显需未雨绸缪。铁路的情况亦复如此。铁路的缴股要求渐渐使全国越来越多的资金不能动用；既然其中有很多缴股要求都是来自曾经投放了大量款项的外国铁路方面的，从而使英国暂时变 530
成为债务国，这就很容易引起或加速黄金的外流了。在1847年1月，缴股要求的总额共达六百一十五万镑，其中有一百六十五万镑是外国铁路的。[③]（这正是在联合王国每月出口货的价值约为五百万镑的时候。）英格兰银行的对策只不过是把它的贴现率[④]提高到百分之三又二分之一，继而在该月份的下半个月提高到百分之四而已；虽则自圣诞节以来黄金就已经源源外流，而且在1月份的前两个星期贴现率仍然是百分之三的时候，已经外流得很快。直到4月份英格兰银行的金银储备已经从1月16日的一千三百九十万镑降至4月10日的九百八十万镑，英格兰银行纸币和地方银行纸币的流通额在3月底已经和1月初差不多相等时，贴现率仍

① 伊凡斯，前引书，第49页，及其对1825年12月事件所引证的说明。

② 屠克，前引书，第4卷，第72页。

③ 伊凡斯，前引书，第54页。

④ 这是它对三月期票据最低的贴现率。

然保持在百分之四的水平未动。[①]

很多黄金都是运往法国的，那里的法兰西银行在 1846 年年底已陷于困难之中。正如在英格兰一样，原因是铁路财政和歉收。在 7 月 1 日和 1 月 1 日之间，储备从二亿二千五百万降至八千万法郎。它的自卫措施之一就是二十五年来第一次把它的贴现率提高到百分之五和通过巴林家族取得一笔一百万镑的信用贷款——实际上是得自英格兰银行的。[②]

不顾这个百分之五的危险信号，英格兰银行历经 2 月、3 月直到截至 4 月 3 日为止它的金银储备已经降至一千零二十万镑，它的营业部在 1 月 2 日原有的将近九百万镑的纸币和铸币储备只剩了四百四十万镑的那一个星期，一直还是按百分之四的利率进行贴现。继而在 4 月 8 日它把它的贴现率提高到百分之五，并且，正如后来琼斯·洛埃德所说，经过了一番踌躇之后“声明它不能再照顾公众而非照顾本行不可了”，[③]于是甚至对于按百分之五的利率所通融的款项也加以严格限制。在此后几个星期中，由于两种储备继续下降，营业部的储备和大条储备已分别于 4 月 17 日和 4 月 24 日降到了最低限度，它对本身的照顾就变得更加周密了。[④]“在
531 4 月份的第三个星期，据了解，只有 5 月和 6 月份到期的第一流票

① 英格兰银行总裁后来承认了迟未提高贴现率的错误。《商业困难审查委员会》，询问案第 601、605 号。另参阅屠克，前引书，第 4 卷，第 445 页及以下。

② 玉格勒，前引书，第 417 页。屠克，前引书，第 4 卷，第 72—73 页。也有取消运美黄金之举。

③ 《商业困难审查委员会》，询问案第 5123 号。

④ 营业部储备，4 月 17 日，三百零八十万镑；大条储备，4 月 24 日，九百二十万镑。

据才能按百分之五又二分之一这样的利率贴现。"[①]在这期间，第一流短期票据的市场贴现率已非常自然地高达百分之七。长期票据，纵令是信用卓著的，也要支付高达百分之十二和百分之十三的利息。

虽然这一次刹车带来了一个不舒服的震荡，但是所期望的效果产生了。指运美国的"和一些实际上已经装船的"[②]黄金都按这种有诱惑力的利率用于英格兰了。外流停止：5 月间英格兰银行已经任意按百分之五的利率进行放款和贴现了；6 月下旬大条储备又复攀登到一千零五十万镑的高峰；没有任何重要的破产危机就过去了。

但是由于 6 月和 7 月贷款利率的下降，大条的流往美国又复开始，因为在 1847 年棉价非常昂贵。英格兰银行不得不再度采取特殊的预防措施。尽管如此，它还是以发行营业两部不到九百万镑的现金银储备和营业部不到四百二十万镑的纸币储备进入了 9 月——当时小麦的价格江河日下，玉米的价格已不可收拾。自从 8 月 6 日以来，就已经有粮行倒闭，粮价暴跌以前所承担的债务从而无法履行，"倒风之烈……为马可巷前所未有。"[③]英格兰银行总裁罗宾逊的行号也在倒闭之列。[④] 到 9 月 1 日，倒歇了八家伦敦商行连同一百五十多万镑总负债额，五家地方银行——其中有三家在利物浦——和五家其他重要商行，其中大部是染指粮食的。

① 屠克，前引书，第 4 卷，第 73 页。

② 同上书，第 74 页。

③ 同上书，第 316 页。另参阅伊凡斯，前引书，第 67 页。

④ 但是它后来每镑发还二十先令。伊凡斯，前引书，第 68 页。

在1847年他们说在世界各地抢购粮食乃是国民的天职，这并不为错。但是未免把世界搜刮得太彻底了。9月，东、西印度的商行开始倒闭，20日票据经纪商山德逊公司停止支付。在东印度的行家之中有里德·欧文公司，它的资深的董事在1839年多事之秋曾任
532 英格兰银行总裁。[①] 债权人大会和后来的调查所揭露出的内幕，在很多场合下都足以证明1847年风潮和1844年条例都是倒风的诱因，而并不是它的根源。“它们倒闭了，”12月皮尔在下院这样说，“于是这类只有三千镑资产而负债达五万镑之多的大人先生们竟大喊大叫地说，‘我们一切困难的根源就是这个万恶的1844年条例，就是这个可恨的皮尔的限制条例。’”[②]

10月倒风轮到了苏格兰和北部的银行，而同时伦敦商业区的倒风——票据经纪商、证券经纪商和殖民地经纪商都被席卷在内——仍继续不已。地方上的和苏格兰的倒风差不多是以商业方面为限，虽则也波及到利物浦的肥皂制造业者、曼彻斯特的棉纺业者、哈利法克斯的毛丝纺织业者和格拉斯哥的印染业者。[③] 自霍尼敦至曼彻斯特有七家合伙银行企业倒闭，另有四家股份银行倒闭。在纽卡斯耳和利物浦，银行的倒闭特别触目，在纽卡斯耳有纽卡斯耳银行的倒闭，在利物浦有“联合王国银行企业中允称为第一流的”[④]皇家银行于10月18日，星期一的宣布结束，尽管英格兰银行曾以汇票为担保垫付给它三十万镑。它虽有已缴资本八十万

① 伊凡斯，附录第43扼述了很多家东印度公司的情况。

② 1847年12月3日。所指的公司是本苏桑公司。

③ 表列于伊凡斯，前引书，第91—92页。

④ 屠克，前引书，第4卷，第317页。

镑，但是单单为一家商业企业就垫付了五十万镑之多。

英格兰银行曾经在 10 月 1 日宣布暂停以公共证券为担保的任何垫款，这使商业界大起恐慌；但是，尽管拒绝了很多的要求，却在千钧一发之际竭力予以支持，正如利物浦皇家银行的情形所表明的那样。它甚至一反习惯办法，而凭不动产的担保和认可的私人担保进行大量垫款。[①] 但是铁路方面的缴股要求仍继续不已，并且遇有滞纳情形，公司就“几乎不计利率高低”，[②]进行借款，以便继续施工。地方银行已开始挤兑，公众则抓牢纸币和铸币不放。[③] “继而这种莫须有的危险益形加剧了”：一些苏格兰银行，一些拥有相对“大量存款”的健全的模范苏格兰银行请求支援了。挤 533
兑会立刻把储备提空，它们的证券“尽管可靠，却不容易换成现钱”。[④] 现钱，在皮尔看来，已经差不多一光二净：可能还有一点点积蓄，也可能囊空如洗了。

英格兰银行 10 月 23 日的报告书表明，营业部的储备只剩下了一百五十四万七千镑的纸币和四十四万七千镑的铸币。诚然，股息刚刚发放，一部分现金可望在几天之内回笼。[⑤] 但是约翰·鲁塞尔勋爵和查理·伍德爵士[⑥]被忠告说，“肩负艰巨”的时刻已

① 伊凡斯，前引书，第 75—76、79 页。

② 同上书，第 76 页。

③ 《商业困难审查委员会》，询问案第 2675 号及以下，英格兰银行总裁和副总裁的作证。

④ 引文录自 11 月 30 日查理·伍德爵士的讲演。《韩氏国会实录》，第 95 卷，第 374 页及以下。

⑤ 《经济学家周刊》，1847 年 11 月 30 日，第 1255 页。

⑥ 当时鲁塞尔任首相，伍德任财政大臣。——译者

经到来，那封鼓励英格兰银行只能按百分之八的最低利率“扩大它的贴现和放款额”的经典性函件这样写道。他们答应提出一项免责法案，纵令这项办法“造成任何违反现行法规定的事情”，也就是说，为供营业部使用而进行超过皮尔条例所规定的一千四百万镑的凭证券的发行，也概不追究。

银行董事接受了这项忠告，但同时通过了一项决议，声明他们相信自己有不触犯法律而调度业务的能力。事实上他们从未触犯法律。《经济学家周刊》的詹姆斯·威尔逊认为这封信是有害而无益的；没有这封信，信心原已渐渐恢复；而事实上它却推迟了信心的重新建立。他也认为惊惶失措是毫无根据的，1844 年条例“现在应该视为历史上的陈迹了”。[①] 虽然惊惶失措并不因为是事出子虚就危险会少些，威尔逊和董事们也照样可能是对的，至少在认为这封信对于挽救危局并非绝对必要这一点上是对的——至于说在当时公众心理状态之下起了有害的作用，则鉴于各种证词，却很难令人置信。[②] 但是在董事们通过他们大胆的决议时，已经有那封信放在桌上，而大局又不需威尔逊自己去掌握。

卡尔·戈林和塞缪尔·葛尼等都是从内部来看这次危机的。戈林相信这封信“产生了仿佛英格兰银行已经发行了一批纸币的
534 同样效果，因为它使收藏起来的纸币重又出笼并且进入了流通”。[③] 葛尼对上院委员会说他的公司如何曾经

① 1847 年 11 月 30 日的社论。

② 例如伊凡斯，前引书，第 86 页：它“使整个业务立刻改观”。《上院商业困难审查委员会》，第 12 页：所有证人一致认为这封信是有好处的。

③ 《上院商业困难审查委员会》，询问案第 1736 号。

> 需要大约二十万镑，并且按百分之九的利率借到了这笔款项。星期一……我们又需要一笔巨款，于是向总裁提出申请，并且言明为了供应伦巴街所需要的款项，我们还非再有二十万镑不可。在储备已经减少而又处于条例限制的情况下，这的确是英格兰银行的一个难题。总裁把决定推迟……到两点钟。在一点钟时，政府的这封信……公布了。效果是立竿见影的。清早已经送来提款通知的那些人这时通知我们说，他们并不需要现款——只不过是为防万一起见而要求支付罢了。……从那天起市场就比较松动了。[1]

有这封信拿在手里，董事们就能听任营业部的储备再降低下去：10 月 30 日它降到了一百六十万镑。此后它就迅速上升；纸币回笼了，大条储备也上升了，这是因为谷物低廉，没有黄金外流的缘故。到 11 月底，营业储备已达六百万镑，发行部储备已达一千万镑。危机之后收拾金融局面费了好多月工夫，1848 年的政治风潮也没有能使它省力；但是线针街的纯银行业务和货币的情况历经那番革命的年月一直是完全令人安心的——营业储备很少在八百万镑以下。英格兰银行条例的拥护者力称它是害少而利多，因为可兑换黄金的纸币已经维持住了：琼斯·洛埃德甚至力辩财政大臣的那封信并不背离条例的原则。[2] 反对条例的人，尤其是其中最精明强干的托马斯·屠克，却深信这项条例由于把英格兰银

① 《上院商业困难审查委员会》，询问案第 1120 号。

② 在上院委员会，询问案第 1400 号及以下。

行分成为两部以及它的硬性规定而是利少害多的。[①] 屠克说，既
拥有远比1838—1839年为多的黄金，英格兰银行在旧制度之下原
本是可以很容易地掌握大局的；并且他能以证明，单单纸币数量的
变动并不具有通货学派和皮尔——连同他们对不兑现纸币所记忆
的一切以及他们以纸币为特种意义货币的那种定见——所加给它
们的那种重要性。他也能着重指出他自己对于应付黄金外流所选
535 择的那些方法——即英格兰银行对贴现率的运用——的重大效
验。[②] 但是，尽管有屠克的辩解和作证，尽管有詹姆斯·威尔逊所
作的“这项条例现在应该视为历史上的陈迹”的确凿声明，条例既
未修改，也未废除。铁路开始赚钱了。面包便宜了。不列颠已经
逃过了金融和政治上的革命。它把“不兑现纸币”问题留给对这类
问题有兴趣的人和约翰·穆勒去讨论——虽则在1848年伯明翰
学派的成员还不断拿这个问题去同国会委员会纠缠[③]——而它却
去干自己的正事了。

① 例如他在下院委员会的证词，询问案第5309号，并散见各号。

② 参阅本卷，第509页。

③ 下院委员会，伯明翰的索耳特和芒茨的作证，询问案第84号及以下，第99号及以下。1847—1848年下院委员会的一个小组提议废止英格兰银行条例，但被否决。

第十四章　英国工业区的生活和劳工 536

在早期铁路时代，沿途被装进他们自己的火车里的英国人民，都被“抛回城门口越来越稠密的人群之中”。[①] 这个时代，正如1851年的人口调查所表明，是以一半人口为城市人口而告终的——这或许是世界史上任何一个时期在任何一个大国里前所未有的一种情况。诚然，行将成为英格兰最大城镇的那些地方，连同格拉斯哥，在1821和1831年发展之速，也是空前绝后的。这些地方大抵是纺织中心，其中有一些是从很小很小的一个开端发展起来的；但是设菲尔德和伯明翰也包括在内。（在那十年之中，除乔治四世的布赖顿外，以布莱德福为英国城镇发展百分比最高的一个。）但是自从三十年代后期和四十年代整个人口迅速增加以来，自从铁路除使伦敦有了几乎无限发展的前途外起了强大的影响作用以来，在不列颠拥有居民二万人以上的城镇中人口实际增加数，在1821和1831年之间曾经是一百一十万，1831和1841年之间一百二十七万，1841和1851年之间不下一百八十万。[②] 腊斯金的

---

① 腊斯金：《建筑学的七盏明灯》（1847年），第359页。

② 维贝尔：《十九世纪中城市的发达》，第40、47—59页。由于铁路的缘故，伦敦在1841—1851年比在1821—1831年发展得更快。

“越来越稠密的人群”一词不意在统计上也是正确的。在很多居民不到二万人的既非城市也非城镇的地方，也是人口越来越稠密、空气越来越浓、溪水越来越浊的。

城镇，总起来说，主要是移民寄居之所，正如伦敦向来的情形那样。1851 年，在居住伦敦和其他六十一个英格兰及威尔士城镇的年满二十岁以上的三百三十六万人之中，只有一百三十三万七千人是出生于他们所居住的城镇的。伦敦本身现在居住的本地人
537 比平均城镇还更多一些，工业区所引起的人口移动已有如此之剧烈。1851 年，在年满二十岁以上的一百三十九万五千伦敦人之中，不太少于一半的人(六十四万五千人)是伦敦出生的。利兹、瑙威治和设菲尔德都是以本地人占最大百分比的重要城镇。在利兹的九万五千名成年人之中有五万五千名是本地人，在瑙威治和设菲尔德则差不多整整一半；但是在曼彻斯特、索耳福德、布莱德福和格拉斯哥，本地人所占的比例只不过四分之一有奇，而在利物浦则远不到四分之一。但本地居民占比例最小的大城镇，却是布赖顿，仅仅五分之一略强。①

威廉·法尔在把这些事实陈明詹姆斯·格里姆爵士时写道：“迄今为止，人口一直从国内的高地或比较有益健康的地方移往城市和海口城镇，在这些地方里很少人家是居住了两代以上的。但是显而易见，今后大城市将不会再像是野营幕宿之地，或外地人施

① 《1851 年的人口调查》(1852—1853 年，第 88 页)，“人民的年龄、职业……和出生地”，第 1 卷，第 183 页及以下。

展精力的所在了，而将成为英吉利族大部分人的出生地。”[①]结论是彰明昭著的。让城镇这样来安排和管理吧，“让最坏的出生地——拥挤不堪的房间或多少人家同住的房屋——从此不再成为英国大部分人口的出生地吧。”

法尔既是一个卫生改革家又是埃德温·查德韦克的一个亲密助手，他把城镇说成是野营幕宿之地时，可能是和 1842 年查德韦克的《劳动人口卫生状况报告书》中下述的一句话相呼应的。“在我国的某些城镇里竟如此缺乏市政管理，以致清洁卫生方面之糟，几乎和一个野营的游牧民群或一支无纪律的军队不相上下。”[②]“监狱，”查德韦克在另一个地方说，“过去是以肮脏和空气不流通著名的；但是霍华德对他在英格兰参观的最坏的监狱（他所说的监狱也是他在欧洲所看到的监狱之中最坏的一个）所作的描述，同阿诺德博士和我自己在爱丁堡和格拉斯哥所视察的每一条小巷子的情形相比，还要略好一些。……在利物浦、曼彻斯特或利兹等大多
数都市的地下室人口之中，可以看到比霍华德所描述的更肮脏、物 538
质条件更不堪、道德更混乱的情形。”[③]监狱现在比它们周围的情况还略胜一筹：“在爱丁堡，竟有这样的、出于人道的动机而把生病的穷人送到监狱里去，以便可以得到照顾和医疗。”[④]这是控诉，这是真正的诉状。但是全国和它的城镇在卫生方面的改善实有被湮

① 《1851 年的人口调查》，第 1 卷，第 45 页。法尔承担了人口调查的艰巨工作，他的签名在报告书虽列在第二，我们敢说是由他执笔的。

② 查德韦克：《劳动人口卫生状况报告书》，第 43 页。

③ 同上书，第 212 页。

④ 同上书，第 214 页。

没的危险，这种改善尽管难以置信，然而在十八世纪中叶和1820—1830年之间确乎是有过的，所以一个未实行管理或管理不善的城镇会成为有代表性的市民的而不是少数人的安家乐业之所。

铺路、照明、沟渠、警务、市政改良等委员——或者不论他们在当地作何称呼：计有三百人之多——会同未经改革的最好的自治市，在1835年以前就已经取得了不可轻视的成绩。[①] 单单举查德韦克自己所引证的一个例子来说，由于铺路的关系朴次茅斯城曾经在1769年得免于"间歇性热症"，并由于下水道的关系邻近的基耳西教区也曾在1793年克服了"疟疾性病症"。[②] 或许没有一个地方是直接为了公共卫生而进行铺路的，但是铺路却使城镇比较合乎卫生了；幸而差不多每一位委员和每一个还说得过去的自治市都多少做了一点铺路工作。但纵使总能有这种好意，肯定是不会的，这项任务对于这样一个机构来说也未免过重，何况在1842年查德韦克提出报告时或者在两年之后恩格斯写作《英国工人阶级状况》时，既没有得到国会任何支援，也没有得到它的任何指导。在1835年以后接管这项工作的委员和自治市已经把通衢大道和一些支路铺修了；但谁想去一一铺修曼彻斯特老城的那些杂乱无章、弯弯曲曲的小路呢？在这些地方，"只要哪里还空下一个角落，他们就在那里盖起房子；哪里还有一个多余的山口，他们就在那里盖起房子来把它堵住。"[③]在"三排房屋，最下面一排紧靠

① 韦伯夫妇：《英国地方政府》（第4卷），"法定机关"，散见各处。

② 查德韦克，前引书，第37页。

③ 恩格斯，前引书（1888年版），第37页。（见《马克思恩格斯全集》第2卷，人民出版社1957年版，第335—336页。——译者）

水边”，[①]最上面一排却在陡峭的艾尔克河河岸上的这样一个地方，又有谁能真正地铺路呢？在天气干燥的时候，从下面污浊的河里，“臭气泡经常不断地……冒上来，散布着臭气，甚至在高出水面四五十英尺的桥上也使人感到受不了。”“……河本身每隔几步就 539
被高高的堤堰所隔断，堤堰近旁，淤泥和垃圾积成厚厚的一层并且在腐烂着。”[②]

新城——每一个地方都有一两个，不论是不是叫做这个名称——很快就发展起来了。曼彻斯特的新城一直伸展到“黏土小山上”。“……东一排西一排的房屋或一片片迷阵似的街道，像一些小村庄一样，乱七八糟地散布在寸草不生的光秃秃的黏土地上。……街道既没有铺砌，也没有污水沟，可是这里却有无数的猪群，有的在小院子或猪圈里关着，有的自由自在地在山坡上蹓达。”[③]这是中古时代的猪猡清道夫。甚至在新城外表还比较漂亮的地区，“许多街道都没有铺砌，也没有排水沟；”[④]——“私”街上的那些一块砖那么厚的房子，都是算好在地基的短期租约届满，一切归还地主以前要倒塌下来的。[⑤]

曼彻斯特的情形如此，其他每一个新兴的工业城镇和伦敦的所有新边区也都大体如此，只是铺路工作望尘莫及。

街道清洁工作，市政的另一个基本职责，若说有什么不同的

---

① 恩格斯，前引书，第 330 页。——译者

② 同上书，第 34 页。（见同上书，第 331 页。——译者）

③ 同上书，第 336 页。——译者

④ 同上书，第 339 页。——译者

⑤ 前引书，第 39 页。（参阅同上书，第 339—340 页。——译者）

话，那就是由于无能、漠不关心和有干碍的产权的缘故而更加被忽视。虽然在1830年以前的三四十年中，大多数城镇在通衢大道的清洁工作上，都有了很大的进步，但这只是问题的一部分[①]。“有一些有碍公益事物的存在，”布莱德福公路调查员在1844年简单的向大城镇状况调查委员们这样报告说。“有碍公益事物之一就是在城镇的最热闹地区，也正是在商业中心区，堆满了肉庄、厕所、垃圾箱和便池中……倒出来的垃圾和烂肉烂鱼等等。这是私有财产，所以调查员自知无法予以消除。”[②]尊称为所谓包芬先生的垃圾堆的事物并不在伦敦“最热闹的地区”。但是一位垃圾承包商在1842年解释说，“新伦敦大学的校址就是一个堆满垃圾的地方〔那是在1827年以前〕，海德公园中新盖的那一排大房子的坐落所在亦复如此。我想贝耳格雷夫广场也是另一个堆垃圾的地方。”[③]在1840年从格里诺克传来了这样一个故事：“在这条街的一个支路
540 上，”即市场街，“一条狭窄的后街，”“有一座粪堆——但是称之为粪堆实不足以喻其大。我说它有一百立方码的垃圾，绝没有把它估计错……它是一个做大粪生意的人的存货；他是论车出售的。为了投合顾主的所好，他总是保持一个核心，因为粪越陈价钱就越高。”[④]尽管街道清洁工作取得了进步，但是直到1830年，甚至通衢大道也还是相当糟的……至于小巷、大杂院、小胡同和死胡同

① 韦伯夫妇，前引书，第316页及以下。已经有了“显著的进步”。（第333页）

② 《报告书》，第338页。

③ 《卫生状况报告书》，第381页；也引自韦伯，前引书，第339页脚注。

④ 《卫生状况报告书》，第47页。韦伯夫妇（前引书，第339页脚注）认为这是“最最讨厌的东西”。布莱德福的情形也可等量齐观：自然任何一个中古或近代早期的城镇莫不如此。“卫生”原是新事物，而脏臭却是由来已久的。

就更非言语所能形容了。在 1842 年，曼彻斯特的干路是每星期打扫一次，第三等街道每月打扫一次："但是大杂院、小胡同和最贫穷阶层居住的地方，正应该每天打扫才是，而规定中却只字未提。"[①]在进步时期中，城镇垃圾是值钱的，人们都欢喜包除"垃圾"；但是到了 1842 年，在伦敦"除开房子里的垃圾、肥皂制造厂的肥皂滓和〔拥有不多几处供应市场的菜圃的〕东城的粪便外，垃圾现在都不够偿付用大车收进搬出的开支了"。[②] 所以三十年代后期和四十年代的年轻市政当局已面临渐渐没有人担任清洁工作的局面，但是既没有卫生标准，对政府又不负任何责任，那纵能对粪商和有碍公益事物的业主使用压力，它也就多一事不如少一事了——尽管有 1831—1832 年的霍乱预兆。[③]

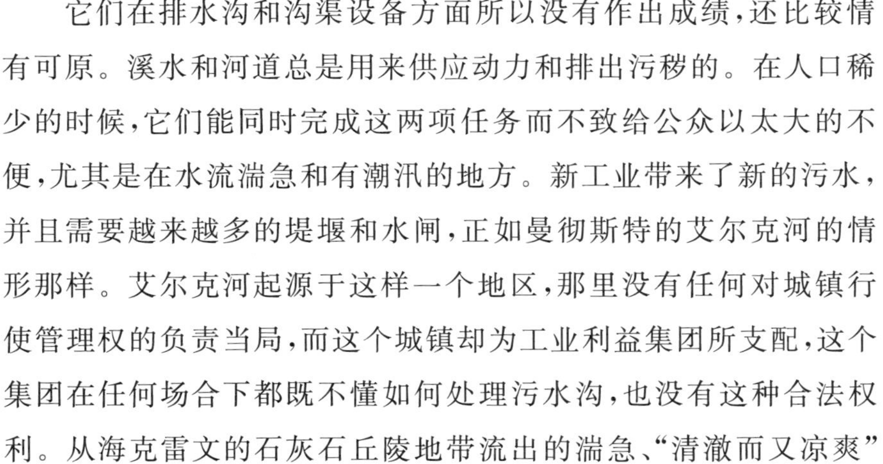

它们在排水沟和沟渠设备方面所以没有作出成绩，还比较情有可原。溪水和河道总是用来供应动力和排出污秽的。在人口稀少的时候，它们能同时完成这两项任务而不致给公众以太大的不便，尤其是在水流湍急和有潮汛的地方。新工业带来了新的污水，并且需要越来越多的堤堰和水闸，正如曼彻斯特的艾尔克河的情形那样。艾尔克河起源于这样一个地区，那里没有任何对城镇行使管理权的负责当局，而这个城镇却为工业利益集团所支配，这个 541
集团在任何场合下都既不懂如何处理污水沟，也没有这种合法权利。从海克雷文的石灰石丘陵地带流出的湍急、"清澈而又凉爽"

① 《卫生状况报告书》，第 53 页：也部分地引证于韦伯，前引书，第 344 页。

② 约翰·达克，清洁承包商。《卫生状况报告书》，附录二，第 379 页。

③ 一个有碍公益的东西去掉了，可能又来一个。任何人可以在任何地方开设屠宰场。参阅杰夫森：《伦敦卫生方面的改进》，第 38 页。

的“埃尔河在自然状态下，本来会有一股湍激而又有规则的水流，但是却为了工厂动力和一条重要的水路交通〔埃尔—卡尔德航道〕的缘故，而在好几处地方被水闸隔断。这些水闸从而变成了十二万人口的沟渠的承水槽……管理城镇排水设备的负责当局，纵使组织得这样好，具有管理或维持有系统工程的能力，却也不会有管辖或管理自然河口的权力的……”[①]利兹的负责当局无法限制位于旁边一个溪谷上流的布莱德福当局，不把它们的沟渠排泄到“无论这条小溪或者利兹城下的一条运河的尾闾或流域中”。设菲尔德和哈利法克斯，姑仅举1844年调查委员所参观过的地方为例，也有同样的承水水闸，“而这些死水塘发出来的臭气是最容易酿成瘟疫的。”[②]

至少北部城镇有一个可以振作起来并取得这类权力的管理机关。伦敦有大约三百个管理机关——“倾轧、龃龉、不科学、运转不灵而且所费不赀”[③]——计有教区、铺路管理委员会和各式各样的沟渠委员会，有些是相当古老的，但现在都依照地方上的私法案办事。伦敦城本身的委员——这个自治市的一个真正法定委员会——似乎成绩颇为可观。[④] 赫尔波恩区和芬斯伯里区的委员曾经作出了优异的成绩：它们的三十年代的调查员约翰·娄是一位精明强干的卫生工程师。[⑤] 名义上负责西头大部分沟渠的威斯特

① 《大城镇状况报告书》(*Report on the State of Large Towns*)，第19页。

② 同上书，第315、319页。

③ 杰夫森，前引书，第13页；另参阅韦伯夫妇，前引书，特别是第80—100页。

④ 关于这一节，参阅韦伯夫妇：《庄园和都市》(Webb, S. and B., *The Manor and the Borough*)，第640—641页。

⑤ 参阅他在《卫生状况报告书》中的证词，附录一。

敏斯特区的委员是由一位强有力的、有切身利害的、腐败的主席
和一批有产的"守望政治家""领导的"。萨里那一边的委员们则债
台高筑而且完全无能。在 1832 年，沿着低地一带——兰姆贝斯、
窝克斯赫尔和骚斯瓦克——"排水的河道和沟渠依然处于自然状 542
态，水面上充满着污秽的东西。"[①]在霍乱发生之后也没有任何
改进。

这些团体的权力所自出的国会条例，正如查德韦克所说，一般"既不认为科学和技术是达成目的的必要条件，也不认为这两者是普遍适用的"。[②] 这些条例以及在这些条例背后可称之为阴沟普通法的事物，可以追溯到沟渠只能排除地面上的污水而不能排除固体垃圾的那个时代。在伦敦，把"住房"和阴沟连接起来，名义上是非法的，虽则污水池的液体物质可以流入阴沟；但是在 1810 和 1840 年之间，随着伦敦最好的和比较好的房屋都先后安装了厕所，这项禁令也就打破了。但是阴沟可能比承受排水的污水池地势还高，也可能要越过小山。全城从东到西，污水池星罗棋布。其中，在贫民区，因为"自来水"还没有普遍安装，所以仍多用抽水机，"如果雨水流过的土壤是几百年的垃圾构成的，"据圣吉尔斯区一位医官在五十年代这样写道，"如果它东有一些污水池而西又有一些污水池的残遗，东有一些漏气的煤气管而西又有一些漏水的阴沟，如果它曾经是埋尸所而有几世纪之久……它就绝不能产生一

① 《特别黑名册》(*The Extraordinary Black Book*)，引自韦伯：《法定机关》(*Statutory Authorities*)，第 101 页。

② 《卫生状况报告书》，第 37 页。

点净水”,[①]这种说法我们完全同意。

在评断当时卫生方面的失败时,应常常记车伦敦卫生问题,尤其是排水问题所呈现的技术上的困难。直到三十年代后期,对首都阴沟委员的制度并没有任何明白表示的不满。[②] 在四十年代,国会议员和自命的改革家“被技术问题和早期专家们在排水沟的大小形状、阴沟洞、铁箅和配件等各自的价值以及实用流体动力学的奥义等方面彼此矛盾的意见,弄得如入五里雾中”。[③] 卫生科学正如它的名称一样的新颖。在1842年,查德韦克说明如何“可以
543 靠了适当的水力装置,把沉重的固体物质从水管中冲泄出去”时,并不是作为不为人所注意的一种老生常谈,而是作为一种新发明来谈的。[④] 比较低廉的铁管本身就发明不久;而甚至砌得很严密的砖砌阴沟也会很容易漏水,这原是谁也不能怪的。

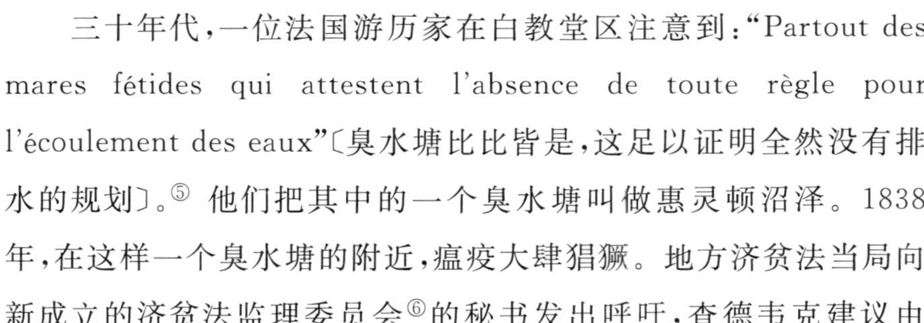

三十年代,一位法国游历家在白教堂区注意到:“Partout des mares fétides qui attestent l'absence de toute règle pour l'écoulement des eaux”〔臭水塘比比皆是,这足以证明全然没有排水的规划〕。[⑤] 他们把其中的一个臭水塘叫做惠灵顿沼泽。1838年,在这样一个臭水塘的附近,瘟疫大肆猖獗。地方济贫法当局向新成立的济贫法监理委员会[⑥]的秘书发出呼吁,查德韦克建议由

① 引自杰夫森,前引书,第22页。

② 韦伯,前引书,第103页。杰夫森,前引书,第4页。

③ 韦伯,前引书,第104页。

④ 查德韦克,前引书,第52页。

⑤ 弗谢尔:《英国的研究》,第22页。

⑥ 根据1834年济贫法条例,成立了六百一十个监理委员会,监理委员由纳税人推选、负责若干教区或联合教区的济贫工作。——译者

委员会派出一个阵容坚强的医务委员会——内中包括阿诺特、凯伊和骚斯伍德·斯密。[①] 他们的报告书，特别是骚斯伍德·斯密关于疾病和水源的报告书，并没辜负查德韦克的期望——吸引了成千上万的读者，惊醒了有头脑的人们，并且引起了对卫生问题作有系统的研究。在那一年，关于出生、死亡及其原因以及婚姻登记的 1837 年条例也开始生效(威廉四世，第 6 和第 7 年，第 86 章和威廉四世，第 7 年，第 22 章)，威廉·法尔博士则开始了他在总登记处长达二十五年的服务。[②] 翌年，把伦敦调查推行于全国的那项建议经伦敦教督查理·布洛姆菲耳德不屈不挠地予以推动。已届耄耋之年的查德韦克经常对他自己和国人所叨惠于布洛姆菲耳德的，感激不尽；[③]查德韦克自己是无计使那些高高在上、既忙而又不太热心的人们做出他所期望的一切的。其实在 1839 年 8 月，济贫法委员就已经奉到了约翰·鲁塞尔勋爵给他们的命令，到了那一年年底，终于产生出 1842 年报告的那项调查已经着手进行。

当这项调查尚在进行时，下院的一个卫生委员会就唤起人们对建筑排水设备或厉行“清洁和安乐的最普通规定”，尚缺乏任何普通法依据一事加以注意了。[④] 报告书已预料到，同时也证实了

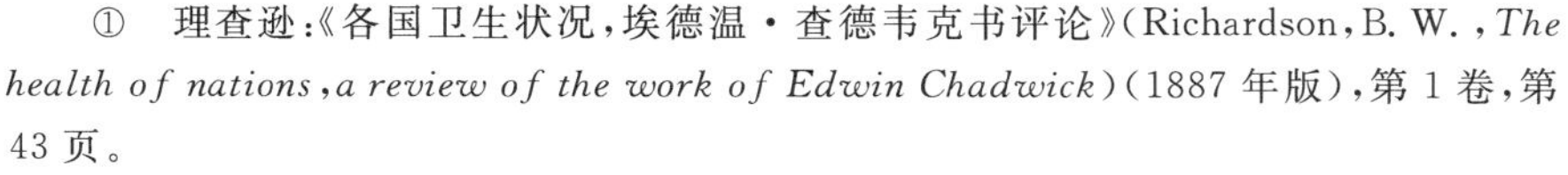

① 理查逊:《各国卫生状况，埃德温·查德韦克书评论》(Richardson, B. W., *The health of nations, a review of the work of Edwin Chadwick*)(1887 年版)，第 1 卷，第 43 页。

② 充任副主任。查德韦克想争取以数学家查理·巴贝治为办事处主任，未能如愿以偿。理查逊，前引书，第 2 卷，第 45 页。

③ 他“向我多次”明白表示。理查逊，前引书，第 2 卷，第 54 页。

④ 《大城镇卫生……环境审查委员会》(*S. C. on Circumstances affecting the Health... of Large Towns*)，1840 年(第 11 卷)，第 13 页。

544 查德韦克的成绩。在这些成绩尚未取得之前，皮尔在艾希利勋爵和女王的配偶私人敦促之下，已经指派了一个大城镇和人口稠密地区卫生状况皇家调查委员会，委员会的报告书——也以查德韦克为幕后人——在1844和1845年公布。那一年当中有查德韦克本人的《城镇埋葬办法报告书》问世，[①]它对于拥挤在一间大杂院房间里的活人当中的长期停尸、爱尔兰的陪尸，以及教堂和城市墓地的日积月累的腐朽物等等作了骇人听闻的叙述；并且直接了当地建议禁止在城内埋葬。埋葬是一桩国家的事务，应受官员的适当监督。关于丧礼节约问题，应"依照海外成功事例"作公共安排。必须设置卫生医官：不许私人开业，非有医官的许可证不得下葬。[②]

皮尔委员会的建议也是同样直接了当，同样可以说明他们所要处理的情况的[③]——卫生管理应交由直接隶属于英王的地方当局单独负责：在任何排水方案付诸实施以前应先有"适当规模的计划和测量"：地方排水区域的大小应随时由英王加以规定：一切下水道应由这个地方当局统筹建造；大杂院房屋和庐舍产业的费用概由地主负责；主管排水的当局也负责铺路；一切尘埃、灰烬、街道垃圾均归该当局所有，并需负责清除污水池和厕所；登记有碍公益

① 1843年(第12卷，第395页)。

② 这项报告书是卡来尔致查德韦克那封严厉的信的诱因。理查逊，前引书，第2卷，第59页。

③ 《大城镇和人口稠密地区状况调查委员会报告书》(*Commission on the State of Large Towns and Populous Districts Report*)，第2卷(1845年)，第13页及以下。调查委员计有布克勒治公爵、欧文教授、莱昂·普累费尔、里德博士、丹尼森大佐、罗伯特·斯蒂芬逊、"狄恩斯顿的"斯密、德·拉·白契爵士和丘比特。

事物和迅予清除的权力应予扩大；早已见诸某些地方条例中的清除煤烟规定应予普及；保证有足敷这一切目的之用的水源是地方当局的当务之急；该负责当局应赋有为加宽和改良道路而筹募款项的权力；凡住人的大院，宽不得少于二十英尺，进出口不得少于十英尺；地窖和地下室除非备有壁炉、合适的窗户和适当的排水设 545
备，不得出租供人居住；凡新建的房屋，一律须装有适当的厕所设备；当局有权要求充分的空气流通和强制污浊房屋的打扫，核发寄宿舍的许可证，指派卫生医官，并筹款设立“公园”——“因为利物浦、曼彻斯特、伯明翰、利兹和其他很多大城镇目前都还没有任何公园。”①

在 1846 年像全国卫生改革这样一个艰巨的问题是很难指望由国会予以解决的。但是爱尔兰的种种不幸，霍乱的再度猖獗和先驱者的一步步的工作——在文化人的帮助下——迫使甚至无动于衷的大众也不能不给疾病、污秽和阴沟以相当注意了。以委员会的建议为基础的一项法案经于 1847 年提出，但又被撤回。翌年，为嗣后一切卫生法之基础的公共卫生条例（维多利亚，第 11 和第 12 年，第 63 章）已著诸法典。当它通过国会时，《经济学家周刊》的编者抱怨说，“它已经进展到了一个委员会没有遭到它所应该遭到的反对的地步。”“疾苦和灾害，”他写道，“乃是自然的告诫；是无法免除的；在善心人士还没有领悟它们的目的和结局以前，要迫不及待地试图以立法把它逐出世界，其结果往往是利少

① 《报告书》，第 68 页。

而害多的。”[①]1847 年的法案曾经把伦敦包括在内：1848 年条例却不幸把伦敦不可忽视的行政问题留待日后处理，虽则另一个首都卫生委员会——除查德韦克和骚斯伍德外，当然还有其他三个人——已经在这期间特别指出了这些问题的迫不容缓。但是在1848 年伦敦已经有了一些设施——设置了首都下水道委员，他们对于整个区域的排水设备奉到了广泛的权力。在 1848—1849 年期间，新国民卫生法的监督事宜已划归第一个市镇公共卫生委员会——沙甫兹伯里、摩佩思勋爵、查德韦克和骚斯伍德·斯密。
546 城镇的管理虽还不合乎卫生，但是它们已经有了这样的前景。[②]

1841 年的人口调查委员倒认为自 1831 年以来，就整个英格兰和威尔士来说，有别于城镇房屋的一般房屋的拥挤情形已经有所改善，因为房屋数目的增长一直比人口增长更快。[③] 这个结论在第一次临时提出来的时候，查德韦克就加以驳斥，他指出 1831 年的人口调查是按单幢房屋计算的，而在 1841 年，据委员们承认，一般来说，“把单层楼、公寓和单户都算作独立的房屋。”[④]他自己得自“许多地区的”住房愈益拥挤的证据，自然是可靠的；但是像他所进行的那种调查似乎是不大会听到什么拥挤情形有所改善的证词，因为从这一类证词之中得不出他的代理人所要找的卫生方面

① 《经济学家周刊》，1848 年 5 月 13 日。这项法案提到了“非以不堪入耳之言胪陈满纸就无法尽述的各式各样的问题”。但是《经济学家周刊》坚认立法所查禁的弊恶是地方性的和局部的而并非普遍的一节，却是正确的。如果它们是普遍的，城镇早会照老样子把人口毁光了。参阅本卷，第 55 页。

② 关于伦敦，参阅杰夫森，前引书，第 41—44 页。

③ 《1841 年的人口调查》，1843 年(第 22 卷)，第 6、7 页。

④ 《卫生状况报告书》，第 120—121 页。

的弊端。人口调查委员显然认为尽管有一些方法上的变动，而他们所提出的同1831年进行的比较仍相当有效，因为当报告以最后形式公布时，恰恰由于在苏格兰房屋制度中“很难予房屋和大杂院以适当的区别”，所以他们才拒绝就苏格兰作这样一个比较。[①]

但是，甚至调查委员的主张也只不过是说，整个英格兰和威尔士每幢房屋居住的人数，在这十年之间从五点六降到了五点四。尽管有分租一层楼和大杂院的住户和寄宿者，而他们所说到处的正常办法都是一幢房屋一户，也还不失为正确的。[②] 他们承认每幢房屋居住的人数在一些很重要的地区已有增加——例如在利物浦；他们也说在利兹之类的其他地方毫无改善。就曼彻斯特而论，他们确声称已稍有改善；在恩格斯所说的“黏土小山”上赶造的庐舍似乎使艾尔克河河岸和密尔盖特街一带的拥挤情形已稍有减

轻。[③] 关于伦敦方面的说法在这一点上是饶有兴趣的——在1831 547
739
年的界址以内，过分拥挤的情况已略甚于前（从七点四增至七点五），但是就1841年的界址来说，则呈停滞状态。拥挤得好一点的边区恰好和更加拥挤一点的核心区扯平。

方法上的小小改变，加之享受阶级的房屋肯定的迅速增加，似乎差不多会抵消了所说英格兰和威尔士方面一般的些微改善，而使整个劳动人口的过分拥挤情况无所增减。一般的恶化至少是不显著的；编制得比较谨慎的1851年报告书也没有反映出比1831

① 查德韦克的最有效的反证就是苏格兰人的证词，而这项证词未见得是公允的。

② 本卷，第37页。

③ 利物浦，1831年，六点四人；1841年，六点九人。利兹，1831年，四点八人；1841年，四点八人。曼彻斯特，1831年，六点零人；1841年，五点七人。

年以至1841年更加恶化的情况，在1851年的报告书中，所谓一幢房屋恰恰是指“单幢住宅或由界墙隔开的住宅”而言的。[①] 在整个英格兰和威尔士每幢房屋居住的人数，据报为五点四六，而1841年则是五点四零，但1851年的定义却是硬性的；并且每幢房屋中的户数据报为一点一三——这是1841年所没有计算出的一个数字。自从二十年代以来，一直没有任何重要的变化，事实上在这个世纪中都是如此。在1851年，每幢住房中户数最多的城镇是普利茅斯—得文港，计二点二五户。伦敦是一点七四户：在若干区里平均是每幢两三户，但是其中像七日规和伦敦老城这一些地区的房屋都是相当大的。在整个东南部的城镇中，每幢房屋计有一点二二户；在布里斯托尔这个户数超过房屋数比较大的唯一西米德兰的城镇，是一点六零；在利物浦是一点三四；在曼彻斯特是一点二二。在累斯特郡、腊特兰、林肯、诺丁汉和德尔比，“几乎所有的家庭都是住单幢房屋的，”除约克和赫尔外，“同样的原则”也适用于约克郡。甚至从这个观点而论，在约克郡中最最差的赫尔，数字也只是一点一六；赫尔是拥有一个既老而又大的滨海房屋的稠密中心区的最古老海口，一直还没有很快的发展。大多数新工业区域
548 都没有住大杂院的一般制度，是彰明昭著的。[②]

在既不卫生而又拥挤的城镇中——须不要忘记，它们比其他

① 《1851年的人口调查》(1852—1853年，第85卷)，第37页。

② 同上书，第38页及以下。在兰开郡和柴郡，在四十七万三千户之中有单幢房屋的占三十多万户。利物浦在三万五千幢房屋中住有四万七千户，曼彻斯特在三万七千幢房屋中住有四万五千户。在提兹以北，“苏格兰”制度在城镇中开始发生作用。纽卡斯耳在一万一千幢房屋之中住有一万九千户。

国家大城镇的拥挤情形还略好一些，并且整个说来也不像那样的不卫生——以及在工业化的农村区域中，工人的货币工资，从广大群众来看，并撇开逐年的起伏不谈，在1830和1846—1850年之间差不多是停滞不动的。不同的行业和地区分别有下降、改善和停滞不动种种不同的情况：有些行业易于有剧烈的变革，而在另一些行业中，标准工资率却显然是划一的；但是从包括一切在内的一个指数中却可以看出它是非常稳定的。[①] 战时的猛升；战后的低于、往往远低于上升率的下降；以及继而又呈现的比较平稳状态，乃是1790—1850年之间的一般公式。不妨首先谈一谈工业技术革命尚未触及但并非未予以影响的建筑业。照建筑商工资簿上所开列的情形，伦敦砌砖匠的夏季工资率已经从十八世纪末的三先令九便士上升到了战事最激烈时期的五先令六便士。它从未再降到五先令以下，虽然在1882—1824年建筑业兴旺时期上升到五先令以上很多，在1848年是五先令三便士。据说在1786—1806年挣二先令四又二分之一便士的砌砖工，在1811年已挣到四先令，在1831年则是三先令六便士。这个工资率直到1850年以后依然未动：多半是爱尔兰移民把它压低了。从伦敦其他材料来源所看到的稍稍低一点的数字中也可以得出一般大体相同的结果——在战争后期，建筑业的各种技工都达到了五先令之数；这是1824年的一次不正常的上升：在1829年降至四先令六便士；继而在1844年又上升到五先令。在竞争空气比较浓厚的曼彻斯特砖匠当中，则

① 伍德所编制的指数（见本卷第687页）以1840年为基准年（一百），1831年为一零三，1845年为九九，1850年为一零二。

变化较大，进步也较多。在二十年代时，他（每星期）的工资自二十二先令六便士至二十四先令各不等。在1832年降到十八先令六便士，在1834年上升到二十三先令，而在1849年竟达二十八先令之高。苏格兰建筑业的典型工匠，爱丁堡石匠，在1830年的夏季每星期工资是十七先令。在1840—1844年工资是二十先令，经过1845—1847年铁路繁荣时期上升到二十六先令以后，在1848年又回降到二十先令。所有这些人在整个时间都进行同样的操作，并且在夏季每天操作十二小时。[①]

549　就他自己的本行那个有高度技术的制裤业而论——也没有受到新创造发明的影响——弗朗西斯·普雷斯在1834年说，工资已经从1793年的二十二先令上升到战争结束时的三十六先令，而且自此没有降低。工资的这种升降过程，虽不必然是这些数字，但是他声称，对于很大一部分首都技术工人来说却是具有代表性的。[②]建筑业的数字大体上证明了他的说法；虽则战时最高标准并没有能完全保持不动。非常复杂、但记载非常详尽的印刷工人的工资

① 这些说明数字系取自鲍莱：《联合王国的工资》（1900年版），第12章。另参阅《统计学报》，1900—1901年，鲍莱的论文。在《建筑师史》（*Builders' History*）（1923年版）中，波斯特格特没有采用鲍莱教授的著作，而引用了（第455页）十小时工作日工资涨落的一个一般化的图解，根据这项图解，木匠、石匠、砌砖匠、铅管匠和泥水匠在1788—1790年名义上为每日三先令，1826至1847年为每日五先令。尽管有这项暗示的百分之六十六点六的上升（这是远超过这段期间生活费上升的任何可能的计算的），波斯特格特却说（第33页）：“〔三十年代的〕建筑工人已经从受人尊敬的享福的社会成员降到‘衣衫褴褛的博爱主义者’的地位。”衣饰风度的大非昔比是有证词可据的。工资数字载诸附录而未加论列。

② 普雷斯的手稿，引自鲍莱，前引书，第60—61页。

也可以作为证明。[①] 伦敦排字工的标准计时工资曾经从 1785 年的二十四先令上升到 1810 年的三十六先令，在战后又慢慢降低到三十三先令，但却没有再行降低。“祈祷文”印工的计件工资完全没降低，晨报和晚报印工的标准伦敦工资（各为四十八先令和四十三先令）也没有降低。在爱丁堡，普通计时工资从战时最高额下降了几个先令，但计件工资却步伦敦的后尘。就整个行业而论，战后的降低“只是局部的”，这样确立的水平一直维持到 1848 年以后都几乎没有变动。应该注意的是，战时的上涨虽没有 1780 和 1810—1815 年之间生活费的上涨那样大；但是这个水平的大体维持使技工在 1832—1836 年、1842—1846 年，尤其 1848—1850 年的食品低廉时期比较富裕一些了。

在 1790 和 1839 年早期铁路的突飞猛进时期，最低生活费——不包括房租在内——已经上涨了大约百分之二十三。[②] 在 1835、1843—1846 和 1848 年以后，它真正比 1790 年降低了。在上述有代表性的工匠之中最不幸的一群在这期间也争取到工资百分之三十三的上涨，有一些工资——如上所述——已上涨到百分之五十以上。[③] 当 1850 年查理·金斯莱声称凡是没有像“铁路工 550
人或工程师”之类的行业那样见重于世的特殊原因的一切行业，竞争都正在驱使并且肯定还要继续驱使工资下降时，他是没有全面

① 鲍莱，前引书，第 72 页及以下，另鲍莱和伍德的论文，载《统计学报》，1899 年。

② 关于农业工资的论述，参阅本卷，第 128、466 页，关于零售价格和“实物工资”，参阅本卷，第 562 页。

③ 〔或者，根据普雷斯和波斯特格特的数字，达百分之六十以上。〕

的了解而这样说的。[①] 不论建筑、制裤或印刷都不是新的特权行业。

在革命化的或新兴的工业之中，因为纺工、梳毛工、装配工或不论哪一种行业的工作上的经常变革以及纺织工业中又牵连到了女工和童工，工资问题要更加困难得多。例如，伦敦的旧万能车轮匠已经在1813年左右渐渐达到了四十二先令的标准计时工资——没有计件工资。[②] 在此后十年或十五年间，由于专业化和计件工资这种“工程师经济”的采用，连同个别的讲价办法，这种标准工资被打破了，他们的工资或许比平均数降低的更多，但是降低的情形是不容易探索的。幸而还有关于已成为新工程业之乡的曼彻斯特的一些典型工程工人的数字，[③]可资利用。在这些工人之中，从1815到1848年工作上的变革最少的是铸铁工。铸铁工在高工资年份有案可查的最高工资是三十四先令八便士(1816年)。1832年的最高额是三十先令，1834年是三十四先令。在1845—1846年曾达到三十六先令的最高额，但没有能维持下去。在1849年又退回到三十四先令。曼彻斯特车工最高工资的起伏情形大致相同——1813年三十先令；1820年二十六先令；1824—1834年三十先令；1835年曾高至三十三先令，继而又降到三十先令。曼彻斯特的装配工和车工大同小异。这方面工资起伏的一般经过同建筑业和伦敦手艺行的情况大体相符。

统计上的困难以棉纺织业为最大，因而须详加说明。在这方

① 《廉价衣服和肮脏》。

② 本卷，第206—207页。

③ 伍德的指数，载鲍莱，前引书，第122页。

面总是以机器取代着机器；以女工取代男工，而又以童工取代女工。现在所举的数字只能说明挑选出来的几类重要工人的劳动收入的趋势。[①] 除来自曼彻斯特区的手织机织工外，全体都是如此的。一个先是用珍妮机后来用精纺机生产粗纱的三等男纺工，在战争结束时约挣二十四先令；在 1833 年二十二先令六便士；1836 年二十一先令，1839 年，就他们这一行来说是很坏的一年，也是物价昂贵一年，十六先令五便士。经过进一步的波动之后，他在 551
1849 年只挣十八先令。（三十年代走锤精纺机的真正降临似乎已驱使工资下降。）其工作性质在 1815 和 1845 年之间比大多数部门都更少变革的一个很重要的类别就是机纺女纺工。她们的数字如下：1810 年九先令一便士；1815 年八先令九便士；1824 年九先令一便士；在三十年代时最高额是十先令六便士，最低额是七先令；四十年代时最高额是十先令，最低额是七先令六便士。[②] 接线工那个男女青工和童工的混合群体，也是做一种性质大体划一的工作。他们的平均劳动收入据说自 1813 到 1833 年上下差不了六个便士，在 1833 年他们是五先令十便士。在 1833 和 1849 年之间有案可查的最低数字是六先令十一便士，最高数字是七先令九便士

① 引自鲍莱，前引书，同伍德合写的第 15 章。关于工资的统计数字，一般参阅 1899—1906 年《统计学报》所载鲍莱和伍德的一系列论文。

② 鲍莱所编制的棉纺织业工资的指数（以许多不同工作的工资为依据）以 1833—1834 年工资为一百。主要的数字是：1815 年，一一三；1824 年，一零九；1833—1834 年，一百；1839 年，九一；1841 年，九一；1846 年，九七；1846—1850 年，九六。尽管有它的特殊情况，这项多半很可以作为棉纺织业家庭劳动收入的代表数字的抽象“棉纺业工资”的涨落，和所研究的其他工资曲线颇为近似。以 1815 年和 1833—1834 年比较，在结合生活费一并考虑之下，情况是对工人非常有利的；1839—1841 年特别暗淡，1846—1850 年却是可喜的。

(1846 年)。接线工肯定还是低工资中的上焉者——不妨说他们所挣的正是某些纺工所丧失的那一部分。

在这个工资表的另一端,头等精纺工据说在 1815 年是四十四先令六便士;1833 年三十五先令九便士;1839 年,即三等纺工收入很少的那一年,四十二先令三便士;在四十年代时的最低额是二十八先令四便士(1848 年),最高额是三十七先令(1849 年)。走锤精纺机无疑也影响了这些数字,虽则不能认为一种改良的机器会有长期压低工资的后果。在动力机纺工学会如何操作之后,走锤精纺机的看管人可能照料的机器数加多了。照料两台纺机的一个动力机织工——照例是一个女工——在 1824 年是从七先令六便士到十先令六便士——平均来说,或许同前一数字相比后一数字更为接近——在 1839 年是九先令四便士,1846 年十先令,1849 年十先令二便士。在 1824 年,这个数字已经可以作为是付给三台织机照管人的工资了,在 1839 年则是给付四台织机照管人的工资。到 1849 年,前者可以挣十三先令一星期,后者十六先令。[1]

在这期间,手织机织布工,除有特长者外,都惨遭排挤,正如 1834 和 1838—1841 年的调查所证明的那样,如果这样一种彰明昭著的全国悲剧还需要证明的话。当二十年代据说曼彻斯特的织
552 工——如果在业的话——在好年头可挣九先令一星期、坏年头挣六先令六便士[2]的时候,就已经危机四伏。1834 年委员会“深以为憾地发现人们对于这一大批可贵的劳动者所受的痛苦,不但未夸

① 这种工作是件工;收入差别很大。

② 鲍莱的数字,引自贝恩斯和尤尔。

张其词，而且那种难以置信或难以想象的痛苦已经持续了若干年，他们却始终以空前的忍耐精神加以承受”。[1] 委员们谈到了中央或地方工商管理机关规定工资的那种工人方案的毫无补于实际，但是却说“某种立法”是“迫切需要的”——虽则很难看出除国家给职工以补助金、禁止动力织机或禁止手织机织布的技术训练外，还有什么其他立法能有丝毫裨益。1841 年的调查委员会认清了这些事实，并且以政治经济学的立场，以看上去一定像是冷酷无情的那种立场，谈到供求问题——“需求”（他们是就各种手织机织造业来说，而不仅仅指织布业一业）“在很多场合下不足，在某些场合下已日趋减少，在更多场合下是不规则的，但供应则在很多部门原已过多，而在所有各部门却还都有增加的倾向”（这是由于织工对他的织机和他的独立性的恋恋不舍；由于随之而来的织工子女的自发地转变为织工；由于简单织造的特别易学；更由于爱尔兰的移民）“以及在任何一个部门中似乎都没有试图适应这种不规则需求的倾向”。[2] 这又该怎么办呢？在需求减少时，一个十四小时工作的地下室织工（半神话式的农民织工几乎消灭殆尽了）又该怎样改操他业呢？

调查委员们报告说——举例说明，该就够了——就素条纹布、棋格布和洋纱而论，“一个精织物的成年技工”，在格拉斯哥区可以挣七先令或七先令六便士一星期，“一个技术差一点的粗织物的年轻技工”可以挣四先令六便士。这些数字可适用于二万八千台织

① 《手织机织工请愿书审查委员会》，1834 年（第 10 卷），第 3 页。

② 《报告书》，第 124 页。

机。[①] 在布拉克本恩，二十八个全家从事织布的家庭平均每户九先令六又二分之一便士。[②] 在赖恩河畔的艾希顿访问过四百八十三户，共计有一千九百五十五人；最近的劳动收入已平均为每户每星期四先令十一又四分之一便士。有二百一十三台织机是闲置
553 的，这表明了调查期间（1838—1839 年）行业的情况。[③] 在曼彻斯特，四百零二个粗织物织工户，每户平均一又四分之三台织机，一星期可得七先令八又四分之一便士；一百七十四个做高级活的“头等”织户，每户有三台织机，可得十六先令四又四分之三便士。[④] 假定一户有一个高度熟练的成员，这大致是符合格拉斯哥数字的，并且可以作为 1840 年前后真正好的棉织工劳动收入的范例；虽则从事于花洋纱之类少数特制品的一小群织工的收入可以比较多一点。[⑤] 赖恩河畔的艾希顿的平均数是大部分织工之中一个极端困苦的典型事例，虽则还可以看到更惨更可怕的情况。

在棉布业之外，各种“狭幅平面粗织物”[⑥]的手织机织工，也是处境困难的。在米尔菲尔德，四百零二个普通狭幅呢绒织工已平均为“全年每星期”五先令六又二分之一便士。[⑦]（因为动力织机

---

① 《报告书》，第 5 页。

② 《报告书》，第 4 页。

③ 《助理调查委员报告书》(*Assistant Commissioners' Reports*)，第 5 卷，第 582—584 页。

④ 同上书，第 578 页。

⑤ 例如在普雷斯顿，花洋纱每一织工八先令一又二分之一便士。同上书，第 588—589 页。必须记住，这段典型调查时期，1838—1841 年，乃是整个行业特别萧条的一个时期。本卷，第 516 页及以下。

⑥ 《报告书》，第 3 页。

⑦ 《助理调查委员报告书》，第 5 卷，第 584 页。

才刚刚接触到呢绒。）在很少使用动力织机的巴恩斯利，麻布织工在生意好的时候，计每星期劳动收入为七先令八又二分之一便士。在纳尔斯博罗，就"各式各样但大多数是低级品种的麻布来说"，[①]个人劳动收入约为七先令四便士。在作为"苏格兰大宗麻织造"的本色轻织物业中的"好手"，即身体健壮的人，"在环境顺利时"可以净挣七先令六便士。[②] 从事于锦缎这类精巧工作或帆布这类重活的工资比较高些。在伦敦有平均净挣十七先令一星期的丝绒织工；但是却有更多收入自七先令六便士至五先令十一便士的素绸素缎织工。[③] 在考文垂拥有杰卡德式织机（Jacquard loom）的"上手散匠"，可以挣十五先令六便士；但是丝绸业最低的一级，即"附近村庄上单干的丝带织工"只能挣五先令左右。[④] 在 1838 年，挑选出来的一批在布莱德福附近织呢绒的证人——呢绒是狭幅的，而动力织机在那个区域方开始推行——在做全工的时候，平均为七先令七又二分之一便士。[⑤] 在另一方面，三十个瑙威治的花呢织工——在瑙威治还没有任何动力织机——平均为十四先令五便士，最高的一批为十六先令；二十八个利兹的细大呢织工平均为十二先令九便士，最好的织工可得一镑以上，最坏的七先令六便士；就加拉设尔、霍伊克和杰德伯勒将近一千台的呢绒织机来说，"每星期的纯工资"为十一先令至十六先令六便士；而苏格兰织地毯工 554

① 《报告书》，第 8—9 页。

② 《助理调查委员报告书》，第 1 卷，第 188 页。

③ 同上书，第 2 卷，第 229、232 页。

④ 同上书，第 4 卷，第 289 页。《报告书》，第 7 页。

⑤ 《助理调查委员报告书》，第 3 卷，第 562 页。

作的工资已达十八先令的最高额。[①]

在1838—1841年所搜集的数字和所反映出来的情况，似乎很可以作为1830—1848年整个时期的范例，虽则在这段时期的中叶数字有所降低。一个织工如果有活可做，他的劳动收入在不同地区和整个行业中都大致相仿。[②] 轻便的工作已逐步交由动力织机去做了。1835年全国已有棉布动力织机十万零八千六百三十二台，毛丝布动力织机三千零八十二台：1850年的数字是二十四万九千六百二十七台和三万二千六百一十七台。[③] 在1829—1831年二十二万五千台棉布手织机这个估计数字之中，或许还有四五万台仍在开工。织工有的死了，有的进了工厂，有的已改织丝绸或工艺品。毛丝工艺品的手工织造仍然可以为生；但是到了1850年毛丝布也大部分在工厂里织造了。呢绒的发展却缓慢得多。动力织机已经从1835年的二千零四十五台增加到1850年的九千四百三十九台[④]——但是在五十年代所有各区之中机械化程度最高的利兹及其附近，很多手织机还依旧开工，手织织工还继续挣他们的十四先令和十五先令。[⑤] 在丝绸方面，1835年的三百零九台试验性的动力织机，到1850年仅仅增加到一千一百四十一台，[⑥]而那

① 《报告书》，第12页。《助理调查委员报告书》，第3卷，第533页；第4卷，第555页。《报告书》，第5页。

② 但是在1838—1841年却不像以往那样有活可做，在1842—1846年或许更非昔比。

③ 《工厂视察员报告书》，1850年10月(1851年，第23卷，第117页)。

④ 同上。

⑤ 贝恩斯，《约克郡》，第2卷，第652—653页。

⑥ 《工厂视察员报告书》(*Factory Inspectors' Report*)，同前。

时在曼彻斯特附近以及在麦克耳斯菲尔德、考文垂、斯比脱菲尔兹和东安格利亚仍然有很多手力织绸机。织麻业的情况非常复杂。在十五年之间动力织机只从一千七百一十四台增加到六千零九十二台。[1] 因为在苏格兰和英格兰边远地区，本色轻织物的织造工价很低廉，在麻布织造集中的区域爱尔兰工价更加低廉——同时 555
细麻布和重麻布的织造在这些区域以及其余各地仍非手工不可——所以它们没有取得所期望的进步。

由于供求的不平衡，贸易的周期起伏所加给手织机织工的痛苦比其他任何部分的工业人口都大，而不幸的棉布织工更有甚于其他织工。当棉布业务的任何一行都陷于停顿状态时，动力织机但有可能就不停止转动：从事于同样织物的手织机却可以等待。原料的五分之四既来自一个国家，而这个国家和英国的商业关系又是既重要而又不稳定的，其主要市场却在世界的彼端，完全视年成、税则、季候风和鸦片战争而定，所以棉布工业——正如我们了解的自然界的运行那样[2]——是跳跃前进的。它必须承担这种盲目变动的国外需求和特别不稳定的国内需求的日积月累的影响，国内需求之所以特别不稳定是因为1838—1842年和1846—1848年粮食的特别昂贵立刻反应到了平均收入无多的消费者的棉布购买力上。手织机织造业又是那样供过于求，以致甚至在像1834年那样粮食低廉的年头，官方调查人员都能写出“所受痛苦是难以置信或难以想象”的话语。但是雇主不顾跳跃前后的停顿，不顾机械

---

① 《工厂视察员报告书》(*Factory Inspectors' Report*)，同前。

② 一个普通人对量子学说的解释。

织布的效能，竟对棉布工业的扩张力抱有那样的信心，那样合理的信心，以致动力织机正以一年一万台的速度进行着安装。在 1842 和 1845 年之间，利欧纳德·霍尔纳视察区内的工厂就增加了五百二十四家。[①] 所幸织工的妻女在机房里还能挣钱，虽则是有伤织工的自尊心的。

采用动力的速度在毛丝织造业中或许是，而在毛、麻、丝织造业中则肯定是没有迅速到足以使一切脱节的程度。毛丝布的用途日见推广，整个行业蒸蒸日上，大有一日千里之势。手工和动力两者都有发展的余地。五百一年，这个采用织毛机的平均速率，据我们想，会是呢绒织工的一个低死亡率；三百一年会是麻布织工的一个很低的死亡率。这两个行业都不是停滞不动的。每年新增动力

556 织机仅五十五台的丝织业扩张之速，已足能给很多在织布业不能承继旧业的织工以栖身之所——自然是光景很惨的。只要手织机织工的子女还几乎自发地转变成为手织机织工，老一代人的脱离旧业就无裨于年轻的一代；但在早期铁路时代中的某一个时期——这个时期对每一个地区和几乎每一个家庭来说，无疑都各不相同——这种自发的转变停止了。织工的抵抗已经瓦解；他们的子女从拥挤不堪的庐舍和地下室中走进了纺织厂，或其他行业。倒是这样还好些。早在 1842 年查德韦克就能以报告说："对工厂工人的劳动条件加以注意的效果之一，就是通风设备已广为采用，并且已经对工人的劳动条件产生了显著的影响。"[②]站在卫生的观

---

① 引自杜良：《宪章主义》(Dolléans，E.，*Le Chartisme*)(1913 年版)，第 2 卷，第 312 页。

② 《卫生状况报告书》，第 107 页。

点，他已经能够把纺织厂同很多作坊和无数的“家庭”作有利的比较了。

处境在很多方面和手织机织工相似的针织机织工还没有工厂、工厂的通风设备和工厂法的便利。在1844—1845年，动力针织业在费拉德尔菲亚已经确立，在曼彻斯特和拉夫伯勒也已经试办，[①]但是这项工业的问题仍然是一个厂外加工行业的那些问题，其所以如此似乎是由于骇人听闻之低的工资的缘故。它是一种比较小而又高度地方化的工业。1812年号称有三万台、1832年号称有三万三千台开工的针织机，在1844年只增加到四万八千四百八十二台，这是一个审慎肯定下来的数字，并第一次把丝针织机也一并包括在内。[②] 在这四万八千四百八十二台之中，累斯特郡有大约二万一千台，诺丁汉郡有一万六千四百台，德尔比郡有大约七千台，苏格兰有二至三千台。在1844年调查以前的三十年间，也就是自战时工资最高的年份以来，既没有来自动力方面的任何竞争，在针织机效能方面也没有任何显著改进，而针织工的工资——计件工资——就已经降低了大约百分之三十五。不妨以这一世纪有案可稽的最高工资率的砌砖匠、装配匠、铸铁匠或在任何场合下标准工资都低不多少且有时丝毫不低的女纺工来作一对比。像织工一样，针织工也是死守着他们行业不放的。像织工在动力织机开 557
始发生影响以前的情形一样，他们的贫困迫使他们非训练他们的

① 《奉派调查针织机织工状况的调查委员〔马格里季〕报告书》（*Report of the Commissioner* 〔*R. M. Muggeridge*〕 *appointed to Inquire into the Condition of the Framework Knitters*），1845年，第6页。

② 《报告书》，第2—3页。本卷，第182页。

子女学这一行不可。他们也像最低级织工一样，因工作容易学和半熟练工人的竞争而大受其苦。针织业特有的一个弊端——各式各样的小资本家都像真正针织商一样的出租针织机——更助长了这一切。[①] 一个新手，一般是妇女和儿童，情愿出像老手一样高的租价来租用针织机，而且多半是更听话的租户。在这期间，长裤使长袜越来越缩短，因而——除开日益增加的人口所能提供的新需求外——也使针织工劳动的需求越来越减少了。因而整个三十年代和四十年代有了一种根本不健全局面的一切象征——住所每况愈下；很多家具抵押出去了；往往因为缺乏像样的衣服而不去做礼拜；很不适合于革命的一个阶级也如痴如狂地大事阅读粗制滥造的革命文学，这个阶级的体格"甚至还远在北部工业区的平均标准以下"。[②]

所有各行各业都遭到了反复出现的失业和就业不足的情况；虽然在比较大的行业之中只有手织机织造业——也并非这一业的所有各部门——有一支既庞大而又经常存在的供过于求的劳动大军达许多年之久。当《北极星报》（*The Northern Star*）在1838年[③]第一次以寥寥数语表达出雇主用以压低正规军工资的劳动后备军的"马克思主义的"原理时，它就是以织工为例的。对于几乎所有各行各业来说，在这个比喻之中，都寓有真理的成分；但是尽管有马克思主义的教条，而这支后备军并没有强大到能以产生归咎于它的一切弊恶的程度。威胁着许多低级技艺的手艺行的有那

① 《报告书》，第58页，另本卷，第182页。

② 《报告书》，第7—8页。

③ 1838年6月23日。参阅杜良，前引书，第1卷，第190页。

些农村劳动后备军(他们刚刚从尚未改革的济贫法条件下的“供过于求”中涌现出来,而还没有被招募到铁路或其他工程上去),连同饥无以为食的贫苦的爱尔兰人后备军。但是,甚至在织造业,这支后备军——这里不是什么比喻,而是带着坚忍肩章的一大队坚忍的公民——也没有阻止了动力机织工的工资缓缓地上升。

从每星期或其他标准的劳动收入中平均减去多少才能得出每
年的收入,任何一行都没有可凭以计算的数字,更不消说所有各行 558
各业的数字了。对于手织机织工的一些特殊集团,诸如上文所引证的赖恩河畔的艾希顿的那些,这类数字虽可算出,但照例也只有1838—1841年的异常详尽的调查所包括的那一段时期。像油漆业那种季节性行业中的“通常”失业人数的一些约略估计数是可以找到的。[①] 对于其重要性与年俱增的一个行业,即煤矿开采业,由于有一些每日或每星期劳动收入的记载和一些每星期工作日数的计算,因而有接近准确的估计;但是解释矿工收入的困难,纵令有二十世纪的充分统计工具,也使十九世纪初期的历史家不得不慎重从事。然而一则因为矿业在全国工业平衡中现已取得重要的地位,再则因为它们在一个蒸汽统治的世界中对商业波动的敏感,这类劳动收入是值得注意的。[②]

二十年前,就规模来讲,采矿业还不是一个第一流的行业;但是到了1851年,不列颠已经有十五万多成年煤矿工,同他们一起工作的还有六万五千名童工和二十岁以下的青工。妇女和女童是

① 本卷,第165页。

② 见鲍莱,前引书,第13章,对于解释上的许多困难,备加论列。

派在坑外的：1851 年所报告的年龄在二十岁以下和二十岁以上的二千六百五十名女性“煤矿工”大约都是在兰开郡已成定制的那类“坑边女工”。[①]

在十八世纪九十年代，一个诺森伯兰的矿工（照艾登的说法）每日可挣二先令六便士至三先令，一个苏格兰矿工约得三先令。后者一星期可以得到四五天的工作。（现代采矿业统计也认为就十八世纪后期和十九世纪初期来说四又二分之一是把计日工资变成为典型星期工资的一个稳当的乘数。[②]）二十年代的一个苏格兰矿工平均为四先令二便士一天——在 1821 年只挣三先令三便士，但在 1825 年为五先令三便士，1826 年为五先令，1827—1830 年为四先令三便士，这是在矿工工资和商业波动之间早已建立了密切

559 联系的一个例证。[③] 苏格兰三十年代的平均数约为四先令——1831 至 1835 年仍约为四先令；1837 年上升至五先令；1839 年降至三先令六便士。在这条曲线上可以把其他各区的数字放进去而没有太大的危险——在 1834 年，诺森伯兰十五至二十先令一星期（三先令四便士至四先令五便士一天）；斯塔福德郡四先令三便士的十年平均数（无疑在 1837 年有一次超过五先令的高峰和继而的下跌）；1839 年达拉姆的三先令九便士一天。1839 年兰开郡的号

① 《1851 年的人口调查》，“职业”，第 1 卷，第 97 页。

② 直到 1925 年 7 月 27 日为止，平均矿工每星期工作四点五四日。在西蒙斯：《国内外的技艺和技工》（Symons，J. C.，*Arts and Artisans at Home and Abroad*）（1839 年版）一书中，对 1810—1839 年这段时期提出了四又二分之一日的平均数。鲍莱，前引书，第 14、101 页。

③ 这些苏格兰矿工还有某种免费的房屋和免费的煤斤。其他一些矿工亦复如此。

称二十五先令一星期，听来似乎很高；但来源可靠，不能轻予否认。[①]

四十年代对煤矿工人来说是不好的年头。贸易萧条的早期，工资显然保持在1839年的低水平上。1840—1845年埃尔郡的工资保持在三先令六便士左右。1844年斯塔福德的工资是三先令六便士；1843—1846年诺森伯兰的工资据知为三先令至四先令；1846年达拉姆的工资为三先令九便士。若干年后的一项估计把1844到1853年的约克郡平均数作三先令六便士。斯塔福德郡的数字表现为四十年代最令人满意的一条曲线，正如苏格兰的数字之于三十年代一样——1844年，三先令六便士；1847年，五先令；1848年，四先令；1849年，三先令六便士。其他各区的数字证实了这十年之末的低水平——诺森伯兰1849年三先令六便士；达拉姆1846年三先令九便士；南威尔士1849年三先令；兰开郡1849年二十先令一星期，而前十年为二十五先令。把所有可资利用的煤矿工的工资加在一起，结果是在1840和1850年之间有百分之三强的下降。[②] 但生活费在这两个特定的年份之间却比它降低的多得多——或许不下百分之三十。

手织机织工调查委员会在1841年报告织工苦难的可能补救办法时，在那些补救办法之中给谷物法的废除，或至少根本修改以

① 查德韦克，见《统计学报》，第23卷，第1及以下各页(1860年)。这或许是把其他区域按日工资以外的某些津贴一并包括在内，例如，苏格兰在1838年每日四先令六便士的工资连同津贴，据西蒙斯计算，合一星期二十二先令七便士。

② 鲍莱，前引书，第109页，另见《经济季刊》，1898年，第482页。

很高的评价。这可以“增加我国织机产品的出口，并可降低我国劳
560 动人民所消费的商品的价格并加以改良”。[①] 单单靠废除谷物法，或降低固定关税原无补于根治织造业的特殊弊恶，但是继 1841 和 1846 年之间肉类、奶油、干酪和其他食品关税率的修改并配合着国内外铁路的发展而实行的废除，却为整个“劳动人民”产生了——虽则是在 1848 年以后方始出现——那些低生活费数字，早期铁路时代就是在这种低生活费数字之下告终的。[②]

在皮尔上台之前，在生活费和国会条例之间一直没有密切的和正规的联系。啤酒税在 1830 年已经以国库的三百万镑收入为牺牲而废除了。[③] 因为啤酒税差不多完全由“劳动人民”支付——浓啤酒的从价税计为百分之一百六十五，而红葡萄酒的从价税为百分之二十八——所以这项关税的废除无疑是，如所规划，给平均劳动家庭以每年约一镑的赠款。然而却不免有悉尼·斯密所注意到的那个缺点——“人人都成了醉汉。不是放声高歌，就是手舞足蹈。堂堂人民，竟无异于百兽”[④]——但一年一镑不是一个等闲的数目，纵使都花在啤酒上。在这三百万镑之外还应该再加上五十万镑，其中奥尔梭普在 1831 年所牺牲的蜡烛货物税占大部分；[⑤] 此外海运煤关税的核减额以及在 1831 年废除的淀粉和瓦片货物

① 《报告书》，第 51 页。

② 参阅本卷，第 128 页中的图解。

③ 斯马特：《经济年鉴》，第 2 卷，第 537 页及以下。这项条例是乔治四世，第 10 年，第 64 章；它不得不以威廉四世，第 4 和第 5 年，第 85 章予以修正。巴克斯顿：《财政和政治》，第 2 卷，第 277 页。

④ 《传及函札》(*Life and Correspondence*)，第 203 页。

⑤ 巴克斯顿，前引书，第 1 卷，第 34 页注。

税也各占一小部分。辉格党对纸和茶所能做的处理，不会对劳动人民的预算平衡有多大影响；[1]1832—1836 年的真正廉价谷物，是出于上苍之力而非国王臣下之功。

在四十年代好年成的年份中（1842—1846 年），小麦并没有像威廉四世时代那样的低廉，虽则生活费显然较低。因为自从 1842 年以来，皮尔已经首先取消了食品进口的禁令——当他上台的时候，牛、羊、猪、猪肉、羊肉和牛肉，连同外国捕获的鱼类是一概禁止进口的——继而又削减了这些以及其他进口食品的关税。他已经触及到，仅仅触及到食糖，并已经减低或取消了奶油、干酪和衣着 561
原料的关税。[2] 在这期间，铁路和新发明已使衣着本身和燃料的价格逐渐低廉，次等货就更加便宜了。

因"支援"，借用约翰·布赖特的字眼，谷物法废除派的那次饥荒而抬高了的生活费，在引向 1847 年商业危机的那次粮价暴跌之后，已急转直下地降低。甚至在 1848 年，数字比前十年中最幸福的一年（1835 年）还略低一些，但也仅仅略低一些而已，继而又急遽地降低到 1780 年以来向所未有的最低点。凡是有关资料可供利用的各城市或者各工业劳动者阶层，除开像普通手织机织造业这种奄奄一息的行业外——的确是一个重大的例外——工资在这六十年间已有显著的上升。就伦敦砌砖匠或装配匠这类幸运的阶层来说，工资已经上升了百分之五十强，就广大城市和工业工人来

[1] 参阅巴克斯顿，前引书，第 1 卷，第 36、39 页。

[2] 本卷，第 496 页及以下。

说，不论幸运的或不幸运的，大约为百分之四十。[①] 1849—1850 年的情况比较好；但如果不是用这些年份的工资和生活费，而是用
562 1837—1841 年和 1847 年这些歉收年份的生活费相比较，这个图表就迥乎不同了。公众心理所以认为宪章运动在它的最早期对于既定秩序是最激烈和最具有危险性的，并非偶然。在 1848 年以后这个运动之所以完全瓦解，也并不尽然是由于弗格斯·奥康讷的懦弱和公爵[②]及其特务警察的干练。

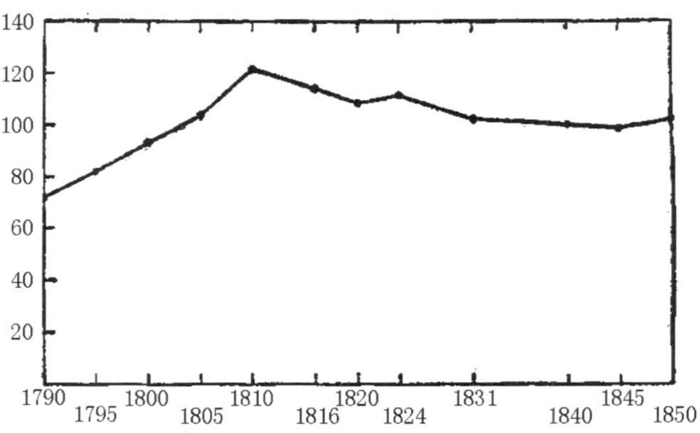

1795—1850 年，"工业工资一般趋势"（依照伍德：《经济季刊》，1899 年号编制）。这个曲线是以二十四个城镇或煤田和三十多种工业的数字为根据的。以 1840 年的工资为一百。请与第 128 页图解中的生活费指数作一比较，并参阅附录。

工资和生活费指数总是遭到这样的批评，据说工资劳动者所

① 总曲线表示 1790—1850 年有百分之四十强的上升（七二对一零二）；但是因为有统计上的困难，致不能把它作为事实经过的一个正确指数。

② 按指惠灵顿公爵。——译者

支付的零售价格并不和批发价格亦步亦趋，而批发价格——直到最近为止——却又是官方和半官方所不能不作为计算根据的。在十九世纪初期，零售贸易是既呆滞而又往往腐败；但是现在却有证据证明这些缺点自十八世纪后期以来就已经变本加厉。工资劳动者或许是两头受苦，战时的物价高涨很快就转嫁到他们身上，而后来的物价下跌则姗姗来迟。在解释三十年代中期或四十年代后期的有利数字时，必须替这个劳动者打一个折扣，至于如何打法则不太肯定。实物工资提供出一个更加不能确切解决的问题。它究竟普遍到怎样的程度，并且给正常工资造成一个多大的折扣呢？

这是厂外加工工业中的一个很老的弊端。在爱德华四世治下（爱德华四世，第 4 年，第 1 章，第 1 节）就已经有了禁止以“钢针、带子和其他无利可图的货物”给付工资的立法。在纺织和制铁的各行各业中都有禁止实物工资的一般条例，在安娜女王时代对于呢绒也有一单行条例。后来十八世纪的条例提到手套、靴、花边和刀具各业——也提到煤矿业。[①] 新的工业方法已经带来了新的问题。煤坑、铁工厂、棉纺织厂和其他纺织厂往往是远离城镇的。在工厂或纺织厂设置“以货物代工资”的商店时，如管理得宜，未始不很有裨益。在战争时期，因现钱和零钱缺乏，用货物给付工资的办法至少可以比较方便。运河和铁路的修筑就往往依靠某种“殖民地的”组织，照四十年代的证人们所给它的称呼。但这是不合法的——虽则法律不无空子可钻。旧法律在乔治三世朝代之末和铁

① 安娜女王，第 1 年，第 2 篇，第 18 章和安娜女王，第 10 年，第 26 章。关于这几项和后来的几项条例，参阅李维：《英国商业史》，第 194 页。

路时代之初已经由威廉四世,第 1 和第 2 年,第 37 章予以加强。[①]

563 在建筑业和新兴的工程业中没有任何证据证明有实物工资这样一种风气。一位熟知这种制度的证人在 1842 年曾明白谈到这一点。[②] 完全按实物工资制给付工资的一位兰开郡印刷业者的唯一的一个恶例,在缺乏这种制度的一般证据的所谓伦敦式手艺行中显得格外突出;[③]虽则,在伦敦工业的底层,在查尔斯·金斯莱于《奥耳顿·洛克》(*Alton Locke*)一书中所描述的那类廉价工厂里可以看到犯刑事罪行的触目事例。在设菲尔德的各行各业之中,这种制度曾经是非常普通的,但是在遭到 1831 年条例的打击后,已慢慢趋于消灭。在 1831 年这种制度却还足以使刀具匠师傅对违法者发出警告。[④] 在铁路工程方面,如上文所述,这种制度是既被利用又被滥用的;但是最好的承包人却不予鼓励。[⑤] 在三十年代和四十年代的煤铁工业中,这种制度仍在流行,但是影响所及的工人究竟占多大比例,以及受到了怎样不利的影响,殊不确知。有一些最最大的企业并不实行这种制度。比尔斯顿的鲍德温先生和其他一些人就不"有系统地触犯法律,"像在他们的邻里之中司

---

① 参阅昂温:《塞缪尔·欧德诺和阿克赖特》,第 181 页。艾希顿:《工业革命中的铁和钢》,第 189 页。哈蒙德:《城镇工人》,第 41、65、70 页。《技术工》(*The Skilled Labourer*),第 161、163 页。关于运河和铁路,参阅本卷,第 409—410 页。

② 《工资支付审查委员会》,1842 年(第 9 卷,第 125 页),询问案第 1239 号。在任何行业中都可以看到个别的事例。〔《建筑师史》的著者波斯特格特先生也认为在建筑业中这是向所未闻的。〕

③ 同上书,询问案第 1713 号。

④ 劳埃德:《刀具业》,第 217 页。

⑤ 本卷,第 409—410 页。

空见惯的那样;沃德勋爵地产上的煤矿工完全是领货币工资的。① 这种制度在斯塔福德郡的小煤矿采掘者和“包开煤矿者”中间比在大的矿坑中要严重些,而在斯塔福德郡比在诺森伯兰和达拉姆却要严重得多。② 在巴恩斯利和布莱德福的矿坑以及远至于南、北威尔士、蒙默思、拉纳克郡和苏格兰的煤铁厂一般都有这类的记载。在默尔瑟本地却不实行这种制度。③ 但是甚至在1852年,“在蒙默思和格拉摩根丘陵地带的十七家重要煤铁厂中有十二家”都是实行这种制度的:阿伯德尔厂在新管理当局之下方开始实行。④

在纺织业中,受实物工资制之害的恐怕以不幸的针织机织工 564
为最甚,正如他们向来的情形那样。在1831年的法律公布后,它变成为中间商和“行商”(bagman)的专用办法,正如在制钉地区,每值生意清淡,正派的雇主无力购买时,二等代理商(fogger)就以实物工资从制钉者手中买进。⑤ 这种制度和生意清淡的行业之间

① 《工资支付审查委员会》,(*S. C. on Payment of Wages*),询问案第2666—2667、2713号。《米德兰矿业报告书》(1843年),第86页。默尔瑟的安东尼·希耳在1833年以黄金和纸币支付一千五百人的工资。《工商业审查委员会》(*S. C. on Commerce and Industry*),询问案第10265号。

② 《米德兰矿业报告书》,第103页。

③ 《工资支付审查委员会》,询问案第3306号及以下(巴恩斯利),190号及以下(布莱德福),1524号及以下(蒙默思),1781、2328号(南威尔士),1467、1668、3399、3448号(苏格兰)。

④ 《维多利亚,第5和第6年,第99章〔煤矿条例〕实施情况报告书》(*Report on the Operation of 5 and 6 Vict c. 99*〔*the coal-mines Act*〕),1852年(第21卷,第425号),第11—12页。

⑤ 《针织机织工请愿书审查委员会》,1812年,第6页。《针织机织工调查委员会》(*Comm. on Framework Knitters*),1845年,第14、72页。《工资支付审查委员会》(制钉匠),询问案第1076号及以下。

的关系在约克郡毛丝布产区可以清楚看出。那里的大雇主很少实行这种制度，但是挣扎于1838—1841年的萧条和周期缺乏现款环境中的小业主，却力图攫取杂货商小本经营的利润，来弥补制造业方面的损失，或者以卖不出去毛丝布支付他们佣工的工资。[①]

在1842年，兰开郡的某些大企业和许许多多小企业都千方百计地破坏法律，虽则曼彻斯特本地不大有这种违法情形。斯塔利布里治亦复如此。在比较小的地方，正如在布莱德福，由于生意清淡，致使缺乏资本和周转力的制造商不得不牺牲他们的工人，一般是织工，以挽救他们自己——"让生意不要散掉"，他们会这样说，倒也不是完全没有理由。[②] 在那里也像在斯塔福德郡一样，有一些关心贫民的旁观者相信实际工资必会因这种制度而受到损失。来自贝里附近的腊姆斯博顿的一位宪章主义者的年轻医生麦克道耳说，没有实物工资制的艾希顿各厂的工人和情况的确很坏的格兰特各厂的工人之间的差别是显而易见的。[③] 艾希顿的人都有积蓄，并且有些人还置有房屋。据他了解一幢值二三百镑。在格兰特的人当中就没有一个这样的人。来自伍耳佛汉普顿的庞特尼牧师也就沃德勋爵的矿坑的煤矿工和邻近帕克塞德各矿的煤矿工作了一番对比。[④] 一位巴恩斯利矿工说他宁要十七先令的现钱，而

① 《工资支付审查委员会》，第5、74号及以下。一个每年工资开支在四千五百至五千镑的企业主说，他本可以得到四百镑以上的商店利润，但他不肯这样做。询问案第612号及以下。很少听到以毛布支付工资。询问案第290号（巴特莱）。

② 《工资支付审查委员会》，询问案第946号（曼彻斯特），第936号（斯塔利布里治，但是那里有限令租用工厂房屋的流弊），第1699号（乔利）等等。

③ 同上书，第2052号及以下。

④ 同上书，第2173号。

不要二十先令的实物工资或“代工资的商品”，一位蒙默思煤矿工则宁愿要十五个先令的现钱。[①] 如果这种制度——在滥用的时候——只意味着每镑一二先令的损失，那就是可证明庞特尼和麦 565
克道耳的结论不错了。但是在四十年代英国工业界是否有百分之五、百分之七又二分之一或百分之十以上的企业滥用这种制度，目前是无法断定的。[②]

对“劳动人口”——无论是工业的或农业的——的福利的一切估计，只以主要挣面包的人的劳动收入为依据是不够全面的。但是除开少数像手织机织工那样一小部分特别不幸的人之外，早期铁路时代的家庭劳动收入不能不是揣测之词。儿童多么早就开始在家里参加作为手工业或厂外加工而进行的工业，或者为老板做工而挣取工资，是尽人皆知的。究竟工厂是否把开始做工的时间更加提早些，却不无疑问。办工厂的证人在1816年委员会中曾坚称在家庭织造方面开始工作之早和工作之长，同在纺织厂里不相上下，而且更加辛苦些。[③] 现在所得而知的十八世纪的情况至少还没有任何有助于否定这种最早的说法的。在1832年萨德勒工厂法案委员会所提出的关于见证人本人或所知道的人开始正规工作的年龄的四十五项申述中，[④]有一位说是五岁，一位说是“五岁

---

① 《工资支付审查委员会》，第3156号(巴恩斯利)，第2290号(蒙默思)。

② 这项最低和最高百分数纯粹是我个人对可能性所具有的印象。对于所谓实物工资的滥用，我倾向于低数字，虽则大多数的实物工资似乎都是滥用的。

③ 《就雇于……制造业者的童工审查委员会》(*S. C. on Children Employed in... Manufactures*)，第203、237页。

④ 《报告书》，1832年(第15卷)。

以上”，九位说是六岁，十二位说是七岁，五位说是八岁，五位说是九岁，七位说是十岁，其余则说是更高的年龄。十年之后，一项关于矿场的报告书发现五岁在约克郡、兰开郡、柴郡、德尔比郡和南威尔士都并非不普通；五六岁在苏格兰东部“比在英格兰的任何地区”都更加常见；[1]七八岁多半是典型年龄；而在北斯塔福德郡、累斯特郡、诺森伯兰和达拉姆各地以及苏格兰西部等少数区域，则通常年龄较高。在锡、铜、铅、锌等矿场，十二岁以下的儿童下矿的很少，十八岁以下的青年也不多。在1843年，关于纺织和矿场以外各种工业中的童工，据报告书解释说，“一般正规雇佣开始于七八岁，”又补充说，“使用幼童和年岁很小的儿童的人都
566 是亲生父母。”[2]在一切雇佣之中最年轻的，见之于（家庭）机器花边业。在这个行业里有这样一段记载：据说有一个不到两岁的孩子为他的母亲做工，还有同一个家庭的一个四岁的孩子为她一天做十二小时的工。在乔治一世治下的约克郡呢绒业中也有过这种情形：“没有任何东西到四岁还不能自立的。这就是为什么我们看到很少人家没有门的道理，”正如狄福以坦白愉快的心情所写的那样。[3] 四岁的孩子正在当时英国的主要“轻”工业中干着他们按日的活计。

所以，当1819年的托利党工厂条例（乔治三世，第3和第4年，第66章）规定不满九岁的儿童不得进棉纺织厂，和1833年的辉格党条例禁止丝厂以外的任何纺织厂中不得雇佣九岁以下的儿

---

① 《报告书》，第18页。

② 《报告书》，第195页。

③ 《游记》，第3卷，第101页。

童时,恐怕国会还不仅仅是在畏首畏尾地纠正一项纺织业的弊端,而且是把进厂年龄稍稍地提高到全国“贫苦劳动者”的通常和传统工作年龄以上——从而也稍稍限制了可能的家庭劳动收入——虽则已经有一些行业和地区,因为缺少机会,一般已经不让年龄很小的儿童,尤其是女童去做工了。在1816年的纽卡斯耳,因为没有纺织业,而轻工业也很少,所以正式工作很少是在十二岁或十四岁以前开始的;更由于参加锡、铜、铅、锌各矿工作的年龄较大,所以使“大部分”儿童“通常在这几年中”能入校读书。[①]

曼彻斯特或利兹之类的典型工业城为家庭较大的劳动收入提供了机会。但是有代表性的工厂童工的父母究竟是一位纺工还是另一种收入相当不错的纺织工人,还是一位新兴的机械工,还是,在另一方面,一位穷途末路的手织机织工或者做零工的爱尔兰工人,却无法肯定。从三十年代和四十年代纺织城的生活素描中可以看出,比较大的家庭劳动收入乃是例外,但是我们不应该忘记,儿童一星期所挣的这几个先令,加上这类工人的十五到二十多个先令,也会凑成这样一笔家庭收入,固然不够过什么好日子,总也 567
还可以勉强为生免于冻馁。[②]

在轻金属地区中,正如在纺织地区中一样,儿童有足够的就业机会。在伯明翰区,“几乎在制造业的每一个部门中都雇佣了很多男女儿童。”[③]妇女和女童正把男子和男童从制纽扣和刻螺旋钉头

① 《1816年报告书》,第24页。《1843年报告书》,第203页。

② 从下文(第720页)所举的关于兰开郡四十年代的友谊会大量会员的证据之中,可以看出一个典型家庭的收入,除必需开支外,是有一些剩余的。

③ 《1843年报告书》,第16页。

这类工作中排挤出去。伍耳佛汉普顿区的重铁器业并不雇佣童工——虽则到达些行业去的男童和到其他任何行业中去的是一样早的——而只有为了制造锡玩具、铁钉、铁链和螺旋钉，给垫板钻孔，以及在迅速发展的涂漆业中，多利用童工。"自从织布厂和纺纱厂采用机器以来，做铁钉和铁链的女童已十倍于往日，"[①]一位工人对 1843 年调查委员们这样说——这是一种凭印象的说法而不是一个统计上的估计。

伦敦为年龄很小的儿童所提供的正式职业比制造业区和农业区更少。在 1851 年的人口调查报告中，[②]在这个时期之末，它只容纳了一百五十五名十岁以下的差童和五十八名使女——这无论就男童或女童来说都是最大的行业。在这类问题上，人口调查是容易有错误的，但伦敦方面的错误也未必比其他各地更大。棉纺织业在同一时期容纳了二千多名十岁以下的男童和将近二千名女童；呢绒和毛丝业将近三千名男童和二千多名女童；花边业——工厂法适用范围以外的一个行业——将近二千六百名女童；另草帽辫业——一种小型农村工业，[③]也是工厂法适用范围以外的一个行业——二千七百名女童和一千五百名男童。工厂限制刚刚触及伦敦；所以，如果已经有了年龄很小的儿童大规模就业的倾向，那一定会显现出来的。不载在人口调查报告中的非正式就业诚然很多；乞讨、沿街叫卖和贩报可能开始得很早；但是典型的伦敦工资劳动者——他们的工资，应该记得，并不是最低的——的子女在十

① 《报告书》，第 17 页。

② "年龄和职业报表"，同上。

③ 它雇佣了二万八千名男工和三千九百名女工。

岁以前总是待在家里或者上学。在1851年,伦敦有十至十五岁的差童一万零五百名。此后,他们如果运气好而变成为手艺人,他们就开始学徒。在1851年伦敦有二万三千名木匠和细木匠——伦 568
敦最大的手艺行,也是自1830年以来在性质上或传统上,或者自1730年以来,就这方面来说,一直没有显著变革的一个手艺行——其中只有二百七十人不满十五岁,二千人十五至二十岁。[①]共有一万五千名油漆匠、铅匠和上釉匠,其中有二百人不满十五岁,一千三百五十人十五至二十岁。共有一万名印刷工——五百名(无疑是学徒)不满十五岁,一千八百名十五至二十岁。

在伦敦从事于家务工作的城乡少女的数目是非同小可的。举两个数字就够了。1851年,伦敦计有十五至二十岁的“女性”十一万五千名,有富有贫,有被雇佣的也有非被雇佣的,有未婚的也有已婚的。其中有三万九千名是挣工资的家务工。在自己家里不挣工资的更有多少呢?其中有一万名是女裁缝或女服裁缝;一千九百名做洗衣工作;一千四百名是成衣匠;一千一百名是鞋匠;另一千一百名在东头的丝绸工业中做工。约有九千名分散于首都的其他各种职业——制草帽和女帽的二百三十一人,制伞的一百七十五人等等。其余则是女学生、家庭妇女或很年轻的主妇,[②]她们既不像使女那样,因有她们管家而节省了家庭的开支,也不像女裁缝或丝绸女工那样挣钱贴补家用。

1851年人口调查的显著结果——虽则完全不是决定性

① 这类行业中的男工总是包括有在乡间学过艺的大量移民。

② 十五至二十岁的伦敦妇女只有大约百分之三是结过婚的。

的——在全国范围内留给除孀妇外已婚妇女的正式工业工作的机会比对棉纺织厂和织户或制钉户的一些比较令人沮丧的当代记述所提示的还更加少些。不列颠在 1851 年共有主妇三百四十六万一千五百二十四人。其中有整整二百六十三万一千人填报为无具体职业的主妇，二十万零二千人为农场主或牧场主的主妇，九万四千人为鞋匠的主妇，二万六千人为屠户的主妇，三万四千人为旅店主或酒店主的主妇，另六千人为小店主的主妇。有孀妇七十九万五千五百九十人，其中只有二十九万人自称无具体职业。其余都填报了她们的职业或行业。所以不像是有很多经常无业的主妇漏
569 未填报。从各方面来考虑，很可能有大量在家里操作的织工、女裁缝、制钉匠、织袜工和制花边工等等只填报做主妇。[①] 也很可能有大量在自己家里间歇地做某种厂外加工的妇女，连同偶尔做一点临时佣工的主妇，也是这样填报的；在真正厂外加工——诸如庐舍手套商和草帽辫商的某种厂外加工——和可称之为正式家庭工作之间是有无数等级的。鞋匠的主妇和少数小店主的主妇，既这样自称，就表明她们都像农场主、屠户和旅店主的主妇一样，都是和家庭行业有密切联系的——有这种联系的共计三十六万二千人——而在没有这类称呼的场合，自然就是没有这类联系的存在。如果这二百六十三万一千名纯主妇之中的大多数是没有从事于工业工作的，或者只从事于自己家庭工作中的某种附带业务的，那么在上述表列的五大类中的三十六万一千人以外，就还有五万名主妇可能是工业、商业或农业中的正式工人。从这个数字中可

① 关于伦敦的裁缝主妇的工作，参阅本卷，第 181 页。

能还必须减去在十三万八千名妇女之中所看到的那些填报为独立贵妇或领受年金者的主妇——这类人大概为数不多。

只要对某些较大的妇女工业加以缜密研究，就可以证明总结的正确无误。在1851年所雇妇女和少女为所有各主要纺织工业的总数两倍以上的一切行业之中最大的家务工作方面，家庭主妇的确很少。[①]“根据报告，并从作证中可以了解，”密契尔博士在1833年工厂调查委员报告书的一件统计附录中这样写道，“很少妇女结婚以后还在工厂中工作。”[②]分析仔细的1851年报告书也表明了达一点。在二十四万八千名女棉纺织工之中，有十万零四千人不满二十岁，其中六万七千人是十五至二十岁；五万一千人二 570
十至二十五岁；三万一千人二十五至三十岁；一万九千人三十至三十五岁等等。已婚妇女或孀妇的正式职业——如女佣或洗衣妇——的数字和这些数字在性质上恰恰相反。年龄每增加五岁，人数就更增加一些，直到四十或五十岁为止。纺织业各行的女性年龄的分配和棉纺织业相似；家庭工业性质更加浓厚的花边制造业和草帽辫业亦复如此。显然有很多妇女在二十至三十五岁结婚之后，就脱离了她们的行业。密契尔博士在十八年前说，大多数妇女在二十六岁以前结婚，也有很多是二十六至三十岁之间；“甚至

① 家务工作为905000＋128000名农场使女：主要纺织工业（棉、毛、麻、丝）约为五十万名。

② 1834年（第19卷，第261号），第38页。也应注意雇主的一项决议（1833年，第20卷，第1123页）：“任何……限制儿童劳动的措施都会迫使家庭主妇进厂工作。”在手织机织户中，主妇差不多总是帮同劳动的。

还有少数是在此后五年之中。”[①]在女裁缝、女服裁缝和成衣匠这个大联合职业之中，占比例最大的五年，不是十五至二十岁，像所有纺织业那样，而是二十至二十五岁。人数慢慢地减少到三十岁，三十岁以上就急转直下了。女服裁缝比棉纺织工结婚较晚，多半总是这样的。

在1851年以前，英国最为臭名昭著、虽则并不是最普遍、或许也不是最严重的滥用女工的情形，即煤矿中的情形，但早已制止了。当十年前事实被揭露出来的时候，女煤矿工本来就不会很多；已婚的女煤矿工则更少，虽则在矿坑中有一些主妇。这种习俗是地方性的。在诺森伯兰和达拉姆大煤田上，没有妇女下矿，在坎伯兰的一个老煤坑中只有少数几个；在沃里克、斯塔福德、希罗普郡、累斯特或德尔比一个没有；在南格拉斯特郡和北萨默塞特郡一个没有，在北威尔士一个没有，在西苏格兰很少几个。西莱定、兰开郡和东苏格兰的煤田是黑暗的地点，虽则妇女在柴郡和南威尔士，并偶尔在德安森林也是下矿的。一旦下矿，妇女就和男子做差不多同样的工作，除非妇女很少伐煤。操作过度、赤身露体和男女混杂情形的最不幸的报告是来自兰开郡和东苏格兰各地的。[②] 太恩塞德的老早成熟的资本主义却没有这种奇形怪状的产物，也没有
571 从对这类情况尚未进行调查或尚未发生反感的一个时代因袭下来

① 同前。应注意：在1851年全国二十五至三十岁的所有妇女之中只有百分之五十九是主妇或孀妇。〔在1921年，英格兰和威尔士只有百分之二十三的女纺织工人是结过婚的(工业中的妇女，敕令第1930、3508号)。1851年的百分比诚然高一些；但全文的一般论证还是站得住脚的。〕

② 《1842年报告书》，第24、35并散见各页。

的传统。

当1842—1843年童工就业调查委员对矿场和照当时法律规定的"工厂"以外的杂项工业进行调查时，学徒制的生命力和这种制度的滥用曾给他们以深刻印象。在矿场和纺织厂里没有正式的契约或准契约的从属关系，虽则"接线童"或矿童对他的行业负有一定的义务，并且有人负责他的学习；但是"在大多数〔杂项〕行业和制造业中"，学徒却是原则。[①] 有一些儿童是依法在七岁时由治安法官或济贫法监理员监督立约为学徒的；"但更多的学徒并没有经过任何法定的程式，但必须为师傅服务到二十一岁，虽则习艺可能开始于七岁，而且在这种制造业中可能并没有任何称得起技艺的东西可学。"[②]伦敦大部分劳动儿童开始学艺的年龄在本城是十四岁，在"各教区"是十二至十四岁。贫民学徒，如果是男童，一般是做鞋匠或裁缝的学徒——这是有很多自行操作的小工匠师傅招收学徒的两种行业——如果是女童，就做家务工或女服裁缝的学徒。在伯明翰，学艺也是普遍的，但学徒照例是住在自己家里，而不和师傅同住。在伍耳佛汉普顿区流行一种低级形式的旧式寄宿学徒制。儿童由律师经手非法的立约为学徒的比由治安法官或监理员依法立约为学徒的更多。如果年纪很小就做学徒，他们一上来总是听差遣或者干"脏活或家务活"。如果师傅身故，学徒就像"他的一部货物或财产"一样地处理。"谁……接手经营，他就是这

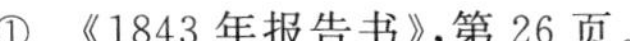

① 《1843年报告书》，第26页。

② 同上。

个人或这些人的奴仆，”一直到二十一岁届满时为止。[①]

在设菲尔德，男童进刀具业做学徒，是同时做工匠师傅和半独
572 立散匠的学徒的。“在大多数场合下，学徒……和他的散匠师傅同膳同宿。”起初得几个便士一星期，在十五六岁时可得几个先令。学徒总是一直做到二十一岁。在陶器业，凡在好一点的部门做学徒的儿童——照例是凭未贴印花的契约，从而也是非法的契约——要从十三四岁一直做到二十一岁。伦敦、伯明翰和其他各地的玻璃工业都招收正式的“户外”学徒；但是在花边业、织袜业和花布印染业中却没有正式的学徒制。对于年轻的工程业，调查委员没有特别进行调查。[②] 调查的结果是：有别于工厂学徒制的个人学徒制还照例是同手工业和小企业相伴随的；现在国家、自治市或行会既然都没有对师徒关系加以规定，因而几世纪来的规章法令所要对付的那些弊病又都一一出现了；在像玻璃制造业之类需要高度技术的手艺行和伦敦最杰出的手艺行中，这种制度都很容易重新恢复起来，或者自然地、健全地发展起来；并且济贫法当局也还没有脱却干系。在英格兰，人们仍常常让自己的孩子做家务工的学徒；从苏格兰（福耳克尔克）提出了曾于四十年前使皮尔和欧文大为震惊的那种弊病的报告——爱丁堡的贫穷儿童被送到铁钉厂去做学徒，并从六七岁就“担任最吃力的劳动”。[③]

---

① 第27页。在威林哈尔，“一个小业主有时招收六七个学徒而从不用一个散匠”（第28页）。〔以继续学徒作为雇主财产上的一项负债乃是旧法律和旧惯例的一部分，而不是一种新的流弊。〕

② 《1843年报告节》，设菲尔德，第29页；陶器和玻璃，第30—31页；花边等，第31页。

③ 《报告书》，第30页。

直到艾希利勋爵利用 1842 年矿业报告所引起的反感，力图使整顿地面上妇女的那项条例（维多利亚，第 5 和第 6 年，第 99 章）通过于国会时为止，法律并未因其是妇女的工作而对它的地点、时间和条件予以任何注意。不论工厂法的含意是什么，也不论它们的某些赞助人的意愿是什么，直到四十年代，工厂法所关心的还只是教区学徒、幼童或后来的“青年人”，并且往往以只关心这些人为理由而进行辩护。远溯自 1815 年，老皮尔就曾经为棉纺织厂儿童提出了十岁的年龄限制和十小时工作制。从那时起，十小时工作制就渐渐成为北部工人的理想，——儿童、妇女，甚至男工的十小时工作制。有气无力的十小时工作制运动在棉纺织城镇中可以追溯到 1825 年前后，当时“同这件事有任何牵连都是不得人心的，甚 573
至在广大群众之中”，正如这个运动后来的一位领导人这样承认说。[①] 但是在约克郡，有组织的十小时工作制运动恰恰开始于 1830 年民主风潮之际。作为运动开始之标志的托利党国教徒兼地产经租人的理查德·奥斯特勒在 9 月 29 日致《利兹日报》（*Leeds Mercury*）的那封信中，也只提到在毛丝厂里被迫以过大的劳动强度进行操作的“几千名男女幼童，而**主要是女童**”。[②] 十八个月之后，工人走了四五十英里到约克要求召开郡会议讨论工厂法案时所高举的旗帜，也是标以这样的字句：“看上帝和我们孩子

① 菲利普·格兰特语，引自赫琴斯和哈里逊：《工厂立法史》（*A History of Factory Legislation*），第 44 页。应该记住，纺工和其他男工本身就有一半是雇佣童工的。同上书，第 37 页。

② 引自《艾尔弗雷德》（基德），《工厂运动史》（*The History of the Factory Movement*）（1857 年），第 1 卷，第 100 页，及其他各页。这封信结尾说：“为什么在毛丝厂工作的儿童不应该受到像在棉纺织厂工作的儿童一样的立法规定的保护呢？”

的分上吧。”只有衣衫褴褛的儿童歌咏队，如果运动早期的记述是可以相信的话，高唱他们的工厂歌：

我们要十小时法案
我们非要不可——我们非要不可。

直到1841年成年妇女的工作时限方始在十小时工作党的正式纲领中占了一个项目。但是领袖人物所念念不忘的始终还是一般的限制和它的利益，而不问这种利益究竟是真的还是想当然的。①

这个运动在第一年中所通过的决议案表明了这一点——例如：“这项限制性条例旨在使于女童被迫每日从事十二至十六小时工作时……而游手好闲的许多成年男子能以就业，以便平均和扩大劳动。”②1833年有人建议“应由工厂中的成年工人通过工会……为他们自己提出一项缩短工时的法案”，③而老板们却向工厂调查委员们解释说，这个运动背后的推动力是想以十小时工作
574 而取得十二小时工资和希望能吸收“行业中游手好闲”的人员。④第二年奥耳德姆的纺工为八小时工作制进行试验性的罢工。⑤

---

① 艾尔弗雷德，前引书，第1卷，第237页；第2卷，第46页。赫琴斯和哈里逊，前引书，第65页。

② 引自赫琴斯和哈里逊，前引书，第48页。

③ 致科贝特的《每周记事报》(*Weekly Register*)函，引自赫琴斯和哈里逊，前引书，第56页。奥尔梭普勋爵对费耳登说过差不多同样的话。哈蒙德夫妇：《沙甫慈伯里传》(1923年版)，第37页。

④ 《第一次报告书》(1833年，第20卷)，第849页。

⑤ 韦伯夫妇：《工会运动史》(1920年版)，第151页。

1837年，工人缩短工时委员会准备把1833年条例缩短了的幼童的工时延长到十小时，如果他们不能把其余每一人的工时也减少到八小时的话。[①]

1833年条例(威廉四世，第3和第4年，第102章)是对迈克尔·托马斯·萨德勒和他的国会继承人艾希利勋爵所提议的十小时工作制法案的正式回答。它虽是跟随在1832年审查委员会报告书之后，但却是以应制造商之请并在十小时工作制党的愤激之下奉派查明真相的特别委员的报告书为依据的。[②] 当1836年这项条例完全生效时，凡十三岁以下儿童，除在丝厂准许十小时工作外，不得在任何一日劳动九小时以上，或任何一星期劳动四十八小时以上。凡九岁以下儿童，除在丝厂外，不得在任何工厂劳动。凡十三至十八岁的青年不得每日劳动十二小时以上或每星期劳动六十九小时以上。凡十三岁以下的儿童，除劳动外，每日需读书两小时。设巡回视察员四人，监督条例的执行。为了这个目的，他们赋有和治安法官同等的权力。

调查委员会解释说，曾经有“几位杰出的制造商”[③]建议这样一种视察制度，但并未举出他们的姓名。这些制造商曾力请指派驻厂视察员，而调查委员之所以反对这一政策，主要的理由就是开支太大。不应忘记，直到1821年约克郡一直都有呢绒视察员和检查员；约克郡、兰开郡和柴郡的法定毛丝委员会就是在这个时候也

① 赫琴斯和哈里逊，前引书，第60页。

② 《报告书》是1833年的第20和21卷，《补充报告书》是1834年的第19卷，第261页。关于十小时工作党的看法，参阅艾尔弗雷德，前引书，第2卷，第33、43、47页。

③ 《报告书》，第20卷，第68页。

还有三个视察员；也不应忘记，曼彻斯特棉纺织界的正派人士曾经
575 试行不用视察员而由他们自己的委员会执行法律和他们的失败。[1] 巡回视察员使新条例发生了实效，但是视察员的指派并非像往往所说的那样一种创举。他们对阁员的正式报告书和人选的类型却是真正开行政上的先河。[2]

1833 年的调查委员所会见的一位证人——利兹的塞缪尔·斯密先生——请求他们扩大调查范围，并对矿童、女服裁缝学徒、商店助手和女学生，特别是，照他说，和工厂童工同样不卫生的所谓社交进修学校的女学生加以考虑。[3] 但他们无权这样做。七年之后，在艾希利的鼓动下指派了一个草拟矿场和制造厂童工和青工报告书的调查委员会；但是女服裁缝店、商店和学塾都不在查报之列，因而必须俟诸异日了。在这期间工厂条例方始实施，但是屡遭失败，北部十小时工作制主张者尚未予任何支持，因为他们把它看做是一个可耻的骗局。对童工、青年和成年实行三套不同的工时制事实上是有困难的，这表明只有常常谈及的一项动力限制法(limitation-of-motive-power law)才是最有效的解决方案。

矿场报告书在 1842 年 4 月 21 日方始签字。7 月 7 日艾希利提出了他的法案，尽管上院“表现得那样冷酷无情，那样善于自欺”，为他向所“未见”，[4]法案还是在 7 月底以前就在两院都通过

---

① 本卷第 422、426 页：关于曼彻斯特委员会，参阅《报告书》，1833 年，第 20 卷，第 32 页——“已经暂时放弃了的”一个企图。

② 多半是身为委员的埃德温·查德韦克所写的报告。

③ 《报告书》，第 20 卷，第 577 页。

④ 霍德：《沙甫慈伯里第七代伯爵的生平和事业》(Hodder, E., *The Life and Work of the Seventh Earl of Shaftesbury*)，第 1 卷，第 431 页；另引自哈蒙德，前引书，第 80 页。

了——但附有伦敦德里勋爵领导下的反对派所授意的几项修正。维多利亚，第5和第6年，第99章开宗明义就说“因为妇女和少女不宜受雇于任何矿场或煤矿”。绪言中接下去写道：“理应对于矿场和煤矿中的男童雇佣办法制订章程，并对矿场中劳动者的安全有所规定。”妇女不得下矿，但可在坑边劳动。不满十岁的男童不
得下矿。非“十五岁以上的男子”不得负责起重机。矿工的工资一 576
律不得“在任何酒店、酒馆、啤酒店或其他娱乐场所支付”，这是绪言范围外的一项为社会便利计的条款。成为日后矿业法典之混合基础的各式各样的条款都委由视察员监督执行，视察员有向女王陛下的主要阁员之一提出报告的现已确立的义务——但是人数未作具体规定。

政府并没有根据1843年的报告书而有所行动或者提出任何建议。两年之后，艾希利提出了关于所查报的行业之一印花厂和类似企业的一项法案。漂白、印染和研光等类似企业部分在议会中被否决，印花厂法案则成为维多利亚，第8和第9年，第29章。但是在提出报告书这一年，这时已有视察员经常呈送报告的政府，为已立有章程的各行业提出了一项新工厂法案。这一法案由于有欠审慎的教育条款而引起了教派的情绪，致不得不予以撤回。经过修改之后于1844年再行提出，它终于以维多利亚，第7和第8年，第15章而立为法律。在辩论时，下院业经接受了艾希利十小时工作制的动议，但在格里姆和皮尔的行政鞭策下，又复反悔。[①]但是工厂改革家所孜孜以求的，这项条例毕竟做到了不少。它规

① 这段插曲见于大多数的政治传记和哈蒙德的《沙甫兹伯里传》，第97页。

定了机器的圈围，这是最好的雇主久已采行而为视察员所要加以普及的一项办法。[①] 它在各项规定中都把妇女和青年划归一类。它建立了儿童半工制，虽然准许他们从八岁起而不是从九岁起开始做半工。它规定以第一个受保护的人在早晨上工时间为法定工厂日的开始，并规定妇女和青年在同一个时间进餐，从而向正常工作日的确立迈进了一步。它更以种种方法加强了视察员的权限。

577 在国会日益友好的态度鼓励下，十小时工作党继续努力不辍。在1846年1月艾希利提出了一项法案，北方支部并且创立了一家报纸。从艾希利手里交到自十岁起就为一家纺织厂的十小时工作制而奋斗的托德默登教友派教友棉纺工约翰·费耳登[②]手里的1846年法案被否决；但是费耳登在1847年又复当选，并于下院三读时以一百五十一票对八十八票，于上院在主教们的协助下甚至更容易地取得了胜利。在这项法案提出时，《经济学家周刊》上写道：[③]“这个原则和谷物法争论时的那个原则恰恰相同……现在唯一特别受惠的阶级……公然不再是地主而是工厂工人了。”在这项法案通过时，《经济学家周刊》的那篇以“上院和下院联盟查禁工业”为题的社论中充满了对牧师的讥诮之词。[④] 雇主——这是一个不景气、很不景气的年头——“相信事实可以证明，工厂劳动时间减至十小时就不能不使制造业工人重冒最近这一次最剧烈灾祸

① 排灌专家斯密所管理的这个第因斯顿厂和班纳曼的阿伯丁厂在1833年都把机器很好地围起来了。《1833年报告书》，第20卷，第16页。

② 这是他父亲的厂。艾尔弗雷德，前引书，第1卷，第330页。

③ 1847年2月13日。

④ 1847年5月22日。

的危险〔'完全无工可做'〕,并承担它的一切后果,但一切都要看工人了”。条例开始生效;工业恢复了;而1849年曼彻斯特区棉纺织业的工资几乎和1841年相同,[①]而生活费却降低了百分之二十至三十。

在提出十小时工作制法案的那一年,艾希利担任了扫烟囱男童协会的主席,来拯救另一类被滥加使用的儿童。[②] 下议院大体上是对扫烟囱者具有同情的。自1788年以来就一直有为他们利益计而提出的立法。立法的失败充分说明了一项取缔性法律没有适当的执行机构的弱点,尤其在以法律适用于既小而又分散的群体时。在1817—1819年,几次取缔这种习行办法的试图——唯一有把握的良药——都一一归于失败。上院否决了这些议案。用意很好的1834年条例(威廉四世,第4和第5年,第35章)已经把让儿童爬进未熄火的烟囱定为犯罪行为;禁止十岁以下的学徒;并且

制定了建筑气道那些显然无人奉行的条款。[③] 这些条款又都列进 578
了1840年的一项条例(维多利亚,第3和第4年,第85章)中,为促成这项条例,艾希利是起了一定作用的。凡不满二十一岁的人,一律不得扫除烟囱,也就是说,除工厂的宽烟囱外,任何人不得做清除工作;凡不满十六岁的男童一律不得做扫烟囱者的学徒。但是扫烟囱者未始不可雇用没有学过徒的男童;也没有任何人监视家庭的气道;在四十年代这项法律虽已在伦敦等地施行,艾希利的

---

① 鲍莱:《联合王国的工资》,第119页。

② 参阅哈蒙德夫妇:《城镇工人》,第9章和《沙甫慈伯里传》,第218页及以下所作的全面叙述。

③ 即“扫烟囱者及其学徒的加强管理以及烟囱和气道的安全建造条例”。

协会却还有一段长期的斗争有待进行，而在这项议案变成法律二十三年之后，查理·金斯莱还写了一部《水婴儿》(*The Water Babies*)。[①]

“新济贫法修正条例的通过，”据那位当代的工厂运动历史家在1857年写道，“有伤劳动人民之心更甚于从而对全国真正贫民所造成的剥夺。对也罢，错也罢……英格兰的工人却认为新济贫法乃是一种惩罚贫穷的法律。”[②]“请愿人认为，”一位宪章主义者对1842年的国会呼吁说，“济贫法巴士底狱和警察分所之所以同时存在就是由于不负责的少数人更加想要压迫多数人，想把他们活活饿死。”[③]刚刚领略了，在比较有政治头脑的人看来，随着选举改革法案这桩更加不可思议的背信行为而来的1833年著名的背信行为，这项法律又降临到了北部各工业区。工厂运动的每一位受过教育的领袖都起而反对。一直为反对马尔萨斯主义而争辩的萨德勒——他曾以此之故在年轻的马考莱先生笔下大受讥讽——于1835年逝世，因而这项法律是敢于多么马尔萨斯主义就多么马尔萨斯主义的。[④] 奥斯特勒和“比尔利的布尔教区长”认为它既不

① 1851年的人口调查数字完全支持这项有关伦敦的文艺作品的证词。在全英国以及在伦敦的扫烟囱者的人数和年龄是：

	5—10	10—15	15—20	20—25
英国	188	981	1009	1064
伦敦	4	48	108	220

② 艾尔弗雷德，前引书，第2卷，第76页。

③ 引自比尔:《社会主义史》(Beer, *History of Socialism*)，第2卷，第132页。

④ 本卷，第350页。

合乎基督教教义，也不合乎宪法精神，并且他以极投时好的演讲术
这样说道——“新济贫法中所包藏的不信不义，是和真理不相容的 579
虚妄，是和正义不两立的暴虐，是和上帝相敌对的魔鬼。”[①]和科贝特一同当选改革后的国会的奥耳德姆议员约翰·费耳登和他们的看法完全相同。科贝特一直在下院同这一法案作斗争，并且在1835年弥留之际，还在对强制执行“意欲使中原和南英格兰人民**以更加粗粝的粮食为生**的这项法案”的“两千镑收入一年的刘易斯和一行字一便士的查德韦克之流”大肆威胁。[②] 在1834—1835年开始可以从兰开郡听到了约瑟夫·雷讷·史蒂芬斯那位美以美会卫士力教派的牧师和人民的先知先觉者的声音了。几年以来他一直周游全国。这是何以在1838年1月这个声音响彻了纽卡斯耳的原因。“人民不会忍受这一切，并且我可以说，等不到夫离子散，投入土牢，食以‘糟粥’——等不到妻女穿上囚服——等不到那样——纽卡斯耳就应该，而且必须——用唯一的方法，用赞助这项可恶法案的一切人的鲜血把这一场大火扑灭。”[③]

这项法律果真像济贫法调查委员会原来建议的那样来制定，果真完全照执行委员所希望的那样来贯彻执行——也就是不给身体健壮的人以任何户外救济或者给予不能再少的一点救济[④]——

① 奥斯特勒，见艾尔弗雷德，前引书，第2卷，第76页。

② 《政治记事》(*Political Register*)，诺曼第时代的一篇论文，1835年6月10日。这篇论文是口授的。他死于6月18日。“两千镑收入一年的刘易斯”即资历深的调查委员刘易斯。

③ 引自加米季：《宪章运动史》(Gammage, R. G., *History of the Chartist Movement*)(1894年版)，第56页。

④ 本卷，第465页。

那么北部是未见得不会流血的，虽则或许不是这项“可恶的法案”的许多朋友们的血，尽管史蒂芬斯希望这项法案的敌人会让“每一个男子汉拿起他的燧石枪、他的单刀、他的宝剑、他的双枪，或他的长矛，每一个妇女拿起她的剪刀，每一个儿童拿起他的一包扣针和他的一盒钢针”。[①] 在英格兰各工业区中用于任何一类贫民救济
580 方面的款项都不敷用；而在苏格兰工业区中，对身体健壮者的救济事实上等于没有。只有手织机织工、织袜工之类比较少数的人得到了一点经常的帮助来补劳动收入的不足。[②] 在三十年代，织工的处境已每况愈下。随着出口工业热的日甚一日，贸易的起伏愈大，受影响的人数亦愈多。如果除习艺所的救济外，完全拒绝给身体健壮和病者老者以临时性帮助，则未始不会引起恩格斯在1845年还预料为势所难免且已迫在眉睫的流血革命。事实上，一则因为这项法律的制定方法，再则因为在1836和1840年之间工业区已经吐露了它们的心情——愤激而又多少染有邪说异端的那种心情——户外救济并未完全拒发。

当调查委员在1834—1835年适用新救济法于农村区域时，适值丰收——1835年是大丰收——粮价低廉。这大有助于“非贫穷化”(depauperisation)。[③] 但是当它在1836—1837年开始施行于工业区时，却适值贸易萎缩，特别是在棉纺织业方面，生活费已开

① 这篇演讲的原文，见加米季，前引书，第57页，和霍佛耳的《宪章运动》(Hovell, M., *The Chartist Movement*)(1918年版)第80页所载的那篇刊于《北极星报》上的演讲相比，读起来更加像是民众演讲。

② 例如在奥耳德姆只有织工才能得到正式救济。《1834年报告书》(1834年，第28卷)，附录甲，第918页。关于工业区的开支，参阅本卷，第364页。

③ 本卷，第466页。

始上升，并且在1839年已经达到，而且在1840年仍然保持着自战后萧条时期在1820年结束以来除1825年一年外向所未有的最高峰。调查委员们不得不在早已草草地组织起来反政府的人民之中进行工作。[①] 在兰开郡的很多大的、半城半乡的教区以及在划分成为“镇区”和“礼拜堂区”并有纺织厂、矿山和铁工厂遍布其间的西莱定，也像在诺森伯兰或达拉姆的许多纯矿业教区那样，曾经有一种组织散漫的旧式济贫法执行机构，而没有习艺所或任何种类的中心济贫院。曼彻斯特有它的“并不可怕的”、管理良好的济贫院，收容在院里“毋宁是一种惠施”。威根有一个里面可以分娩的济贫院。在利物浦的纪律严明的大济贫院中，单身男女严格隔离，
已婚者可以同住。[②] 所以，甚至在已经为1834年原则打下基础的 581
地方，建立在这个原则上的现有机关也未始不须加以清除。不能期待那个时代的兰开郡人和约克郡人，纵令是对这项条例抱有好感的那一类人，会欣然接受萨默塞特济贫院的命令。他们的先辈从没有被要求接受过任何这类的命令。调查委员们的工作在1837—1838年变得艰巨万分。

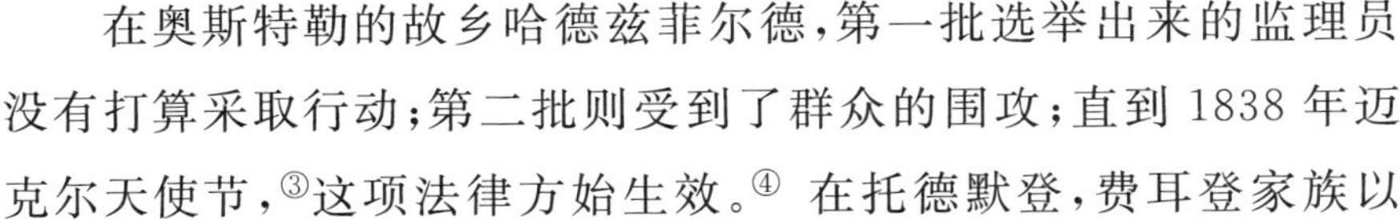

在奥斯特勒的故乡哈德兹菲尔德，第一批选举出来的监理员没有打算采取行动；第二批则受到了群众的围攻；直到1838年迈克尔天使节，[③]这项法律方始生效。[④] 在托德默登，费耳登家族以

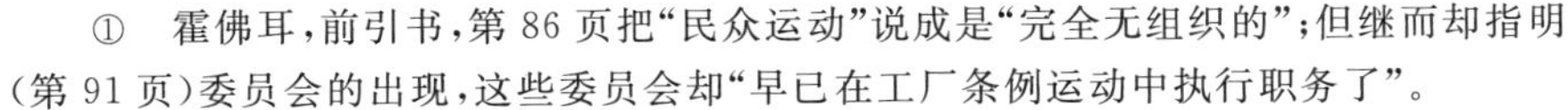

① 霍佛耳，前引书，第86页把“民众运动”说成是“完全无组织的”；但继而却指明（第91页）委员会的出现，这些委员会却“早已在工厂条例运动中执行职务了”。

② 《1834年报告书》，附录甲，第28卷，第914、918、922页。

③ 按系9月29日。——译者

④ 尼科耳斯：《济贫法史》，第3卷，第250页及以下，另霍佛耳，前引书，第5章。〔韦伯夫妇：《英国济贫法史》，第2编（1929年版），第1和第2章。〕

关闭工厂来压迫监理员辞职。(因为三十多年来托德默登联合教区从没有过济贫院。)在布莱德福有过严重的骚动。为了安抚工厂区域,调查委员修正了他们对兰开郡和西莱定三十一个教区的政策。他们并没有颁发禁止“发给任何在业的身体健壮的男性贫民(非教区工作也是一样)或靠他为生的人”[①]以现金救济这道著名的命令,即已实行于南部所有农村联合教区的那道命令,而只训令监理员依照伊丽莎白条例和“有关济贫事宜的其他一切成文法”处理救济工作。这就使监理员有了援引过去成例权宜行事的余地。当调查委员在1839年年底报告进展的情况时,他们也没有声明停发补助工资津贴的禁令已适用于诺森伯兰、坎伯兰、韦斯特木兰、达拉姆、约克郡或兰开郡。[②] 在第八次报告书(报告1841—1842年的情况)中,他们解释说,在共总五百九十个联合教区之中,还有一百三十二个没有奉到取缔户外救济的一般禁令。[③] 其中包括没有习艺所设备的农村联合教区,主要是在威尔士;首都各联合教区;以及兰开郡、柴郡和西莱定制造业区域中的联合教区——这是一张有效的一览表。甚至在真正补助工资的救济金停发之后,户外救济一般也还是照旧进行。调查委员到底敌不过习惯,敌不过可怕的贫困和易于触发的同情心。在1834年,正如他们之中有一位不合文法的写道,“户外救济的消灭是可以期待的,至少可以减
582 少到成为例外的程度。”[④]在1844年截至报喜节为止的那一季度

① 尼科耳斯,前引书,第3卷,第167页。

② 同上书,第286页。

③ 同上书,第305—306页。

④ 同上书,第2卷,第391页。

中，在英格兰和威尔士的习艺所中受救济的有二十三万一千人，在所外受救济的有一百二十四万七千人。在1848年相应季度中的数字则是三十万零六千人和一百五十七万一千人。[①]

凡是调查委员取得胜利的地方，他们都是以一定的代价取得的，而这种代价是他们不但已经料到而且敢于承担的。诺丁汉是自始就以很大的决心执行拒发户外救济规定的一个城区。[②] 也正是诺丁汉的市长在1840年写了下述的一段话："拒发临时救济金和只是为了使申请人裹足而提出院内救济的审查的那种苦痛和败坏风俗的后果，是世人所不尽知的。在这个时候，贫民（**由于怕进济贫院**），把衣物家什一件一件地卖掉或当掉，直到身无长物而后已……"[③]这个"不足取的原则"正照它所打算发挥的那种作用发挥着作用。到了四十年代，这个原则几乎到处都多少发挥出一点作用了，尽管户外救济并未能取消。不论它在经济上有怎样的优点，也不论它实施于贫穷化的农村区有多大的必要，它在城镇中却是一个后患无穷的刺激。

补充这样一句话才是公平的：就当时北部的民风来说，委员会的每一个措施都不失为一种刺激。在1834—1835年的早期，他们就从最可尊敬的棉布制造商方面得悉把劳动家庭从地窄人稠的乡间迁入蒸蒸日上的工业区是有利的。他们所请教过的人们之

① 这次的增加在很大程度上是由于饥饿的爱尔兰人流入。所引证的数字纯是为了说明调查委员会失败的程度。

② 尼科耳斯（前引书，第2卷，第391页）热烈地加以表扬。

③ 罗沃思：《论诺丁汉济贫法行政》（Roworth, W., *Observations on the Administration of the Poor Law in Nottingham*）（1840年版）。

一——博耳顿附近的土顿人埃德蒙·阿希沃思——曾对他说：虽则苏格兰人、爱尔兰人和各色的北部人都涌入了兰开郡，但是来自串特河以南的人，他自己还只遇到过一个。[①] 调查委员送去了少数几个，继而又由曼彻斯特卫生委员会秘书和他们的助理员凯伊博士[②]撰拟了一项关于过去情况和未来展望的报告书。据凯伊计
583 算，在1821—1831年这十年之间，每年迁入兰开郡的移民为一万七千人。他们曾经访问过一些最早从南方来的人——“我从来没有过更加愉快的旅行，因为没有任何事比移民对调查委员在他们处境方面造成的变革普遍表示感激之意更加令人欢欣鼓舞了”。[③] 凯伊虽然是一位官员，仍不失为一个无可指摘的证人。看来展望甚好。何以应该再有一些南部乡下人同爱尔兰人去分享一点兰开郡的机会，理由是不一而足的。另外又送去了一些——注入棉布之乡的移民洪流中的最多也不过几百或几千滴而已。[④]

调查委员们不幸在他们的第一次年度报告中公布了他们和埃德蒙·阿希沃思的往来函件。在某一封信中他曾经写道，移民“将有助于使工资平均化并在一定程度上防止一些近来风行的‘罢工’”。于是反济贫法派抓住了这句话。这是另一件“和萨默塞特济贫院三人组那种暴君的野蛮行为”一类的事件，要用船把可怜的贫民从南部装运到兰开郡去压低工资和破坏“罢工”，然后再把他

---

① 尼科耳斯，前引书，第3卷，第215页。〔参阅雷德福德：《英国的劳工迁徙》(1926年版)，第6章。〕

② 已故凯伊—夏特耳沃思爵士。

③ 引自尼科耳斯，前引书，第3卷，第219页。

④ 从苏格兰和爱尔兰邻近地区继续源源而来。

们也投入自己帮同造成的惨境。报纸和讲坛拿它作了多少年的宣传。[①]

在这期间，甚至在调查委员还没有开始把严格的户外救济原则适用于工厂区域以前，反济贫法运动就已经蜕变为宪章运动了。在约瑟夫·斯特季和伯明翰改革家开始活动或在罗维特为伦敦工人协会起草人民宪章之前，对于社会动荡感觉灵敏的弗格斯·奥康奈耳就已经在1836年把北英格兰“浓阴密布的”天空下的民风提出作为例证了。[②] 奥康奈耳发现北部的天空是有利的，他的星辰就是《北极星报》。直到1848年宪章运动瓦解时止，伦敦的天空始终险恶万状。北部的宪章运动者对于首都这种温和的空气大为震怒，他们有一简单但无疑是正确的解释。伦敦工人“的工资比北部工人的工资多些”。[③] 在北部也有收入不错的工人，但是，广大 584
的宪章运动者，却是由一批清醒的唯心主义者、预言家、骗人的预言家和野心家、连同有限的几个真正革命家领导的一支穷人的大军。职工互助会或工会，整个说来，是避不参加的；虽有鞋匠工会之类的少数工会是彻头彻尾的宪章运动者。当宪章运动的领袖们谈到为宪章运动而举行总罢工时，并没有得到工会的反应；虽则参

① 参阅艾尔弗雷德，前引书，第2卷，第69页及以下所述和巴克斯特：《巴士底狱记》(Baxter G. R. W., *The Book of Bastilles*)(1841年版)。野蛮行为云云一语系录自巴克斯特书，弁言，第10页。他的皇皇巨著是一部为反对辉格党使用的剪报的摘要，包括有很多不载于尼科耳斯书的丑恶事实。〔也有很多夸张之词和失实的记述，正如韦伯夫妇，前引书，第162页及以下各页中所指出。〕

② 霍佛耳，前引书，第93页。

③ 同上书，第144页，引内政部档。

加罢工的互助会成员扬言要一直举行罢工“到宪章成为国法时为止”。最重要的是，最强有力和最技术性的工会从不会以它们的基金进行宪章运动的冒险。[①] 不幸的和不熟练的手织机织工和针织机工、失业的职工连同少数矿工和其他粗鲁的人都是典型的信徒，群众大会的群众，《北极星报》的忠实但常常受骗的读者和**国民捐**的捐助人。负担不起职工会的织袜工和织工[②]不知何以却能为这类事筹得款项。难道他们不要加速宪章的实现吗？难道宪章不是要使曲者直而崎岖者坦吗？

运动的经过是社会政治史学家分内的事。经济学家所注意的却是这个运动随着年成、海外贸易和铁路兴筑的波动，随着济贫法方针的变革，随着对享受者的国会丧失信心，并随着那些并非出于自然地嫉视富有并对政府抱偏见的人，在皮尔——尽管他在工厂立法方面有过不良的记录——开始让一些抱怀疑态度的人相信当政者真正关心老百姓时部分地恢复信心，而产生的起伏。

从英国所有各工业区为宪章运动补充了新生力量，并延缓了
585 修正济贫法在英国充分实施的三十年代后期和四十年代初期的那

① 韦伯夫妇：《工会运动史》（1920 年版），第 175—178 页。霍佛耳，前引书，第 169 页。扬言欲为宪章而举行罢工的罢工者只是在 1842 年运动发展到最高潮时期举行过，后来恐怕就是一句空话了。〔关于罢工政策，参阅普鲁麦：《一百年来的总罢工》（Plummer，A.，*The Gen. Strike during One Hundred Years*），《经济季刊》（经济史），1927 年，和克鲁克：《总罢工》（Crook，W. H.，*The Genteral Strike*）（北卡罗莱纳大学出版社），1931 年版。〕

② 本卷，第 211 页。

次贸易萧条，试行了苏格兰的旧济贫法，但发现它并不合用。[①] 苏格兰济贫法是从十六世纪一成不变地因袭下来的，对四十年代的克莱德塞德并不适用。苏格兰教会大会在1839年的报告书中指出："对失业人民的处境，不应忽视，在很多场合下对这类人于偶然生病或遭非常灾祸时应给予临时救济，虽然这并不是一个权利问题。"[②]但是地方当局所给这类人的救济微乎其微。在1819年培斯利发生严重失业问题时，世袭财产继承人和下级教务院等当局曾经因申请人身体健壮而拒绝给予任何帮助；并且这项决定经法院宣布为有效。[③] 在1840和1843年之间，培斯利的灾难又如此之严重，以致不得不成立一个专门救济委员会在特威德河南北两岸进行筹款。伦敦方面送去了四千七百一十五镑的捐款和一位济贫法专家，连同一份注意事项请托书。[④] 那位专家报告说，在1841—1842年培斯利本身——以摊派或捐募的方法——为健壮贫民筹得了一千二百二十七镑十四先令八便士，并且说在那一年有一万至一万三千人靠救济为生；此外还有大约七百名"合法贫民"，他们的救济金共三千六百八十二镑，几乎是为旧苏格兰法所规定的"伛偻、病、残和体弱"者的一笔正常开支。[⑤]

① 本卷，第365页及以下。

② 引自尼科耳斯：《苏格兰济贫法史》(1856年版)，第112页。

③ 同上书，第125页。这是培斯利披肩的时代，因为风靡一时而成为一种最危险的大宗货，继而一败涂地。布莱尔：《培斯利披肩》(Blair, M., *The Paisley Shawl*)(1904年版)，第25页。

④ 爱德华·特威斯累顿，巴利奥尔研究生，济贫法助理调查委员。

⑤ 《苏格兰济贫法调查》(*Poor Law Inquiry*, *Scotland*)，1844年(第14—20卷)，第3、14页。关于"合法的"和"临时的"贫民，参阅本卷第454页。

为了对苏格兰济贫法制度进行缜密而详尽的调查，在 1843 年 1 月指派了一个委员会。在苏格兰久已就有了主张改革的人士，[1]培斯利遂成为可乘之机。调查委员在 1884 年写道："健壮者因不能就业而领得救济金的事例，殊不多睹。"[2]格拉斯哥警察局的米勒大佐曾经向他们说明了这项办法的一个通常的后果——"在冬
586 季常常无工可作的石匠、砌砖匠和石板瓦匠等等有时陷于贫困不堪之境，除沿街乞讨外别无任何取得救济的方法，而他们除非走投无路是很少或绝不行乞的。"[3]"合法贫民"之中的正式的、许可的、领有证件的乞丐，不仅仅在高原，而且在佩思和克科迪也都可以看到。"甚而至于没有证件的"，这类贫民也可以一星期行乞一两天。[4] 残废津贴既"一般都不够用"——爱丁堡市议会已经有很多年"不肯增加捐派"[5]——行乞或更糟的办法就有了必要。"要么偷窃，要么就挨饿，"一位爱丁堡的牧师这样说，他不禁问道，究竟这种抉择是否促进了人格的独立呢，而据说这却是这种制度的优点。[6]

在济贫金之中几乎没有什么医药救济的规定。（米勒大佐提到在患热病时，格拉斯哥卫生委员会由私人基金部分地供给这类病人以洗床单的肥皂和苏打。）因为整个制度都基于户外救济，所

① 诸如爱丁堡医学会的阿利森教授：《论苏格兰济贫法》（*Remarks on the Poor Law of Scotland*），第 4 版于 1844 年问世。

② 《报告书》，第 3 页。

③ 《报告书》（作证记录），询问案第 5672 号及以下。

④ 《报告书》，第 12 页。

⑤ 同上书，第 14 页。

⑥ 同上。

以济贫法机构非常缺乏。格拉斯哥除市立医院外仍一无所有。爱丁堡有三个慈善习艺所。在佩思，“管理人员租下了一幢房子，其中住有四位老婆婆。”①在格拉斯哥的巴罗尼教区，“无依无靠的贫民和儿童”分住在四幢房子里。在第一幢里，时常有十八个儿童分住于十四英尺见方的两个房间。在第二幢中，有十四人很好地安顿在四个房间里。第三幢的一个房间，一进门就有——“一个赤身露体的疯子站在火炉旁边，另一个老年人病卧在床上”。在第四幢中，“有一间男寝室住了两个女白痴。”敦提没有济贫院，生病的贫民都住在院外。② 这些，应该记住，都是合法的或“登记的”贫民。“临时贫民，”正如调查委员所指出，在任何地方都没有得到多大帮助。

调查委员是非常保守的。他们主张应完全承认医药和教育补助为济贫基金的正式开支。他们力主设立更多的济贫院。他们认为合法贫民应该得到足够的津贴。他们赞成推翻过去用教堂募捐供临时贫民之用的惯例——“事实上”早已“抛弃了”。③ 但是鉴于 587
捐派（济贫捐）的渐次扩大，他们并不赞成把它定成为强制性的。经过对身体健壮者的救济作了一番“热心的调查”之后，他们指出，④在低地的农业制度中，连同它的寄宿工人，问题并不迫切；但鉴于高原的内部组织，高原的救济可能是伤风败俗的；所以只要苏格兰酒的消费量依然同英格兰保持三与一之比，它在城镇里就是

---

① 《报告书》，第 10 页。

② 同上书，第 23—24 页。

③ 同上书，第 52 页。

④ 同上书，第 44 页及以下。

具有危险性。他们宁愿以修改了的现行法作为凭借，而以自愿捐款应付万一之需。

来自英国南部的济贫法专家爱德华·特威斯累顿，因为正如他所声称，这种办法甚至不能保证给老弱以安适，因为没有把医药补助定成为强制性的，因为没有建议在城镇中设立身体健壮者的“收容所”或“避难所”(照英格兰济贫法上的用语为临时收容所)，因为并未坚持设立济贫院，并且因为对于周而复始的失业问题的解决未作任何建议，所以他不同意上述的意见。[1]

从而产生的法律(维多利亚，第 8 和第 9 年，第 83 章)是不能使特威斯累顿满意的。这项法律甚至仿效英格兰修正法到了这样的程度，竟在苏格兰成立济贫法监理委员会——设正式委员若干员，其中三名由国王委派。委员会得核准承办济贫法事宜的联合教区，而不像在英格兰那样强迫实行。在每一个市教区或联合教区之中有一个由选举产生的贫民管理委员会。在已采行派捐的教区中，农村贫民管理委员会是部分兼任部分选举的；[2]在没有派捐办法的教区中，即以旧济贫机关——世袭财产继承人和下级教务院——为贫民管理委员会：这类的贫民管理委员会得在监理委员会的同意下采行捐派办法。济贫院亦复如此——凡居民在五千人以上的教区得自愿成立济贫院，但无此义务。任何教区如设有济贫院，就必须有一合格医务人员为该院服务。不论有无济贫院，教
588 区都必须“以公平而便宜的方法……”给生病的贫民以医疗照顾和

---

① 他签署了一项单独的报告书。

② 关于 1830 年以前所采行的捐派，参阅本卷，第 367 页。

生活的安适。鼓励教区资助疗养院、施药所和救济院。每一教区应有贫民视察员一人或数人。捐派所得款项得用于临时贫民——“如能不致造成误认为身体健壮的失业者有要求救济的权利这样一种印象”(第 68 节)。这样，主动权就完全像调查委员会所希望的那样操在教区手里了，虽则贫民如认为救济不适当，得向监理委员会控诉，并可获得胜诉。但是这一条例确实以种种方法使依法有权受救济的人在本教区以外取得救济比过去容易得多了。

这项法律推行得很慢，并且遭到了严重的困难。没有任何济贫制度可以立刻轻而易举地适用于刘易斯、特维得尔和格拉斯哥工业区的。1845—1847 年高原和西群岛的马铃薯歉收造成了为正常时期制定的法律所不能解决的问题。爱尔兰的临时工大量涌入克来德河流域。组织医药救济到处都是有困难的；高原各地则完全无此可能。到 1848 年，只有八个新的济贫院奉到核准——而尚未建成；该管当局才刚刚建议监理委员会采取这样一项事属万幸但已为时过晚的决定：“凡身体健壮者临时或无可避免地遭到失业，从而陷入饥寒交迫之境，得视为依法可领取救济……的临时贫民”。[1] 监理委员会已经有过这样的话，说这项条例引起了贫民的“非分之想”。[2] 在它开始工作的前三四年看来是不会使这些愿望得到满足的。

1833 年的工厂调查委员会渴欲了解英国工业中的工人究竟对疾病、不幸、年老和死亡有了怎样的准备，曾发出有关职业、工资

① 尼科耳斯，前引书，第 213、219 页。

② 在第一次报告书中，尼科耳斯，前引书，第 195 页。

和其他事项的调查表，想查明友谊会的会员状况和储蓄银行的存款总数。这项调查完全归于失败。非但多少储蓄，甚至连有无储
589 蓄能力，工人都不愿公开。他们既然渴望证明他们的工资太低，那么劳动收入有任何剩余的证据，自然都会被他们的雇主在劳资争议中加以利用，所以他们的守口如瓶，据调查委员会不胜其明达地辩称，这完全是理所当然的。[①] 但是他们补充说，从友谊会和储蓄银行的报表中可以看出，工人肯定有储蓄，而且为数不小。

友谊会运动的力量正与年俱增。旧的友谊会逐渐扩大而分裂，新的友谊会逐渐产生。博耳顿共济协会成立于1832年，"但是否是继承旧有的组织而来，则不明真相。"[②]其中会有优秀的纺工。默默无闻的无济于事的督伊德慈善会据说是在1833年改组的。翌年，植林者共济会在罗奇德耳采取了现代的形式——它们像包括石匠友谊会在内的大多数社团一样，自称是历史悠久的。在1838年出现了第一个铁路友谊会，即大西铁路友谊会。大约同时禁酒会会员正在曼彻斯特区建立他们最早的一批帐篷(并不是支部)。勇敢的水夫(Hearts of Oak)创始于1841年，由继承而来的诺丁汉共济会创始于1843年。[③] 这些都是在友谊会法日益增长的力量监督下，从疾病互助会、丧葬互助会、鹅互助会等许许多多各式各样的小社团之中涌现出来的。依照1829年条例(乔治第四，第10年，第56章)的规定，已指派律师一人，负责审查向法官

① 《修正报告书》(*Supplementary Report*)，1834年(第19卷，第261号)，第43页。

② 沃福德：《保险百科全书》(*The Insurance Cyclopædia*)，第4卷，第430页。

③ 引自沃福德，前引书，第4卷，第431页及以下的至可宝贵的编年纪事。

申请注册的友谊会章程，这位作为友谊会登记员的律师得对法官一并实行监督。[①]

到了 1835 年，参加各种友谊会的人数“在英国想已不下一百万”。[②] 这位登记员所发表的 1847 年的统计比较可靠，但并不完全。[③] 它们只涉及英格兰和威尔士；也只包括注册的友谊会在内——注册并不是强制性的——而且由于缺乏适当的记录，所以制成表册的也只有 1828 和 1847 年注册的那些。数目是一万零四 590
百三十三个。在 1847 年 7 月 8 日，会员共七十八万一千七百二十二人。在前一年从会员方面收得的款项共六十九万三千七百五十一镑，付出的各种津贴共五十一万八千九百七十八镑。这些数字除不包括很多既小而又力量薄弱的社团外，也不包括强有力的共济会的组织在内，后者在 1845 年，“连同它的各种派生组织，”[④]大概共有会员四十万人左右，收入则远在二十五万镑以上。单单共济会的主干曼彻斯特联合会在 1845 年 1 月就有会员二十五万一千七百二十七人，以及按前一年的计算，二十四万五千八百四十三镑的收入，而入会费还不包括在内。[⑤] 如果把拥有不胜其多的各

---

① 曾任律师的约翰·提德·普腊特自 1846 至 1870 年任登记员。

② 安塞耳：《友谊会论》（Ansell, C., *A Treatise on Friendly Societies*）（1835 年版），第 136 页。

③ 《英格兰和威尔士友谊会报告摘要》（*Abstract of Returns Respecting Friendly Societies in England and Wales*）1852—1853 年，包括截至 1850 年 12 月 31 日止的五个年份。

④ 尼森：《对重要统计的贡献》（Neison, F. G. P., *Contributions to Vital Statistics*）（1845 年版），第 134 页。共济会在 1851 年方始适用友谊会条例。沃福德，前引书，第 4 卷，第 401 页。

⑤ 尼森：《论……独立共济会曼彻斯特联合会》（Neison, F. G. P., *Observations on... the Manchester Unity of the Independent Order of Oddfellows*）（1846 年版），第 26、38 页。

式各样社团的苏格兰一并计算在内，那么在四十年代后期二十岁以上的男性人口的总数远不到五百五十万的时候，英国友谊会会员的总数就一定不会太少于一百五十万了。[①]

会员特别集中于兰开郡。1847 年报表所列该郡的数字已不下二十五万八千人，此外还必须加上兰开郡共济会那个庞大的团体——以曼彻斯特为“社的泉源”[②]——和可想而知的许许多多未注册的小社团。该郡二十岁以上的男子在 1851 年既然只有五十三万八千人，那么在四年以前似乎有三分之二的男子都参加了社团。伦敦和米多塞克斯在 1847 年共有会员六万六千人；约克郡六万三千人；肯特郡三万人；其他各郡则都不到此数。首都既有许许多多小型社会组合，未注册的旧式小社团多半也占一不正常的比例数；但是这并不太影响它和兰开郡的对比，因为伦敦比兰开郡是更加地窄人稠的。

友谊会中也有一些中产阶级分子。在 1845 年接到博德明的马季那位外科医生十六封揭露“共济会会员”的信的那位“朋友”，
591 “并不是〔该会的〕一位等闲的会员。”[③]但是，尽管共济会的入会费在四十年代是一基尼，它们每星期的捐款却仅仅四便士；并且它们

① 男子往往在十八岁入会，但有时会年纪更小一点。

② 尼森：《论……独立共济会曼彻斯特联合会》，第 28 页。

③ 《共济会的真相，说明独立共济会，曼彻斯特联合会在组织章程方面的离经叛道；在财政方面的不公正；在管理方面的浪费；在经济方面的破产；在说法方面的不诚实；在倾向方面的危险；和在习常行为方面的不道德》(*An Exposure of Odd Fellowship, showing that the Independent Order of Odd Fellows, Manchester Unify, is unscriptural in its Constitution; unjust in its Finance; extravagant in its Management; bankrupt in its Cirscumstances; deceitful in its Pretensions; dangerous in its Tendency; and immoral in its Practice*)。

的大多数会员是来自另一位对它们的管理人员持批评态度的人所说的“劳苦大众”的。[①] 这一点对一般友谊会，尤其对兰开郡的那些来说，显然是甚至更加适用。它们是工人阶级的产物，正如它们有史以来的情形那样。它们的组织并非总是很健全的。保险会计方面的错误层出不穷；地方支部往往失败；欺诈事情也不是没有耳闻。集会仍然是在酒馆里举行，虽则禁酒会会员有自己的帐篷。来自上面的批评者对于它们在交际方面的浪费和管理费的开支无度仍引以为憾，曼彻斯特共济会某支部的管理费在1844年竟达疾病津贴开支的百分之一百五十。“不务共济会的真正主要宗旨而徒事浮华；原为病者老者预备的基金都浪费到年轻人的傻劲和虚荣上去了。”[②]但这整个运动却是英格兰工业区日益增长的储蓄意愿和力量的一个明证。这种意愿和这种力量最强的所在就是工厂区。若说在旗帜、围裙、入会仪式和酒类方面花费了太多的储蓄，在行会的浮华史上那原是不乏先例的，而新工业社团迄未供备工人们所需要而“手艺工人”所不曾得到的会旗、仪式和酒宴也是一个很好的辩护之词。帽徽、勋章、大学宴和市宴依然没有废除。曼彻斯特或利兹，既没有“公园”和艺术陈列馆，又没有赏心悦目的新建筑或任何壮丽的市容，又怎能指望这些男“工”，一旦有机会，而不用他们自己的储蓄戏弄一下健全的保险会计原理，或要一要“年

① 尼森，前引书，第31页。1847年的一个典型的伦敦社团是完全由手工业工人组成的：没有一个人在二十岁以下。会费是每月三先令，补助金是疾病补助费十先令一星期，养老金五先令，丧葬费七镑，妻子丧葬费四镑。《报告摘要》(*Abstract of Returns*)，第5页。

② 尼森，前引书，第31页。安塞耳，前引书，在1835年也持同样的批评态度。关于早期的批评，参阅本卷，第298页。

轻人的傻劲和虚荣"呢?

592　在工场调查委员未能取得工人储蓄报表的那一年,其他报表却表明英格兰和威尔士的四百零八家储蓄银行的四十二万五千个存户共有存款一千四百三十三万四千镑。两年之后信托储蓄银行法(根据威廉四世,第5和第6年,第57章)推行到了苏格兰,尽管苏格兰股份银行对小存户提供了种种便利,而它还是在那里立即得到了发展。到1844年法律再度修改(维多利亚,第7和第8年,第83章)时,英国储蓄银行的存款已上升到将近二千七百万镑,其中二千六百万是英格兰和威尔士的,其余是苏格兰的。[①] 在这二千七百万镑之中肯定有"无产阶级的"储蓄(如果一个无产者能够有储蓄而不立时立刻变成为一个资产者的话),但——在这里必须以记忆和印象代替当代的证据——凡是熟习恩格斯所说的"下层资产阶级"和"中层资产阶级"以及,仅就这件事而论,"上层资产阶级"的子女利用储蓄银行的方法的人,对于1844年的银行存款之中究竟有多少是真正来自工资或手工业工人的劳动收入,理应有所怀疑。在那一年的一百零一万二千零四十七个存户之中,仅就数目而论,一定大部分是手工业工人。更值得注意的是,平均存款,就是作为一个典型手工业工人的数字,也不免太高,但自1833年以来已经下降,这表明存款已更加大众化了;但是若说在这二千七百万镑之中来自工资的能有一半之数,尤其是考虑到工资劳动者对友谊会和职工互助会的捐款时,那也是难以置信的。[②]

① 参阅《政治经济学词典》,"储蓄银行"条。

② 恐怕有很大的数目是来自家务佣工的。

要衡量职工互助会和职工会在三十年代和四十年代的工业生活中的真正重要性，诚非易事。在比较老的原封未动的手艺行中，无疑有很多是衣钵相传的，至少在地方上如此，虽则这一点未必能得到证明。但是在一个新的未定型的城镇中的一个老手艺行，却会丧失了互助会的习惯，而它的互助会甚至在年头好的时期也只能吸收一小部分工人。在所有各行各业之中，尤其在没有帽匠、裁缝、造纸匠或车轮匠那样根深蒂固的组织的那些风潮叠兴的新行业中，[1]工会是随着一次次罢工的成败，随着贸易循环的曲线，并 593
随着对国家和法律的潜伏或积极的敌视而有起有伏的。在一个新行业中，一次低潮就可能意味着暂时的消灭，而在一个比较老的行业中，却只意味着失去一些会员或一些中心组织而已。

现在从石匠工会的故事中可以给一个未受新创造发明影响的旧手艺行中的职工会的起伏情形以数字上的说明。[2] 在三十年代由作为更大更有野心的建筑工人联合会的一个部门的石匠地方分会而成立的这个社团，在 1833 年计有会员六千人。在 1835 年经过了多尔契斯特工人审讯时期的国家反工会运动之后，会员降到一千六百七十八人，在 1837 年的贸易繁荣时期又复上升到五千五百九十人。经过 1838—1842 年的一次贸易萧条和物价高涨，或许更重要的是经过 1841 年伦敦石匠的罢工，那次支持了国会和纳尔逊纵队并几乎毁灭了工会的罢工之后，[3]它的会员降到了二千一

① 本卷，第 207—210 页。

② 波斯特格特：《建筑师史》(1923 年版)，附录，第 456 页。数字是波斯特格特的，评论是我自己的。以下各节多叨惠于波斯特格特的著作。

③ 波斯特格特，前引书，第 129—130 页。

百四十四人。在这十年之末(1848—1852),它起伏于四千七百和六千七百人之间。这个社团是英格兰的,据1851年人口调查的记载,在英格兰和威尔士共有二十岁以上的“石匠和铺砌匠”六万六千人。[①] 在这个行业中分散于各个小集团的石匠和普遍残存的工匠师傅,尤其是在西北部和威尔士两地,更有助于说明登记的工会会员对成年石匠比例数之小;但是同样分散和同样残存的情形乃是地方职工互助会或职工会力量最强大的许许多多旧式手艺行的特征——诸如细木匠、木匠、砌砖匠、漆匠、钉书匠、帽匠、裁缝和排字匠等。所以,在各手艺行中组织会社的旧传统尽管强而有力,在1830和1850年之间的任何时期,任何行业中正式参加工会的工
594 人百分比似乎都并不很高。对四十年代初期所作的正式缴纳会费的工会会员全国不满十万人的估计,[②]虽不中,怕也不远。但是是附着于地方互助会边缘,往来于职工介绍所,并且一旦受到鼓励而同时力能负担会费时就准备参加职工会的人,一定还有很多,尤其是在建筑和衣着两业。

如果承认数字是如此之低,那么在有组织的宣传所激起的民情波动之下,参加了——但据知并未缴纳会费——1833至1834

① 在1838年托马斯·肖特任秘书时,工会中的石匠“有百分之六十是属于这个兄弟会的”(波斯特格特,第122页),这个“兄弟会”,如正确的话,无疑是一个约有一万名会员的社团。铺砌匠〔即砌墙匠和工匠师傅,照波斯特格特所告诉我的〕在肖特看来并不是石匠,但是,即使这样,并扣去十三年来的增加数,他似乎对于“兄弟会”也是作狭义的解释,否则就是材料很不完备。据1831年人口调查的报告,英格兰和威尔士的石匠已经不止三万五千人了。

② 韦伯:《工会运动史》,第472、478页。

年的全国各业统一总工会的那著名的五十多万人，[1]就显得格外地突出了。二十年代，结社法的废除已经使工人可以，或者自认为可以，自由组织自由罢工了：1825—1826 年的商业瓦解曾经打破了多次罢工并且颠覆了许多薄弱的组织。但是少数有远见的匠工却认为他们已经找到了从灭顶之中浮升起来的方法。在 1827 年 7 月，若干地方互助会的代表在伦敦成立了木匠和细木匠总工会——“以改正本行所身受其苦的种种弊害；促进工人的权利和权益；培养弟兄感情和关心彼此的福利”。[2] 两年之后——除此之外，别无所知[3]——砌砖匠也创立了一个总社团。继而饥馑、大陆上的革命、乡间的骚动、最初只有少数人可得而闻的“共产主义或社会主义”原则的宣传、[4]人人可得而闻的科贝特的大声疾呼和托马斯·阿特伍德自伯明翰提出的利用全国工会于政治目的的教训以及选举改革法案的最后令人失望，一一接踵而来。

在选举改革法案之前，仅就所能阐释的证据来说，石匠和砌砖匠总工会连同建筑业其他各行合组成为一个准联合会性质的建筑工人工会。[5] 到 1833 年，它的会员据说已有四万人，并且还在迅速地增加，入会仪式异常隆重。它是受欧文主义的影响的，尤其是在伯明翰，伯明翰的领袖——并不是工人而是汉森—魏尔希商号
那家工程建筑企业的合伙人——经常和那位先知先觉者有函信往 595

① 韦伯，前引书，第 134—135 页。

② 波斯特格特，前引书，第 53 页。韦伯，前引书，第 54 页注。

③ 同上书，第 54 页。

④ 本卷，第 315 页。

⑤ 波斯特格特，前引书，第 55 页及以下。

来。鼓吹其事的那些人抱有成立一个以选举产生的干部主持其事的建筑工人行会的雄心，而以无权“依照〔他们自己〕所规定的价格出卖我们的劳动力”的那些承造商为他们的主要敌人。这是伯明翰的情形。在曼彻斯特和利物浦，石匠在一个类似的运动中起了带头作用，他们指出建筑物一般是“由细木师傅承包的，他们对自己本行的权益虽有正当的权利，但对我们的权益却没有任何权利可言”。他们在曼彻斯特公布了这样一项要求：“今后新建筑物的营造概不得由任何一人承包。”[①]在兰开郡肯定有，而在其他各地也或许有很多小工匠师傅联合了起来——正如三百年前小工匠师傅在伦敦的比较资本主义化的行业中结合成为“自由民”社团一样。[②] 他们自然希望保全垂死的旧制度，在这种制度之中，建筑工人的消费者是和各种手艺行的师傅分别订立合同的。

和组织砌砖匠地方工会联合会的企图齐头并进的有约翰·道尔蒂的英国棉纺工全国联合总会的计划，[③]这项计划经 1829 年 12 月英格兰、苏格兰和爱尔兰代表在马恩岛举行的一次大会中予以接受——后来棉纺工曾为其他目的在那里举行多次会议。翌年道尔蒂正在自己的本行业以外推动这项计划，进而组织陶器工人工会，[④]它很快地就有了八千名会员，并且从太恩河畔的纽卡斯耳推广到了布里斯托尔，而以斯塔福德郡为它的自然核心。在约克郡

① 波斯特格特，前引书，第 73 页。

② 昂温：《十六世纪和十七世纪中的工业组织》(Unwin，G.，*Industrial Organisation in Sixteenth and Seventeenth Centuries*)(1904 年版)，第 57 页及以下。

③ 韦伯，前引书，第 117 页及以下。

④ 同上书，第 133 页及以下。

和利兹，成衣业工会正为排除非工会会员和标准件工工资表而斗争。[①] 雇主在1833年以抵制工会会员的拟议和一次为期数月的罢业作为回答。

在那一年，这些和其他无数的工会和互助会的会员，以及除村庄上的友谊会或美以美会的班会之外从没有参加过任何组织的广大群众，一扫而成为全国各业总工会的纪律散漫的会员。这个昙花一现的先知先觉的运动的尽人皆知的故事，这里无须赘述—— 596
诸如它的报纸、它的宣教士、它的誓词、袍褂和新会员入会时所面对的村庄木匠描绘的死神像；以及罗伯特·欧文为新道德秩序的事业而企图劫持这个运动的举动等。它的敌人说，一个伦敦职工"因受不住入会时所经过的那套仪式，致疯狂而死"；[②]但是一个叫乔治·洛夫莱斯的美以美会工人，和他的朋友一齐被送到托耳普德参加入会的宣誓，却经过了一次更加严厉的考验而仍能保存了他的神志清醒的虔诚和民主的信仰。他在植物湾动身时，用他最熟习的韦斯利赞美诗的轻快调子和诗的体裁写了这样一首短歌送给他的朋友们：

我们在上帝指引下；从田间，从海洋，
从耕犁，从铁砧，从织机上前来汇聚于一堂，
为了挽救我们同胞的权利，
为了宣告把一个暴虐集团送上刑场。

① 韦伯，前引书，第133页及以下。

② 引自赫斯特：《多尔契斯特的工人》（Hurst，G. B.，*The Dorchester Labourers*），载《经济史评论》，1925年1月，在这篇文章里对于整个原委作了评论。

全国总工会并没有能幸存到1834年以后。地方工会、互助会和罢工委员会彻底被打败了。某些社团的暴力，纵非它们的仪式，证实了这个“暴虐集团”的政府的担心并非无据。为了安全起见，它们大多数这时都放弃了它们的宣誓和诡秘的仪式。雇主要求他们的工人签署拒绝参加工会的“证书”。在建筑工人工会之中，只有石匠社团还能以一个生气勃勃的全国组织的形式幸存；罗伯特·欧文却从职工运动转到别的事情上去了。但是陶器工人工会又苟延残喘了几年。在全国各业统一总工会成立之前早已存在的印染工、铸铁工、锅炉制造工、造纸工和其他很多纯技工的地方工会或准全国性的工会，在它解散以后依然存在，甚至在1838—1841年的贸易清淡和高物价时期也没有消灭。四十年代初期可能有的十万工会会员，大多数都是由它们提供的。

“这些工会的历史，”恩格斯在写到1844年的英格兰时说，“充满了工人的一连串的失败，只是间或才有几次个别的胜利”；工会“是无力消除影响这种关系的重大原因的”。但是他承认“对个别的局部的次要原因，工会是能起作用的”；它们能防止个别的制造
597 家在没有整个行业的一般条件配合之下把工资愈降愈低；“在危机完结时，工会当然会使工资更快地（比它们不加过问时）提高。”① 到了1844—1845年，商业在1838—1841年萧条之后的一般好转是非常值得注意的。工会活动的恢复已随之而来。恩格斯对于矿工的重整旗鼓尤感兴趣，他也宜乎如此。地方互助会和成立不久

① 《英国工人阶级状况》，第145页。此后正统派的经济学家也持差不多同样的说法。（见《马克思恩格斯全集》，第2卷，人民出版社1957年版，第505页。——译者）

的工会在矿区中早已司空见惯；但在1841年却出现了不列颠和爱尔兰矿工联合会，以总部设于威克菲尔德，并于三年之后以一千镑的年薪聘请威廉·罗伯茨为“检查长”，处理繁难的法律事宜。罗伯茨最初曾为诺森伯兰和达拉姆的矿工服务，帮助他们取消了旧有的一年期工资合同制。[①] 1844年的毫无希望的罢工，使北部人落到破产之境。他们既没有财力展开罢工，而面对着外来的工人，雇主的强迫迁出煤矿的小宅子和业经铁路买下的伦敦市场的垄断权的丧失，又无法把罢工维持下去。[②] 他们也无法维持罗伯茨了，于是他转往总部和联合会的兰开郡分会去服务了。北部分会在十八个星期的罢工之后瓦解——在罢工中，剩下来的几件科贝特曾经描写过的矿工的好家具都成了换取衣食之资[③]——但是往事是不会忘记的，蒸蒸日上的兰开郡和约克的矿田使矿工工会运动保持了下去。[④]

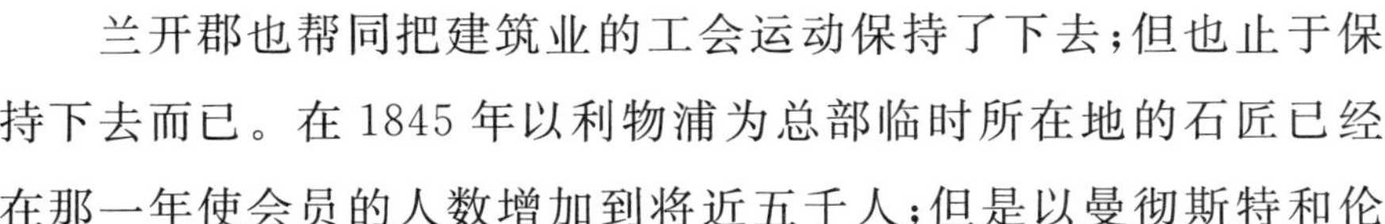

兰开郡也帮同把建筑业的工会运动保持了下去；但也止于保持下去而已。在1845年以利物浦为总部临时所在地的石匠已经在那一年使会员的人数增加到将近五千人；但是以曼彻斯特和伦

① 韦耳伯恩：《诺森伯兰和达拉姆的矿工工会》，第64页及以下。韦伯，前引书，第181页及以下。“一年期合同”的“真正奴役”（韦伯语）对于事事欢喜落实的老年工人是家喻户晓的（韦耳伯恩，前引书，第71页）。关于一年期合同，参阅本卷第276页。

② 韦耳伯恩和韦伯，同前引书，杰文斯：《英国煤炭业》（Jevons, H. S., *The British Coal Trade*）（1915年版），第448页及以下。

③ 本卷，第36页。以前的几次罢工使矿工的储备大为减少（韦耳伯恩，前引书，第79页）。

④ 联合会的会员在1844年“据说至少增加到了十万人”（韦伯，前引书，第182页）。因为英国二十岁以上的矿工多半还不到十四万人（1851年为十五万一千人），这种数字似乎不大可能。

598 敦为唯一重要中心的砌砖匠，据说从未超过二千人，不到四十年代时英国成年砌砖匠的百分之四。也以曼彻斯特为总部的铅管匠和玻璃制造工则成绩较好：他们的一千名会员在可能有的总数之中一定是占一较高的比例的。[①]

当铁路狂方兴未艾、马铃薯歉收日益迫临、而早期铁路时代已近结束的时候，全国各业工人保护会的成立——于 1845 年复活节——表明了三十年代的理想并未全然遗忘，虽则他们现在是吃一堑长一智，以谨慎小心的态度从事了。这个计划是出自设菲尔德的“各业联合会”（一个胚胎时期的工会委员会）的，并且一上来就得到了曼彻斯特、赫尔、瑙威治、布里斯托尔和其他各地类似团体的支持。纺织业和织袜业、现正见重于世的兰开郡矿工和伦敦的若干手艺行也都派有代表出席。全国工人保护会的主要目的是提防国会，凡是有害工人的立法，但有可能，即设法予以防止。在它的原计划书和章程中，它承认“劳动阶级”未能达到成立工会的目的：“过去数年……所做的努力，除少数例外，都已归于失败。”它是同意恩格斯的意见的。该会并不试图吸收现有的组织，而宁愿作为它们的中央委员会。它的第一次报告书并没有提及什么社会新秩序，而只谈到了“因雇主和职工之间的善意谅解而产生的有益倾向”。[②]

虽然招致了《泰晤士报》的一番攻击，它却是反对罢工的，并且

① 波斯特格特，前引书，第 132 页及以下。在 1851 年有二十岁以上的砌砖匠五万九千人。铅管匠、玻璃匠和油漆匠在 1851 年为数共五万一千人。其中大约三万以上是油漆匠。

② 这段故事在韦伯，前引书，第 186 页及以下的叙述中有详尽的叙述。

在1846—1847年的罢工期间试图充作调和人——但没有多大成就；因为它像后来的很多类似组织一样，很快就失去了代表工人方面的资格，从而被雇主视为一个不负责的有害的外界组织。在它的会议中，有人谈到生产合作社，也有时谈到农业社。欧文和他的教义的力量止于如此而已。甚至还有过该会和基督教社会主义者所赞许的合作工场的微不足道的试验。但是这些在当时既没有全 599
国重要性，后来也无足轻重。

消费合作社却在当时和日后都具有深远的意义。[①] 在苏格兰，期待集体所有制时代迅即到来的欧文在早期所首创的一些启示性的合作社，继续存在下去了，虽则是始终停滞不前的。但是十九世纪英国工业区的真正合作运动往往，并且也不失为正确地，以罗奇德耳的托德巷合作社在1844年12月的开幕为起算点。罗奇德耳先驱者的领袖人物都是欧文派社会主义者；他们的追随者之中有社会主义者，有宪章主义者，也有刚刚罢工失败的工会会员。不论他们的理想是什么，不论期待于以合作路线为基础的工业和农业的纲领是什么，他们在早期斗争时代是以互相供应真正食品、厉行现金支付和按购买量的比例分配销货利润的"罗奇德耳制度"为满足的。两年之后，兰开郡棉纺织高原的邻区——诸如贝克普、托德默登、莱夫和米德尔顿等地——都先后仿行，后来散处于英国

① 本卷第315页。关于这短短的一段，只需参考一下霍欧克：《自助，或罗奇德耳正当先驱者史》(Holyoake, G. J., *Self-Help, or History of the Equitable Pioneers of Rochdale*)；霍欧克：《合作社史》(Holyoake, G. J., *History of Co-operation*)，以及波特尔(韦伯夫人)：《英国合作运动》(Potter, B., *The Co-operative Movement in Great Britain*)就可以了。

大多数工业区的一批批的改革家也群起效法。到了1851年，罗奇德耳式的小合作社已有一百三十个左右，社员总数虽不确知，但不会超过一万五千人。[①] 这些合作社全部，或者几乎全部都是位于英格兰北部工业区和苏格兰中原工业区的。和工会相比，尤其是和友谊会相比，合作社社员——作为个人，很可能既是工会会员又是友谊会会员——仍然是一个力量薄弱的组织；但是，如果有创造性的信念再加上沉着而稳健的判断力，比之为了无论怎样合乎正义的事业而斗争的力量更高一筹的话，比之为求社交、为求在衰老病痛之中的一点点帮助和过得去的埋葬而进行的非常明显，纵令可钦佩的活动更高一筹的话，那么分散在各地的这些民主商店，连同那种单纯的日常琐务和远大前程，在四十年代的冷冷清清的城镇里的英国工资劳动者自己建立的社会组织当中.或许是居于首要地位的。

① 会员人数的第一个确凿数字是1861年的四万八千一百八十四人。

附录　希伯林教授的生活费指数[1] 601

既然第128页中的图解所根据的这个指数在第四章的论证中起着比较重要的作用，在其他各章，特别在第十三章中又一再提及，而且刊载这项图解的刊物又只有在大图书馆中方能看到，所以对这项图解作一比在正文或脚注中所可能作的更详尽的叙述，似乎是相宜的。杰文斯在编制他的著名的指数（《货币和财政的研究》）时所未利用的大量证据，希伯林教授都能用以作为他的物价研究的依据，而这项特殊指数则只不过是其中的一小部分。一般的结果虽和杰文斯的结果并无很大出入，但在细节上却有很大的不同，尤其是关于战争期间。他的计算方法和材料来源这里无须说明。只说这些结果比杰文斯所可能编制的更接近于事实这样一句话，也就足够了。希伯林教授在大多数场合下，都能把他的年度平均价格建立在比杰文斯所能掌握的更健全的牌价上。

生活费指数是意在尽可能地代表这一时期一般工人阶级的家庭预算的，而各个项目则须按照它们在这样一项预算中的假定的重要性加以估量。以食物作四十二点，衣着材料八点，燃料和照明

① 《1779—1850年英国物价和商业循环》，《经济评论》（哈佛经济研究所），1923年。诺曼·希伯林。

六点。食物四十二点的构成如下：小麦十五；羊肉六；牛肉六；奶油五；燕麦三；糖三；茶二；咖啡一；烟草一。衣着材料八点的构成如下：毛织品三；棉织品三；麻织品一；皮革一。燃料和照明的六点是煤四；油烛二。就这一时期农业工人的预算来说，肉类或许过于高估，糖和衣着材料也可能如此。奶油很可以作为干酪的代表。既然食品价格除非在收成特别坏的年份几乎都同起同落，既然战争时期的高物价是由于通货膨胀，而影响的原因对所有价格又起着同样的作用，那么在估量方面的信差率也就部分地消除了。若说在收成不好的年份中，主要靠面包和干酪为生的英格兰东南部工人的处境比之这项指数同工资数字的比较所表明的多少要更坏一
602 些，固未为不可。对于像 1800—1801 年、1812—1813 年和 1817—1818 年这类可怕的年份来说，这或许是不错的；但是就本书正文中所作的比较而言，在希伯林教授的指数和未经加工的小麦指数之间并没有多大差异。例如，在 1820 和 1840 年之间小麦最昂贵的年份是 1825 年和 1838—1839 年。以 1790 年小麦价格（希伯林教授的基准年）为一百，1825 年的小麦价格是一二六，1838—1339 年平均为一二三。希伯林教授的 1825 年指数是一二八，1838—1839 年的平均数是一二零点五。

这些一般化的全国数字自然不能同等地适用于所有各地区。各区都有当地的价格。此外当地的饮食习惯也应加以考虑。但是饮食方面的主要变化是从小麦向一种更低廉的、波动更小的标准方面的变化（燕麦和大麦的价格都比小麦价格稳定些），所以习惯于不同饮食的工人阶级消费者的处境不会比这些数字所提示的更坏。

第128页中的图解所依据的一系列数字有如下述（第一行）。这些数字是按上述办法加以估量的十五种物品的价格计算出来的年度指数（1790年＝100）。〔在这些数字的旁边（第二行）现在增列伦敦四磅一个的面包按便士计的价格。它们证实了从希伯林教授的趸售指数所得出的一般结论：即二十年代是比较舒适的。〕

	I	II		I	II
1780	88	—	1797	120	—
1781	96	—	1798	121	—
1782	100	—	1799	143	—
1783	93	—	1800	170	15.3
1784	90	—	1801	174	15.4
1785	85	—	1802	138	9.5
1786	86	—	1803	140	8.7
1787	93	—	1804	140	9.7
1788	93	—	1805	154	13.1
1789	95	—	1806	148	11.7
1790	100	—	1807	145	10.8
1791	98	—	1808	159	11.6
1792	97	—	1809	175	13.7
1793	106	—	1810	176	14.7
1794	110	—	1811	164	14.0
1795	130	—	1812	180	17.0
1796	132	—	1813	187	15.7

1814	176	11.4	1833	107	8.7
1815	150	10.3	1834	102	8.2
1816	135	11.7	1835	99	7.0
1817	151	14.3	1836	111	8.0
1818	159	11.8	1837	111	8.5
1819	143	10.3	1838	118	10.0
1820	132	10.2	1839	123	10.0
1821	115	9.3	1840	121	9.0
1822	100	8.3	1841	116	9.5
1823	111	9.0	1842	106	9.5
1824	113	10.4	1843	94	7.5
1825	128	10.8	1844	96	8.5
1826	111	9.2	1845	97	7.5
1827	110	8.9	1846	100	8.5
1828	108	10.2	1847	116	11.5
1829	106	11.0	1848	97	7.5
1830	108	10.5	1849	86	7.0
1831	111	10.4	1850	83	6.8
1832	109	9.6			

译名对照表

人　　名

A

阿丁顿　Addington, H.
阿里　Ali, M.
阿伯丁　Aberdeen
阿伯克朗比　Abercrombie, C.
阿伯德尔　Aberdare
阿利森　Alison, W. P.
阿克沃思　Acworth, A. W.
阿克莱特　Arkwright
阿希比　Ashby, A. W.
阿希沃思　Ashworth, E.
阿希伯讷姆　Ashburnham
阿波次福德　Abbotsford
阿姆斯特朗　Armstrong, W.
阿特伍德　Attwood, T.
阿特伍德　Attwood, M.
阿盖尔　Argyll
阿瑟　Arthur
阿隆　Aaron
阿诺特　Arnott
阿诺德　Arnold
艾尔弗雷德　Alfred
艾伦　Allen, G. C.
艾希利　Ashley
艾希顿　Ashton, T. S.
艾克兰　Acland, J.
艾利斯　Ellis, J.
艾洛伊歇斯　Aloysius, J.
艾登　Eden
艾顿　Ayton
艾萨克　Isaac
埃夫伯里　Avebury
埃尔金顿　Elkington, J.
埃耳京　EIgin
埃耳登　Eldon
埃耳福德　Elford, W.
埃利森　Ellison, T.

埃伯耳 Abel
埃特金 Aitken, P. H.
埃特金 Aitken, W. C.
埃德温 Edwin
埃德蒙 Edmund
爱欧琴 Eothen
爱德华 Edward
爱德华兹 Edwards
安 Ann
安东尼 Antony
安布罗斯 Ambrose
安娜 Anne
安格斯坦 Angerstein, J. J.
安塞耳 Ansell, C.
安德鲁 Andrew
安德逊 Anderson, J.
安德雷亚德斯 Andreades
昂温 Uuwin, G.
昂斯娄 Onslow, S. M.
奥尔梭普 Althorp
奥多 Odo
奥耳顿 Alton, L.
奥克 Oak
奥利里 O'Leary
奥迪 Oddy, J.
奥姆斯比一戈尔 Ormsby-Gore
奥格耳 Ogle, H.
奥康讷 O'Connor, F.
奥康奈耳 O'Connell
奥斯廷 Austen, J.
奥斯特勒 Oastler, R.
奥德诺 Oldknow, S.
奥德费尔德 Oldfield, R. A. K.

B

巴贝治 Babbage, C.
巴尔惠德 Balwhidder
巴耳弗 Balfour
巴里塞 Pariset
巴克利 Barclay
巴克斯特 Baxter, G. R. W.
巴克斯顿 Buxton, F.
巴克斯顿 Buxton, S.
巴克豪斯 Backhouse
巴林 Baring, A.
巴洛 Barlow
巴纳德 Barnard, A.
巴纳德 Barnard, J.
巴斯菲尔德 Passfield
巴塞特 Bassett
比尔 Beer, G. L.
比彻 Becher, J. T.
布尔 Bull
布思 Booth, H.
布兰敦 Brandon
布兰德 Bland
布卢姆菲耳德 Blomfield
布伦金索普 Blenkinsop
布克勒治 Buccleuch
布里文 Brewin, F.

布里奇沃特　Bridgewater
布里斯科　Brisco, N. A.
布坎南　Buchanan
布林莫—琼斯　Brynmor-Jones
布林顿　Burrington
布林德利　Brindley
布罗克班克　Brockbank, J.
布罗克耳赫斯特　Brocklehurst, J.
布洛姆菲耳德　Blomfield, C.
布朗　Brown, B.
布朗　Brown, F. K.
布朗　Brown, S.
布朗利　Brownlee
布朗罗　Brownlow, T.
布朗顿　Brunton, W.
布埃尔　Buer, M. C.
布腊西　Brassey, T.
布腊默　Bramah
布莱尔　Blair, M.
布莱米尔　Blamire, W.
布莱克斯东　Blackstone
布莱克威耳　Blackwall
布莱恩　Bryan
布莱斯　Blaise
布雷姆讷　Bremner, D.
布赖特　Bright
布林德利　Brindley
布德尔　Buddle, J.
布鲁克　Brooke, J.
布鲁克斯　Brooks
布鲁内耳　Brunel, I.
布鲁姆　Brougham
布鲁德班克　Broodbank, J. G.
本宁　Burning
本廷克　Bentinck, G.
本杰明　Benjamin
包尔惠德　Balwhidder
包林　Bowring
包芬　Boffin
边沁　Bentham
白尔　Bale, M. P.
白哲特　Bagehot, W.
白特纳　Bethnel
白斯塔尔　Birstall
毕尔特　Beart
伯尔雷　Burghley
伯托累　Berthollet
伯金肖　Birkinshaw, J.
伯恩利　Burnley, J.
伯恩斯　Burns, G.
伯顿　Burton, T.
贝尔　Bell
贝克　Baker, J.
贝克利　Backley
贝克特　Beckett, W.
贝多姆　Beddome, S.
贝列特　Bellet, J.
贝奈特　Bennett, J.
贝佛里季　Beveridge, W. H.
贝恩　Baln, A.

贝恩斯 Baines, E.
贝德弗德 Bedford
邦森 Bunsen
彼得 Peter
班克罗夫特 Bancroft
班纳曼 Bannerman
宾利 Bingley
博耳顿 Boulton, M.
博艾斯 Boys
博林 Bowling
博格 Bogle
博斯韦耳 Boswell
博赞克特 Bosanquet
鲍尔 Ball
鲍威尔 Powell, E. T.
鲍威尔 Powell, H. J.
鲍莱 Bowley, A. L.
鲍登 Bowden, W.
鲍德温 Baldwin

C

查理 Charles
查普曼 Chapman, H. C.
查普曼 Chapman, S. J.
查德韦克 Chadwick, E.
查默斯 Chalmers, T.

D

丹 Dan
丹尼尔斯 Daniels
丹尼森 Denison, E.
丹斯 Dence, C.
邓洛普 Dunlop, J.
邓唐纳 Dundonald
达尔浩希 Dalhousie
达克 Darke, J.
达金 Daking, A.
达靳 Dudgeon, J.
达德利 Dudley
多吉士 Todger
多伦 Dorrien
多德 Dodd, G H.
多德森 Dodson
狄更斯 Dickens
狄斯累利 Disraeli, B.
狄斯累利 Disraeli, S.
狄福 Defoe
狄骥 Duguid, C.
杜良 Dolléans, E.
杜宾 Dupin
杜威 Dewey
迪安 Dean, J.
迪克逊 Dixon, J.
迪肯 Deacon
迪奥尼夏斯 Dionysius
都铎 Tudor
道尔蒂 Doherty, J.
道格拉斯 Douglas, R.
德·昆西 De Quincey
德·拉·白契 De la Beche

德拉克尔　Draker
德拉蒙德　Drummond, H. J. P.
德林克华特　Drinkwater
德·索胥尔　De Saussure
德维南特　Davenant
戴尔　Dale
戴尔斯　Dales
戴维　Davy, E.
戴维斯　Davies, W.
戴维德　David

E

厄尔文　Irwin
厄斯金　Erskine
恩玛　Emma

F

弗利特伍德　Fleetwood, H.
弗朗西斯　Francis, J.
弗格斯　Feargus
弗莱　Fry
弗雷德里克　Frederick
弗谢尔　Faucher, L.
佛朗塞斯　Frances
范　Van
范布伦　Van Buren
范西塔德　Vansittart
范库佛　Vancouver
法尔　Farr, W.
法尔斯雷　Farsley
法尼埃　Fagniez, G.
法伊　Fay, C. R.
法希　Fahie, J. J.
法塞耳　Fussell, G. E.
芬奇　Finch
芬勒特　Findlater, C.
芬莱　Finlay
费尔　Fayle, C. E.
费尔尼　Fernie, J.
费尔金　Felkin, W.
费尔贝恩　Fairbairn
费耳登　Fielden, J.
菲利普　Philip
菲利普斯　Philips, M.
菲利普斯　Philips, G.
富格斯　Fuggers
富勒顿　Fullarton
腓特烈大帝　Frederick, the Great
福尔斯特　Forster, C. S.
福贝斯　Forbes, H.
福克斯　Fox
福克斯韦耳　Foxwell
福埃耳　Fowell
福勒　Fowler

G

戈达　Godart
戈耳兹沃锡　Goldsworthy
戈林　Glyn, G. C.
戈林　Glynn, J.

戈特 Gott,B.
戈登 Gordon
戈塞治 Gossage,W.
古耳本 Goulburn
古斯塔 Gusta
古德曼 Goodman,C.
冈宁 Gunning,H.
冈珀茨 Gompertz,B.
冈纳 Gonner,E. C. K.
格兰特 Grant,I. F.
格兰特 Grant,Miss K. W.
格兰特 Grant,P.
格里夫 Grieve,J. P.
格里姆 Graham,H. G.
格里姆 Graham,J.
格里姆 Graham,T.
格里符斯 Greaves
格里菲思 Griffith,G. T.
格林 Green
格林顿 Grindon,L. H.
格罗特 Grote
格罗斯 Gross,C.
格拉德斯通 Gladstone,J.
格欧 Gow,W.
格斯特 Guest,J.
格斯特 Guest,R.
格瑞 Gray
格雷戈 Greg,R. H.
格雷戈里 Gregory
格临林 Grinling,C. H.

高尔德 Galt,J.
高斯波 Gospel
葛尼 Gurney,S.
葛尼 Gurney,G.
葛德文 Godwin,W.

H

汉伯里 Hanbury
汉森 Hanson
汉密尔顿 Hamilton,H.
汉基 Hankey
汉普森 Hampson,E. M.
汉桑 Hansam,J. A.
华尔根 Worgan,G. B.
华尔特 Walter
华林 Warin
华恩克利夫 Wharncliffe
华特豪斯 Waterhouse,J.
华莱士 Wallace
何多埃 Houdoy,J.
怀特 White
希顿 Heaton,H.
亨特尔 Hunter,A.
杭茨曼 Huntsman,B.
哈耳 Harle,W. L.
哈克特 Harcourt,L. F. V.
哈里埃特 Harriet
哈利 Harley
哈里逊 Harrison
哈罗德 Harold

哈定　Harding, W.
哈勒维　Halévy, E.
哈塞耳　Hassal
哈斯巴赫　Hasbach
哈蒙德　Hammond, J. L.
哈德威克　Hardwick
侯兹沃思　Houldsworth, H.
侯普　Hope, J.
洪福瑞　Homfray
海　Hay, J.
海伊　Haigh, J.
海格　Haig, J.
海登　Haldane, M. E.
海斯凯思　Hesketh
惠尔　Wheal
惠灵顿　Wellington
惠勒　Wheeler, J.
惠勒　Wheeler, W. H.
惠特布莱德　Whitbread
惠特沃斯　Whitworth, J.
惠特莫尔　Whitmore
惠特斯东　Wheatstone
赫尔　Hall, R.
赫尔　Hall, T. G.
赫伦　Heron, A.
赫耳姆　Helm, E.
赫耳顿　Hulton
赫里斯　Herries, C. J.
赫克斯塔布　Huxtable
赫恩萧　Hearnshaw, J.
赫威斯　Herves, T. C.
赫斯特　Hust, G. B.
赫斯特勒　Hustler, J.
赫斯基森　Huskisson
赫琴斯　Hutchins
赫顿　Hutton
赫德逊　Hudson, G.
豪伊特　Howitt, W.
豪利特　Howlett
霍尔　Hoare
霍尔纳　Horner, F.
霍尔纳　Horner, L.
霍布森　Hobson, C. K.
霍布豪斯　Hobhouse, C.
霍耳茨　Holts
霍耳兹沃思　Holdsworth, W. S.
霍耳特　Holt, J.
霍利维尔　Holywell
霍佛耳　Hovell, M.
霍罗克斯　Horrocks
霍欧克　Holyoake, G. J.
霍桑　Howthorn, R.
霍斯利　Horsley, J.
霍斯福耳　Horsfall
霍顿　Horton
霍德　Hodder, E.

J

加米季　Gammage, R. G.
加林盖　Gamlingay

加洛韦　Galloway,A.
加洛韦　Galloway,R. L.
加特林　Catrine
加斯克耳　Gaskell
加德纳　Gardiner
吉卜林　Kipling,R.
吉布　Gibb,J.
吉布逊　Gibson
吉尔巴特　Gilbart,J.
吉耳　Gill,C.
吉耳乎　Gilpin,J.
吉耳伯特　Gilbert, D.
吉耳伯特　Gilbert,T.
吉波克　Kibbock
吉金　Gherkin
吉姆斯　Jeames
杰夫森　Jephson,H.
杰文斯　Jevons
杰卡德　Jacquard
杰克　Jack,A. F.
杰克曼　Jackman,W. T.
杰克逊　Jackson,A.
杰克逊　Jackson,T.
杰思罗　Jethro
杰雷米　Jeremy
金　King,H. T.
金累克　Kinglake,A. W.
金斯莱　Kingsley,C.
基特森　Kitson,J.
基蒂　Kitty
基德　Kydd,S.
贾戴斯　Jarndyce

K

卡尔　Carr
卡尔一桑德斯　Carr-Saunders, A. M.
卡来尔　Carlyle
卡姆　Cam
卡罗尔　Carroll,L.
卡罗瑟斯　Carrothess,W. A.
卡特　Carter
卡莱耳　Carlisle
卡斯尔雷　Castlereagh
卡斯伯特　Cuthbert
卡德韦尔　Cardwell, E.
坎宁　Canning
坎贝尔　Campbell,J.
坎贝尔　Campbell,R.
坎贝尔　Campbell,W. F.
坎南　Cannan,E.
克尔　Kerr
克尔德　Caird,J.
克利夫兰一斯蒂文斯　Cleveland-Stevens,E.
克利兰德　Cleland,J.
克里维　Creevy
克劳利　Crowley
克罗珀　Cropper,J.
克罗谢　Crawshay

克拉克　Clark, J. A.
克拉克　Clark, K. E.
克拉潘　Clapham, J. H.
克拉潘　Clapham, R.
克朗普　Crump, W. B.
克莱门特　Clement
克莱门茨　Clements, R.
克鲁克　Crook W. H.
考尔德　Cord, R.
考尔斯多芬　Corstorphine
考恩　Cowan
肯宁安　Cunningham
肯尼迪　Kennedy
肯尼昂　Kenyon
肯沃锡　Kenworthy, D.
肯德鲁　Kendrew, J.
科平格　Copinger
科尔曼　Collman
科贝特　Cobbett, P.
科贝特　Cobbett, W.
科胡恩　Colquhoun, P.
科特　Cort, H.
柯尔　Cole, A. H.
柯立尔　Collier, W.
柯布登　Cobden
柯里　Currie
柯林　Collin
柯波德　Cobbold
柯普兰　Copeland
柯普斯太克　Copestake, T.
库克　Kuyck
库克森　Cookson
库茨　Coutts
寇克　Coke, E.
寇克　Coke, W. T.
寇恩　Cohn, G.
凯伊　Kay, G.
凯伊　Kay, J. P. M. D.
凯伊—夏特尔沃思　Kay-Shuttleworth, J. P.
凯恩　Cain, T.
凯撒　Caesar, T.
康沃耳—琼斯　Cornwall-Jones, R. J.
康尼比尔　Conybeare
康格里夫　Congreve, W.

L

兰姆　Lamb, F.
兰格　Lang, J.
兰索姆　Ransome, J. A.
兰普森　Lampson
伦尼　Rennie, G.
伦纳德　Leonard
伦敦德里　Londonderry
刘易斯　Lewis, G. R.
刘易斯　Lewis, T. E.
吕林·德·沙托窝　Lullin de Chateauvieux, J, F.
李—华尔纳　Lee-Warner

李特尔顿　Littleton
李莉　Lillie
李维　Levy,L.
李嘉图　Ricardo
里奇蒙　Richmond
里思　Rees,J. F.
里斯　Rhys,J.
里德　Reid
里格莱　Wrigley,J.
里德利　Ridley,M. W.
利比格　Liebig
利物浦　Liverpool
利普森　Lipson,E.
利斯特　Lister
利瑞　Leerie
劳尔德　Lord,J.
劳埃德　Lloyd,G. I. H.
劳登　Loudon,J. C.
劳斯　Lawes,J.
劳德　Laud
劳德达尔　Lauderdale
罗马尼斯　Romanes,J. H.
罗什　Losh,W.
罗兰　Rowland
罗布逊　Robson,J.
罗伊耳　Royle
罗米利　Romilly,S.
罗沃思　Roworth,W.
罗伯茨　Roberts,W.
罗伯特　Robert
罗林森　Rawlinson,R.
罗杰斯　Rogers,J. D.
罗奇德耳　Rochdale
罗思柴耳德　Rothachild,N.
罗兹　Rhodes
罗宾逊　Robinson,W. R.
罗斯　Rose,J. H.
罗斯　Rose,G.
罗瑟拉姆　Rotherham
罗塔姆斯泰德　Rothamstead
罗维特　Lovett
罗德韦耳　Rodwell,W.
拉瓦谢　Lavoisier
拉布谢尔　Labouchere
拉克塔利亚　Lactarium
拉伯克　Lubbock,J.
拉姆斯登　Lumsden,H.
拉斯博恩　Rothbone,D.
拉恩　Laing,S.
拉斯皮　Rasby,K.
拉提默　Latimer
拉蒙德　Lamond,R. P.
拉潘特　Larpent,G.
拉德克利夫　Radcliffe,W.
拉德纳　Lardner,D.
腊斯廷　Rustin,W.
腊斯金　Ruskin,J.
腊姆斯登　Ramsden,J.
腊德亚德　Rudyard
洛夫莱斯　Loveless,G.

洛伦索　Lorenzo
洛克　Lock,C. S.
洛克—兰普森　Locker-Lampson,G.
洛埃德　Loyd,S. J.
柳卡斯　Lucas
朗里治　Longridge,M.
朗波特　Langport
朗斯塔夫　Longstaffe,W. H. D.
理查逊　Richardson,B. W.
理查逊　Richardson,T.
理查德　Richard
累昂　Leon
累科克　Laycock
累恩　Lane,S.
累维　Levy
娄　Lowe,J.
娄巴克　Roebuck
娄森　Rowson,W,H.
勒布兰　Leblanc
勒瓦瑟尔　Levasseur
莱夫　Rive,A.
莱尔德　Laird,J.
莱尔德　Laird,M.
莱昂　Lyon
莱斯特　Wrestler
路易　Louis,R.
隆比　Lombe,T.
雷布　Reybaud,J.
雷伊　Rae,G.
雷纳　Rayner
雷德福德　Redford,A.
赖特　Wright,C.
赖斯　Rice
鲁塞尔　Russell,J.

M

马丁　Martin,F.
马尼　Money
马卡丹　McAdam
马西伦尼　Maceroni
马克　Mark
马克姆　Markham
马克斯威尔　Maxwell
马考莱　Macaulay
马里厄特　Marryat,J.
马丽　Mary
马季　Mudge,H.
马拉彻　Malachy
马拉格罗特　Malagrowther,M.
马拉基　Malachi
马金托斯　Macintosh
马姆兹伯里　Malmesbury
马南　Marner,S.
马修　Mathew
马修斯　Mathews
马威克　Marwick,W. H.
马格里季　Muggeridge,R. M.
马提耳达　Matilda
马提诺　Martineau,H.

马提诺 Martineau,J.
马斯兰 Marsland
马斯特曼 Masterman
马斯登 Marsden,R. G.
马斯普腊特 Muspratt
马瑟 Mather,C.
马瑟 Mather,W.
马歇尔 Marshall,D. C.
马歇尔 Marshall,J.
马歇尔 Marshall,T. H.
米克尔 Mikle,A.
米洛普 Mierop
米勒 Miller
迈克尔 Mickael
麦卡洛克 McCulloch,J. R.
麦古福格 McGuffog,J.
麦克尔 Meikle
麦克阿瑟 Macarthur,J.
麦克劳德 Macleod,R. C.
麦克道耳 McDouall
麦金托希 Macintosh,W.
麦金德尔 Mackinder,H. J.
麦格雷戈 Macgregor,J.
麦特雅德 Meteyard
麦康纳尔 McConnel
芒茨 Muntz,P. H.
梅丁格 Meidinger,H.
梅里克 Merrick,R.
梅特涅 Metternich,P.
莫尔斯 Morse,H. B.
莫尔斯 Morse,H. C.
莫兹利 Maudslay,H.
密契尔 Mitchell
曼比 Manby,A.
玛提亚 Mathias
墨雪特 Mushet,D.
墨莱 Murray,A.
蒙提思 Monteith
蒙提菲奥里 Montefiore,M.
摩尔根 Morgan,C.
摩尔根 Morgan,W.
摩尔铁尔 Mortier,M.
摩尔豪斯 Morehouse,F.
摩西 Moses
摩里逊 Morison,J.
摩佩思 Morpeth
摩莱 Morley
摩顿 Morton
默瑟尔 Merthyr,T.
穆尔 Moar
穆罕默德 Mahomet
穆勒 Mill, J. S.

N

内森 Natham
内斯比特 Nasbitt
内斯密斯 Nasmyth
尼耳森 Neilson
尼森 Neison,F. G. P.
尼古拉斯 Nicholas

尼科耳斯　Nicholls, G.
尼德比　Netherby
努塞　Nussey, J.
奈特利　Knightly, J.
妮波儿　Nipper, S.
纳尔逊　Nelson
纳皮尔　Napier, C.
纳皮尔　Napier, R.
拿破仑　Napoleon
诺耳斯　Knowles, L. C. A.
诺思科特　Northcote, S.
诺曼　Norman, G. W.
诺曼第　Normandy

O

欧文　Owen, R.
欧勃莱恩　O'Brien, G.
欧恩利　Ernle
欧德诺　Oldknow

P

皮尔　Peel, R.
皮耳金顿斯　Pilkingtons
皮克福　Pickford
皮特　Pitt, W.
皮斯　Peace, E.
皮斯　Peace, J.
皮斯脱　Pestle
平奇贝克　Pinchbeck, I.
庞特尼　Pountney, H.
波托斯　Portouse
波利特　Poulett
波威　Povey, C.
波特尔　Porter, G. R.
波特浩司　Porthouse
波斯耳思怀特　Postlethwayt
波斯特格特　Postgate, R. W.
波顿　Purdon, W. A.
波蒙特　Beaumont
波德摩　Podmore, F.
帕克　Parker, C. S.
帕克斯　Parkes, J.
帕麦尔　Palmer, J. H.
帕纳耳　Parnell, H.
帕特里克　Patrick
帕默斯通　Palmerston
坡克　Polk
坡特尔　Potter, T.
佩托　Peto, S. M.
佩金斯　Perkins
派恩　Paine, T.
派特逊　Paterson
培根　Bacon, A.
普西　Pusey, P.
普里西拉　Priscilla
普里斯特利　Priestley, J.
普罗浮斯特　Provost
普罗瑟罗　Prothero
普累费尔　Playfair, L.
普腊特　Pratt, J. T.

普莱特　Platt, H.
普雷斯　Place, F.
普鲁麦　Plummer, A.
普赖斯　Price
彭森　Penson, L. M.
彭南特　Pennant, T.
彭赖恩　Penrhyn
潘飞托里斯　Pamphitoris
潘恩　Payne

Q

丘比特　Cubitt, W.
齐伯克　Kibbock
乔治　George
乔纳斯　Jonas, S.
琼斯　Jones, R.
钱伯斯　Chambers, J. D.
钱斯　Chance, L.

R

瑞尔敦　Relton, F. B.

S

司徒特　Sturt
苏曾　Susan
桑巴特　Sombart
桑达斯　Sandars
桑顿　Thornton
桑德斯　Saunders
索尔贝克　Sauerbeck
索耳特　Salt, T, C.
索普　Thorpe, B.
斯马特　Smart
斯文　Swing
斯文克　Swank
斯迈尔斯　Smiles, S.
斯奴克　Snook
斯宾安兰　Speenhamland
斯宾斯　Spence, T.
斯米顿　Smeaton
斯托克斯　Stokes
斯托兹　stultzes
斯托纳尔　Stonor, J.
斯托特福德　Stolterfoht
斯克里夫纳　Scrivenor, H.
斯坦因　Stein, J.
斯坦莱　Stanley
斯拉尔　Thrale
斯旺克　Swank, J. M.
斯波纳　Spooner
斯图尔特　Stuart
斯图普　Stumpe
斯科洛普　Scrope
斯科特　Scott, W. R.
斯派塞　Spicer, A. D.
斯特里克兰　Strickland, J. E.
斯特里敦　Stretton, C. S.
斯特林　Stirling, A. M.
斯特林　Stirling, J. R. H.

斯特芬　Steffen, G. F.
斯特季　Sturge, J.
斯特腊茨　Strutts
斯特腊斯佩　Strathspey
斯特鲁威　Struvé, W. P.
斯通　Stone, T.
斯徒纳德　Stonard, J.
斯密,亚当　Smith, Adam
斯密,埃伯耳　Smith, Abel
斯密,安德鲁　Smith, Andrew
斯密,詹姆斯　Smith, James B.
斯密,骚斯伍德　Smith, Southwood
斯密,悉尼　Smith, Sydney
斯莫利　Smalley
斯基恩　Skene
斯普林　Spring
斯温福德　Swinford
斯蒂芬逊　Stephenson, G.
斯蒂芬逊　Stephenson, R.
斯塔克　Stark, W.
斯塔基　Stuckey, V.
斯塔福德　Stafford
斯雷特　Slater
斯潘塞　Spencer
斯诺　Snow, M.
散德兰　Sunderland
塞叶　Sieyes
塞尔登　Selden
塞伊　Sée, H.
塞利格曼　Seligman, E. R. A.
塞康　Sekon, G. A.
塞缪尔　Samual
骚斯伍德　Southwood
萨克立夫　Sutcliffe
萨克森　Saxon
萨克莱　Thackeray, W. M.
萨京特　Sargeant
萨拜因　Sabine, R.
萨勒　Sarah
萨蒙　Salmon
萨德勒　Sadler, M. T.
圣海伦　Sainte-Hélène
圣詹姆斯　Saint-James
史蒂文森　Stevenson, L.
史蒂文森　Stevenson, R.
史蒂芬斯　Stephens, J. R.
色浩威　Sirhowey
沙普特　Shapter
沙甫慈伯里　Shaftesbury
沙维尔　Savile, C.
施默勒　Sahmoller, G.

T

太特斯　Titus
托马斯　Thomas, E.
托尼　Tawney, R. H.
托伦斯　Torrens
托姆　Tom
坦尼逊　Tennyson
坦珀利　Temperley, H. W. V.

图克　Tuke,J.
特耳福德　Telford
特里迪加尔　Tredegar
特里斯克　Treischke
特里门黑尔　Tremenheer,H.
特罗特　Trotter
特威格　Twigg
特威斯累顿　Twisleton,E.
特纳　Turner
特顿　Turton
泰勒　Taylor,P.
泰勒　Taylor,T. J.
泰德菲尔　Tydfil
唐金　Donkin,B.
屠巴尔　Tubal
屠尔　Tull
屠克　Tooke,T.
陶西格　Taussig
陶林　Dowling,S. W.
棠蒂　Tonti,L.
汤林森　Tomlinson,W. W.
汤姆森　Thomson,P.
提德　Tidd
提默锡　Timothy
塔什　Tash
塔波特　Talbot
滕南特　Tennant,C.

W

韦士顿　Weston
韦尔斯　Wales
韦耳伯恩　Welbourne,E.
韦利斯　Willis
韦伯　Webb,J.
韦伯夫妇　Webb,S. and B.
韦伯斯特　Webster,C. K.
韦季伍德　Wedgwood
韦斯利　Wesley
韦斯特菲尔德　Westerfield,R. B.
韦德　Wade
文森特　Vincent
瓦特　Watt,J.
沃伦　Warren,J. G. H.
沃克　Walker
沃森　Watson
沃莫耳德　Wormald
沃勒兹　Wallas,G.
沃登　Warden,A. J.
沃福德　Walford,C.
沃颇耳　Walpole,R.
沃颇耳　Walpole,S.
沃德　Ward,W.
伍顿　Wootton
伍德　Wood,C.
伍德　Wood,N.
伍德华　Woodward,H. B.
伍德豪斯　Woodhouse
威尔逊　Wilson,J.
威尔德　Wilde
威耳科克斯　Willcox

威伯尔　Weber, A. F.
威克菲尔德　Wakefield, P.
威金　Wiggin, T.
威金逊　Wilkinson, J.
威金逊　Wilkinson, K.
威金斯　Wilkins, B.
威金斯　Wilkins, C.
威林哈尔　Willenhall
威格腊姆　Wigram, M.
威廉　William
威廉斯　Williams
威瑟斯　Withers, H.
乌克斯布里治　Uxbridge
翁斐尔　Omphale
温特沃思　Wentworth
温德姆　Wyndham
渥兹华斯　Wordsworth, W.
维贝尔　Weber, A. F.
维农　Vernon
维多利亚　Victoria
维特　Witt
维格诺莱斯　Vignoles, C.
维登浩尔　Wettenhall
魏尔希　Welsh

X

西法尔斯法　Cyfarthfa
西摩尔　Seymour
西蒙斯　Symons, J. C.
西蒙斯　Simons, W.
休　Hugh
休韦耳　Whewell
休伊希　Huish, M.
休姆　Hume, J. D.
休斯　Hughes
希耳　Hill, A.
希耳　Hill, C.
希耳　Hill, R.
希利比尔　Shillibear, G.
希伯林　Silberling, N. J.
希奇格拉斯　Hitzigrath
辛克莱　Sinclair, J.
肖特　Shortt, T.
夏普　Sharp, J.
雪莱　Shelley
悉尼　Sydney
谢泼德　Sheppard, E. M.
薛尔曼　Sherman, E.

Y

尤尔　Ure, A.
尤耳　Yule, G.
玉格勒　Juglar, C.
亚历山大　Alexander
亚当　Adam, M. S.
亚伯拉罕　Abraham
伊凡斯　Evans, M. A.
伊佛雷姆　Ephraim
伊丽莎白　Elizabeth
伊顿　Eton, T.

伊萨姆巴德 Isambard
约西亚 Josiah
约克 York
约伯 Job
约瑟夫 Joseph
约普林 Joplin, T.
约翰逊 Johnson, S. C.
英内斯 Innes, G.
英内斯 Innes, H.
英格利希 English, H.
耶茨 Yates
雅各布 Jacob, W.
杨格 Young, A.
杨格 Young, G. F.

Z

朱利叶斯 Julius
朱格拉尔 Juglar, C.
卓别麟 Chaplin
詹米逊 Jamieson
詹克斯 Jenks, L. H.
詹姆斯 James, W.

地　　名

A

阿尔加利 Alkali
阿尔斯特 Ulster
阿尔萨斯 Alsace
阿尼克 Alnwick
阿布罗思 Arbroath
阿伦河 Arun R.
阿佛 Havre
阿冷 Allen
阿伯丁 Aberdeen
阿伯加文尼 Abergavenny
阿伯赖兰 Aberairon
阿姆卢赫 Amlwch
阿罗亚 Alloa
阿林威克 Alnwick
阿盖耳 Argyll
阿登 Arden
阿腊斯 Arras
阿德拉桑 Ardrossan
艾尔西克 Elswick
艾尔克河 Irk R.
艾尔拉姆 Irlam
艾尔维尔 Irwell
艾伦布里治 Ironbridge
艾西斯河 Isis R.
艾克勒斯 Eccles

艾克斯敏斯特　Axminster
艾克斯霍姆　Axholm
艾狄斯东岛　Eddystone I.
艾希顿　Ashton
艾治巴斯顿　Edgbaston
艾治瓦尔路　Edgeware Road
艾特劳里亚　Etruria
艾斯拉姆　Isleham
艾莱岛　Islay I.
艾塞克斯　Essex
艾德尔　Idle
埃平　Epping
埃尔河　Aire R.
埃尔郡　Ayrshire
埃尔兹米尔　Ellesmere
埃布—佛尔　Ebbw Vale
埃耳伯夫　Elbeuf
埃耳兹伯里　Aylesbury
埃克斯河　Exe R.
埃克塞特　Exeter
埃房河　Avon R.
埃普索姆　Epsom
埃诺　Hainaut
爱丁堡　Edinburgh
爱尔兰　Ireland
爱奥尼亚群岛　Ionian Isles
安波伊　Amboy
安特维普　Antwerp
安格尔西岛　Anglesey I.
安格利亚　Anglia
昂加尔　Ongar
敖德萨　Odessa
奥比斯顿　Orbiston
奥尔良　Orleans
奥尔德姆　Oldham
奥格斯堡　Augsburg
奥塞特—科姆—高梭普　Ossett-cum-Gauthorpe
奥德雷—恩德　Audley End

B

巴加　Banea
巴尔内斯皮克　Balnespick
巴布拉姆　Babraham
巴伐利亚　Bavaria
巴里斯　Parys
巴克斯顿　Buxton
巴利奥尔　Balliol
巴京　Barking
巴罗尼　Barony
巴金汉郡　Buckinghamshire
巴斯　Bath
巴格达　Bagdad
巴格绍特　Bagshot
巴恩斯利　Barnsley
巴恩斯特普耳　Barnstaple
巴登浩治　Badanoch
巴顿　Barton
巴黎　Paris
巴德明顿　Badminton

巴泽德　Buzzard
比尔亥　Bilhagh
比尔利　Bierley
比尔斯顿　Bilston
比耳思　Builth
比里维尔　Perivale
比林斯盖特　Billingsgate
比契岬　Beachy Head
比敏斯特　Beaminster
不伦瑞克　Brunswick
不列颠　Britain
不来梅　Bremen
白礼拜堂　Whitechapel
白斯塔尔　Birstall
白蒂·克里　Betty Cury
白狮街　White Lion
北斗星码头　Bear,Quay
北安格尔　Northanger
北安普敦　Northampton
北海　North Sea
北联合铁路　The North Union
布卡岬　Buchanness
布立治诺斯　Bridgnorth
布尔—茅斯旅店　Bull and Mouth Inn
布兰登　Brandon
布兰普顿　Brampton
布兰德福德　Blandford
布伦　Boulogne
布伦特里　Braintree
布里金　Brechin
布里季沃特　Bridgewater
布里治盖特　Bridgegate
布里斯托尔　Bristol
布里德　Brede
布里德波特　Bridport
布来思　Blythe
布劳恩施魏克　Brunswick
布克雷　Buckley
布拉克本恩　Blackburn
布拉克富莱尔　Blackfriars
布罗克斯威治　Bloxwich
布罗斯莱　Broseley
布林福德　Brentford
布林德莱　Brindley
布朗街　Brown St.
布莱克韦耳　Blackwell
布莱德福　Bradford
布雷肯　Brecon
布楞恩　Blenhein
布德万　Burdwan
布鲁内尔　Brunel
布赖顿　Brighton
包克斯隧道　Box Tunnel
包特里　Bawtry
贝尔　Bell
贝耳珀　Belper
贝耳格雷夫　Belgrave
贝托斯　Bettws
贝托斯—伊—科艾德　Bettws-

y-Coed
贝里　Bury
贝克兰　Birklands
贝克普　Bacup
贝德林顿　Bedlington
贝津斯托克　Basingstoke
贝德弗德　Bedford
伯克利　Berkeley
伯克郡　Berkshire
伯里克郡　Berwickshire
伯明翰　Birmingham
伯肯黑德　Birkenhead
伯蒙德塞　Bermondsey
奔宁山脉　Pennine M.
彼得伯罗　Peterborough
彼得堡　Petersburg
彼得赫德　Peterhead
柏立　Burghley
柏威立　Beverley
拜伦　Byron
拜特纳　Bethnal
宾夕法尼亚　Pennsylvania
班果　Bangor
班普顿　Bempton
博耳顿　Bolton
博克斯山　Boxhill
博林　Bowling
博兹　Boz
博恩默斯　Bournemouth
博德明　Bodmin

C

草市　Grassmarket
彻尔塞　Chelsea
串特河　Trent
柴郡　Cheshire
查兰顿　Charenton
查特里斯　Chatteris
查特沼地　Chat,Moss
查理斯角　Charles,Cape
查塔姆　Chatham
查德　Chard

D

大马士革　Damascus
大马鲁　Great Marrow
大北路　Great North Road
大西运河　Grand Western C.
大联络线铁路　The Grand Junction
大蒜街　Garlic Row
丹麦山　Denmark Hill
丹姆丘治　Dymchurch
丹茅　Dunmow
丹康布　Duncombe
丹季讷斯　Dungeness
邓斯坦　Dunstan
东圣乔治　St George in-the-East
东印度群岛　East Indies
东哈姆　East Ham
达尔基茨　Dalkeith

达尔斯　Dales
达麦林　Dalmaillng
达拉姆　Durham
达姆施塔特　Darmstadt
达林顿　Darlington
达特木尔　Dartmoor
达德利　Dudley
多尔契斯特　Dorchester
多尔寇斯　Dolcoath
多尔塞特　Dorset
多佛尔　Dover
当卡斯特　Doncaster
杜巴顿　Dumbarton
狄平　Deeping
但泽　Danzig
迪耳　Deal
迪河　Dee
都柏林　Dublin
第厄普　Dieppe
第因斯顿　Deanston
得文　Devon
登巴　Dunbar
登比　Denbigh
登佛里斯　Dumfries
登斯莫尔河　Dunsmore R.
道莱斯　Dowlais
敦提　Dundee
督伊德　Druids
德尔比郡　Derbyshire
德安　Dean
德麦拉拉　Demerara
德来顿　Drayton
德特福德　Deptford

F

飞茨　Firth
弗兰伯勒岬　Flamborough Head
弗吉尼亚　Virginia
弗利特伍德　Fleatwood
弗林特　Flint
弗洛姆　Frome
弗格斯　Feargus
佛罗里达　Florida
佛罗斯　Floss
法夫　Fife
法兰克福　Frankfort
法里安　Fareham
法恩群岛　Farne Islands
芬斯伯里　Finsbury
菲尔德　Fylde
费拉德尔非亚　Philadelphia
富威　Fowey
福内斯　Furness
福尔法尔　Forfar
福尔兰　Foreland
福耳克尔克　Falkirk
福思河　Forth R.
福恩　Fen
福恩兰　Fenland
福登　Fudengasse

福斯　Fossdike

G

戈丁顿　Goldington
戈贝尔斯　Gorbals
戈斯波特　Gosport
圭亚那　Guiana
谷物山　Cornhill
谷德文　Goodwins
果尔堡垒　Goal,Castle
果德里奇　Goderich
果德曼彻斯特　Godmanchester
哥尔溪　Gull,Stream
哥尼斯堡　Königsberg
哥伦比亚　Columbia
哥里　Gowrie
哥梅塞尔　Gomersal
哥德堡　Gothenburg
根特　Ghent
格尔文　Girvan
格兰特　Grants
格次黑德　Gateshead
格利布矿井　Glebe
格里姆斯比　Grimsby
格里诺克　Greenock
格罗宁根斯特拉斯　Gröninger-strasse
格拉密斯　Glammis
格拉斯哥　Glasgow
格拉斯特　Gloucester
格拉摩根　Glamorgan
格林威治　Greenwich
格林菲尔德　Greenfield
格恩济岛　Guernsey I.
高比霍尔　Gorbyholes
高威康布　High Wycombe
高原　Highland

H

汉威尔　Hanwell
汉堡　Hamburg
汉普郡　Hampshire
汉墨斯密斯　Hammersmith
汉撒　Hanse
汉诺威　Hanover
罕次岛　Hunts I.
好望角　The Good Hope,Cape
怀河　Wye
怀特黑文　Whitehaven
怀特霍耳　Whitehall
亨斯坦顿　Hunstanton
和恩堡　Horncastle
杭廷顿　Huntingdon
哈丹南　Haddenham
哈尔弗德郡　Hertfordshire
哈茨山脉　Harz M.
哈里卡斯尔　Harecastle
哈里伍德　Harewood
哈里季　Harwich
哈克尼路　Hackney Road

哈佛里耳　Haverhill
哈里法克斯　Halifax
哈拉姆郡　Hallamshire
哈特菲尔德　Hartfield
哈德孙　Hudson
哈德兹菲尔德　Huddersfield
红牛河　Red Bull R.
恒比尔河　Humber R.
海亚华宅　Hiawatha
海伦斯堡　Helensburgh
海伯里　Highbury
海克斯安姆　Hexham
海克雷文　High Craven
海峡群岛　Channel Isles
海盖特　Highgate
海德公园　Hyde Park Gardens
海德康　Headcorn
黑乡　Black Country
黑森　Hesse
黑顿　Hetton
惠尔　Wheal
惠次特布耳　Whitstable
惠特比　Whitby
惠特西　Whittlesea
惠特森台　Whitsunday
滑铁卢　Waterloo
滑铁卢桥　Waterloo Bridge
赫尔　Hull
赫尔比治　Holbeach
赫尔波恩　Holborn
赫布里底群岛　Hebrides Isles
赫伊　Hay
赫伯尔　Hebble
赫列福德郡　Herefordshire
豪兰　Howland
霍尔干　Holkham
霍尔斯提德　Halstead
霍布登　Hobdon
霍尼敦　Honiton
霍伊克　Hawick
霍华德　Howard
霍伯里　Horbury
霍利黑德　Holyhead

J

加隆　Garonne
加尔各答　Calcutta
加尔穆斯　Garmouth
加来　Calais
加利福尼亚　California
加的夫　Cardiff
加拉设尔　Calashiels
加洛坡　Galloper
加勒比海　Caribbean Sea
加塞尔　Cassel
吉耳伯特　Gilbert
吉耳福德　Guildford
交易所巷　Change Alley
金卡丁　Kincardine
金罗斯　Kinross

金兹伍德　Kingswood
金兹克罗斯　King's Cross
杰克逊　Jackson
杰德伯勒　Jedburgh
剑桥　Cambridge
基马尔诺克　Kilmarnock
基内尔兹岬　Kinnairds Head
基尔提洛奇　Kirkintilloch
基耳西　Kilsea
基里木尔　Kirriemuir
基林华斯　Killingworth
基思利　Keighley
基蒂　Kitty

K

卡马曾　Carmarthen
卡尔迪根　Cardigan
卡尔福德　Carlford
卡尔德　Calder
卡来尔　Carlisle
卡利多尼亚运河　Caledonian Can.
卡那封　Carnarvon
卡克斯敦　Carxton
卡罗利纳　Carolinas
卡夏尔顿　Carshalton
卡特赖特　Cartwright
卡斯　Carse
卡斯尔　Castle
考文垂　Coventry
考尔德河　Calder R.
考盖特　Cowgate
克内特河　Kennet
克尔库布里　Kirkcubright
克尔塞　Kersey
克劳伊登　Croydon
克劳斯塔耳　Clausthal
克里狄敦　Crediton
克来彼达　Klaipeda
克来德河　Clyde R.
克利南　Crinan
克林　Kelling
克拉克曼南　Clackmannan
克拉法姆　Clapham
克拉根维尔　Clerkenwell
克拉德莱　Cradley
克科迪　Kirkaldy
克勒佐　Creusot
克累佛临　Clavering
克普一布雷顿岛　Cape Breton I.
克隆　Clun
克隆普敦　Cromptow
克隆福德　Cromford
克莱德塞德　Clydeside
克鲁　Crewe
坎布连山谷　Cumbrian Valleys
坎贝尔　Campbell
坎伯兰　Cumberland
坎伯威尔　Camberwall
坎度立格街　Candleriggs Street
坎特伯里　Canterbury

坎登 Camden
肯达耳 Kendal
肯特 Kent
肯提什 Kentish
科布 Cobb
科布登 Cobden
科尔比堡 Corby Castle
科尔尼斯 Colnies
科尔德灯塔 Tour de Cordouan
科耳岛 Coll I.
科耳切斯特 Colchester
科次窝尔德 Cotswold
科治沙尔 Coggeshall
科登安 Cottenham
柯尔宾 Corbyn
康沃耳 Cornwall
康威 Conway
康格耳顿 Congleton
康涅狄格 Connecticut
康隆盖特 Canongate
康瑙特 Connaught
康福德 Canford
凯特林 Kettering
魁北克 Quebec

L

兰开郡 Lancashire
兰开斯特 Lancaster
兰布林麦尔 Llanbrynmair
兰姆贝斯 Lambeth
兰高连 Llangollen
兰盖托克 Llangattock
兰普敦 Rampton
兰莱斯太德 Llanrhystead
龙加克尔 Longacre
卢昂 Ruen
卢敦 Luton
卢维叶 Louviers
列日 Liège
伦巴街 Lombard St.
伦弗罗 Renfrew
伦敦 London
伦敦浦 London Pool
刘易斯 Lewis
里丁 Reading
里士满 Richmond
里尔 Lille
里布耳 Ribble
里尼绍 Renishaw
里姆尼 Rhymney
里季斯 Regis
里斯本 Lisbon
里窝那 Leghorn
里德林顿 Lidlington
莱比锡 Leipzig
莱茵河 Rhine R.
来姆河 Lyme R.
利克 Leek
利麦里克 Limerick
利奇菲尔德 Lichfield

利物浦　Liverpool
利物塞治　Liversedge
利思　Leith
利兹　Leeds
劳思　Louth
罗马　Roma
罗伊兹顿　Royston
罗克尔比　Lockerby
罗克斯伯罗　Roxburgh
罗姆内　Romney
罗姆兰　Roomland
罗奇德耳　Rochdale
罗埃斯　Loes
罗斯　Ross
罗瑟海斯　Rotherhithe
罗瑟勒姆　Rotherham
拉内利　Llanelly
拉夫伯勒　Loughborough
拉文南　Lavenham
拉文赫德　Ravenhead
拉布拉多　Labrador
拉尼德罗斯　Llanidloes
拉纳克　Lanark
拉德娄　Ludlow
林利思戈　Linlithgow
林肯郡　Lincolnshire
林恩　Lynn
洛当　Loddon
洛思伯里街　Lothbury St.
洛特黑茨　Rotherhithe
洛斯托夫特　Lowestoft
洛蒂昂　Lothian
郎斯顿　Launceston
朗利特　Longleat
朗诺治　Rannoch
琅米尔福德　Long Melford
琅伍德　Longwood
勒克勒佐　Le Creusot
理查德　Richard
鹿特丹　Rotterdam
累斯特　Leicester
累顿　Leighton
累德伯里　Ledbury
莱夫　Leigh
莱卡姆斯太德　Leckhamstead
莱定　Riding
莱姆诰司　Limehouse
莱斯顿　Leiston
莱顿　Ryton
路易河　Lewes R.
路易斯安那　Louisiana
腊姆济湖　Ramsey L.
腊思角　Wrath, Cape
腊格比　Rugby
腊姆兹格特　Ramsgate
腊姆斯博顿　Ramsbottom
腊特兰　Rutland
腊德纳　Radnor
雷亚尔·玛尼塔　Layer Marney Tower

雷顿 Leyton
雷德沃尔夫 Redwharf
雷德福德 Redford
落基山脉 Rocky Mountains
赖恩 Lyne
鲁姆岛 Rum I.

M

马厂巷 Capel Court
马什 Marsh
马六甲海峡 Malacca,Str. of
马尔加特 Margate
马可巷 Mark Lane
马头路 Horse Ferry Road
马来 Malay
马奇 March
马拉姆沼地 Malham Moor
马利波特 Maryport
马洛 Mallow
马科累伊 Macauleys
马恩岛 Man I.
马德拉斯 Madras
毛里求斯 Mauritius
米尔菲尔德 Mirfield
米多塞克斯 Middesex
米勒尔 Mellor
米德兰 Midland
米德尔顿 Middleton
米德耳兹布勒 Middlesbrough
米德威 Medway
米德洛锡安 Midlothian
迈尔一恩得 Mlie End
麦克耳斯菲尔德 Macclesfield
麦克林 Maclean
麦肯齐河 Mackenzie R.
麦哲伦海峡 Magellan,Str. of
麦登赫尔 Mildenhall
孟加拉 Bengal
孟买 Bombay
美洛斯 Melrose
美勒利本 Marylebone
秣市 Hay Market
密尔瓦尔 Millwall
密尔福德 Millford
密尔盖特街 Millgate St.
密尔顿 Milton
密西西比 Mississippi
密执安 Michigan
莫尔佩斯 Morpeth
莫尔顿 Moreton
莫兰特 Morlant
莫达河 Mawddach R.
莫纳 Mona
莫斯科 Moscow
梅克伦堡 Mecklenburg
梅里奥讷思 Merioneth
梅奈大桥 Menai Bridge
梅德莱 Madeley
梅德斯通 Maidstone
曼迪普斯 Mendips

煤溪谷　Coalbrook-dale
蒙克兰　Monkland
蒙克维尔茅斯　Monkwearmouth
蒙特利尔　Montreal
蒙特罗斯　Montrose
蒙特哥马利　Montegomery
蒙默思　Monmouth
默尔西河　Mersey R.
默瑟尔　Merthyr
默兹　Meuse
摩尔顿　Malton
摩勒纳山　Sierra Morena

N

牛津　Oxford
牛顿　Newton
牛顿一里一威洛斯　Newton-le-Willows
尼日尔河　Niger R.
尼思　Neath
尼恩河　Nene R.
尼德比　Netherby
那瓦　Navarre
那华斯堡　Naworth, Castle of
努累　Nore
奈恩　Nairn
南安普敦　Southampton
南威克　Southwick
南原　South Downs
南特一福兰康　Nant Flrancon
南得文铁路　The South Devon Railway
南提治　Nantwich
南维尔　Southwell
纽卡斯耳　New Castle
纽伯里　Newbury
纽约　New York
纽黑文　New Haven
纽敦　Newtown
纳尔斯博罗　Knaresborough
纳克敦　Nacton
瑙尔　Knole
瑙威治　Norwich
诺丁汉　Nottingham
诺让　Nogent
诺森伯兰　Northumberland
诺思维奇　Northwich
诺斯伍德　Northwood
诺福克　Norfolk

O

欧布林克　Eau Brink

P

皮卡尔迪　Picardy
皮布耳兹　Peebles
匹克林　Pickering
平克斯顿　Pinxton
朴次茅斯　Portsmouth
波士顿　Boston

波因顿　Boynton
波多黎各　Porto Rico
波希米亚　Bohemia
波那帕脱　Buonarparte
波金　Bocking
波罗布里治　Boroughbridge
波罗的海　Baltic Sea
波罗克绍斯　Pollockshaws
波爱斯　Poyais
波提山　Bottisham
波普勒　Poplar
波德霍尔　Podeholl
帕克塞德　Parkside
佩斯郡　Perthshire
派丁顿　Paddington
派伊角　Pye Corner
派克赫斯特森林　Parkhurst Forest
盆尼达林　Penydaren
浦特尼　Putney
培斯利　Paisley
彭布鲁克　Pembroke
彭塞西尔图　Pont-Cysylltau
彭德尔顿　Pendleton
普尔　Poole
普利茅斯　Plymouth
普莱斯托　Plaistow
普雷斯　Place
普雷斯科特　Prescot
普雷斯顿　Preston
普鲁士　Prussia
普鲁德豪　Prudhoe
普鲁德豪·赫斯　Prudhoe Haighs
潘提西里　Pant-y-Siri

Q

七日规　Seven Dials
切尔特讷姆　Cheltenham
切斯特　Chester
切斯特菲尔德　Chesterfield
切维厄特山　Cheviot Mount.
乔利　Chorley
乔治亚　Georgia
乔治船坞　George Dock
齐普塞德　Cheapside
齐德斯顿　Kedleston
契切斯特　Chichester
契尼　Cheney
契平一诺尔顿　Chipping Norton
恰克图　Kiachta
情人巷　Sweeting's Alley

R

芮因斯　Rhinns
瑞治菲尔德旗　Pidgefield Flags

S

司徒桥　Sturbridge
孙伯里　Sunbury
苏安姆　Soham

苏拉特 Surat
苏格兰 Scotland
苏塞克斯 Sussex
松布尔 Sambre
索尔河 Soar R.
索耳福德 Salford
索和 Soho
索林根 Solingen
散德兰 Sunderland
散德孙 Saunderson
斯土尔河 Stour R.
斯文宁敦 Swanington
斯太莱桥 Stayley Bridge
斯太普尼 Stepney
斯比脱菲尔兹 Spitalfields
斯托 Stow
斯托尼 Stony
斯托尔布里治 Stourbridge
斯托克 Stoke
斯托克波特 Stokport
斯托克顿 Stockton
斯卡尔布勒 Scarborough
斯利弗德 Sleaford
斯佩河 Spey R.
斯波耳丁 Spalding
斯珀恩岬 Spurn Head
斯坦福德 Stamford
斯特比契 Stirbitch
斯特利兹 Strelitz
斯特里敦 Stretton
斯特劳德 Stroud
斯特劳德沃特 Stroudwater
斯特林 Stirling
斯特腊特福 Stratford
斯宾安兰 Speenhamland
斯通黑文 Stonehaven
斯陶尔波特 Stourport
斯密菲尔德 Smithfield
斯凯 Skye
斯温西 Swansea
斯温登 Swindon
斯堪的纳维亚 Scandinavia
斯塔利布里治 Staleybridge
斯塔福德郡 Staffordshire
桑尼 Thorney
桑给巴尔 Zanzibar
塞尔特 Celtic
塞耳比 Selby
塞耳扣克 Selkirk
塞佛恩河 Severn
塞罗 Chaillot
塞阿姆 Sayham
塞治维克 Sedgwick
塞纳河 Seine R.
塞格莱 Sedgley
撒马尔罕 Samarkand
萨里 Surrey
萨克森 Saxony
萨克斯芒德姆 Saxmundham
萨威内克 Savernake

萨普福德·科尔特尼　Samp-ford Courtenay
萨福克　Suffolk
萨顿　Sutton
萨德伯里　Sudbury
萨默塞特　Somerset
骚斯瓦克　Southwark
士麦拿　Smyrna
圣马丽　St Mary
圣马丽·马格达冷　St Mary Magdalene
圣比斯　St Bees
圣卡塞临　St Katherine
圣艾夫斯　St Ives
圣吉尔斯　St Giles
圣安东尼　St Antoine
圣亚沙夫　St Asaph
圣乔治亚农场　St George's Fields
圣达维德　St David
圣劳伦斯河　St Lawrence R.
圣罗洛克斯　St Rollox
圣保罗　St Paul
圣柯羡伯特　St Cuthbert
圣约翰　St John
圣海伦斯　St Helens
圣恩堂街　Grace-Church Street
圣爱德曼兹　St Edmunds
圣康坦　St Quentin
圣詹姆士　St James
圣奥梅尔　St Omer
圣奥斯特耳　St Austell
圣赫勒拿　St Helena
圣盘克拉斯　St Pancras
市场巷　Market-Stead Lane
色浩威　Sirhowey
沙兰顿　Charenton
沙甫兹伯里　Shaftesbury
沙波顿　Sapperton
舍尔福德　Shelford
绍尔特豪斯　Salthouse
绍尔特豪斯船坞　Salthouse Dock
设菲尔德　Sheffield
善农河　Shannon R.
瑟武德　Sherwood
摄政王运河　Regent Canal
摄政王街　Regent Street
摄政王桥　Regent Bridge

T

土克斯福德　Tuxford
土顿　Turton
太恩河　Tyne
太恩塞德　Tyneside
太晤士河　Thames R.
托耳普德　Tolpuddle
托纳比　Thornaby
托特讷姆　Tottenham
托特巷　Toad Lane
托德默登　Todmorden
廷达尔　Tindale

坦涅特岛　Thanet I.
图登南　Tuddenan
特里加隆　Tregaron
特里维泽克　Trevithick
特里德加尔　Tredegar
特河　Tay R.
特罗布里治　Trowbridge
特威德河　Tweed R.
特隆　Troon
特隆盖特　Trongate
特维得尔　Tweeddale
泰非河　Teifi R.
梯斯达尔　Teesdale
汤布里季威尔斯　Tunbridge-Wells
提佛顿　Tiverton
提兹河　Tees R.
提茨菲尔德　Titchfield
提普顿　Tipton
塔夫谷　Taff Vale
塔尔纳　Tarn
塔贝特岬　Tarbetness
塔特谢尔　Tattershall
塔腊尔　Tarare

W

万布鲁　Vanbrugh
万斯特德　Wanstead
韦尔斯　Wells
韦河　Wey R.
韦斯特木兰　Westmorland
韦斯特波特　Westport
王后广场　Queen's Square Place
王后船坞　Queen's Dock
勿里洞　Billiton
文拉顿　Winlaton
文斯丹雷　Winstanley
文德尔河　Wandle R.
瓦什　Wash
瓦尔巴脱　Walbottle
瓦登堡　Würtemberg
伍耳佛汉普顿　Wolverhampton
伍兹湖　Woods, Lake of
伍斯特　Worcester
伍德斯托克　Woodstock
伍德赫德　Woodhead
汶河　Wen
汶华士　Wentworth
沃尔索耳　Walsall
沃尔瑟姆　Waltham
沃耳斯顿　Alston
沃克湖　Walker Lake
沃里克郡　Warwickshire
沃临顿　Warrington
沃兹韦斯特里　Oswestry
威尔士　Wales
威尔士太子岛　Prince of Wales, Isle
威尔贝克　Welbeck
威尔特郡　Wiltshire
威尔德　Weald

威地岛　Wight,Isle
威克　Wick
威尔菲尔德　Wakefield
威林波罗　Willingborough
威林哈尔　Willenhall
威兹比奇　Wisbech
威根　Wigan
威特尼　Witney
威格顿　Wigton
威康布　Wycombe
威斯特敏斯特　Westminster
威撒姆谷　Witham Valley
乌尔梅　Woolmer
乌本　Woburn
乌里治　Woolwich
乌格湖　Ugg,Lake
乌兹河　Ouse R.
帷幔路　Curtain Road
温彻尔塞　Winchelsea
温索尔　Windsor
温契斯特　Winchester
闻咨卫司　Wandsworth
维也纳　Vienna
维尔河　Wear R.
维尔布顿　Wilburton
维尔农　Vernon
维尔福德　Wilford
维多利亚　Victoria
维根　Wichen
窝尔　Wold
窝克斯赫尔　Vauxhall
魏玛　Weimar

X

西印度群岛　West Indies
西里西亚　Silesia
西哈姆　West Ham
西群岛　Western Isles
希尔内斯　Speerness
希尔兹　Shields
希皮塔尔　Spittal
希耳市场　Hill,Market
希罗普郡　Shropshire
希普莱　Shipley
希鲁兹伯里　Shrewsbury
辛德福德　Cinderford
学院街　College Street
逊克沙滩　Sunk Sand
修道院花园　Covent Garden
新十字路　New Cross
新拉纳克　New Lanark
新哈蒙尼　New Harmony
新森林　New Forest
新奥尔良　New Orlean
歇腊德街　Sherard Street
线针街　Threadneedle Street
暹罗　Siam
锡利群岛　Scilly Isles

Y

尤托克西特　Uttoxeter

尤斯顿　Euaton
尤维尔　Yeovil
牙买加　Jamaica
印度河　Indus R.
印第安纳州　Indiana
因佛内斯　Inverness
伊凡河　Evan Water
伊尔克河　Irk R.
伊尔福德　Ilford
伊里岛　Ily I.
伊利　Ely
伊利瓦什运河　Erewash Cannel
伊灵　Ealing
伊泊尔　Ypres
伊哥登　Iggulden
伊斯令顿　Islington
伊斯法罕　Ispaham
伊普斯威奇　Ipswich
亚士比－德－拉－左赤　Ashby-de-la-Zouch
亚的里　Aidrie
亚眠　Amiens
雨山　Rainhill
易北河　Elbe R.
英王船坞　King's Dock
英王街　King Street
英吉利海峡　British Cannel
英格兰　England
约克谷　York, Vale
约克郡　Yorkshire
约翰－多耳顿街　John Dolton St.
约翰斯顿　Johnstone
盐市　Salt Market
雅茅斯　Yarmouth
御林　His Majesty's Forest

Z

爪哇　Java
主教门街　Bishopsgate St.
植物湾　Botony Bay
砖巷　Brick Lane

公司企业名

A

阿布罗思银行公司　The Arbroath Banking Company
阿伯丁市郡银行　The Aberdeen Town and County
阿伯丁银行公司　Banking Company of Aberdeen
阿萨·利斯公司　Asa Lees and

Co.

阿隆·曼比厂　Aaron Manby Works

艾尔郡银行公司　Ayrshire Banking Co.

艾特劳里亚厂　Etruria Works

埃尔一卡尔德航运公司　The Aire and Colder Navigation Co.

爱丁堡煤气厂　The Edinburgh Gas Works

爱丁堡人寿保险公司　The Edinburgh Life Co.

爱尔兰银行　The Bank of Ireland

爱德华·伯里公司　Edward Bury Co.

安全马车公司　The Safety Cabriolet Co.

B

巴克利·佩金斯公司　Barclay, Perkins and Co.

巴斯火险公司　The Bath Fire Office

巴斯储蓄银行　Bath,Savings Bank

巴黎拉飞特银行　Lafitté's Bank

比利时银行　The Bank of Belgium

北艾尔希克煤矿　Tbe North Elswick

北安普敦煤炭公司　Northampton Coal Mining

北苏格兰银行　The North of Scotland

北英格兰火险公司　The North British Fire Co.

布里斯托尔火险公司　The Bristol Fire Office

布拉戴尔合伙公司　Bradyll and Partness

本苏桑公司　Bensusan Co.

贝德林顿铁工厂　Bedlington Ironworks

保护人公司　The Guardian Co.

保护者公司　The Protector Co.

班尼达伦厂　Penydaren Works

博耳顿·瓦特公司　Boulton and Watt Co.

博林公司　Bowling and Co.

搬夫六酒友酒店　Six Jolly Fellowship Porters

鲍尔公司　Ball and Co.

C

慈济银行　Charitable Bank

查理·阿特伍德公司　Charles Atwood Co.

查理·滕南特公司　Charles Tennant Co.

D

大力神公司　The Atlas Co.

大卡隆铁工厂　Great Carron Ironworks
大西公司　Great Western Co.
大哈福德铜厂　Great Hafod Copperworks
大英轮船公司　The Peninsular and Oriental Co.
东方公司　Levant Co.
东印度公司　East India Co.
达拉姆煤公司　Durham Coal Co.
多德森－巴洛公司　Dodson and Barlow Co.
狄克逊机器厂　Dixon's Mac-hine Works
帝国公司　The Imperial Co.
盾牌公司　The Aegis Co.
道莱斯厂　Dowlais Works
德・拉・库尔银行　De la Cour's Bank
戴尔・欧文公司　Dale and Owen Co.

E

俄国公司　Rulssia Co.

F

法兰西银行　Bank of France
法伊夫银行公司　The Fife Banking Co.
费尔贝恩・李莉公司　Fairbairn and Lillie Co.
蜂窠社　The Beehive Society
福尔克尔克银行公司　Falkirk Banking Co.
福克斯・福勒公司　Fox, Fowler and Co.

G

戈林公司　Glyn and Co.
戈特公司　Gotts and Co.
葛尼银行　Gurneys

H

互助友谊保险社　Friendly Insurance Society
火神铸造厂　The Vulcan Foundry
汉堡公司　Hamburg Co.
华尔森德煤厂　Wallsend Colliery
怀特黑文银行　The White-haven Bank
皇家交易公司　The Royla Exchange Co.
皇家矿业公司　Companies of Mines Royal
皇家银行　The Royal Bank
洪富里厂　Homfrays
哈得孙海湾公司　The Hudson's Bay Co.
霍尔父子公司　R. Hall and Sons
霍罗克斯・米勒公司　Horrocks,

Miller and Co.
霍索恩公司　R. and W. Hawthorn
环球公司　The Globe Co.

J

加洛韦公司　Galloways
加勒特公司　Garretts
杰雷迈亚·哈尔曼公司　Jeremiah Harmar Co.

K

开司内斯银行公司　The Caithness Banking Co.
卡斯伯特公司　Cuthbert Co.
考尔德铁工厂　Calder Ironworks
科特普公司　Courthorpe and Co.
库克森厂　Cooksons
库克森·卡斯伯特公司　Cookson and Cuthbert
康沃耳矿场　Cornish Mine

L

兰索姆公司　The Ransomes
兰索姆一梅公司　Ransome and May
伦敦木材公司　London Timber Co.
伦敦老城公司　The City of London Co.
伦敦保险公司　Company of London Insurances
伦敦保证公司　The London Assurance
伦敦郡公司　The County
伦敦通用海上保险公司　The General Marine of London
伦敦威斯特敏斯特银行　The London and Westminster
伦敦煤气灯灶公司　The London Gaslight and Coke Co.
利夫父子·柯尔公司　Leaf Son and Cole
利物浦公司　Corporation of Liverpool
利物浦海上保险公司　Liver-pool Marine
劳埃德保险会　Lloyd's Coffer House
劳埃德银行　Lloyd's Bank
里德利公司　Sir M. W. Ridley and Co.
里德·欧文公司　Reid, Irving and Co.
罗伯特·斯蒂芬逊公司　Robert Stephenson and Co.
罗兹牛奶场　Rhodes
娄·穆尔公司　Low Moor
累科克牛奶场　Laycock's
理查逊·欧威兰公司　Richardson

Overland and Co.
联合公司 The Union
联保火险公司 The Hand-in-Hand
联盟公司 The Alliance
联盟海上保险公司 The Alliance Marine Insurance Co.
路易斯安那银行 The Bank of Louisiana
鸾凤公司 The Phoenix

M

毛布业公所 Tammy Hall
麦康纳尔·肯尼迪公司 McConnel and Kennedy
牧师、医务和一般保险公司 The Clerical Medical and General Co.
美国银行 The United States Bank
曼彻斯特中北银行 The Northern and Central Bank
曼彻斯特煤气厂 Manchester Gas Works
曼彻斯特银行 The Bank of Manchester
曼彻斯特—利物浦区银行 Manchester and Liverpool District Bank
曼彻斯特联合共济社 Manchester Unity of Oddfellows
曼彻斯特—博耳顿—贝里航运铁路公司 The Manchester, Bolton and Bury Navigation and Railway Co.
莫斯科威公司 Muscovy Co.
蒙提思·博格耳公司 Montieth Bogle and Co.
摩里逊公司 J. Morrison and Co.
默瑟尔·"特德福尔"厂 Merthyr "Tudful" Works
默瑟尔·特德维尔厂 Merthyr Tydyfil Works
默顿煤厂 The Murton Colliery

N

农商银行 The Agricultural and Commercial Bank
南伦敦公司 South London Co.
南海公司 South Sea Co.
南威克公司 Southwick Co.
南黑顿煤矿公司 South Hetton Coal Co.
纽卡斯耳公司 Newcastle Corporation
瑙威治联合公司 Norwich Union Co.

O

欧克斯矿厂 The Oaks
欧威兰·葛尼公司 Overend and Gurney

P

皮克福德公司　Pickford Co.

波耳·桑顿公司　Pole, Thornton and Co.

佩斯利银行公司　The Paisley Banking Co.

普利茅斯厂　Plymouth Works

泡沫公司　The Bubble

Q

乔治·亚当·墨莱公司　George and Adam Murray

乔纳森咖啡店　Jonathan's Coffee House

琼斯·劳埃德银行　Jones, Loyd's Bank

R

染色布业公所　Coloured Hall

S

三一兄弟行　Brethren of the Trinity House

苏格兰国民银行　The National Bank of Scotland

苏格兰银行　The Bank of Scotland

苏格兰皇家银行　The Royal Bank of Scotland

苏格兰贸易公司　The Trustees of Scotland Trade

苏格兰联合社　Scottish Union Society

斯特林商业银行公司　The Merchant Banking Company of Stirling

斯特林银行公司　The Stirling Banking Co.

斯塔福德郡公司　Staffordshire Co.

斯特腊茨厂　Strutts

斯密父子行　J. Smith and Son

斯托兹商号　Stulzes

山德逊公司　Sanderson and Co.

色浩威熔铁厂　Sirhowey Furnances

牲畜市场公司　The Corperation for a Cattle Market

商业银行　Commercial Bank

T

太阳公司　The Sun Co.

太阳保险公司　The Sun Fire Office Co.

太晤士河铁工厂　The Thames Ironworks

廷达尔山煤矿厂　Tindale Fell Colliery

通用汽船航运公司　The General

Steam Navigation Co.
特里迪加尔铁公司 Tredegar Iron Co.
棠蒂疾病互助会 Tontine Sick Club

W

韦季伍德公司 Wedgwoods
瓦尔巴脱煤矿厂 Walbottle Colliery
瓦姆雷矿厂 Warmley
沃莫耳德厂 Wormalds
沃莫耳德·戈特厂 Wormald Gott
沃斯利煤矿厂 Worsley Collieries
威格腊姆·格林厂 Wigram and Green
威斯特敏斯特公司 The Westminster
温·艾利斯公司 Wynn Ellis
温特沃思公司 Wentworth and Co.

X

西苏格兰银行 Western Bank of Scotland
西法斯法公司 Cyfarthfa
西英公司 The West of England
新十字关道公司 The New Cross Trust
夏普·罗伯茨公司 Sharp Roberts and Co.

Y

永存保险公司 Perpetual Assurance Office
亚皮德尔矿井 Apedale Pit
英国公司 The Albion
英国商人冒险家公司 The Company of the Mercant Adventurers of England
英国玻璃板公司 The British Plate Glass Co.
英美交流公司 The British and American Intercourse Co.
英格兰麻业公司 The British Linen Co.
英格兰银行 Bank of England
约克市郡银行 The York City and County
约翰·沃克父子公司 John Walker and Son
约翰·斯坦因商行 John Stein
鹰公司 The Eagle

Z

中德意志贸易协会 Mitteldeutscher Handelsverein
詹姆斯·芬莱公司 James Finlay and Co.
詹姆斯·海格父子商行 James Haig and Son

图书在版编目(CIP)数据

现代英国经济史.上卷.第1分册第2分册/(英)克拉潘著;姚曾廙译.—北京:商务印书馆,2017
(汉译世界学术名著丛书:120年纪念版:珍藏本)
ISBN 978-7-100-14200-7

Ⅰ.①现… Ⅱ.①克… ②姚… Ⅲ.①经济史—英国—现代 Ⅳ.①F156.195

中国版本图书馆CIP数据核字(2017)第139284号

汉译世界学术名著丛书
(120年纪念版·珍藏本)
现代英国经济史
上 卷
早期铁路时代
1820—1850年
(全两册)
〔英〕克拉潘 著
姚曾廙 译

商务印书馆出版
(北京王府井大街36号 邮政编码100710)
商务印书馆发行
南京爱德印刷有限公司印刷
ISBN 978-7-100-14200-7

2017年12月第1版　开本 710×1000 1/16
2017年12月第1次印刷　印张 54¾ 插页3
定价:255.00元